DIREITO ADMINISTRATIVO MODERNO

FSC
www.fsc.org
MISTO
Papel | Apoiando uma gestão florestal responsável
FSC® C092828

2023
CARBON NEUTRAL
SAVE cerrado

ODETE MEDAUAR

DIREITO ADMINISTRATIVO MODERNO

24ª edição revista e atualizada

Belo Horizonte
FORUM
CONHECIMENTO JURÍDICO
2024

FÓRUM
CONHECIMENTO JURÍDICO

Luís Cláudio Rodrigues Ferreira
Presidente e Editor

Coordenação editorial: Leonardo Eustáquio Siqueira Araújo
Revisão: Gabriela Sbeghen
Capa, projeto gráfico e diagramação: Walter Santos

Rua Paulo Ribeiro Bastos, 211 – Jardim Atlântico – CEP 31710-430
Belo Horizonte – Minas Gerais – Tel.: (31) 99412.0131
www.editoraforum.com.br – editoraforum@editoraforum.com.br

Técnica. Empenho. Zelo. Esses foram alguns dos cuidados aplicados na edição desta obra. No entanto, podem ocorrer erros de impressão, digitação ou mesmo restar alguma dúvida conceitual. Caso se constate algo assim, solicitamos a gentileza de nos comunicar através do *e-mail* editorial@editoraforum.com.br para que possamos esclarecer, no que couber. A sua contribuição é muito importante para mantermos a excelência editorial. A Editora Fórum agradece a sua contribuição.

Dados Internacionais de Catalogação na Publicação (CIP) de acordo com ISBD

M488d Medauar, Odete

Direito Administrativo Moderno/ Odete Medauar. 24. ed. rev., e atual.– Belo Horizonte : Fórum, 2024.

456 p. 17x24cm

ISBN impresso 978-65-5518-854-7
ISBN digital 978-65-5518-853-0

1. Direito Administrativo. 2. Ciência da Administração. 3. Direito Urbanístico. I. Título.

CDD: 341.3
CDU: 342

Ficha catalográfica elaborada por Lissandra Ruas Lima – CRB/6 – 2851

Informação bibliográfica deste livro, conforme a NBR 6023:2018 da Associação Brasileira de Normas Técnicas (ABNT):

MEDAUAR, Odete. *Direito Administrativo Moderno*. 24. ed. rev. e atual. Belo Horizonte: Fórum, 2024. 456 p. ISBN 978-65-5518-854-7.

SUMÁRIO

CAPÍTULO 13

APRESENTAÇÃO À 24ª EDIÇÃO

Esta 24ª edição, publicada pela Editora Fórum, abriga textos sobre alterações, em especial: (i) na Lei nº 14.133/2021 – licitações e contratos administrativos, acarretadas por força das Leis nº 14.628/2023 e nº 14.770/2023; (ii) no Decreto-Lei nº 3.365/1941 – desapropriação, ante a Lei nº 14.620/2023; (iii) na Lei nº 11.107/2005 – consórcios públicos. Mudanças pontuais em outras normas também são mencionadas.

Como em edições anteriores, efetuou-se revisão geral no texto, com acréscimos, exclusões e alterações, no intuito de aprimoramento da redação.

A bibliografia temática ao final dos capítulos e a bibliografia geral no fim do livro incluem novas publicações e a indicação de novas edições de obras antes referidas.

A linguagem clara, direta e a ausência de classificações exaustivas facilitam a leitura e compreensão dos temas expostos.

Odete Medauar

APRESENTAÇÃO À 23ª EDIÇÃO

Nesta 23ª edição, publicada pela Editora Fórum, figuram, dentre outras, explanações sobre a nova Lei de Licitações e Contratos Administrativos – Lei nº 14.1334, de 1º.04.2021 e sobre as alterações efetuadas na Lei de Improbidade Administrativa – Lei nº 8.429, de 02.6.1992, por força da Lei nº 14.230, de 25.10.2021 (conhecida sob o nome de Nova Lei de Improbidade). Também há exposição sobre as alterações de dispositivos constitucionais em matéria de precatórios.

Esta edição abriga acréscimos, exclusões e mudanças no texto em relação a edições precedentes, a fim de atualizar os temas, acolher a legislação advinda e aprimorar a redação em geral.

A bibliografia específica ao final dos capítulos e a bibliografia geral no final do livro incluem novas publicações.

Buscou-se discorrer sobre os temas de modo claro e direto, sem excesso de classificações, facilitando a leitura e compreensão das matérias.

Odete Medauar

APRESENTAÇÃO À 22ª EDIÇÃO

Esta 22ª edição, publicada pela Editora Fórum, abriga referências a inovações legislativas, jurisprudenciais e doutrinárias no direito administrativo brasileiro.

Assim, por exemplo, há texto relativo: à *Emenda Constitucional 103, de 12.11.2019 – reforma da Previdência;* aos *novos dispositivos da Lei de Introdução do Direito Brasileiro – LINDB,* em especial no tocante ao ato administrativo e aos controles da administração pública; à *Lei nº 13.709, de 14.8.2018 – proteção de dados pessoais;* à Lei nº *13.867, de 26.8.2019 – acordo em desapropriação por utilidade pública;* à Lei nº *13.848, de 25.7.2019 – gestão, organização, processo decisório e controle social das agências reguladoras.*

Como as anteriores, esta 22ª edição efetua acréscimos, exclusões e alterações no texto, em relação a edições precedentes, para atualizar os temas, acolher as mudanças advindas e aprimorar a redação em geral.

A bibliografia específica ao final dos capítulos e a bibliografia geral no fim do livro inserem novas publicações e indicação de novas edições de trabalhos antes citados.

Os temas vêm expostos de modo claro e direto, sem classificações exaustivas, facilitando a leitura e a compreensão das matérias.

Odete Medauar

APRESENTAÇÃO À 21ª EDIÇÃO

As alterações e inovações legislativas no Direito Administrativo brasileiro prosseguiram em 2016.

Esta 21ª edição, como as precedentes, traz acréscimos, exclusões e alterações no texto, para atualizar os diversos temas às mudanças advindas e aprimorar a redação como um todo.

Assim, por exemplo, inseriu-se matéria relativa: à Lei 13.303, de 30.6.2016 – Estatuto Jurídico das Estatais; ao Programa de Parcerias de Investimentos, previsto na Lei 13.334, de 13.9.2016; à Emenda Constitucional 94, de 15.12.2016 – precatórios; à regularização fundiária urbana – Reurb, quanto a bens públicos, tratada na Medida Provisória 759, de 22.12.2016; ao projeto de Reforma da Previdência, no tocante aos servidores públicos – PEC 287 – que pode sofrer mudanças durante a tramitação no Congresso, além das alterações efetuadas pelo relator da comissão especial na Câmara dos Deputados.

A bibliografia temática presente ao final dos capítulos e a bibliografia geral constante no fim do livro receberam atualização, seja para novas edições de obras citadas anteriormente, seja para acréscimo de novas publicações.

A linguagem clara, sem palavras rebuscadas, e a inexistência de classificações infinitas facilitam a compreensão dos temas por todos que se interessam pelo Direito Administrativo.

Odete Medauar

APRESENTAÇÃO À 1ª EDIÇÃO

Este livro discorre sobre os mais relevantes princípios, normas e institutos do direito administrativo.

Tem início com a exposição do quadro político-institucional em que se insere o direito administrativo, recebendo seus influxos e repercutindo, por sua vez, nesse contexto. O direito administrativo não pode ser estudado fora do cenário sociopolítico-econômico do Estado, nem ficar alheio à realidade social.

Em seguida, a atenção é dedicada ao próprio direito administrativo como ramo do direito e ciência, seu objeto, sua origem e desenvolvimento, suas características, suas conexões com outros ramos jurídicos, suas principais formas de expressão.

Tendo em vista que seu objeto precípuo se encontra na atuação da Administração Pública, inserida no Poder Executivo, os capítulos seguintes dedicam-se às noções básicas a respeito da Administração Pública, verdadeiras ferramentas para sua compreensão, e ao estudo da sua estruturação básica, no Brasil, em Administração direta e Administração indireta.

No Capítulo 6 se esboça o panorama das múltiplas atividades administrativas e dos poderes gerais necessários ao seu desempenho. Além das normas específicas, tais atividades norteiam-se pelos princípios do direito administrativo, examinados a seguir.

Depois vêm expostos os mais importantes meios de atuação: os atos administrativos, o processo administrativo, os contratos, com estudo anterior da licitação.

Prossegue-se com o exame do tema relativo aos recursos materiais necessários à realização das atividades administrativas e da própria vida coletiva: os bens públicos.

O capítulo seguinte ocupa-se daqueles que fazem a Administração funcionar: os servidores, seu regime jurídico, seus direitos, deveres e responsabilidades.

Dentre as múltiplas atividades administrativas, salientam-se os serviços públicos, que traduzem a face prestacional da Administração; podem ser executados também por particulares, mediante títulos jurídicos, dentre os quais a concessão, a permissão e autorização de serviço, o arrendamento. Salientam-se, ainda, o poder de polícia e as limitações impostas ao direito de propriedade, revelando a face autoridade da Administração.

Depois, vêm os temas que expressam as reações ou consequências das atividades administrativas. Se tais atividades acarretam danos, emerge a questão da responsabilidade civil do Estado. Se as atividades têm sua legalidade ou mérito avaliados ou contestados, depara-se com o tema do controle da Administração Pública.

Odete Medauar

CAPÍTULO 1

PREMISSAS POLÍTICO-INSTITUCIONAIS DO ESTUDO DO DIREITO ADMINISTRATIVO

1.1 Estado e direito administrativo

A disciplina jurídica da Administração Pública no Brasil centraliza-se no direito administrativo. Em essência, esse ramo do direito trata dos preceitos que norteiam a estrutura e o funcionamento da Administração Pública, também denominada abreviadamente Administração. Tendo em vista que a Administração integra a organização estatal, evidente que o modo de ser e de atuar do Estado e os seus valores repercutem na configuração dos conceitos e institutos do direito administrativo. Assim, uma das chaves para a melhor compreensão desse ramo do direito está no conhecimento dos aspectos fundamentais do Estado em geral e do Estado tal como vem caracterizado na Constituição do País. Neste capítulo, alguns desses aspectos serão mencionados de modo resumido, somente com o intuito de tornar claro seu vínculo com os preceitos do direito administrativo e de tornar claro que o direito administrativo não flutua num espaço vazio, mas liga-se ao quadro social, político, econômico, institucional do País.

Em linhas sucintas, pode-se afirmar que o Estado, no início do século XXI, em geral, tem suas atividades permeadas pela valorização dos direitos e garantias do indivíduo, isolado ou em grupos; hoje, além dos clássicos direitos fundamentais (direito à vida, à integridade física, de locomoção, de manifestação do pensamento etc.) e dos direitos políticos (direito de votar e de ser votado, direito à formação de partidos políticos), as Constituições dos Estados preveem direitos sociais, tais como direito ao trabalho, direito à moradia, direito à instrução, direito à saúde, direito à previdência, e também os chamados direitos de terceira ou quarta geração, tais como direito ao meio ambiente, direito ao lazer, direito de não ser lesado como consumidor.

Outro aspecto diz respeito à existência de verdadeira constelação de entes estatais, políticos e administrativos, e de entidades da sociedade civil, como sindicatos, ordens profissionais, associações diversas, compondo uma rede de poderes, figurando o Estado como uma espécie de centralizador político.

No âmbito econômico externo, nota-se tendência ao Estado comercial aberto, com reduzidas barreiras alfandegárias; nos Estados componentes de blocos econômicos, os obstáculos à livre circulação de mercadorias tendem a desaparecer. A partir de meados da década de 90 do século XX, acentua-se o fenômeno da *globalização*, também denominado internacionalização, mundialização, substancialmente econômico, mas trazendo repercussões, nem sempre positivas, no âmbito político, social e jurídico dos Estados. Em essência, a globalização é a universalização dos mercados, da produção, dos capitais, do consumo, sem barreiras de espaço e tempo.

No plano econômico interno, hoje o Estado realiza a direção do sistema econômico, embora se mantenha o princípio da iniciativa privada e do mercado.

Quanto ao âmbito social, o Estado contemporâneo aí atua para atender às necessidades da população carente, buscando eliminação ou redução das desigualdades socioeconômicas.

1.2 Estado democrático

O art. 1º da Constituição de 1988 caracteriza o Estado brasileiro como *Estado Democrático de Direito*. Trata-se de fórmula composta, cujas adjetivações se conjugam para identificar a feição estatal, a que se pode acrescentar o caráter "social", extraído da leitura completa do texto constitucional.

O componente *democrático* traz à mente, de imediato, a ideia de "governo do povo para o povo". Ou seja, o termo "democrático" é habitualmente associado aos aspectos de formação do governo, ao modo pelo qual são escolhidos aqueles que tomam as decisões em nome do povo. A esse enfoque ligam-se os diversos mecanismos pelos quais se ampliam as possibilidades de participação do povo na escolha dos governantes: extensão do direito de voto, formação de partidos políticos, igual acesso aos mandatos representativos, por exemplo. Esta é a chamada *democracia de investidura*.

A partir da metade da década de 50 do século XX, começa a surgir a preocupação com uma democracia mais completa, com a democracia que transpõe o limiar da eleição de representantes políticos para expressar-se também no modo de tomada de decisão dos eleitos. Emergiu a ideia de que o valor da democracia depende também do modo pelo qual as decisões são tomadas e executadas. Verificou-se que havia, com frequência, grande distanciamento entre as concepções políticas de democracia vigentes num país e a maneira com que ocorriam as atuações da Administração: perante esta, o indivíduo continuava a ser considerado como súdito, não como cidadão dotado de direitos. Passou a haver, então, uma pregação doutrinária em favor da *democracia administrativa*, que pode ser incluída na chamada *democracia de funcionamento ou operacional*. Em vários ordenamentos estrangeiros, e também no brasileiro, muitas normas e medidas vêm sendo implantadas para que a democracia administrativa se efetive. Isso porque o caráter democrático de um Estado, declarado na Constituição, deve influir sobre o modo de atuação da Administração e repercutir de maneira plena em todos os setores estatais.

1.3 Estado de direito

Na segunda metade do século XIX, veio à luz a concepção de Estado de direito, vinculada ao contexto das ideias políticas então existentes. Na sua formulação originária, revestia-se de significado polêmico contra o Estado absolutista tardio e visava, na essência, limitar o poder pelo direito, como garantia dos indivíduos contra o arbítrio. Com o Estado de direito os governantes e autoridades públicas submetem-se ao direito e às normas jurídicas, como os indivíduos, não estando, pois, acima e fora do direito.

A expressão *Estado de direito* pode levar a entender que a mera existência de uma Constituição e de um conjunto de normas, de conteúdo qualquer, permite qualificar um Estado como "de direito". Na verdade, hoje, a concepção de Estado de direito liga-se a um contexto de valores e à ideia de que o direito não se resume na regra escrita. Seus elementos básicos são os seguintes: sujeição do poder público à lei e ao direito (legalidade); declaração e garantia dos direitos fundamentais; funcionamento de juízos e tribunais protetores dos direitos dos indivíduos; criação e execução do direito como ordenamento destinado à justiça e à paz social.

O direito administrativo vincula-se à concepção de Estado de direito, justamente porque fixa normas para as atividades da Administração, que é um dos setores do Estado. Somente sob inspiração da ideia de Estado de direito seria possível fixar preceitos que protegem direitos dos indivíduos, perante a Administração, limitando o poder das autoridades.

1.4 Estado social

A Constituição de 1988 não menciona a expressão "Estado social", nem agrega o termo "social" aos qualificativos "democrático" e "de direito", no art. 1º. Mas indubitável é a preocupação social, sobretudo pela presença de um capítulo dedicado aos direitos sociais. Existe um *Estado social* quando se verifica uma generalização dos instrumentos e das ações públicas de bem-estar social.

A preocupação com o social traz reflexos de peso na atividade da Administração e nos institutos do direito administrativo. A Administração passa a ter também funções de assistência e integração social, em cumprimento a exigências de justiça e aos direitos sociais declarados na Lei Maior. Ocorre, assim, uma interdependência sempre mais forte entre a atuação administrativa e as necessidades da população.

1.5 Estado e sociedade

O modo pelo qual se configuram as relações entre o Estado e a sociedade repercute no direito administrativo.

Num breve fio evolutivo, pode-se lembrar que o Estado absolutista (em especial no século XVIII) envolvia toda a vida social, que estava sob seu controle, realizando profunda e opressiva intromissão na vida dos indivíduos. Como reação a esse quadro, a concepção predominante no século XIX, na fórmula do Estado liberal ou Estado abstencionista, pretendia o distanciamento do Estado em relação à vida social, econômica e religiosa dos indivíduos, como garantia de independência da sociedade às injunções do Estado. Daí o mínimo de funções que lhe cabiam, a quase ausência de atuação do Estado no âmbito econômico e social, a quase inexistência de grupos intermediários entre o indivíduo e o Estado. As associações políticas, culturais, profissionais eram temidas pelo obstáculo que pudessem causar à liberdade do indivíduo.

Como resultado de processo que se acentua na segunda metade do século XX, o Estado mostra hoje configuração diversa da acima descrita. O Estado passou a ter atuação de profundas consequências nos setores econômicos e sociais da coletividade. A atuação no âmbito econômico deixou de ser algo externo e estranho e passou a integrar o rol de funções do Estado, mesmo mantendo-se o princípio da iniciativa privada. Ampliaram-se também as funções sociais e assistenciais. Com isso a máquina administrativa cresceu em quantidade e complexidade. Floresceram inúmeras entidades e associações privadas, que exercem contínua pressão sobre os poderes estatais na busca de realização dos interesses que defendem. Tais transformações no modo de atuar do Estado e na estrutura da sociedade acarretam a atenuação da distância entre Estado e sociedade, agora vinculados e condicionados por número crescente de inter-relações. Em decorrência, a Administração vê-se obrigada a olhar para fora de si mesma, relacionando-se de modo mais intenso com o entorno social.

Os vínculos mais estreitos entre Estado e sociedade vão acarretar, ainda, novos mecanismos nas atividades administrativas, nem sempre possíveis de enquadrar em figuras jurídicas clássicas, elaboradas para outra realidade, por exemplo, as parcerias entre Administração e particular, as mediações entre grupos da sociedade.

1.6 Separação de poderes

A *separação de poderes* apresenta-se como um dos pressupostos da existência do direito administrativo, pois, se a Administração não estivesse separada dos outros poderes do Estado, dificilmente poderia existir um direito específico que disciplinasse sua atuação.

A *separação de poderes* difundiu-se na formulação de Montesquieu, segundo a qual se distinguiam três funções estatais – legislação, execução e jurisdição –, que deveriam ser atribuídas a três órgãos distintos e independentes entre si. Na época, essa divisão significou uma reação ao enfeixamento de poderes na figura do monarca, significou um freio ao poder e, sobretudo, uma garantia aos direitos dos indivíduos.

A fórmula predominante no século XIX previa a elaboração de leis gerais e impessoais por um Parlamento representativo do povo, a execução das mesmas pelo Executivo e o controle da observância das leis e dos direitos dos indivíduos por um Judiciário independente. Sobressaía, então, a supremacia do Legislativo sobre o Executivo e o Judiciário e, portanto, a supremacia da lei sobre os atos emanados dos dois últimos, porque os integrantes do Legislativo eram eleitos para atuar como representantes dos detentores da soberania (povo); os monarcas, seus ministros e os juízes não eram eleitos.

Com esse teor, difundiu-se em todo o mundo ocidental e recebeu consagração expressa em declarações de direitos e constituições do século XVIII, repetindo-se em textos dos séculos XIX e XX.

Hoje, embora na maioria dos ordenamentos se mantenha o princípio da separação de poderes, a fórmula originária não se ajusta totalmente à realidade político-institucional dos Estados. Alguns dados demonstram isso. Com o advento do Executivo eleito diretamente, não mais se justificaria a supremacia do Legislativo, pois haveria a situação de opor representantes do povo contra representantes do povo. Por outro lado, a ampliação das funções do Estado e a exigência contínua de adoção de medidas no âmbito econômico e social impõem atuação mais rápida, portanto, incompatível com a lentidão do processo legislativo. Daí a supremacia real do Executivo em todos os países na atualidade; o Executivo passou a ter atividade legislativa intensa, inclusive por atribuição constitucional de poder legislativo, como é o caso das medidas provisórias. Além do mais, verifica-se, neste século XXI, realidade dotada de maior complexidade em relação à época de Montesquieu: muitas instituições são dificilmente enquadráveis em algum dos três clássicos poderes, como é o caso do Ministério Público e dos Tribunais de Contas.

1.7 Administração Pública e reforma administrativa

A formulação clássica da separação de poderes atribuiu a atividade administrativa a um grupo de órgãos inseridos no Poder Executivo. Em virtude da ideia de Estado de direito, esse grupo de órgãos devia ter sua atuação norteada por regras jurídicas, daí surgindo, em muitos países, um ramo jurídico específico para disciplinar essa atuação, o direito administrativo.

A Administração Pública integra o contexto geral do sistema político de um Estado, refletindo e expressando as características e distorções desse sistema.

À medida que se foram ampliando as funções do Estado, aumentaram as atividades da Administração. Hoje adquiriu dimensões gigantescas e tornou-se fundamental na vida da coletividade, sendo fator condicionante de grande parte das relações econômicas e sociais dos indivíduos, com a responsabilidade, sobretudo, de buscar meios para a efetivação dos direitos assegurados pela Constituição. Daí resulta a enorme variedade e complexidade das atribuições que exerce.

A importância da Administração se revela pelo tratamento amplo que hoje recebe em várias Constituições, inclusive a brasileira. Revela-se, ainda, pela preocupação, quase universal, em modernizá-la, para que tenha eficiência, atue sem corrupção, não desperdice recursos públicos e respeite o indivíduo, tratando-o como cidadão, portador de direitos, não como súdito que recebe favor. A tentativa de modernizar a Administração muitas vezes se expressa em propostas de *reforma administrativa*, o que se mostra necessário até que medidas efetivas propiciem melhoria contínua e crescente no funcionamento da Administração.

Algumas ideias de fundo devem nortear a *reforma administrativa*: Administração a serviço do público; Administração eficiente, ágil, rápida, para atender adequadamente às necessidades da população, o que facilitará o combate à corrupção; economicidade e Administração de resultados; predomínio da transparência sobre o segredo.

Um rol inicial de medidas desencadearia o processo contínuo de reforma: a) modelos organizacionais com menos graus hierárquicos, menos chefias, mas cada um dotado de mais poder de decisão; b) desconcentração e descentralização, para conferir poder de decisão a escalões hierárquicos inferiores ou setores locais; c) eliminação de superposição de órgãos com atribuições semelhantes; d) redução drástica dos cargos em comissão; e) aplicação rigorosa da exigência de concurso público para investidura em cargo, função e emprego público; f) treinamento e reciclagem constante dos servidores públicos; g) instituição de carreiras, em todas as funções, com avaliação verdadeira de mérito; h) redução drástica de exigências de papéis e documentos inúteis; i) implantação de controle de resultados e de gestão.

Bibliografia

ALLEGRETTI, Umberto. *Amministrazione pubblica e costituzione*. Pádua: Cedam, 1996.

ALMEIDA, Fernando Dias Menezes de. *Formação da Teoria do Direito Administrativo no Brasil*. São Paulo: Quartier Latin, 2015.

CASSESE, Sabino. *A crise do Estado*. Campinas: Saberes, 2000.

GARCIA-PELAYO, M. *Las transformaciones del Estado contemporaneo*. 3. ed. Madrid: Alianza, 1987.

GIANNINI, M. S. *Il pubblico potere*: stati e amministrazioni pubbliche. Bolonha: Il Mulino, 1986.

MEDAUAR, Odete. *O direito administrativo em evolução*. 3. ed. Brasília: Gazeta Jurídica, 2017.

MOREIRA NETO, Diogo de Figueiredo. *Poder, direito e Estado*: o direito administrativo em tempos de globalização. Belo Horizonte: Fórum, 2011.

SILVA, José Afonso da. *Curso de direito constitucional positivo*. 42. ed. São Paulo: Malheiros, 2019.

CAPÍTULO 2

O DIREITO ADMINISTRATIVO

2.1 Conceito e objeto

Em essência, o *direito administrativo* é o conjunto de normas e princípios que regem a atuação da Administração Pública. Inclui-se entre os ramos do direito público, por tratar primordialmente da organização, meios de ação, formas e relações jurídicas da Administração Pública, um dos campos da atividade estatal.

O direito administrativo pode ser visualizado do ponto de vista científico como um setor de estudo no âmbito do direito, dotado de objeto e princípios próprios. Ou pode ser considerado sob o ângulo de complexo normativo destinado a reger o funcionamento de uma das partes do organismo estatal.

Vasto é o rol de matérias disciplinadas pelo direito administrativo. Fixa preceitos sobre a organização administrativa, como, por exemplo: divisão em órgãos, vínculo entre os órgãos, distribuição de competências entre os órgãos, administração direta, administração indireta etc. Trata dos poderes conferidos às autoridades administrativas. Cuida dos meios pelos quais a Administração toma decisões, entre os quais os atos, os contratos, o processo administrativo. Disciplina os direitos e deveres dos servidores públicos. Estabelece normas para: a gestão dos bens públicos; a execução de atividades relevantes para a população, os serviços públicos; a restrição ao exercício de direitos dos particulares, o chamado poder de polícia; a reparação de danos causados a particulares por ação ou omissão. Interessam, ainda, ao direito administrativo, os modos e meios pelos quais a Administração é controlada, por si própria e por outros poderes ou instituições.

O direito administrativo, assim, diz respeito primordialmente à atuação da Administração Pública inserida no Poder Executivo. Este é o poder estatal dotado da atribuição de exercer atividade administrativa com repercussão imediata na coletividade, como sua atividade inerente e típica. Como exemplo: calçamento de ruas, coleta de lixo, ensino público, construção de estradas. Tais atividades competem a órgãos da Administração Pública situados no Poder Executivo.

No tocante ao Poder Legislativo, sua função típica é a elaboração da lei e a fiscalização do Executivo. Para propiciar o exercício das atividades dessa função, há, no

Legislativo, estrutura administrativa de apoio, quer dizer, atividades administrativas do Legislativo visam propiciar o exercício da sua função típica, sem que tenham reflexos imediatos na coletividade. O mesmo ocorre no tocante ao Poder Judiciário: sua função típica é a atuação do direito objetivo e a pacificação social; para que essa função se cumpra, é necessária uma estrutura administrativa de apoio, na qual se incluem servidores que não são os magistrados, um conjunto de bens patrimoniais, serviços administrativos de protocolo, digitação etc. Tais atividades administrativas também se realizam para permitir que a função típica do Judiciário se exerça, sem que tenham repercussão imediata nas necessidades da população.

As atividades administrativas do Poder Legislativo e do Poder Judiciário, que são atividades de apoio para o exercício de suas funções típicas, regem-se pelo direito administrativo. Assim, por exemplo, se o Legislativo e o Judiciário necessitam adquirir mesas e cadeiras, o respectivo contrato de fornecimento de materiais deverá ser precedido de licitação, como todo contrato similar celebrado no Executivo, com as mesmas normas aí aplicadas.

2.2 Origem e desenvolvimento

O direito administrativo começou a se formar nas primeiras décadas do século XIX. É muito comum apontar uma lei francesa de 1800 como seu ato de nascimento: essa lei disciplinou, de modo sistemático, a organização administrativa francesa, com base na hierarquia e na centralização.

Evidente que o direito administrativo não se formaria, de imediato, só pela edição de uma lei. Outros fatores deram também sua contribuição.

As concepções político-institucionais que afloravam, nessa época, propiciavam o surgimento de normas norteadoras do exercício dos poderes estatais, pois tinham clara conotação de limitação e controle do poder e de garantia dos direitos individuais. Assim, as ideias relativas ao Estado de direito que emergiam nas primeiras décadas do século XIX tornaram-se fator propício para a formação do direito administrativo. O mesmo se pode dizer quanto à teoria da separação de poderes: a atribuição da função executiva a um específico setor estatal facilitou a formação de um direito da Administração, com individualidade própria.

Começaram a surgir manuais sobre a matéria. Em 1814, Romagnosi edita a obra *Principi fondamentali del diritto amministrativo onde tesserne le istituzioni*. Em Milão, cria-se a cátedra denominada "Alta legislação em referência à Administração Pública", regida por Romagnosi.

Foram, no entanto, as obras de autores franceses que tiveram mais repercussão: formaram o núcleo original da doutrina do direito administrativo e tiveram papel relevante na formação desse direito. São as obras de Macarel, de 1818, *Les éléments de jurisprudence administrative*; de De Gerando, 1830, *Institutes du droit administratif français*; de Cormenin, 1840, *Traité du droit administratif*. Em 1819 criou-se, em Paris, a cátedra de "direito público e administrativo", regida por De Gerando.

Além dos autores franceses, sobretudo, muito contribuiu para a elaboração original do direito administrativo a jurisprudência do Conselho de Estado francês. Essa instituição, na época, tinha a tarefa de emitir pareceres sobre litígios referentes à

Administração, pareceres esses em geral acatados pelo chefe do Executivo francês. A partir de 1872, o Conselho de Estado passou a decidir tais litígios de modo independente, por si só, com caráter de coisa julgada. A elaboração jurisprudencial do Conselho de Estado impunha-se à Administração francesa e, assim, norteou a construção do núcleo de muitos institutos e princípios do direito administrativo.

Na segunda metade do século XIX, foi-se consolidando a sistematização do direito administrativo. Contribuíram para tal, principalmente, jurisprudência e obras de autores franceses, italianos e alemães. Formou-se um núcleo básico do direito administrativo, com os seguintes temas, principalmente: autoridade do Estado; personalidade jurídica do Estado; ato administrativo unilateral e executório; direitos subjetivos públicos; jurisdição administrativa; poder discricionário; interesse público; serviço público; poder de polícia; hierarquia; contratos administrativos.

Com poucas variações em tais matrizes temáticas, o direito administrativo expandiu-se na Europa continental, passando a desenvolver-se também na Espanha, Portugal, Bélgica.

A partir de fins dos anos 70 do século XX, o direito administrativo passa a sofrer mudanças expressivas, com muita aceleração. Seus temas clássicos, como interesse público, discricionariedade, ato administrativo, contrato administrativo, poder de polícia, serviço público, adquirem matizes que os distanciam da elaboração clássica. Novos temas surgiram entre a década de 80 e o fim do século XX, com foco no cidadão, não mais se priorizando como foco a autoridade, por exemplo: processo administrativo, participação, transparência, princípio da eficiência, princípios da proporcionalidade e razoabilidade, princípio da confiança legítima, regulação, agências reguladoras. No século XXI emergem, por exemplo: o princípio da boa administração, as políticas públicas, a consensualidade, a administração eletrônica, o governo eletrônico, o direito administrativo global, o direito administrativo sem Estado.

O direito administrativo comparado adquiriu relevância no estudo deste ramo jurídico, diferentemente do século anterior, em que este viés se mostrava acanhado e pouco difundido. E nas primeiras décadas do século XXI registra-se grande expansão e grande força do direito administrativo, o que pode ser exemplificado pelo aumento de: a) publicações na matéria, b) dissertações e teses nos seus temas, c) sua temática, d) congressos, e) revistas especializadas.

Muitas concepções presentes em obras doutrinárias do século XX e invocadas reiteradamente nos primórdios do século XXI se tornaram ultrapassadas para o mundo atual.

2.3 O direito administrativo nos ordenamentos anglo-saxônicos

A esse direito administrativo, que se originou, se sistematizou e se expandiu na Europa continental, costuma-se contrapor o chamado "sistema do *common law*", vigente nos Estados Unidos e países da comunidade britânica. Nesse sistema, os preceitos norteadores da atividade da Administração Pública seriam os mesmos que regem as atividades de particulares, inexistindo, portanto, direito específico para aquela atuação. Por exemplo: as normas sobre servidores públicos, nesse sistema, seriam as mesmas que incidem sobre o vínculo empregatício no setor privado. Grande polêmica despertou a afirmação do inglês Dicey, em livro de 1885, de que na Inglaterra não havia direito administrativo porque eram as mesmas as normas para a atividade de funcionários e particulares e a mesma jurisdição; a diferenciação de normas contrariava o *rule of law* (equivalente na Inglaterra ao Estado de direito).

Daí se dizer, durante muito tempo, que não havia direito administrativo nesses países, pois aí vigorava o *common law*. Independentemente de se concordar ou discordar da afirmação de Dicey, deve-se observar que houve evolução tanto na Inglaterra como nos Estados Unidos. Surgiram obras em cujos títulos há a expressão *administrative law*; menciona-se um *public law*; editam-se preceitos semelhantes ao direito administrativo de base europeia. A consulta a obras atuais sobre *administrative law*, tanto inglesas como norte-americanas, permite verificar a existência de direito administrativo nesses países, com características próprias e semelhanças ao europeu. Ambos, inglês e norte-americano, apresentam predomínio do aspecto processual, pelo peso conferido ao modo de tomada das decisões administrativas e pela importância dada ao controle da Administração pelo Judiciário; em ambos dificilmente se pode afirmar a identidade total do direito aplicável às atividades privadas e à atividade administrativa.

2.4 Primórdios do direito administrativo no Brasil

O ponto de partida da elaboração do direito administrativo no Brasil situa-se na criação da cátedra da matéria nas Faculdades de Direito de São Paulo e do Recife, em 1851. Já havia cátedras na França e na Itália; em Portugal se instituíra uma cátedra coletiva para o direito administrativo, constitucional e internacional público. Por outro lado, muitas obras da matéria, publicadas na Europa, tiveram repercussão no Brasil.

Para a regência da disciplina em São Paulo foi indicado, em 1854, José Inácio Silveira da Mota, que desistiu de assumi-la. Em 1855 chamou-se, do Rio de Janeiro, Antonio Joaquim Ribas, que demorou a apresentar-se, pois passara muitos dias à procura de um livro para servir de texto de estudo, não o encontrando; então, organizou apontamentos que ia emprestando aos alunos, para que os copiassem.

A primeira obra de direito administrativo vem à luz em 1857, de autoria de Vicente Pereira do Rego, editada em Recife, sob o título *Elementos de direito administrativo brasileiro comparado com o direito administrativo francês segundo o método de P. Pradier-Foderé*. No prefácio o autor informa que utilizou a obra do francês Pradier-Foderé para a ordem das matérias e para colher os princípios gerais, aproveitando a doutrina para aplicação ao direito pátrio.

Em 1859, Veiga Cabral publica seu livro *Direito administrativo brasileiro*, indicando, na introdução, os autores franceses em que se baseou. O Visconde do Uruguay edita a obra *Ensaio sobre o direito administrativo*, em 1862. Em 1866, Ribas publica seu *Direito administrativo brasileiro*, citando, na bibliografia, autores franceses, belga, italiano, alemão e espanhol.

Nesse grupo de iniciadores da doutrina do direito administrativo pátrio, nota-se a predominante influência francesa, vindo, em seguida, a portuguesa, a espanhola e a belga, não somente pela bibliografia citada, mas em virtude do teor dos temas expostos. Tais obras refletem ideias típicas do século XIX no tocante ao Estado, à natureza da atividade administrativa, ao Poder Executivo, ao Estado e sociedade, por exemplo.

A partir daí o direito administrativo pátrio se desenvolve e se consolida, com predomínio da linha francesa, seguida da italiana e da alemã. Para tanto, além dos valiosos trabalhos doutrinários em livros e artigos, contribuíram os tribunais do Judiciário, com decisões de relevo que fixaram diretrizes fundamentais na matéria.

2.5 Características gerais do direito administrativo

Como ramo jurídico, o direito administrativo, se comparado ao direito civil, é de *criação recente*, pois começou a ser elaborado há dois séculos. Antes de se formar um conjunto sistematizado de normas para reger a atividade administrativa estatal, havia Administração Pública e havia também alguns preceitos esparsos a respeito. Além de não formarem um todo sistematizado, tais preceitos não podiam ser invocados pelos indivíduos para contrapor direitos seus perante a atuação da Administração, pois, em geral, destinavam-se ao âmbito interno dos órgãos administrativos.

Somente a partir de meados do século XIX, aproximadamente, se consolidou o direito administrativo como conjunto sistemático de preceitos obrigatórios para autoridades de todos os níveis, com reconhecimento de direitos de particulares, protegidos por remédios jurisdicionais.

Nos seus primórdios, na França, o direito administrativo teve a linha básica dos seus institutos e princípios formulada pela jurisprudência do Conselho de Estado. Daí dizer-se que o direito administrativo é de *elaboração jurisprudencial ou pretoriana*. Tal característica persiste para os elementos do núcleo originário do direito administrativo. Na atualidade há tendência para a *elaboração legislativa*.

Por outro lado, o direito administrativo é um direito *não codificado*. Ou seja, não tem suas normas englobadas num único texto, como ocorre com o direito civil e o direito penal, por exemplo. Entre fins do século XIX e meados do século XX houve muitos debates sobre a possibilidade e conveniência de codificar um ramo de formação recente, dotado de grande contingente de elaboração jurisprudencial. Os argumentos contrários à codificação centravam-se em alguns pontos: formação recente e incompleta; impossibilidade de codificar o direito público em geral; mutabilidade excessiva da legislação administrativa. A favor da codificação salientava-se o seguinte: estado de inferioridade científica decorrente da falta de um código; ausência de clareza e certeza das normas; necessidade de trazer ordem à legislação administrativa, de torná-la mais conhecida, tolhendo os arbítrios. Surgiram posicionamentos intermediários, a favor de uma codificação parcial ou de uma codificação futura. Seguiu-se um período de quase ausência de atenção sobre o tema, como se houvesse anuência tácita sobre a não codificação.

A matéria ressurge, depois, no enfoque da codificação do processo administrativo ou da codificação de parte do direito administrativo. Muitos países, nas décadas de 70, 80, 90 do século XX e primórdios do século XXI, editaram leis ou códigos de processo administrativo, numa codificação parcial das normas desse ramo (exemplo: Argentina, Alemanha, Itália, Portugal, Brasil).

No ordenamento brasileiro, o direito administrativo não está codificado. Existem textos sobre matérias específicas, como licitações e contratos, direitos e deveres de servidores (estatutos), concessões e permissões de serviço público, por exemplo, sem que formem um todo sistematizado. Daí algumas dificuldades no estudo, conhecimento e aplicação do direito administrativo e a importância que adquirem os princípios que o informam, pois atuam como fios a ligar os diversos institutos.

Além dos textos supracitados, veio à luz a Lei 9.784, de 29.01.1999, que regula o processo administrativo no âmbito da Administração Pública Federal. O Estado de São Paulo promulgou a Lei 10.177, de 30.12.1998, regulando o processo administrativo na esfera da Administração estadual. Tais leis expressam uma codificação parcial do direito administrativo, expondo as principais normas disciplinadoras da tomada de decisões, configurando um verdadeiro estatuto da cidadania administrativa.

2.6 O direito administrativo e outros ramos do direito

O direito administrativo é informado por princípios próprios e tem objeto específico, que é a disciplina da Administração Pública. Sob o ângulo científico apresenta-se, portanto, como ramo autônomo no campo do direito.

Na clássica divisão do direito em público e privado, o direito administrativo insere-se no primeiro, porque fixa normas para uma das atividades estatais.

Incluído no direito público, o direito administrativo mantém vínculos estreitos com outros ramos desse âmbito.

Assim, relaciona-se com o direito constitucional, cujo objeto específico encontra-se na Constituição, no duplo aspecto de norma básica dos poderes públicos e direitos humanos e de norma fundamental de todo o ordenamento. Na Constituição o direito administrativo tem suas bases, aí são enunciados alguns dos seus princípios (por exemplo: legalidade, moralidade, publicidade) e delineados parâmetros de alguns dos seus institutos (exemplo: responsabilidade civil do Estado, concessão de serviço público).

Liga-se ao direito processual, principalmente na atualidade em que, na ótica da teoria geral do processo, vislumbra-se o processo administrativo como uma espécie do gênero processo, dotado de pontos comuns ao processo civil e penal (exemplo: contraditório e ampla defesa). Em termos organizacionais, a conexão ocorre em virtude dos preceitos do direito administrativo que norteiam atividades administrativas do Poder Judiciário e dos seus órgãos auxiliares.

Em muitos temas relaciona-se com o direito penal, como, por exemplo, nos crimes contra a Administração, nos aspectos que ligam responsabilidade civil e penal dos servidores.

Vincula-se também com o direito internacional público, sobremaneira na época atual, em que os blocos ou comunidades de países são dotados de estruturas administrativas e de pessoal próprio, regido por um misto de normas internacionais e administrativas. Há, igualmente, um misto de tais normas nos financiamentos propiciados por organismos internacionais a projetos e obras realizadas no País.

Com o direito civil, ramo do direito privado, o direito administrativo mantém muitos pontos de conexão. Deve-se lembrar que, nos primórdios de sua formação, os institutos do direito civil forneceram os alicerces para a construção do novo ramo. Assim, por exemplo, a teoria dos atos jurídicos foi a base da teoria dos atos administrativos.

O direito administrativo igualmente se relaciona com disciplinas jurídicas de elaboração mais recente, de forte matiz multidisciplinar. Com o direito urbanístico liga-se de modo muito próximo, pois fornece instrumentos básicos da atividade urbanística estatal; por exemplo: servidão, poder de polícia, desapropriação. Tão próximas se apresentam as duas disciplinas que muitos afirmam tratar-se, o direito urbanístico, de uma parte do direito administrativo. Essa afirmação, porém, não se coaduna com o desenvolvimento moderno daquele.

O direito ambiental é outra disciplina mais recente que se articula bem com o direito administrativo. Cuidando, em essência, de normas relativas à qualidade do meio ambiente como fundamental para a qualidade de vida, o direito ambiental vale-se, igualmente, de figuras do direito administrativo para alcançar efetividade dos seus preceitos. Exemplo: poder de polícia, sanções administrativas, licenças.

O direito administrativo mantém vínculos, ainda, com o direito do consumidor, sobretudo no tocante às sanções administrativas e ao estudo dos órgãos (e respectivas competências) que integram o Sistema Nacional de Defesa do Consumidor.

2.7 Direito administrativo e ciência da Administração Pública

Os estudos não jurídicos da Administração Pública remontam ao século XVIII, sobretudo na Prússia e França. Depois, entre 1866 e 1884, surgiu, de autoria de Lorenz Von Stein, uma extensa obra dedicada à ciência administrativa. No entanto, as concepções predominantes no século XIX, em especial quanto à sujeição dos poderes estatais ao direito e, por conseguinte, da Administração submetida ao direito, acrescidas do empenho na elaboração do direito administrativo, deixaram em segundo plano os enfoques não jurídicos da atividade administrativa.

A partir daí, grande parte dos estudos de ciência da Administração realizavam-se em conjunto com o direito administrativo. Havia cátedras denominadas "Direito administrativo e ciência da Administração", e esse mesmo nome intitulava os manuais. Depois a disciplina de estudo passou a ser somente o direito administrativo; nos manuais desta matéria habitualmente se menciona a ciência da Administração para diferenciá-la do direito administrativo.

Desde o término da Segunda Guerra vem ocorrendo uma tendência de renovação dos estudos não jurídicos da Administração Pública, acentuada nos anos 60 e 70 do século XX. Alguns fatores pesaram nisso: a hegemonia do Executivo, o correlato aumento das atribuições da Administração, com atuação intensa no âmbito econômico e social. Em decorrência, surgiu a preocupação com o desempenho administrativo. As ciências sociais passaram a ocupar-se do fenômeno burocrático. As obras de Max Weber, publicadas nas décadas de 20 e 30 do século XX, repercutiram mais tarde entre cientistas sociais e políticos norte-americanos e daí se difundiram amplamente.

Outros fatores reforçam o interesse pela ciência da Administração: maior intercâmbio entre Administração e sociedade; preocupação com eficiência da atividade administrativa; todo um movimento internacional de humanização das relações entre Administração e indivíduos; necessidade de reduzir a burocratização, para introduzir flexibilidade, descentralização e práticas democráticas.

Daí a indiscutível necessidade e oportunidade dos estudos não jurídicos da Administração, realizados principalmente pela ciência da Administração Pública, para que melhor se possa conhecê-la.

A *ciência da Administração Pública* ocupa-se, portanto, de aspectos não normativos da atividade desse setor estatal. Por exemplo: modo de organização; técnicas de seleção e treinamento de pessoal; métodos de comunicação interna; técnicas de avaliação de desempenho do pessoal etc.

As relações entre o direito administrativo e a ciência da Administração tendem hoje a ser concebidas em termos de coexistência, de inter-relação, de auxílio científico mútuo, com o fim de aprimorar o conhecimento da Administração e, portanto, de buscar seu mais adequado desempenho no atendimento das necessidades da população.

2.8 Formas de expressão do direito administrativo

Existem divergências entre os autores da teoria geral do direito ou introdução ao estudo do direito no tocante a essa matéria, em vários aspectos. Muitos preferem utilizar o termo *fontes*. Outros optam por *formas de expressão*. Alguns separam fontes substanciais de fontes formais. Outros se referem a fontes abstratas e fontes concretas. Variável também se mostra a lista dos fatores considerados como fonte ou forma de expressão.

Para quem se inicia nos estudos do direito administrativo basta ter conhecimento dos principais meios produtores desse ramo jurídico, ou seja, das principais formas mediante as quais o direito administrativo se revela e adquire força impositiva no ordenamento brasileiro.

a) A *Constituição Federal* fornece as bases da elaboração de vários institutos do direito administrativo e contém preceitos da matéria de aplicação imediata. Os dispositivos relevantes para o direito administrativo encontram-se disseminados no texto, não figurando somente no capítulo dedicado à Administração Pública. Por exemplo: os preceitos sobre o serviço público e as concessões localizam-se no título referente à ordem econômica. Torna-se necessário, assim, efetuar leitura do texto completo, inclusive das disposições transitórias, para obter o perfil dos fundamentos constitucionais do direito administrativo.

Sendo o Brasil uma Federação, para o âmbito de cada Estado-membro vigora uma Constituição, a *Constituição do Estado*, que absorve grande parte das normas de direito administrativo contidas na Constituição Federal e prevê normas próprias para aquele âmbito. As considerações acima tecidas quanto a esta se aplicam à Constituição estadual.

b) Atualmente, a *lei* é um dos mais importantes meios de emanação do direito administrativo no ordenamento brasileiro. Citem-se, como exemplo, a lei de licitações e contratos e a lei das concessões.

No direito pátrio, a lei, por força do art. 59 da CF, reparte-se em vários tipos, especificados nos incisos II a IV.

As leis de licitação e concessão supracitadas integram a categoria das *leis ordinárias*, cujo elemento de diferenciação, quanto aos outros tipos, está na votação, no Legislativo, por maioria simples. No âmbito federal, a lei ordinária é o tipo que mais sobressai na emanação de normas do direito administrativo.

O referido art. 59 prevê também a *lei complementar*, que se diferencia da ordinária por depender de maioria absoluta para aprovação no Legislativo (art. 69 da CF). As matérias objeto de lei complementar são aquelas assim indicadas, de modo difuso, no texto constitucional. Atualmente, em nível federal, poucas são as leis complementares que disciplinam, de modo direto, um instituto ou âmbito do direito administrativo.

A lei complementar pode ser editada também em nível estadual. Assim indica, por exemplo, a Constituição do Estado de São Paulo, art. 21, incluindo nessa categoria a Lei Orgânica das Entidades Descentralizadas, os Estatutos de Servidores Civis e dos Militares (art. 23, parágrafo único).

Outra forma de expressão das normas do direito administrativo em nível federal é a *lei delegada*. A lei delegada é emitida pelo Presidente da República ante prévio consentimento do Poder Legislativo (delegação), que especifica seu conteúdo e o prazo para ser editada. Essa delegação realiza-se por meio de resolução do Legislativo e vem prevista no art. 68 da CF. Esse tipo de lei não é previsto na Constituição do Estado de São Paulo.

As *medidas provisórias* vêm sendo utilizadas, com frequência, para expedir normas de direito administrativo. Segundo o art. 62 da Constituição Federal, com a redação dada pela EC 32/2001, em caso de relevância e urgência, o Presidente da República poderá adotá-las, com força de lei, devendo submetê-las imediatamente ao Congresso Nacional. Se a medida provisória não for convertida em lei no prazo de sessenta dias, prorrogável uma vez por igual período, perderá a eficácia, desde a edição, devendo o Congresso Nacional disciplinar, por decreto legislativo, as relações jurídicas dela decorrentes. Se não for apreciada em até quarenta e cinco dias de sua publicação, entrará em regime de urgência, sucessivamente, em cada Casa do Congresso, ficando sobrestadas todas as demais deliberações, até que se vote a medida provisória. É vedada a edição de medidas provisórias sobre as seguintes matérias: nacionalidade, cidadania, direitos políticos, partidos políticos, direito eleitoral; direito penal, direito processual civil e processual penal; organização do Poder Judiciário e do Ministério Público, carreira e garantias de seus membros; planos plurianuais, diretrizes orçamentárias, orçamento, créditos adicionais e suplementares, salvo o previsto no art. 167, §3º, da CF; detenção ou sequestro de bens, de poupança popular ou qualquer outro ativo financeiro; assunto reservado à lei complementar; matérias disciplinadas em projeto de lei e pendente de sanção ou veto do Presidente da República.

No âmbito municipal, a *lei orgânica* e as leis ordinárias representam os principais meios legislativos de expressão das normas do direito administrativo. No Município de São Paulo, a lei orgânica diferencia-se das leis ordinárias pelo *quorum* de dois terços para sua aprovação ou emenda. Uma lei orgânica é a lei fundamental do Município e contém as principais normas da sua organização e funcionamento. Assim sendo, abriga extenso rol de matérias de direito administrativo. Exemplo: a Lei Orgânica do Município de São Paulo traz um capítulo referente aos bens públicos municipais, disciplinando, inclusive, a autorização, permissão e concessão de bens.

c) Também figuram entre os veículos reveladores desse ramo do direito os *atos administrativos*. Para os fins do tema ora exposto não serão arrolados todos os atos administrativos, mas somente os que mais frequentemente editam preceitos gerais.

Dentre tais ressalta-se o *decreto*. O decreto é ato privativo do Chefe do Executivo, na esfera federal, estadual e municipal. Uma das suas conotações é a de veículo dos regulamentos de lei. No Brasil, os regulamentos destinados a explicitar a lei editam-se por meio de decreto.

O decreto com efeitos gerais pode ainda ser emitido para disciplinar matéria não privativa de lei. Exemplo: decreto municipal que institui normas para a comercialização de pastéis em feiras livres.

As *resoluções* baixadas no âmbito do Executivo apresentam dois matizes: expressam decisões gerais de autoridades de elevado grau hierárquico, como Ministros e Secretários de Estado, no campo de suas atribuições; ou expressam deliberações de órgãos colegiados (exemplo: conselhos, congregações de faculdades públicas).

Além do direito legislado, dois outros meios apresentam-se relevantes como expressões do direito administrativo: a *jurisprudência* e a *doutrina*.

d) A *jurisprudência*, com o sentido de decisões reiteradas em determinado tema, advindas do Poder Judiciário, exerceu papel importante na formação do direito administrativo, como já foi ressaltado, e mantém, na atualidade, sua condição de um dos principais meios não legislados de expressão desse direito. Basta lembrar aqui no Brasil a relevância das decisões dos Tribunais nos temas da anulação e revogação do ato administrativo. A importância da jurisprudência no Brasil mais se acentua com os enunciados de Súmulas Vinculantes, os quais devem ser observados pela Administração Pública, sob pena de Reclamação ao Supremo Tribunal Federal, sem prejuízo dos recursos ou demais formas de impugnação, conforme dispõe a Lei 11.417, de 19.12.2006.

Hoje, nos países que integram blocos ou comunidades, as respectivas Cortes de Justiça (como é o caso da Corte de Justiça da União Europeia) exercem função de grande relevo na padronização dos preceitos do direito administrativo dos Estados-membros, em especial quando se trata dos direitos dos indivíduos, isolados ou em grupos, perante a Administração.

e) A *doutrina* significa o conjunto dos trabalhos dos especialistas do direito administrativo, ou seja, os livros, artigos, elaborados por estudiosos desse ramo jurídico. Tais trabalhos fornecem, muitas vezes, bases para textos legais, para sentenças e acórdãos e para interpretações.

Bibliografia

ALMEIDA, Fernando Dias Menezes de. *Formação da Teoria do Direito Administrativo no Brasil*. São Paulo: Quartier Latin, 2015.

ARAGÃO, Alexandre Santos de; MARQUES NETO, Floriano de Azevedo (Org.). *Direito Administrativo e seus novos paradigmas*. 2. ed. Belo Horizonte: Fórum, 2017.

BAPTISTA, Patrícia Ferreira. *Transformações do direito administrativo*. 2. ed. Rio de Janeiro: Lumen Juris, 2018.

BINENBOJM, Gustavo. *Uma teoria do direito administrativo*. Rio de Janeiro: Renovar, 2006.

CASETTA, Elio. *Compendio di diritto amministrativo*. 19. ed. Milão: Giuffrè, 2019 (aos cuidados de Fabrizio Fracchia).

CASSAGNE, Juan Carlos. *Curso de derecho administrativo*. 10. ed. Buenos Aires: La Ley, 2011. v. I-II.

FERRAZ JÚNIOR, Tercio Sampaio. *Introdução ao estudo do direito*. 7. ed. São Paulo: Atlas, 2013.

FLOGAITIS, Spyridon. *Administrative law et droit administratif*. Paris: LGDJ, 1986.

FREITAS, Daniela Bandeira de; VALLE, Vanice Regina Lírio do (Org.). *Direito administrativo e democracia econômica*. Belo Horizonte: Fórum, 2012.

GARCÍA DE ENTERRÍA, Eduardo; FERNANDES, Tomas-Ramón. *Curso de derecho administrativo*. 10. ed. Madrid: Civitas, 2000. v. 1.

GARCÍA DE ENTERRÍA, Eduardo; FERNANDES, Tomas-Ramón. *Curso de derecho administrativo*. 7. ed. Madrid: Civitas, 2000. v. 2.

GIANNINI, Massimo Severo. *Diritto amministrativo*. Milão: Giuffrè, 1993. v. I-II.

MEDAUAR, Odete. A Administração Pública e o Direito Administrativo nos 20 anos da Constituição. *In*: MARTINS, Ives Gandra; REZEK, Francisco (Coord.). *Constituição Federal*. São Paulo: RT-CEU, 2008. p. 289-298.

MEDAUAR, Odete. Constituição de 1988: catalisadora da evolução do Direito Administrativo? *Revista do Advogado*, São Paulo, ano XXVIII, v. 99, p. 100-107, set. 2008.

MEDAUAR, Odete. *Forte presença do direito administrativo*. Estudos em homenagem a Diogo de Figueiredo Moreira Neto. Rio de Janeiro: Lumen Juris, 2006. p. 469-474.

MEDAUAR, Odete. *O direito administrativo em evolução*. 3. ed. Brasília: Gazeta Jurídica, 2017.

MORAND-DEVILLER, Jacqueline; BOURDON, Pierre; POULET, Florian. *Cours de droit administratif*. 16. ed. Paris: LGDJ, 2019.

MOREIRA NETO, Diogo de Figueiredo. *O direito administrativo no século XXI*. Belo Horizonte: Fórum, 2018.

MOREIRA, João Batista Gomes. *Direito administrativo* – Da rigidez autoritária à flexibilidade democrática. Belo Horizonte: Fórum, 2005.

PIERCE, Richard J.; SHAPIRO, Sidney A.; VERKUIL, Paul R. *Administrative law and process*. New York: Foundation Press, 1986.

REALE, Miguel. *Lições preliminares de direito*. 24. ed. São Paulo: Saraiva, 2000.

SUNDFELD, Carlos Ari *et al*. *Curso de Direito Administrativo em ação* – Casos e leituras para debates. São Paulo: JusPodivm/Malheiros, 2024.

SUNDFELD, Carlos Ari. *Direito Administrativo para céticos*. 2 ed. São Paulo: Malheiros, 2014.

CAPÍTULO 3

ADMINISTRAÇÃO PÚBLICA: NOÇÕES BÁSICAS

3.1 Conceito de Administração Pública

Tendo em vista que o direito administrativo, em essência, disciplina a atuação da Administração Pública, torna-se necessário o conhecimento de algumas noções básicas sobre a mesma, para propiciar a compreensão adequada da estrutura e funcionamento da Administração brasileira.

A Administração Pública, como objeto precípuo do direito administrativo, encontra-se inserida no Poder Executivo. Pode ser considerada sob o ângulo funcional e sob o ângulo organizacional.

No aspecto funcional, *Administração Pública significa um conjunto de atividades do Estado que auxiliam as instituições políticas de cúpula no exercício de funções de governo, que organizam a realização das finalidades públicas postas por tais instituições e que produzem serviços, bens e utilidades para a população*, como, por exemplo, ensino público, calçamento de ruas, coleta de lixo. Na verdade, apresenta-se difícil a caracterização objetiva da Administração Pública, daí por vezes se buscar o modo residual de identificá-la: conjunto de atividades que não se enquadram na legislação, nem na jurisdição; assim, nem o Legislativo, nem o Judiciário cuidam do calçamento de ruas, da coleta do lixo, da rede de escolas públicas, por exemplo.

Sob o ângulo organizacional, *Administração Pública* representa *o conjunto de* órgãos *e entes estatais que produzem serviços, bens e utilidades para a população, coadjuvando as instituições políticas de cúpula no exercício das funções de governo*. Nesse enfoque, predomina a visão de uma estrutura ou aparelhamento articulado, destinado à realização de tais atividades; daí pensar-se, por exemplo, em ministérios, secretarias, departamentos, coordenadorias, etc.

Sempre houve dificuldade de fixar com precisão o conceito de Administração Pública. Diz-se mesmo que a Administração se deixa descrever, mas não se deixa definir, sobretudo ante sua complexidade e o caráter multiforme de suas atuações.

3.2 Administração, legislação e jurisdição

Há muito tempo a doutrina publicista vem se dedicando à identificação da função administrativa ou administração, em si, e por contraste com outras funções estatais, em especial as funções de legislação e jurisdição.

Na concepção clássica da separação de poderes, essas três funções são atribuídas a conjuntos orgânicos independentes entre si, chamados Poder Executivo, Poder Legislativo e Poder Judiciário.

Hoje, no funcionamento de tais conjuntos orgânicos, inexiste uma separação absoluta de funções. A Constituição Federal brasileira de 1988 bem reflete essa ausência de rigidez. Assim, prevê atividade legislativa para o Executivo (por exemplo, no art. 62); confere também ao Judiciário atribuições legislativas (por exemplo: iniciativa de leis de organização judiciária, art. 93); o Legislativo exerce função jurisdicional, por exemplo, ao julgar o Presidente da República nos crimes de responsabilidade (art. 86); Legislativo e Judiciário realizam atividades administrativas, sem repercussão imediata na coletividade, na condição de atividades de apoio às suas funções primordiais, como já se disse.

No entanto, permanece em cada conjunto orgânico um núcleo de atividades típicas que possibilita caracterizá-lo e diferenciá-lo dos demais conjuntos, sob o aspecto da atividade em si e do modo como é realizada.

Assim, a *legislação* é a função precípua do Poder Legislativo. Embora o Executivo seja, na atualidade, o autor de grande número de projetos de lei, estes não se transformam em lei sem a manifestação do Legislativo. No confronto com a função legislativa, tradicionalmente se afirmava que a função administrativa seria atividade subordinada, não autossuficiente, porque destinada a executar a lei. Hoje essa ideia é questionada, ante as atuais atribuições do Poder Executivo e da Administração e sobretudo porque a função administrativa talvez nunca tenha se limitado a só executar a lei ou a só executar a lei de ofício. Embora norteada pelo princípio da legalidade, a Administração não tem o fim único de executar a lei, desempenhando amplo rol de atividades que propiciam serviços, bens, utilidades, dificilmente "enquadráveis" na rubrica "execução da lei".

Com base na "execução da lei", surgiu entendimento no sentido da identidade entre administração e jurisdição, pois ambas teriam essa função de executar a lei. Daí se encontrar em grande número de manuais de direito processual e de direito administrativo um empenho dos autores em diferenciar as duas funções.

A concepção que baseava essa ideia hoje não predomina, pelas razões acima apontadas, não se pensando mais em administração como atividade de mera execução da lei.

Comparada à *jurisdição*, salientam-se as seguintes notas diferenciadoras: a) a jurisdição tem o objetivo jurídico de atuação do direito; a função administrativa não visa precipuamente à atuação da lei, embora deva nortear-se pelo princípio da legalidade; b) há uma conotação de substitutividade na função jurisdicional, pois o Estado diz qual das partes em conflito tem razão, não cabendo a nenhuma delas dar essa decisão; na função administrativa inexiste, em geral, o caráter de substitutividade no conflito de dois sujeitos, pois, havendo controvérsia em seu âmbito, a própria Administração toma a decisão que vai solucioná-la; c) quanto aos efeitos dos atos, naqueles decorrentes da função administrativa, ausente está a imutabilidade da coisa julgada, típica da função jurisdicional; de regra, os atos administrativos podem ser revistos por outros atos administrativos ou por atos jurisdicionais.

Outro ponto a observar nesse tema: é frequente o uso dos termos "julgar" e "julgamento" nas atuações da Administração, como, por exemplo, nas expressões "julgamento da concorrência", "julgamento do processo disciplinar", "julgar o concurso". Tais termos podem levar à equivocada ideia de que se trata de função jurisdicional exercida pela Administração; essas decisões, na verdade, incluem-se entre os atos administrativos, com suas notas típicas, não configurando atos jurisdicionais. Nem se trata de função jurisdicional a atividade realizada por órgãos administrativos que têm o termo "tribunal" em sua denominação, como o Tribunal Marítimo e o Tribunal de Impostos e Taxas; as decisões aí tomadas têm igualmente natureza administrativa, com suas características e decorrências.

Deve-se salientar, ainda, que a *função administrativa* se exerce por atividades multiformes, expressando-se em amplo e complexo leque de atuações, como se verá adiante. Falta à função administrativa a unicidade ou uniformidade predominante na função jurisdicional e na função legislativa.

3.3 Administração e governo

Tendo em vista a tendência moderna de associar o termo "governo" ao Poder Executivo e levando em conta que a Administração diz respeito primordialmente a esse conjunto orgânico, surge a necessidade de esclarecer se ambos se diferenciam ou se identificam.

Algumas afirmações vêm sendo reiteradas para distinguir Administração e governo. Este tem a ver com a tomada de decisões fundamentais à vida da coletividade, com vistas até ao seu futuro; Administração significa realizar tarefas cotidianas e simples. Também se diz que o governo é dotado de função primordialmente política e fixa as diretrizes da vida associada, cabendo à Administração a tarefa de simples cumprimento de tais diretrizes; nessa linha, a Administração apareceria como dependente do governo ou submetida às diretrizes do governo.

Em determinadas situações é possível perceber a *função governamental* e a respectiva atuação de impulso, por exemplo, na opção por determinada política econômica, na tomada de posição em questão internacional.

Mas, em geral, mostra-se difícil a fixação de fronteiras rígidas entre governo e Administração. Na era contemporânea, aumentou a importância da atividade administrativa na dinâmica do Estado, e uma das consequências disso é a participação de servidores (isto é, da chamada burocracia) em atividades que seriam típicas de governo, tais como fixação do conteúdo de projetos de lei, fixação do teor de regulamentos e decretos, apresentação de propostas que se transformam em realização concreta ou ato normativo. Além do mais, no Brasil coexistem, no vértice do Poder Executivo, funções governamentais e funções administrativas, o que dificulta também a nítida separação de ambas. Na prática da atuação do Executivo ocorre, em geral, um emaranhado de governo e Administração, o que, segundo alguns, permite evitar um governo puramente político e uma Administração puramente burocrática.

3.4 Administração e Constituição

As Constituições do século XIX ignoraram a Administração Pública, pois um ou dois preceitos isolados aí são encontrados. Exemplo significativo oferece a Constituição brasileira de 1824, que não contém capítulo específico sobre Administração ou sobre servidores e traz dispositivos isolados em matéria administrativa.

Com a expansão da atividade administrativa, sobretudo no âmbito social e econômico, registra-se a tendência de inserção, nas Constituições, de preceitos que antes figuravam em leis sobre matéria administrativa. As Constituições contemporâneas demonstram a realização dessa tendência, pelo modo mais amplo e profundo com que se ocupam da Administração Pública. A Constituição brasileira de 1988 alinha-se a essa tendência. No Título III, denominado "Da organização do Estado", traz o Capítulo VII, intitulado "Da administração pública", com quatro seções, uma das quais dedicada aos servidores públicos.

Além dos preceitos contidos nesse capítulo, inúmeros dispositivos referentes à matéria administrativa aparecem, de modo difuso, em outras partes do texto constitucional. Assim, por exemplo: no capítulo "Dos direitos e deveres individuais e coletivos" vêm previstos o direito a receber informações dos órgãos públicos (art. 5º, XXXIII) e o direito de petição e de obter certidões (art. 5º, XXXIV); a fiscalização contábil, financeira e orçamentária dos Tribunais de Contas sobre a atividade da Administração vem mencionada nos arts. 71-75; o art. 173 e seus §§1º, 2º e 3º trazem preceitos sobre o regime jurídico das empresas públicas e sociedades de economia mista; itens do regime das concessões e permissões de serviço público constam do art. 175, parágrafo único.

A Constituição pátria fornece, então, bases ao direito administrativo e, portanto, à atuação da Administração, traçando as diretrizes de um modelo de Administração. Assim, arrola no *caput* do art. 37 alguns dos seus princípios; estabelece um rol de preceitos sobre direitos e deveres dos servidores públicos; fixa também preceitos em várias matérias administrativas, como já se disse; ao repartir as competências entre União, Estados e Municípios, também delineia a competência administrativa fundamental desses níveis.

Hoje, no estudo, pesquisa, interpretação e aplicação do direito administrativo, torna-se essencial o encadeamento dos seus temas ao sistema constitucional pátrio, o que leva à necessidade de leitura de toda a Constituição para conhecer o nexo caracterizador da Administração no ordenamento geral do Estado. Por outro lado, a atuação rotineira da Administração é um dos elementos reveladores da efetividade das normas constitucionais na vida da coletividade.

3.5 Administração no Estado Federal

O Brasil é uma República Federativa, formada pela união indissolúvel dos Estados, Municípios e Distrito Federal; assim prevê o art. 1º da Constituição de 1988. Para os fins deste livro, não serão estudados neste item os problemas referentes ao federalismo em geral e ao federalismo brasileiro, nem os aspectos conceituais desse tema, visto ser matéria do direito constitucional e da teoria do Estado.

Basta ter presente que daí decorre a existência, na organização político-administrativa do Brasil, de vários níveis de poder político público e, por conseguinte, a existência de vários níveis de Administração. Cada nível é dotado de estrutura administrativa própria e de atividade administrativa própria, independentes entre si.

Assim à *União* – ente político – corresponde a *Administração Federal* – organização administrativa. A União e a Administração Federal são encabeçadas pelo Presidente da República, Chefe do Executivo, que é, ao mesmo tempo, autoridade política e autoridade administrativa.

A cada *Estado* da Federação – ente político – corresponde uma *Administração Estadual* própria – organização administrativa. O Estado-membro e a Administração Estadual são encabeçados pelo Governador do Estado, Chefe do Executivo, que é, ao mesmo tempo, autoridade política e autoridade administrativa.

O *Distrito Federal* – ente político – é dotado de uma organização administrativa própria – a *Administração do Distrito Federal*. O Distrito Federal e sua Administração são encabeçados pelo Governador do Distrito Federal, ao mesmo tempo autoridade política e administrativa.

Em cada *Município* – ente político – há uma estrutura administrativa própria, por menor que seja – a *Administração Municipal*. O Prefeito, Chefe do Executivo, comanda a estrutura administrativa e fixa as diretrizes políticas.

As atribuições administrativas de cada ente decorrem das competências distribuídas pela Constituição Federal (principalmente arts. 20 a 32).

Assim, cada um dos entes políticos que integram a República Federativa brasileira é dotado de estrutura administrativa própria, independente das demais. Dentre os desdobramentos da *autonomia política* que lhes é conferida pela Constituição Federal estão a *autoadministração* e a *autolegislação*, as quais, combinadas, significam independência para exercer suas atividades administrativas e legislar nessa matéria, no que for atinente à respectiva competência. Mas, em matéria administrativa, existem normas de aplicação comum a todos esses níveis; é o caso dos princípios e preceitos sobre Administração Pública integrantes do capítulo com tal denominação, pois o art. 37, *caput*, assim o determina. Tais preceitos também incidem sobre as atividades administrativas do Legislativo e do Judiciário, conforme prevê o mesmo artigo, e sobre atividades administrativas de quaisquer instituições estatais não enquadradas na estrutura de nenhum dos três poderes (como, por exemplo, o Ministério Público e os Tribunais de Contas).

Também se aplicam a todas as estruturas administrativas muitas leis federais, editadas pela União em virtude da competência outorgada pela Constituição: é o caso da lei de licitações e da lei de concessões, no tocante às suas normas gerais, e o da legislação sobre desapropriação.

3.6 Personalidade jurídica e Administração Pública

A existência de uma estrutura administrativa própria em cada ente da Federação revela uma divisão vertical da Administração brasileira. Existe, ainda, uma divisão horizontal, no âmbito de cada estrutura, como se verá no próximo item.

Para compreender melhor a divisão vertical e principalmente a divisão horizontal, é relevante considerar o tema da atribuição de personalidade jurídica a entes estatais.

Deve-se lembrar que, no universo do direito, além das pessoas naturais ou pessoas físicas, existem as *pessoas jurídicas*, que são sociedades, associações, conjuntos patrimoniais e entidades às quais o ordenamento reconhece a condição de sujeitos de direitos. Sendo sujeitos de direitos, as pessoas jurídicas podem invocar seus direitos como tais, podem contrair obrigações e podem figurar como parte em processos jurisdicionais, por exemplo.

Do direito civil, a concepção de personalidade jurídica passou para o direito público, sobretudo pela doutrina de autores alemães, em obras editadas a partir de meados do século XIX. Inicialmente atribuiu-se ao Estado a condição de pessoa jurídica; depois, a outras entidades públicas. Em muitos Estados federais, como o Brasil, conferiu-se personalidade jurídica aos Estados-membros, ao Distrito Federal e aos Municípios. Com o surgimento das autarquias, empresas públicas, sociedades de economia mista, fundações governamentais e outros tipos de entidades, também a estas se deu a condição de sujeitos de direito por si próprias, aumentando muito o número de pessoas jurídicas estatais.

O reconhecimento da personalidade jurídica a tais entidades, associado à dicotomia setor público-setor privado, levou à necessidade de especificá-las como pessoas jurídicas públicas ou pessoas jurídicas privadas, sem que essa divisão, hoje, no Brasil, signifique que todos os entes com personalidade jurídica privada integrem o setor privado. O art. 40 do Código Civil diz que as pessoas jurídicas são de direito público e de direito privado.

O art. 41, por sua vez, caracteriza como *pessoas jurídicas de direito público interno* a União, cada um dos Estados, o Distrito Federal, cada um dos Municípios, as autarquias, inclusive as associações públicas (esta última expressão foi acrescentada pela Lei 11.107, de 06.04.2005 – consórcios públicos). Portanto, União, Estados-membros, Distrito Federal e Municípios são entes políticos e ao mesmo tempo pessoas jurídicas de direito público, cada qual dotado de uma estrutura administrativa própria.

A outros entes que integram a Administração Pública o ordenamento conferiu a *personalidade de direito privado*: são as empresas públicas, sociedades de economia mista e fundações públicas (em geral), segundo especifica o art. 5º, II, III e IV, do Dec.-lei 200/67, com a redação atual. Tais entes, embora integrem a Administração Pública, são pessoas jurídicas de direito privado; juntamente com as autarquias podem ser considerados pessoas jurídicas administrativas, desprovidas da condição de entes políticos e, portanto, sem a autonomia política típica da União, Estados, Distrito Federal e Municípios.

3.7 Estrutura fundamental da Administração no Brasil

Na organização administrativa brasileira há uma divisão vertical (que não significa hierarquia entre os níveis), decorrente da forma federativa. Segundo esse critério, existe a *Administração Federal*, a *Administração Estadual*, a *Administração do Distrito Federal* e a *Administração Municipal*.

No aspecto horizontal, em cada uma dessas Administrações, quando o grau de complexidade admitir, reparte-se a Administração Pública em *Administração direta* e *Administração indireta*.

Essa divisão, com tal terminologia, ingressou no ordenamento brasileiro mediante o Dec.-lei 200, de 25.02.1967, conhecido também como Reforma Administrativa. O Dec.-lei 200/67, na ocasião, visou a sistematizar a estrutura da Administração Federal e a estabelecer as diretrizes para a reforma administrativa nesse âmbito.

No art. 4º, o Dec.-lei 200/67 estabeleceu que a Administração Federal compreende a Administração direta e a Administração indireta. O texto do Dec.-lei 200/67 recebeu muitas alterações, mas essa divisão permaneceu.

A sistematização da estrutura administrativa preconizada pelo Dec.-lei 200/67 se propagou para os níveis estadual e municipal, por si, e também em virtude de dispositivo do Ato Institucional 8/69, já revogado, que determinava a observância dos princípios adotados para a esfera federal na reforma administrativa dos Estados, Distrito Federal e Municípios (estes, com mais de 200 mil habitantes). Na atualidade, essa divisão é mencionada em vários dispositivos da Constituição Federal, permanecendo em todos os entes federativos.

As expressões *Administração direta* e *Administração indireta* ficaram consolidadas no ordenamento brasileiro, embora tivessem suscitado críticas de alguns autores, pois do ponto de vista técnico pareceria mais adequado o uso dos termos, respectivamente, *Administração centralizada* e *Administração descentralizada*, por indicarem, de modo mais preciso e imediato, o que abrangem.

O significado de Administração direta e Administração indireta será de mais fácil compreensão se houver o conhecimento prévio de outras noções, tais como desconcentração administrativa, órgãos públicos, hierarquia administrativa e descentralização, a serem examinadas nos próximos itens, antes do estudo mais aprofundado da Administração direta e indireta.

3.8 Desconcentração administrativa

Quando se estuda a organização administrativa, dois termos habitualmente se tornam presentes: *desconcentração* e *descentralização*. Ambos se ligam a uma ideia geral de transferência de atribuições de um centro para a periferia. O sentido inverso, ou seja, a transferência de tarefas da periferia para o centro, significa concentração e centralização.

No uso comum registra-se utilização não diferenciada dos dois termos; trata-se de uso não técnico dos vocábulos.

No uso técnico, sobretudo por autores do direito administrativo, da ciência política e da ciência da Administração, ocorrem disparidades de sentido. Também há divergências entre o sentido dado pela doutrina e o sentido conferido por textos legais.

O conteúdo e a extensão de tais divergências não serão aqui examinados. Somente será exposta a ideia nuclear dos dois termos, como noções básicas para a compreensão da organização administrativa brasileira. Sob tal enfoque, representam fórmulas organizacionais; indicam o modo pelo qual são divididas as tarefas da Administração e o tipo de vínculo existente entre os diversos setores que realizam essas tarefas.

Existe *desconcentração* quando atividades são distribuídas de um centro para setores periféricos ou distribuídas de escalões superiores para escalões inferiores, dentro da mesma entidade ou da mesma pessoa jurídica (diferentemente da descentralização, em que se transferem atividades a entes dotados de personalidade jurídica própria, como se verá no item 3.11). Por exemplo: na Administração Federal, em tese, todas as atividades da sua competência caberiam ao Presidente da República; mas é impossível que uma só autoridade realize inúmeras funções; daí, num primeiro momento, haver a divisão dessas funções entre os órgãos de assessoramento direto do Presidente e os ministérios; por sua vez, as autoridades que encabeçam tais órgãos, como Ministros, por si sós, não conseguiriam realizar todas as atividades da responsabilidade do órgão que dirigem; daí, num segundo momento, haver nova divisão, no interior de cada um dos órgãos, e assim por diante. Desse modo, na União, a desconcentração se realiza do Presidente da República para seus órgãos de assessoramento direto e Ministérios; e, no âmbito de cada um desses órgãos, a desconcentração ocorre das autoridades que os encabeçam para órgãos de escalões inferiores. Vê-se, portanto, que a desconcentração leva à distribuição de atividades no âmbito de uma única pessoa jurídica, no caso a União.

O mesmo esquema se reproduz no nível de cada Estado-membro, do Distrito Federal e de cada Município.

A desconcentração se verifica tanto entre órgãos situados num mesmo local como entre órgãos geograficamente distantes. Por exemplo: em nível federal, as delegacias regionais (do trabalho, da educação) são resultantes de desconcentração; em nível municipal, as Subprefeituras do Município de São Paulo igualmente resultam de desconcentração.

A distribuição de atividades mediante desconcentração implica a permanência de vínculos de hierarquia entre os órgãos envolvidos. Ou seja: a desconcentração ocorre entre órgãos ligados por vínculos de hierarquia, integrantes da mesma pessoa jurídica ou da mesma entidade. Assim, se existe desconcentração no âmbito de um Ministério, integrante da pessoa jurídica pública União, há também desconcentração no âmbito interno de uma autarquia federal, pessoa jurídica pública diversa da pessoa jurídica União.

3.9 Órgãos públicos: conceito e classificação

O amplo rol de atividades que a Administração Pública deve realizar para cumprir seu papel na vida da sociedade impede que se concentrem na atuação de uma única autoridade ou um único setor. Além da inviabilidade material em si, outros fatores levam à necessidade de desconcentrá-las: aptidões técnicas diferenciadas, modos especializados de execução, recursos humanos e materiais pertinentes etc. Segundo critérios de especialização do trabalho ou de divisão do trabalho, o amplo rol de atividades é distribuído entre diversos setores ou unidades, denominados órgãos *públicos* ou órgãos *administrativos*.

Órgãos *públicos* ou órgãos *administrativos são unidades de atuação, que englobam um conjunto de pessoas e meios materiais ordenados para realizar uma atribuição predeterminada no* âmbito *do poder público*. Por exemplo: uma Secretaria Municipal de Educação é um órgão público municipal formado por um conjunto de servidores e meios materiais, destinado a colocar em prática as atribuições do Município no tocante ao ensino.

A denominação "órgão" vem da anatomia, na qual cada parte do corpo humano que realiza uma função específica recebe esse nome; o conjunto de todos os órgãos realizando suas funções típicas permite que o corpo humano tenha vida saudável.

O termo "órgão", aplicado a setores da Administração Pública, é utilizado, às vezes, sem precisão técnica, para denominar qualquer parte da Administração Pública.

Tratando-se da Administração brasileira, mais adequado é usar o vocábulo "órgão" para designar unidade de atuação integrante de uma pessoa jurídica. Exemplo: Ministério é órgão; uma Delegacia Regional é órgão; uma Secretaria de Estado é órgão. No âmbito de uma autarquia, dotada de personalidade jurídica própria, como, por exemplo, numa Universidade estadual, o Departamento de Recursos Humanos é um órgão da autarquia.

O órgão público caracteriza-se, então, por ser parte de um todo, quer tenha dimensões amplas (um Ministério) ou pequenas dimensões (seção de pessoal de um Ministério).

Em virtude da divisão das atividades, cada órgão é dotado de atribuições específicas que não se confundem com as atribuições de outros órgãos e que, em princípio, somente por ele podem ser exercidas. No direito público, as atribuições de cada órgão ou autoridade recebem o nome de competência. *Competência significa a aptidão legal conferida a um* órgão *ou autoridade públicos para realizar determinadas atividades*.

No desempenho das atividades inerentes a sua competência, o órgão atua em nome da pessoa jurídica de que faz parte. Ele próprio não é dotado de personalidade jurídica e, portanto, perante o ordenamento jurídico não se apresenta como sujeito de direitos e obrigações por si próprio: a atividade do órgão e seus efeitos no mundo jurídico são imputados à pessoa jurídica da qual faz parte. Exemplo: o Ministério da Educação, não sendo pessoa jurídica, atua em nome da pessoa jurídica União; se o Ministério da Educação celebrar um contrato, os direitos e obrigações decorrentes são imputados à pessoa jurídica União.

O grande número de órgãos e a diversidade de suas atuações levou a doutrina a buscar classificá-los. As classificações variam de autor a autor, como variam os critérios pelos quais se intenta agrupá-los. Nenhuma classificação é perfeita e exaustiva, mas toda classificação propicia o exame panorâmico da figura jurídica que se estuda, facilitando sua percepção.

Conforme o critério da situação do órgão na escala hierárquica, distinguem-se os órgãos *superiores* e os órgãos *subordinados* ou *inferiores*.

Quanto ao tipo de atividade que realizam, mencionam-se órgãos *com atribuições decisórias*, órgãos *com atribuições preparatórias*, órgãos *com atribuições executórias*. E, ainda, órgãos *burocráticos*, que realizam atividades denominadas "meramente administrativas" (exemplo: recebimento de ofícios, papéis, requerimentos – seção de expediente), e órgãos *técnicos*, cujas atividades exigem conhecimento especializado em certa matéria (exemplo: seção de vigilância sanitária).

Segundo o número de pessoas que atuam na tomada de decisões, existem os órgãos *singulares* e os órgãos *colegiados*.

Nos órgãos *singulares*, as decisões são tomadas por uma só autoridade; mesmo que a decisão resulte de reuniões com assessores ou técnicos na matéria, uma única autoridade detém a competência para decidir e é a responsável pela mesma.

Nos órgãos *colegiados*, as decisões são tomadas pela deliberação de um grupo de pessoas; aí, torna-se necessário haver o encontro ou a conciliação da maneira de pensar de várias pessoas para se chegar a uma decisão, que é, então, da responsabilidade do órgão como um todo, não desse ou daquele membro. Os órgãos colegiados são representados por seu presidente, que, em geral, é incumbido de tomar as providências para a efetivação das medidas deliberadas pelo grupo de pessoas. Como as decisões dos órgãos colegiados não decorrem de manifestação individual, para seu funcionamento devem ser fixadas normas sobre *quorum*, ou seja, normas referentes ao número de membros suficiente para haver reunião ou sessão, para haver deliberação, número de membros necessário à tomada de decisões de maior relevo etc. (*quorum* de sessão, *quorum* de deliberação). Por sua vez, o *quorum* vem quantificado mediante a chamada *maioria*.

No ordenamento brasileiro, em geral, utiliza-se a expressão *maioria simples* para designar o maior número de presentes ou maior número de votantes; a locução *maioria qualificada* é empregada para indicar número mais expressivo de membros ou votos que a maioria simples, tomando-se como base para o seu cálculo o número legal de integrantes do órgão colegiado. As *maiorias qualificadas* mais comuns são a *absoluta* e a de *dois terços*. Mediante a *maioria absoluta*, levando-se em conta o número dos integrantes do colegiado, exige-se a presença, manifestação ou voto de metade dos membros mais o número inteiro imediatamente acima da metade; assim, se o colegiado é composto de 25 membros, a maioria absoluta se forma a partir de 13 membros (a metade é 12,5; o inteiro imediatamente acima da metade é 13); se o colegiado é composto de 26 membros, a maioria absoluta se forma a partir de 14 membros. O *quorum* de *maioria de dois terços*, como o próprio nome diz, impõe a manifestação ou voto de dois terços dos integrantes do colegiado; assim, se o colegiado tiver 24 membros, essa maioria se forma a partir de 16 membros.

Para a tomada das decisões que lhe cabem, o órgão colegiado realiza reuniões ou sessões, onde são tomadas deliberações. Os membros do órgão colegiado comparecem às sessões ou reuniões mediante convocação, que é a comunicação escrita remetida a cada membro, onde se indicam local e horário das mesmas, além da ordem do dia, ou seja, o rol de assuntos que será objeto de decisão do colegiado. As decisões do colegiado recebem o nome de deliberação. Os trabalhos do órgão colegiado realizam-se oralmente, com a transcrição escrita expressa num documento oficial denominado ata, elaborada por um secretário. Há deliberações tomadas em aberto e deliberações tomadas por voto secreto, segundo disposições do regimento que norteia os trabalhos do colegiado.

Em geral, só os membros do colegiado podem estar presentes às sessões, admitindo-se a presença do secretário e servidores operacionais. Se o colegiado necessitar de esclarecimentos em certo assunto, poderá convidar ou convocar pessoas estranhas ao órgão, que possam oferecê-los. O presidente do colegiado coordena as sessões.

Os órgãos públicos realizam suas atribuições com o trabalho de pessoas físicas, ou seja, o pessoal ou servidores do órgão. Cada órgão singular é chefiado ou dirigido por uma pessoa, que é o titular do órgão e, portanto, responsável pelo mesmo. Nos órgãos colegiados, todos seus membros são titulares, fixando-se a responsabilidade no órgão como um todo; o presidente coordena o colegiado e é seu representante legal.

3.10 Hierarquia

Entre órgãos integrantes da mesma pessoa jurídica há relações fundamentadas na posição que ocupam no escalonamento das atribuições e responsabilidades. Se dois órgãos se encontram no mesmo nível na estrutura, nenhum exerce poder de supremacia nas relações com o outro. Trata-se, portanto, de relações paritárias, em que sobressai um sentido de coordenação, ao se pensar em atuação conjunta ou conciliada dos dois órgãos. Por exemplo: entre dois Ministérios, que se situam no mesmo nível no escalonamento da estrutura administrativa federal, as relações orgânicas são paritárias, no aspecto jurídico, inexistindo supremacia de um sobre o outro.

A *hierarquia* ocorre quando há diferença de posição dos órgãos no escalonamento estrutural, de tal modo que o órgão superior, nas relações com o subordinado, exerce uma série de poderes aos quais o subordinado se sujeita. Trata-se de *relações de supremacia-subordinação*. Existe hierarquia entre órgãos inseridos na mesma estrutura, ou seja, no âmbito da estrutura interna da mesma pessoa jurídica. No ordenamento brasileiro, pode-se dizer que a hierarquia é vínculo que ocorre entre órgãos da Administração direta ou no interior de cada entidade da Administração indireta.

A hierarquia apresenta-se, assim, inerente à estrutura administrativa desconcentrada. Pode ser visualizada como um tipo de vínculo entre órgãos e como um tipo de vínculo funcional entre servidores. Por vezes, os dois aspectos se mesclam no dia a dia das atividades administrativas.

A existência de hierarquia nas relações entre órgãos e nas relações funcionais entre servidores ou autoridades leva ao exercício de poderes e faculdades do superior sobre o subordinado, vistos como desdobramentos ou decorrências do poder hierárquico. Dentre tais poderes salientam-se os seguintes:

a) *poder de dar ordens* – o superior hierárquico detém a faculdade de emitir ordens funcionais aos subordinados, inclusive fixando diretrizes de atuação. O subordinado deve atender, em princípio, às ordens e instruções funcionais expedidas pelo superior hierárquico. A ressalva ao atendimento se justifica, de regra, no tocante a ordens manifestamente ilegais, desde que o subordinado assim se explique por escrito, o que é raro, no dia a dia da Administração;

b) *poder de controle* – o superior hierárquico exerce controle sobre os atos e a atividade dos órgãos e autoridades subordinadas. Trata-se do controle hierárquico, que pode se realizar de ofício, sem provocação, como resultado do próprio modo de funcionamento de uma estrutura hierarquizada. O controle hierárquico se exerce também por provocação, em virtude de interposição de recurso hierárquico sobre decisão do subordinado ou requerimento de outro tipo;

c) *poder de rever atos dos subordinados* – é faculdade que permite ao superior hierárquico alterar total ou parcialmente decisões dos subordinados, de modo espontâneo ou mediante provocação (recurso ou requerimento). Tais alterações podem levar à anulação ou à revogação do ato emitido pelo subordinado, se for o caso;

d) *poder de decidir conflitos de competência entre subordinados* – havendo divergências entre órgãos subordinados quanto à competência, seja a disputa para exercê-la ou a disputa para não a exercer, cabe ao superior hierárquico resolver o conflito, identificando o órgão competente;

e) *poder de coordenação* – é a faculdade de exercer atividades tendentes a harmonizar a atuação dos diversos órgãos que lhe são subordinados, sobretudo para assegurar integração no cumprimento dos encargos e para evitar dispersão e desperdícios. A coordenação figura entre os preceitos fundamentais que regem as atividades da Administração Federal no Brasil (arts. 6º, II, e 8º do Dec.-lei 200/67).

Duas figuras aparecem comumente associadas a estruturas dotadas de hierarquia: a delegação de competência e a avocação.

3.10.1 Delegação de competência

Mediante a *delegação de competência* um órgão ou autoridade, titular de determinados poderes e atribuições, transfere a outro órgão ou autoridade (em geral de nível hierárquico inferior) parcela de tais poderes e atribuições. A autoridade que transfere tem o nome de delegante; a autoridade ou órgão que recebe as atribuições denomina-se delegado; o ato pelo qual se efetua a transferência intitula-se ato de delegação ou delegação.

O ato de delegação, em geral, especifica as matérias transferidas, os limites da atuação da autoridade delegada, a duração e os objetivos da delegação. No silêncio quanto à duração, entende-se que a transferência perdurará até decisão contrária.

A delegação ocorre, de regra, partindo-se de escalões superiores a escalões inferiores da estrutura hierarquizada, daí estar associada a esse tipo de estrutura. Com a delegação altera-se, no âmbito interno de um órgão, a divisão de atribuições, conferindo-se legitimação ao delegado para o exercício de poderes ou atribuições que sem essa transferência não poderia exercer.

A delegação fundamenta-se na necessidade de conferir mais agilidade e rapidez na tomada de decisões e no intuito de liberar a autoridade ou órgão superior de tarefas rotineiras e repetitivas.

O ato de delegação tem forma escrita e é divulgado por publicação em diário oficial, por comunicação interna, por afixação ou demais formas, segundo o teor da matéria objeto da delegação e o tipo de divulgação adotado pelo órgão.

Numa estrutura hierarquizada e tratando-se de delegação de superior para subordinado, a autoridade delegante mantém o poder de dar instruções e o poder de controle sobre os atos do delegado. Em princípio, mesmo tendo transferido certas atribuições ao delegado, a autoridade delegante pode exercê-las. Esta tem a faculdade de revogar a delegação a qualquer tempo, pela mesma forma com que a editou.

Em geral, a responsabilidade pelos atos e medidas decorrentes de delegação cabe ao delegado.

A delegação de superior hierárquico para escalões inferiores encontra limites na lei, ou seja, se houver lei proibindo delegação, ou se houver lei fixando a competência exclusiva de órgãos superiores e de órgãos inferiores, a delegação fica vedada.

O Dec.-lei 200/67 inclui a delegação de competência entre os preceitos fundamentais da Administração Federal (art. 6º, IV) e traz alguns dispositivos sobre a matéria (arts. 11 e 12).

O termo *delegação* nem sempre é utilizado, no ordenamento pátrio, com o sentido acima exposto, em que a transferência de atribuições ocorre de superior hierárquico para escalões inferiores, na mesma estrutura. Menciona-se o termo para a transferência de competências a entidades da Administração indireta, efetuada mediante a lei que as institui. Também para a transferência da execução de serviços públicos objeto de concessão, permissão e autorização. E, ainda, quando se criam ordens profissionais (OAB, CREA, CRM etc.) e se atribuem a estas as atividades relativas à fiscalização do exercício profissional em suas respectivas áreas. O Dec.-lei 200/67 refere-se à execução delegada de programas federais, mediante convênio, a órgãos estaduais e municipais (art. 10, §5º). Havendo delegação de competências por lei, somente outra lei terá o condão de devolvê-las ao detentor originário da competência, que, assim, ficará impedido de exercê-las concomitantemente ao delegado.

3.10.2 Avocação

Avocação é o deslocamento de competências, de órgão subordinado para órgão superior da hierarquia. Em geral, a autoridade situada em nível hierárquico superior chama a si a matéria que normalmente caberia ao escalão inferior tratar. Essa fungibilidade de atribuições é típica, em princípio, das estruturas hierarquizadas, encontrando limites na lei e outras normas quando estas fixam as competências do órgão inferior. Em acórdão prolatado no MS 124, em março de 1990, o STJ considerou abuso de poder avocaçao, por Ministro de Estado, de decisão que, por regulamento, competia ao diretor de um departamento; além de ignorar o regulamento, essa avocação lesou o devido processo legal, impedindo a interposição de recurso hierárquico (cf. *RDA* 179-180, p. 163-176, jan.-jun. 1990).

A avocação destoa de estruturas em que inexiste vínculo hierárquico funcional, como é o caso do Poder Judiciário, no qual inexiste hierarquia entre magistrados no exercício da função jurisdicional em si, em virtude, sobretudo, das garantias de independência do juiz.

3.11 Descentralização administrativa

Já se mencionou a existência de controvérsia no uso dos termos "desconcentração" e "descentralização", incluindo-se aí o descompasso entre a conceituação doutrinária e o emprego dos termos em textos legais. Exemplo expressivo da divergência é encontrado no Dec.-lei 200/67, que no art. 10 engloba, sob a rubrica de "descentralização", práticas que, segundo as concepções doutrinárias, aí não se enquadrariam.

Registrando somente a existência de controvérsias a respeito do sentido dos termos, será utilizado, nesta exposição, o significado conferido à descentralização administrativa por autores franceses e belgas, como Burdeau, Waline, Dembour, por exemplo. Nessa linha, a *descentralização administrativa* significa a transferência de poderes de decisão em matérias específicas a entes dotados de personalidade jurídica própria. Tais entes realizam, em nome próprio, atividades que, em princípio, têm as mesmas características e os mesmos efeitos das atividades administrativas estatais. A descentralização administrativa implica, assim, a transferência de atividade decisória.

Nessa concepção, para descentralizar é preciso o seguinte: a) atribuir personalidade jurídica a um ente diverso da entidade matriz (no Brasil, União, Estados, Distrito Federal, Municípios); b) conferir ao ente descentralizado poderes de decisão em matérias específicas; desses dois aspectos já decorre o reconhecimento de órgãos e patrimônio próprios do ente descentralizado; c) estabelecer normas a respeito do controle que o poder central exercerá sobre o ente descentralizado; esse controle é denominado de *tutela administrativa* ou *controle administrativo*, no ordenamento pátrio; em nível federal, recebe o nome de *supervisão* (arts. 19-29 do Dec.-lei 200/67).

No Brasil, a descentralização administrativa realiza-se com os entes da Administração indireta; quer dizer, as autarquias, empresas públicas, sociedades de economia mista e fundações públicas são produtos da descentralização administrativa.

Do ponto de vista estritamente jurídico, entre os entes descentralizados e os poderes centrais não se registram vínculos de hierarquia. Os poderes centrais exercem um controle sobre tais entes, denominado tutela, que juridicamente não se assimila ao controle hierárquico, embora na prática assim pareça. Algumas diferenças podem ser fixadas entre o controle hierárquico e a tutela administrativa. A relação de hierarquia existe entre órgãos situados em níveis diferentes da estrutura da mesma pessoa jurídica, implicando subordinação de órgãos inferiores àqueles de graus mais elevados; a tutela é controle exercido pelas entidades centrais sobre entes dotados de personalidade jurídica própria e poder próprio de decisão; portanto, na tutela há duas pessoas jurídicas na relação de controle.

Em segundo lugar, como os entes descentralizados são dotados de poder próprio de decisão em matéria específica, ou seja, têm competência própria (fixada mediante lei), não se pode cogitar daquele caráter de fungibilidade nas atribuições respectivas de superior e subordinado, típica do vínculo hierárquico; daí ser impossível, ao órgão central, avocar competência dos entes descentralizados. Em terceiro lugar, o poder hierárquico é incondicionado, o superior pode exercê-lo sem necessidade de previsão em texto legal; o poder de exercer a tutela, ao contrário, é condicionado, pois não se presume, realizando-se só nos casos e formas previstos na lei.

Não há, portanto, *juridicamente*, relação de hierarquia entre entidade central e entes descentralizados, nem identidade entre controle hierárquico e tutela administrativa, embora, repita-se, de fato e na prática assim possa parecer. Onde houver controle hierárquico, certamente existe desconcentração administrativa; a tutela é típica da descentralização administrativa.

No Brasil, entre os órgãos que integram a Administração direta existem vínculos de hierarquia característicos da desconcentração; entre as entidades centrais – União, Estados, Distrito Federal, Municípios – e suas autarquias, empresas públicas, sociedades de economia mista, fundações públicas não ocorrem juridicamente vínculos de hierarquia, mas controle denominado tutela, típico da descentralização administrativa.

Bibliografia

CINTRA, A. C.; DINAMARCO, C. R.; GRINOVER, A. P. *Teoria geral do processo*. 23. ed. São Paulo: Malheiros, 2007.

MEDAUAR, Odete. *Controle administrativo das autarquias*. São Paulo: Bushatsky, 1976.

MEDAUAR, Odete. Delegação administrativa. *RF*, v. 278, p. 21-27, abr./jun. 1982.

MEDAUAR, Odete. *O direito administrativo em evolução*. 3. ed. Brasília: Gazeta Jurídica, 2017.

NIGRO, Mario. L'azione dei pubblici poteri – Lineamenti generali. *In*: AMATO, G.; BARBERA, A. *Manuale di diritto pubblico*. Bolonha: Il Mulino, 1986.

SILVA, José Afonso da. *O poder executivo no Brasil*. São Paulo: Malheiros, 2021.

CAPÍTULO 4

ADMINISTRAÇÃO DIRETA

4.1 Conceito

Conforme o inc. I do art. 4º do Dec.-lei 200/67, a Administração direta federal se constitui dos serviços integrados na estrutura administrativa da Presidência da República e dos Ministérios. Portanto, na esfera federal, os órgãos inseridos na estrutura da Presidência da República e na estrutura dos Ministérios compõem a Administração direta, que é uma administração centralizada, cujas atividades se exercem pelo conjunto de órgãos que a integram.

Generalizando-se essa fórmula para os demais âmbitos administrativos do País, emerge o seguinte conceito: *Administração direta é o conjunto dos* órgãos *integrados na estrutura da chefia do Executivo e na estrutura dos* órgãos *auxiliares da chefia do Executivo.*

Uma das características da Administração direta é o vínculo de subordinação-supremacia, denominado hierarquia, que liga seus órgãos (ver item 3.10 do Capítulo 3). Tal vínculo parte do chefe do Executivo para seus auxiliares diretos e destes, por sua vez, para seus subordinados, no âmbito dos órgãos que chefiam, e assim por diante.

Outra característica da Administração direta está na generalidade de tarefas e atribuições que lhe cabem. Para poder cumprir tais tarefas, efetua-se uma divisão entre diversos órgãos, cada qual desempenhando sua parcela, divisão essa denominada desconcentração (ver item 3.8 do Capítulo 3). A desconcentração ocorre do chefe do Executivo para seus auxiliares diretos e, destes, para órgãos e autoridades que, por sua vez, são seus subordinados.

Essa estrutura básica da Administração direta brasileira, em nível federal, estadual e municipal, vem se mantendo continuamente. O que tem variado é o número, nome e atribuições dos órgãos auxiliares do chefe do Executivo. E também dos órgãos situados em graus mais inferiores da hierarquia. As alterações nos órgãos auxiliares diretos da chefia do Executivo (por exemplo, Ministérios) ocorrem, em geral, no início de cada mandato.

4.2 Estrutura básica da Administração direta federal

A *Administração direta federal* compõe-se basicamente da Presidência da República e dos Ministérios. Conforme o art. 76 da Constituição de 1988, o Poder Executivo federal é exercido pelo Presidente da República, auxiliado pelos Ministros de Estado. Além da direção política do País, o Presidente da República exerce a direção superior da Administração federal, com o auxílio dos Ministros de Estado (assim dispõe o inc. II do art. 84 da Constituição de 1988). Ao Ministro de Estado compete, além de outras atribuições, a orientação, coordenação e supervisão dos órgãos e entidades federais na área de sua competência (art. 87, parágrafo único, I, da CF).

A Presidência da República e os Ministérios, por sua vez, compõem-se, cada qual, de vários órgãos.

4.3 Presidência da República

É o órgão supremo da Administração direta federal, encabeçado pelo Presidente da República, detentor de mandato político, por eleição direta, com duração de quatro anos (art. 82 da Constituição, com a redação dada pela Emenda de Revisão 5, de 07.06.1994, alterada pela Emenda Constitucional 16/97). Dentre as atribuições do Presidente da República, previstas no art. 84 da Constituição, salientam-se as seguintes: nomear e exonerar os Ministros de Estado (inc. I); expedir decretos e regulamentos para a fiel execução das leis (inc. IV); vetar projetos de lei, total ou parcialmente (inc. V); nomear o Advogado-Geral da União (inc. XVI). Vários órgãos integram a Presidência da República, por exemplo: a Casa Civil. A Lei 14.600, de 19.6.2023, com alterações posteriores, dispõe sobre a organização da Presidência da República e dos Ministérios, mencionando suas competências.

4.4 Ministérios

Os *Ministérios* são órgãos da estrutura básica da Administração direta federal, hierarquicamente situados logo abaixo da Presidência da República. Na chefia dos Ministérios estão os Ministros de Estado, nomeados em comissão, por escolha do Presidente da República, dentre brasileiros maiores de vinte e um anos e no exercício dos direitos políticos (cf. arts. 84, I, e 87 da CF). Os Ministros são exonerados pelo Presidente da República.

Ao *Ministro de Estado* cabe a supervisão ministerial, exercida mediante a orientação, coordenação e controle dos órgãos e entidades na área de sua competência (parágrafo único, inc. I, do art. 87 da CF; art. 19 e parágrafo único do art. 20 do Dec.-lei 200/67). Além desse encargo, cabe ao Ministro de Estado referendar atos e decretos assinados pelo Presidente da República; expedir instruções para a execução das leis, decretos e regulamentos; apresentar ao Presidente da República relatório anual de sua gestão; praticar atos pertinentes às atribuições que lhe forem outorgadas ou delegadas pelo Presidente da República (parágrafo único, incs. I a IV, do art. 87 da CF).

Segundo o art. 88 da CF, depende de lei a criação e a extinção dos Ministérios. Quanto à organização e funcionamento, compete ao Presidente da República, desde que não acarrete aumento de despesa nem criação ou extinção de órgãos públicos (art. 84, VI, *a*, da CF, com a redação da EC 32/2001). Já se observou que no Brasil o quadro dos Ministérios vem se alterando com frequência, de tal sorte que sofrem variações quanto ao número, nome e atribuições, periodicamente. Não são abolidos, embora possam ter denominação e estruturas alteradas, aqueles Ministérios considerados necessários à vida político-institucional de qualquer Estado: o Ministério da Justiça, o Ministério das Relações Exteriores, o Ministério da Economia (por vezes denominado Ministério da Fazenda) e um ou mais Ministérios responsáveis pela defesa.

Cada Ministério comporta uma estrutura, com órgãos específicos, para o desempenho das atribuições atinentes à matéria de sua competência. Além desses órgãos específicos, os Ministérios têm um conjunto de órgãos comuns: Secretaria Executiva, exceto no Ministério da Defesa e no Ministério das Relações Exteriores; Gabinete do Ministro; Consultoria Jurídica, exceto no Ministério da Economia, onde tais funções são exercidas pela Procuradoria-Geral da Fazenda Nacional.

4.5 Estrutura básica da Administração direta estadual

No âmbito dos Estados-membros da Federação brasileira, a estrutura básica da Administração direta observa o mesmo esquema da Administração Federal: o chefe do Executivo encabeça a Administração e tem como auxiliares os Secretários de Estado.

A organização administrativa dos Estados é de sua própria competência, como resultado de sua condição de ente federativo, dotado de autonomia. O art. 25 da CF assim prevê, ao dispor que os Estados se organizam e se regem pelas Constituições e leis que adotarem, observados os princípios fixados naquele texto.

Em geral, as Constituições estaduais preveem somente a estrutura fundamental da Administração, deixando às leis a incumbência de explicitar a estrutura e funcionamento de órgãos específicos.

Pode ser invocada como exemplo a Constituição do Estado de São Paulo, de 5 de outubro de 1989. Nesta se prevê, dentro do capítulo destinado ao Poder Executivo, seu exercício pelo *Governador do Estado*, tendo como auxiliares diretos e de confiança os *Secretários de Estado* (arts. 37, 47, II, e 51). Dentre as competências privativas do Governador arrolam-se as seguintes: exercer, com o auxílio dos Secretários de Estado, a direção superior da Administração estadual; expedir decretos e regulamentos para a fiel execução da lei; prover os cargos públicos do Estado; nomear e exonerar livremente os Secretários de Estado; nomear e exonerar dirigentes de autarquias; praticar demais atos de administração, nos limites da competência do Executivo; delegar, por decreto, a autoridade do Executivo, funções administrativas que não sejam de sua exclusiva competência (art. 47).

O Gabinete do Governador é integrado por órgãos de assessoramento direto, tais como Assessoria ou Consultoria Jurídica, Assessoria Parlamentar, Assessoria de Imprensa, Casa Civil ou Secretaria de Governo etc.

Os Secretários de Estado são escolhidos entre brasileiros maiores de vinte e um anos e no exercício dos direitos políticos (art. 51). São responsáveis pelos atos que praticarem ou referendarem no exercício do cargo (art. 52). Na Administração direta estadual as diversas matérias da competência do Estado repartem-se entre as Secretarias.

Em geral, a Administração direta dos Estados-membros conta com Secretaria da Fazenda, Secretaria da Educação, Secretaria da Segurança Pública, variando em número e matéria as demais Secretarias.

Cada Secretaria, por sua vez, é dotada de um conjunto de órgãos, destinados a realizar, cada qual no seu âmbito, atribuições cuja soma expressa a competência da Secretaria, por exemplo: Gabinete do Secretário, Assessorias, Departamentos, Coordenadorias, Divisões, Seções, Setores, e assim por diante.

4.6 Estrutura básica da Administração direta municipal

O Município, no Brasil, é ente dotado de autonomia política. Desde que observados os preceitos estabelecidos na Constituição Federal e na Constituição do Estado-membro em que se situa, o próprio Município estabelece sua estrutura administrativa, cujos contornos básicos são previstos na sua lei orgânica. É o que se depreende do art. 29 da CF.

O Poder Executivo do Município é exercido pelo *Prefeito*, que também exerce a direção geral da Administração. Dentre as atribuições do Prefeito se encontram, em geral, as seguintes: nomear e exonerar auxiliares diretos; expedir decretos e regulamentos; prover cargos e funções públicas; praticar atos administrativos referentes a servidores municipais.

No exercício de suas atribuições e ante exigências da divisão racional do trabalho, o Prefeito conta com auxiliares que, por sua vez, encabeçam órgãos. A estrutura administrativa municipal reflete a extensão do próprio Município. Quanto maior o Município e mais diversificadas as atividades humanas existentes em seu âmbito, mais complexa se apresenta a sua estrutura administrativa. Assim, em Municípios de grande porte, como o de São Paulo, o Prefeito tem como auxiliares os *Secretários Municipais*; cada Secretaria, por sua vez, compõe-se de vários órgãos, escalonados hierarquicamente; por exemplo: departamentos, divisões, coordenadorias, seções, setores. Nos Municípios de pequeno porte, em geral inexistem Secretários ou Secretarias Municipais, mas, tão somente, assessoria, serviços, setores, por exemplo.

4.7 Administração do Distrito Federal

O *Distrito Federal*, situado em Brasília, é ente federativo que sedia a capital do Brasil. O art. 32 da CF veda sua divisão em Municípios e determina que se regerá por lei orgânica, votada por sua Câmara Legislativa. Ao Distrito Federal são conferidas atribuições legislativas reservadas aos Estados e Municípios, segundo o §1º do art. 32 daquele texto.

A Chefia do Executivo do Distrito Federal é exercida pelo *Governador*, que também exerce a direção geral da Administração. O Governador é auxiliado por *Secretários* e cada Secretaria tem sua estrutura escalonada hierarquicamente.

4.8 Órgãos com situação peculiar

Há alguns órgãos que, do ponto de vista estrutural, integram a Administração direta. No entanto, do ponto de vista funcional, diferem da maior parte dos órgãos aí inseridos. As diferenças encontram-se, sobretudo, em aspectos atinentes à subordinação hierárquica. Sobre tais órgãos nem sempre incidem todas as consequências comuns da subordinação hierárquica, embora as normas que os criam e os organogramas venham a situá-los na estrutura de Ministérios, Secretarias Estaduais, Secretarias Municipais.

Em alguns desses órgãos, por exemplo, a relação hierárquica vai aparecer porque a eficácia de suas decisões depende de atos de homologação ou de aprovação de uma autoridade superior. Muitos Conselhos e Comissões se enquadram nessa hipótese. Em outros casos, embora exista relação hierárquica, a autoridade superior não pode avocar competência do órgão, nem pode delegar, em virtude justamente do caráter específico das funções desse órgão, por vezes arroladas em lei.

Na esfera federal, o art. 172 do Dec.-lei 200/67, com a redação dada pelo Dec.-lei 900/69, possibilita que o Poder Executivo assegure autonomia administrativa e financeira, no grau conveniente, aos serviços, institutos e estabelecimentos incumbidos da execução de atividades de pesquisa ou ensino ou de caráter industrial, comercial ou agrícola, que, por suas peculiaridades de organização e funcionamento, exijam tratamento diverso do aplicável aos demais órgãos da Administração direta, observada sempre a supervisão ministerial. Depreende-se dos dispositivos que tais órgãos desfrutam de grau de independência administrativa e financeira, embora integrem a Administração direta federal e estejam sujeitos ao controle do Ministério a que se ligam. Deve-se atentar para o uso inadequado do termo "autonomia" no citado art. 172: se tais órgãos estão inseridos na Administração direta federal, não podem ser autônomos, mas sim desfrutar de algum grau de independência. A autonomia administrativa significa, sobretudo, a ausência de qualquer controle efetuado por autoridade da estrutura administrativa, o que não é o caso, pois o final do artigo prevê o controle ministerial.

Pode-se mencionar, na Administração do Estado de São Paulo, a situação peculiar da *Procuradoria-Geral do Estado*. A Constituição do Estado de São Paulo, nos arts. 98 a 102, traz normas sobre esse órgão, arrolando inclusive suas funções institucionais (art. 99). Vincula-se diretamente ao Governador do Estado, do ponto de vista estrutural (art. 98), embora seja independente nas matérias relativas às suas funções institucionais.

Bibliografia

CARVALHO FILHO, José dos Santos. *Manual de direito administrativo*. 38. ed. São Paulo: Atlas, 2024.

JUSTEN FILHO, Marçal. *Curso de direito administrativo*. 13. ed. São Paulo: RT, 2018.

SILVA, José Afonso da. *O poder executivo no Brasil*. São Paulo: Malheiros, 2021.

CAPÍTULO 5

ADMINISTRAÇÃO INDIRETA

5.1 Conceito

Segundo o art. 4º, II, do Dec.-lei 200/67 (com alterações posteriores), a Administração indireta compreende as entidades dotadas de personalidade jurídica própria que estão indicadas nas suas alíneas. Daí o seguinte conceito: *Administração indireta é o conjunto de entidades personalizadas que executam, de modo descentralizado, serviços e atividades de interesse público.* Em cada nível de Administração, o conjunto dessas entidades personalizadas forma a Administração indireta desse nível. Há, portanto, Administração indireta federal, Administração indireta estadual e Administração indireta municipal, se a dimensão do Estado-membro e do Município comportar.

No tocante às entidades componentes da Administração indireta, a redação de alguns dispositivos da Constituição de 1988 ensejou entendimento diverso do que dispõe a atual redação do Dec.-lei 200/67, em virtude de usarem a expressão "administração direta e indireta, incluídas as fundações instituídas e mantidas pelo Poder Público" (por exemplo, art. 71, III). De acordo com essa corrente, a Constituição Federal, usando esses termos, estaria retirando as fundações públicas do âmbito da Administração indireta, para incluí-las numa "Administração fundacional". Parece, no entanto, melhor o entendimento que inscreve as fundações públicas no rol das entidades da Administração indireta. Isso porque o próprio Dec.-lei 200/67 assim prevê; e, por outro lado, todas as leis de reestruturação da Administração federal posteriores à Constituição de 1988 repartem-na em direta e indireta, não mencionando "Administração fundacional". Além do mais, outros dispositivos da Constituição Federal levam à convicção de que a Administração Pública se reparte somente em direta e indireta, nesta última se incluindo as fundações públicas. Por exemplo: o inc. X do art. 49 aponta a competência do Congresso Nacional para fiscalizar os atos do Poder Executivo, incluídos os da Administração indireta. Ao utilizar a expressão "administração indireta", o constituinte excluiu as fundações públicas do controle parlamentar? Evidente que não, porque aí estão abrangidas. O *caput* do art. 70, referente à fiscalização financeira, contábil e orçamentária exercida pelo Congresso Nacional, usa os termos "entidades da administração direta e indireta";

estariam excluídas, dessa fiscalização, as fundações públicas? Evidente que não. O fato de explicitar, em vários dispositivos, que seus preceitos se aplicam "inclusive às fundações" ou "à administração fundacional" decorre sobretudo da memória de um período em que as fundações públicas foram retiradas do âmbito da Administração indireta, como será exposto adiante; para que não ficassem resíduos dessa época, o constituinte torna clara a extensão dos preceitos a essas entidades.

São *entes da Administração indireta: as autarquias, as empresas públicas, as sociedades de economia mista e as fundações públicas*, conforme dispõe o inc. II do art. 4º do Dec.-lei 200/67, alíneas *a, b, c* e *d*, respectivamente. Segundo a confusa Lei 11.107, de 06.04.2005, o *consórcio público* com personalidade jurídica pública, constituído como *associação pública*, integra a Administração indireta de todos os entes federativos consorciados (art. 6º, I e §1º), enquanto perdurar o consórcio ou a participação no consórcio (art. 13, §6º). A respeito dos consórcios públicos, v. item 11.15.1.

Cada uma dessas entidades possui personalidade jurídica própria, que não se confunde com a personalidade jurídica da entidade maior a que se vinculam, ou seja, não se confunde com a pessoa jurídica União, com a pessoa jurídica Estado-membro, com a pessoa jurídica Município. Tendo personalidade jurídica, são sujeitos de direitos e encargos por si próprias, realizando atividades e atos do mundo jurídico em seu próprio nome.

As autarquias são pessoas jurídicas públicas. As empresas públicas, as sociedades de economia mista e a maioria das fundações públicas são pessoas jurídicas privadas. Para alguns autores, essas entidades com personalidade jurídica privada formariam um tipo denominado "paraestatais", termo que literalmente significa "entes paralelos ao Estado". O direito positivo brasileiro atual não utiliza tal terminologia e, como se verá, a personalidade jurídica privada não afasta a aplicação, a tais entidades, de preceitos do direito público, por isso, parece melhor a expressão "Administração indireta".

As entidades da Administração indireta são produtos de descentralização administrativa (ver item 3.11 do Capítulo 3). Juridicamente, entre essas entidades e a Administração direta não existem vínculos de hierarquia: os poderes centrais exercem um controle (tutela, controle administrativo, supervisão ministerial) que, do ponto de vista jurídico, não se assimila ao controle hierárquico, embora na prática assim possa parecer.

Em geral, cada uma dessas entidades se vincula a um órgão da Administração direta, cuja área de competência tenha afinidade com sua atuação específica. No âmbito federal esse vínculo vem indicado no parágrafo único do art. 4º do Dec.-lei 200/67: "As entidades compreendidas na Administração indireta vinculam-se ao Ministério em cuja área de competência estiver enquadrada sua principal atividade"; por exemplo, o Instituto Nacional da Propriedade Industrial – INPI – vincula-se ao Ministério do Desenvolvimento, Indústria, Comércio e Serviços. Mas podem vincular-se, também, a outros órgãos equivalentes a Ministério, como Secretarias junto à Presidência da República; o Decreto 11.401, de 23.01.2023, com alterações posteriores, dispõe sobre a vinculação das entidades da Administração indireta federal. Em nível estadual e municipal, por vezes o vínculo ocorre com o Gabinete do Chefe do Executivo, por vezes com Secretarias.

O órgão da Administração direta a que se vincula a entidade exerce o *controle administrativo (tutela)* sobre a mesma, em geral. Em nível federal esse controle denomina-se *supervisão ministerial*, sendo atribuição do Ministro de Estado competente (art. 19 do Dec.-lei 200/67). A supervisão ministerial da Administração indireta visa a assegurar, essencialmente: I – a realização dos objetivos fixados nos atos de constituição da entidade; II – a harmonia com a política e a programação do Governo no setor de atuação da entidade; III – a eficiência administrativa; IV – a autonomia administrativa, operacional e financeira da entidade (art. 26 do Dec.-lei 200/67). Como exemplos de medidas que expressam a supervisão ministerial podem-se apontar: indicação ou nomeação pelo Ministro dos dirigentes da entidade; designação, pelo Ministro, dos representantes do Governo Federal nas assembleias-gerais e órgãos de administração ou controle da entidade; recebimento sistemático de relatórios, boletins, balancetes, balanços e informações que permitam ao Ministro acompanhar as atividades da entidade e a execução do orçamento-programa; fixação das despesas de pessoal e de administração; intervenção, por motivo de interesse público (parágrafo único do mesmo art. 26).

Uma das características da Administração indireta é a especialidade das atribuições de cada entidade, vigorando o *princípio da especialidade*. Assim, por exemplo, umas destinam-se ao fornecimento de água, outras, à preservação do patrimônio cultural. Desse modo, os entes da Administração indireta não podem realizar atividades fora do fim a que se destinam.

Para o desempenho de sua competência específica, a entidade da Administração indireta é dotada de patrimônio e pessoal próprios, estrutura administrativa própria, encabeçada por um dirigente, de regra denominado "presidente" ou "superintendente" (nas universidades, reitor).

Outro aspecto do regime geral das entidades da Administração indireta é a exigência de *lei específica* para a criação de autarquia e para a autorização de instituição de empresa pública, sociedade de economia mista e fundação, conforme prevê o inc. XIX do art. 37 da CF, nos seguintes termos: "Somente por lei específica poderá ser criada autarquia e autorizada a instituição de empresa pública, de sociedade de economia mista e de fundação, cabendo à lei complementar, neste último caso, definir as áreas de sua atuação". Por *lei específica* deve-se entender a lei decorrente de projeto elaborado somente com a finalidade de criar a entidade. É possível considerar-se como lei específica aquela que diz respeito à reestruturação de órgãos e entidades da Administração Pública. A parte final do referido inciso XIX suscita dúvidas quanto a alcançar só a fundação pública ou também empresa pública e sociedade de economia mista; e mostra-se incoerente ao prever lei complementar para indicar a área de atuação de entidades, cuja instituição foi autorizada por lei ordinária. Também depende de autorização legislativa, em cada caso, a criação de *subsidiárias* dessas entidades e a participação de qualquer delas em empresa privada, segundo exige o inc. XX do mesmo art. 37. O termo *subsidiárias* guarda pertinência sobretudo com empresas vinculadas a empresas públicas e sociedades de economia mista.

A todas as entidades da Administração indireta, da União, Estados, Distrito Federal e Municípios, qualquer que seja sua natureza jurídica, aplicam-se os princípios arrolados no *caput* do art. 37 (legalidade, impessoalidade, moralidade, publicidade, eficiência) e todos os preceitos contidos nos incs. I a XXII do mesmo artigo.

Quanto à responsabilidade por danos a terceiros, causados por seus agentes, é objetiva, nos termos da Constituição Federal, art. 37, §6º, no caso de entidades com personalidade jurídica pública ou de entidades prestadoras de serviços públicos com personalidade jurídica privada; ou seja, essas entidades arcam com a reparação do dano, tendo direito de regresso se ocorrer dolo ou culpa do agente. Há linha doutrinária em favor da responsabilidade subsidiária da pessoa jurídica matriz (União, Estado, Distrito Federal, Município) se o patrimônio de qualquer entidade da respectiva Administração indireta não for suficiente para a reparação, pois a pessoa jurídica matriz foi a instituidora da entidade.

Sobre os dirigentes, servidores e empregados que trabalham nos entes da Administração indireta incidem os dispositivos da Lei 8.429, de 02.06.1992, com alterações posteriores, que prevê sanções por improbidade administrativa.

As entidades da Administração indireta sujeitam-se ao controle parlamentar (art. 49, X, da CF) e à fiscalização financeira, contábil, orçamentária e patrimonial exercida pelos Tribunais de Contas (arts. 70 e 71 da CF).

5.2 Autarquias

5.2.1 Noção

O termo *autarquia*, que literalmente significa "poder próprio", foi usado pela primeira vez pelo publicista italiano Santi Romano, em 1897, para identificar a situação de entes territoriais e institucionais do Estado unitário italiano. Para Romano, autarquia significava administração indireta do Estado exercida por pessoa jurídica, no interesse próprio e do Estado. Em monografia sobre comunas, publicada em 1908, no *Primo trattato*, de Orlando, Santi Romano menciona que autarquia "é uma forma específica de capacidade de direito público ou, mais concretamente, a capacidade de administrar por si seus próprios interesses, embora estes se refiram também ao Estado".

No Brasil, muitas autarquias surgiram a partir do final das décadas de 20 e 30. As primeiras obras doutrinárias sobre autarquias datam de meados e fim desta década (a de Tito Prates da Fonseca, 1935; a de Manoel de Oliveira Franco Sobrinho, 1939).

Na atualidade, o delineamento essencial da figura da autarquia é dado pelo inc. I do art. 5º do Dec.-lei 200/67. Segundo esse dispositivo, a autarquia é um serviço autônomo, criado por lei, com personalidade jurídica, patrimônio e receita próprios, para executar atividades típicas da Administração Pública, que requeiram, para seu melhor funcionamento, gestão administrativa e financeira descentralizada.

Na análise da noção contida no inc. I, deve-se observar a inadequação do uso do termo *autônomo*, que poderia dar a entender que as autarquias são entes dotados da mesma natureza que os Estados-membros, Municípios e Distrito Federal, todos com autonomia política. O vocábulo *autônomo* aí deve ser lido como não subordinado hierarquicamente, dotado de mais liberdade de agir que os órgãos da Administração direta, característica essa dos entes resultantes de descentralização administrativa.

As autarquias devem ser *criadas por lei específica*, conforme exige o inc. XIX do art. 37 da CF. Muitas autarquias existentes desde antes da edição do Dec.-lei 200/67 foram criadas por decreto, como, por exemplo, a Universidade de São Paulo (1934).

As autarquias são dotadas de personalidade jurídica própria, portanto, são sujeitos de direitos e encargos, no mundo jurídico, por si próprias. O referido inc. I omite a indicação da natureza pública ou privada da personalidade jurídica. Mas consolidou-se há muito no ordenamento brasileiro a natureza de *pessoa jurídica pública* das autarquias que integram a Administração indireta, desde que assim foi previsto no Dec.-lei 6.016/43. Hoje o Código Civil de 2002 assim dispõe no art. 41, IV. As autarquias são dotadas, portanto, de personalidade jurídica pública, da mesma natureza que a personalidade da União, dos Estados-membros, dos Municípios e do Distrito Federal.

Outro aspecto de sua caracterização encontra-se no patrimônio e receita próprios. Isso significa que os bens e receitas das autarquias não se confundem com os bens e receitas da Administração direta a que se vinculam. Tais bens e receitas, atendidos os preceitos legais para a matéria, são geridos pela própria autarquia.

O legislador pretendeu caracterizar as atribuições das autarquias com o uso da expressão "para executar atividades típicas da Administração Pública". Essa locução se presta mais a dúvidas do que a esclarecimento sobre um aspecto que seria comum nas atividades das autarquias. Na época atual, início do século XXI, de grande dinamismo e mudanças na sociedade e nas atuações do Estado, dificilmente se pode arrolar, com precisão, as atividades típicas do Estado.

Atualmente, são autarquias, por exemplo: na esfera federal o Instituto Nacional do Seguro Social (INSS), o Instituto Brasileiro do Meio Ambiente e dos Recursos Naturais Renováveis (IBAMA), o Banco Central; no âmbito do Estado de São Paulo – o Hospital das Clínicas, a USP, UNICAMP e UNESP (três autarquias especiais); no âmbito do Município de São Paulo – o Hospital do Servidor Público Municipal.

Para o desempenho de suas atribuições e gestão de seu patrimônio e receita, cada autarquia dispõe de estrutura administrativa própria, internamente hierarquizada, compreendendo um conjunto de órgãos. Detém, ainda, quadro próprio de servidores, que não se confundem com os servidores da Administração direta.

5.2.2 Regime jurídico

Tendo em vista serem pessoas jurídicas de direito público integrantes da Administração indireta, aplicam-se às autarquias os mesmos preceitos que informam a atuação dos órgãos da Administração direta. Isso quer dizer que sua atuação é regida preponderantemente pelo direito público, sobretudo o direito administrativo. Aplicam-se às autarquias os princípios mencionados no *caput* do art. 37 da CF e os preceitos contidos nos incisos desse artigo.

As decisões expressam-se por atos administrativos e os contratos seguem as regras próprias dos contratos administrativos, obedecendo aos preceitos do direito administrativo. As normas das licitações regem a escolha de quem vai celebrar contrato com as autarquias.

Quanto aos dirigentes, na maior parte das autarquias são livremente nomeados e exonerados pelo Chefe do Executivo ou por auxiliar direto deste. Por exemplo: no âmbito federal, o Dec.-lei 200/67, em seu art. 26, parágrafo único, alínea *a*, atribui ao Ministro a nomeação de dirigente de entidade da Administração indireta, embora em alguns casos a nomeação caiba ao Presidente da República; na Administração paulista, a Constituição do Estado arrola, entre as atribuições do Governador, a nomeação e exoneração dos dirigentes de autarquia (art. 47, VII).

No tocante ao regime do pessoal, na esfera da União e em Estados e Municípios que adotaram como regime jurídico único o estatutário, é este que rege os direitos e deveres dos servidores autárquicos. Na Administração de Estados e Municípios que não instituíram regime jurídico único nesses termos, pode haver nas autarquias um quadro de servidores estatutários, sem impedimento de haver empregados contratados pela CLT. Além desses, é possível encontrar servidores contratados por contrato inominado e servidores contratados por prazo determinado, nos termos do inc. IX do art. 37.

Para ingressar no quadro de pessoal das autarquias, seja como estatutário, contratado pela CLT ou por contrato inominado, é necessária aprovação prévia em concurso público, segundo exige o inc. II do art. 37 da CF. A aprovação prévia em concurso não significa que o servidor ingressará no regime estatutário, sendo detentor de cargo. O concurso público é o modo exigido constitucionalmente para investidura no quadro de pessoal, sem que daí decorra um tipo específico de regime funcional. Independe de concurso público o exercício de cargo ou função de confiança. No caso da contratação por prazo determinado para atender à necessidade temporária de excepcional interesse público (art. 37, IX, da CF), previamente à contratação os entes públicos realizam, em geral, processos seletivos simplificados; em situações de emergência as contratações se efetuam sem processo seletivo.

As autarquias, sendo pessoas jurídicas de direito público, respondem pelos danos que seus agentes, nessa qualidade, causarem a terceiros, assegurado o direito de regresso contra o responsável nos casos de dolo ou culpa (art. 37, §6º, do CF). É, assim, objetiva a responsabilidade civil das autarquias por danos a terceiros.

5.2.3 Controles

Sobre as autarquias incide *controle administrativo*, denominado classicamente *tutela*, realizado por órgãos da cúpula da Administração direta: ou Chefe do Executivo ou Ministros ou Secretários (ver item 5.1 deste Capítulo).

Os Tribunais de Contas exercem a fiscalização financeira, orçamentária, patrimonial, contábil, como instituição que auxilia o Legislativo nessa atribuição (arts. 70, 71 e 75 da CF).

O Poder Legislativo, além da fiscalização financeira e orçamentária, é dotado da competência de fiscalizar e controlar os atos editados no âmbito das autarquias (art. 49, X, da CF; art. 20, X, da Constituição do Estado de São Paulo).

As autarquias sujeitam-se ao controle jurisdicional, de teor idêntico ao que se realiza sobre as autoridades e órgãos da Administração direta. Recebem o mesmo tratamento quanto ao prazo em dobro para todas as manifestações processuais, cuja contagem terá início a partir da intimação (art. 183 do CPC). Às autarquias se aplicam os preceitos sobre prescrição quinquenal do Dec. 20.910, de 06.01.1932, por força do disposto no art. 2º do Dec.-lei 4.597, de 19.08.1942.

5.2.4 Autarquias especiais

A expressão *autarquias de regime especial* surgiu, pela primeira vez, na quase totalmente revogada Lei 5.540, de 28.11.1968, art. 4º, para indicar uma das formas institucionais das universidades públicas. Nem esta lei, nem o Dec.-lei 200/67 estabeleceram a diferença geral entre as autarquias comuns e as autarquias de regime especial. As notas características das últimas vão decorrer da lei que instituir cada uma ou de uma lei que abranja um conjunto delas.

Por vezes, a diferença de regime está no modo de escolha ou nomeação do dirigente. Por vezes está na existência de mandato do dirigente, insuscetível de extinção por ato do Chefe do Executivo. Por vezes, no grau menos intenso dos controles. Por vezes, no tocante à gestão financeira. Exemplos de autarquias especiais: no âmbito federal, as agências reguladoras, como ANEEL, Anatel; parte das Universidades Federais; na Administração paulista, as três universidades públicas, USP, Unicamp e Unesp.

5.2.4.1 Autarquias universitárias

A partir da Lei de Diretrizes e Bases da Educação Nacional de 1961 – Lei 4.024 –, em virtude de seu art. 81, as instituições oficiais de ensino superior, universidades ou estabelecimentos isolados, deveriam ser criadas sob a forma de autarquias ou fundações. A referida lei, no art. 80, conferiu autonomia didática, administrativa, financeira e disciplinar para as universidades.

Mas foi a Lei 5.540, de 28.11.1968, ao reformular o Título IX da Lei de Diretrizes e Bases de 1961, que, pela primeira vez, atribuiu às universidades e estabelecimentos isolados de ensino superior a condição de *autarquias de regime especial* ou fundações, em seu art. 4º.

O art. 3º da mesma Lei reiterou a atribuição de autonomia às universidades.

Hoje a autonomia das universidades tem respaldo constitucional, pois é assegurada no art. 207 da CF, nos seguintes termos: "As universidades gozam de autonomia didático-científica, administrativa e de gestão financeira e patrimonial, e obedecerão ao princípio da indissociabilidade entre ensino, pesquisa e extensão".

A atual Lei de Diretrizes e Bases da Educação Nacional – Lei 9.394, de 20.12.1996 –, que revogou expressamente as disposições das Leis 4.024/61, 5.540/68 (não alteradas por leis de 1995) e 5.692/71, não menciona a forma de que se revestem as instituições de ensino superior públicas. Contém, porém, preceitos garantidores da autonomia universitária.

Como já foi observado, o termo *autonomia*, aplicado a entidades administrativas, não tem o mesmo sentido conferido à situação dos entes dotados de autonomia política, como os Estados-membros, os Municípios e o Distrito Federal, na organização política brasileira.

No tocante às universidades públicas, integrantes da Administração indireta, a autonomia assegurada constitucionalmente significa, sobretudo, um grau bem mais acentuado de liberdade de agir que o de outras autarquias. Embora a não subordinação hierárquica à Administração direta seja inerente à elaboração teórica da figura da autarquia, na prática essa liberdade é de pouco alcance. Talvez aí esteja a justificativa do empenho do legislador em ressaltar que as universidades oficiais devem ter preservada sua maior liberdade de atuar. A atual Lei de Diretrizes e Bases, no art. 54, diz que as universidades mantidas pelo poder público gozarão de estatuto jurídico especial. A autonomia e os objetivos das atividades universitárias impedem que se aplique às universidades oficiais o mesmo tratamento conferido às demais autarquias, como ressaltam muito bem os publicistas Caio Tácito e Anna Cândida da Cunha Ferraz, em trabalhos específicos sobre esta matéria.

Alguns aspectos do regime das autarquias universitárias podem ser apontados para ressaltar seu caráter especial: a) nomeação do Reitor pelo Chefe do Executivo, mediante lista elaborada pela própria universidade; b) o Reitor detém mandato, insuscetível de cassação pelo Chefe do Executivo (Súmula 47 do STF); c) a organização e as principais normas de funcionamento estão contidas no Estatuto e no Regimento, elaborados pela própria universidade; d) existência de órgãos colegiados centrais na Administração superior, com funções deliberativas e normativas, dos quais participam docentes, representantes do corpo discente e da comunidade; e) carreira específica para o pessoal docente, com progressão ligada à obtenção de graus acadêmicos e concursos.

5.2.4.2 Agências reguladoras

Com a extinção total ou parcial do monopólio estatal de alguns serviços públicos e outras atividades e com a transferência total ou parcial, ao setor privado, da execução de tais serviços e atividades, mediante concessões, permissões ou autorizações, surgiram no ordenamento brasileiro as respectivas *agências reguladoras*. Também foram criadas agências reguladoras cuja atuação incide sobre atividades não qualificadas como serviços públicos, sobre tipo de produção cultural, sobre uso de água, sobre setores considerados *sensíveis* na vida da sociedade, por exemplo.

Tal denominação vem sendo usada no Brasil por influência dos ordenamentos anglo-saxônicos, sobretudo. Na Inglaterra, a partir de 1834, floresceram entes autônomos, criados pelo Parlamento para concretizar medidas previstas em lei e para decidir controvérsias resultantes desses textos; a cada lei que disciplinasse um assunto de relevo, criava-se um ente para aplicar a lei. Os Estados Unidos sofreram influência inglesa e desde 1887, com a criação da *Interstate Commerce Commission*, tem início a proliferação de *agencies* para a regulação de atividades, imposição de deveres na matéria e aplicação de sanções.

Na França existem as *autoridades administrativas independentes*, podendo-se notar que expressão idêntica se encontra, por exemplo, no art. 9º da Lei 9.472, de 16.07.1997, que instituiu a agência reguladora de telecomunicações.

As *agências reguladoras* brasileiras, em nível federal, começaram a ser criadas a partir de fins de 1996, com natureza de *autarquias especiais*, integrantes da Administração indireta. Embora se busquem antecedentes brasileiros das agências reguladoras (sobretudo em órgãos criados nas primeiras décadas do século XX) ou se afirme que sempre houve entes públicos dotados de funções reguladoras, fiscalizadoras, normativas, as atuais agências reguladoras surgiram em contexto diverso do quadro existente nos primórdios do século XX; e são dotadas de características diferentes em relação a figuras antigas, como por exemplo, a atribuição de compor conflitos entre usuários e prestadores de serviços, entre prestadores de serviços, entre consumidores e fornecedores etc.

Estados e Municípios passaram a criar agências reguladoras com atuações incidentes sobre serviços e atividades de sua competência.

A Lei nº 9.986, de 18.7.2000, com alterações posteriores, dispõe sobre a gestão de recursos humanos das agências reguladoras federais. Por sua vez, a Lei nº 13.848, de

26.6.2019, fixa preceitos sobre a gestão, a organização, o processo decisório e o controle social das agências reguladoras e estabelece alterações na Lei nº 9.986/2000 e em leis específicas de várias agências reguladoras.

No âmbito federal o conjunto dos preceitos da Lei nº 9.986/2000, com as alterações posteriores, e da Lei nº 13.848/2019 revela pontos comuns no regime das agências reguladoras. A título exemplificativo ressaltam-se os seguintes:

a) *Competência* – Às agências compete, em essência, a regulação setorial, que no Brasil abrange: implementar a política para o setor, fixada pelo Presidente da República ou Ministro da área; expedir normas para o setor em que atuam; fiscalizar o cumprimento dessas normas pelos agentes a que se destinam; aplicar sanções pelo descumprimento das normas; dirimir conflitos entre usuários e prestadores de serviços, entre prestadores de serviços, entre consumidores e fornecedores e outros, conforme seu âmbito de atuação; celebrar termo de compromisso de ajuste de conduta e fiscalizar o seu cumprimento; solicitar informações aos agentes regulados; se for o caso, pedir e instruir pedidos para fins de declaração expropriatória ou de instituição de servidão administrativa; fixar critérios de controle de qualidade de serviços e produtos; interpretar dispositivos ou termos ou conceitos presentes na legislação do setor.

b) *Natureza institucional* – As agências reguladoras são autarquias especiais, integram a Administração indireta federal e são vinculadas ao Ministro ou órgão equivalente, dotado de competência para tratar da respectiva matéria. Nos termos do art. 3º, *caput*, da Lei nº 13.848/2019, a natureza especial conferida à agência reguladora é "caracterizada pela ausência de tutela ou de subordinação hierárquica, pela autonomia funcional, decisória, administrativa, financeira, pela investidura a termo de seus dirigentes e estabilidade durante os mandatos".

c1) *Estrutura básica* – As agências apresentam como órgão máximo o Conselho Diretor ou a Diretoria Colegiada (nomes aqui doravante sintetizados como Diretoria), na composição de até 4 (quatro) conselheiros e um presidente, com a denominação de Presidente ou Diretor-Geral (art. 4º da Lei nº 9.986/2000, na redação fixada na Lei nº 13.848/2019). Havendo direção colegiada, as decisões mais importantes quanto ao setor regulado não emanam de uma só autoridade, mas do entendimento fixado pela maioria ou unanimidade dos integrantes.

O mandato dos membros da Diretoria é de 5 (cinco) anos, vedada a recondução, salvo o caso de vacância de cargo da direção no curso do mandato, quando este será completado por sucessor legal no prazo remanescente, admitida a recondução se tal prazo for igual ou inferior a dois anos (arts. 6º e 5º, §7º, da Lei nº 9.986, com a redação fixada na Lei nº 13.848/2019).

O Presidente da agência reguladora e demais membros da Diretoria devem ser brasileiros, indicados e nomeados pelo Presidente da República, após aprovação do Senado, entre cidadãos de reputação ilibada e de notório conhecimento no campo de sua especialidade, atendido um dos seguintes requisitos: ter experiência profissional de, no mínimo: (i) dez anos no setor público ou privado, na matéria da agência ou em área conexa, em função de direção superior; (ii) quatro anos ocupando pelo menos um dos seguintes cargos: de direção ou chefia superior em empresa do campo de atividade da agência, ou em comissão ou função de confiança equivalente a DAS-4 ou superior no setor público ou de docente ou pesquisador no campo de atividade da agência ou conexo; (iii) dez anos como profissional liberal no campo de atividade da agência ou área conexa. Um destes requisitos deve ser cumulativo à exigência de formação acadêmica compatível ao cargo para o qual foi indicado (art. 5º, incisos e alíneas da Lei nº 9.986/2000, com a redação fixada na Lei nº 13.848/2019).

O art. 8º-A da Lei nº 9.986/2000, com a redação fixada na Lei nº 13.848/2019, traz *vedações para a escolha de integrantes da Diretoria*, dentre as quais: de ministro de Estado, secretários estaduais e municipais, dirigentes de partido político e titulares de mandato legislativo de qualquer ente federativo, ainda que licenciados do cargo, estendendo-se aos parentes consanguíneos e afins até o 3º grau; e de pessoa que se enquadre nas hipóteses de inelegibilidade previstas no inciso I do *caput* do art. 1º da Lei Complementar nº 64, de 18.5.1990, com as alterações da Lei Complementar nº 184, de 29.9.2021, estas no sentido de não se aplicar a inelegibilidade da alínea *g* do referido inciso I, a quem tenha tido suas contas julgadas irregulares, sem imputação de débito, e sancionado somente com o pagamento de multa.

No art. 8º-B da Lei nº 9.986/2000 arrolam-se proibições ao membro da Diretoria, por exemplo: receber, a qualquer título, honorários, percentagens ou custas; exercer qualquer outra atividade profissional, salvo o magistério; exercer atividade sindical; atuar como consultor de qualquer tipo de empresa; exercer atividade político-partidária.

Durante o período de vacância anterior à nomeação de novo integrante da Diretoria, exercerá o cargo vago um membro da lista de substituição, na ordem do ato de designação; essa lista será formada por três servidores da agência, ocupantes dos cargos de superintendente, gerente geral ou equivalente, escolhidos e designados pelo Presidente da República entre os indicados pela Diretoria.

Os Diretores ou Conselheiros somente perderão o mandato em caso de renúncia, de condenação judicial transitada em julgado, de condenação em processo administrativo disciplinar, por infringência de quaisquer vedações previstas no art. 8º-B da Lei nº 9.986/2000, com alterações posteriores. Este é um dos mecanismos, em tese, para evitar a chamada *captura*, que é a tomada de decisões em atendimento a pressões ou influências oriundas de agentes políticos ou de agentes regulados, que poderiam acarretar a exoneração do dirigente.

Outro mecanismo para dificultar a *captura* se encontra na chamada *quarentena*, que é a temporária proibição, ao ex-dirigente, de exercer atividades ou de prestar qualquer serviço no setor regulado pela respectiva agência, em período imediatamente posterior ao término do mandato ou da exoneração. A Lei nº 9.986/2000, art. 8º, com a redação dada pela Lei 13.848/2019, prevê a *quarentena de seis meses*, assegurada a remuneração compensatória, equivalente à do cargo que exerceu e aos benefícios inerentes (Lei nº 9.986/2000, art. 8º, §2º). Incorre em crime de advocacia administrativa o ex-dirigente que descumprir o impedimento, sem prejuízo de outras sanções (Lei nº 9.986/2000, art. 8º, §4º).

c2) *Outros dados da estrutura* – Integram a estrutura de cada agência uma procuradoria, que a representa em juízo, uma ouvidoria e uma auditoria.

d) *Servidores* – O Supremo Tribunal Federal na ADIn 2.310 entendeu que a função desempenhada pelas agências reguladoras, por ser típica do Estado, não pode ser exercida por servidor sob regime celetista, suspendendo vários dispositivos da Lei nº 9.986/2000, que previam este regime para os servidores das agências; atendendo à decisão do STF, a Lei nº 10.841, de 20.05.2004, alterou a Lei nº 9.986/2000, para fixar o regime estatutário para os servidores, regido pela Lei Federal nº 8.112/90, criar os respectivos cargos e extinguir os empregos públicos antes criados.

e) *Taxa de fiscalização* – A maioria das agências reguladoras, em nível federal, tem, entre suas receitas, a taxa de fiscalização, cobrada dos agentes regulados. Na ADIn 1.958-RS, rel. Ministro Néri da Silveira, o Supremo Tribunal Federal entendeu ser constitucional a cobrança de taxa de fiscalização pelas agências reguladoras.

f) *Processo decisório* – A Lei nº 13.848/2019 abriga dispositivos referentes ao modo de tomada das decisões, dentre os quais os seguintes:

(i) Deve ser observada a adequação entre meios e fins, vedada a imposição de obrigações, restrições e sanções em medida superior à necessária (art. 4º). O preceito embute os princípios da proporcionalidade e razoabilidade.

(ii) Deverão ser indicados os pressupostos de fato e de direito da decisão (art. 5º), ou seja, impõe-se a motivação da decisão.

(iii) A adoção e a proposta de alteração de atos normativos com repercussão nos agentes econômicos ou usuários de serviços devem ser precedidas de *análise de impacto regulatório – AIR* (art. 6º).

(iv) O processo de decisão referente à regulação terá caráter colegiado (art. 7º).

(v) Serão objeto de *consulta pública*, prévia à tomada de decisão, as minutas e propostas de alteração de atos normativos de interesse geral dos agentes econômicos ou usuários (art. 9º). O procedimento de consulta pública vem tratado nos §§2º, 3º, 4º e 5º do art. 9º.

(vi) Por decisão colegiada poderá ser convocada audiência pública para formação de juízo e tomada de decisão sobre matéria relevante (art. 10).

g) No capítulo II, a Lei nº 13.848/2019 trata do *controle social* e do *controle externo*, este no tocante ao controle exercido pelo Congresso Nacional com auxílio do Tribunal de Contas (art. 14). Também se ocupa da elaboração do relatório anual das atividades (arts. 17 e 18). Este relatório deve ser encaminhado, após 90 (noventa) dias da abertura da sessão legislativa do Congresso Nacional, ao Ministro de Estado da pasta a que se vincula a agência, ao Senado, à Câmara dos Deputados, ao Tribunal de Contas da União e disponibilizado aos interessados na sede da agência e respectivo sítio na internet.

Nos termos do art. 16, a agência deverá implementar anualmente plano de comunicação destinado à divulgação de suas atividades e dos direitos dos usuários perante a agência e as empresas componentes do setor regulado.

h) Os arts. 25 a 35 cuidam da: articulação entre as agências e os órgãos de defesa da concorrência; entre as agências; entre os órgãos de defesa do consumidor e do meio ambiente; entre as agências reguladoras estaduais, distritais e municipais.

A seguir são indicadas as agências reguladoras criadas no âmbito federal e arroladas com tal natureza na Lei nº 13.848/2019, observando-se que as leis criadoras sofreram alterações e que os Ministérios a que se vinculam são os resultantes de alterações na estrutura da Presidência da República e Ministérios, efetuadas de 2019 em diante.

Mediante a Lei nº 9.427, de 26.12.1996, art. 1º, foi instituída a *Agência Nacional de Energia Elétrica – ANEEL*, com a finalidade de regular e fiscalizar a produção, a transmissão, a distribuição e a comercialização de energia elétrica, em conformidade com as políticas e diretrizes do governo federal. A *ANEEL* é autarquia de regime especial, vinculada ao Ministério de Minas e Energia, com sede e foro no Distrito Federal.

A Lei nº 9.472, de 16.07.1997, art. 8º, instituiu a *Agência Nacional de Telecomunicações – Anatel*, submetida a regime autárquico especial e vinculada ao Ministério da Ciência, Tecnologia e Inovação, com a função de órgão regulador das telecomunicações, com sede no Distrito Federal, podendo estabelecer unidades regionais.

Por sua vez, a Lei nº 9.478, de 06.08.1997, art. 7º, instituiu a *Agência Nacional do Petróleo, Gás Natural e Biocombustíveis – ANP*, autarquia especial vinculada ao Ministério de Minas e Energia, como órgão regulador da indústria do petróleo, gás natural, seus derivados e biocombustíveis. A *ANP* tem sede e foro no Distrito Federal e escritórios centrais no Rio de Janeiro, podendo instalar unidades administrativas regionais.

Em 26.01.1999 foi editada a Lei nº 9.782, criando a *Agência Nacional de Vigilância Sanitária – Anvisa*, autarquia especial vinculada ao Ministério da Saúde, com a finalidade institucional de promover a proteção da saúde da população por intermédio do controle sanitário da produção e da comercialização de produtos e serviços submetidos à vigilância sanitária. Essa Agência tem sede e foro no Distrito Federal.

Mediante a Lei nº 9.961, de 28.01.2000, foi criada a *Agência Nacional de Saúde Suplementar – ANS*, autarquia especial vinculada ao Ministério da Saúde, com a finalidade de promover a defesa do interesse público na assistência suplementar à saúde, regulando as operadoras setoriais, inclusive quanto às suas relações com prestadores e consumidores.

A Lei nº 9.984, de 17.07.2000, com alterações posteriores, instituiu a *Agência Nacional de Águas – ANA*, hoje denominada *Agência Nacional de Águas e Saneamento Básico*, com a mesma sigla, autarquia especial, vinculada ao Ministério da Integração e do Desenvolvimento Regional, como entidade federal de implementação da Política Nacional de Recursos Hídricos e integrante do Sistema Nacional de Gerenciamento de Recursos Hídricos, e responsável pela instituição de normas de referência para a regulação dos serviços públicos de saneamento básico (redação conforme a Lei nº 14.026, de 15.7.2020 – atualiza o marco legal do saneamento básico). A *ANA* tem sede e foro no Distrito Federal, podendo instalar unidades administrativas regionais.

A *Agência Nacional de Transportes Terrestres – ANTT* foi criada pela Lei nº 10.233, de 05.06.2001, como autarquia especial, vinculada ao Ministério da Infraestrutura, destinada à regulação do transporte ferroviário de passageiros e cargas e da exploração da infraestrutura ferroviária e rodoviária; do transporte rodoviário interestadual e internacional de passageiros, rodoviário de cargas, multimodal; e do transporte de cargas especiais e perigosas em rodovias e ferrovias.

A mesma Lei nº 10.233, de 05.06.2001, criou a *Agência Nacional de Transportes Aquaviários – ANTAQ*, autarquia especial, vinculada ao Ministério da Infraestrutura, com o fim de regular a navegação fluvial, lacustre, de travessia, de apoio marítimo, de apoio portuário, de cabotagem e de longo curso. Também visa a regular os portos organizados, os terminais portuários privativos, o transporte aquaviário de cargas especiais e perigosas e a exploração da infraestrutura aquaviária.

Por medida provisória – nº 2.228-1, de 06.09.2001 (com alterações posteriores) – instituiu-se a *Agência Nacional do Cinema – ANCINE*, autarquia de regime especial, vinculada ao Ministério da Cidadania. Visa ao fomento, à regulação e à fiscalização da indústria cinematográfica e videofonográfica. Tem sede e foro no Distrito Federal. Referida medida provisória recebeu alterações posteriores.

A Lei nº 11.182, de 27.09.2005, criou a *Agência Nacional de Aviação Civil – ANAC*, autarquia de regime especial, vinculada ao Ministério da Infraestrutura, com as atribuições, dentre outras, de regular e fiscalizar as atividades da aviação civil e de infraestrutura aeronáutica e aeroportuária; e de implementar, no âmbito de sua competência, a política de aviação civil. A *ANAC* tem sede e foro no Distrito Federal, podendo instalar unidades administrativas regionais.

A Lei nº 13.575, de 26.12.2017, instituiu a *Agência Nacional de Mineração –ANM*, autarquia de regime especial, vinculada ao Ministério de Minas e Energia, destinada a implementar as diretrizes fixadas no Código de Mineração – DL nº 227, de 28.02.1967 – e nas políticas do Ministério a que se vincula, promovendo a gestão dos recursos minerais da União e a regulação e fiscalização das atividades de aproveitamento dos recursos minerais no País.

Com a alteração da Lei nº 13.709, de 14.8.2018 – *Lei de proteção de dados pessoais* – pela Lei nº 13.853/2019, foi criada a *Autoridade Nacional de Proteção de Dados – ANPD*, que, nos seus termos, poderia, em até dois anos da vigência da sua estrutura regimental, ser transformada, pelo Poder Executivo, em autarquia de natureza especial. A Lei nº 14.460, de 25.10.2022, transformou a entidade em autarquia de natureza especial, mantidas a estrutura organizacional, as competências e o modo de indicação da sua diretoria colegiada, pelo Presidente da República, sujeita à aprovação do Senado. O Decreto nº 11.401, de 23.01.2023, vincula a ANPD ao Ministério da Justiça e Segurança Pública (art. 55-D da mesma Lei nº 13.709/18). Embora sem ter o nome de agência e sem estar indicada como tal, a Autoridade Nacional de Proteção de Dados – ANPD apresenta natureza de agência reguladora. Destina-se, por exemplo, a zelar pela proteção dos dados pessoais; elaborar diretrizes para a Política Nacional de Proteção de Dados Pessoais e da Privacidade; fiscalizar e aplicar sanções em caso de tratamento de dados realizado em descumprimento à legislação, mediante processo administrativo que assegure contraditório e ampla defesa; promover na população o conhecimento das normas e das políticas públicas de proteção de dados pessoais e privacidade; editar regulamentos e procedimentos sobre proteção de dados pessoais e privacidade (art. 55-J da Lei nº 13.709/2018).

No tocante à *Comissão de Valores Mobiliários – CVM* (Lei nº 6.385, de 07.12.1976, alterada pela Lei nº 10.411, de 26.02.2002), embora apresente natureza autárquica especial, vinculada ao Ministério de Economia, dotada de autoridade administrativa independente, ausência de subordinação hierárquica, mandato fixo da diretoria, autonomia financeira e orçamentária, patrimônio próprio, não é *legalmente* caracterizada como agência reguladora.

5.2.5 Autarquia qualificada como agência executiva

Conforme a Lei 9.649, de 27.05.1998, art. 51, o Poder Executivo federal poderá qualificar como Agência Executiva a autarquia ou fundação que tenha cumprido os seguintes requisitos: I – ter um plano estratégico de reestruturação e de desenvolvimento institucional em andamento; II – ter celebrado contrato de gestão com o respectivo

Ministério supervisor. A qualificação e a desqualificação como Agência Executiva ocorrem por ato do Presidente da República (Lei 9.649/98, art. 51, §1º, e Decreto 2.487, de 02.02.1998, art. 1º, §4º).

O Poder Executivo tem a atribuição de editar medidas de organização administrativa específicas para as Agências Executivas, visando a assegurar a sua autonomia de gestão, e fixará a disponibilidade de recursos orçamentários e financeiros para o cumprimento dos objetivos e metas previstos no contrato de gestão. Os contratos de gestão serão celebrados por períodos mínimos de um ano e fixarão os objetivos, metas, indicadores de desempenho da entidade, os recursos necessários, os critérios e instrumentos para a avaliação do seu cumprimento (art. 52 e §1º da Lei 9.649/98).

Vê-se que uma nova terminologia surgiu no panorama organizacional da Administração federal: Agência Executiva. Trata-se de uma qualificação que é dada a uma autarquia (ou fundação), por ato do Presidente da República, se forem atendidos os requisitos acima indicados. Segundo se depreende, a qualificação como Agência Executiva confere tratamento diferenciado à autarquia, sobretudo no tocante à autonomia de gestão. Um exemplo de tratamento diferenciado encontra-se na Lei 14.133/2021 – licitações e contratos administrativos, art. 75, §2º, que duplica os valores para dispensa de licitação nos contratos de obras, serviços de engenharia, serviços de manutenção de veículos, outros serviços e compras, celebrados por consórcios públicos, autarquias ou fundações qualificadas como agências executivas na forma da lei. Essas entidades têm, assim, mais amplitude na contratação, com dispensa de licitação, pois seu valor máximo de dispensa tornou-se maior que o valor fixado para outros órgãos e entes da Administração.

5.3 Fundações públicas

5.3.1 A fundação no direito civil

A figura da *fundação* origina-se do direito civil. Nesse ramo, para que uma fundação seja criada é necessário que um instituidor, por escritura pública ou por testamento, inscritos no registro específico, destine um conjunto de bens livres a um determinado fim (art. 62 do Código Civil, com a redação da Lei nº 13.151/2015). A esse patrimônio destinado a um fim o ordenamento pátrio confere personalidade jurídica (Código Civil, art. 44, III). Daí definir-se habitualmente a fundação como um patrimônio personalizado destinado a um fim. Na fundação disciplinada pelo Código Civil sobressai o elemento "patrimônio": seu substrato encontra-se no aspecto "patrimônio", que deve ser utilizado para atender ao fim a que foi reservado. Os administradores ou gestores da fundação têm sua atuação vinculada ao fim estabelecido no ato de criação da entidade. Para que não haja desvirtuamento do fim, o ordenamento atribui ao Ministério Público a fiscalização das fundações, dependendo de sua aprovação qualquer mudança no estatuto dessas entidades (Código Civil, arts. 66 e 67, com alterações posteriores, e 68, e Código de Processo Civil, arts. 764-765).

Diferenciam-se as fundações das sociedades e associações, porque nestas o substrato encontra-se no elemento "pessoas" ou no elemento "corporação". É a vontade comum de seus integrantes, na qualidade de membros, sócios ou associados, que determina os rumos das sociedades e associações.

A figura da fundação disciplinada no Código Civil supunha que tanto o instituidor como o patrimônio fossem privados. Surgiram, depois, as fundações criadas pelo poder público, com recursos total ou parcialmente públicos. Tais fundações geraram muitas controvérsias, ainda hoje existentes.

5.3.2 Controvérsias sobre as fundações instituídas pelo poder público

Uma das polêmicas diz respeito a sua *inserção entre as entidades da Administração indireta*, como já se expôs no item 5.1 deste capítulo. A redação de alguns dispositivos da Constituição de 1988 suscitou entendimento de que as fundações foram retiradas do âmbito da Administração indireta para formarem uma outra espécie, a Administração fundacional. As seguintes expressões aparecem nesses textos: "administração direta e indireta, incluídas as fundações instituídas e mantidas pelo Poder Público" (art. 71, III); "administração direta ou indireta, inclusive fundações instituídas e mantidas pelo Poder Público" (art. 169, §1º).

No entanto, outros dispositivos despertam entendimento no sentido da inclusão das fundações na Administração indireta. Assim, o art. 49 elenca, entre as competências do Congresso Nacional (inc. X), o controle dos atos do Poder Executivo, incluídos os da Administração indireta. Pela corrente acima citada, as fundações instituídas pelo poder público estariam retiradas do controle parlamentar, o que é inaceitável. O *caput* do art. 70, que trata da fiscalização contábil, financeira, orçamentária, operacional e patrimonial exercida pelo Congresso Nacional, também usa somente a expressão "administração direta e indireta". Estariam as fundações imunes a essa fiscalização, por integrarem uma "administração fundacional" não indicada no dispositivo? Evidente que não.

Por outro lado, o Dec.-lei nº 200/67 arrola as *fundações públicas* entre as entidades da Administração indireta. E todas as leis de reestruturação da Administração federal, posteriores à Constituição de 1988, mencionam somente Administração direta e indireta.

Assim sendo, melhor parece considerar as fundações públicas, cujas características correspondam aos preceitos do art. 5º, IV, do Dec.-lei nº 200/67, como entidades da Administração indireta.

Outra controvérsia surgiu no tocante à *natureza jurídica das fundações instituídas e mantidas pelo poder público*. Num primeiro momento, os debates doutrinários se centravam na viabilidade de haver fundação com a natureza de pessoa jurídica de direito público. Segundo uma corrente, só poderia haver fundação com a natureza de pessoa jurídica de direito privado, sobretudo ante o contido no inc. I do art. 16 do Código Civil de 1916: mesmo criada e mantida pelo poder público, a fundação só poderia ter personalidade de direito privado ou não seria fundação. Outra corrente defendia a viabilidade da fundação como pessoa jurídica de direito público: se fosse criada por lei, com recursos públicos e finalidades públicas, deveria ter personalidade jurídica pública, sendo espécie do gênero autarquia. Os textos legais que instituíram fundações, a partir de 1960, salvo poucas exceções, atribuíram a elas personalidade jurídica privada ou silenciaram nesse aspecto. Exemplos de fundações criadas como pessoa jurídica de direito público encontram-se na Fundação Memorial da América Latina, do Estado de São Paulo (Lei estadual nº 6.472, de 28.06.1989, e Decreto nº 30.233, de 08.08.1989), e na Fundação Instituto de Terras do Estado de São Paulo (Lei estadual nº 10.207, de 08.01.1999).

As controvérsias a respeito das fundações instituídas pelo poder público parecem ter se acentuado a partir da década de 80 do século XX, ante o seguinte: a) reinclusão das fundações na Administração indireta, a partir de 21.11.1986; b) aplicação, em grande escala, de preceitos do direito público em geral e do direito administrativo às fundações públicas, determinada por vários dispositivos da Constituição de 1988; c) extensão, na esfera federal, do regime estatutário ao pessoal que trabalha nas fundações públicas, por força do art. 39 da Constituição de 1988.

De modo resumido, serão expostos outros pontos controvertidos.

a) As locuções "fundação de direito público" e "fundação de direito privado" aparecem com frequência. Na verdade, as fundações criadas pelo poder público ou são qualificadas como pessoas jurídicas de direito privado (a maioria) ou como pessoas jurídicas de direito público. O ordenamento pode atribuir tanto a personalidade jurídica privada como a personalidade jurídica pública. Mesmo dotada da natureza de pessoa jurídica privada, se for criada pelo poder público e integrar a Administração indireta, norteia-se por grande carga de normas do direito público. Por isso, o uso daquelas locuções gera confusão e não corresponde à realidade. Na expressão *fundação pública*, contida na atual redação dos arts. 4º e 5º do Dec.-lei 200/67, o vocábulo "pública" identifica a entidade como fundação integrante da Administração Pública (indireta); ou como fundação "estatal", em contraponto à fundação oriunda de recursos privados, mantida e administrada por particulares. O termo "pública" também aparece no título "empresa pública", significando aí "estatal", sem que se diga empresa de direito público ou empresa de direito privado: a empresa pública, mesmo com esse qualificativo, é pessoa jurídica de direito privado e tem grande carga de direito público incidindo sobre sua atuação.

b) Aparecem, na doutrina e na jurisprudência, afirmações no sentido de que as *fundações de direito público* são espécies do gênero autarquia, sendo, portanto, autarquias. Parece melhor aceitar que, embora possam ter semelhanças com as autarquias, as fundações criadas nas últimas décadas "por iniciativa do poder público, são uma nova forma de descentralização por serviço", um novo tipo de pessoa administrativa (como afirmam Homero Senna e Clovis Zobaran Monteiro, na obra *Fundações* – No direito, na administração, 1970, p. 231). Parece estranho uma entidade (fundação) ser tida como espécie de outra (autarquia) sem se confundirem nos seus conceitos (como bem ponderou o saudoso Hely Lopes Meirelles, *Direito administrativo brasileiro*, 15. ed., 1990, p. 311). Trata-se, portanto, de outra entidade, como prevê a legislação brasileira. Mesmo se distanciando das características da fundação apontadas no direito civil, sobretudo por faltar, muitas vezes, a reserva de patrimônio destinado a um fim, o ordenamento intitulou-as fundações públicas, como entidades da Administração indireta, que realizam atividades que o poder público assume para atendimento de fins de interesse geral.

Fundações podem existir, com alguma atuação do poder público na instituição, manutenção ou controle, cujas características não correspondem ao modelo traçado no referido art. 5º, IV, do Dec.-lei 200/67. Nesse caso, tais fundações não integram a Administração indireta e têm seu regime jurídico determinado pelo ato que as cria ou autoriza sua criação, podendo ser regidas pelo direito privado.

5.3.3 Evolução do tratamento legal

Talvez uma das primeiras referências legais à possibilidade da adoção da fundação para abrigar entidade estatal tenha sido a da antiga Lei de Diretrizes e Bases, Lei 4.024, de 20.12.1961, na redação primitiva do seu art. 81, que rezava o seguinte: "As universidades oficiais serão constituídas sob a forma de autarquias ou fundações". Em 1968 foi editada a Lei nº 5.540 (hoje, quase totalmente revogada), que deu nova redação ao Título IX da antiga Lei de Diretrizes e Bases, relativo ao ensino superior, estabelecendo o seguinte: "As universidades e os estabelecimentos isolados constituir-se-ão, quando oficiais, em autarquias de regime especial ou em fundações de direito público".

O Dec.-lei 200/67, na redação originária do §2º do art. 4º, equiparou às empresas públicas, para os efeitos da mesma lei, as fundações instituídas em virtude de lei federal e de cujos recursos participasse a União, quaisquer que fossem suas finalidades. Portanto, equiparadas às empresas públicas, as referidas fundações integravam a Administração indireta.

O Dec.-lei 900/69 revogou essa norma e previu o seguinte (art. 3º, hoje revogado): "Não constituem entidades da administração indireta as fundações instituídas na lei federal, aplicando-se-lhes, entretanto, quando recebam subvenções ou transferências à conta do orçamento da União, a supervisão ministerial". A partir daí essas fundações deixaram de integrar a Administração indireta, permanecendo sem inserção organizacional.

O Dec.-lei 2.299, de 21.11.1986, reintegrou-as à Administração indireta. A Lei nº 7.596, de 10.04.1987, modificou o Dec.-lei 200/67, para promover o reingresso completo da fundação na Administração indireta, conferindo-lhe a denominação de fundação pública e fixando-lhe a noção.

A Constituição de 1988 menciona várias vezes tais entes, com diversas expressões, como já se disse: fundações (art. 37, XVII); fundações instituídas e mantidas pelo poder público (arts. 71, III; 150, §2º; 165, §5º, I e III; 169, §1º); fundação pública (art. 19 do ADCT).

5.3.4 Noção de fundação pública

Segundo a redação atual do Dec.-lei 200/67, art. 5º, IV, *fundação pública* é "a entidade dotada de personalidade jurídica de direito privado, sem fins lucrativos, criada em virtude de autorização legislativa, para o desenvolvimento de atividades que não exijam execução por órgãos ou entidades de direito público, com autonomia administrativa, patrimônio próprio gerido pelos respectivos órgãos de direção, e funcionamento custeado por recursos da União e de outras fontes".

As fundações públicas devem ter sua instituição autorizada por lei específica, segundo determina o inc. XIX do art. 37 da CF. Nos termos do §3º do art. 5º do Dec.-lei 200/67, essas entidades adquirem personalidade jurídica com a inscrição da escritura pública de sua constituição no Registro Civil de Pessoas Jurídicas.

São dotadas de personalidade jurídica de direito privado, segundo o preceito acima, embora possa haver fundação pública criada como pessoa jurídica de direito público, como ocorre com a Fundação Memorial da América Latina, do Estado de São Paulo, criada pela Lei estadual 6.472, de 28.06.1989, e com a Fundação Instituto de Terras do Estado de São Paulo, criada pela Lei estadual 10.207, de 08.01.1999. Com personalidade jurídica própria, são sujeitos de direitos e encargos, no mundo jurídico, por si próprias.

Outro aspecto de sua caracterização encontra-se na autonomia administrativa. Ou seja: administram a si próprias, quanto a pessoal, bens e recursos, sem subordinação hierárquica (do ponto de vista jurídico e legal) à autoridade ou órgão da Administração direta.

Possuem patrimônio próprio e têm seu funcionamento custeado por recursos da entidade matriz a que se vinculam (União, Estado, Município ou Distrito Federal) ou oriundos de outras fontes. O funcionamento custeado sobretudo por recursos vindos da entidade matriz revela o distanciamento da fundação pública do modelo fundacional delineado no Código Civil, que exige patrimônio de certa monta para a instituição da entidade.

A fundação pública deve ser criada sem fins lucrativos. Isto é, sua atuação não há de visar a obtenção de lucros, embora possa obter lucro em virtude da gestão adotada; se assim for, tais lucros reverterão ao atendimento dos fins da entidade, em geral, sociais, culturais, educacionais, científicos, administrativos.

O tipo de atribuições a que se destina tal entidade vem apontado no período "para o desenvolvimento de atividades que não exijam execução por órgãos ou entidades de direito público". Essa frase traz mais dúvidas que esclarecimentos a respeito do tipo de atividade que seria pertinente ao modelo fundacional, pois dificilmente se podem arrolar, com exatidão, no início do século XXI, quando o público e o privado têm fronteiras tênues, as atividades que exijam execução por órgãos públicos. Apenas é possível ressaltar que a maioria das fundações públicas tem suas atividades centradas em educação, ensino, saúde, cultura, assistência e bem-estar social, pesquisa, ciência, desenvolvimento administrativo, levantamento de dados. Alguns exemplos de fundação pública: na esfera federal – Fundação Instituto de Planejamento Econômico e Social (IPEA), Fundação Instituto Brasileiro de Geografia e Estatística (IBGE), Universidade de Brasília, Universidade Federal do Piauí; no âmbito do Estado de São Paulo – Fundação Padre Anchieta (Rádio e TV Educativa), Fundação de Amparo à Pesquisa (Fapesp), Fundação do Desenvolvimento Administrativo (Fundap).

Para o desempenho de suas atribuições e gestão do seu patrimônio, cada fundação pública dispõe de estrutura administrativa própria, internamente hierarquizada, possuindo quadro próprio de pessoal, que não se confunde com o pessoal da Administração direta.

5.3.5 Regime jurídico

Mesmo dotadas, em expressiva maioria, da natureza de pessoas jurídicas de direito privado, o §3º do art. 5º do Dec.-lei 200/67, na parte final, excluiu as fundações públicas da incidência dos preceitos do Código Civil concernentes às fundações. Embora outras normas do direito privado possam se aplicar às fundações públicas, ante sua natureza jurídica, seu regime jurídico pauta-se pelas normas constitucionais e ordinárias aplicáveis a todas as fundações públicas, pelas normas previstas nas leis que as criam e nos seus estatutos. Desse modo, sua atuação é regida precipuamente pelo direito público, devendo observar os princípios arrolados no *caput* do art. 37 da CF e os preceitos contidos nos incisos desse artigo.

Sobre as fundações públicas incidem as normas de licitações e contratos administrativos, conforme determina o parágrafo único do art. 1º da Lei 14.133/2021.

Quanto aos órgãos diretores das fundações públicas, inexiste nome e composição uniformes. Ora se diz diretor executivo, ora se diz presidente, ora se diz superintendente; de regra, há um conselho, denominado de conselho curador ou conselho fiscal, ou conselho superior, ou conselho diretor. A escolha do presidente ou do diretor executivo também não observa critério uniforme: por vezes o conselho remete lista ao Chefe do Executivo ou Ministro; por vezes, o próprio conselho escolhe; por vezes há livre indicação do Chefe do Executivo ou auxiliar direto.

Na esfera federal e em Estados e Municípios (minoria) que adotaram como regime único o estatutário, o pessoal das fundações públicas tem seus direitos e deveres disciplinados por esse regime, por força do *caput* do art. 39 da CF. No âmbito dos Estados e Municípios que não instituíram regime jurídico único naqueles termos, o regime é o da Consolidação das Leis do Trabalho.

O ingresso no quadro de pessoal das fundações públicas depende de aprovação prévia em concurso público, segundo exige o inc. II do art. 37 da CF, qualquer que seja o regime jurídico vigente para o pessoal. Independe de concurso público o exercício de cargo ou função de confiança e a contratação por prazo determinado para atender à necessidade temporária de excepcional interesse público (art. 37, II, final, e IX, da CF), embora, nesse caso, por vezes se preveja a realização de processo seletivo simplificado.

Se a fundação pública for prestadora de serviços públicos, responderá pelos danos que seus agentes, nessa qualidade, causarem a terceiros, assegurado o direito de regresso contra o responsável nos casos de dolo ou culpa (CF, §6º do art. 37).

5.3.6 Controles

As fundações públicas ligam-se à Administração direta do respectivo nível por um vínculo denominado classicamente *tutela administrativa*, que é um controle realizado por órgãos de cúpula desta: ou Chefe do Executivo ou Ministros ou Secretários (ver item 5.1 deste capítulo).

Submetem-se também à fiscalização financeira, orçamentária, patrimonial e contábil dos Tribunais de Contas, instituições que auxiliam o Legislativo nessa atribuição (arts. 70, 71 e 75 da CF).

O Poder Legislativo tem ainda competência para fiscalizar e controlar os atos editados no âmbito das fundações públicas, segundo dispõe a Constituição Federal (art. 49, X), havendo preceito equivalente na Constituição do Estado de São Paulo (art. 20, X).

Mediante provocação pode ser acionado o controle jurisdicional sobre atos, omissões e contratos das fundações públicas.

No tocante ao controle finalístico do Ministério Público vinha se realizando sobre as fundações públicas, sem questionamentos, até o advento da Lei nº 7.596, de 10.04.1987. Referida lei acrescentou o §3º ao art. 5º do Dec.-lei 200/67, que, na parte final, determina a não aplicação, sobre as fundações públicas, dos preceitos do Código Civil concernentes às fundações. Desse modo, deixou de incidir sobre as fundações públicas o controle finalístico ou institucional do Ministério Público, pois a partir dessa lei sujeitam-se à supervisão ou tutela administrativa da Administração central, ante sua reintegração à Administração indireta.

5.3.7 Fundações universitárias

Nos termos do art. 81 da antiga Lei de Diretrizes e Bases da Educação Nacional – Lei nº 4.024, de 20.12.1961 (revogada quase totalmente pela atual Lei de Diretrizes e Bases, Lei nº 9.394, de 20.12.1996) –, as instituições oficiais de ensino superior (universidades ou estabelecimentos isolados) deveriam ser criadas sob forma de autarquias ou fundações. O art. 80, da mesma lei, concedeu autonomia didática, administrativa, financeira e disciplinar para as universidades. A Lei nº 5.540, de 28.11.1968 (também parcialmente revogada pela atual Lei de Diretrizes e Bases), reformulou o Título IX da Lei de Diretrizes e Bases de 1961 e determinou que as universidades oficiais e os estabelecimentos isolados de ensino superior oficiais seriam constituídos em autarquias de regime especial e em fundações de direito público. No art. 3º, reafirmou a autonomia das universidades.

A vigente Lei de Diretrizes e Bases da Educação Nacional – Lei nº 9.394, de 20.12.1996 – silenciou quanto à natureza das instituições de ensino superior mantidas pelo poder público.

O art. 207 da Constituição de 1988 consagrou a autonomia das universidades, nos seguintes termos: "As universidades gozam de autonomia didático-científica, administrativa e de gestão financeira e patrimonial, e obedecerão ao princípio da indissociabilidade entre ensino, pesquisa e extensão".

Assim, as universidades oficiais criadas como fundações públicas desfrutam de maior liberdade de atuação que as demais fundações públicas, de mais acentuado grau de liberdade em relação à Administração direta do que outras fundações. A autonomia conferida pelo ordenamento e os objetivos das atividades universitárias impedem que se aplique às universidades oficiais, instituídas como fundações públicas, o mesmo tratamento dado às demais.

Alguns aspectos do regime das fundações públicas-universidades podem ser apontados para ressaltar sua especificidade: a) nomeação do reitor pelo Chefe do Executivo, mediante lista elaborada pela própria universidade; b) o reitor detém mandato, insuscetível de cassação pelo Chefe do Executivo (Súmula 47 do STF); c) a organização e as principais normas de funcionamento estão contidas no Estatuto e no Regimento, elaborados pela própria universidade; d) existência de órgãos colegiados centrais na administração superior, com funções deliberativas e normativas, nos quais atuam docentes, representantes do corpo discente, dos servidores e da comunidade; e) carreira específica para o pessoal docente, com progressão ligada à obtenção de graus acadêmicos e concursos.

Como exemplos de universidades instituídas como fundações públicas estão: Universidade de Brasília, Universidade Federal do Piauí, Universidade do Maranhão, Universidade Federal de Sergipe.

5.3.8 Fundação qualificada como agência executiva

Conforme a Lei nº 9.649, de 27.05.1998, art. 51, o Poder Executivo federal poderá qualificar como *Agência Executiva* a autarquia ou fundação que tenha cumprido os seguintes requisitos: I – ter um plano estratégico de reestruturação e de desenvolvimento institucional em andamento; II – ter celebrado contrato de gestão com o respectivo Ministério supervisor. A qualificação e a desqualificação como Agência Executiva ocorrem por ato do Presidente da República (Lei nº 9.649/98, art. 51, §1º, e Dec. nº 2.487, de 02.02.1998, art. 1º, §4º).

O Poder Executivo editará medidas de organização administrativa específicas para as Agências Executivas, visando a assegurar a sua autonomia de gestão e a disponibilidade de recursos orçamentários e financeiros para o cumprimento dos objetivos e metas previstos no contrato de gestão. O contrato de gestão será celebrado por períodos mínimos de um ano e fixará os objetivos, metas, indicadores de desempenho da entidade, os recursos necessários, os critérios e instrumentos para a avaliação do seu cumprimento (art. 52 e §1º da Lei nº 9.649/98).

A expressão *Agência Executiva* surgiu recentemente no panorama organizacional da Administração federal. Trata-se de uma qualificação que é atribuída a uma fundação (ou autarquia), por ato do Presidente da República, se forem atendidos os requisitos acima indicados. Segundo se depreende, a qualificação como Agência Executiva confere tratamento diferenciado à fundação, sobretudo quanto à autonomia de gestão. Um exemplo de tratamento diferenciado encontra-se na Lei nº 14.133/2021 (licitações e contratos administrativos) art. 75,§ 2º, que duplica os valores para dispensa de licitação nos contratos de obras, serviços de engenharia, serviços de manutenção de veículos, outros serviços e compras, celebrados por consórcios públicos, autarquias e fundações qualificadas como agências executivas na forma da lei. Essas entidades têm, portanto, mais amplitude na contratação com dispensa de licitação, pois seu valor máximo de dispensa tornou-se maior do que o valor fixado para outros órgãos e entes da Administração.

5.4 Empresas públicas

5.4.1 As chamadas "estatais"

No Brasil recebem o nome genérico de *estatais* empresas administradas e controladas direta ou indiretamente pelo poder público. As *estatais* foram sendo criadas, de modo mais acentuado nas décadas de 60 e 70, como forma de participação direta do Estado na atividade econômica. Visando a lhes conferir a mesma agilidade, eficiência e produtividade das empresas do setor privado e sobretudo para impedir concorrência desleal, foram criadas à imagem e semelhança destas, principalmente pela atribuição de personalidade jurídica de direito privado, do que decorreria a incidência precípua do direito privado sobre sua atuação. Regidas pelo direito privado, deixariam de ter prerrogativas públicas, podendo, no entanto, se submeter às sujeições pertinentes. A presença do poder estatal impede a equiparação total, como demonstra a Lei nº 13.303, de 30.6.2016 – Lei das estatais – com elevado número de preceitos de direito público regendo as estatais.

Também foram criadas várias estatais prestadoras de serviços públicos com o mesmo modelo.

No termo *estatais* incluem-se as empresas públicas, sociedades de economia mista e empresas controladas direta ou indiretamente pelo poder público (como, por exemplo, as subsidiárias). Segundo o art. 4º, II e III, do Dec.-lei 200/67, as empresas públicas e sociedades de economia mista integram a Administração indireta. As empresas controladas pelo poder público têm situação peculiar. Por isso serão tratadas em item adiante.

O art. 173 da CF propicia o respaldo à criação das estatais que realizam atividades econômicas, nos termos seguintes: "Ressalvados os casos previstos nesta Constituição, a exploração direta de atividade econômica pelo Estado só será permitida quando necessária aos imperativos da segurança nacional ou a relevante interesse coletivo, conforme definidos em lei".

Consoante o preceito, a atividade econômica (processos de produção, circulação e consumo de riquezas) cabe, em princípio, à iniciativa privada, competindo ao Estado atuar diretamente no setor econômico nos casos apontados na própria Constituição, como os monopólios, quando necessário aos imperativos da segurança nacional e ao atendimento de interesse público relevante, definidos em lei. Conforme o art. 2º da *Lei nº 13.303, de 30.6.2016 – Lei das estatais* – a exploração de atividade econômica pelo Estado será exercida por meio de empresa pública, de sociedade de economia mista e de suas subsidiárias. Na dicção do art. 2º, §1º, da mesma Lei, a constituição de empresa pública ou de sociedade de economia mista depende de prévia autorização legal que indique, de forma clara, relevante interesse coletivo ou imperativo de segurança nacional, nos termos do *caput* do art. 173 da CF.

As estatais prestadoras de serviços públicos têm sua criação fundamentada na faculdade, conferida ao poder público, de decidir sobre o modo de realização de tais atividades. A Constituição Federal determina, no art. 173, §1º, II, que as estatais exploradoras de atividades econômicas se sujeitem ao regime jurídico próprio das empresas privadas, inclusive quanto aos direitos e obrigações civis, comerciais, trabalhistas e tributários. No entanto, a presença do poder público acarreta a incidência de normas de direito público. A própria Constituição estende às estatais, sem distinguir se realizam atividade econômica ou prestam serviço público, normas destinadas aos entes ou órgãos públicos. Por exemplo: art. 37 e incisos, para as que integram a Administração indireta; art. 71, II e III, incidência da fiscalização dos Tribunais de Contas.

Em geral, as estatais atuam nos seguintes campos: petróleo, bancos, energia elétrica, ferrovias, habitação popular, água, gás, transportes urbanos e metropolitanos, processamento de dados.

O art. 173, §1º, da CF, na redação da EC 19/1998, atribui à lei a fixação do estatuo jurídico da empresa pública, da sociedade de economia mista e de suas subsidiárias, que explorem atividade econômica de produção ou comercialização de bens ou de prestação de serviços, arrolando, nos incisos, alguns itens do seu conteúdo. Após cerca de 28 anos foi editada a *Lei 13.303, de 30.6.2016*, dispondo sobre o *Estatuto Jurídico das Estatais*, com aplicação no âmbito da União, dos Estados, do Distrito Federal e dos Municípios. O Decreto nº 8.945, de 27.12.2016, regulamenta, no âmbito da União, a citada Lei.

Referida Lei aplica-se também a: (i) empresas públicas e sociedades de economia mista que participem de *consórcio*, na condição de operadoras (art. 1§5º); (ii) sociedade, inclusive *de propósito específico*, que seja controlada por empresa pública e sociedade de economia mista (art. 1º, §6º).

Parte da Lei nº 13.303/2016 não incide sobre empresas públicas e sociedades de economia mista que tiverem, juntamente com suas respectivas subsidiárias, no exercício social anterior, receita operacional bruta inferior a noventa milhões de reais (art. 1º, §1º).

As empresas públicas e sociedades de economia mista constituídas antes da promulgação desta Lei deverão, no prazo de 24 (vinte e quatro meses), realizar as adaptações necessárias à adequação às suas disposições (art. 91). Permanecem regidos pelas normas anteriores os procedimentos licitatórios e contratos já iniciados ou celebrados até o final do citado prazo (art. 91, §3º).

Aplicam-se a todas as empresas públicas, às sociedades de economia mista de capital fechado e as suas subsidiárias as disposições da Lei nº 6.404/1976 – Lei das S.A. – e as normas da Comissão de Valores Mobiliários sobre escrituração e elaboração de demonstrações financeiras, inclusive a obrigatoriedade de auditoria independente (art. 7º da Lei das Estatais).

5.4.2 Noção de empresa pública

O art. 3º da Lei nº 13.303/2016 – Lei das estatais – fixa a noção de empresa pública: "é a entidade dotada de personalidade jurídica de direito privado, com criação autorizada por lei e com patrimônio próprio, cujo capital social é integralmente detido pela União, pelos Estados, pelo Distrito Federal ou pelos Municípios". O parágrafo único do mesmo artigo prevê outra formatação: desde que a maioria do capital votante pertença ao ente federativo a que se vincula, no capital da empresa pública poderá haver a participação de outras pessoas jurídicas de direito público interno e também de entidades da administração indireta da União, dos Estados, do Distrito Federal e dos Municípios. Desse modo, não prevalece a noção contida no art. 5º, inciso II, do Dec.-lei 200/1967.

A *empresa pública* reveste-se da condição de pessoa jurídica de direito privado. A palavra "pública" aí presente não significa tratar-se de pessoa jurídica de direito público, mas, sim, de empresa estatal. Deve ter sua instituição autorizada por lei específica (inc. XIX do art. 37 da CF).

As *empresas públicas* são dotadas de patrimônio próprio, sob sua gestão, que não se confunde com o patrimônio da Administração direta a que se vincula. Os bens dessas entidades, em geral oriundos da Administração direta por transferência inicial para formação do patrimônio e posteriores aumentos de capital, sujeitam-se a regras similares aplicáveis àqueles geridos pelos órgãos públicos, quando forem prestadoras de serviços públicos ou de atividades monopolizadas. Há controvérsias quanto ao regime dos bens integrantes do patrimônio das empresas públicas que explorem atividade econômica, como será exposto no capítulo dedicado aos bens públicos.

Para a sociedade de economia mista, a Lei nº 13.303/2016, prevê a forma de sociedade anônima, mas no tocante às empresas públicas não oferece indicação; poderá ser escolhido, na lei autorizadora da criação, formato jurídico adequado à sua condição de entidade da Administração indireta e aos preceitos da Lei nº 13.303/2016.

Dentre as empresas públicas federais cite-se a Empresa Brasileira de Infraestrutura Aeroportuária – Infraero; no Município de São Paulo, a Empresa Municipal de Urbanização – EMURB.

5.4.3 Regime jurídico das empresas públicas

Consoante o art. 173 e seu §1º, II, da CF (na redação dada pela EC 19/98), a lei que estabelecer o estatuto jurídico da empresa pública, da sociedade de economia mista e de suas subsidiárias, que explorem atividade econômica de produção ou comercialização de bens ou de prestação de serviços, deverá dispor sobre sua sujeição ao regime jurídico próprio das empresas privadas, inclusive quanto aos direitos e obrigações civis, comerciais, trabalhistas e tributários.

Assim, a Constituição de 1988 impõe, de modo explícito, que as empresas públicas exploradoras de atividades econômicas observem as mesmas normas que informam as atividades das empresas do setor privado e ressalta o âmbito dos direitos e obrigações civis, comerciais, trabalhistas e tributários. Contudo, a observância do regime jurídico próprio do setor privado não impede que, sobre as empresas públicas, incidam muitas sujeições típicas dos órgãos administrativos e muitas normas do regime jurídico público. Nesse sentido se apresentam os pronunciamentos do STF no MS 21.322-1/DF (*DJU*, 23.04.1993 e *BDA*, maio 1995) e no RE 172.816-7/RJ (*BDA*, fev. 1995) e também os preceitos da Lei 13.303/2016.

Em atenção ao disposto no referido art. 173, §1º, da CF, a minuciosa *Lei 13.303/2016*, quase 28 anos depois, fixa o *Estatuto Jurídico das Estatais*, com tratamento similar para as empresas públicas e sociedades de economia mista (são poucas as diferenças). Levando em conta a citada Lei e outros elementos, alguns aspectos são arrolados a seguir, incidindo também, no geral, sobre as sociedades de economia mista.

A) *Organização da gestão* – A gestão da empresa pública compõe-se de:

(i) *Acionista controlador*, ao qual pertence a maioria de votos, podendo escolher grande parte dos administradores; dentre seus deveres, a Lei nº 13.303/2016 arrola, no art. 14: a preservação da independência do Conselho de Administração (inc. II); a observância da política de indicação ao escolher os administradores e membros do Conselho Fiscal (inc. III).

(ii) *Conselho de Administração* – Nos termos do art. 16, parágrafo único da citada Lei, os membros do Conselho de Administração e da diretoria são os administradores da empresa pública, da sociedade de economia mista, submetidos também às normas da Lei 6.404/1976 – Lei das S.A. No provável intuito de sanar desvirtuamentos verificados em anos recentes, fixaram-se requisitos para a indicação de membros deste Conselho, aplicáveis à indicação de membros da Diretoria (art. 17), dentre os quais: reputação ilibada, notório conhecimento, experiência profissional (formação acadêmica adequada à função), não enquadramento em hipóteses de inelegibilidade. O art. 17, §2º, lista proibições para as indicações, salientando-se as seguintes: representante do órgão regulador respectivo; Ministro de Estado, Secretário Estadual, Secretário Municipal; titular de cargo sem vínculo permanente com o poder público; dirigente estatutário de partido político e titular de mandato em qualquer poder legislativo, estendendo-se aos respectivos parentes consanguíneos e afins até o terceiro grau; quem exerça cargo em organização sindical; quem atuou nos últimos 36 (trinta e seis) meses em trabalho vinculado à organização e realização de companha eleitoral.

O art. 18 arrola competências do Conselho de Administração, sem prejuízo das previstas no art. 146 da Lei nº 6.404/1976 – Lei das S.A. – por exemplo: aprovar e monitorar decisões sobre governança corporativa, política de gestão de pessoal e código de conduta dos agentes; implementar e supervisionar os sistemas de gestão de riscos e de controle interno; avaliar os diretores.

Garante-se a participação, neste Conselho, de representante dos empregados e dos acionistas minoritários, assegurando-se a estes escolher, no mínimo, um conselheiro (art. 19 e §2º).

É proibida a participação remunerada de membros da Administração Pública em mais de dois Conselhos de Administração ou fiscal (art. 20).

O Conselho de Administração deve ser composto no mínimo de 25% (vinte e cinco por cento) de membros independentes ou pelo menos um, caso se decida pelo voto múltiplo dos acionistas majoritários (art. 22).

(iii) *Diretoria* – é o órgão executivo da entidade, formado por presidente, diretor geral, diretor-presidente e outros diretores (art. 17), devendo, sua indicação, cumprir os citados requisitos e impedimentos previstos para os membros do Conselho de Administração.

(iv) *Comitê de Auditoria Estatutário* – é órgão auxiliar do Conselho de Administração, ao qual se reporta diretamente (art. 24). Compõe-se de no mínimo três e no máximo cinco membros, a maioria independente (art. 25); o art. 25, §1º estabelece impedimentos para a indicação destes membros, em boa parte similares àqueles previstos para o Conselho de Administração; ao menos um dos membros deve ter experiência em assuntos de contabilidade societária (art. 25, §2º). Grande parte de suas atribuições centra-se em fiscalização e monitoramento (art. 24, §1º), tendo meios para receber denúncias, inclusive sigilosas, internas e externas (art. 24, §2º).

(v) *Conselho Fiscal* – Aplicam-se aos membros deste Conselho, além dos preceitos da Lei 13.303/2016, as disposições da Lei nº 6.404/1976 – Lei das S.A. – quanto aos seus poderes, deveres e responsabilidades, requisitos e impedimentos para a investidura e remuneração, além de outras (art. 26 da Lei 13.303/2016). Dentre suas atribuições se encontra a fiscalização dos atos e do cumprimento dos deveres dos administradores.

B) *Governança corporativa, gestão de riscos e controle interno* – O estatuto de cada estatal e suas subsidiárias deve observar, por exemplo: regras de governança corporativa, de transparência, práticas de gestão de riscos e de controle interno, com mecanismos de proteção de acionistas (art. 6º). Tais aspectos estão associados hoje à concepção de governança corporativa, aí incluídas diretrizes de gestão para conciliar interesses e observar preceitos de ética. Requisitos de transparência são listados no art. 8º, e o art. 9º, §1º, prevê a elaboração e divulgação de código de conduta e integridade (os tradicionais códigos de ética).

O art. 9º, §4º, se refere a uma área *de compliance* a ser prevista no estatuto social; *compliance* representa um dos elementos da governança corporativa. A palavra *compliance* se difundiu no Direito Administrativo em virtude da Lei nº 12.846/2013 – Lei Anticorrupção – e diz respeito, em síntese, à existência, no âmbito da empresa, de mecanismos e procedimentos que levem à observância de normas internas e externas, à aplicação de códigos de conduta (ética), à correção de irregularidades, com incentivo à formação de setor ou comitê de *compliance*.

As *decisões* dos dirigentes equiparam-se a atos de autoridade para efeito de ajuizamento de mandado de segurança, ação popular e ação civil pública. Nos termos da Súmula 333-STJ, "cabe mandado de segurança contra ato praticado em licitação promovida por sociedade de economia mista ou empresa pública".

C) O art. 37, *caput*, determina que a Administração direta e indireta de todos os níveis observe seus incisos; o inc. XXI impõe a *licitação para contratação* de obras, serviços, compras e alienações. Portanto, as empresas públicas e sociedades de economia mista devem realizar licitação para contratar. De acordo com o §1º e seu inc. III, do art. 173 da CF, na redação dada pela Emenda 19/98, as empresas públicas, sociedades de economia mista e suas subsidiárias, na *licitação* e *contratação* de obras, serviços, compras e alienações, *observarão os princípios da Administração Pública*, conforme dispuser a lei que estabelecerá seu estatuto jurídico. A mesma Emenda alterou a redação do inc. XXVII do art. 22, atribuindo à União a competência para legislar sobre normas gerais de licitação e contratação, em todas as suas modalidades, para a Administração Pública direta, autárquica e fundacional de todos os níveis e para as empresas públicas e sociedades de economia mista, nos termos do art. 173, §1º, III. Note-se que o referido inc. III determina, para aquelas estatais, *somente a observância dos princípios da Administração Pública*, o que sugere que teriam um regime de licitação e contratação diferente do regime dos outros entes e órgãos da Administração.

Mas, a minuciosa Lei nº 13.303/2016 fixa tratamento amplo e rígido à licitação e contratação nas estatais. Do total de 97 artigos, cerca de 40 tratam de licitação, sem contar seus parágrafos e incisos (arts. 28 a 67). Não serão objeto de exposição todos esses dispositivos.

Alguns aspectos, na matéria, sobressaem.

(i) Aplicam-se às licitações nas estatais as disposições dos artigos 42 a 49 da LC nº 123/2006 – microempresas e empresas de pequeno porte.

(ii) Os *contratos de publicidade* submetem-se ao processo de licitações e contratos da Lei nº 13.303/2016 – Estatuto Jurídico das Estatais, o que leva a excluir a incidência da Lei nº 12.322/2010, específica para serviços de publicidade em outros âmbitos da Administração.

(iii) A *dispensa* de licitação tem suas hipóteses arroladas no art. 29, incisos I a XVIII, e as situações de inexigibilidade figuram no art. 30.

(iv) Utilizou-se a palavra *dispensada*, para eximir de licitação dois casos de contratação (em redação confusa): I – comercialização, prestação ou execução, de forma direta, de produtos, serviços ou obras especificamente relacionados com os respectivos objetos sociais; II – nos casos em que a escolha do parceiro esteja associada a suas características particulares, vinculada a oportunidades de negócio definidas e específicas, justificada a inviabilidade de procedimento competitivo (art. 28, §3º, I e II).

(v) Ampliaram-se as hipóteses de impedimento de participar de licitações, sobretudo quanto a empresas suspensas ou declaradas inidôneas, atingindo outras empresas, cujos sócios, administradores e respectivos parentes, por exemplo, tenham qualquer vinculação com aquelas (art. 38 e parágrafo único).

(vi) *Procedimento de manifestação de interesse privado* – PMI – As estatais poderão adotar procedimento de manifestação de interesse privado para recebimento de propostas e projetos de empreendimentos com vistas a atender a necessidades previamente identificadas, cabendo a regulamento a definição de suas regras específicas (§4º do art. 31). O autor ou financiador do projeto poderá participar da licitação para a execução do empreendimento, podendo ser ressarcido pelos custos aprovados pelas estatais, caso não vença o certame, desde que haja a cessão de direitos autorais e patrimoniais de que trata o art. 80 (§5º do art. 31).

(vii) *Regulamentos internos* – As estatais deverão publicar e manter atualizados seus regulamentos internos de licitação e contratos, compatíveis às disposições da Lei nº 13.303/2016, conforme prevê seu art. 40, o qual lista nove elementos a serem tratados, em especial (art. 40, incisos I a IX).

D) Em relação aos *contratos*, salientam-se alguns aspectos.

(i) Conforme o art. 68 da Lei nº 13.303/2016, os contratos celebrados pelas estatais regem-se por suas cláusulas, pelas disposições desta Lei, pelos preceitos do direito privado. A afirmação da incidência de preceitos do direito privado mostra-se destoante em vista do amplo tratamento calcado no direito público, presente na referida Lei.

(ii) Além das modelagens contratuais de obras, serviços e compras, os arts. 42, V, e 43, V, se referem à *contratação semi-integrada* para obras e serviços de engenharia, (art. 42, §1º), que não envolve a elaboração do projeto básico, mas somente do projeto executivo e demais atuações.

(iii) O art. 45 possibilita a *remuneração variável*, vinculada ao desempenho do contratado, com base em metas, padrões de qualidade, critérios de sustentabilidade ambiental etc.

(iv) Dentre as cláusulas necessárias se inclui a *matriz de riscos* (art. 69, XI), definidora de riscos e responsabilidades entre as partes e caracterizadora do equilíbrio econômico-financeiro inicial do contrato, em termos de ônus financeiros decorrentes de eventos supervenientes à contratação (art. 42, X).

(v) Nas *sanções administrativas* pela inexecução total ou parcial do contrato, o art. 83 não insere a declaração de inidoneidade. Mas a Lei 13.303/2016 se refere à inidoneidade em outros dispositivos, o que gera dúvidas e interpretações controvertidas a respeito. O inc. II do art. 83 desta Lei fixa somente no âmbito da entidade sancionadora o alcance da sanção de suspensão temporária de participação em licitação e celebração de contrato.

E) Aplicam-se às empresas públicas, às sociedades de economia mista e suas subsidiárias as sanções previstas na Lei nº 12.846/2013 – Lei Anticorrupção, salvo as previstas nos incisos II, III e IV do *caput* do art. 19 da referida Lei (art. 94, da Lei nº 13.303/2016).

F) O *pessoal* das empresas públicas rege-se pela Consolidação das Leis do Trabalho, sendo, portanto, celetista. A investidura nos empregos depende de aprovação prévia em concurso público, que não assegura estabilidade, por não se tratar de nomeação para cargo de provimento efetivo, criado em lei; o exercício de empregos e funções de confiança (em comissão) é de livre contratação e livre dispensa (art. 37, II, da CF). Incidem sobre os empregados das empresas públicas as proibições e possibilidades relativas à acumulação de cargos, funções e empregos públicos, nos termos dos incs. XVI e XVII do art. 37 da CF. Igualmente a eles se estendem as normas relativas aos crimes contra a Administração Pública, segundo prevê o art. 327 do Código Penal, as sanções decorrentes de atos de improbidade administrativa, conforme dispõe a Lei nº 8.429, de 02.06.1992, com alterações posteriores e as normas de direito penal em matéria de licitações e contratos administrativos (Título XI, Cap. II-B, da Parte Especial do Código Penal, arts. 337-E a 337-P).

G) Vários *controles* recaem sobre as empresas públicas. Um controle administrativo, denominado tutela, denominado supervisão na esfera federal, é exercido pelo órgão da Administração direta a que se vincula a entidade. A Lei nº 13.303/2016 abriga um capítulo sobre *fiscalização pelo Estado e pela sociedade* (arts. 85 a 90), tratando da supervisão nos arts. 89 e 90.

Um controle genérico pode ser exercido pelo Congresso Nacional, nos termos da competência fixada no art. 49, X, da CF. Ao mesmo Poder cabe a fiscalização contábil, financeira, orçamentária, operacional e patrimonial (art. 70), realizada com o auxílio do Tribunal de Contas do respectivo nível (incs. II e III do art. 71 da CF).

O Poder Judiciário, quando provocado, exerce controle externo de atos, atividades, omissões e contratos, consoante o objeto das ações interpostas.

5.5 Sociedades de economia mista

O art. 4º da Lei nº 13.303/2016 fornece os elementos essenciais à caracterização da sociedade de economia mista, que antes figuravam no art. 5º, III, do Dec.-Lei 200/1967: "entidade dotada de personalidade jurídica de direito privado, com criação autorizada por lei, sob a forma de sociedade anônima, cuja ações com direito a voto pertençam em sua maioria à União, aos Estados, ao Distrito Federal, aos Municípios ou a entidades da administração indireta".

Desde a edição do Dec.-lei 200/67 essas entidades devem ter sua criação autorizada por lei. A partir da Constituição de 1988, essa lei deve ser específica (art. 37, XIX). Antes de 1967, muitas sociedades de economia mista se formaram nem sempre mediante lei, mas pela intervenção do Estado em empresas mal administradas pelos particulares ou sob alegação de que a iniciativa privada não tinha condições de exercer essa ou aquela atividade.

A criação por meio de autorização de lei configura elemento fundamental à identificação da entidade como sociedade de economia mista. Esse é o entendimento decorrente de acórdãos do STF, exemplificados nos seguintes: RE 91.035, 1979, ementa: "Sociedade de economia mista. Com ela não se confunde a sociedade sob controle acionário do poder público. É a situação especial que o Estado se assegura, através da lei criadora da pessoa jurídica, que a caracteriza como sociedade de economia mista"; RE 92.327, 1980, ementa: "Sociedade de economia mista. Ainda quando se trate de sociedade de economia mista estadual, é requisito essencial à sua constituição a criação por lei".

As *sociedades de economia mista* revestem-se da forma de sociedade anônima, consoante determina o citado art. 4º da Lei nº 13.303/2016. A Lei 6.404/76 – Lei das Sociedades Anônimas – dedica-lhes capítulo específico (arts. 235 a 240).

A maioria das ações com direito a voto deve pertencer ao respectivo ente matriz: União, nas sociedades de economia mista federais; Estado, nas estaduais; Município, nas municipais, etc. Ou deve pertencer à entidade da Administração indireta. Suscitou controvérsia a possibilidade de haver sociedades de economia mista estaduais e municipais, vindo a prevalecer entendimento favorável, desde que não se editem, em tais níveis, normas derrogatórias do direito comercial, pois cabe à União a competência para legislar sobre esse ramo jurídico.

Dentre as sociedades de economia mista, podem ser arroladas em âmbito federal: Banco do Brasil, Petrobras; no âmbito do Estado de São Paulo: Sabesp, Companhia de Desenvolvimento Habitacional e Urbano – CDHU, Metrô.

5.5.1 Regime jurídico das sociedades de economia mista

As *sociedades de economia mista* sujeitam-se à Lei 13.303/2016 – Estatuto jurídico das estatais, à Lei nº 6.404/1976 – Lei das S.A. (art. 5º da Lei das estatais). Além disso, as sociedades de economia mista com registro na Comissão de Valores Mobiliários devem respeitar a Lei nº 6.385/1976 (art. 4º, §2º, da Lei das estatais). Incide sobre elas grande carga de normas do direito público, embora detenham personalidade jurídica de direito privado.

Quanto aos demais aspectos do regime jurídico, ver o item 5.4.3 deste capítulo, cujas considerações aplicam-se às sociedades de economia mista.

5.6 Estatais e privatização

As estatais tiveram grande expansão nas décadas de 60 e 70. Sua atuação, no geral, suscitou vários problemas. Os objetivos de eficiência e agilidade não foram atingidos. Tornaram-se "cabides" de empregos e "feudos" de grupos políticos. Acarretaram grandes dívidas e déficits que o Tesouro público tinha de cobrir, e este, por sua vez, ante a escassez de recursos, não poderia arcar com tais rombos. Os mecanismos criados para controlar as estatais revelaram-se ineficazes. No Brasil, há muito a imprensa vinha noticiando, com frequência, os problemas relativos aos déficits, ineficiência, abusos e incontrolabilidade das estatais.

Surgiu, então, a partir da década de 80, um movimento inverso, tanto nos países desenvolvidos como nos países menos desenvolvidos, no sentido de transferir para o setor privado entes estatais ou setores absorvidos pelo Estado. Ante o quadro acima, esse movimento teve motivos pragmáticos, para liberar o Estado dos custos das estatais e arrecadar recursos; e teve motivos políticos para criar nova dinâmica econômica, inspirada nos exemplos inglês (privatizações da era Thatcher) e americano. Esse movimento recebe nomes diversos: reforma do Estado, redução do setor público, *desestatização, desregulamentação, privatização*. Várias fórmulas aí são aplicadas, em especial: quebra de monopólios estatais; aumento do número de concessões e permissões de serviço público; venda de estatais ao setor privado.

As noções de *desestatização, desregulamentação* e *privatização* não são precisas e aparecem usadas de modo indistinto, como sinônimas. Um sentido aproximado desses termos pode ser exposto, com base no trabalho de Marcos Jordão Teixeira do Amaral Filho, *Privatização no estado contemporâneo*, Ícone, 1996.

A *desestatização* significa a existência de maior autonomia para a sociedade decidir seu próprio destino, com menos presença do Estado. Com esse sentido, abrangeria a desregulamentação e a privatização. A *desregulamentação* consiste na eliminação total ou parcial de normas incidentes sobre o mercado e as atividades econômicas, levando à simplificação e desburocratização. Por sua vez, a *privatização* aparece, num sentido amplo, para expressar o controle e participação mais efetivos da sociedade no processo produtivo, e, em sentido restrito, como transferência do controle acionário de empresas estatais ao setor privado.

No Brasil, o Dec. nº 86.215, de 15.07.1981, foi o primeiro a prever a transferência de empresas estatais a particulares. Depois, o Dec. nº 91.991, de 28.11.1985, mencionou um programa de privatização de empresas sob controle direto e indireto do governo federal e proibiu a criação de novas empresas desse tipo. O Dec. nº 95.886, de 29.03.1988, referiu-se a um programa federal de desestatização, prevendo inclusive a execução indireta de serviços públicos por meio de concessão ou permissão. A Lei nº 8.031, de 12.04.1990, criou o Programa Nacional de Desestatização e o Fundo Nacional de Desestatização. Várias estatais foram privatizadas, dentre as quais: Usiminas, Celma S/A, Mafersa, Petroflex, Copesul, Acesita, Poliolefinas, Companhia Siderúrgica Nacional, Cosipa, Açominas, Petroquímica União, Companhia Vale do Rio Doce.

A Lei nº 8.031/90 foi recebendo várias alterações até ser revogada explicitamente pela Lei nº 9.491, de 09.09.1997, que alterou os procedimentos relativos ao Programa Nacional de Desestatização. Por sua vez, esta lei foi modificada várias vezes. Nos termos do art. 2º da Lei nº 9.491/97, com as alterações posteriores, poderão ser objeto de desestatização, por exemplo: I – empresas, inclusive instituições financeiras, controladas direta ou indiretamente pela União, instituídas por lei ou ato do Poder Executivo; II – empresas criadas pelo setor privado e que, por qualquer motivo, passaram ao controle direto ou indireto da União; III – serviços públicos objeto de concessão, permissão ou autorização; IV – instituições financeiras públicas estaduais que tenham tido as ações de seu capital desapropriadas, na forma do Dec.-lei nº 2.321, de 25 de fevereiro de 1987; V – bens móveis e imóveis da União.

Conforme preceitua o art. 4º da Lei nº 9.491/97, com alterações posteriores, as desestatizações ocorrem mediante várias modalidades operacionais, por exemplo: I – alienação de participação societária, inclusive de controle acionário, preferencialmente mediante a pulverização de ações; II – abertura de capital; III – aumento de capital, com renúncia ou cessão, total ou parcial, de direitos de subscrição; IV – alienação, arrendamento, locação, comodato ou cessão de bens e instalações; V – dissolução de sociedades ou desativação parcial de seus empreendimentos, com a consequente alienação de seus ativos; VI – concessão, permissão ou autorização de serviços públicos; VII – aforamento, remição de foro, permuta, cessão, concessão de direito real de uso resolúvel e alienação mediante venda de bens imóveis de domínio da União.

Medidas aventadas no Programa Nacional de Desestatização (na esteira da mesma Lei 9.491/97, com alterações posteriores) poderão integrar o Programa de Parcerias de Investimentos – PPI, como prevê a Lei nº 13.334/2016, art. 1º, §1º, III, que institui este último.

5.7 Entes com situação peculiar

Há inúmeros entes dotados de características que não se enquadram exatamente nos moldes previstos em normas para identificar as entidades componentes da Administração indireta, nem permitem situá-los como órgãos da Administração direta. Tais entes não integram a Administração indireta.

Em geral, têm personalidade jurídica própria. Os vínculos que mantêm com o poder público apresentam-se diversificados. Uns desempenham algumas atribuições típicas do poder público; outros recebem recursos públicos; outros realizam atividades que beneficiam a população.

É difícil classificar tais entes ou conferir-lhes nome genérico. Alguns autores, como Sérgio de Andréa Ferreira, utilizam o termo "paradministração" para abrangê-los; outros preferem o termo "paraestatais"; e alguns usam "entes de cooperação" ou "entes de colaboração".

Aqui serão enunciados alguns, muito mais com o objetivo de apontar sua existência do que discutir em profundidade sua natureza jurídica e expor em minúcia todos os seus contornos e as discussões que suscitam.

5.7.1 Ordens e conselhos profissionais

São organismos destinados, em princípio, a "administrar" o exercício de profissões regulamentadas por lei federal. São geridos por profissionais da área, eleitos por seus pares, para mandatos. De regra, têm estrutura federativa, com um órgão de nível nacional e órgãos de nível estadual.

As leis que regulamentam profissões e criam ordens ou conselhos transferem-lhes competência para exercer a fiscalização do respectivo exercício profissional e o poder disciplinar. A chamada *polícia das profissões*, que originariamente caberia ao poder público, é, assim, delegada às ordens profissionais.

Leis atribuíram personalidade jurídica a tais ordens, sem especificar se pública ou privada, por exemplo, o anterior e o atual Estatuto da OAB – Lei nº 8.906, de 04.07.1994, art. 44. Outras conferiram personalidade jurídica pública, por exemplo: Ordem dos Músicos – Lei nº 3.857/60; Conselho de Farmácia – Lei 3.820/60; Conselho de Biblioteconomia – Lei 4.084/62. Outras previram personalidade jurídica pública e natureza de autarquia, por exemplo: Conselho de Medicina – Lei nº 3.268/57; Conselho de Engenharia e Agronomia – Lei nº 5.194/66; Conselho de Psicologia – Lei nº 5.766/71; Conselho de Arquitetura e Urbanismo – Lei nº 12.378/2010.

Tais organismos não integram a Administração indireta, nem se sujeitam à tutela ou supervisão ministerial. O §1º do art. 44 do atual Estatuto da OAB é expresso a respeito, ao dispor o seguinte: "A OAB não mantém com órgãos da Administração Pública qualquer vínculo funcional ou hierárquico". Quanto à OAB, o STF, na ADIn 3.026-4/DF, declarou não integrar a Administração indireta, não se sujeitando às normas impostas a esta e à Administração direta, nem a controle da Administração.

Na doutrina são denominadas de *autarquias para-administrativas, corporações autárquicas, corporações profissionais, instituições corporativas, autarquias corporativas.* A jurisprudência pátria lhes reconhece natureza autárquica, mesmo que as leis instituidoras omitam essa condição. Trata-se, no entanto, de autarquia peculiar, diferenciada, visto não integrar a Administração indireta, nem se enquadrar nos preceitos do Dec.-lei 200/67.

A Lei nº 9.649, de 27.05.1998, no art. 58, tentou atribuir *personalidade jurídica de direito privado a tais conselhos*, o que lhes retiraria a natureza de autarquia, pois esta se apresenta como pessoa jurídica de direito público. Porém, na ADIn 1.717-6, julgada em 07.11.2002, o art. 58 e seus §§1º, 2º, 4º, 5º, 6º, 7º e 8º foram declarados inconstitucionais, considerada prejudicada a ação quanto ao §3º. Portanto, tais organismos continuam a ser considerados autarquias.

Mas, acentuadas incoerências resultam do intuito de enquadrar as ordens e conselhos profissionais como autarquias. Exemplifiquem-se duas: a) quem exerce o poder de polícia das profissões são pessoas eleitas por seus pares para exercício temporário de diretoria (mandato, em geral, de dois anos), auxiliadas por empregados celetistas; assim, todas as pessoas que, nessas entidades, exercem poder de polícia não são servidores estatutários efetivos, o que é o oposto do entendimento de que só servidores estatutários efetivos poderiam exercer poder de polícia (foi com base nesta linha a decisão do Supremo Tribunal Federal pela inconstitucionalidade de vários dispositivos da Lei 9.986, de 18.07.2000, que previa o regime celetista para os servidores das agências reguladoras); b) autarquia é uma entidade da Administração indireta, nos termos do Dec.-Lei 200/67; a palavra *autarquia* é associada, de forma enraizada, à Administração Pública, e as ordens profissionais não integram a Administração Pública. Melhor seria lhes dar outra feição, que não gerasse os incoerentes resultados de vê-las como autarquias.

5.7.2 Fundações de apoio

Denominam-se, de modo mais completo, *fundações de apoio a instituições oficiais de ensino superior*. Destinam-se, em geral, a colaborar com tais instituições no ensino e pesquisa. Conforme indica Sérgio de Andréa Ferreira (*Comentários à Constituição*, 1991, v. 3, p. 56), as fundações de apoio vêm se formando de dois modos: por pessoas físicas (professores, pesquisadores universitários, ex-alunos) ou pelas próprias instituições de ensino superior (isoladamente ou em conjunto com pessoas físicas).

São entes dotados de personalidade jurídica privada, regidos pelo Código Civil e Código de Processo Civil. Os atos de constituição, a dotação inicial e os estatutos sujeitam-se ao crivo do Ministério Público, que os fiscaliza sob o aspecto finalístico.

As *fundações de apoio*, de regra, mantêm convênios, ajustes e contratos com as universidades ou faculdades, sem prejuízo de atividades ou serviços que possam prestar a particulares. Não integram a Administração indireta nem a estrutura das universidades ou faculdades a que propiciam apoio.

No âmbito federal, a Lei nº 8.958, de 20.12.1994, com alterações posteriores, dispõe sobre as relações entre as instituições federais de ensino superior e de pesquisa científica e tecnológica e as fundações de apoio. Nos termos da referida lei, essas fundações de apoio podem ser contratadas por aquelas instituições federais e sujeitam-se: à fiscalização do Ministério Público, nos termos do Código Civil e do Código de Processo Civil; à legislação trabalhista; ao prévio registro e credenciamento no Ministério da Educação e no Ministério da Ciência, Tecnologia e Inovação (art. 2º, incs. I, II e III). Na execução de convênios, contratos, acordos, ajustes que envolvam a aplicação de recursos públicos, as fundações contratadas na forma dessa lei devem observar a legislação federal de licitações e contratos quanto a obras, compras e serviços e se submeter à fiscalização da execução dos contratos pelo Tribunal de Contas da União.

Exemplos de fundações de apoio em São Paulo: Fundação Universitária para o Vestibular – Fuvest; Fundação Instituto de Pesquisas Econômicas – FIPE; Fundação Instituto de Administração – FIA.

5.7.3 Empresas controladas pelo poder público

Tais entes recebem outras denominações na Constituição Federal e nas leis e decretos: empresas controladas direta e indiretamente pelo poder público; empresas sob controle acionário estatal; empresas que operam sob o controle do Estado. O poder público é acionista, controla e tem ascendência sobre essas entidades, sem que sejam identificadas como empresas públicas ou sociedades de economia mista. Em geral, falta-lhes a criação por lei ou não conjugam todos os elementos para sua qualificação como empresas públicas ou sociedades de economia mista.

Incluem-se entre as estatais, sem integrar a Administração indireta. No entanto, sujeitam-se ao controle administrativo (tutela ou supervisão) da Administração direta.

Os contratos que celebram devem ser precedidos de licitação, ante menção expressa no inciso II do art. 1º da Lei nº 14.133, de 01.4.2021 – Lei de licitações e contratos administrativos.

Submetem-se à fiscalização do Tribunal de Contas, por referência explícita contida no inc. II do art. 71 da CF.

5.7.4 Serviços sociais autônomos

São pessoas jurídicas de direito privado, sem fins lucrativos, destinadas a propiciar assistência social, médica ou ensino à população ou a certos grupos profissionais.

Não integram a Administração indireta, nem a direta. Alguns, como o Sesi, Sesc, Senai, Senac, têm seus recursos oriundos principalmente de contribuições de empresas, arrecadadas e repassadas pela Previdência Social. Outros celebram contrato de gestão com órgão da Administração direta ou convênios com entidades governamentais e privadas. São referidos como *sistema S*. É necessária lei autorizadora para sua criação.

O pessoal é regido pela CLT, havendo liberdade para a fixação de salários. Quanto ao *recrutamento de pessoal*, o STF, no RE 789.874/DF, rel. Min. Teori Zavascki (acórdão publicado em 19.11.2014) decidiu que os serviços sociais autônomos, integrantes do chamado Sistema *S*, não se submetem à exigência de concurso público, por ostentarem a natureza de pessoa jurídica de direito privado e não integrarem a Administração Pública, embora colaborem com ela na execução de atividades de relevante significado social. Se receberem recursos públicos, sujeitam-se ao controle do Tribunal de Contas, conforme dispõe o parágrafo único do art. 70 da CF.

5.7.5 Terceiro setor parceiro

Entidades privadas sem fins lucrativos, por vezes, mantêm vínculos próximos com o poder público, a título de colaboração, com o objetivo de realização de atividades de interesse público. Estudados sob a rubrica de *parcerias*, em sentido genérico, com frequência tais vínculos implicam repasse de recursos da Administração para essas entidades, englobadas sob o nome de *terceiro setor*: o primeiro setor é o Estado, o segundo setor é o conjunto dos entes privados que atuam com fins lucrativos. Não se registra unanimidade no tocante à inserção desta ou daquela entidade no âmbito do terceiro setor.

Por manterem vínculos jurídicos com a Administração e, muitas vezes, receberem recursos públicos, os vínculos são disciplinados por lei e formalizados por instrumentos jurídicos, incidindo normas do direito público sobre a organização e funcionamento dessas entidades privadas sem fins lucrativos, daí serem objeto de estudo no Direito Administrativo.

5.7.5.1 Organizações sociais

Conforme a Lei nº 9.637, de 15.05.1998, com alterações posteriores, o Poder Executivo federal poderá qualificar como *Organizações Sociais – OS* – pessoas jurídicas de direito privado, sem fins lucrativos, cujas atividades sejam dirigidas ao ensino, à pesquisa científica, ao desenvolvimento tecnológico, à proteção e preservação do meio ambiente, à cultura e à saúde, atendidos os requisitos previstos na mesma lei. Um dos requisitos é ter como órgão de deliberação superior um conselho de administração, inclusive com a participação de representantes do poder público e de membros da comunidade, de notória capacidade profissional e idoneidade moral. Também são referidas como entidades do *terceiro setor*, por integrarem o âmbito privado, sem fins lucrativos. Aparecem mencionadas em estudos sobre o *fomento* na Administração Pública.

As entidades assim qualificadas são declaradas entidades de interesse social e utilidade pública para todos os efeitos legais. Podem receber recursos orçamentários e bens públicos (mediante permissão de uso) para o cumprimento dos objetivos do contrato de gestão (arts. 11 e 12 da Lei 9.637/98).

A organização social celebra *contrato de gestão* com o poder público, para a formação de parceria no fomento e execução das atividades relativas às áreas acima indicadas.

Nos termos do Decreto nº 11.531, de 16.5.2023, com alterações posteriores, art. 2º, II, o *contrato de repasse* é o instrumento de interesse recíproco, por meio do qual a transferência dos recursos financeiros é processada por intermédio de instituição ou agente financeiro oficial federal, que atua como mandatária da União. O contrato de repasse também é utilizado na transferência de recursos financeiros da União a órgãos ou entidades da Administração Estadual, Distrital ou Municipal.

No âmbito federal, a execução do contrato de gestão com organização social deve ser fiscalizada pelo órgão ou entidade supervisora da área de atuação correspondente à atividade fomentada (art. 8º da Lei nº 9.637/98), que recebe, a cada término de exercício ou a qualquer momento, conforme recomende o interesse público, *relatório* pertinente (§1º do art. 8º); os resultados atingidos com a execução do contrato de gestão devem ser avaliados por comissão de avaliação indicada pela autoridade supervisora (§2º do art. 8º).

O Poder Executivo poderá desqualificar a entidade, quando se verificar o descumprimento de disposições do contrato de gestão; os dirigentes da organização social respondem individual e solidariamente pelos danos ou prejuízos decorrentes de sua ação ou omissão. A desqualificação importa reversão dos bens permitidos e dos valores entregues, sem prejuízo de outras sanções cabíveis (art. 16 da Lei nº 9.637/98).

Os responsáveis pela fiscalização da execução do contrato de gestão, ao terem ciência de qualquer irregularidade ou ilegalidade, comunicarão ao Tribunal de Contas respectivo, sob pena de responsabilidade solidária, podendo, ainda, representar ao Ministério Público, à Advocacia-Geral da União ou à Procuradoria da entidade contratante, para fins de requerer a indisponibilidade dos bens da entidade e o sequestro dos bens dos seus dirigentes ou agente público e terceiros que possam ter enriquecido ilicitamente ou causado dano ao patrimônio público.

Há controvérsias a respeito da incidência, sobre as organizações sociais, do controle direto do Tribunal de Contas. O elevado número dessas entidades suscita a questão da dificuldade operacional do controle direto. Mas, o teor do parágrafo único do art. 70 da Constituição Federal, o qual impõe o dever de prestar contas a qualquer pessoa física ou jurídica que utilize ou gerencie recursos e bens públicos, permite afirmar a incidência do controle direto do Tribunal de Contas sobre essas entidades, ainda que simplificado.

O Decreto federal nº 11.531, de 16.5.2023, com alterações posteriores, fixa normas sobre as transferências de recursos da União, mediante instrumentos celebrados, sobretudo, contratos de repasse e convênios, com órgãos e entidades públicas ou entidades privadas sem fins lucrativos, para execução de programas ou projetos de interesse recíproco.

No Estado de São Paulo, as organizações sociais vêm previstas na Lei Complementar 846, de 04.06.1998, com alterações posteriores.

5.7.5.2 Organizações da sociedade civil de interesse público

Nos termos da Lei nº 9.790, de 23.03.1999, com alterações posteriores, o Ministério da Justiça e Segurança Pública poderá qualificar como *organizações da sociedade civil de interesse público* (Oscip) as pessoas jurídicas de direito privado, sem fins lucrativos, constituídas e em funcionamento regular há, no mínimo, 3 (três) anos, cujos objetivos sociais e normas estatutárias tenham, pelo menos, uma das seguintes finalidades, observado o princípio da universalização dos serviços no respectivo âmbito de atuação: promoção da assistência social, da cultura, defesa e conservação do patrimônio histórico e artístico; promoção gratuita da educação e da saúde, observando-se a forma complementar de participação das organizações de que trata a mesma lei; promoção da segurança alimentar e nutricional; defesa, preservação e conservação do meio ambiente e promoção do desenvolvimento sustentável; promoção do voluntariado, do desenvolvimento econômico e social e combate à pobreza; experimentação, não lucrativa, de novos modelos socioprodutivos e de sistemas alternativos de produção, comércio, emprego e crédito; promoção de direitos estabelecidos, construção de novos direitos e assessoria jurídica gratuita de interesse suplementar; promoção da ética, da paz, da cidadania, dos direitos humanos, da democracia e outros valores universais; estudos e pesquisas, desenvolvimento de tecnologias alternativas, produção e divulgação de informações e conhecimentos técnicos e científicos que digam respeito às atividades acima indicadas; estudos e pesquisas para o desenvolvimento, a disponibilização e a implementação de tecnologias voltadas à mobilidade de pessoas por qualquer meio de transporte (incluída pela Lei 13.019/2014). Essas entidades vêm englobadas também sob o nome de *terceiro setor* e, por vezes, são mencionadas em estudos sobre o *fomento* na Administração Pública. A Lei nº 9.790/1999, com alterações posteriores, foi regulamentada pelo Decreto nº 3.100, de 30.06.1999, com alterações posteriores.

Para os fins da referida Lei, o art. 1º, §1º, considera sem fins lucrativos a entidade que "não distribui, entre os seus sócios ou associados, conselheiros, diretores, empregados ou doadores, eventuais excedentes operacionais, brutos ou líquidos, dividendos, bonificações, participações ou parcelas do seu patrimônio, auferidos mediante o exercício de suas atividades, e que os aplica integralmente na consecução do respectivo objeto social".

Para selecionar a Oscip objetivando celebrar instrumento com a Administração, o Decreto 3.100/1999, com alterações posteriores, possibilita o *concurso de projetos*.

O art. 4º da mesma Lei indica várias normas que deverão estar *inseridas* nos estatutos das pessoas jurídicas interessadas, dentre as quais, por exemplo: observância dos princípios da legalidade, impessoalidade, moralidade, publicidade, economicidade e da eficiência; adoção de práticas de gestão administrativa, necessárias e suficientes a coibir a obtenção, de forma individual ou coletiva, de benefícios ou vantagens pessoais em decorrência da participação no respectivo processo decisório; prestação de contas de todos os recursos públicos e bens de origem pública, conforme determina o parágrafo único do art. 70 da CF, ou seja, pelos sistemas de controle interno e controle externo (Legislativo auxiliado pelo Tribunal de Contas).

As pessoas jurídicas de direito privado sem fins lucrativos, qualificadas com base em outros diplomas legais, poderão qualificar-se como *organização da sociedade civil de interesse público* desde que atendidos os requisitos exigidos, sendo-lhes assegurada a manutenção simultânea dessas qualificações até cinco anos contados da vigência da Lei nº 9.790/99. Findo esse prazo, deverá ser feita opção pela qualificação prevista nesta lei. Caso não se faça a opção, a pessoa jurídica perderá automaticamente a qualificação de organização da sociedade civil de interesse público.

Conforme o art. 2º da referida Lei, não são passíveis de qualificação como organizações sociais da sociedade civil de interesse público, ainda que se dediquem às atividades indicadas acima, os seguintes entes: sociedades comerciais; sindicatos, associações de classe ou de representação de categoria profissional; instituições religiosas; organizações partidárias, inclusive suas fundações; entidades de benefício mútuo destinadas a proporcionar bens ou serviços a um círculo restrito de associados ou sócios; empresas que comercializam planos de saúde e assemelhados; instituições hospitalares privadas não gratuitas e suas mantenedoras; escolas privadas dedicadas ao ensino formal não gratuito e suas mantenedoras; organizações sociais; cooperativas; fundações públicas; fundações, sociedades civis ou associações de direito privado criadas por órgão público ou por fundações públicas; organizações creditícias vinculadas com o sistema financeiro nacional.

A pessoa jurídica de direito privado qualificada como organização da sociedade civil de interesse público celebra *termo de parceria* com o Poder Público, destinado à formação de vínculo de cooperação entre as partes, para o fomento e a execução das atividades de interesse público desenvolvidas pela entidade assim qualificada.

A execução do *termo de parceria* deve ser fiscalizada por órgão do poder público da área de atuação correspondente à atividade fomentada (art. 11 da Lei nº 9.790/99). Os resultados atingidos são analisados por comissão de avaliação, formada de comum acordo entre o órgão parceiro e a Oscip (§1º do art. 11 da Lei 9.790/99); este preceito suscita estranheza e leva a suspeitar de avaliações assim realizadas; referida comissão encaminha relatórios conclusivos à autoridade competente.

A entidade perde essa qualificação a pedido ou mediante decisão proferida em processo administrativo ou judicial, de iniciativa popular ou do Ministério Público, no qual serão assegurados ampla defesa e contraditório. Vedado o anonimato, qualquer cidadão é parte legítima para requerer, judicial ou administrativamente, a perda da referida qualificação (art. 7º da Lei nº 9.790/99).

Os responsáveis pela fiscalização da execução do termo de parceria, ao tomarem conhecimento de qualquer irregularidade ou ilegalidade na utilização dos recursos ou bens públicos, darão ciência ao Tribunal de Contas e ao Ministério Público, sob pena de responsabilidade solidária (art. 11).

Havendo indícios de malversação de bens ou recursos de origem pública, os responsáveis pela fiscalização representarão ao Ministério Público e à Advocacia-Geral da União, para que requeiram, em juízo, a decretação da indisponibilidade dos bens da entidade e o sequestro dos bens dos seus dirigentes e de agentes públicos ou terceiros que possam ter enriquecido ilicitamente ou causado dano ao patrimônio público, além de medidas previstas na Lei nº 8.429/92 – improbidade administrativa e na Lei Complementar 64/90 – inelegibilidades.

Nos termos do Decreto nº 11.531, de 16.5.2023, com alterações posteriores, art. 2º, II, o *contrato de repasse* é o instrumento de interesse recíproco, por meio do qual a transferência dos recursos financeiros é processada por intermédio de instituição ou agente financeiro oficial federal que atue como mandatário da União.

No Estado de São Paulo, a Lei nº 11.598, de 15.12.2003, traz preceitos sobre as Oscips.

5.7.5.3 Organizações da sociedade civil, em regime de mútua cooperação com a Administração

A Lei nº 13.019, de 31.07.2014, com alterações posteriores, fixa o regime jurídico das parcerias, envolvendo ou não transferência de recursos financeiros, entre a Administração Pública e as organizações da sociedade civil, em regime de mútua cooperação, para a consecução de atividades de interesse público e recíproco, mediante a execução de atividades ou de projetos previamente fixados em planos de trabalho inseridos em termos de colaboração, em termos de fomento ou em acordos de cooperação. O art. 6º da referida Lei se refere a *regime jurídico de parceria*.

Alguns pontos da minuciosa e confusa Lei são indicados a seguir, incluídas as alterações resultantes da Lei nº 13.204/2015.

a) O art. 2º, ampliado e assim mais minucioso na versão da referida Lei nº 13.204/2015, traz um "dicionário" de palavras e expressões contidas na Lei e para seus fins. Dentre as expressões citem-se alguns elementos da *caracterização de organização da sociedade civil*: (i) entidade privada, sem fins lucrativos, que não distribui entre seus sócios, associados e outros membros, qualquer tipo de retribuição, auferida no exercício de suas atividades, aplicando os recursos integralmente na consecução do seu objeto social; (ii) sociedades cooperativas previstas na Lei nº 9.867/1999; as integradas por pessoas em situação de risco ou vulnerabilidade pessoal ou social; as alcançadas por programas de combate à pobreza e de geração de trabalho e renda; as voltadas para fomento, educação e capacitação de trabalhadores rurais ou capacitação de agentes de assistência técnica e extensão rural; e (iii) organizações religiosas que se dediquem a atividades ou a projetos de interesse público e de cunho social, distintas às direcionadas só a fins religiosos.

Nos termos do art. 3º, as exigências da Lei nº 13.019/2014 não se aplicam, por exemplo: aos contratos de gestão celebrados com organizações sociais, sob o regime da Lei 9.637/1998 (v. item 5.7.5.1); aos convênios e contratos celebrados com entidades filantrópicas e sem fins lucrativos nos termos do §1º do art. 199 da Constituição Federal (atividades relacionadas ao sistema único de saúde); aos termos de parceria firmados com organizações da sociedade civil de interesse público (OSCIPs), desde que atendidos os requisitos da Lei nº 9.790/1999 (v. item 5.7.5.2); às parcerias entre a Administração pública e os serviços sociais autônomos.

O regime jurídico objeto da Lei nº 13.019/2014 deve obedecer aos seguintes princípios: legalidade, legitimidade, impessoalidade, moralidade, publicidade, economicidade, eficiência, eficácia além de outros princípios constitucionais (art. 5º, *caput*).

b) Nos arts. 2º, VII, e 16, vem previsto o *termo de colaboração*, pelo qual são formalizadas as parcerias da Administração com organizações da sociedade civil, selecionadas mediante chamamento público, para a realização de finalidades de interesse público e recíproco, *propostas pela Administração*, que envolvam a transferência de recursos financeiros.

Os arts. 2º, VIII e 17 tratam do *termo de fomento*, pelo qual são formalizadas as parcerias da Administração com organizações da sociedade civil, selecionadas por chamamento público, para a realização de finalidades de interesse público e recíproco, *propostas por essas organizações civis*, que envolvam a transferência de recursos financeiros.

O art. 2º, VIII-A prevê o *acordo de cooperação*, mediante o qual são formalizadas as parcerias objeto da referida Lei, que não envolvam a transferência de recursos financeiros.

Os arts. 33 a 38 fixam minuciosos requisitos para a celebração das citadas parcerias.

Saliente-se a não exigência de contrapartida financeira por parte da entidade privada, facultada a exigência de contrapartida em bens e serviços economicamente mensuráveis (art. 35, §1º).

c) A Lei conceitua o *chamamento público*: procedimento destinado a selecionar organização da sociedade civil para firmar parceria por meio de termo de colaboração ou de fomento, no qual se garanta a observância dos seguintes princípios: isonomia, legalidade, impessoalidade, moralidade, publicidade, probidade administrativa, vinculação ao instrumento convocatório, julgamento objetivo e correlatos (art. 2º, XII).

O chamamento público tem suas minuciosas normas fixadas nos arts. 23 a 32, com a previsão de dispensa (art. 30) e inexigibilidade (art. 31), a serem justificadas (art. 32), a publicação do extrato (art. 32, §1º), admitindo-se impugnação à justificativa apresentada (art. 32, §2º).

d) Dentre os mecanismos de transparência estão: a) inserção, no sítio oficial da Administração (Internet), da lista de parcerias celebradas e respectivos planos de trabalho (art. 10); b) inserção, no sítio da entidade ou em local visível de sua sede ou lugar de atuação, de todas as parcerias firmadas com o poder público (art. 11); c) divulgação na Internet, efetuada pela Administração, dos meios oferecidos para denúncia sobre uso irregular dos recursos envolvidos na parceria (art. 12).

e) A Lei institui o *Procedimento de Manifestação de Interesse Social*, como instrumento pelo qual as organizações da sociedade civil, os movimentos sociais e cidadãos poderão apresentar propostas ao poder público, para que este avalie a possibilidade de realizar chamamento público objetivando parceria (art. 18). Os arts. 19 a 21 disciplinam tal procedimento.

f) Os arts. 39 a 41 contemplam vedações, dentre as quais, parcerias que envolvam direta ou indiretamente, delegação de funções de regulação, fiscalização, exercício do poder de polícia ou de outras atividades exclusivas de Estado (art. 40).

g) A Lei abriga, ainda, normas sobre: prestação de contas (arts. 63 a 68 e 72); prazos (arts. 69 a 71); sanções administrativas (art. 73).

h) As parcerias existentes na data da entrada em vigor da Lei permanecerão regidas pelas normas vigentes ao tempo da celebração, sem prejuízo da sua aplicação subsidiária, no que for cabível (art. 83).

i) Ex-prefeitos e ex-governadores, cujos entes federados tenham aderido ao SICONV – Sistema de Gestão de Convênios e Contratos de Repasse – terão acesso a todos os registros de convênios celebrados durante sua gestão, até a manifestação final do concedente sobre as respectivas prestações de contas (art. 81-B, acrescentado pela Lei nº 14.309/2022).

Bibliografia

Administração indireta em geral

CARVALHO FILHO, José dos Santos. *Manual de Direito Administrativo*. 35. ed. São Paulo: Atlas, 2021.

JUSTEN FILHO, Marçal. *Curso de direito administrativo*. 13. ed. São Paulo: RT, 2018.

MEDAUAR, Odete. *Controle da Administração Pública*. 4. ed. Belo Horizonte: Fórum, 2020.

Agências reguladoras

ARAGÃO, Alexandre dos Santos. *Agências reguladoras*. 2. ed. Rio de Janeiro: Forense, 2003.

BARROSO, Luis Roberto. Natureza jurídica e funções das agências reguladoras de serviços públicos. *BDA*, p. 367-374, jun. 1999.

MARQUES NETO, Floriano Azevedo. *Agências reguladoras independentes*. Belo Horizonte: Fórum, 2005.

QUEIROZ, João Eduardo Lopes; SANTOS, Márcia Walkiria Batista dos. *Direito administrativo das agências reguladoras*. Rio de Janeiro: Lumen Juris, 2016.

SUNDFELD, Carlos Ari (Org.). *Direito administrativo econômico*. São Paulo: Malheiros, 2000.

Autarquias

BANDEIRA DE MELLO, Celso Antônio. *Natureza e regime jurídico das autarquias*. São Paulo: RT, 1968.

FERRAZ, Anna Cândida da Cunha. O regime especial das autarquias educacionais. *RPGE*, São Paulo, n. 17, dez. 1980.

FONSECA, Tito Prates da. *Autarquias administrativas*. São Paulo: Livraria Acadêmica (Saraiva), 1935.

MEDAUAR, Odete. *Controle administrativo das autarquias*. São Paulo: Bushatsky, 1976.

TÁCITO, Caio. *Ensino superior*. Autarquia ou fundação oficial. Parecer. Rio de Janeiro: UERJ, 1981.

Fundações

ARAGÃO, Alexandre Santos de. As fundações públicas e o novo Código Civil. *RDA*, v. 231, 2003. p. 313 e ss.

SUNDFELD, Carlos Ari. Fundações governamentais. *RDP*, v. 97, n. 86.

Empresas públicas e sociedades de economia mista

ARAGÃO, Alexandre Santos de (Org.). *Empresas públicas e sociedades de economia mista*. Belo Horizonte: Fórum, 2015.

ARAGÃO, Alexandre Santos de. *Empresas estatais*: o regime jurídico das empresas e sociedades de economia mista. Rio de Janeiro: Forense, 2017.

CAVALCANTI, Themistocles Brandão. Empresas públicas e sociedades de economia mista. *RDA*, v. 128, n. 1, 1977.

JUSTEN FILHO, Marçal (Org.). *Estatuto jurídico das estatais*: Lei 13.303/2016. São Paulo: RT, 2016.

SCHIRATO, Vitor Rhein. *As empresas estatais no Direito administrativo econômico atual*. São Paulo: Saraiva, 2016.

Privatização

AMARAL, Marcos Jordão T. *Privatização no Estado contemporâneo*. São Paulo: Ícone, 1996.

RAPP, Lucien. *Tecniques de privatisation des entreprises publiques*. Paris: Litec, 1986.

Terceiro Setor

DIAS, Maria Tereza Fonseca. *Terceiro setor e Estado*: legitimidade e regulação. Por um novo marco jurídico. Belo Horizonte: Fórum, 2008.

OLIVEIRA, Gustavo Justino de (Coord.). *Direito do terceiro setor*. Belo Horizonte: Fórum, 2008.

SCHIER, Adriana da Costa Ricardo. *Fomento*: administração pública, direitos fundamentais e desenvolvimento. Curitiba: Ithala, 2019.

SCHOENMAKER, Janaina. *Controle das parcerias entre o Estado e o terceiro setor pelos Tribunais de Contas*. Belo Horizonte: Fórum, 2011.

CAPÍTULO 6

ATIVIDADES E PODERES DA ADMINISTRAÇÃO PÚBLICA

6.1 Multiplicidade de atuações

O complexo de órgãos e entes personalizados, conduzidos por um corpo de agentes, que forma a Administração Pública, realiza grande número de atividades. As atividades destinam-se precipuamente a atender a necessidades e interesses da população; fragmentam-se em inúmeras variedades, cada qual com características jurídicas e técnicas próprias. A Administração Pública desempenha, assim, amplo e diversificado leque de atividades, para cumprir as tarefas que o ordenamento lhe confere, sob várias formas e regimes.

Ao discorrer sobre a tipologia das *atividades administrativas*, pretende-se aqui dar uma visão de conjunto dessas atuações estatais, sem o intuito de exauri-las e de estudá-las em profundidade. Muitas serão explanadas, de modo mais amplo, páginas adiante. Serão consideradas as atuações que a Administração realiza de modo habitual, com mais frequência.

Deve-se ressaltar que as *atividades administrativas são* complementares entre si e sujeitas à contínua orientação e coordenação. Na prática, os diferentes tipos se inter-relacionam, parecendo por vezes confundir-se. Além do mais, na atualidade registra-se a emergência de fórmulas novas de atuação, para que a Administração tente acompanhar o ritmo dinâmico e veloz das mudanças da sociedade, sob o impacto de tecnologias avançadas, inclusive no âmbito da informática. Parte das novas fórmulas decorre também dos vínculos mais próximos e intensos entre Administração e administrados (sociedade).

6.2 Tipologia das atividades administrativas

O estudioso do direito acostuma-se às enumerações, classificações ou tipologias dos institutos jurídicos nos diversos ramos do conhecimento jurídico. Além das facilidades didáticas, as tipologias propiciam melhor apreensão do instituto ou figura que se examina, visão panorâmica de sua amplitude e ideia mais aprimorada sobre as facetas de que se reveste.

Encontram-se na doutrina várias classificações das atividades administrativas, às vezes aglutinadas por critérios, às vezes só arroladas.

Tornou-se clássica e muito difundida a tipologia elaborada pelo autor italiano Orlando, em 1900, no v. I do *Primo trattato di diritto amministrativo italiano*, p. 75-78, que distinguiu, na Administração, *atividade jurídica e atividade social*. A primeira destina-se a assegurar o direito entre as pessoas e harmonizar os vários direitos dos indivíduos entre si e com o interesse público; aí se incluem a organização da Administração, a polícia, a desapropriação, a tutela dos indivíduos ante os atos da Administração; nesse campo predomina a face de autoridade. A atividade social visa aos fins de bem-estar e progresso social, ressaltando-se as atuações nos setores de saúde, agricultura, educação; aqui predomina a face de prestadora de serviços úteis ao atendimento de necessidades dos indivíduos.

Também conhecida se apresenta a tipologia formulada pelo espanhol Jordana de Pozas, no trabalho "Ensayo de una teoría de fomento en el derecho administrativo", na *Revista de Estudios Politicos*, 48, 1949, p. 41 e ss., segundo o qual as atividades administrativas englobam três modalidades: *polícia, serviço público* e *fomento*. A polícia tem por objetivo a manutenção da ordem pública em sentido amplo, mediante a limitação das atividades privadas. O serviço público leva à satisfação das necessidades coletivas de modo direto. Por sua vez, fomento é atuação administrativa destinada a promover, incentivar ou proteger atividades que atendam a necessidades públicas, sem usar coação ou criar serviços públicos.

No Brasil, Diogo de Figueiredo Moreira Neto elaborou a classificação das atividades administrativas, distinguindo as seguintes: *poder de polícia* – a Administração "limita e condiciona o exercício das liberdades e direitos individuais, visando a assegurar um nível aceitável de convivência social"; serviços públicos – a Administração, "por si ou por seus delegados, satisfaz não só as necessidades essenciais como certas necessidades secundárias da comunidade"; *ordenamento econômico* – "função de caráter disciplinativo ou substitutivo das atividades privadas no campo da economia, isto é, nos processos de produção, circulação e consumo das riquezas"; *ordenamento social* – execução de imposições legais de uma disciplina pública ou substitutiva da ação da sociedade no campo social, ou seja, na saúde, na educação, no trabalho, na previdência; *fomento público*, também denominada *atividade propulsora* – "a Administração procura, por todos os meios a seu alcance, por à disposição do maior número possível de indivíduos os instrumentos do desenvolvimento econômico e do progresso sociocultural, pela adoção de medidas capazes de incentivar a iniciativa privada de interesse coletivo nesses campos" (*Curso de direito administrativo*, 16. ed., 2014, p. 129-131).

São mencionadas com frequência as *atividades-fim*, diferenciando-as das *atividades-meio*. As primeiras dizem respeito às atuações voltadas mais diretamente aos administrados, como ensino, pavimentação de ruas, coleta do lixo. As segundas concernem ao âmbito interno da Administração ou aparecem como atividades de apoio para o desempenho das primeiras, como, por exemplo, os serviços contábeis, os serviços de expediente, os serviços de arquivo.

Tendo em vista a dificuldade de abranger a maior parte das atividades administrativas numa classificação, serão somente enunciadas as atividades mais frequentes:

a) *atividade normativa*, também denominada preceptiva – a Administração disciplina setores da vida coletiva, com base na Constituição ou em leis;

b) *atividade prestacional* – propicia serviços públicos (por exemplo: água, luz, coleta de lixo, limpeza de ruas, assistência social);

c) *atividade limitadora de direitos*, por alguns denominada atividade autoritária, ordenadora, interventora – restringe, limita ou retira direitos (por exemplo: proibições de atividades, desapropriação, polícia das construções);

d) *atividade fiscalizadora* – destina-se a verificar o cumprimento de preceitos que os particulares devem observar em vários setores (por exemplo: fiscalização de tributos, inspetoria do trabalho, fiscalização do trânsito, vigilância sanitária);

e) *atividade organizacional* – visa a estruturar internamente seus órgãos e distribuir as competências;

f) *atividade contábil* – engloba os serviços de contabilidade existentes em todo órgão administrativo;

g) *atividade tributária* – consiste, sobretudo, nas atuações relativas ao lançamento e arrecadação de tributos;

h) *atividade punitiva ou sancionadora* – impõe sanções a particulares ou a servidores, por descumprimento de preceitos legais (por exemplo, interdição de atividades e demissão);

i) *atividade econômica* – atuações que repercutem direta ou indiretamente na economia, condicionando atividades e interesses de grande parte da população (por exemplo: desempenho de atividades comerciais e industriais, controle de preços, controle do câmbio, disciplina do crédito ao consumidor);

j) *atividade social* – destinada a propiciar melhores condições de vida a setores carentes da sociedade (por exemplo: construção de moradias populares e abertura de frentes de trabalho);

k) *atividade de pesquisa*: científica, técnica, levantamento de dados;

l) *atividade especificamente jurídica* – assessorias ou consultorias jurídicas, defesa da Fazenda Pública em juízo;

m) *atividade de planejamento* (por exemplo: elaboração de planos de desenvolvimento, planos urbanísticos);

n) *atividade de documentação e arquivo* – destina-se a conservar documentos, registros e processos;

o) *atividade cultural* (por exemplo: bibliotecas, museus e teatros públicos, promoção de espetáculos, concertos, eventos artísticos, manutenção de orquestras, corpos de *ballet* e corais);

p) *atividade educacional* (por exemplo: rede oficial de ensino de primeiro e segundo graus; universidades públicas);

q) *atividade de controle interno* (por exemplo: inspetorias, corregedorias);

r) *atividade de fomento ou incentivo* – estímulo a condutas e atuações de particulares, sem uso de mecanismos de coação (por exemplo: subsídios, incentivos fiscais, prêmios e condecorações);

s) *atividades materiais* – também denominadas atividades de execução material ou operações materiais – consistem em atuações bem concretas (por exemplo: poda de árvores, pavimentação de rua, limpeza de córrego, plantio de mudas).

6.3 Poder e função no âmbito administrativo

Para que a Administração possa realizar o conjunto das atividades que lhe cabem, no cumprimento de seu papel na vida coletiva, o ordenamento lhe confere poderes.

Sem entrar no exame aprofundado da noção de *poder*, basta lembrar que seu conceito é fugidio e, ao mesmo tempo, de grande importância no âmbito do direito público. Em acepção ampla, pode significar *capacidade geral de agir*. Nas relações humanas, consiste, em essência, no *predomínio da vontade de uma pessoa sobre as demais*. Nos vínculos entre órgãos administrativos, é o predomínio de um sobre outro. Nos vínculos funcionais entre autoridades ou agentes públicos, expressa a ascendência de uns sobre os outros, que se traduz, por exemplo, em expedir ordens e instruções, fiscalizar as atividades, modificar decisões, desfazer decisões. No aspecto relacional Administração-particulares, o poder da primeira sobre os segundos acarreta a imposição de condutas, de ônus, de encargos, de sanções, e a restrição ao exercício de direitos e atividades, sempre com fundamento legal.

Nos textos de direito administrativo, diversos vocábulos aparecem associados à ideia de poder, às vezes com acepção sinônima.

Alguns autores mencionam o termo *potestade*, transpondo para o ordenamento pátrio a dualidade existente na Itália – *potere* e *potestà* –, e, na França, *pouvoir* e *puissance*. Para uns, são sinônimos; para outros, *potestà* significa poder jurídico, ou poderes e direitos de agir, ao mesmo tempo deveres de agir e intervir. Parece melhor, no ordenamento brasileiro, usar o termo "poder", que, no âmbito da atuação administrativa, se reveste de sentido próprio, adiante explicitado.

Usa-se também a palavra *imperium* ou *império*, que significa, em essência, a possibilidade de emitir comando dirigido a outrem e de executar coativamente o próprio comando. Muitas atuações administrativas são dotadas de imperatividade.

Outro termo citado com frequência é *autoridade*, por vezes como sinônimo de poder. No âmbito da ciência política tem o sentido de *poder estabilizado dotado de legitimidade*. No direito administrativo designa, comumente, o agente público com titularidade legal para decidir, e nesta acepção será aqui usado.

Menciona-se amiúde, no direito administrativo brasileiro, a locução *poder-dever*, para expressar o dever conjugado ao poder ou, de modo similar, *o dever que nasce do exercício de um poder*. Indica-se, mesmo, no rol dos princípios do direito administrativo, o princípio do poder-dever, que significaria a obrigação imposta à autoridade de tomar providências quando está em jogo o interesse público. Embora não represente demasia o vocábulo "dever" associado a poder, pois evoca explicitamente a ideia de "obrigação de agir", o esclarecimento do sentido que o termo "poder" adquire no âmbito da atuação administrativa torna prescindível o uso da fórmula composta.

O sentido de poder no âmbito administrativo será bem apreendido se vier explicado ou transmutado com base na ideia de *função*.

No direito público, a palavra *função* é usada em várias conotações, dentre as quais: a) atribuição ou competência ou encargos de um órgão, como, por exemplo, na frase: esse órgão tem a função de fiscalizar as construções; b) fim a que se destina a atividade do órgão público, como, por exemplo, na frase: a medida teve a função de propiciar livre acesso às informações. Também se diz que a função significa poder exercido no interesse alheio, isto é, interesse estranho ao sujeito que o exerce. Publicistas modernos ponderam, no entanto, que as autoridades e órgãos públicos não têm interesses próprios, daí parecer incompatível contrapor, nesse âmbito, interesse próprio e interesse alheio; embora todas as autoridades e órgãos públicos atuem, em princípio, no interesse alheio (interesse da população), tais publicistas preferem outro elemento para caracterizar a essência da função: *o exercício do poder preordenado a um fim*. Na função, o exercício do poder não é livre, mas, pela impossibilidade de separá-lo de um fim, apresenta-se inevitavelmente condicionado a requisitos que justificam a atuação e orientam seu concreto desenvolvimento. Na função, o dever surge como elemento ínsito ao poder, e desse modo a Administração concretiza, na sua atuação, o poder conferido pela norma, para atendimento de um fim. Assim, as atividades da Administração Pública configuram-se, em princípio, como função. A referibilidade a um fim mostra o caráter instrumental do poder. Os limites postos pelo ordenamento ao exercício do poder administrativo correspondem à exigência de garantir o vínculo do poder ao fim para o qual foi atribuído. Mediante a ideia de função o poder administrativo apresenta, portanto, conotação peculiar, pois se canaliza a um fim, implicando, além de prerrogativas, deveres, ônus, sujeições.

Há um rol de *poderes administrativos* cujo exercício mostra-se mais abrangente que outros, no desempenho das inúmeras atividades administrativas. Permeiam, com maior frequência, as medidas e decisões adotadas pelas autoridades. Serão objeto de exame a seguir, restando os demais para tratamento em separado. Quanto aos deveres, ônus e sujeições específicos, serão indicados difusamente no estudo dos diversos temas.

6.4 Poder vinculado

Tradicionalmente, o *poder vinculado* e o poder discricionário vêm estudados de modo contraposto. Deve-se considerar, preliminarmente, que o princípio da legalidade norteia as atividades da Administração. Há, no entanto, modos diversos de incidência da legalidade.

Há poder vinculado, também denominado *competência vinculada*, quando a autoridade, ante determinada circunstância, é obrigada a tomar decisão determinada, pois sua conduta é ditada previamente pela norma jurídica. O ordenamento confere ao administrador um poder de decisão, mas predetermina as situações e condições, canalizando-o a uma só direção. Por isso na doutrina se diz que há matérias de reserva legal absoluta, em que o vínculo da Administração ao bloco de juridicidade é máximo. Se houver uma só solução, como consequência da aplicação de uma norma, ocorre o exercício do poder vinculado.

É frequente encontrar-se na doutrina imagem utilizada para caracterizar *o poder vinculado em contraposição ao poder discricionário:* o poder vinculado teria seu exercício comparado ao da funcionária de um teatro a quem o espectador mostra sua entrada numerada, cabendo a ela somente indicar o lugar marcado no bilhete; o poder discricionário seria comparado à funcionária do teatro quando as entradas não são numeradas e então encaminha o espectador para onde quiser.

A doutrina contemporânea vem afirmando que, no geral, no cotidiano das atividades administrativas, são poucas as situações de vinculação pura e de discricionariedade pura, daí ser insustentável a oposição rígida entre poder vinculado e poder discricionário. Melhor parece levar em conta o aspecto predominante no exercício do poder, mencionando-se decisão ou medida em que predomina o poder vinculado ou o poder discricionário.

Como exemplos de exercício de poder vinculado habitualmente citados, estão: licença de construir, matrícula em escola pública.

6.5 Poder discricionário

Em essência, *poder discricionário* é a faculdade conferida à autoridade administrativa de, ante certa circunstância, escolher uma entre várias soluções possíveis.

6.5.1 Terminologia

Na linguagem corrente, inclusive usada na imprensa, ocorre confusão entre *discricionariedade* e arbítrio. Utiliza-se o termo "discricionário" com o sentido de "arbitrário", abusivo. O estudioso do direito administrativo deve descartar tal acepção no âmbito dessa matéria, pois aí o termo se reveste de significado diverso. Se a Administração tem suas atividades informadas pelo princípio da legalidade, o poder discricionário não há de ser equivalente ao poder arbitrário ou abusivo. O poder discricionário, caracterizado essencialmente como escolha de uma entre várias soluções, é conferido por normas legais e deve atender a parâmetros no seu exercício.

Antes de figurar nas obras de direito administrativo, o termo "discricionariedade" indicava mero atributo do soberano, expressando sua aptidão, e a de seus agentes, para bem desempenharem suas funções.

O vocábulo não aparece nos primeiros autores franceses e italianos do direito administrativo; na segunda metade do século XIX, doutrinadores franceses denominam *atos de pura administração* as decisões resultantes do que hoje é o poder discricionário. No fim do século XIX e início do século XX, o termo já integrara a linguagem da doutrina e jurisprudência do direito administrativo.

Na atualidade, diferentes expressões são utilizadas para designar a matéria: *poder discricionário, atividade discricionária, discricionariedade*. Se considerado, de modo rigoroso, o sentido desses vocábulos, *o poder discricionário* seria a atribuição legal de decidir com possibilidade de escolha; *atividade discricionária* refere-se ao exercício de funções com utilização do poder discricionário, enquanto *discricionariedade* é a própria possibilidade de escolha. No entanto, o uso indistinto das expressões não implica erro, facilitando a exposição do tema, que, em essência, é o mesmo nas citadas denominações.

6.5.2 Evolução conceitual

A partir de fins do século XIX, surgiram várias teorias para caracterizar o poder discricionário, registrando-se evolução no sentido de apontar-lhe parâmetros.

Em concepções iniciais sobressai a ideia de escolha livre, subtraída no seu conteúdo a toda disciplina legal, baseada somente em apreciações subjetivas da autoridade.

Na França, até os primórdios do século XX, os atos discricionários ou atos de pura administração conceituavam-se como aqueles insuscetíveis de apreciação pelo juiz. Em 1908, o mais alto tribunal administrativo francês deixou de admitir a existência de atos totalmente livres, exigindo observância de regras de competência e de forma.

Para outra corrente, o conceito de poder discricionário se resolvia levando-se em conta a situação de ausência de lei ou imprecisão da lei, de um lado, e, de outro, a liberdade conferida à Administração para interpretar tais leis ou criar novas normas. No primeiro caso, o exercício do poder discricionário era equiparado ao trabalho do juiz; no segundo, à atuação do Legislativo.

Posteriormente, desenvolveu-se entendimento de que o poder discricionário consistia na liberdade de apreciação, mas em vista do atendimento do interesse público. Na França, buscou-se traduzir em fórmula jurídica a obrigação de observância do fim, criando-se a figura do vício do ato administrativo por desvio de poder ou desvio de finalidade. Admitiu-se, então, a apreciação jurisdicional da conformidade ao fim.

Essa orientação evoluiu e veio a exigência de nexo entre a decisão administrativa e seus antecedentes (circunstâncias de fato), isso como reflexo da necessidade de que a decisão fosse determinada por razões objetivas de interesse público. Com o motivo inseriu-se um vínculo a mais no exercício do poder discricionário.

A partir da segunda metade do século XX, com a dinâmica estatal intervencionista, ampliam-se as atividades administrativas, pois um número crescente de medidas e decisões afeta direitos e interesses de indivíduos e grupos. O contexto político-institucional das décadas de 80 e 90 do século XX e primeiras décadas do século XXI apresenta-se muito diferente do contexto do início do século XX. A realidade atual registra a existência de inúmeros centros de interesse na sociedade e a ampliação dos direitos de indivíduos, de grupos e de direitos difusos. É notória a heterogeneidade de interesses, acarretando pressões de indivíduos e grupos sobre a Administração para atendimento de suas reivindicações. Outros fatores presentes: impacto do avanço tecnológico e consequente tecnicização no tratamento de matérias a cargo da Administração; uso de práticas consensuais, conciliatórias; medidas de estímulo e incentivo. Ante esse contexto, surge, num setor da doutrina, a preocupação com a atuação discricionária, formulando-se ressalvas às concepções clássicas e buscando-se nova disciplina, para que se torne o mais objetiva possível, imparcial e, em certa medida, controlável. Um dos resultados dessa preocupação situa-se no tratamento doutrinário e jurisprudencial que circunscreve e direciona o exercício do poder discricionário com base em diversos parâmetros.

6.5.3 Conotação atual do poder discricionário

Hoje, no âmbito de um Estado de direito, é impossível cogitar-se de poder discricionário fora do direito, subtraído a toda disciplina legal. Na contraposição poder vinculado-poder discricionário, o primeiro corresponderia às matérias de reserva legal absoluta e o segundo, a matérias de reserva legal relativa.

A discricionariedade significa uma condição de liberdade, mas não liberdade ilimitada: trata-se de liberdade onerosa, sujeita a vínculo de natureza peculiar. É uma liberdade-vínculo. Só vai exercer-se com base na atribuição legal, explícita ou implícita, desse poder específico a determinados órgãos ou autoridades. Por outro lado, o poder discricionário se sujeita não só às normas específicas para cada situação, mas a uma rede de princípios que asseguram a congruência da decisão ao fim de interesse geral e impedem seu uso abusivo.

Permanece, no entanto, certa margem livre de apreciação da conveniência e oportunidade de soluções legalmente possíveis. Daí a atividade discricionária caracterizar-se, em essência, por um poder de escolha entre soluções diversas, todas igualmente válidas para o ordenamento. Com base em habilitação legal, explícita ou implícita, a autoridade administrativa tem livre escolha para adotar ou não determinados atos, para fixar o conteúdo de atos, para seguir este ou aquele modo de adotar o ato, na esfera da margem livre.

A autoridade, ao exercer o poder discricionário, deve atender ao interesse público referente à competência que lhe foi conferida, e, por isso, a escolha que realiza é finalística. Evidente que há diversos interesses no contexto social, o que leva à ponderação comparativa de todos ante aquele atinente a sua competência. Por isso, um setor da doutrina menciona a relevância do conhecimento fiel e completo dos fatos relacionados à decisão a ser tomada e da consideração de todos os interesses envolvidos, atribuindo a cada um o peso justo.

6.5.4 Poder discricionário e mérito administrativo

A margem livre sobre a qual incide a escolha inerente à discricionariedade corresponde à noção de *mérito administrativo.*

O *mérito administrativo* expressa o juízo de conveniência e oportunidade da escolha, no atendimento do interesse público, juízo esse efetuado pela autoridade à qual se conferiu o poder discricionário.

Em ordenamentos estrangeiros, os termos "oportunidade" ou "juízo de oportunidade" traduzem a apreciação do mérito.

Em alguns temas aparece o contraponto entre *legalidade* e *mérito*, em especial nos estudos sobre o ato administrativo, como aspectos do mesmo, e nos estudos sobre controle jurisdicional da Administração, quando se discute o alcance desse controle, mencionando-se que ao Judiciário descaberia o exame do mérito das decisões da Administração. Em obras contemporâneas sobre a discricionariedade, nota-se tendência a considerar que o contraponto legalidade-mérito se encontra atenuado no momento presente.

O vocábulo *mérito*, empregado no âmbito das atividades administrativas, não deve ser confundido com o mesmo termo usado no âmbito do direito processual civil. Segundo Cândido Dinamarco, no processo civil o mérito é aquilo que alguém vem a juízo postular, pedir, é a pretensão à satisfação de um interesse; a pretensão é o elemento substancial da demanda, o seu conteúdo socialmente relevante, é a pretensão que identifica o mérito (*Fundamentos do processo civil moderno*, 2. ed., 1987, p. 202-203).

6.5.5 Justificativa do poder discricionário

Vários argumentos vêm apontados na doutrina para justificar esse poder de escolha, conferido à autoridade administrativa, na solução de muitos assuntos na área de sua competência.

Uma das explicações centra-se no seguinte: o Poder Executivo tem a função de direção política e administrativa, aí incluído o poder regulamentar; tais funções não poderiam ser desempenhadas corretamente se tudo fosse predeterminado, de modo absoluto, pela lei; o Estado contemporâneo, muito complexo, com amplas funções, não pode atuar sem flexibilidade; torna-se fundamental deixar margem de maleabilidade à Administração em época de rápidas mudanças; grandes metrópoles, convivência de massa, problemas sociais, grandes tragédias exigem, por vezes, rapidez de atuação e certa margem de escolha; a discricionariedade atende, portanto, à necessidade institucional.

De modo correlato, pondera-se ser impossível ao legislador elaborar normas para todos os aspectos da vida social em que o Estado atua.

O poder discricionário seria explicado também pela necessidade de adequar a disciplina de certas matérias às situações concretas que surgem.

6.5.6 Campos de exercício do poder discricionário

Embora seja impossível arrolar todas as matérias em que o legislador confere margem de escolha à autoridade administrativa, algumas atividades ensejam o exercício mais frequente do poder discricionário.

Assim a atividade normativa, nos casos de inexistência de lei disciplinadora da matéria ou de lei que somente atribui a competência para disciplinar a matéria. Por exemplo: um Secretário da Educação, ao fixar normas para distribuição de aulas excedentes a professores, inexistindo norma de lei a respeito; uma congregação de faculdade oficial que estabelece regras para revisão de provas.

A atividade de planejamento, mesmo apoiada em inúmeros dados, admite escolha de diretrizes.

Aparece arrolado na doutrina o *poder discricionário de iniciativa*, que expressa a competência para criar novos serviços, promover atividades públicas, adotar medidas de fomento e assistência.

Cita-se também a *discricionariedade de gestão interna*, que diz respeito a decisões cotidianas, direcionadas principalmente à estruturação dos órgãos, à ordenação dos serviços, aos procedimentos. Exemplo: nomeações para cargos de direção e chefia; delegação de competência; formação de comissões e grupos de trabalho; distribuição de competências.

Utiliza-se a expressão *discricionariedade tática* para designar a margem de liberdade na adoção rápida de medidas eficazes ante situações de fato que assim exijam, como nos casos de catástrofes, calamidades, epidemias, caos financeiro.

Muito frequente em autores italianos é a referência à *discricionariedade técnica*. Não se trata de outra espécie de poder discricionário. Seria a escolha da solução a adotar pela utilização de critérios decorrentes de conhecimentos especializados, técnicos ou científicos. Nem sempre a técnica e a ciência implicam certeza absoluta; no campo da técnica e das ciências exatas, biológicas, matemáticas também há diversidade de entendimentos, controvérsias. Podem existir conhecimentos técnicos aceitos amplamente pela comunidade científica; há juízos prováveis oscilantes, há alternativas técnicas e científicas igualmente válidas para o direito, que justificam escolha. Assim, nem sempre ocorre uniformidade ou concordância total na área técnica e científica. Permanecendo margem de escolha, o poder discricionário aí incide, sem que o uso de conhecimentos técnicos enseje modalidade diferente desse poder. Se houver apenas uma solução possível, como resultado da aplicação de pauta científica ou técnica universal, trata-se de poder vinculado; regras técnicas uniformes remetem ao bloco vinculado.

6.5.7 Parâmetros do poder discricionário

O tratamento doutrinário e jurisprudencial do poder discricionário vem evoluindo no sentido de circunscrevê-lo dentro de parâmetros, com vistas a direcioná-lo ao atendimento verdadeiro do interesse da população, impedindo abusos.

Além dos requisitos de competência, forma, motivo, fim, em geral verificados depois da edição de medidas, a doutrina contemporânea volta seu interesse para o processo formativo da decisão. Daí resulta o cuidado com normas organizacionais e instrumentos pelos quais a autoridade possa conhecer e ponderar os diversos interesses envolvidos em cada situação. E também a preocupação com os meios de assegurar informação ao público, ou seja, o acesso da população às decisões administrativas.

A discricionariedade vista como liberdade-vínculo e a atenção dada aos mecanismos decisionais correspondem à ideia de que o processo eleitoral ou a nomeação para um cargo de confiança na cúpula do Executivo não configuram passaporte para o absoluto, que dota os administradores de poderes incondicionados. Isso porque a democracia não se exaure na eleição, na existência de vários partidos políticos e no funcionamento do Legislativo e do Judiciário; deve transpor o limiar da Administração e aí vigorar.

Daí decorre o elenco de *parâmetros do poder discricionário*, também denominados *limites*, que incidem não somente sobre a edição de atos administrativos, mas também sobre as demais atuações.

Doutrinadores pátrios mencionam *limites externos* (competência e existência material dos motivos) e *limites internos* (fim legal); autores estrangeiros referem-se a *limites formais* (competência e forma) e *substanciais* (grau de interesse público que legitima o uso desse poder).

Ante as dificuldades de separar, com precisão, os tipos de parâmetros, serão a seguir enunciados os principais, sem a preocupação de agrupá-los segundo critérios, nem de exauri-los:

a) parâmetros decorrentes da observância da Constituição, da lei, dos princípios constitucionais da Administração, outros princípios do direito administrativo e princípios gerais do direito;

b) tipo de interesse público a atender, estabelecido diretamente pela norma atribuidora de competência, ou indiretamente, pela norma de regulamentação do órgão;

c) normas de competência, que atribuem o poder legal de tomar as medidas atinentes à situação; necessária se torna a correspondência da decisão à função exercida pela autoridade;

d) consideração dos fatos tal como a realidade os exterioriza. A autoridade administrativa não há de inventar fatos ou apreciá-los com erro manifesto, levando a consequências absurdas e sem razoabilidade. Relaciona-se esse aspecto à qualificação jurídica dos fatos e ao requisito do motivo do ato administrativo;

e) associada ao parâmetro anterior, encontra-se também a motivação das decisões. Tradicionalmente predominou a regra da não obrigatoriedade de explicitar as razões da decisão, sobretudo no exercício do poder discricionário. Hoje a linha se inverteu, para prevalecer a exigência de motivação, salvo exceções;

f) o poder discricionário deve observar as normas processuais e procedimentais, quando pertinentes à atuação, tais como: contraditório, ampla defesa, adequada instrução, inclusive com informações técnicas e atos probatórios;

g) garantias organizacionais também se incluem entre os parâmetros do poder discricionário; por exemplo: a composição e o modo de funcionamento interno dos órgãos, em especial dos colegiados que decidem ou atuam no processo de decisão; as regras de abstenção ou relativas a impedimentos, ligadas ao princípio constitucional da impessoalidade;

h) preceitos referentes à forma, ou seja, ao modo de exteriorização das decisões administrativas.

6.5.8 Poder discricionário e conceitos jurídicos indeterminados

Nos estudos sobre o poder discricionário se mencionam os chamados *conceitos jurídicos indeterminados*, matéria essa tratada em especial no direito alemão. A expressão designa as fórmulas amplas, muito utilizadas no direito público e no direito privado, como, por exemplo, boa-fé, justo preço, valor histórico e cultural, perigo para pessoas e bens, ordem pública.

Na verdade, o conceito em si não é indeterminado, como conceito, pois é possível expressar verbalmente o seu significado. O que ocorre é a impossibilidade de identificar *a priori* todas as situações que se enquadram na fórmula. Mas, no momento em que uma situação ou fato aí se enquadram, efeitos ou consequências jurídicas ocorrem.

Algumas correntes se formaram para explicar os vínculos entre os *conceitos jurídicos indeterminados e a discricionariedade*. Segundo um entendimento, não haveria discricionariedade quando o legislador usasse uma fórmula ampla, pois isso levaria a uma única solução, sem margem de escolha. Em linha oposta, diz-se que a presença de um "conceito indeterminado" leva necessariamente ao exercício do poder discricionário.

Melhor parece considerar que o direito sempre utilizou tais fórmulas amplas, mesmo no direito privado, sem que fossem necessariamente associadas a poder discricionário. Havendo parâmetros de objetividade para enquadrar a situação fática na fórmula ampla, ensejando uma única solução, não há que falar em discricionariedade. Se a fórmula ampla, aplicada a uma situação fática, admitir margem de escolha de soluções, todas igualmente válidas e fundamentadas na noção, o poder discricionário se exerce.

6.6 Poder regulamentar

O *poder regulamentar* configura um dos modos de exercício do poder normativo no âmbito do Poder Executivo. Do ponto de vista lógico, é melhor dizer que há um poder normativo geral, do qual o poder regulamentar se apresenta como espécie. Sob o ângulo didático, parece mais adequado separar o estudo do poder regulamentar, ante a importância que sempre assumiu no ordenamento pátrio e o tratamento específico que a doutrina vem lhe conferindo.

No direito brasileiro, o *poder regulamentar* destina-se a explicitar o teor das leis, preparando sua execução, completando-as, se for o caso. Do exercício do poder regulamentar resulta a expedição de regulamentos, veiculados por meio de decretos. Trata-se dos chamados *regulamentos de execução*, de competência privativa do Chefe do Executivo; são atos administrativos que estabelecem normas gerais. A Constituição de 1988, no art. 84, IV, confere ao Presidente da República a atribuição de expedir decretos e regulamentos para a fiel execução da lei. As Constituições dos Estados-membros e as leis orgânicas de Municípios contêm dispositivos similares para os Governadores e Prefeitos, respectivamente.

Algumas justificativas do poder regulamentar vêm apontadas com frequência: a lei não pode abrigar todas as minúcias da matéria que disciplina, só o Executivo tem conhecimento pleno dos mecanismos e meios administrativos, necessários à fiel execução da lei; por vezes, é necessária a indicação, adaptação ou criação de órgãos administrativos para o cumprimento da lei; em outras, a execução da lei depende de procedimentos administrativos, da elaboração de formulários etc.

Segundo Anna Cândida da Cunha Ferraz, o poder regulamentar enfrenta duas ordens de limitações: de um lado, não pode exceder os limites da função executiva, o que significa dizer que não pode substituir a função legislativa formal (do Poder Legislativo), modificando ou ab-rogando leis formais; de outro lado, não pode ultrapassar as fronteiras da lei que explicita, dispondo *ultra* ou *extra legem* (cf. *Conflito entre poderes*, 1994, p. 74). Ao poder regulamentar é vedado também restringir preceitos da lei.

Algumas situações são detectadas, referentes ao exercício do poder regulamentar ante o próprio teor da lei. Se a lei silencia a respeito da expedição de um regulamento, é possível que este seja desnecessário à sua execução. Se a execução da lei depender da sua explicitação ou de providências e medidas administrativas a serem fixadas em regulamento, deverá este ser expedido, cabendo ao Chefe do Executivo realizar tal avaliação.

Muitas vezes, a própria lei, nos artigos finais, prevê a edição de regulamento. No ordenamento brasileiro entende-se que, em princípio, a ausência de regulamentação impede a eficácia da lei. No entanto, essa orientação não pode prevalecer de maneira absoluta, em especial ante a inércia do Executivo. No caso em que a lei prevê a edição de regulamento, sem fixar prazo, ao Executivo deve-se conceder prazo razoável (40 a 60 dias) antes de ser caracterizada a omissão ou inércia; após esse prazo, as disposições da lei hão de ser invocadas, caso sua execução não dependa de regulamento; se este for necessário, resta ao titular do direito usar a via jurisdicional. Na hipótese em que a lei fixa prazo e este se encerra sem que o Executivo expeça o regulamento, os preceitos da lei também poderão ser invocados, se prescindirem de regulamento; necessitando deste, resta reclamar o reconhecimento do direito na via jurisdicional.

6.7 Poder normativo

Além do poder regulamentar, a Administração detém a faculdade de emitir normas para disciplinar matérias não privativas de lei. Tais normas podem ter repercussão mais imediata sobre pessoas físicas, jurídicas, grupos, a população em geral, ou mais imediata sobre a própria Administração, podendo ter ou não reflexos externos.

Na Administração direta, o Chefe do Executivo, Ministros e Secretários expedem atos que podem conter normas gerais destinadas a reger matérias de sua competência, com observância da Constituição e da lei. Exemplo: decreto do Presidente da República que dispensa a Procuradoria-Geral da Fazenda Nacional de interpor recursos judiciais em rol de matérias; decreto de Prefeito que disciplina a venda de pastéis na feira; resolução de Secretário da Educação disciplinando a atribuição de aulas excedentes.

Em órgãos colegiados, tanto da Administração direta como da indireta, as decisões de caráter geral, no âmbito das respectivas competências, expedem-se, em geral, por resoluções. Exemplo: resolução do Conselho Nacional de Trânsito que disciplina o uso de tacógrafo (registrador de velocidade); resolução de colegiado de uma universidade sob forma de autarquia para disciplinar o reconhecimento da equivalência de títulos acadêmicos obtidos em outras universidades; resolução de diretor de faculdade sobre revisão de provas.

6.8 Poder hierárquico

A existência de *hierarquia* nas relações entre órgãos e nas relações funcionais entre servidores leva ao exercício de poderes e faculdades do superior sobre o subordinado, vistos como desdobramentos ou decorrências do *poder hierárquico*, dentre os quais o poder de dar ordens ou instruções; de controle sobre atividades dos órgãos e autoridades subordinadas; de rever atos dos subordinados; de decidir conflitos de competência entre subordinados; de coordenação (ver item 3.10 do Capítulo 3, em que o tema da hierarquia é estudado de modo mais amplo).

O poder hierárquico configura, assim, instrumento para que as atividades de um órgão ou ente sejam realizadas de modo coordenado, harmônico, eficiente, com observância da legalidade e do interesse público.

6.9 Poder disciplinar

O *poder disciplinar* é atribuído a autoridades administrativas com o objetivo de apurar e punir faltas funcionais, ou seja, condutas contrárias à realização normal das atividades do órgão e irregularidades de diversos tipos. Incide principalmente sobre servidores; mas pode abranger também a conduta de outras pessoas, como, por exemplo, a de alunos de escolas públicas, que, num determinado período, vinculam-se estreitamente às atividades de um órgão.

O *poder disciplinar* liga-se ao poder hierárquico, embora um não se reduza ao outro. O poder hierárquico é mais amplo que o poder disciplinar. Este, por sua vez, pode não se exercer totalmente na linha hierárquica direta entre servidores ou entre órgãos. Por exemplo: em Administrações em que a apuração de faltas funcionais se realiza de modo centralizado, num órgão específico para essa atividade, inexiste linha hierárquica direta entre tal órgão e o servidor cuja conduta se apura; no caso, a hierarquia direta pode ocorrer no momento da decisão final do processo disciplinar, ou seja, no ato de absolver ou punir o servidor. Um "sentido" hierárquico existe no preceito muito difundido na Administração brasileira, segundo o qual somente servidores de igual ou superior grau hierárquico podem apurar faltas de outro e aplicar-lhe pena.

Não deve ser confundido o *poder disciplinar* com o *poder penal* do Estado. Este é exercido pelo Poder Judiciário, regido pelo processo penal; visa à repressão de condutas qualificadas, na legislação penal, como crimes e contravenções; portanto, tem a finalidade de preservar, de modo precípuo, a ordem e a convivência na sociedade como um todo. O poder disciplinar, por sua vez, é atividade administrativa, regida pelo direito administrativo, segundo normas do processo administrativo; visa à punição de condutas qualificadas em estatutos ou leis administrativas como infrações ou ilícitos; tem a finalidade de preservar, de modo imediato, a ordem interna do serviço, para que as atividades do órgão possam ser realizadas sem perturbação, dentro da legalidade e da lisura. A diferença entre as duas atuações possibilita sua concomitância ante a mesma conduta do servidor, ensejando a imposição conjunta de sanção administrativa e de sanção penal, sem que possa ser invocado o *bis in idem*.

O exercício do poder disciplinar apresenta-se, sobretudo, como dever da autoridade. Assim, o art. 143 do Estatuto dos Servidores Civis Federais (Lei 8.112/90) dispõe o seguinte: "A autoridade que tiver ciência de irregularidade no serviço público é obrigada a promover a sua apuração imediata, mediante sindicância ou processo administrativo disciplinar, assegurada ao acusado ampla defesa". Preceito semelhante encontra-se nos demais estatutos de servidores.

Os estatutos de servidores e as leis orgânicas de categorias funcionais atribuem competências para apurar infrações e para aplicar penas disciplinares. Desse modo, o poder disciplinar não pode ser exercido sem estar legalmente atribuído.

As condutas consideradas infrações devem estar legalmente previstas; ainda que indicadas mediante fórmulas amplas, sem a tipicidade rígida do Código Penal, hão de ser adotados parâmetros de objetividade no exercício do poder disciplinar para que não se ensejem arbítrio e subjetividade. Quanto às penas, a autoridade somente poderá aplicar aquelas indicadas na lei, não outras, observando a proporcionalidade entre o tipo de conduta e o tipo de pena.

Concepção clássica do direito administrativo associa poder disciplinar a discricionariedade. A respeito da discricionariedade em geral, já se observou no item 6.5.3 deste capítulo que há hoje uma tendência universal de circunscrevê-la e direcioná-la. Não mais é viável invocar poderes livres ou zonas livres a título de discricionariedade. Um rol de princípios e exigências que integram o direito administrativo contemporâneo denotam o direcionamento da discricionariedade, como já se mencionou. No tocante ao poder disciplinar, soa estranho atualmente associá-lo à discricionariedade: de início, em virtude dos parâmetros que norteiam o poder discricionário em geral (ver item 6.5.7 deste capítulo); em segundo lugar, porque o poder disciplinar há muito vem se exercendo sob moldes processuais, justamente para impedir arbítrios e subjetivismos. Os paradigmas processuais mostram-se incompatíveis com atuações livres e desvinculadas de preceitos legais, tanto que sob tais moldes se exerce a função jurisdicional. Reflexo disso está na garantia de contraditório e ampla defesa nos processos administrativos e aos acusados em geral, prevista no inc. LV do art. 5º da CF. Reflexo disso encontra-se em toda a elaboração jurisprudencial pátria, no sentido de maiores garantias aos indiciados em processos disciplinares, mesmo antes da previsão constitucional explícita, trazendo, por decorrência, restrição a margens livres que pudessem levar ao arbítrio.

Bibliografia

Atividades administrativas em geral

MOREIRA NETO, Diogo de Figueiredo. *Curso de direito administrativo*. 16. ed. Rio de Janeiro: Forense, 2014.

NIGRO, Mario. L'azione dei pubblici poteri – Lineamenti generali. *In*: AMATO, G.; BARBERA, A. *Manuale di diritto pubblico*. Bolonha: Il Mulino, 1986.

ORLANDO, V. E. *Primo trattato di diritto amministrativo italiano*. Milão: Società Editrice Libraria, 1900. v. 1.

Poder discricionário e poder vinculado

AZZARITTI, G. *Dalla discrezionalità al potere*. Pádua: Cedam, 1986.

BATTAGLINI, Andrea Orsi. Attività vincolata e situazioni soggetive. *Rivista Trimestrale di Diritto e Procedura Civile*, mar. 1988.

COUTO E SILVA, Almiro do. Poder discricionário no direito administrativo brasileiro. *RDA*, p. 179-180, jan./jul. 1990.

DI PIETRO, Maria Sylvia Zanella. *Discricionariedade administrativa na Constituição de 1988*. São Paulo: Atlas, 1991.

GIANNINI, M. S. *Il potere discrezionale nella pubblica amministrazione*. Milão: Giuffrè, 1939.

LEAL, Victor Nunes. Poder discricionário e ação arbitrária da Administração. *In*: LEAL, Victor Nunes. *Problemas de direito público*. Rio de Janeiro: Forense, 1960.

MEDAUAR, Odete. Parâmetros de controle da discricionariedade. *In*: GARCIA, Emerson (Org.). *Discricionariedade administrativa*. Rio de Janeiro: Lumen Juris, 2005. p. 79-89.

MEDAUAR, Odete. Poder discricionário da Administração. *RT*, 610, p. 38-45, ago. 1986.

MOREIRA NETO, Diogo de Figueiredo. *Legitimidade e discricionariedade*. 4. ed. Rio de Janeiro: Forense, 2001.

MORTATI, C. Discrezionalità. *Novissimo digesto italiano*, v. V, 1959.

PEREZ, Marcos Augusto. *Testes de legalidade*: métodos para o amplo controle jurisdicional da discricionariedade administrativa. Belo Horizonte: Fórum, 2020.

SANCHEZ MORON, M. *Discrecionalidad administrativa y control judicial*. Madri: Tecnos, 1994.

SESIN, Domingo Juan. *Administración pública, actividad reglada, discrecional y técnica*. Buenos Aires: Depalma, 1994.

Poder regulamentar

FERRAZ, Anna Cândida da Cunha. *Conflito entre poderes*: o poder congressual de sustar atos normativos do Poder Executivo. São Paulo: RT, 1994.

LEAL, Victor Nunes. Lei e regulamento. *In*: LEAL, Victor Nunes. *Problemas de direito público*. Rio de Janeiro: Forense, 1960.

MARCHIANÓ, Giovanna. *La funzione regolamentare*. Pádua: Cedam, 1988.

NUNES, Simone Lahargue. *Os fundamentos e os limites do poder regulamentar do mercado financeiro*. Rio de Janeiro: Renovar, 2000.

Poder disciplinar

LUZ, Egberto Maia. *Direito administrativo disciplinar*. 3. ed. São Paulo: RT, 1994.

OSÓRIO, Fábio Medina. *O direito administrativo sancionador*. 7. ed. São Paulo: RT, 2020.

CAPÍTULO 7

PRINCÍPIOS DO DIREITO ADMINISTRATIVO

7.1 Noção

Os órgãos e entes da Administração direta e indireta, na realização das atividades que lhes competem, regem-se por normas. Além das normas específicas para cada matéria ou setor, há preceitos gerais que informam amplos campos de atuação. São os princípios do direito administrativo. Tendo em vista que as atividades da Administração Pública são disciplinadas preponderantemente pelo direito administrativo, tais princípios podem ser considerados também princípios jurídicos da Administração Pública brasileira.

Em direito, *princípios* são fórmulas nas quais estão contidos os pensamentos diretores do ordenamento, de uma disciplina legal ou de um instituto jurídico (Karl Larenz, *Derecho justo*, 1985, p. 14). Consistem em "enunciações normativas de valor genérico que condicionam e orientam a compreensão do ordenamento jurídico para sua aplicação e integração e para a elaboração de novas normas" (Miguel Reale, *Lições preliminares de direito*. 25 ed. Saraiva 2000, p. 306). Constituem as bases nas quais assentam institutos e normas jurídicas.

7.2 Relevância dos princípios

O ordenamento pátrio confere relevo aos *princípios gerais do direito*. A Constituição de 1988, no §2º do art. 5º, faz decorrer direitos dos princípios por ela adotados, nos seguintes termos: "Os direitos e garantias expressos nesta Constituição não excluem outros decorrentes do regime e dos princípios por ela adotados, ou dos tratados internacionais em que a República Federativa do Brasil seja parte". A Lei de Introdução às normas do Direito Brasileiro (Dec.-lei 4.657/42), no art. 4º, assegura aos princípios gerais de direito a "condição de autêntica forma de expressão do direito normativo", como ensina Limongi França (*Princípios gerais de direito*, 1971, p. 13-14).

No direito administrativo, os *princípios* revestem-se de grande importância. Por ser um direito não codificado, os princípios auxiliam a compreensão e consolidação de seus institutos. Acrescente-se que, no âmbito administrativo, muitas normas são editadas em vista de circunstâncias de momento, resultando em multiplicidade de textos, sem reunião sistemática. Daí a importância dos princípios, sobretudo para possibilitar a solução de casos não previstos, para permitir melhor compreensão dos textos esparsos e para conferir certa segurança aos cidadãos quanto à extensão dos seus direitos e deveres.

A relevância dos princípios no direito administrativo vem comprovada também no chamado "direito administrativo comunitário" europeu: a Corte de Justiça da União Europeia vem se valendo dos princípios do direito administrativo na solução de muitas questões, em especial na tutela dos direitos dos cidadãos ante medidas da Administração de Estados integrantes.

Os princípios revestem-se de *função positiva* ao se considerar a influência que exercem na elaboração de normas e decisões sucessivas, na atividade de interpretação e integração do direito; atuam, assim, na tarefa de criação, desenvolvimento e execução do direito e de medidas para que se realize a justiça e a paz social; sua *função negativa* significa a rejeição de valores e normas que os contrariam (Karl Larenz, *Derecho justo*, p. 33).

7.3 Tipologia

O rol dos princípios do direito administrativo não é idêntico nos diversos ordenamentos e na doutrina. Por outro lado, há princípios de maior abrangência (exemplo: princípio da impessoalidade) e princípios setorizados (exemplo: prescritibilidade dos ilícitos administrativos).

Na Constituição de 1988, encontram-se mencionados explicitamente como princípios a serem observados pela Administração Pública os seguintes: *legalidade, impessoalidade, moralidade, publicidade e eficiência* (este último acrescentado pela Emenda Constitucional 19/98 – Reforma Administrativa). Alguns autores buscam extrair outros princípios do texto constitucional como um todo; seriam os princípios implícitos. Outros princípios do direito administrativo decorrem classicamente de elaboração jurisprudencial e doutrinária.

Aqui serão considerados princípios do direito administrativo os mais abrangentes, que permeiam, de modo mais amplo, os campos de atuação da Administração. Combinado esse critério com a menção explícita, no *caput* do art. 37 da Constituição, a cinco princípios a serem observados por toda a Administração pública brasileira, serão expostos como princípios constitucionais do direito administrativo os da legalidade, impessoalidade, moralidade, publicidade e eficiência. Outros princípios a serem arrolados decorrem sobretudo de elaboração jurisprudencial e doutrinária e são indicados com mais frequência, podendo ter também base constitucional, por referência implícita.

7.4 Princípio da legalidade

7.4.1 Aspectos genéricos

Uma das decorrências da caracterização de um Estado como Estado de direito encontra-se no *princípio da legalidade* que informa as atividades da Administração Pública. Na sua concepção originária, esse princípio vinculou-se à separação de poderes e ao conjunto de ideias que historicamente significaram oposição às práticas do período absolutista. No conjunto dos poderes do Estado, traduzia a supremacia do Poder Legislativo em relação ao Poder Executivo; no âmbito das atuações, exprimia a supremacia da lei sobre os atos e medidas administrativas. Mediante a submissão da Administração à lei, o poder tornava-se objetivado; obedecer à Administração era o mesmo que obedecer à lei, não à vontade instável da autoridade. Daí um sentido de garantia, certeza jurídica e limitação do poder contido nessa concepção do princípio da legalidade administrativa.

Embora permaneçam o sentido de poder objetivado pela submissão da Administração à legalidade e o sentido de garantia, certeza e limitação do poder, registrou-se evolução na ideia genérica da *legalidade*. Alguns fatores dessa evolução podem ser apontados, de modo sucinto. A própria sacralização da legalidade produziu um desvirtuamento denominado *legalismo* ou *legalidade formal*, pelo qual as leis passaram a ser vistas como justas por serem leis, independentemente do conteúdo. Outro desvirtuamento: formalismo excessivo dos decretos, circulares e portarias, com exigências de minúcias irrelevantes. Por outro lado, com as transformações do Estado, o Executivo passou a predominar sobre o Legislativo; a lei votada pelo Legislativo deixou de expressar a vontade geral para ser vontade de maiorias parlamentares, em geral controladas pelo Executivo. Este passou a ter ampla função normativa, como autor de projetos de lei, como legislador por delegação, como legislador direto (por exemplo, ao editar medidas provisórias), como emissor de decretos, portarias e circulares que afetam direitos. Além do mais, expandiram-se e aprimoraram-se os mecanismos de controle de constitucionalidade das leis.

Ante tal contexto, buscou-se assentar o princípio da legalidade em bases valorativas, sujeitando as atividades da Administração não somente à lei votada pelo Legislativo, mas também aos preceitos fundamentais que norteiam todo o ordenamento. A Constituição de 1988 determina que todos os entes e órgãos da Administração obedeçam ao princípio da legalidade (*caput* do art. 37); a compreensão desse princípio deve abranger a observância da lei formal, votada pelo Legislativo, e também dos preceitos decorrentes de um Estado Democrático de Direito, que é o modo de ser do Estado brasileiro, conforme reza o art. 1º, *caput*, da Constituição; e, ainda, deve incluir a observância dos demais fundamentos e princípios de base constitucional. Além do mais, o princípio da legalidade obriga a Administração a cumprir normas que ela própria editou.

7.4.2 Significado operacional

O princípio da legalidade traduz-se, de modo simples, na seguinte fórmula: "A Administração deve sujeitar-se às normas legais". Essa aparente simplicidade oculta questões relevantes quanto ao modo de aplicar, na prática, esse princípio.

Tornaram-se clássicos os quatro significados arrolados pelo francês Eisenmann: a) a Administração pode realizar todos os atos e medidas que não sejam contrários à lei; b) a Administração só pode editar atos ou medidas que uma norma autoriza; c) somente são permitidos atos cujo conteúdo seja conforme a um esquema abstrato fixado por norma legislativa; d) a Administração só pode realizar atos ou medidas que a lei ordena fazer.

Nota-se que, na ordem dessa enumeração, o vínculo da Administração à norma vai aumentando, de tal modo que o segundo significado implica limitação mais acentuada que o primeiro; o terceiro agrava mais que o segundo; o quarto fixa maior restrição.

O último significado – a Administração só pode realizar atos ou medidas que a lei ordena – se predominasse como significado geral do princípio da legalidade, paralisaria a Administração, porque seria necessário um comando legal específico para cada ato ou medida editados pela Administração, o que é inviável. Há casos em que a norma ordena à Administração realizar uma atividade, como, por exemplo, a lei que estabelece o prazo de sessenta dias para a Administração regulamentá-la; ao baixar o regulamento no prazo fixado, a Administração estará editando ato que a lei ordenou realizar.

O terceiro significado – somente são permitidos atos cujo conteúdo seja conforme a uma hipótese abstrata fixada explicitamente por norma legislativa – traduz uma concepção rígida do princípio da legalidade e corresponde à ideia de Administração somente executora da lei. Hoje não mais se pode conceber que a Administração tenha só esse encargo. Esse significado do princípio da legalidade não predomina na maioria das atividades administrativas, embora no exercício do poder vinculado possa haver decisões similares a atos concretizadores de hipóteses normativas abstratas.

O segundo significado exprime a exigência de que a Administração tenha habilitação legal para adotar atos e medidas; desse modo, a Administração poderá justificar cada uma de suas decisões por uma disposição legal; exige-se base legal no exercício dos seus poderes. Esta é a fórmula adequada à maior parte das atividades da Administração brasileira, prevalecendo de modo geral. No entanto, o significado contém gradações: a habilitação legal, por vezes, é somente norma de competência, isto é, norma que atribui poderes para adotar determinadas medidas, ficando a autoridade com certa margem de escolha no tocante à substância da medida; por vezes, a base legal expressa um vínculo estrito do conteúdo do ato ao conteúdo da norma ou às hipóteses aí arroladas.

Em geral, nas medidas de repercussão mais forte nos direitos dos cidadãos, há vinculação mais estrita da medida administrativa ao conteúdo da norma.

Deve-se lembrar também que, para muitas matérias, a Constituição Federal, as Constituições estaduais e as leis orgânicas de Municípios exigem a disciplina por lei formal, ou seja, por lei que deverá necessariamente resultar de tramitação no Legislativo. É a chamada *reserva de lei*, como, por exemplo, o art. 68, §1º, II, da CF, que veda ao Legislativo a delegação nas matérias relativas à nacionalidade, cidadania, direitos individuais, políticos e eleitorais.

O sentido do princípio da legalidade não se exaure com o significado de habilitação legal. Este deve ser combinado com o primeiro significado, com o sentido de ser vedado à Administração editar atos ou tomar medidas contrárias às normas do ordenamento. A Administração, no desempenho de suas atividades, tem o dever de respeitar todas as normas do ordenamento.

7.5 Princípio da impessoalidade

Os princípios da *impessoalidade*, *moralidade* e *publicidade* apresentam-se intrincados, havendo, mesmo, instrumentalização recíproca; assim, a impessoalidade configura-se meio para atuações dentro da moralidade; a publicidade, por sua vez, dificulta medidas contrárias à moralidade e impessoalidade; a moralidade administrativa, de seu lado, implica observância da impessoalidade e da publicidade. Embora nem sempre seja possível afastar as implicações recíprocas desses princípios, o estudo em separado atende a requisitos didáticos.

O *princípio da impessoalidade* recebe várias interpretações da doutrina brasileira. Para José Afonso da Silva, "os atos e provimentos administrativos são imputáveis não ao funcionário que os pratica, mas ao órgão ou entidade administrativa em nome do qual age o funcionário (...) Por conseguinte, o administrado não se confronta com o funcionário *x* ou *y* que expediu o ato, mas com entidade cuja vontade foi manifestada por ele" (*Curso de direito constitucional positivo*, 42. ed., 2019, p. 678). No entender de Celso Antônio Bandeira de Mello, impessoalidade "traduz a ideia de que a Administração tem que tratar a todos os administrados sem discriminações, benéficas ou detrimentosas (...)" (*Curso de direito administrativo*, 19. ed., 2006, p. 104).

Os aspectos apontados acima representam ângulos diversos do intuito essencial de impedir que fatores pessoais, subjetivos, sejam os verdadeiros móveis e fins das atividades administrativas. Com o princípio da impessoalidade, a Constituição visa obstaculizar atuações geradas por antipatias, simpatias, objetivos de vingança, represálias, nepotismo, favorecimentos diversos, muito comuns em licitações, concursos públicos, exercício do poder de polícia. Busca, desse modo, que predomine o sentido de função, isto é, a ideia de que os poderes atribuídos se finalizam ao interesse de toda a coletividade, portanto, a resultados desconectados de razões pessoais. Em situações que dizem respeito a interesses coletivos ou difusos, a impessoalidade significa a exigência de ponderação equilibrada de todos os interesses envolvidos, para que não se editem decisões movidas por preconceitos ou radicalismos de qualquer tipo.

7.6 Princípio da moralidade administrativa

O *princípio da moralidade administrativa* é de difícil expressão verbal. A doutrina busca apreendê-lo, ligando-o a termos e noções que propiciem seu entendimento e aplicação.

Na doutrina pátria, Manoel de Oliveira Franco Sobrinho, que dedicou obra específica à moralidade administrativa, tece as seguintes considerações: "Muito embora não se cometam faltas legais, a ordem jurídica não justifica no excesso, no desvio, no arbítrio, motivações outras que não encontram garantia no interesse geral, público e necessário; (...) o que se quer defender é a lisura ou a exação nas práticas administrativas; (...) a presunção de fim legal equivale à presunção de moralidade" (*O controle da moralidade administrativa*, 1974, p. 18, 19, 22, 186). Vê-se, então, que o referido autor ligou moralidade administrativa a exação, lisura e fins de interesse público. Hely Lopes Meirelles, que sempre incluiu a moralidade entre os princípios da Administração, afirma que "ao legal deve se juntar o honesto e o conveniente aos interesses gerais"; e vincula a moralidade administrativa ao conceito de "bom administrador" (*op. cit.*, p. 79 e 80). Por sua vez, José Afonso da Silva parece aceitar a concepção de Hauriou, que vê a moralidade como o conjunto de regras de conduta extraídas da disciplina geral da Administração; menciona, como exemplo, o cumprimento imoral da lei, no caso de ser executada com intuito de prejudicar ou favorecer deliberadamente alguém (*Curso de direito constitucional positivo*, 42. ed., 2019, p. 679-678).

Para configurar o *princípio da moralidade administrativa* e operacionalizá-lo, parece melhor adotar o último entendimento. O princípio da moralidade é de difícil tradução verbal, talvez porque seja impossível enquadrar em um ou dois vocábulos a ampla gama de condutas e práticas desvirtuadoras das verdadeiras finalidades da Administração Pública. Em geral, a percepção da imoralidade administrativa ocorre no enfoque contextual, ou melhor, ao se considerar o contexto em que a decisão foi ou será tomada. A decisão, de regra, destoa do contexto e do conjunto de regras de conduta extraídas da disciplina geral norteadora da Administração. Exemplo: em momento de crise financeira, numa época de redução de mordomias, num período de agravamento de problemas sociais, configura imoralidade efetuar gastos com aquisição de automóveis de luxo para "servir" autoridades, mesmo que tal aquisição se revista de legalidade.

A Constituição Federal de 1988, além de mencionar a moralidade como um dos princípios da Administração, aponta instrumentos para sancionar sua inobservância. Um deles é a ação popular, indicada no art. 5º, LXXIII, que pode ser proposta por qualquer cidadão (no sentido de detentor de direitos políticos) para anular ato lesivo à moralidade administrativa (v. item 18.7.9). Outro meio encontra-se na ação de improbidade administrativa, aventada no art. 37, §4º, da CF (v. item 18.7.12).

7.6.1 A chamada Lei Anticorrupção

Visando a preservar a moralidade administrativa, a Lei nº 12.846, de 01.08.2013 – denominada *Lei anticorrupção* – com alterações posteriores, dispõe sobre a responsabilização administrativa e civil de pessoas jurídicas, pela prática de atos contra a Administração Pública, nacional ou estrangeira. Portanto, a Lei anticorrupção não apresenta natureza penal. Embora enuncie a responsabilização de pessoas jurídicas, os dirigentes destas pessoas, portanto pessoas físicas, podem sofrer sanções previstas na Lei. Referida Lei foi regulamentada pelo Decreto nº 11.129, de 11.7.2022.

Esta Lei guarda certa similaridade, em alguns pontos, com dispositivos da Lei 8.429/1992 – Lei de improbidade administrativa.

Alguns preceitos da Lei anticorrupção indicam-se a seguir.

a) As pessoas jurídicas serão responsabilizadas objetivamente, nos âmbitos administrativo e civil, pelos atos de corrupção praticados em seu interesse ou benefício, exclusivo ou não (art. 2º).

Sendo objetiva, a responsabilização não exige comprovação de dolo ou culpa; basta provar o *nexo de causalidade* entre a conduta e o dano, efetivo ou pretendido. Comprovada a inexistência deste nexo, não incidem sanções.

A responsabilidade da pessoa jurídica não exclui a responsabilidade individual de seus dirigentes ou de coautores e partícipes (art. 3º), sendo esta de conotação subjetiva, pois ocorre na medida de sua culpabilidade (art. 3º, §2º), ou seja, há de se comprovar dolo ou culpa.

Subsiste a responsabilidade da pessoa jurídica na hipótese de alteração contratual, transformação, cisão societária, fusão ou incorporação (art. 4º). Nos dois últimos casos, a responsabilidade da sucessora se limita ao pagamento de multa e reparação do dano, até o limite do patrimônio transferido (art. 4º, §1º); esse mesmo tratamento incide nas controladoras, controladas, coligadas, consorciadas.

b) A referida Lei se aplica a sociedades, fundações ou pessoas estrangeiras, com sede, filial ou representação no Brasil, constituídas de fato ou de direito (art. 1º, parágrafo único).

Nos termos do art. 94 da Lei nº 13.303/2016 – Estatuto jurídico das estatais – aplicam-se à empresa pública, sociedade de economia mista e às suas subsidiárias as sanções previstas na Lei nº 12.846/2013 – Lei anticorrupção, salvo as previstas nos incisos II, III e IV do *caput* do art. 19 desta Lei.

c) O art. 5º traz uma lista de atos de corrupção lesivos à Administração nacional e estrangeira (aí incluídos os organismos públicos internacionais), atos que no geral: incentivam a corrupção; fraudam os processos licitatórios frustrando sua licitude; dificultam a atividade de investigação ou fiscalização de órgãos, entidades ou agentes públicos.

d) No âmbito administrativo serão aplicadas as seguintes sanções:

I – multa, no valor de 0,1% (um décimo por cento) a 20% (vinte por cento) do faturamento bruto do último exercício anterior ao da instauração do processo administrativo, excluídos os tributos, a qual nunca será inferior à vantagem auferida, quando for possível sua estimação (art. 6º, I);

II – publicação extraordinária da decisão condenatória (art. 6º, II), sentença, a expensas da pessoa jurídica, em meios de comunicação de grande circulação na área da prática da infração e de atuação da pessoa jurídica ou, na sua falta, em publicação de circulação nacional, bem como por meio de afixação de edital, pelo prazo mínimo de 30 (trinta) dias, no próprio estabelecimento ou no local de exercício da atividade, de modo visível ao público, e no sítio eletrônico na rede mundial de computadores (art. 6º, §5º).

As sanções, isoladas ou cumulativamente, serão aplicadas de modo fundamentado (motivação), conforme as peculiaridades do caso, a gravidade e natureza da infração (art. 6º, §1º), sendo a aplicação precedida de manifestação jurídica pela Advocacia Pública ou de órgão de assistência jurídica ou equivalente, do ente público (art. 6º, §2º).

e) Em atenção ao princípio da proporcionalidade, o art. 7º fixa elementos a serem considerados na aplicação das sanções, por exemplo: a gravidade da infração; a vantagem auferida ou pretendida; a consumação ou não da lesão; a situação econômica do infrator; a cooperação para a apuração dos fatos; se for o caso, o valor dos contratos mantidos com o órgão público lesado.

Vem despertando atenção o contido no inc. VIII do art. 7º, que poderá atenuar a sanção: a existência, na pessoa jurídica, de mecanismos e procedimentos internos de integridade, auditoria, incentivos à denúncia de irregularidades, códigos de ética, ou seja, mecanismos para prevenir ou detectar irregularidades e proteger a integridade empresarial. Tais mecanismos e procedimentos internos recebem o nome de *compliance* (v. item 7.6.1.1).

A instauração e o julgamento do processo administrativo para apuração da responsabilidade da pessoa jurídica cabem à autoridade máxima de cada órgão ou entidade públicos, garantidos o contraditório e a ampla defesa (art. 8º). No âmbito federal é atribuída à Controladoria-Geral da União – CGU, competência concorrente para instaurar tais processos administrativos ou para avocar os processos instaurados, a fim de examinar sua regularidade ou corrigir-lhes o andamento (art. 8º, §2º).

f) O art. 16 prevê o *acordo de leniência*, visando à colaboração das pessoas jurídicas privadas com as investigações. Com este acordo busca-se, em especial, a identificação dos demais envolvidos e a obtenção de informações e documentos comprobatórios do ilícito. O acordo de leniência, dentre outros resultados: I – isenta a pessoa jurídica da sanção de publicação extraordinária da decisão condenatória; II – poderá reduzir a multa em até dois terços, não sendo aplicável, à pessoa jurídica, outra sanção de natureza pecuniária decorrente das infrações especificadas no acordo (art. 16, §2º). O acordo de leniência não exime a pessoa jurídica de reparar integralmente o dano causado (art. 16, §3º). Os efeitos do acordo de leniência se estendem às pessoas jurídicas integrantes do mesmo grupo econômico, desde que firmem o acordo em conjunto (art. 16, §5º). O acordo de leniência poderá ser firmado com pessoa jurídica, em decorrência de ilícitos previstos na Lei de licitações e contratos administrativos, visando à isenção ou atenuação das sanções restritivas ou impeditivas do direito de licitar e contratar (art. 17).

g) A União, os Estados, o Distrito Federal e o Ministério Público poderão ajuizar ação visando à aplicação das seguintes sanções, de forma isolada ou cumulativa: I – perdimento dos bens, direitos ou valores que representem vantagem ou proveito direta ou indiretamente obtidos da infração, ressalvado o direito do lesado ou de terceiro de boa-fé; II – suspensão ou interdição parcial de atividades; III – dissolução compulsória da pessoa jurídica; IV – proibição de receber incentivos, subsídios, subvenções, doações ou empréstimos de órgãos ou entidades públicas e de instituições financeiras públicas ou controladas pelo poder público, pelo prazo mínimo de 1 (um) e máximo de 5 (cinco) anos (art. 19 e incisos).

Os entes federativos supracitados e o Ministério Público poderão requerer a indisponibilidade de bens, direitos e valores necessários à garantia do pagamento da multa ou reparação do dano, ressalvado o direito de terceiro de boa-fé (art. 19, §4º).

A ação de responsabilização judicial segue o rito da ação civil pública (art. 21).

h) A Lei nº 12.846/2013 cria, no âmbito do Poder Executivo federal, o *Cadastro Nacional de Empresas Punidas – CNEP*, o qual dará publicidade às sanções aplicadas por órgãos dos Poderes Executivo, Legislativo e Judiciário de todas as esferas de governo, com base na referida Lei (art. 22). Além do mais, os órgãos e entidades dos Poderes Executivo, Legislativo e Judiciário de todas as esferas deverão informar, para fins de publicidade, no *Cadastro Nacional de Empresas Inidôneas e Suspensas – CEIS*, os dados relativos às sanções administrativas aplicadas, previstas na Lei de licitações e contratos administrativos.

i) Prescrevem em cinco anos as infrações previstas na Lei, contados da data da ciência da infração ou, no caso de infração permanente ou continuada, do dia em que tiver cessado (art. 25). Na esfera administrativa, interrompe-se a prescrição com a instauração do processo para apuração da infração.

j) Ressalvada a hipótese de acordo de leniência que expressamente as inclua, a aplicação das sanções previstas na Lei não afeta os processos e aplicação de penalidades resultantes: I – da Lei nº 8.429/1992 – improbidade administrativa; II – da Lei de licitações e contratos administrativos; III – das infrações à ordem econômica (concorrência), indicadas na Lei nº 12.529/2011.

7.6.1.1 *Compliance*

Termo oriundo da língua inglesa (*to comply*) e noção frequente na economia e na gestão corporativa, *compliance* ingressa no vocabulário do Direito Administrativo em virtude da Lei nº 12.846, de 01.08.2013, denominada *Lei Anticorrupção*, art. 7º, VIII. Tal dispositivo pode propiciar atenuação de sanções se a pessoa jurídica envolvida tiver, na sua organização, mecanismos e procedimentos internos de integridade, auditoria, incentivo à denúncia de irregularidades, aplicação efetiva de códigos de ética e de conduta.

Muitas empresas do setor privado têm *setores* ou *comitês de compliance*, destinados a assegurar que as regras a serem seguidas pela empresa, internas ou externas (também normas anticorrupção) sejam cumpridas, como a Lei de licitações e contratos administrativos, a Lei de improbidade, etc.

Com a edição da Lei Anticorrupção há incentivo à instituição de setores ou comitês de *compliance* nas empresas privadas, sobretudo de grande porte.

O Estatuto jurídico das estatais – Lei nº 13.303/2016 – prevê a inserção, nas respectivas estruturas, de área responsável pela verificação do cumprimento de suas obrigações e de gestão de riscos (art. 9º, II), referindo explicitamente a área *de compliance* no §4º do mesmo artigo.

7.7 Princípio da publicidade

Ao discorrer sobre democracia e poder invisível, Bobbio caracteriza a democracia, sob tal prisma, como o "governo do poder público em público", atribuindo a este último vocábulo o sentido de "manifesto", "visível" (*O futuro da democracia*, 1986, p. 84). Por sua vez, Celso Lafer pondera que "numa democracia a visibilidade e a publicidade do poder são ingredientes básicos, posto que permitem um importante mecanismo de controle *ex parte populi* da conduta dos governantes. (...) Numa democracia a publicidade é a regra básica do poder e o segredo, a exceção, o que significa que é extremamente limitado o espaço dos segredos de Estado" (*A ruptura totalitária e a reconstrução dos direitos humanos*, 1988, p. 243-244).

O tema da *transparência* ou *visibilidade*, também tratado como *publicidade* da atuação administrativa, encontra-se associado à reivindicação geral de democracia administrativa. A partir da década de 60, acentuando-se nos anos 70 do século XX, surge o empenho em alterar a tradição do "secreto" predominante na atividade administrativa. A prevalência do "secreto" na atividade administrativa mostra-se contrária ao caráter democrático do Estado.

A Constituição de 1988 alinha-se a essa tendência de publicidade e transparência amplas a reger as atividades da Administração, invertendo a regra do segredo e do oculto que predominava. Os princípios da publicidade e transparência vigoram para todos os setores e todos os âmbitos da atividade administrativa.

Um dos desdobramentos desses princípios encontra-se no inc. XXXIII do art. 5º, que reconhece a todos o *direito de receber, dos* órgãos *públicos, informações* do seu interesse particular ou de interesse coletivo ou geral. O preceito é bem claro: o acesso a informações provindas dos órgãos públicos incide não somente sobre matérias de interesse do próprio indivíduo, mas também sobre matérias de interesse coletivo e geral. Descabida, pois, a exigência, por vezes imposta em muitos órgãos da Administração, de ter o indivíduo interesse direto e pessoal para o acesso a informações ou expedientes administrativos. A ressalva ao direito fundamental de obter informações dos órgãos públicos é mencionada no final daquele inciso: aquelas cujo sigilo seja imprescindível à segurança da sociedade e do Estado, situações essas pouco frequentes. Outra ressalva a esse direito e aos princípios da publicidade e transparência em geral encontra-se na preservação da intimidade, da vida privada, da honra, da imagem das pessoas, declaradas invioláveis pela Constituição, no inc. X do mesmo art. 5º; em tais casos, o sigilo há de predominar sobre a publicidade, para preservação desses direitos, declarados invioláveis. Como exemplo: sigilo dos dados de prontuários médicos nos ambulatórios e hospitais públicos; sigilo de dados de processos disciplinares (para quem não for sujeito do processo) antes de decisão final; sigilo de dados de processos administrativos por ilícitos fiscais (para quem não for sujeito), antes de decisão final.

A Lei nº 12.527, de 18.11.2011, regula o *acesso a informações* previsto no inc. XXXIII do art. 5º, no inc. II do §3º do art. 37 e no §2º do art. 216, todos da Constituição Federal e, nos termos do art. 1º, *caput*, aplica-se à União, Estados, Distrito Federal e Municípios, incluindo Poderes Executivo, Legislativo, Judiciário, Cortes de Contas, Ministério Público (art. 1º, parágrafo único, I). Aplica-se, também, às entidades privadas sem fins lucrativos que recebam, para a realização de ações de interesse público, recursos públicos, no tocante aos recursos públicos recebidos e sua destinação (art. 2º, *caput* e parágrafo único). E revogou a Lei nº 11.111, de 05.05.2005, que disciplinava a parte final do referido inc. XXXIII do art. 5º (sigilo imprescindível à segurança da sociedade e do Estado).

Os procedimentos previstos na Lei para assegurar o direito fundamental de acesso à informação devem observar algumas diretrizes, por exemplo: publicidade como preceito geral e sigilo como exceção; divulgação de informações de interesse público, independentemente de solicitações; utilização de meios de comunicações viabilizados pela tecnologia de informação; fomento da cultura da transparência na Administração Pública; desenvolvimento do controle social da Administração (art. 3º).

O capítulo IV da referida Lei trata das restrições de acesso à informação, inclusive indicando espécies de informações relativas à segurança do Estado e da sociedade, fixando graus e prazos de sigilo.

A mencionada Lei nº 12.527, de 18.11.2011, foi regulamentada pelo Decreto nº 7.724, de 16.05.2012, este com alterações posteriores.

O direito à informação, no tocante a dados relativos ao indivíduo em si, constantes de registros ou bancos de dados de entes governamentais ou de caráter público, vem assegurado pelo *habeas data*, previsto no art. 5º, LXXII, da CF, podendo ser usado também para retificação de dados. Em outras situações, o direito à informação pode ser objeto de mandado de segurança ou ações ordinárias.

Outro desdobramento do *princípio da publicidade* situa-se no *direito de obter certidões* em repartições públicas, para defesa de direitos e esclarecimento de situações de interesse pessoal (art. 5º, XXXIV, alínea *b*). O direito de obter certidões é dificultado, com frequência, pela Administração brasileira, ou por exigências descabidas nas alegações do direito a ser defendido e da situação que se quer esclarecer ou por grande demora na sua expedição. Melhor parece, tendo em vista o princípio da publicidade, conferir sentido amplo e flexível aos termos da citada alínea *b*, privilegiando o direito, não as condições, e adotar providências práticas para a rápida expedição.

7.7.1 Proteção de dados pessoais

Em 14.8.2018, foi editada a Lei nº 13.709 – *Lei geral de proteção de dados pessoais* – LGPD, alterada pela Lei nº 13.853, de 08.7.2109 e pela Lei nº 14.460, de 25.10.2022. A LGPD se inspirou no Regulamento Geral de Proteção de Dados (GDPR – *General data protection regulation*), da União Europeia, que passou a vigorar em 25.5.2018.

Alguns pontos da LGPD serão expostos a seguir.

(i) A LGPD é extensa, com numeração caótica, artigos com muitos incisos e/ou parágrafos, repetições e alguns dispositivos confusos. Mas, se for cumprida, expressa avanço em tempos de grande número de dados pessoais circulando nos meios eletrônicos, com rapidez de transmissão.

(ii) A referida Lei dispõe sobre o tratamento de dados pessoais, por pessoa natural ou jurídica, pública ou privada, com o objetivo de proteger os dados individuais de liberdade e privacidade e o livre desenvolvimento da pessoa natural (art. 1º).

(iii) A Lei se aplica a todos os entes federativos.

(iv) A Lei não se aplica, por exemplo, ao tratamento de dados pessoais realizado para fins exclusivos de: segurança nacional, segurança do Estado, atividades de investigação e repressão de infrações penais (art. 4º, III), devendo ser editada legislação específica para disciplinar esses casos, com a previsão de medidas proporcionais e estritamente necessárias ao interesse público, respeitado o devido processo legal (art. 4º, §1º).

(v) Dentre os casos em que o tratamento dos dados pode ser realizado, encontram-se os seguintes, por exemplo: mediante o consentimento do titular, de modo explícito, claro e para finalidade específica; pela Administração Pública, no caso de dados necessários à execução de políticas públicas previstas em leis e regulamentos e respaldadas em contratos, convênios e similares; para o exercício de direitos em processo judicial ou arbitral; para tutela da saúde, em procedimento realizado por profissionais e serviços de saúde e autoridade sanitária.

(vi) Os chamados *dados sensíveis*, atinentes à origem social ou étnica, convicção religiosa, política, filiação a sindicato ou entidade de caráter religioso, filosófico ou político, saúde, vida sexual, recebem disciplina específica nos arts. 11 e 12 da LGPD, de conteúdo similar às regras de tratamento de dados pessoais não sensíveis.

(vii) Os arts. 17 a 22 se ocupam dos direitos do titular de dados, por exemplo: obter, pelo responsável, confirmação do tratamento dos seus dados; ter acesso aos seus dados; anonimização; bloqueio ou eliminação dos dados desnecessários ou abusivos, revogação do consentimento.

(viii) O Capítulo IV da referida Lei dedica-se ao tratamento de dados pessoais pelo poder público (arts. 23 a 30), ressaltando-se os pontos seguintes:

a) O tratamento de dados pessoais deve atender a sua finalidade pública, no atendimento do interesse público, para exercer suas competências, atendidas algumas condições, dentre as quais a indicação de um encarregado nas operações de tratamento de dados.

b) Aplicam-se às estatais que executam políticas públicas e no âmbito de execução destas. Estatais em regime de concorrência estão submetidas às normas destinadas ao setor privado.

c) Os agentes de tratamento de dados que desrespeitarem preceitos da Lei sujeitam-se a sanções aplicáveis pela *Autoridade Nacional de Proteção de Dados – ANPD*: advertência, multa, multa diária, publicização da infração após apurada, bloqueio dos dados referentes à infração, eliminação destes. É assegurado processo administrativo com ampla defesa.

(ix) Foi criada a *Autoridade Nacional de Proteção de Dados – ANPD*, como órgão da Administração Federal, no art. 55-A da referida Lei. O §1º do art. 55-A prevê que, em até dois anos da data da vigência da estrutura regimental dessa Agência, poderá ser transformada em agência reguladora, autarquia de regime especial, integrante da administração indireta. A Lei nº 14.460, de 25.10.2022, transformou a ANPD em autarquia de natureza especial, mantidas a estrutura organizacional, as competências e o modo de indicação da diretoria colegiada, ou seja, indicação pelo Presidente da República, sujeita a aprovação do Senado. Mediante o Decreto nº 11.401, de 23.01.2023, a ANPD se vincula ao Ministério da Justiça e Segurança Pública. Embora sem o nome de agência, trata-se de agência reguladora.

(x) Em alguns dispositivos há referência a *relatório de impacto* à *proteção de dados*, por exemplo, nos arts. 4º, §3º; art. 10, §3º; art. 32; é a documentação emitida por pessoa natural ou jurídica, de direito público ou privado, a quem competem decisões referentes ao tratamento de dados pessoais.

7.8 Princípio da eficiência

A Emenda Constitucional 19/98 – reforma administrativa – acrescentou o princípio da eficiência aos princípios da Administração enunciados no *caput* do art. 37.

Na legislação pátria o termo *eficiência* já aparecera relacionado à prestação de serviços públicos. Assim, a Lei Orgânica do Município de São Paulo, de 04.04.1990, no art. 123, parágrafo único, diz que ao "usuário fica garantido serviço público compatível com sua dignidade humana, prestado *com eficiência*, regularidade, pontualidade, uniformidade, conforto e segurança, sem distinção de qualquer espécie". Por sua vez, a Lei nº 8.987/95 – concessão e permissão de serviços públicos –, no §1º do art. 6º, caracteriza o serviço adequado como aquele "que satisfaz as condições de regularidade, continuidade, *eficiência*, segurança, atualidade, generalidade, cortesia na sua prestação e modicidade das tarifas".

Agora a eficiência é princípio que norteia toda a atuação da Administração Pública. O vocábulo liga-se à ideia de ação, para produzir resultado de modo rápido e preciso. Associado à Administração Pública, o princípio da eficiência determina que a Administração deve agir, de modo rápido e preciso, para produzir resultados que satisfaçam as necessidades da população. Eficiência contrapõe-se à lentidão, a descaso, à negligência, à omissão.

O princípio da eficiência vem suscitando entendimento errôneo no sentido de que, em nome da eficiência, a legalidade será sacrificada. Os dois princípios constitucionais da Administração devem conciliar-se, buscando esta atuar com eficiência, dentro da legalidade.

7.9 Princípio do atendimento do interesse público ou princípio da finalidade

Tal princípio é invocado em outros ramos do direito público. A expressão *interesse público* pode ser associada a *bem de toda a coletividade*, à percepção geral das exigências da vida na sociedade. Esse princípio vem apresentado tradicionalmente como o fundamento de vários institutos e normas do direito administrativo e, também, de prerrogativas e decisões. Por vezes, de modo errôneo, se invoca o atendimento do interesse público com o sentido de atendimento de interesse fazendário ou para justificar decisões arbitrárias.

Referido princípio direciona a atividade da Administração no sentido da realização do interesse da coletividade e não de interesses fazendários, das autoridades, dos partidos políticos. Assim, a finalidade da atuação da Administração situa-se no atendimento do interesse público e o desvirtuamento dessa finalidade suscita o vício do desvio de poder ou desvio de finalidade (v. itens 8.3.6.1 e 8.10.5).

7.9.1 O ultrapassado princípio da supremacia do interesse público sobre o interesse particular

Em alguns cursos ou manuais de Direito Administrativo encontra-se a menção ao chamado "princípio" da supremacia do interesse público sobre o interesse privado. Esse "princípio", se algum dia existiu, está ultrapassado, por várias razões, aqui expostas de modo sucinto:

a) Ante a Constituição Federal de 1988, que prioriza os direitos fundamentais, direitos estes essencialmente dos particulares, soa ilógico e incoerente à diretriz constitucional invocá-lo como princípio do Direito Administrativo.

b) Mostra-se pertinente à Constituição de 1988 e à doutrina administrativa contemporânea a ideia de que à Administração cabe realizar a ponderação de interesses presentes numa determinada situação, para que não ocorra sacrifício *a priori* de nenhum interesse; o objetivo desta função está na busca de compatibilidade ou conciliação dos interesses, com a minimização de sacrifícios.

Até os autores que se aferram a este princípio reconhecem a necessidade de sua "reconstrução", de sua adequação à dinâmica social, de sua adaptação visando à harmonização dos interesses.

c) O *princípio da proporcionalidade* também matiza o sentido absoluto do preceito, pois implica, entre outras decorrências, a busca da providência menos gravosa, na obtenção de um resultado.

d) Tal "princípio" não vem indicado na maioria maciça das obras doutrinárias contemporâneas. Por exemplo: *no direito estrangeiro*, v. Jacqueline Morand-Deviller; Pierre Bourdon; Florian Poulet., *Cours de droit administratif*, 16. ed. Paris, 2019, p. 286-289; Sabino Cassese, *Il diritto amministrativo e suoi principi*. In Sabino Cassesse (org.). *Istituzioni di diritto amministrativo*. Milão: Giuffrè, 2004. p.1-15; Elio Casetta. *Compendio di diritto amministrativo*. 19. ed. Milão: Giuffrè, 2019, aos cuidados de Fabrizio Fracchia, p. 20-49; João Caupers. *Introdução do direito administrativo*. 8. ed. Lisboa, 2005. p. 66-86; Juan Carlos Cassagne. *Curso de derecho administrativo*. 10. ed. Buenos Aires: La Ley. vol. I, 2011, p. 166-167; *no direito brasileiro*, v. Diogo de Figueiredo Moreira Neto. *Curso de direito administrativo*. 16. ed. Forense, 2014. p. 81-118; Alexandre dos Santos Aragão. *Curso de direito administrativo*. Forense, 2012 (que usa o termo "superado" para tal "princípio"); Marçal Justen Filho. *Curso de direito administrativo*. 13. ed. São Paulo: RT, 2018. p. 60-66 (que o menciona para refutá-lo como princípio do direito administrativo).

7.10 Princípio da indisponibilidade do interesse público

Segundo tal princípio, é vedado à autoridade administrativa deixar de tomar providências ou retardar providências que são relevantes ao atendimento do interesse público, em virtude de qualquer outro motivo. Por exemplo: desatende ao princípio a autoridade que deixar de apurar a responsabilidade por irregularidade de que tem ciência; desatende ao princípio a autoridade que deixar de cobrar débitos para com a Fazenda Pública, embora a Administração, por vezes, deixe de cobrar débitos de pequeno valor, ante a desproporção entre o elevado custo da cobrança e a pequena quantia a ser auferida.

Não se mostra adequado invocar tal princípio como impedimento à realização de acordos, à utilização de práticas consensuais e da arbitragem pela Administração. Na verdade, o interesse público realiza-se plenamente, sem ter sido deixado de lado, na rápida solução de controvérsias, na conciliação de interesses, na adesão de particulares às suas diretrizes, sem os ônus e a lentidão da via jurisdicional.

7.11 Princípio da proporcionalidade

Alguns autores pátrios separam *proporcionalidade* e *razoabilidade*. A esta atribuem o sentido de coerência lógica nas decisões e medidas administrativas, o sentido de adequação entre meios e fins. À proporcionalidade associam um sentido de amplitude ou intensidade nas medidas adotadas, sobretudo nas restritivas e sancionadoras. No direito estrangeiro, o ordenamento norte-americano e o argentino, por exemplo, operam com a razoabilidade. Os ordenamentos europeus, sobretudo alemão e francês, utilizam o *princípio da proporcionalidade*. A Corte de Justiça da União Europeia afirmou como princípio comunitário o da proporcionalidade.

Parece melhor englobar no princípio da proporcionalidade o sentido de razoabilidade. O princípio da proporcionalidade consiste, principalmente, no dever de não serem impostas, aos indivíduos em geral, obrigações, restrições ou sanções em medida superior àquela estritamente necessária ao atendimento do interesse público, segundo critério de razoável adequação dos meios aos fins. Aplica-se a todas as atuações administrativas para que sejam tomadas decisões equilibradas, refletidas, com avaliação adequada da relação custo-benefício, aí incluído o custo social.

Um dos exemplos de invocação (não de forma nominal) do princípio da proporcionalidade se encontra no parágrafo único do art. 20 da *Lei de Introdução à Normas do Direito Brasileiro – LINDB*, acrescentado pela Lei nº 13.655, de 25.4.208, ao dispor que "a motivação demonstrará a necessidade e a adequação da medida imposta ou da invalidação do ato, contrato, ajuste, processo ou norma administrativa...". A necessidade é um dos elementos do princípio da proporcionalidade para que se evidencie se medida menos onerosa permitiria ter o resultado pretendido; a adequação se destina a verificar se a medida é suscetível de obter a finalidade a ser atendida.

Outro exemplo de uso do princípio de proporcionalidade situa-se no art. 4º, §1º, da Lei nº 13.709, de 14.8.2019 – *Lei Geral de Proteção de Dados Pessoais – LGPD*, ao determinar que, nos casos de uso de dados pessoais para fins exclusivos de segurança pública, segurança do Estado, defesa nacional, atividades de investigação e repressão de infrações penais (inciso III do art. 4º), o tratamento desses dados será regido por legislação específica, prevendo medidas proporcionais e estritamente necessárias ao atendimento do interesse público.

7.12 Princípio da continuidade

De acordo com esse princípio, as atividades realizadas pela Administração devem ser ininterruptas, para que o atendimento do interesse da coletividade não seja preju,dicado. Durante muito tempo o *princípio da continuidade* justificou a proibição de *greve dos servidores públicos*. Hoje, em muitos ordenamentos já se reconhece o *direito de greve* dos servidores públicos; a Constituição de 1988, no art. 37, VII, remete à lei específica os termos e limites em que o direito de greve na Administração Pública será exercido; em geral, a conciliação do direito de greve com o princípio da continuidade se realiza pela observância de antecedência mínima na comunicação do início da greve e pela manutenção de um percentual de funcionamento das atividades. O princípio da continuidade informa também as figuras da substituição, interinidade, suplência, o "responder pelo expediente" nos casos de vacância na chefia de órgãos e entidades.

7.13 Princípio da presunção de legalidade e veracidade

As decisões da Administração são editadas com o pressuposto de que estão conformes às normas legais e de que seu conteúdo é verdadeiro. Este último aspecto incide principalmente sobre os documentos expedidos pela Administração. O art. 19, II, da CF, veda à União, aos Estados, ao Distrito Federal e aos Municípios recusar fé aos documentos públicos.

O pressuposto da legalidade e da veracidade não tem caráter absoluto, cabendo a qualquer interessado, conforme o caso, demonstrar ou invocar a ilegalidade e a inverdade.

7.14 Princípio da autoexecutoriedade

Segundo esse princípio, os atos e medidas da Administração são colocados em prática, são aplicados pela própria Administração, mediante coação, conforme o caso, sem necessidade de consentimento de qualquer outro poder.

Algumas justificativas buscam explicar essa característica dos atos e decisões administrativas: a necessidade de não retardar o atendimento dos interesses da coletividade ante interesses contrários; a presunção de legalidade, que é própria de todos os atos e medidas administrativas.

A essa força dos atos e medidas da Administração, que possibilita colocá-los em prática de imediato, pela própria Administração, o ordenamento brasileiro contrapõe as liminares no mandado de segurança, na ação popular, na ação civil pública e nas cautelares, para impedir que direitos sofram danos irreparáveis.

7.15 Princípio da autotutela administrativa

Em virtude desse princípio, a Administração deve zelar pela legalidade de seus atos e condutas e pela adequação dos mesmos ao interesse público. Se a Administração verificar que atos e medidas contêm ilegalidades, poderá anulá-los por si própria; se concluir no sentido da inoportunidade e inconveniência, poderá revogá-los.

Essa é a diretriz consolidada na Súmula 473 do STF: "A administração pode anular seus próprios atos, quando eivados de vícios que os tornam ilegais, porque deles não se originam direitos; ou revogá-los, por motivo de conveniência ou oportunidade, respeitados os direitos adquiridos, e ressalvada, em todos os casos, a apreciação judicial". No entanto, ante o art. 54 da Lei nº 9.784/99 – processo administrativo federal – a anulação, pela Administração, de atos administrativos favoráveis aos seus destinatários decai após 5 (cinco) anos de sua adoção, salvo comprovada má-fé. Em virtude do principio da segurança jurídica este prazo vem aplicado a outros entes federativos por decisões judiciais.

7.16 Princípio da segurança jurídica

A tradicional locução *certeza e segurança das relações jurídicas*, invocada em vários ramos do Direito, expressa-se no *princípio da segurança jurídica*. A doutrina e a jurisprudência alemãs – fontes intelectuais deste princípio – e autores europeus reservam significativo espaço ao tema. Aí é visto como um dos elementos constitutivos do Estado de Direito, tendo, portanto, nível constitucional. O princípio da segurança jurídica é invocado pela Corte de Justiça da União Europeia como princípio do direito comunitário.

No Brasil, o *caput* do art. 5º da CF menciona a garantia à *segurança*, entendida não só no aspecto físico, mas também no aspecto jurídico. É indicado na Lei 9.784/99, que disciplina o processo administrativo federal, como um dos princípios a nortear a Administração Pública (art. 2º, *caput*).

Visa a preservar a estabilidade nas relações, situações e vínculos jurídicos. Dentre suas consequências estão: proibição, em geral, de retroatividade dos atos administrativos; impedimento de aplicação de nova interpretação a situações pretéritas; proibição de anulação de atos administrativos de que decorrem efeitos favoráveis aos destinatários, após longo tempo; respeito aos direitos adquiridos; preservação de efeitos de atos e medidas praticados por servidores de fato.

Um dos desdobramentos do princípio da segurança jurídica encontra-se no *princípio da proteção da confiança*, também denominado *princípio da confiança legítima*. Consagrado no direito alemão e no holandês, por exemplo, vem se consolidando na jurisprudência da Corte de Justiça da União Europeia. E vem recebendo atenção dos estudiosos.

A proteção da confiança diz respeito à preservação de direitos e expectativas de particulares ante alterações inopinadas de normas e de orientações administrativas que, mesmo legais, são de tal modo abruptas ou radicais que suas consequências se revelam desastrosas; também se refere à realização de promessas ou compromissos aventados pela Administração, que geraram esperanças fundadas no seu cumprimento.

Dentre seus reflexos estão: preservação de direitos suscetíveis de se constituir, ante expectativas geradas por medidas da Administração ou informações erradas; proteção, aos particulares, contra mudanças abruptas de orientações da Administração; necessidade de regime de transição ante mudança de disciplina normativa.

O princípio da proteção da confiança mantém interface com o *dever de boa-fé* a ser respeitado pela Administração na sua conduta, no sentido de correção, lealdade, sem uso de artifícios enganadores. A Lei nº 9.784/99 – processo administrativo federal, no art. 2º, parágrafo único, IV, indica a boa-fé entre os critérios a nortear os processos administrativos; a boa-fé também é mencionada no art. 4º, II, da mesma Lei, entre os deveres do administrado ante a Administração.

Nos últimos anos, o princípio da segurança jurídica vem obtendo relevante acolhida nos julgados do STF.

7.16.1 Segurança jurídica e os novos dispositivos da Lei de Introdução às Normas do Direito Brasileiro – LINDB

Novos preceitos foram acrescentados no Decreto-lei nº 4.657, de 04.9.1942 – *Lei de Introdução* às *Normas do Direito Brasileiro – LINDB*, mediante a Lei nº 13.655, de 25.4.2018, em cuja ementa se lê tratar-se de "disposições sobre segurança jurídica e eficiência na criação e aplicação do direito público". Tais preceitos figuram nos arts. 20 a 30, com o art. 25 e alguns parágrafos vetados.

Os novos dispositivos destinam-se a autoridades que exercem funções administrativas e funções de controle, inclusive judicial, explicitando e ressaltando regras presentes na Constituição Federal e outros textos no tocante sobretudo a: motivação, segurança jurídica, proporcionalidade, consensualismo, eficiência.

Os arts. 20 e 21 centram-se na *motivação*. O art. 20 determina que, no caso de decisões com base em fórmulas amplas e vagas (por exemplo: interesse público, bem comum), sejam consideradas as consequências práticas dessa decisão. O mesmo preceitua o art. 21, *caput*, quanto à decisão que invalide ato, contrato, ajuste, processo ou norma administrativa.

Os parágrafos dos arts. 20, 21 e os §§2º e 3º do art. 22 se inspiram no *princípio da proporcionalidade* ao prescreverem o sopesamento na tomada de decisão, com observância das condições envolvidas na situação.

O art. 23 vincula-se diretamente à *segurança jurídica* ao prever que, na fixação de nova interpretação ou orientação sobre norma de conteúdo indeterminado, deverá estar previsto regime de transição, visando ao seu cumprimento de "modo proporcional, equânime e eficiente e sem prejuízo dos interesses gerais".

Por sua vez, o art. 24, *caput*, proíbe a retroatividade de nova orientação geral, no caso de revisão quanto à validade de ato, contrato ou norma administrativa. A vedação de retroatividade de nova interpretação, contida na Lei nº 9.784, de 29.01.1999 – Lei de processo administrativo federal, art. 2º, parágrafo único, inciso XIII, agora incide sobre todos os entes federativos.

O art. 26 possibilita que a autoridade administrativa celebre *compromisso com os interessados*, para eliminar irregularidades, incerteza jurídica ou situação litigiosa, após ouvida do órgão jurídico e, se for o caso, após realização de consulta pública. O §1º do mesmo artigo fixa condições para o compromisso: I – busca de solução proporcional, equânime, e adequada ao interesse geral; II – não pode conferir desoneração permanente de dever ou condicionamento de direito; III – fixará com clareza as obrigações das partes, o prazo de cumprimento e as sanções aplicáveis em caso de descumprimento.

No art. 27 e parágrafos há disciplina para o caso de compensação por benefícios indevidos ou prejuízos anormais ou injustos resultantes do processo ou da conduta dos envolvidos.

Na dicção do art. 28, o agente público somente será responsabilizado pessoalmente por suas decisões ou opiniões técnicas em caso de dolo ou erro grosseiro, o que expressa decisões jurisprudenciais anteriores no mesmo sentido.

A *consulta pública* para manifestação de interessados, preferencialmente por meio eletrônico, a ser considerada na decisão, vem prevista, no art. 29, para qualquer órgão ou poder, previamente à edição de atos normativos.

Por força do art. 30 e parágrafo único as autoridades públicas devem atuar para aumentar a segurança jurídica na elaboração de normas, inclusive por meio de regulamentos, súmulas administrativas e respostas a consultas, instrumentos estes que terão caráter vinculante quanto ao órgão ou entidade a que se destinam, até ulterior revisão.

Bibliografia

ARAÚJO, Valter Shuenquener de. *O princípio da proteção da confiança*. Niterói: Impetus, 2009.

ARRUDA, Carmen Silvia Lima de. *O princípio da transparência*. São Paulo: Quartier Latin, 2020.

ÁVILA, Humberto Bergmann. Repensando o princípio da supremacia do interesse público sobre o particular. *In*: SARLET, Ingo Wolfgang. *O direito público em tempos de crise*. Porto Alegre: Livraria do Advogado, 1999.

BAPTISTA, Patrícia Ferreira. *Segurança jurídica e proteção da confiança legítima no direito administrativo*. Tese (Doutorado) – Faculdade de Direito, USP, São Paulo, 2006.

BARROS, Suzana de Toledo. *O princípio da proporcionalidade e o controle de constitucionalidade das leis restritivas de direitos fundamentais*. Brasília: Brasília Jurídica, 1996.

CARVALHO NETO, Tarcisio Vieira de. *O princípio da impessoalidade nas decisões administrativas*. Brasília: Gazeta Jurídica, 2015.

CASTRO, Rodrigo Pironti Aguirre de; GONÇALVES, Francine Silva Pacheco. *Compliance e gestão de riscos nas empresas estatais*. 2. ed. Belo Horizonte: Fórum, 2019.

CUNHA FILHO, Alexandre Jorge Carneiro da; ISSA, Rafael Hamse; SCHWIND, Rafael Wallbach (Org.). *Lei de Introdução às Normas do Direito Brasileiro anotada*. São Paulo: Quartier Latin, 2019. v. I-II.

DUQUE, Marcelo Schenk; RAMOS, Rafael (Org.). *Segurança jurídica na aplicação do direito público*. Salvador: JusPodivm, 2019.

FRANÇA, R. Limongi. *Princípios gerais de direito*. São Paulo: RT, 1971.

FRANCO SOBRINHO, Manoel de Oliveira. *O controle da moralidade administrativa*. São Paulo: Saraiva, 1974.

GABARDO, Emerson. *Princípio constitucional da eficiência administrativa*. São Paulo: Dialética, 2002.

HARGER, Marcelo. Princípio da eficiência. *Repertório IOB de Jurisprudência*, 2ª quinz. ago. 1999.

LARENZ, Karl. *Derecho justo*: fundamentos de ética jurídica. Tradução de Luiz Díez-Picazo. Madri: Civitas, 1985.

MAFFINI, Rafael. *Princípio da proteção substancial da confiança no direito administrativo brasileiro*. Porto Alegre: Verbo Divino, 2006.

MEDAUAR, Odete. A transparência na Administração Pública. *In*: SOLON, Ari Marcelo *et al*. *Múltiplos olhares sobre o Direito*. Homenagem aos 80 anos do Professor Emérito Celso Lafer, São Paulo: Quartier Latin, 2022. v. I. p. 747-759.

MEDAUAR, Odete. Autoexecutoriedade do ato administrativo. *RDA*, jul. 1986.

MEDAUAR, Odete. Segurança jurídica e confiança legítima. *In*: ÁVILA, Humberto (Org.). *Fundamentos do Estado de Direito*: estudos em homenagem a Almiro do Couto e Silva. São Paulo: Malheiros, 2005. p. 114-119.

MOREIRA NETO, Diogo de Figueiredo. Moralidade administrativa – Do conceito à efetivação. *RDA*, v. 190, p. 1-44, out./dez. 1992.

NOBRE JÚNIOR, Edílson Pereira. *O princípio da boa-fé e sua eficácia no direito administrativo brasileiro*. Porto Alegre: Fabris, 2002.

RODRIGUES, Eduardo Azeredo. *O principio da eficiência à luz da teoria dos princípios*. 2. ed. Rio de Janeiro: Lumen Juris, 2022.

SARMENTO, Daniel (Org.). *Interesses públicos versus interesses privados*: desconstruindo o princípio da supremacia do interesse público. Rio de Janeiro: Lumen Juris, 2005.

STUM, Raquel Denize. *Princípio da proporcionalidade*. Porto Alegre: Livraria do Advogado, 1995.

Princípio da legalidade

EISENMANN, Ch. *Cours de droit administratif*. Paris: LGDJ, 1982. v. I.

FERREIRA FILHO, Manoel Gonçalves. O princípio da legalidade. *Revista da Procuradoria Geral do Estado de São Paulo*, v. 10, jun. 1977.

LOSCHAK, Daniele. Le principe de legalité – Mythes et mystifications. *L'Actualité Juridique – Droit Administratif*, 20 set. 1981.

MEDAUAR, Odete. *O direito administrativo em evolução*. 3. ed. Brasília: Gazeta Jurídica; RT, 2017.

OTERO, Paulo. *Legalidade e administração pública*. Coimbra: Almedina, 2003.

SATTA, Filippo. *Principio di legalità e pubblica amministrazione nello stato democratico*. Pádua: Cedam, 1969.

CAPÍTULO 8

ATO ADMINISTRATIVO

8.1 Ato administrativo e Estado de direito

A submissão do Executivo à lei só se realizou com o surgimento do *Estado de direito*, que tem como um dos seus postulados básicos o princípio da legalidade, aí incluída a ideia de sujeição ao direito. Na ideia básica do Estado de direito, a atuação do Estado e de qualquer de seus órgãos há de pautar-se pelo direito.

A sujeição da Administração à lei vai conferir novos moldes às ações do Estado e possibilitar o surgimento da noção de *ato administrativo*, uma espécie de ato jurídico. A locução *ato administrativo* foi empregada, pela primeira vez, em 1812, na 4ª edição do Repertório de Guyot, a cargo de Merlin.

Em relação às práticas do Estado absoluto, configura importante conquista, por inserir, entre a vontade da autoridade e um efeito sobre direitos dos indivíduos, um conjunto de preceitos destinados justamente a disciplinar essa atuação e a prefixar esses efeitos. Desse modo, a Administração não mais atua por operações materiais imediatas à vontade pessoal do governante: as decisões devem ser afirmadas por manifestação prévia ao resultado concreto, de acordo com parâmetros antes fixados, que visam a assegurar o respeito a direitos dos particulares. Esse modo de expressão das decisões adquire interesse jurídico relevante, tornando-se um dos grandes temas do direito administrativo.

O *ato administrativo* constitui, assim, um dos principais meios pelos quais atuam e se expressam as autoridades e órgãos administrativos.

8.2 Conceito de ato administrativo

Na teoria geral do direito, as manifestações de vontade ou, simplesmente, manifestações de um sujeito, que acarretam efeitos jurídicos, recebem o nome de *atos jurídicos*. Se efetuadas com observância de requisitos fixados na lei, tais manifestações produzem mudanças nas situações jurídicas.

Na esfera das relações entre particulares, o ato jurídico é estudado principalmente pelo direito civil, que, no decorrer de séculos, consolidou preceitos e noções, dos quais se vale a teoria do ato jurídico em geral.

Para atingir os fins a que se propõe e em virtude dos quais existe, o Estado desenvolve atividades múltiplas e ininterruptas, atuando por meio de seus agentes, os quais tomam decisões, expressas em atos que produzem efeitos jurídicos (por exemplo: reconhecem direitos, modificam direitos, extinguem direitos). Tais atos são igualmente atos jurídicos.

A edição de *atos administrativos* cabe, em princípio e comumente, aos órgãos do Executivo. Mas, autoridades do Poder Legislativo e do Poder Judiciário também têm competência para editá-los quando exercem atividades administrativas, por exemplo: nomear servidores administrativos.

O *ato administrativo* constitui, assim, um dos modos de expressão das decisões tomadas por órgãos e autoridades da Administração Pública, que produz efeitos jurídicos, em especial no sentido de reconhecer, modificar, extinguir direitos ou impor restrições e obrigações, com observância da legalidade.

Em muitos conceitos de ato administrativo aparece a locução "manifestação de vontade" do Estado, pois o direito civil a utiliza para definir o ato e o negócio jurídico nas relações entre particulares. O uso desses termos poderia levar à ideia de vontade como fator subjetivo. Na verdade, as decisões administrativas não são tomadas sob um enfoque particularizado, para produzir efeitos, sobretudo entre partes; uma das características das decisões administrativas encontra-se na avaliação mais ampla dos interesses em confronto e no sentido de efeitos no todo, mesmo naquelas que, aparentemente, repercutem em âmbito restrito. Hoje se deve entender a "vontade", que se exprime no ato administrativo, não como um fato psíquico, de caráter subjetivo, mas como um momento objetivo. É uma das consequências do princípio da impessoalidade que norteia as atividades da Administração brasileira (art. 37, *caput*, da CF).

8.3 Elementos

Como todo ato jurídico, o ato administrativo forma-se pela conjugação de alguns *elementos*, os quais, por sua vez, devem atender a preceitos legais para a produção de efeitos jurídicos válidos.

Reina discórdia na doutrina pátria quanto a certos pontos dessa matéria, em especial na terminologia e no elenco dos elementos.

8.3.1 Terminologia e elenco

Quanto à denominação, alguns autores empregam o termo *elementos*; outros adotam o vocábulo *requisitos*, por vezes repartindo-os em intrínsecos e extrínsecos; outros optam pelo termo *pressupostos*; outros separam requisitos de pressupostos.

Para os fins deste livro, não se adentrará em discussão a respeito dessa terminologia. Será utilizada a palavra *elementos*, embora se tenha ciência de que alguns dizem respeito a aspectos precipuamente internos, outros a aspectos precipuamente externos (embora a separação dos dois aspectos nem sempre possa ser feita de modo preciso).

Também se encontra divergência quanto ao elenco desses elementos. Três estão presentes em praticamente todas as listas, pois são elementos do ato jurídico em geral: *agente, objeto* e *forma*. Diferenciam-se as enumerações quanto a outros aspectos. Alguns arrolam a publicação; outros adicionam "vontade não turbada por vícios psíquicos"; outros mencionam a causa.

Boa parte da doutrina pátria elenca cinco elementos – *agente competente, objeto, forma, motivo* e *fim* –, o que será aqui adotado.

8.3.2 Agente competente

Agente competente significa o representante do poder público a quem o texto legal confere atribuições que o habilitam a editar determinados atos administrativos. No direito público, as atribuições de cada órgão ou autoridade recebem o nome de *competência* (v. itens 3.9 e 3.10 do Capítulo 3).

A verificação da competência do agente se efetua com base em três pontos, sobretudo: a) *matérias* incluídas entre suas atribuições, levando-se em conta o grau hierárquico e possível delegação (competência *ratione materiae*); b) âmbito *territorial* em que as funções são desempenhadas (competência *ratione loci*), de muita relevância num Estado federal; c) *limite de tempo* para o exercício das atribuições, com início a partir da investidura legal e término na data da demissão, exoneração, término do mandato, falecimento, aposentadoria, revogação da delegação etc. (competência *ratione temporis*).

Nenhum ato administrativo pode ser editado validamente sem que o agente disponha de poder legal para tanto. A *competência* resulta explícita ou implicitamente da norma e é por ela delimitada. Se no âmbito das relações entre particulares a capacidade é a regra, no âmbito do direito administrativo a competência deve decorrer das normas.

Inexistindo impedimento legal, o agente poderá transferir atribuições a outros agentes (*delegação de competência*) ou chamar a si atribuições de outros agentes (*avocação*). Sobre delegação e avocação ver item 3.10 do Capítulo 3.

8.3.3 Objeto

De modo geral, a doutrina considera sinônimos objeto e conteúdo. *Objeto* significa o efeito prático pretendido com a edição do ato administrativo ou a modificação por ele trazida ao ordenamento jurídico. Por exemplo: num ato de nomeação, o resultado pretendido é investir uma pessoa nas funções de um cargo, para assumir o dever e o direito de exercer as atribuições pertinentes; numa declaração expropriatória, o resultado pretendido é desencadear um processo que vai levar à retirada de determinado bem do patrimônio de seu proprietário.

O objeto há de ser *lícito*, isto é, o resultado pretendido deve ser aceito pelo ordenamento, porque pautado na lei; *moral*, isto é, conforme a princípios éticos e a todas as regras de conduta extraídas da disciplina geral da Administração; *possível*, ou seja, referente a algo realizável de fato e de direito.

8.3.4 Forma

Em sentido amplo, *forma* significa exteriorização da vontade ou exteriorização da decisão, para o fim de produzir efeitos no âmbito do direito. Se na formação do ato jurídico de natureza privada a exteriorização da vontade é relevante, no ato administrativo a exteriorização reveste-se de grande importância, tendo em vista o fim de interesse público a que visa, daí decorrendo a necessidade de ser conhecido pelos cidadãos, por outros órgãos da Administração e pelos órgãos de controle.

Uma das divergências no tema da forma se refere aos aspectos abrangidos pela expressão *forma do ato administrativo*. Para uns aí se incluem somente aspectos relativos ao ato em si, tais como data, assinatura, o ser escrito. Segundo outros, abrange também as fases preparatórias da decisão. Outro entendimento acrescenta os modos de divulgação do ato.

Na verdade, *forma do ato administrativo* engloba tanto os modos de expressar a decisão em si quanto a comunicação e as fases preparatórias, pois todos dizem respeito à exteriorização do ato, independentemente do conteúdo. Nessa linha, alguns autores denominam formas internas os aspectos do corpo ou texto do ato em si, como assinatura, data, forma escrita; e formas externas, os aspectos exteriores ao corpo ou texto, como as medidas preparatórias, a publicação.

É importante ressaltar que, nos atos editados como resultado de processo administrativo, este não significa aspecto de mera forma, configurando exigência decorrente do princípio do devido processo legal, como se verá adiante.

8.3.5 Motivo

No âmbito do direito administrativo, *motivo* significa as circunstâncias de fato e os elementos de direito que provocam e precedem a edição do ato administrativo. Por exemplo: o ato disciplinar punitivo tem como motivo uma conduta do servidor (circunstância de fato) que a lei qualificou como infração funcional (elemento de direito).

Por vezes o motivo vem tratado na doutrina sob a rubrica de *causa*; por vezes é diferenciado da causa.

A enunciação dos motivos recebe o nome de *motivação*, muito conhecida também como *exposição de motivos*. Durante muito tempo vigorou no direito administrativo a regra da não obrigatoriedade de enunciar os motivos do ato, salvo imposição explícita da norma. A partir de meados da década de 70 essa tendência vem se invertendo, no sentido da predominância da exigência de motivação dos atos administrativos, principalmente naqueles que restringem o exercício de direitos e atividades, apliquem sanção, imponham sujeições, anulem ou revoguem uma decisão, recusem vantagem ou benefício qualificado como direito, expressem resultado de concursos públicos. Alguns ordenamentos constitucionalizaram a exigência de motivação, como o português, na revisão de 1982. No Brasil, nos trabalhos de elaboração da Constituição de 1988, houve tentativa de introduzir a regra da motivação como princípio da Administração, mas não permaneceu no texto definitivo, ficando explícita só a exigência de motivação das decisões administrativas dos tribunais (art. 93, X). No âmbito administrativo paulista, a motivação é a regra, pois a Constituição do Estado (1989) a menciona entre os princípios da Administração (art. 111). A ausência de previsão expressa, na Constituição Federal ou em qualquer outro texto, não elide a exigência de motivar, pois esta encontra respaldo na característica democrática do Estado brasileiro (art. 1º da CF), no princípio da publicidade (art. 37, *caput*) e, tratando-se de atuações processualizadas, na garantia do contraditório (inc. LV do art. 5º).

Na matéria, deve-se ressaltar ainda a elaboração da chamada *teoria dos motivos determinantes*. Segundo essa teoria, os motivos apresentados pelo agente como justificativas do ato associam-se à validade do ato e vinculam o próprio agente. Isso significa, na prática, que a inexistência dos fatos, o enquadramento errado dos fatos aos preceitos legais, a inexistência da hipótese legal embasadora, por exemplo, afetam a validade do ato, ainda que não haja obrigatoriedade de motivar.

A Lei nº 9.784, de 29.01.1999 – Processo administrativo federal – determina que *a motivação* seja: *explícita* – exposta sem a singela invocação de fórmulas amplas ou de um princípio; *clara* – vedada a explicação confusa; *congruente* – para decorrer logicamente dos elementos contidos nos autos do caso.

O parágrafo único do art. 20 da Lei de Introdução às Normas do Direito Brasileiro – LINDB, acrescentado mediante a Lei nº 13.655, de 25.4.2018, valendo-se dos clássicos aspectos do princípio da proporcionalidade, exige a demonstração da necessidade e adequação da medida adotada ou da invalidação do ato, contrato, ajuste, processo ou norma administrativa.

8.3.6 Fim

O agente competente, em vista de circunstâncias de fato e de razões de direito, edita um ato administrativo que produzirá um efeito prático, com o objetivo de obter uma consequência final, o *fim*, traduzido como o *interesse público*. O interesse público é a meta a ser atingida mediante o ato administrativo. Elemento típico do ato administrativo, o fim de interesse público vincula a atuação do agente, impedindo a intenção pessoal. Por isso, a afirmação do fim como elemento do ato administrativo representa uma das grandes conquistas do direito público moderno.

8.3.6.1 Interesse público

A expressão *interesse público* tem presença ampla no direito administrativo, em especial como fundamento, fim e limite de atos e medidas. Muitas dificuldades surgem, no entanto, ao se tentar sua explanação conceitual.

Em primeiro lugar, surgem dúvidas terminológicas ante o uso de expressões semelhantes. Próxima de *interesse público* encontra-se a locução *interesse geral*, empregada no direito francês com a acepção que no direito administrativo pátrio se atribui a interesse público.

Quanto à expressão *interesse coletivo*, por vezes vem mencionada como sinônimo de interesse público; por vezes reveste-se de amplitude menor por referir-se a interesse de um grupo determinado de indivíduos. *Interesses coletivos* também aparecem contrapostos a *interesses difusos*, na acepção seguinte: interesses comuns a uma coletividade de pessoas e apenas a elas, repousando sobre um vínculo jurídico definido que as congrega; os interesses difusos não encontram apoio numa relação-base bem definida, pois o vínculo entre as pessoas decorre de fatores conjunturais e mutáveis.

No tratamento terminológico também se compara interesse público com *interesse social*, de regra para associar o primeiro à Administração ou ao Estado e o segundo, à sociedade; nesta concepção o interesse social seria mais abrangente que o interesse público e expressaria uma distância da atuação estatal quanto às aspirações da sociedade. No direito administrativo brasileiro a expressão *interesse social* é mencionada, ainda, como um dos fundamentos da desapropriação: aí significa justa distribuição da propriedade ou seu melhor aproveitamento, configurando, portanto, especificação do interesse público que justifica o exercício do poder expropriatório.

Outra dificuldade diz respeito à fórmula conceitual do interesse público. Vários significados lhe são conferidos, dentre os quais: a) consiste na soma dos interesses particulares; b) vai além da soma dos interesses particulares; c) é interesse específico da sociedade, distinto, por sua essência, dos interesses particulares; d) é a soma, ao máximo, de bens e serviços; e) o valor ético no padrão do interesse público significa que a ação ou ato administrativo é benéfico para todo mundo; f) "conjunto de necessidades humanas às quais o jogo dos direitos fundamentais não satisfaz de modo adequado e cujo atendimento, no entanto, condiciona a realização dos destinos individuais" (Rivero).

Se é difícil enunciar um conceito jurídico preciso de interesse público, parece, no entanto, possível associá-lo ao que deveria ser o bem de toda a população, a uma percepção geral das exigências da sociedade. Evidente que atos administrativos podem atender a fins públicos atinentes, de modo imediato, a uma parcela da população e, de modo mediato, a toda a população. Por exemplo: a desapropriação para construção de uma escola no bairro *x* atende mais diretamente aos moradores desse bairro e indiretamente a toda a sociedade, por favorecer a educação.

8.4 Perfeição, vigência, validade e eficácia

Tais vocábulos dizem respeito ao tema da aptidão do ato administrativo a produzir o resultado para o qual foi editado.

Considera-se *perfeito* o ato administrativo que resultou do cumprimento de todas as fases relativas à sua formação, podendo, então, ingressar no mundo jurídico.

Vários sentidos recebe o vocábulo *vigência*. No tocante ao ato administrativo o termo será usado para designar o período de sua vida ou duração, desde o momento em que passa a existir no mundo jurídico até o instante em que desaparece, ao ser desfeito por outro ato ou por ter completado o tempo de duração que recebeu ao ser editado. *Entrada em vigor* ou *início da vigência* consiste no momento da inserção do ato administrativo no ordenamento jurídico; a entrada em vigor constitui o ponto no tempo que separa o passado do futuro dos efeitos do ato. *Perda da vigência* é o momento em que o ato sai do mundo jurídico.

Na determinação do momento em que o ato administrativo entra em vigor formaram-se dois entendimentos, que Eisenmann denominou teoria da assinatura e teoria da publicidade (Sur l'entrée en vigueur des normes administratives unilatérales, *Mélanges Stassinopoulos*, p. 201-206). De acordo com a primeira, os atos administrativos entram em vigor na data da assinatura. Para a segunda, o início da vigência depende da publicidade do ato, no sentido de divulgação – publicação, notificação, intimação, ciência –, e não da assinatura, geralmente anterior. Na realidade, antes da divulgação o texto aparece como simples projeto, pronto para entrar em vigor se o agente assim o decidir, pois em princípio não é obrigado a ordenar a publicação de ato já assinado, podendo mesmo sustá-la, no caso de mudança de circunstâncias ou de nova apreciação do assunto. A teoria da publicidade revela-se mais adequada às características do ato administrativo, de modo geral. Para provocar repercussão no mundo jurídico a decisão da Administração deve ser exteriorizada mediante os meios de publicidade. A publicidade do ato, ponto relevante da forma, tem por finalidade introduzi-lo na ordem jurídica. A *entrada em vigor*, a partir da qual podem decorrer direitos, obrigações, faculdades, subordina-se a condições de publicidade posteriores à assinatura, como, por exemplo, a inserção no jornal oficial, a afixação em local de fácil acesso, a notificação pessoal, a ciência no próprio expediente.

Validade, por sua vez, diz respeito ao atendimento de todas as exigências legais, para que os efeitos do ato administrativo sejam reconhecidos na ordem jurídica. O ato administrativo pode ter completado todas as fases de sua formação, ter entrado em vigor e, no entanto, conter ilegalidade que implicará o não reconhecimento de efeitos que tenha produzido.

Eficácia quer dizer realização do efeito ou efeitos a que o ato administrativo visa – é a produção de efeitos jurídicos. Para que possa ser eficaz o ato administrativo deve ter vigência – antes da entrada em vigor, não se pode cogitar de eficácia.

8.4.1 Retroatividade e irretroatividade

A consideração do momento da entrada em vigor e do momento da eficácia liga-se à questão da *retroatividade* ou *irretroatividade do ato administrativo*. Como já se disse, a data da entrada em vigor é o ponto imutável que separa o passado, o presente e o futuro na produção dos efeitos do ato. Assim, três situações podem ocorrer: a) o início da eficácia coincide com a entrada em vigor, ocorrendo o *efeito imediato*; b) a eficácia ocorre em data posterior à da entrada em vigor, havendo a eficácia retardada, também denominada *ultratividade*; é o caso de atos cuja eficácia depende da realização de evento extrínseco ao ato ou de termo inicial fixado para adiante; c) a eficácia ocorre em data anterior à da entrada em vigor; neste caso, o ato administrativo produz efeitos em momento anterior a sua existência jurídica, havendo deslocamento de suas consequências para época em que não vigorava, para o passado; esta situação recebe o nome de *retroatividade do ato administrativo*. De regra, o ato administrativo geral e especial tem *efeito imediato*, isto é, aplica-se ao presente, a partir da sua entrada em vigor, respeitando os efeitos jurídicos produzidos no passado. Vigora, como princípio, desse modo, a irretroatividade do ato administrativo. No entanto, muitos atos produzem efeitos no passado, com justificativa na observância de princípios que regem a atividade administrativa, tais como o da legalidade, o da continuidade, por exemplo: anulação, reintegração, nomeação ou designação com efeito no pretérito.

A consideração da eficácia também se relaciona à questão das *liminares* concedidas pelo Judiciário, que, no tocante aos atos administrativos, suspendem sua eficácia, determinado que não produzam efeitos durante certo tempo. Nesse caso, os atos sobre os quais incide liminar têm vigência sem ter eficácia.

8.5 Notas peculiares

O conceito enunciado e os elementos indicados, por si sós, não esgotam a compreensão do ato administrativo. Existem outros traços peculiares que permitem igualmente distingui-lo de outras espécies de atos jurídicos. São notas peculiares do ato administrativo as seguintes:

a) *presunção de legalidade* – decorrência necessária da submissão da Administração à lei, nascem os atos administrativos com a presunção de legalidade. Quer dizer: descabe à Administração comprovar, ao editá-lo, que está conforme à lei. Tal característica não exime a Administração de motivar o ato, apontando as razões de fato e de direito; significa, sim, que a Administração não é obrigada a demonstrar cabalmente, por argumentos alentados, a cada ato editado, sua legalidade. A presunção é relativa, podendo ser contestada perante a própria Administração, o Tribunal de Contas, em juízo ou perante qualquer órgão de controle, mediante as vias pertinentes;

b) *autoexecutoriedade* – é a nota pela qual o ato administrativo é executado, colocado em prática, pela própria Administração, com os próprios meios, sem necessidade do consentimento de qualquer outro poder ou autoridade. A justificativa essencial dessa nota característica reside na necessidade de que o atendimento imediato e contínuo do interesse público não seja retardado por manifestações contrárias de quem quer que seja. Evidente que nem todas as medidas recebem execução direta pela própria Administração; assim, por exemplo, a cobrança de multa aplicada e de tributos se efetua pela via judicial, fugindo à competência da Administração a decretação das medidas coativas sobre o patrimônio dos devedores para o cumprimento dos débitos (ver Capítulo 7, item 7.14);

c) *imperatividade*, por alguns denominada *autoridade da coisa decidida*, consiste na força obrigatória do ato administrativo em relação àqueles a quem se destina. Acarreta, sob o ângulo da Administração, o poder de impor o ato, mesmo contra a vontade do destinatário; sob o ângulo deste, é o caráter de inevitabilidade, em princípio, da decisão administrativa.

Tais notas características significam, em síntese, que, enquanto o ato administrativo não for retirado do mundo jurídico ou enquanto seus efeitos não forem sustados, subsiste e vai produzindo seus efeitos. Essas características, elaboradas classicamente, vêm sendo contestadas (v. p. ex. os artigos de Floriano de Azevedo Marques Neto e Vitor Rhein Schirato, ambos no livro *Os caminhos do ato administrativo*, RT, 2011, org. Odete Medauar e Vitor Rhein Schirato).

8.6 Tipologia

O exame do aspecto classificatório de um tema sempre se reveste de dificuldades. De um lado, os critérios doutrinários são diversos, refletindo os diferentes pontos de vista com que a matéria vem considerada. Por outro lado, a apreensão, em quadro tipológico, de realidades dinâmicas traz risco de insuficiências e falhas, pois nem sempre é possível abranger todas as modalidades numa classificação. Contudo, as classificações são típicas dos estudos jurídicos: apesar das dificuldades apontadas, servem para oferecer um panorama da matéria e propiciar melhor conhecimento de suas peculiaridades.

Levando em conta esses pontos, será exposta a tipologia do ato administrativo, com base em vários critérios, sem o intuito de exaurir todas as espécies, ressaltando atos que a Administração edita com mais frequência.

8.6.1 Critério do objeto

Segundo o *critério do objeto*, são enunciados os atos administrativos conforme o resultado a que visam:

a) *normativos* – são atos administrativos que disciplinam, de modo genérico, certa matéria. Essa matéria pode ser de amplitude maior ou bem setorizada – por exemplo: decreto do chefe do Executivo de um Município sobre o modo de realização da coleta do lixo, aí incluídas as normas atinentes ao tipo de recipiente do lixo domiciliar e outros e o momento de colocação nas calçadas; resolução de um Secretário estadual de Educação sobre o modo de distribuição de aulas aos professores da rede;

b) *atributivos de funções* – exemplos: nomeação, designação, delegação de competência, admissão, reintegração;

c) *cessam funções* – exemplos: demissão, exoneração, dispensa, avocação;

d) *consentem no exercício de atividades* – exemplos: autorização, permissão, licença;

e) *restritivos de atividades* – exemplos: cassação, interdição, fechamento, suspensão;

f) *reconhecem o direito ao recebimento de serviço público* – exemplos: inscrição, matrícula, admissão;

g) *informam ou reproduzem situações documentadas* – exemplos: atestado, declaração, certidão;

h) *sancionadores*, ou seja, aplicam punições a servidores ou a particulares – exemplos: advertência, repreensão, imposição de multa, interdição, fechamento, demissão, destituição, suspensão, declaração de inidoneidade;

i) *confirmam outros atos* – exemplos: homologação, ratificação;

j) *extinguem outros atos* – exemplos: anulação, revogação, cassação;

k) *atos de comunicação* – exemplos: notificação, intimação, "comunique-se", edital, comunicado;

l) *desencadeiam processos*, procedimentos ou suas fases – exemplos: instauração, convocação, intimação, edital;

m) *atos de controle* – exemplos: aprovação, autorização, intervenção, homologação, autuação, "habite-se".

Parece evidente que os tipos acima arrolados não guardam separação rígida entre si, podendo mesclar-se nos seus resultados. Assim, um ato de controle pode levar à confirmação de outro ato (homologação) ou à sua extinção (anulação).

8.6.2 Critério da forma de expressão

Sob tal critério são agrupados os principais atos administrativos segundo o modo como se exteriorizam os respectivos conteúdos.

O modo de formalização das decisões nem sempre vem previsto explicitamente; muitas vezes é a prática reiterada que leva à adoção de certa forma na tomada de determinada decisão.

a) *Decreto* – é ato administrativo da competência exclusiva do Chefe do Executivo, só podendo ser editado pelo Presidente da República, Governadores e Prefeitos. No ordenamento brasileiro o decreto tanto pode conter abrangência genérica, revestindo-se de caráter normativo, como pode ter alcance individualizado.

O decreto, no ordenamento brasileiro, é meio pelo qual o Chefe do Executivo baixa regulamentos às leis, revestindo-se, nesse caso, de generalidade, com caráter normativo, sem deixar de ser ato administrativo. O art. 84, IV, da CF, atribui ao Presidente da República competência para expedir decretos e regulamentos para fiel execução da lei; as Constituições estaduais e leis orgânicas de Municípios contêm dispositivos semelhantes para os respectivos Chefes de Executivo. O decreto que baixa regulamento tem a finalidade de explicitar a lei e prever medidas para sua execução, não podendo contrariá-la ou dispor além dos seus preceitos; deve, portanto, cingir-se ao teor da lei (ver item 6.6 do Capítulo 6, a respeito do poder regulamentar).

Dotado de generalidade, com caráter normativo, o decreto é utilizado, também, para disciplinar matéria não reservada à lei, nem objeto de tratamento por lei. Trata-se de poder normativo do Chefe do Executivo quanto a matérias não reservadas à lei, mas que necessitam de disciplina. Tal poder normativo deve exercer-se com observação de todos os preceitos do ordenamento, sem invadir o campo exclusivo da lei. Exemplo: no âmbito municipal, decreto do Prefeito disciplinando a venda de pastéis nas feiras livres.

O decreto é utilizado, ainda, para expressar decisões com alcance individualizado. Exemplo: decreto de nomeação.

b) *Regimento* – é ato administrativo que tem por finalidade disciplinar o funcionamento de órgãos colegiados, no âmbito do Poder Executivo. No âmbito do Poder Legislativo, o regimento interno, cuja elaboração é da competência exclusiva desse Poder, fixa as normas para a realização dos trabalhos legislativos, o funcionamento das comissões e para as atividades administrativas em geral. No âmbito do Poder Judiciário, o regimento interno dos tribunais, de sua competência exclusiva, fixa as normas para o funcionamento de tais órgãos. Os Tribunais de Contas também editam seus regimentos.

Embora o regimento se destine a editar normas de funcionamento de órgãos colegiados, inclusive com regras de *quorum* para realização das reuniões e para tomada de decisões, tendo precipuamente alcance interno, por vezes as regras regimentais repercutem em âmbito externo, sobretudo no tocante à tramitação de recursos administrativos.

Tendo em vista que os regimentos são elaborados pelos próprios órgãos colegiados cujo funcionamento disciplinam, o dirigente ou presidente do órgão tem a atribuição de editá-lo, formalizando-o e publicando-o.

c) *Resolução* – no âmbito do Poder Executivo, é ato administrativo de caráter normativo, editado por autoridade de alto escalão (exemplo: Secretário de Estado) ou por dirigente de órgão colegiado (exemplo: resolução do Presidente do Conselho Estadual de Educação), com o objetivo de fixar normas sobre matéria de competência do órgão. Por vezes, edita-se resolução de alcance individualizado.

A resolução não pode contrariar a Constituição, a lei, o decreto regulamentar, o regimento (se for decorrente de decisão de órgão colegiado).

d) *Deliberação* – é ato administrativo normativo ou decisório oriundo de órgãos colegiados. De regra, a deliberação de órgão colegiado dotada de alcance genérico, com caráter normativo no tocante à competência do órgão colegiado, formaliza-se mediante resolução baixada pelo presidente do órgão. Se for dotada de alcance individualizado, expressa decisão do órgão colegiado num caso específico.

e) *Portaria* – é ato administrativo editado com finalidades e alcance diversificados. No tocante à competência, de regra é editada por chefes ou diretores de órgãos da Administração direta e dirigentes de autarquias. Em nível municipal, Prefeitos editam portarias. Quanto ao âmbito de repercussão, tanto podem visar ao interno quanto ao externo, afetando administrados; tanto podem conter disposições genéricas quanto individualizadas. Comumente utiliza-se a portaria para nomeação, designação, aposentadoria, promoção, acesso, remoção, formação de comissões e grupos de trabalho, instauração de sindicâncias e processos disciplinares. Por vezes, há portaria editada por vários dirigentes de órgãos a respeito de matéria de interesse comum – exemplo: portaria intersecretarial.

f) *Instrução* – é ato administrativo editado por superior hierárquico com a finalidade de fixar diretrizes aos subordinados no tocante ao modo de realização de serviços ou atividades. Na elaboração doutrinária, a instrução é mencionada como ato administrativo que repercute somente no âmbito interno das repartições; mas no Brasil nem sempre a instrução acarreta somente tal efeito, e por vezes é utilizada para decisões de repercussão externa, sobretudo nos órgãos que tratam de assuntos econômicos e financeiros. Surge, por vezes, a instrução normativa, assim denominada por aplicar-se a todas as situações que se enquadrarem futuramente nos seus preceitos.

g) *Circular* – é ato administrativo que expressa ordens ou diretrizes oriundas de superiores hierárquicos a determinadas categorias de subordinados – exemplo: circular do Governador a todos os Secretários de Estado. Na elaboração doutrinária, a circular repercute somente em âmbito interno. No entanto, no direito brasileiro por vezes se expedem circulares com alcance externo, em especial em assuntos econômico-financeiros ou tributários, como é o caso das circulares do Banco Central.

h) *Ordem de serviço* – é ato administrativo pelo qual superior hierárquico expede diretrizes para a realização de serviços e atividades. Pela ordem de serviço também se determina o início de execução de contratos administrativos.

i) *Despacho* – é ato administrativo que expressa decisão tomada por autoridade do Executivo. Quando a legislação não determina outro modo de expressão das decisões, a autoridade emite despacho em pedidos, requerimentos, recursos, tanto provenientes de particulares quanto de servidores e chefias subordinadas. O despacho tanto pode referir-se a matéria de interesse interno do serviço quanto a matéria de repercussão externa; ou a assunto de alcance geral e de alcance individual. A locução *despacho normativo* designa a decisão cujo teor deverá ser seguido em todos os casos iguais que vierem a ocorrer.

j) *Comunicado* – é ato administrativo pelo qual se divulgam decisões, informações, procedimentos, tanto para o público em geral quanto para os servidores – exemplo: comunicados do Banco Central sobre a taxa de juros a longo prazo.

k) *Alvará* – é ato que formaliza o consentimento da Administração para o exercício de atividades de particulares. Tais atividades, embora lícitas, têm sua realização condicionada ao prévio juízo da Administração. O alvará é o documento escrito que expressa a manifestação concordante da autoridade administrativa. Em geral, formaliza a licença e a autorização – exemplo: alvará de construção, alvará de localização e funcionamento.

l) *Certidão* – é ato administrativo que reproduz fielmente atos ou fatos registrados em processos, arquivos, cadastros, documentos existentes nos órgãos públicos. A certidão pode ser emitida mediante transcrição dos dados, mediante cópia xerográfica autenticada e outras técnicas de reprodução. A Constituição Federal, no art. 5º, XXXIV, alínea *b*, assegura a obtenção de certidões em repartições públicas, para defesa de direitos e esclarecimento de situações de interesse pessoal. Inserido no título dos direitos e garantias fundamentais, o citado preceito deve ser interpretado da maneira mais aberta possível, para que não se criem restrições indevidas ao direito de obter certidão, tendo em vista, sobretudo, o princípio da publicidade que norteia as atividades de todos os setores da Administração, direta e indireta. Desse modo, os termos "repartições públicas" hão de ser entendidos como quaisquer órgãos ou entidades públicas; a expressão "defesa de direitos" deve abranger os direitos individuais, coletivos e difusos.

m) *Edital* – é ato administrativo pelo qual a autoridade administrativa enuncia o início de um processo ou atividade, expondo as respectivas normas disciplinadoras, ou pelo qual notifica ou convoca alguém quanto a uma atividade ou decisão – exemplo: edital de concurso público; edital de concorrência pública; citação por edital de indiciado em processo administrativo disciplinar.

n) *Homologação* – é ato administrativo pelo qual um órgão ou autoridade administrativa de escalão superior confirma decisão de autoridade de escalão inferior. Conforme a legislação que a prevê, a homologação pode incidir sobre aspectos de legalidade e mérito da decisão anterior ou somente sobre aspectos de legalidade. A homologação implica, portanto, a confirmação de decisão anterior, podendo a autoridade ou órgão superior não homologar, significando não confirmação da decisão. Descabe à autoridade homologadora modificar a decisão que aprecia, devendo somente confirmá-la ou não. Se uma decisão necessita ser homologada, só produzirá efeito após tal manifestação em sentido positivo, por exemplo: homologação de concurso público; homologação na licitação.

o) *Parecer* – é ato que veicula entendimento de órgãos técnicos em geral ou jurídicos a respeito de questões e dúvidas relacionados à respectiva área de atuação. *Parecer* é o vocábulo usado no âmbito das atividades de consultoria e assessoria jurídica e, de modo geral, na esfera de órgãos de natureza técnica. No caso de opiniões de médicos, peritos em arquitetura, engenharia, por exemplo, por vezes se utiliza a palavra *laudo*, com efeitos similares aos dos pareceres.

Na doutrina, de regra, o parecer é tipificado em *facultativo* e *obrigatório*.

Tratando-se de *facultativo*, a autoridade tem a possibilidade de solicitá-lo ou não; é desprovido de caráter vinculante; se for adotado e invocado como fundamento de uma decisão, integra a motivação.

O parecer *obrigatório* é exigido, em geral, antes de se tomar a decisão. Quanto aos efeitos sobre a decisão da autoridade, reparte-se em *não vinculante* e *vinculante*. Não sendo vinculante, a autoridade competente para a decisão poderá acolhê-lo ou não; não acolhendo, deve motivar a recusa ou, ainda, solicitar novo parecer. Sendo vinculante, a autoridade deve acatá-lo e proferir a decisão conforme o teor apresentado, na hipótese de pretender ainda ou dever tomar a medida, podendo, também, pedir novo parecer.

Questão controvertida, envolvendo parecer jurídico, com possibilidade de estender-se a manifestações similares, diz respeito à responsabilização do seu emitente. O STF, no MS 24.631/DF, Plenário, julgado em 09.08.2007, *DJ* 31.01.2008, isentou de responsabilidade advogado público em caso de parecer não vinculante, afirmando não caber a responsabilização, salvo demonstração de culpa ou erro grosseiro. O Tribunal de Contas da União vem adotando o entendimento no sentido da imposição de sanção aos gestores e assessores jurídicos pelos pareceres que não estejam fundamentados em razoável interpretação das normas e com grave ofensa à ordem jurídica (TCU, Acórdão 2.189/2006, Plenário).

8.6.3 Critério da margem de escolha

Conforme a existência ou não de margem de escolha, os atos podem ser *discricionários* e *vinculados*.

De início, deve-se notar que alguns autores negam a existência de atos discricionários, havendo, no seu entendimento, somente poder discricionário, pois nenhum ato administrativo pode ser assim considerado em sua integridade. No entanto, expressiva doutrina pátria aceita os atos discricionários, em virtude de implicarem margem de escolha, mesmo devendo ater-se às regras de competência, forma e fim. Já está incorporada na terminologia do direito administrativo brasileiro a menção a atos administrativos discricionários e atos administrativos vinculados.

Assim, *atos administrativos discricionários* são aqueles resultantes de alguma escolha efetuada pela autoridade administrativa. A escolha pode implicar editar ou não editar, esse ou aquele conteúdo, o momento de editar, por exemplo. Evidente que a margem de escolha não significa liberdade absoluta (v. item 6.5 do Capítulo 6 – Poder discricionário); o próprio conteúdo tem de ser consentido pelas normas do ordenamento; a autoridade deve ter competência para editar; o fim deve ser o interesse público. Exemplo: a nomeação para o cargo de Ministro de Estado, da competência exclusiva do Presidente da República, é ato discricionário, pois a própria lei possibilita a escolha livre do Presidente quanto à pessoa que ocupará o cargo.

Atos administrativos vinculados são aqueles editados sem margem de escolha, pois a legislação já predetermina o seu teor, se atendidas as especificações aí fixadas. Exemplo: licença para construir; matrícula em escola pública; habilitação em licitação.

8.6.4 Critério do âmbito de repercussão

Sob tal critério, distinguem-se os *atos administrativos externos*, cujos efeitos repercutem nos particulares, e os *atos administrativos internos*, cujos efeitos dizem respeito somente ao âmbito das repartições. Exemplo de ato administrativo externo: decreto que disciplina a coleta do lixo; exemplo de ato administrativo interno: portaria que institui comissão de servidores para fixar critérios de avaliação de desempenho de servidores. Deve-se observar que as fronteiras entre atos internos e externos nem sempre se apresentam claras. Como já se notou, muitos atos administrativos que a doutrina classicamente aponta como atos internos contêm medidas de repercussão externa, sobretudo no âmbito econômico-financeiro e tributário; por outro lado, com a crescente aproximação entre Administração e administrados e com a exigência de transparência nas atuações administrativas, muitos atos tidos como internos podem acarretar efeitos sobre a comunidade.

Reveste-se de importância essa distinção no tocante à publicidade dos atos externos. Repercutindo na comunidade, devem necessariamente ser publicados em jornal oficial, órgão de divulgação oficial ou afixados, para que tenham eficácia. Sendo de repercussão precipuamente interna, serão divulgados pelos meios internos pertinentes, como carga, malotes ou mesmo pelo jornal oficial.

8.6.5 Critério dos destinatários

Se o ato administrativo visa a destinatários determinados, é denominado *individual* ou *especial*, mesmo dizendo respeito a vários sujeitos, desde que determinados; por exemplo: nomeação de uma pessoa para um cargo público; designação de cinco pessoas para formar uma comissão. Se o ato administrativo visa a qualquer um cuja situação se enquadre em seus preceitos, não objetivando destinatário determinado, recebe o nome de *ato geral*; por exemplo: decreto que disciplina a coleta do lixo domiciliar.

8.6.6 Critério do número de manifestações para a formação do ato

Sob tal aspecto, alguns autores mencionam os atos simples, compostos e complexos. Parece preferível indicar os atos *unipessoais* e *pluripessoais*.

Os primeiros resultam de decisão de uma só autoridade, de regra titular de um órgão, exemplo: decreto de utilidade pública para fins de desapropriação.

Os *atos pluripessoais* decorrem de decisão que envolve a manifestação de várias pessoas, como integrantes de órgãos. Os atos pluripessoais repartem-se, por sua vez, em *atos colegiais* e *atos complexos*.

Os *atos colegiais* resultam de decisões tomadas por órgãos colegiados, integrados por muitas pessoas; tais decisões dependem da reunião de um número de manifestações em sentido idêntico; por isso, nos regimentos dos órgãos colegiados se estabelecem normas sobre *quorum*, ou seja, o número mínimo de manifestações para se chegar a essa ou a aquela decisão; o ato decorrente de decisão de órgão colegiado surge como ato administrativo do órgão colegiado, não como ato deste integrante ou ato de seu presidente; há um único órgão, o ato é um só, mas para sua formação foi necessário o encontro de um número mínimo de manifestações dos integrantes desse órgão, no mesmo sentido.

Os *atos complexos* envolvem necessariamente a manifestação de mais de um órgão, poder ou ente. Exemplo: nomeação de Ministro do Supremo Tribunal Federal, emitida pelo Presidente da República, depois que o Senado aprovou o nome indicado. Não se deve confundir ato complexo com processo administrativo, matéria essa objeto do próximo capítulo.

8.7 Legalidade e mérito do ato administrativo

No estudo do ato administrativo devem ser mencionados os aspectos de legalidade e mérito. A *legalidade* do ato administrativo diz respeito, em síntese, a sua conformação às normas do ordenamento. A margem livre sobre a qual incide a escolha inerente à discricionariedade corresponde ao aspecto de *mérito* do ato administrativo. Tal aspecto expressa o juízo de conveniência e oportunidade da escolha, no atendimento do interesse público, juízo esse efetuado pela autoridade à qual se conferiu o poder discricionário.

O contraponto entre os aspectos de legalidade e mérito do ato administrativo aparece, sobretudo, no tema do controle jurisdicional da Administração, ao se discutir o alcance desse controle. Menciona-se classicamente que ao Judiciário descabe o exame do mérito dos atos administrativos. Em obras contemporâneas sobre poder discricionário, aponta-se a tendência a considerar que o contraponto legalidade-mérito se encontra atenuado no momento presente, pela amplitude dos parâmetros do exercício do poder discricionário e pela consideração de bases mais amplas da legalidade (v. itens 6.5.4 e 6.5.7 do Capítulo 6).

8.8 Ato de governo

No exame do ato administrativo merece referência o tema do *ato de governo*, estudado muitas vezes sob o nome de *ato político*. Trata-se de ato emanado da autoridade ou órgão mais elevado do Poder Executivo, em especial no relacionamento com outros poderes, com outros Estados, com organismos internacionais ou na tomada de decisões de alto relevo político.

Várias teorias surgiram para justificar e caracterizar o *ato de governo*, havendo tanto o entendimento que lhe confere identidade autônoma, como quarta espécie, além do ato administrativo, da lei e da sentença, como o entendimento que nega sua existência.

Melhor parece considerá-lo inserido no gênero ato administrativo, dotado de predominante aspecto político, vista a função governamental desempenhada pela Chefia do Executivo. É ato que expressa a função governamental, que é precipuamente política, por referir-se às diretrizes amplas para a vida da coletividade. Dentre suas características estão: a) provém da autoridade ou órgão mais elevado do Executivo, como Presidente da República, Governador, Prefeito; b) diz respeito, sobretudo, ao relacionamento com outros poderes (Legislativo e Judiciário), com outros países ou com organismos internacionais; c) refere-se a decisões de alto relevo para o País, o Estado-membro ou o Município.

Exemplos de atos de governo no direito pátrio: apresentação ou retirada de projeto de lei pelo Chefe do Executivo; sanção, promulgação e publicação de leis; veto a projetos de lei; convocação de sessão extraordinária do Legislativo; decretação de intervenção federal; declaração de guerra; decretação total ou parcial de mobilização nacional; celebração da paz.

Com frequência o *ato de governo* vem estudado sob o ângulo do *controle jurisdicional* da Administração, visto haver uma afirmação tradicional de que tal ato fugiria desse controle. Na realidade atual, tal chavão não se sustenta, como será mais bem explicitado no capítulo sobre controle da Administração, inclusive por força do inc. XXXV do art.

5º da CF, segundo o qual "a lei não excluirá da apreciação do Poder Judiciário lesão ou ameaça a direito". Firmou-se no direito pátrio a orientação no sentido da admissibilidade da apreciação jurisdicional do ato de governo se deste decorrer lesão ou ameaça a direito.

8.9 "Não ato": silêncio, omissão

O termo *não ato* expressa as situações em que a Administração deixa de tomar decisões ou de editar ato, configurando o que se denomina, comumente, *omissão, silêncio* ou *inércia* da Administração. São hipóteses em que a Administração deveria editar um ato administrativo, no entanto mantém-se inerte. Muito frequentes são os casos em que requerimentos ou recursos formulados por particulares ou servidores não recebem resposta alguma. Mesmo havendo previsão legal de prazos para resposta, não são atendidos. Deve-se lembrar que, tratando-se de exercício do direito de petição, com base no art. 5º, XXXIV, *a*, da CF, não pode a autoridade deixar de pronunciar-se sobre a solicitação, pois o direito de petição inclui o dever, por parte da autoridade, de responder.

Às vezes as normas atribuem efeitos à omissão ou silêncio administrativos; em geral lhe é dado sentido de negação do solicitado; em alguns casos, a norma lhe confere sentido de acolhimento, como prevê o inciso IX do art. 3º da Lei nº 13.874, de 20.9.2019 – *Liberdade Econômica*, para a situação de silêncio após encerrado o prazo para decidir, nas solicitações de atos públicos de liberação de atividade econômica. De regra, inexiste consequência sancionadora ao silêncio da autoridade. Se a omissão ferir direitos ou causar danos, pode ser utilizado o instrumental atinente, que o ordenamento prevê, para suscitar a tutela do Judiciário.

8.10 Defeitos do ato administrativo

Defeitos ou vícios do ato administrativo são expressões utilizadas pela doutrina para designar ilegalidades que afetam cada um dos seus elementos. A base legal da caracterização de tais defeitos encontra-se no parágrafo único do art. 2º da Lei 4.717/65 – Lei da Ação Popular.

8.10.1 Incompetência

Conforme a alínea *a* do citado dispositivo, "a incompetência fica caracterizada quando o ato não se incluir nas atribuições legais do agente que o praticou".

Em geral, no âmbito da *incompetência* ocorrem as seguintes situações: a) o agente é destitulado, ou seja, não detém habilitação legal alguma para tomar a decisão; tal situação pode decorrer de usurpação de cargo ou função, configurada no ordenamento pátrio como crime (Código Penal, art. 328); ou pode decorrer de *exercício de fato*, também denominado *função de fato*; nesta hipótese, o agente, ao desenvolver atividades, sem estar titulado para tal, aparenta deter essa habilitação, por exemplo: chefe substituto que exerceu funções além do prazo fixado; pessoa nomeada que iniciou exercício antes de esgotadas as demais fases de preenchimento do cargo; de regra, no caso de *exercício de fato* são considerados válidos os atos praticados, com base na "aparência" de titulação legal e na preservação de direitos de terceiros de boa-fé; b) agente dotado de atribuição legal, mas que, em determinada hipótese, a extrapola, indo além das atribuições legais conferidas, ocorrendo aí o chamado *excesso de poder*.

8.10.2 Ilegalidade do objeto

Refere-se primordialmente aos casos em que o resultado pretendido pelo ato importa violação da Constituição, da lei ou de outro preceito. Exemplo: um ato que nomeia para cargo público pessoa sem a habilitação profissional exigida em lei. A Lei 4.717/65, no seu art. 2º, parágrafo único, alínea *c*, menciona a ilegalidade do objeto.

8.10.3 Defeito de forma

"Consiste na omissão ou na observância incompleta ou irregular de formalidades indispensáveis à existência ou seriedade do ato" (alínea *b* do dispositivo *supra*). Trata-se de vício que atinge aspectos relativos à exteriorização do ato, implicando uma gradação conforme o seu caráter essencial ou não. Em certos casos o vício pode ser corrigido depois da edição do ato, como, por exemplo, a ausência de assinatura, não conduzindo necessariamente ao desfazimento do ato.

8.10.4 Defeito de motivo

A alínea *d* do supracitado dispositivo traz diretrizes aproximativas a respeito desse vício, denominando-o *inexistência de motivos*: verifica-se "quando a matéria de fato ou de direito, em que se fundamenta o ato, é materialmente inexistente ou juridicamente inadequada ao resultado obtido".

Na esteira do entendimento de Araújo Cintra (na obra *Motivo e motivação do ato administrativo*, 1979) o legislador contemplou aí três modalidades de defeitos de motivos: a) inexistência atual de norma jurídica embasadora do ato, por exemplo, o ato fundamentou-se em norma revogada; b) inexistência do fato que levaria à edição do ato, por exemplo: funcionário demitido por abandono de cargo, mas que falecera, sem ter havido comunicação à Administração; transferência de servidor por necessidade de serviço, mas sem que exista, na realidade, tal fato; c) inadequação entre os fatos e o direito, sobretudo quando os fatos não se enquadram na hipótese normativa. Pode-se cogitar ainda da modalidade em que se verifique contradição ou incongruência entre os motivos invocados e a decisão.

8.10.5 Defeito do fim

O defeito de fim, denominado *desvio de poder* ou *desvio de finalidade*, verifica-se "quando o agente pratica o ato visando a fim diverso daquele previsto, explícita ou implicitamente, na regra de competência" (alínea *e* do citado dispositivo).

A *teoria do desvio de poder*, de origem francesa, representou importante passo no sentido de direcionar o exercício do poder discricionário aos fins de interesse público, explícitos ou implícitos, em razão dos quais esse poder foi conferido ao agente administrativo. Os poderes atribuídos aos agentes visam ao atendimento do interesse público pertinente à matéria em que esses agentes atuam. Não se destinam tais poderes à satisfação de interesses pessoais, de grupos, de partidos, nem são instrumentos de represália, vingança ou favorecimento próprio ou alheio. Exemplo: usar o poder de expropriar em represália a declarações formuladas na imprensa por um administrado.

A existência de *desvio de poder ou de finalidade* no ato administrativo nem sempre é de fácil comprovação. No exemplo acima, as declarações na imprensa escrita fornecem um dado que pode levar à comprovação do desvio de poder. A dificuldade na prova do desvio de poder ou de finalidade levou a doutrina e a jurisprudência pátrias a mencionar os chamados *indícios denunciadores* do desvio de poder, que são alguns dados que permitem concluir pela ocorrência dessa ilegalidade, tais como: contradição entre fatos invocados a título de motivo e o conteúdo do ato; desproporção entre meios e fins; contradição entre os motivos expostos; ocultação de fatos relativos à situação etc.

8.11 Desfazimento do ato administrativo

Os defeitos encontrados no ato administrativo podem levar à sua retirada do mundo jurídico, havendo, ainda, possibilidade de ser desfeito por outras razões, como se verá.

Se o ato administrativo deve ingressar no mundo jurídico sob o impulso da lei para produzir efeitos válidos, que vão repercutir sobre os administrados e sobre a própria Administração, é evidente que também sob a égide da lei e de outros preceitos, tal ato possa ser desfeito. Esse desfazimento igualmente afeta administrados e Administração.

8.11.1 A questão das nulidades em matéria de ato administrativo

Tema preliminar ao estudo do desfazimento do ato administrativo refere-se ao tratamento conferido à questão das *nulidades*.

Um ponto de controvérsia diz respeito à aplicação, ao âmbito do direito administrativo, do tratamento conferido pelo Código Civil às nulidades do negócio jurídico. Segundo esse tratamento, distinguem-se os atos nulos e os atos anuláveis, a tais correspondendo, respectivamente, a consequência da nulidade e da anulabilidade.

Os arts. 166 e 167 do Código Civil arrolam os casos de negócio jurídico nulo. Segundo a doutrina civilista, os *negócios jurídicos nulos* são aqueles praticados com infração de norma legal de ordem pública ou de normas imperativas. Daí decorre a *nulidade*, com as seguintes características: é absoluta, insuscetível de sanar, pode ser invocada pelo Ministério Público, por qualquer interessado, devendo ser pronunciada pelo juiz, não lhe sendo permitido supri-la.

O art. 171 elenca dois casos de *negócio jurídico anulável*, atinentes à incapacidade relativa do agente e a vício resultante de erro, dolo, coação, lesão, estado de perigo ou fraude contra credores. Os casos de atos anuláveis se reduzem, portanto, à incapacidade relativa do agente e aos vícios do consentimento. Para a doutrina civilista, os atos anuláveis expressam o objetivo de proteção a pessoas. Daí decorre a *anulabilidade*, com as características seguintes: é relativa, suscetível de ser sanada por confirmação das partes, só podendo ser alegada pelos interessados.

Como se pode depreender, o tratamento das nulidades no direito civil separa os defeitos referentes a normas imperativas e os defeitos decorrentes de normas protetoras de interesses de pessoas. E leva em conta as consequências de tais defeitos nas ações civis.

No direito administrativo essa diferença não se sustenta, pois todas as normas são, em princípio, de ordem pública e todos os atos administrativos são editados para atendimento do interesse público. Como bem notou Diogo de Figueiredo Moreira Neto, "não se aplica o instituto civil da anulabilidade. Esta modalidade, de nulidade relativa, tem cabimento nos ramos privados do direito porque consulta aos interesses individuais disponíveis, quanto à manutenção ou desfazimento de um ato; o ato administrativo, distintamente, não pode ter sua validade ou invalidade pendente de interesses privados" (*Curso de direito administrativo*, 15. ed., 2009, p. 232).

Por outro lado, os defeitos dos atos anuláveis, segundo o Código Civil, dizem respeito à incapacidade relativa do agente e aos vícios do consentimento. Bem pondera Diogo de Figueiredo Moreira Neto que "a incapacidade civil do agente não repercute diretamente sobre o ato administrativo; será necessário que a Administração avalie essa repercussão, tendo em vista se o ato alcançou ou não a finalidade legal para a qual foi previsto. Supondo – exemplificando – que um agente lavrasse, moralmente coagido, um auto de infração contra um particular, a Administração poderia anulá-lo se encontrasse defeito na sua motivação; na hipótese não se estaria considerando o vício na vontade do agente, mas o vício no elemento motivo do ato administrativo" (*op. cit.*, p. 230-231).

A possibilidade de se cogitar de atos anuláveis no âmbito administrativo encontrava embasamento no art. 3º da Lei nº 4.717/1965 – Lei da Ação Popular, que taxava de atos anuláveis os lesivos ao patrimônio de pessoas de direito público ou privado ou das entidades mencionadas no art. 1º, cujos vícios não se compreendessem nas especificações do art. 2º (incompetência, vício de forma, ilegalidade do objeto, inexistência dos motivos, desvio de finalidade). Tal possibilidade hoje não mais subsiste, pois a Constituição de 1988, ao prever a ação popular, no inc. LXXIII do art. 5º, utiliza o vocábulo "anular", nos seguintes termos: "qualquer cidadão é parte legítima para propor ação popular que vise a anular ato lesivo ao patrimônio público ou de entidade de que o Estado participe, à moralidade administrativa, ao meio ambiente e ao patrimônio histórico e cultural (...)".

Por todas as razões acima apontadas e levando em conta, ainda, a grande relevância do princípio da legalidade no direito administrativo, parece inaplicável, nesse âmbito, a teoria das nulidades tal como vigora no direito civil. Assim sendo, se o ato administrativo contém defeitos, desatendendo aos preceitos do ordenamento, é nulo, em princípio. A permanência do ato administrativo eivado de ilegalidade tal como foi editado ou mediante ratificação ou convalidação dependerá da natureza do vício, do confronto do princípio da legalidade e de outros preceitos do ordenamento (por exemplo: segurança e certeza das relações jurídicas, consolidação de situações), do sopesamento das circunstâncias envolvendo o caso, da finalidade pretendida pela norma lesada. Em muitos casos a própria norma prevê a consequência da inobservância dos seus dispositivos, por exemplo: leis editadas para disciplinar cada eleição consideram nulos atos que desatendam a proibição de nomear, remover, transferir, exonerar servidores no período que especificam. Por vezes se trata de mera irregularidade, como falta de assinatura ou data em determinado despacho, que a autoridade pode suprir de imediato.

Deve-se observar que nem sempre afirmações válidas para o direito privado ou demais ramos do direito podem prevalecer no direito administrativo em matéria de nulidades; assim, é muito comum a invocação do brocardo francês *pas de nullité sans grief*, que significa não se poder invocar nulidade se não houver prejuízo. Muitas vezes as normas de direito público visam ao atendimento da moralidade administrativa e de outros valores norteadores do ordenamento: embora a ilegalidade não acarrete prejuízo direto a pessoas, pode representar lesão a valores indisponíveis que a legislação administrativa quer preservar.

8.11.2 Os principais meios de desfazimento

Firmou-se no direito brasileiro, por elaboração jurisprudencial e doutrinária, entendimento segundo o qual dois são os principais meios de desfazer um ato administrativo, para que deixe de produzir efeitos: a *anulação* e a *revogação*. São as figuras jurídicas mais utilizadas, revestindo-se de acepção específica no âmbito do direito administrativo, que não se confunde com o significado que tais palavras possam ter em outros ramos do direito ou demais temas jurídicos.

A *anulação* e a *revogação*, editadas por autoridade pública, apresentam-se como atos administrativos que desfazem atos administrativos editados anteriormente.

No direito administrativo brasileiro, a diferença entre as duas figuras é fixada pela conjugação de três critérios. Conforme o *critério objetivo* ou do *fundamento*, a *anulação* ocorre por razões de ilegalidade, enquanto a *revogação* se baseia em motivos de mérito, atinente, portanto, à conveniência e oportunidade. Segundo o *critério do poder competente*, também denominado *critério subjetivo*, a *anulação* consiste na supressão do ato administrativo ou pela própria Administração ou determinada pelo Poder Judiciário; a *revogação* é o desfazimento do ato administrativo efetuado pela própria Administração. Sob o ângulo do *momento dos efeitos*, a *anulação* elimina o ato administrativo com efeitos *ex tunc*, ou seja, com efeitos pretéritos; a revogação produz efeitos *ex nunc*, ou seja, efeitos futuros.

A confusão terminológica entre anulação e revogação, que transparecia em antigos julgados dos tribunais pátrios, não mais pode ocorrer ante a Súmula 473 do STF, que distingue as duas figuras, nos seguintes termos: "A administração pode anular seus próprios atos, quando eivados de vícios que os tornam ilegais, porque deles não se originam direitos; ou revogá-los, por motivo de conveniência ou oportunidade, respeitados os direitos adquiridos e ressalvada, em todos os casos, a apreciação judicial".

8.11.3 Anulação do ato administrativo

A *anulação* consiste no desfazimento do ato administrativo, por motivo de ilegalidade, efetuada pelo próprio Poder que o editou ou determinada pelo Poder Judiciário.

O poder, de que é dotado o Judiciário, de anular ato administrativo discordante de preceito do ordenamento justifica-se pela própria razão de ser desse órgão e pela natureza de suas funções. O inc. XXXV do art. 5º da CF afirma que a lei não excluirá da apreciação do Poder Judiciário lesão ou ameaça a direito. A apreciação jurisdicional abrange também os atos e decisões da Administração, como um dos postulados do Estado de direito. A anulação determinada pelo Judiciário depende de provocação (não existe jurisdição sem autor), mediante ajuizamento de ação pertinente.

A *anulação efetuada pela própria Administração*, sob forma de um ato administrativo que desfaz outro, emergiu nos primórdios do século XX, instituída pela jurisprudência do Conselho de Estado francês. Até o começo do século XX, o dogma do direito adquirido impedia o desfazimento pela própria Administração; aos poucos, foi parecendo estranho recusar à Administração a faculdade de eliminar ato administrativo eivado de ilegalidade tal que o destinava irremediavelmente à censura do juiz; em 1912, no caso Blanc, manifestou-se, pela primeira vez, a ideia de que atenderia à racionalidade e à busca de eficiência administrativa permitir ao autor do ato ilegal antecipar-se à decisão do juiz, eliminando uma ilegalidade. No direito brasileiro foi igualmente reconhecida à Administração a faculdade de anular os atos eivados de ilegalidade. Em memorável acórdão proferido em 1943, o STF considerou conveniente admitir o poder de anulação da autoridade administrativa quando o ato se apresentasse com ilegalidade; discutia-se, no caso concreto, a validade ou invalidade de ato de autoridade federal que determinou, *ex officio*, o cancelamento do registro de diploma de dois médicos, à vista de irregularidades no currículo escolar; em primeiro grau houvera sentença que negara possibilidade de anulação sem prévio processo jurisdicional intentado pela Administração; a União recorreu e o STF reformou a sentença para afirmar a validade da anulação pela própria Administração, sem prévio assentimento do Judiciário (cf. *RDA*, v. I, fasc. I, jan. 1945, p. 174-187). Daí em diante, outros julgados do STF reiteraram o entendimento, culminando com a formulação da Súmula 473 que, explicitamente, reconhece à Administração o poder anulatório.

A anulação efetuada pela própria Administração ocorre de ofício ou por provocação. No primeiro caso, a Administração, por si própria, verificou a existência de ilegalidade e providenciou o desfazimento do ato, com base, sobretudo, no princípio da autotutela administrativa. No segundo caso, a ilegalidade foi apontada em requerimentos ou recursos administrativos contra decisões da Administração.

Discute-se, no tema, se a Administração tem o dever ou a mera faculdade de anular. De regra, a Administração tem o dever de anular ato dotado de ilegalidade, justamente porque suas atividades são norteadas pelo princípio da legalidade. Embora o poder e o dever de anular permaneçam plenos para qualquer ato eivado de ilegalidade, é possível que, em determinadas circunstâncias e ante a pequena gravidade do vício, a autoridade administrativa deixe de exercê-los, em benefício do interesse público, para que as consequências do desfazimento em si e sua repercussão não acarretem maior prejuízo que a subsistência do ato; em tais casos, a autoridade deverá sopesar as circunstâncias e as repercussões, até mesmo sociais, do desfazimento no caso concreto, para decidir se o efetua ou se mantém o ato. Por vezes surgem casos de atos que produziram efeitos irretratáveis que tornariam inócua eventual anulação.

Em matéria de anulação, também aflora o problema do *prazo* de que dispõe o poder público para anular seus atos. No direito pátrio, por muito tempo prevaleceu o entendimento no sentido da possibilidade de anular ato administrativo ilegal em qualquer época. Hoje se encontram leis que fixam limites temporais ao poder de anular, em virtude, sobretudo, do princípio da segurança jurídica. Por exemplo: a Lei nº 9.784, de 29.01.1999 – processo administrativo federal –, no art. 54, fixa o prazo de cinco anos, contados da data em que foram praticados, para a Administração anular atos administrativos que produziram efeitos favoráveis aos destinatários, salvo comprovada má-fé; a Lei paulista nº 10.177, de 30.12.1998, art. 10, I, prevê o prazo de dez anos, contados da sua produção, para a anulação de atos válidos.

É possível, ainda, que o longo fluir do tempo sacramente efeitos, gerando situações consolidadas; em tais casos, vários preceitos jurídicos podem respaldar a manutenção do ato, a ser decidida caso a caso, ante as circunstâncias que envolvem cada um: segurança e certeza das relações jurídicas, boa-fé de terceiros, ausência de dolo do interessado.

A *anulação* efetuada por agente administrativo ou pronunciada pelo Judiciário produz *efeitos ex tunc*, isto é, efeitos retroativos, que se projetam do passado ao presente. Tal efeito ocorre porque, se a ilegalidade afeta o ato desde sua origem, logicamente a declaração de nulidade deve atingi-lo no momento em que entrou no mundo jurídico, para suprimi-lo a partir daí.

A *retroatividade da anulação*, atingindo ato administrativo precedente, pode ter função destrutiva ou construtiva. A *retroação destrutiva* suprime o ato administrativo, acarretando a perda de eventuais faculdades ou vantagens nele fundamentadas; por exemplo: anulação de alvará de construção; anulação de ato de promoção. A eficácia *construtiva* acarreta não só a eliminação do ato defeituoso, mas também a edição de outros atos, a fim de colocar a situação no estado em que estaria no presente se a ilegalidade não tivesse existido no passado, exemplo: anulação de ato que indeferiu inscrição em concurso público. O desfazimento do ato significa, em geral, o direito à decisão em sentido contrário.

Embora a Súmula 473 do STF afirme que de atos ilegais não se originam direitos, é possível haver casos de efeitos que se exauriram de pronto ou se tornaram irretratáveis, ou se consolidaram por longo tempo, inviabilizando o retorno à situação anterior. Nos termos do art. 54 da Lei nº 9.784, de 29.01.1999, o direito da Administração de anular atos administrativos de que decorram efeitos favoráveis para os destinatários decai em 5 (cinco) anos, contados da data em que foram praticados, salvo comprovada má-fé. Tal prazo vem sendo aplicado pelo Judiciário a outros entes federativos.

8.11.4 Revogação do ato administrativo

Nesse âmbito, *revogação* é ato editado pela própria Administração para suprimir ato administrativo anterior, por razões de mérito, ou seja, por razões de conveniência e oportunidade no atendimento do interesse público. Tendo em vista que a revogação se fundamenta em razões de mérito, descabe ao Poder Judiciário editá-la, pois sua apreciação se cinge a aspectos de legalidade do ato administrativo.

O poder de revogar, de que é dotada a Administração, baseia-se na sua competência para avaliar o interesse público ou ponderar os interesses presentes numa determinada situação. A própria autoridade pode, assim, de modo espontâneo ou por provocação, reavaliar os aspectos de conveniência e oportunidade de uma decisão e concluir pelo seu desfazimento. Vários fatores podem levar à revogação: mudança de circunstâncias, advento de novos fatos, reação contrária da população, engano inicial na apreciação dos fatos.

Segundo Alessi (*La revoca degli atti amministrativi*, p. 83), o poder de revogar encontra fundamento jurídico na normal competência de agir da autoridade administrativa. Daí derivam algumas características desse poder de revogar: irrenunciabilidade, intransmissibilidade, imprescritibilidade (donde a impossibilidade de fixação de prazo para revogação de ato administrativo), discricionariedade.

Como todo ato administrativo, o ato de revogar deve atender às normas de competência. De modo geral, é pacífica a afirmação de que a toda faculdade positiva de editar um ato corresponde o poder de revogá-lo, sempre que permaneça o poder de decidir na matéria à qual o ato se refere.

No tema, questiona-se a respeito da competência do superior hierárquico de revogar ato editado por subordinado. Numa estrutura hierarquizada, de regra, o superior detém poder de modificar ou suprimir decisões dos subordinados, inclusive revogar. O desfazimento efetua-se de ofício ou em virtude de requerimento ou recurso dirigido ao superior. No entanto, se a norma conferir à autoridade subordinada competência exclusiva para editar o ato, descaberá à autoridade superior revogá-lo.

Outro aspecto suscitado diz respeito à predominância, como regra, da *revogabilidade* ou da *irrevogabilidade* do ato administrativo. Em favor da irrevogabilidade argumenta-se que a revogabilidade estimularia a irreflexão e a descontinuidade das decisões; o poder de revogar só seria admitido quando encontrasse fundamento explícito ou implícito na norma jurídica. No sentido da revogabilidade, entendimento que predomina no Brasil, argumenta-se que a Administração tem o dever de adaptar sua atividade a exigências atuais do interesse público, e um dos meios para tal é a revogação do ato administrativo. Se predomina a revogabilidade, não quer dizer que o poder de revogar seja ilimitado.

É ponto pacífico na doutrina e na jurisprudência que não pode ser revogado unilateralmente ato do qual resultaram *direitos adquiridos* (Súmula 473). Em essência, *direito adquirido* é aquele que, originado legalmente, já se incorporou ao patrimônio do interessado, ou que em determinado momento tinha todos os requisitos para exercer-se e não se exerceu, advindo o ato revogatório.

O *poder de revogar* encontra *limite* no tocante aos atos vinculados, editados na conformidade de requisitos e condições, prefixados na norma, e atendidos pelo interessado. Em tais atos, como se viu, inexiste margem de escolha com base em conveniência e oportunidade (mérito) que possa levar ao desfazimento com base em conveniência e oportunidade. É o caso das licenças.

Se a Administração revogar ato de que decorreu direito, caberá o pagamento de indenização pelos danos causados.

Os efeitos da revogação operam a partir do presente, porque desfazem atos dotados de legalidade, ou seja, operam *ex nunc*. O ato de revogação é irretroativo, pois incide sobre ato legal, que produziu efeitos válidos; assim, a revogação não atinge efeitos já produzidos pelo ato revogado, cessando os efeitos deste para o futuro.

8.11.5 Cassação

De uso pouco frequente, a *cassação* é ato administrativo que também desfaz outro. O fundamento da cassação não se encontra na ilegalidade do ato anterior, nem em razões de mérito: o fundamento reside no descumprimento posterior, por parte do interessado, de exigências legais relativas à situação objeto do ato. Assim, a cassação de licença para construir pode fundamentar-se no descumprimento do projeto. No regime disciplinar de servidores, a cassação de aposentadoria ou disponibilidade figura como pena aplicada ao inativo que houver praticado, na atividade, falta punível com a demissão, conforme prevê o art. 134 da Lei 8.112/90 – regime jurídico dos servidores públicos civis da União.

8.12 Preservação do ato administrativo

Algumas figuras jurídicas expressam a manutenção do ato administrativo, embora dotado de ilegalidade. Aparecem englobadas na rubrica *instituto da sanatória*. Têm por objetivo a preservação do ato editado, por razões diversas, conforme o caso. Em geral depende de avaliação ou ponderação, confrontando-se as consequências do desfazimento e da manutenção em termos de interesse público, custos e benefícios, boa-fé de quem se beneficiaria com a permanência do ato, ausência de impedimento legal, ausência de prejuízo a terceiros, dentre outros. Serão enunciadas, de modo breve, as mais frequentes.

8.12.1 Convalidação

É o ato administrativo que efetua a supressão de defeito de ato anteriormente editado, para mantê-lo no mundo jurídico, retroagindo seus efeitos a partir da edição do primeiro. A Lei 9.784/99 – processo administrativo federal – prevê a convalidação no art. 55, da forma seguinte: "Em decisão na qual se evidencie não acarretarem lesão ao interesse público nem prejuízo a terceiros, os atos que apresentarem defeitos sanáveis poderão ser convalidados pela própria Administração".

8.12.2 Ratificação

É o ato que expurga ou corrige um defeito relativo à *competência*, detectado em ato antes emitido, declarando sua validade desde o momento em que foi editado. Não podem ser ratificados os atos de competência exclusiva de autoridades assim indicados na Constituição Federal e na legislação infraconstitucional; nem os atos de competência exclusiva quanto à matéria. Por vezes se usa, em publicações oficiais, o termo *retirratificação*, no sentido de retificação (correção) e manutenção.

8.12.3 Conversão

É o ato editado com aproveitamento de elementos válidos de um primitivo ato ilegal, para a mesma finalidade deste, com retroação dos seus efeitos ao momento da edição do ato original.

8.13 Os novos preceitos da LINDB e o ato administrativo

Novos preceitos foram acrescentados no Decreto-lei nº 4.657, de 04.9.1942 – *Lei de Introdução* às *Normas do Direito Brasileiro – LINDB*, mediante a Lei nº 13.655, de 25.4.2018, em cuja ementa se lê tratar-se de "disposições sobre segurança jurídica e eficiência na criação e aplicação do direito público". Tais preceitos figuram nos arts. 20 a 30, com o art. 25 e alguns parágrafos vetados.

Os novos dispositivos destinam-se a autoridades que exercem funções administrativas e funções de controle, inclusive judicial, explicitando e ressaltando regras presentes na Constituição Federal e outros textos.

No tocante ao ato administrativo sobrelevam, em especial, regras atinentes à motivação, à proporcionalidade, à segurança jurídica de modo direto, ao consensualismo.

Os arts. 20 e 21 centram-se na *motivação*. O art. 20 determina que, no caso de decisões com base em fórmulas amplas e vagas (por exemplo: interesse público, bem comum), sejam consideradas as consequências práticas dessa decisão. O mesmo dispõe o art. 21, *caput*, quanto à decisão que invalide ato, contrato, ajuste, processo ou norma administrativa.

Os parágrafos dos arts 20, 21 e os §§2º e 3º do art. 22 se inspiram no *princípio da proporcionalidade* ao prescreverem o sopesamento na tomada de decisão, com observância das condições envolvidas na situação.

O art. 23 vincula-se diretamente à *segurança jurídica* ao dispor que, na fixação de nova interpretação ou orientação sobre norma de conteúdo indeterminado, deverá estar previsto regime de transição, visando ao seu cumprimento de "modo proporcional, equânime e eficiente e sem prejuízo dos interesses gerais". Também vinculado à segurança jurídica em si, o art. 24, *caput*, proíbe a retroatividade de nova orientação geral, no caso de revisão quanto à validade de ato, contrato ou norma administrativa. A vedação de retroatividade de nova interpretação, contida na Lei nº 9.784, de 29.01.1999 – Lei de processo administrativo federal – art. 2º, parágrafo único, inciso XIII, agora incide sobre todos os entes federativos.

O art. 26 possibilita que a autoridade administrativa celebre *compromisso com os interessados*, para eliminar irregularidades, incerteza jurídica ou situação litigiosa, após ouvida do órgão jurídico e, se for o caso, após realização de consulta pública. O §1º do mesmo artigo fixa condições para o compromisso: I – busca de solução proporcional, equânime, e adequada ao interesse geral; II – não pode conferir desoneração permanente de dever ou condicionamento de direito; III – fixará com clareza as obrigações das partes, o prazo de cumprimento e as sanções aplicáveis em caso de descumprimento.

Por força do art. 30 e parágrafo único as autoridades públicas devem atuar para aumentar a segurança jurídica na elaboração de normas, inclusive por meio de regulamentos, súmulas administrativas e respostas a consultas, instrumentos estes que terão caráter vinculante quanto ao órgão ou entidade a que se destinam, até ulterior revisão.

Bibliografia

ANDRADE, José Carlos Vieira de. *O dever de fundamentação expressa de actos administrativos*. Coimbra: Almedina, 1991.

BREGA, José Fernando. *Governo eletrônico e direito administrativo*. Brasília: Gazeta Jurídica, 2015.

CAVALCANTI, Themistocles Brandão. *Teoria dos atos administrativos*. São Paulo: RT, 1973.

CINTRA, Antonio Carlos de Araújo. *Motivo e motivação do ato administrativo*. São Paulo: RT, 1979.

CRETELLA JÚNIOR, José. *Do ato administrativo*. 2. ed. São Paulo: Bushatsky, 1977.

CUNHA FILHO, Alexandre Jorge Carneiro da; ISSA, Rafael Hamse; SCHWIND, Rafael Wallbach (Org.). *Lei de Introdução às Normas do Direito Brasileiro anotada*. São Paulo: Quartier Latin, 2019.

DELVOLVE, Pierre. *L'acte administratif*. Paris: Sirey, 1983.

FAGUNDES, Miguel Seabra. Revogação e anulamento do ato administrativo. *RDA*, v. 2, fasc. II, p. 482-488, jul. 1945; III, p. 1-12, jan. 1946.

HORBACH, Carlos Bastide. *Teoria das nulidades do ato administrativo*. São Paulo: RT, 2007.

MARQUES, Floriano Azevedo. *Regulação estatal e interesses públicos*. São Paulo: Malheiros, 2002.

MEDAUAR, Odete. Administração Pública: do ato ao processo. *In*: ARAGÃO, Alexandre Santos de; MARQUES NETO, Floriano (Org.). *Direito Administrativo e seus novos paradigmas*. 2. ed. Belo Horizonte: Fórum, 2017. p. 383-395.

MEDAUAR, Odete. Ato administrativo: origem, concepção, abrangência. *In*: MEDAUAR, Odete; SCHIRATO, Vitor (Org.). *Os caminhos do ato administrativo*. São Paulo: RT, 2011.

MEDAUAR, Odete. Ato de governo. *RDA*, v. 191, 1993.

MEDAUAR, Odete. *Da retroatividade do ato administrativo*. São Paulo: Max Limonad, 1986.

MEDAUAR, Odete. Regime jurídico do ato administrativo: o conceito de ato administrativo. *In*: ZEGARRA, Diego; BACA, Victor. *La Ley de procedimiento administrativo general* – Diez anos despues. Lima: Palestra, 2011. p. 93-110.

MEDAUAR, Odete. Revogação do ato administrativo. *RDA*, p. 297-302, abr. 1986.

MEDAUAR, Odete; SCHIRATO, Vitor Rhein (Org.). *Os caminhos do ato administrativo*. São Paulo: RT, 2011.

SILVA, Vasco Manuel Pascoal Dias Pereira da. *Em busca do ato administrativo perdido*. Coimbra: Almedina, 1996.

STASSINOPOULOS, Michel. *Traité des actes administratifs*. Paris: LGDJ, 1973.

TÁCITO, Caio. *Desvio de poder em matéria administrativa*. Tese, Rio de Janeiro, 1951.

ZANCANER, Weida. *Da convalidação e da invalidação dos atos administrativos*. 2. ed. São Paulo: Malheiros, 1993.

CAPÍTULO 9

PROCESSO ADMINISTRATIVO

9.1 A processualidade ampla

Nem todos os atos administrativos são editados de imediato pelos agentes administrativos. Em muitos casos, o ordenamento impõe a precedência de uma série encadeada de fases, cujo momento final é a edição de um ato administrativo. Assim, alguns atos são emitidos como resultado de um processo administrativo.

Durante muito tempo o termo "processo" vinha associado à função jurisdicional. Não se cogitava de "processo" no âmbito do direito administrativo, de processo atinente às relações entre Administração e cidadãos (isolados ou como pessoas jurídicas).

A partir da década de 50, processualistas e administrativistas foram convergindo para a ideia de processo ligado ao exercício do poder estatal. O processo, nesse entendimento, expressa o aspecto dinâmico de um fenômeno que se vai concretizando em muitos pontos no tempo, refletindo a passagem do poder em atos ou decisões. Assim, o processo existe tanto no exercício da função jurisdicional, como na função legislativa e na função executiva.

A processualidade que está presente em vários âmbitos da experiência jurídica apresenta um núcleo de elementos comuns, a seguir indicados:

a) a processualidade exprime o "vir a ser" de um fenômeno; há um período de dinâmica, em que atuações evoluem;

b) os vários pontos no tempo significam atos e atuações que se sucedem um ao outro, num encadeamento em que o momento precedente impulsiona o subsequente, até a meta final. Para que o encadeamento se efetue, o direito prevê deveres e ônus para quem está legitimado a atuar no momento posterior. Desse modo, nem toda sucessão de atos para chegar a um resultado final se apresenta como processualidade – esta é figura mais específica que a soma de atos;

c) o encadeamento sucessivo dos atos ocorre não como algo eventual ou meramente lícito, mas como algo juridicamente necessário e obrigatório;

d) a figura jurídica do processo é distinta da figura do ato, mas ambas guardam correlação, como instrumentalidade da primeira em relação ao segundo;

e) o esquema processual abrange, na sua série, todos os atos que, de modo mediato ou imediato, são teleologicamente vinculados à elaboração do ato final. Embora dotados de vida própria, os atos da série processual encontram sua razão de ser na decisão final. No entanto, esse vínculo teleológico a um resultado unitário não elimina a relevância dos atos parciais, sobretudo no tocante à garantia de direitos e ao seu papel de oferecer condições para uma decisão correta;

f) o esquema processual compõe-se de atividades provindas de muitas pessoas físicas, quer sejam ou não representantes de órgãos da entidade que emite o ato final. Quando determina a atuação mediante esquema processual, o ordenamento está exigindo a coadjuvação de muitas pessoas ou órgãos, de acordo com pautas preordenadas juridicamente. O ato resultante da cooperação de várias pessoas é imputado ao ente estatal que o emite;

g) os sujeitos que exercem atividades no esquema processual estão interligados por direitos, deveres, ônus, poderes, faculdades. Essa complexa ligação entre os sujeitos compõe-se, então, de posições jurídicas ativas e passivas de cada um deles (v. Cintra, Grinover e Dinamarco, *Teoria geral do processo*, 23. ed., 2007, p. 301).

A partir desse núcleo comum, irradiam-se pontos de diversidade entre os vários tipos de processo, em grande parte decorrentes das características da função a que se ligam e do ato final a que tendem. Portanto, há peculiaridades no processo administrativo que o distinguem do processo jurisdicional e do processo legislativo.

9.2 Processo ou procedimento administrativo

Aceita a existência de processo no âmbito administrativo, surge a controvérsia no tocante a sua denominação: seria *processo* ou *procedimento*?

Vários critérios de distinção entre as duas figuras foram arrolados por administrativistas e processualistas, fugindo aos objetivos deste livro seu enunciado completo.

Muitos administrativistas e tributaristas utilizam o termo procedimento. Uma das explicações para o uso desse vocábulo encontra-se no receio de confusão com o processo jurisdicional. Mas essa confusão não ocorre, em virtude do acréscimo do qualificativo que identifica a função a que se refere; assim, a locução *processo administrativo* revela que se trata de processo que existe no âmbito da função administrativa.

No aspecto substancial, *procedimento* distingue-se de *processo* porque, basicamente, significa a sucessão encadeada de atos. Processo, por seu lado, implica, além do vínculo entre atos, vínculos jurídicos entre os sujeitos, englobando direitos, deveres, poderes, faculdades, na relação processual. Processo implica, sobretudo, atuação dos sujeitos sob prisma contraditório.

Assim, o *processo administrativo* caracteriza-se pela atuação dos interessados, em contraditório, seja ante a própria Administração, seja ante outro sujeito (administrado em geral, licitante, contribuinte, por exemplo), todos, neste caso, confrontando seus direitos ante a Administração.

A Constituição Federal de 1988 consagrou o termo *processo* para significar a processualidade administrativa. Por isso, encontra-se esse termo no inc. LV do art. 5º: "Aos litigantes, em *processo* judicial ou administrativo, e aos acusados em geral são assegurados o contraditório e ampla defesa, com os meios e recursos a ela inerentes". Em outros dispositivos, a Constituição usa o termo *processo* para atuações no âmbito administrativo: no inc. XXI do art. 37 – *processo* de licitação – e no §1º do art. 41 – *processo* administrativo (disciplinar).

9.3 Finalidades do processo administrativo

Se num primeiro momento o processo administrativo significava meio de observância dos requisitos de legalidade do ato administrativo e garantia de respeito dos direitos dos indivíduos, seus objetivos foram se ampliando à medida que se alteravam as funções do Estado e da Administração, as relações entre Estado e sociedade e as próprias concepções do direito administrativo. Extrapolou-se o perfil do processo administrativo ligado somente à dimensão do ato administrativo em si, para chegar à legitimação do poder.

As várias finalidades apresentam-se cumulativas sem se excluírem, embora sejam expostas de modo separado, por exigências de sistematização científica.

9.3.1 Garantia

Na sua função garantista, o processo administrativo vem finalizado à garantia jurídica dos administrados (particulares e servidores), pois tutela direitos que o ato administrativo pode afetar. Isso porque a atividade administrativa tem de se canalizar obrigatoriamente por parâmetros determinados, como requisito mínimo para ser qualificada como legítima. No esquema processual o cidadão não encontra ante si uma Administração livre, e sim uma Administração disciplinada na sua atuação.

9.3.2 Melhor conteúdo das decisões

No processo administrativo os interessados são ouvidos, apresentam argumentos e provas, oferecem informações. Contribuem, portanto, para a determinação do fato ou da situação objeto do processo. Com isso se ampliam os pressupostos objetivos da decisão administrativa.

9.3.3 Legitimação do poder

A processualidade está associada ao exercício do poder. O poder é, por si próprio, autoritário. No âmbito estatal, a imperatividade característica do poder, para não ser unilateral e opressiva, deve encontrar expressão em termos de paridade e imparcialidade no processo preordenado. Daí a importância dos momentos de formação da decisão como legitimação do poder em concreto, pois os dados do problema que emergem no processo permitem saber se a solução é correta ou aceitável e se o poder foi exercido de acordo com as finalidades para as quais foi atribuído.

9.3.4 Correto desempenho da função

O processo administrativo, ensejando o afloramento de vários interesses, posições jurídicas, argumentos, provas, dados técnicos, obriga à consideração dos interesses e direitos copresentes em certa situação. Muitas vezes o desempenho incorreto da função provém do insuficiente conhecimento ou consideração dos dados da questão.

9.3.5 Justiça na Administração

Há um pensamento que associa justiça exclusivamente ao Poder Judiciário. De modo diverso coloca-se uma postura que atribui também à Administração uma tarefa de justiça. Tal postura importa em mudança das condutas administrativas inertes ou negligentes, movidas por má-fé ou não, no atendimento de direitos de cidadãos ou servidores. Muito comuns se tornaram as frases, em tom de jactância, do seguinte teor: "Se acha que têm direitos, vá procurá-los no Judiciário", como se a função administrativa pudesse permanecer alheia a direitos dos indivíduos, como se fosse meritório deixar de reconhecer direito de alguém.

O processo administrativo direciona-se à realização da justiça não só pelo contraditório e ampla defesa, vistos do ângulo do indivíduo, mas também por propiciar o sopesamento dos vários interesses envolvidos numa situação.

9.3.6 Aproximação entre Administração e cidadãos

Mediante a colaboração individual ou coletiva de sujeitos no processo administrativo, realiza-se a aproximação entre Administração e cidadãos. Rompe-se, com isso, a ideia de Administração contraposta à sociedade; muda a perspectiva do cidadão visto em contínua posição de defesa contra o poder público. O processo administrativo instrumentaliza as exigências pluralistas do contexto sociopolítico do fim do século XX e início do século XXI e a demanda de democracia na atuação administrativa.

9.3.7 Sistematização de atuações administrativas

O processo instituído implica organização racional da edição de muitos atos administrativos. Sistematizam-se, desse modo, várias atividades. Sob o ângulo da Administração, representa meio de simplificar práticas, pois não se pode pedir a cada servidor que invente, a cada questão que surge, todas as medidas que devam ser adotadas. Para o administrado, permite o conhecimento do modo de exercício de funções administrativas, em contraste, assim, com funções não processualizadas, cujo modo de exercício dificilmente se dá a conhecer.

9.3.8 Facilitar o controle da Administração

A colaboração dos sujeitos e o conhecimento do modo de atuação administrativa, decorrentes do esquema processual, facilitam o controle por parte da sociedade, do Poder Judiciário e de todos os outros entes que fiscalizam a Administração.

9.4 O processo administrativo no rol dos direitos e garantias fundamentais

O dispositivo-chave em matéria de processo administrativo é o inc. LV do art. 5º, que reza o seguinte: "Aos litigantes, em processo judicial ou administrativo, e aos acusados em geral são assegurados o contraditório e ampla defesa, com os meios e recursos a ela inerentes". Visualizado quanto à Administração, o preceito assegura, aos litigantes em processo administrativo e aos acusados no âmbito administrativo, o contraditório e a ampla defesa, com os meios e recursos a ela inerentes.

O preceito acima está inserido no título dedicado aos direitos e garantias fundamentais. Nem sempre, na teoria e na prática, se torna possível a separação nítida entre direitos e garantias. José Afonso da Silva, ao tratar do confronto entre direitos e garantias, menciona a conotação destas como direitos instrumentais, porque destinadas a tutelar um direito principal (*Curso de direito constitucional positivo*, 40. ed., 2017, p. 415).

O inc. LV do art. 5º apresenta-se precipuamente como garantia, porque se destina a tutelar direitos, porque representa meio para que sejam preservados, reconhecidos ou cumpridos direitos dos indivíduos na atuação administrativa. Sob o ângulo do cidadão, trata-se de direito instrumental. Deve ser enfocado também como garantia de direitos difusos, do que fornece exemplo o licenciamento ambiental com a participação, em contraditório, de entidades ambientalistas direcionadas à defesa de interesses difusos.

9.4.1 Litigantes em processo administrativo

A leitura do citado inc. LV suscita a questão do significado do termo *litigantes* na perspectiva do processo administrativo. Diferentemente do passado, as correntes doutrinárias contemporâneas já trabalham com a ideia de multiplicidade de interesses, de diversidade de pontos de vista, de controvérsias a respeito de direitos no âmbito da atuação administrativa. Daí merecer acolhida a diretriz aventada por Ada Pellegrini Grinover ao examinar o sentido do termo *litigantes* na esfera administrativa: "O litigante surge em razão de uma controvérsia, em razão de um conflito de interesses. (...) Haverá litigantes sempre que houver um conflito de interesses, sempre que houver uma controvérsia" (Garantias do contraditório e ampla defesa, *Jornal do Advogado*, São Paulo, n. 175, p. 9, nov. 1990).

A exigência de processo administrativo abrange, portanto, situações em que dois ou mais administrados se apresentam em posição de controvérsia entre si, perante uma decisão que deva ser tomada pela Administração; por exemplo: nas licitações, concursos públicos. Abrange também os casos de controvérsias entre administrados (particulares ou servidores) e a Administração; por exemplo: licenças em geral, recursos administrativos em geral, reexame de lançamento (processo administrativo-tributário).

9.4.2 Acusados no âmbito administrativo

Na esfera administrativa o termo *acusados* designa as pessoas físicas ou jurídicas às quais a Administração atribui determinadas atuações, das quais decorrerão consequências punitivas; por exemplo: imposição de sanções decorrentes do poder de polícia, inclusive sanções de trânsito; atuações disciplinares sobre servidores e alunos de escolas públicas; atuações disciplinares que, por delegação, cabem às ordens profissionais; aplicação de sanções por má execução de contratos administrativos.

9.5 O devido processo legal no âmbito administrativo

A exigência de atuação administrativa processualizada, prevista no inc. LV para as hipóteses indicadas, vincula-se profundamente ao inc. LIV do art. 5º, que estabelece a cláusula do *devido processo legal*, nos seguintes termos: "Ninguém será privado da liberdade ou de seus bens sem o devido processo legal".

Originada do art. 39 da Magna Carta de 1215, a cláusula originariamente vinculou-se ao processo penal, sobretudo para possibilitar o direito de defesa. Depois se estendeu ao processo civil. A doutrina pátria posiciona-se favoravelmente à vigência da cláusula no âmbito administrativo. Com efeito, o inc. LIV tem sentido amplo, sem indicação do campo de incidência, sendo cabível reconhecer sua acolhida na esfera administrativa, o que representa um estágio avançado de uma evolução que já vinha ocorrendo na jurisprudência, como bem reflete a Súmula 21 do STF, que vedou a demissão sumária de servidores em estágio probatório, obrigando a Administração a dar-lhes conhecimento das alegações contra sua permanência no cargo e a dar-lhes oportunidade de defesa.

Relacionando os incs. LIV e LV, pode-se dizer que o segundo especifica, para a esfera administrativa, o *devido processo legal*, ao impor a realização do processo administrativo, com as garantias do contraditório e ampla defesa, nos casos de controvérsia e ante a existência de acusados. No âmbito administrativo, desse modo, o devido processo legal não se restringe às situações de possibilidade de privação de liberdade e de bens. O devido processo legal desdobra-se, sobretudo, nas garantias do *contraditório* e *ampla defesa*, aplicadas ao processo administrativo.

9.6 Princípios do processo administrativo

Na doutrina, o rol dos princípios do processo administrativo varia de autor para autor, segundo as concepções de cada um e o teor do direito legislado do respectivo país. Especificamente para o processo administrativo, a Constituição prevê o princípio do contraditório, da ampla defesa e da razoável duração do processo. Os demais decorrem de formulação doutrinária, jurisprudencial e legal.

9.6.1 O princípio do contraditório

Em essência, o *contraditório* significa a faculdade de manifestar o próprio ponto de vista ou argumentos próprios, ante fatos, documentos ou pontos de vista apresentados por outrem. Fundamentalmente, o contraditório quer dizer "informação necessária e reação possível" (Cândido Dinamarco, *Fundamentos do processo civil moderno*, 2. ed., 1987, p. 93). Elemento ínsito à caracterização da processualidade, o *contraditório* propicia ao sujeito a ciência de dados, fatos, argumentos, documentos, a cujo teor ou interpretação pode reagir, apresentando, por seu lado, outros dados, fatos, argumentos, documentos. À garantia do contraditório para si próprio corresponde o ônus do contraditório, pois o sujeito deve aceitar a atuação no processo de outros sujeitos interessados, com idênticos direitos.

Do princípio do *contraditório*, centrado na informação necessária para possibilitar a reação, emanam faculdades, direitos, enfim, consequências que formam o corpo do seu próprio conteúdo. Tendo em vista sua profunda inter-relação com o princípio da ampla defesa, alguns desdobramentos vêm inseridos pela doutrina e jurisprudência também no rol dos elementos configuradores deste último. Serão arrolados a seguir os desdobramentos mais diretos do princípio do contraditório.

a) *Informação geral* – Significa o direito, atribuído aos sujeitos e à própria Administração, de obter conhecimento adequado dos fatos que estão na base da formação do processo e de todos os demais documentos, provas e dados que vieram à luz no curso do processo. Daí resultam exigências impostas à Administração no tocante à comunicação, aos sujeitos, de elementos do processo em todos os seus momentos. Vincula-se, também, à informação ampla o direito de acesso a documentos que a Administração detém ou a documentos juntados por sujeitos contrapostos. Em decorrência do contraditório, são vedados o uso ou a invocação de elementos que não constam do expediente formal, porque deles não tiveram ciência prévia os sujeitos, tornando-se impossível a reação a tais elementos. No ordenamento pátrio, o princípio da publicidade, consagrado constitucionalmente, irradia-se de forma acentuada nas atuações administrativas processualizadas.

b) *Ouvida dos sujeitos* ou *audiência das partes* – Esse aspecto mescla-se com facilidade aos desdobramentos da ampla defesa. Consiste, em essência, na possibilidade de manifestar o próprio ponto de vista sobre fatos, documentos, interpretações e argumentos apresentados pela Administração e por outros sujeitos. Aí se incluem o direito paritário de propor provas (com razoabilidade), o direito de vê-las realizadas e apreciadas e o direito a um prazo suficiente para o preparo de observações a serem contrapostas.

c) *Motivação* – A oportunidade de reagir ante a informação seria vã se não existisse fórmula de verificar se a autoridade administrativa efetivamente tomou ciência e sopesou as manifestações dos sujeitos. A este fim responde a regra da motivação dos atos administrativos. Pela motivação se percebe como e quando determinado fato, documento ou alegação influiu na decisão final. Evidente que a motivação não esgota aí seu papel; além disso, propicia reforço da transparência administrativa e do respeito à legalidade e também facilita o controle sobre as decisões tomadas. A falta de norma explícita que imponha motivação não a dispensa nas atuações administrativas processualizadas, visto configurar decorrência necessária da garantia do contraditório.

9.6.2 O princípio da ampla defesa

Longo caminho a humanidade percorreu, desde a época em que a vida e os bens eram tirados do homem só pela vontade do soberano, até a afirmação, consolidação e aprimoramento das garantias de vida, patrimônio, honra e outras mais, conquistadas no correr dos séculos. Uma dessas garantias é o *direito de defesa*.

O *direito de defesa* significa, em essência, "o direito à adequada resistência às pretensões adversárias" (Cintra, Grinover e Dinamarco, *Teoria geral do processo*, 23. ed., 2007, p. 90). Tem o sentido de busca da preservação de algo que será afetado por atos, medidas, condutas, decisões, declarações, vindos de outrem. A Constituição Federal alude a *ampla defesa*, refletindo a evolução que reforça o princípio e denota elaboração acurada para melhor assegurar sua observância.

Os princípios do contraditório e ampla defesa mantêm profunda interação, já se disse, mesclando-se, em muitos pontos, as decorrências de um e outro. A seguir serão arrolados os desdobramentos mais diretamente vinculados à ampla defesa.

a) *Caráter prévio da defesa* – Consiste na anterioridade da defesa em relação ao ato decisório. A garantia da ampla defesa supõe, em princípio, o caráter prévio das atuações pertinentes. A anterioridade da defesa recebe forte matiz nos processos administrativos punitivos, pois os mesmos podem culminar em sanções impostas aos implicados.

No concernente ao exercício do *poder disciplinar*, a garantia constitucional da ampla defesa veda a imposição de penas sem a intermediação de processo (que pode ser simples). A ideia de que o contraditório e a ampla defesa só devem existir para apuração de condutas passíveis de penas graves, enquanto outras penas seriam aplicadas sem processo, deixa de prevalecer à vista do disposto no inc. LV do art. 5º da CF. Portanto, não há de se admitir a punição pelo critério da *verdade sabida*, em virtude do qual se conferia à autoridade o poder de aplicar, de imediato, penas leves (exemplo: repreensão e suspensão curta) quando tivesse conhecimento direto da falta cometida.

Quanto às *multas de trânsito*, é evidente a inviabilidade de se assegurar defesa prévia; a solução advém mediante a atribuição de prazo adequado para que se possa recorrer da multa e para que o órgão possa decidir antes do vencimento. Nesta linha se apresenta a Súmula 312 do STJ: "No processo administrativo para imposição de multa de trânsito, são necessárias as notificações da autuação e da aplicação da pena decorrente da infração".

Em casos excepcionais, envolvendo risco de vida e segurança da população, pode-se admitir defesa posterior, como nos casos de embargo de obra com risco de desabamento e a interdição de atividades perigosas.

b) *Direito de interpor recurso administrativo* – Independe de previsão explícita em lei ou demais normas, visto ter respaldo no direito de petição, que, no ordenamento pátrio, vem indicado na Constituição Federal, art. 5º, XXXIV, alínea *a*. Além disso, nos processos administrativos o direito de recorrer está alicerçado na garantia de ampla defesa, como uma de suas decorrências.

Na ADIn 1976/DF, julgada em 28.03.2007, o STF declarou inconstitucional a exigência de depósito prévio ou de prévio arrolamento de bens e direitos como condição de admissibilidade de recurso administrativo, pois tal exigência lesa o direito de petição (art. 5º, XXXIV, da CF) e o art. 5º, LV, da CF – contraditório e ampla defesa; reforçando o entendimento, o STF enunciou a Súmula Vinculante 21, publicada em 10.11.2009, com o teor a seguir: "É inconstitucional a exigência de depósito ou arrolamento prévios de dinheiro ou bens para a admissibilidade de recurso administrativo". Na mesma linha, a Súmula 373 do STJ, editada em 2009, dispõe o seguinte: "É ilegítima a exigência de depósito prévio para admissibilidade de recurso administrativo".

c) *Defesa técnica* – É a defesa realizada pelo representante legal do interessado, o advogado. Várias justificativas surgem, de regra, quanto à defesa técnica: equilíbrio entre os sujeitos ou paridade de armas, vinculado à plenitude do contraditório; o conhecimento especializado do advogado contribui para a tomada de decisão com respaldo na legalidade e justiça; a presença do advogado evita que o sujeito se deixe guiar por emoções de momento.

Nos *processos disciplinares* de servidores se firmara entendimento no sentido da necessidade de defesa técnica, o que gerava para a Administração a obrigatoriedade de indicar advogado dativo para o servidor desassistido. Tal orientação se alterou com a Súmula Vinculante 05 do STF, que aboliu a exigência, tornando-se facultativa a defesa técnica: "A falta de defesa técnica por advogado no processo administrativo disciplinar não ofende a Constituição".

d) Vinculados ao aspecto da informação geral decorrente do contraditório e tangenciando desdobramentos deste princípio, apresentam-se outros elementos da ampla defesa. Assim, o *direito de ser notificado* do início do processo, devendo constar do texto a indicação dos fatos e bases legais. E mais: o direito de ser cientificado, com antecedência, das medidas ou atos referentes à produção das provas; o direito de acesso aos elementos do expediente (vista, cópia ou certidão, por exemplo).

e) Integra também a ampla defesa o direito de solicitar a produção de *provas*, de vê-las realizadas e consideradas. O reconhecimento do direito à prova não significa seu exercício abusivo, como, por exemplo, ouvida de cem testemunhas, realização de provas tumultuárias. Por outro lado, aplica-se ao processo administrativo a regra do inc. LVI do art. 5º da CF, que veda as provas obtidas por meios ilícitos.

9.6.3 O princípio da razoável duração do processo

A Emenda Constitucional 45, de 09.12.2004 – Reforma do Judiciário, acrescentou ao rol dos direitos fundamentais do art. 5º o inciso LXXVIII, assegurando, a todos, no âmbito judicial e administrativo, a razoável duração do processo e os meios que garantam a celeridade de sua tramitação.

No âmbito administrativo esse princípio mantém vínculo estreito com o da eficiência e visa à tramitação, sem delongas injustificadas, do processo administrativo, para que a decisão seja tomada no menor tempo possível.

Alguns mecanismos para concretizar o princípio podem ser aventados: exigência de cumprimento de prazos fixados, para particulares e agentes públicos, com previsão de consequências pelo desrespeito; fixação de efeitos da inércia ou silêncio; perda, para a Administração, da possibilidade de atuar, após decurso do prazo para decidir.

A vigência do princípio da razoável duração do processo administrativo não implica sacrifício do contraditório, ampla defesa, devido processo legal, pautando-se pela proporcionalidade a conciliação de todos.

9.6.4 O princípio da oficialidade

Também denominado de *impulso oficial* ou *impulsão de ofício*, significa o dever, atribuído à Administração, de tomar todas as providências para se chegar, sem delongas, à decisão final.

Esse princípio não elide a atuação dos sujeitos, garantida pelo contraditório e ampla defesa. Expressa, em especial, a responsabilidade da Administração pelo andamento regular e contínuo do processo, independentemente de provocação dos sujeitos para a realização de atos e providências, inclusive quanto à instrução, no sentido de determinar a coleta de todos os elementos necessários ao esclarecimento de fatos pertinentes ao assunto tratado.

Algumas decorrências desse princípio vêm comumente apontadas:

a) a atuação da Administração no processo tem caráter abrangente, não se limitando aos aspectos suscitados pelos sujeitos;

b) a obtenção de provas e de dados para esclarecimento de fatos e situações deve também ser efetuada de ofício, além do pedido dos sujeitos;

c) a inércia dos sujeitos (particulares, servidores e órgãos públicos interessados) não acarreta paralisação do processo, salvo o caso de providências pedidas pelo particular e que dependam de documentos que deve juntar; em tais casos a Administração deverá conceder prazo para a juntada, encerrando o processo se tal não ocorrer.

9.6.5 O princípio da verdade material

Esse princípio, também denominado *verdade real*, vinculado ao princípio da oficialidade, exprime que a Administração deve tomar decisões com base nos fatos tais como se apresentam na realidade, não se satisfazendo com a versão oferecida pelos sujeitos. Para tanto, tem o direito e o dever de carrear para o expediente todos os dados, informações, documentos a respeito da matéria tratada, sem estar jungida aos aspectos suscitados pelos sujeitos.

9.6.6 O princípio do formalismo moderado

Na doutrina é citado também com o nome de *princípio do informalismo*. Porém, não parece correta essa última expressão, porque dá a entender que não há ritos e formas no processo administrativo. Há ritos e formas inerentes a todo procedimento. Na verdade, o *princípio do formalismo moderado* consiste, em primeiro lugar, na previsão de ritos e formas simples, suficientes para propiciar um grau de certeza, segurança, respeito aos direitos dos sujeitos, o contraditório e a ampla defesa. Em segundo lugar, se traduz na exigência de interpretação flexível e razoável quanto a formas, para evitar que estas sejam vistas como fim em si mesmas, desligadas das verdadeiras finalidades do processo.

Evidente que exigências decorrentes do *contraditório* e *ampla defesa*, tais como prazo para alegações, notificação dos sujeitos, motivação, não podem ser consideradas "filigranas" ou formalidades dispensáveis, como por vezes é invocado ao se pretender ocultar razões pessoais subjacentes. Portanto, o princípio do formalismo moderado não há de ser chamado para sanar nulidades ou para escusar o cumprimento da lei; visa a impedir que minúcias e pormenores não essenciais afastem a compreensão da verdadeira finalidade da atuação. Exemplo de formalismo exacerbado, destoante desse princípio, encontra-se no processo licitatório, ao se inabilitarem ou desclassificarem participantes por lapsos em documentos não essenciais, passíveis de serem supridos ou esclarecidos em diligências. Assim agindo, deixa-se em segundo plano a verdadeira finalidade do processo, que é o confronto do maior número possível de propostas com o fim de aumentar a possibilidade de ser celebrado contrato adequado ao interesse público.

9.7 Tipologia do processo administrativo

Tendo em vista o inc. LV do art. 5º da CF e levando em conta as modalidades formuladas por Hely Lopes Meirelles e Sérgio de Andréa Ferreira e, depois, o uso de meios digitais, propõe-se a seguinte tipologia para os processos administrativos no direito pátrio:

a) *processos administrativos em que há controvérsias, conflito de interesses*:

a.1) *processos administrativos de gestão* – exemplos: licitações, concursos públicos, concursos de acesso ou promoção, processos administrativos normativos;

a.2) *processos administrativos de outorga* – exemplos: licenciamentos de atividades e exercício de direitos, licenciamento ambiental, registro de marcas e patentes, isenção condicionada de tributos;

a.3) *processos administrativos de verificação ou determinação* – exemplo: prestação de contas;

a.4) *processos administrativos de revisão* – exemplos: recursos administrativos, reclamações, impugnação de lançamento;

b) *processos administrativos em que há acusados* – tais processos denominam-se *processos sancionadores* ou *punitivos*:

b.1) *internos* – são os processos disciplinares em que são indiciados servidores, alunos de escolas públicas;

b.2) *externos* – que visam a apurar infrações, desatendimento de normas, e a aplicar sanções sobre administrados que não integram a organização administrativa; por exemplo: infrações decorrentes do poder de polícia; infrações relativas à administração fiscal; aplicação de penalidades a particulares que celebram contrato com a Administração, inclusive concessionários.

c) *processos administrativos materializados em papel* e *processos administrativos eletrônicos* (materializados em meio eletrônico).

9.8 Fases do processo administrativo

Cada *fase do processo administrativo* representa um conjunto de atos e fatos que desempenham, quanto ao ato final, um papel relativamente homogêneo. O rol e a denominação das fases variam na doutrina.

Melhor parece considerar no processo administrativo três fases:

a) *fase introdutória ou inicial*, integrada por atos que desencadeiam o procedimento; o processo administrativo pode iniciar-se de ofício ou por iniciativa de interessados (particulares, individualmente ou em grupo, e servidores para pleitear direitos, por exemplo);

b) *fase preparatória*, na qual se colhem todos os elementos de fato e de direito que possibilitem a tomada de decisão justa e aderente à realidade; aí se incluem os atos e fatos relativos às provas, a formulação de pareceres jurídicos e técnicos, as audiências públicas (como no licenciamento ambiental), relatórios, alegações escritas com caráter de defesa ou não, enfim, todos os elementos que levam a um conhecimento mais acurado da questão tratada no processo, com o objetivo de conduzir a uma decisão correta quanto aos fatos e ao direito;

c) *fase decisória*, que é o momento em que a autoridade competente (unipessoal ou colegiado) fixa o teor do ato que emite a decisão e o formaliza; nesta fase se incluem os elementos necessários à eficácia da decisão, tais como notificação, publicação e eventualmente homologação ou aprovação, pois todos são ínsitos à própria decisão.

9.9 Jurisprudência

As garantias previstas nos incs. LIV e LV do art. 5º da CF permeiam, hoje, inúmeras sentenças e acórdãos do Poder Judiciário. Se já havia uma rica elaboração jurisprudencial quanto ao processo administrativo disciplinar, após a Constituição Federal de 1988 aquelas garantias se estenderam a outras matérias, o que se reflete no âmbito jurisdicional. Serão mencionadas, a seguir, algumas ementas de acórdãos que não tratam de processo disciplinar, pois a respeito desse tema serão indicadas no capítulo específico.

(i) TRF-5ª Reg., j. 17.05.1990, rel. Juiz Orlando Rebouças – Autuado um estabelecimento de revenda de combustíveis por infrações que não evidenciam imediato perigo ou grave lesão à ordem, à saúde, à segurança ou às finanças públicas, a penalidade de interdição, por sua gravidade, deve ser precedida do competente processo administrativo em que se assegure ao autuado a mais ampla defesa. Se tal não ocorre, afigura-se ilegal o ato de interdição sumária, aplicada ao arrepio do disposto no art. 5º, LV, da CF (cf. *RDA*, jan. 1992).

(ii) TRF-4ª Reg., j. 23.09.1993, rel. Juiz Doria Furquim – Correta a decisão do MM. Juiz *a quo* ao julgar procedentes os embargos do devedor, pelo fato de não haver, nos processos administrativos juntados, prova de o executado ter sido notificado.

(iii) Súmula Vinculante 3 – STF: "Nos processos perante o Tribunal de Contas da União asseguram-se o contraditório e a ampla defesa quando da decisão puder resultar anulação ou revogação de ato administrativo que beneficie o interessado, excetuada a apreciação da legalidade do ato de concessão inicial de aposentadoria, reforma e pensão". Mas, o STF firmou entendimento no sentido de caber contraditório e ampla defesa nestes processos se a decisão a respeito ultrapassar 5 (cinco) anos da data em que o processo chegou ao Tribunal de Contas (por exemplo: MS nº 24.781, rel. Min. Gilmar Mendes, 2011).

(iv) Súmula Vinculante 21 – STF: "É inconstitucional a exigência de depósito ou arrolamento prévios de dinheiro ou bens para admissibilidade de recurso administrativo".

(v) Súmula 373 – STJ: "É ilegítima a exigência de depósito prévio para admissibilidade de recurso administrativo".

(vi) STF Ag.Rg no RE n.250.482/CE, j. 26.6.2012: " Processo administrativo. Anulação de ato. Observância dos princípios do contraditório e ampla defesa. Qualquer ato da Administração Pública que tiver o condão de repercutir sobre a esfera de interesses do cidadão deverá ser precedido de prévio procedimento administrativo em que se assegure ao interessado o efetivo exercício do direito ao contraditório e à ampla defesa".

(vii) STF AgRg em MS n. 34.622/DF: "Aplicação da penalidade de impedimento de licitar ou contratar com a União. Penalidade aplicada sem ter sido dada à empresa oportunidade para prévio exercício do contraditório e da ampla defesa. Notificação pessoal realizada em endereço incorreto e ausência de tentativa de intimação nos demais endereços existentes nos autos do processo administrativo. Segurança concedida".

(viii) STF ACO n. 2.453/CE, j. 04.02.2020: "Processo administrativo. Direito de defesa. Considerada irregularidade na observância de convênio, há de ter-se instauração de processo administrativo, abrindo-se margem ao Estado interessado, antes do lançamento no cadastro de inadimplentes, de manifestar-se".

9.10 Codificação do processo administrativo – A Lei 9.784/99

Codificação do processo administrativo, nesta sede, significa a reunião, num só texto de lei, de modo ordenado, de preceitos referentes ao processo administrativo. Tem o sentido de disciplina geral, de edição de lei geral.

Muitos ordenamentos optaram pela concentração, numa lei, das normas sobre o exercício dos poderes administrativos em determinados setores, conferindo também direitos e faculdades aos particulares e servidores. Editaram leis de processo administrativo os seguintes países: Peru (2001), Colômbia (nova lei com vigência em 2012), Itália (1990), Portugal (1992, depois nova lei em 2015), por exemplo.

A ausência de tratamento unitário acarreta dificuldades na compreensão das atuações administrativas processualizadas e insuficiências nas relações jurídicas entre Administração e particulares e Administração e servidores, conservando aquela modos e estilos de atuação incertos, às vezes insondáveis, o que impede a adequada tutela dos direitos dos cidadãos e facilita a ocorrência de atuações administrativas arbitrárias e subjetivas, em nada conformes ao modelo que a Constituição Federal traçou para a Administração brasileira.

Torna-se necessário editar lei geral, com normas fundamentais aplicáveis a todos os processos administrativos. Não que seja impossível a incidência direta dos preceitos constitucionais a respeito, com os desdobramentos assinalados na doutrina e jurisprudência. Contudo, mais claros se revelam tais desdobramentos, para o cidadão, para o servidor, para agentes públicos que vão operacionalizar os processos, para autoridades superiores, se uma lei geral os explicitar. Essa lei geral de processo administrativo configurará, então, verdadeiro estatuto da cidadania administrativa.

No Brasil foi editada a Lei 9.784, de 29.01.1999, regulando o processo administrativo no âmbito da Administração Pública Federal, direta e indireta, e visando, em especial, à proteção dos direitos dos administrados e ao melhor cumprimento dos fins da Administração. A lei aplica-se também aos órgãos do Legislativo e do Judiciário da União, quando no desempenho de função administrativa.

O art. 2º da Lei arrola os *princípios* a serem observados pela Administração, dentre outros: legalidade, finalidade, motivação, razoabilidade, proporcionalidade, moralidade, ampla defesa, contraditório, segurança jurídica, interesse público e eficiência.

Por sua vez, o art. 3º indica alguns *direitos dos administrados*. Por exemplo: a) ser tratado com respeito pelos agentes públicos, que deverão facilitar o exercício de seus direitos e o cumprimento de suas obrigações; b) ter ciência dos processos administrativos em que tenha a condição de interessado; c) ter vista dos autos, obter cópias de documentos e conhecer as decisões proferidas.

Como *deveres dos administrados*, sem prejuízo de outros, a lei prevê: a) expor os fatos conforme a verdade; b) proceder com lealdade, urbanidade, boa-fé; c) não agir de modo temerário; d) prestar as informações que lhe forem solicitadas (art. 4º).

É vedada à Administração a recusa imotivada de recebimento de documentos, devendo o servidor orientar o interessado quanto ao suprimento de eventuais falhas (art. 6º, parágrafo único).

Consideram-se legitimados como *interessados no processo administrativo*: as pessoas físicas ou jurídicas que o iniciem como titulares de direitos ou interesses individuais ou no exercício do direito de representação; aqueles que, sem terem iniciado o processo, têm direitos ou interesses que possam ser afetados pela decisão a ser adotada; as entidades representativas, no tocante a interesses coletivos; as entidades legalmente constituídas, quanto a direitos ou interesses difusos (art. 9º).

Ao cuidar da *delegação de competência*, a lei a possibilita, se não houver impedimento legal, quando for conveniente, não podendo ser objeto de delegação o seguinte: edição de atos de caráter normativo; decisão de recurso administrativo; matérias de competência exclusiva do órgão ou autoridade (arts. 11 e 13).

Os arts. 18 a 21 tratam dos impedimentos e da suspeição.

A forma, o tempo e o lugar dos atos do processo recebem atenção nos arts. 22 a 25, salientando-se o seguinte: salvo imposição legal, o *reconhecimento de firma* somente será exigido quando houver dúvida de autenticidade; a autenticação de documentos exigidos em cópia poderá ser feita pelo órgão administrativo.

Os arts. 26 e 28 cuidam da *intimação* dos atos, que pode ser efetuada por ciência nos autos, por via postal com aviso de recebimento, por telegrama ou outro meio que assegure certeza da ciência do interessado.

Os arts. 29 a 47 contemplam a *instrução*, ressaltando-se os seguintes preceitos: a) quando a matéria envolver interesse geral, poderá ser aberto período de *consulta pública* (art. 31); b) diante da relevância da questão, poderá ser realizada *audiência pública* para debates sobre a matéria (art. 32); c) são inadmissíveis as provas obtidas por meios ilícitos (art. 30); d) os elementos probatórios deverão ser considerados na motivação do relatório e da decisão (art. 38, §1º); e) quando o interessado declarar que dados estão registrados em documentos existentes na própria Administração responsável pelo processo ou em outro órgão administrativo, o órgão competente para instrução proverá a obtenção dos documentos ou respectivas cópias (art. 37); f) o interessado poderá, na fase instrutória e antes da tomada de decisão, juntar documentos e pareceres, requerer diligências e perícias, aduzir alegações (art. 38); g) os interessados têm direito à vista do processo e a obter certidões ou cópias reprográficas dos dados que o integram, ressalvados os dados de terceiros protegidos por sigilo ou direito à privacidade, à honra, à imagem (art. 46).

O art. 49 fixa o prazo até 30 (trinta) dias, após concluída a instrução, para a Administração decidir, salvo prorrogação por igual período expressamente motivada.

A Lei nº 14.210, de 30.9.2021, acrescentou o capítulo XI-A à Lei nº 9.784/99 e os arts. 49-A, 49-B, 49-C (vetado), 49-D, 49-E, 49-F, 49-G para prever a *decisão coordenada* na esfera da Administração Federal, figura esta similar à *conferência de serviços* contida na lei italiana de processo administrativo (Lei nº 241/1990) e à *conferência procedimental*, indicada no Código de Procedimento Administrativo de Portugal de 07.01.2015. Nos termos do art. 49-A, as decisões administrativas que exijam a participação de 3 ou mais órgãos ou entidades poderão ser tomadas mediante *decisão coordenada* sempre que houver matéria relevante e houver discordância que prejudique a celeridade da tomada de decisão. A decisão coordenada não se aplica aos processos de licitação, sancionadores e com envolvimento de Poderes distintos (art. 49-A, §6º). A decisão coordenada não exclui a responsabilidade de cada órgão ou entidade envolvida (art. 49-A, §4º). A conclusão dos trabalhos deverá figurar em ata, que exporá todos os elementos aventados na ocasião, inclusive itens da pauta e a decisão de cada órgão ou entidade sobre a matéria da respectiva competência (art. 49-G). A ata será publicada em extrato no D.O.U, com identificadores da decisão coordenada e indicação do órgão e local em que se encontra a ata em seu inteiro teor (art. 49-G, §3º).

O art. 50 determina a *motivação* dos atos administrativos quando: I – neguem, limitem ou afetem direitos ou interesses; II – imponham ou agravem deveres, encargos ou sanções; III – decidam processos administrativos de concurso ou seleção pública; IV – dispensem ou declarem a inexigibilidade de processo licitatório; V – decidam recursos administrativos; VI – decorram de reexame de ofício; VII – deixem de aplicar jurisprudência firmada sobre a questão ou discrepem de pareceres, laudos, propostas ou relatórios oficiais; VIII – importem anulação, revogação, suspensão ou convalidação de ato administrativo. A motivação das decisões de órgãos colegiados e comissões ou de decisões orais constará da respectiva ata ou de termo escrito.

Os arts. 51 e 52 cuidam da *desistência* e outros casos de extinção do processo.

Por seu lado, os arts. 53 a 55 disciplinam a *anulação, revogação e convalidação*, fixando-se em cinco anos, da data em que foram praticados, o prazo para a Administração anular atos de que decorram efeitos favoráveis aos destinatários, salvo comprovada má-fé.

O *recurso administrativo e a revisão* vêm tratados nos arts. 56 a 65, salientando-se os seguintes preceitos: a) os recursos administrativos podem versar sobre legalidade e mérito (art. 56); b) salvo exigência legal, a interposição de recurso administrativo independe de caução – art. 56, §2º (ante o art. 5º, LV, da CF, que assegura ampla defesa no processo administrativo, a ressalva da exigência legal é inconstitucional; desde a Lei 9.784/99, este posicionamento constou de todas as edições deste livro; o STF, na ADIn 1.976, julgada em 28.03.2007, confirmou este posicionamento, declarando inconstitucional a exigência de depósito prévio ou prévio arrolamento de bens como condição para interpor recurso administrativo, pois tal exigência fere o direito de petição e os direitos de contraditório e ampla defesa); e reforçou esta linha ao editar a Súmula Vinculante 21, publicada em 10.11.2009: "É inconstitucional a exigência de depósito ou arrolamento prévios de dinheiro ou bens para admissibilidade de recurso administrativo"; c) salvo disposição legal específica, é de 10 (dez) dias o prazo para interposição de recurso administrativo, contado a partir da divulgação oficial da decisão (art. 59); d) quando a lei não fixar prazo diferente, o recurso administrativo deve ser decidido no prazo máximo de 30 (trinta) dias, a partir do recebimento dos autos pelo órgão competente (art. 59, §1º); e) salvo disposição em contrário, o recurso não tem efeito suspensivo; havendo justo receio de prejuízo de difícil ou incerta reparação decorrente da execução, a autoridade recorrida ou imediatamente superior poderá, de ofício ou a pedido, dar efeito suspensivo ao recurso (art. 61 e parágrafo único); f) o órgão competente para conhecer o recurso deverá intimar os demais interessados para que, no prazo de 5 (cinco) dias úteis, apresentem alegações (art. 62); g) se a decisão do recurso puder acarretar gravame à situação do recorrente, este deverá ser cientificado para que formule suas alegações antes da decisão (art. 64, parágrafo único).

A Lei 11.417, de 19.12.2006 – sobre a edição, revisão e cancelamento de enunciado de *súmula vinculante*, acrescentou preceitos à Lei 9.784/99 quanto aos *recursos administrativos*, tendo em vista o efeito vinculante também para a Administração pública direta e indireta, nas esferas federal, estadual e municipal, a partir da publicação do enunciado na imprensa oficial. Nos termos do novo §3º do art. 56, se o recorrente alegar descumprimento de súmula vinculante, caberá à autoridade prolatora da decisão impugnada, se não a reconsiderar, expor, antes de encaminhar à autoridade superior, as razões da aplicabilidade ou não da súmula. De seu lado, o órgão competente para decidir o recurso explicitará as mesmas razões (art. 64-A). Acolhida pelo STF a reclamação fundada em violação de súmula vinculante, anulando a decisão impugnada, dar-se-á ciência à autoridade prolatora e ao órgão competente para decidir o recurso, os quais deverão adequar as futuras decisões em casos semelhantes, sob pena de responsabilização pessoal nas esferas cível, administrativa e penal (art. 64-B).

De acordo com o art. 69, os processos administrativos específicos continuarão a reger-se por lei própria, aplicando-se-lhes subsidiariamente a Lei 9.784/99.

O art. 69-A, acrescentado por força da Lei 12.008, de 29.07.2009, determina que terão prioridade, na tramitação, em qualquer órgão ou instância, os processos administrativos cuja parte ou cujo interessado seja: a) pessoa com idade igual ou superior a 60 anos; b) portador de deficiência, física ou mental; c) portador de doenças graves, por exemplo: tuberculose ativa, esclerose múltipla etc. Juntando prova de sua condição, a pessoa deverá requerer a prioridade à autoridade administrativa; deferida, os autos receberão identificação própria.

O Decreto Federal 8.539, de 08.10.2015, com alterações posteriores, dispõe sobre o *uso de meio eletrônico* para a realização do processo administrativo no âmbito dos órgãos e entidades da Administração direta, autárquica e fundacional (federais). Tal uso deverá estar implantado no prazo de dois anos contados da publicação do referido Decreto. Referido texto legal não especifica o sentido da expressão "processo administrativo" que menciona.

No Estado de São Paulo foi editada a Lei 10.177, de 30.12.1998, regulando os processos administrativos no âmbito da Administração Pública estadual, centralizada e descentralizada, que não tenham disciplina legal específica. Por sua vez, o Município de São Paulo editou sua lei de processo administrativo, a Lei municipal 14.141, de 27.03.2006.

Bibliografia

BACELLAR FILHO, Romeu Felipe. *Processo administrativo disciplinar*. 4. ed. São Paulo: Saraiva, 2013.

BENVENUTI, Feliciano. Funzione amministrativa, procedimento, processo. *Rivista Trimestrale di Diritto Pubblico*, 1952.

BITENCOURT NETO, Eurico; MARRARA, Thiago (Org.). *Processo administrativo brasileiro*: estudos em homenagem aos 20 anos da Lei Federal de Processo Administrativo. Belo Horizonte: Fórum, 2020.

BREGA, José Fernando. *Governo eletrônico e direito administrativo*. Brasília: Gazeta Jurídica, 2015.

BREWER-CARIAS, A. *Principios del procedimiento administrativo*. Madri: Civitas, 1990.

CARTABIA, Marta. *La tutela dei diritti nel procedimento amministrativo*. Milão: Giuffrè, 1991.

CASTRO, Carlos Roberto de Siqueira. *O devido processo legal e a razoabilidade das leis na nova Constituição do Brasil*. Rio de Janeiro: Forense, 1989.

CAVALCANTI, Themistocles Brandão. A codificação do processo administrativo. *Direito*, Rio de Janeiro, v. 1, n. 1, p. 99-112, jan./fev. 1940.

CINTRA, A. C.; GRINOVER, Ada; DINAMARCO, Cândido. *Teoria geral do processo*. 23. ed. São Paulo: Malheiros, 2007.

FERRAZ, Sérgio; DALLARI, Adilson. *Processo administrativo*. São Paulo: Malheiros, 2001.

GRINOVER, Ada Pellegrini. As garantias do contraditório e ampla defesa. *Jornal do Advogado*, São Paulo, n. 175, nov. 1990.

GUEDES, Demian. *Processo administrativo e democracia*. Belo Horizonte: Fórum, 2007.

HARGER, Marcelo. *Princípios constitucionais do processo administrativo*. 2. ed. Rio de Janeiro: Forense, 2008.

MEDAUAR, Odete. *A processualidade no direito administrativo*. 4. ed. Belo Horizonte: Fórum: 2021.

MEDAUAR, Odete. Administração Pública: do ato ao processo. *In*: ARAGÃO, Alexandre S. de; MARQUES NETO, Floriano (Org.). *Direito Administrativo e seus novos paradigmas*. 2. ed. Belo Horizonte: Fórum, 2017. p. 383-395.

MEDAUAR, Odete. *O direito administrativo em evolução*. Brasília: Brasília Jurídica, 2017.

MEDAUAR, Odete, SCHIRATO, Vitor Rhein (Org.). *Atuais rumos do processo administrativo*. São Paulo. RT, 2010.

MOREIRA, Egon Bockmann. *Processo administrativo*. 2. ed. São Paulo: Malheiros, 2003.

PONDÉ, Lafayette. Considerações sobre o processo administrativo. *RDA*, v. 130, p. 1-11, out.-dez. 1977.

SCHIRATO, Vitor Rhein (Org.). *Estudos atuais sobre ato e processo administrativo*. Rio de Janeiro: Lumen Juris, 2017.

SUNDFELD, Carlos Ari (Org.). *As leis de processo administrativo*. São Paulo: Malheiros, 2000.

SUNDFELD, Carlos Ari. A importância do procedimento administrativo. *RDP*, v. 84, p. 64-74, out./dez. 1987.

CAPÍTULO 10

LICITAÇÃO

10.1 Conceito

O contrato administrativo é meio frequente utilizado nas atividades da Administração Pública. Antes do seu estudo, torna-se necessário conhecer os dados fundamentais a respeito da licitação, que deve anteceder grande parte desses ajustes.

Assim, entre a verificação da necessidade de contratar e a celebração do contrato, realiza-se a licitação. A Administração não pode contratar livremente, porque deve ser atendido o princípio da igualdade de todos para contratar com a Administração e a moralidade administrativa, sobretudo.

Licitação, no ordenamento brasileiro, é o processo administrativo em que a sucessão de fases e atos leva à indicação de quem vai celebrar contrato com a Administração. Visa, portanto, a selecionar quem vai contratar com a Administração, por oferecer proposta mais vantajosa ao interesse público. A decisão final do processo licitatório aponta o futuro contratado. É um processo administrativo porque, além da sucessão de atos e fases, há sujeitos diversos – os licitantes – interessados no processo, que dele participam, perante a Administração, todos, inclusive esta, tendo direitos, deveres, ônus, sujeições.

O inc. XXI do art. 37 da CF determina que as obras, serviços, compras e alienações serão contratados mediante processo de licitação pública que assegure a igualdade de condições a todos os participantes. Por sua vez, o art. 175 exige licitação para a concessão e permissão de serviço público. Essa é a regra. A lei, no entanto, pode prever casos em que a contratação não vem antecedida de licitação, daí denominar-se contratação direta; o próprio inc. XXI admite a exceção, ao mencionar o seguinte: "ressalvados os casos especificados na legislação, as obras, serviços, compras e alienações serão contratados mediante processo de licitação pública (...)".

10.2 Legislação básica

Além do inc. XXI do art. 37, a CF prevê, no art. 22, XXVII, a competência da União para legislar sobre normas gerais de licitação e contratação, em todas as modalidades, para as Administrações públicas diretas, autárquicas e fundacionais das diversas esferas de governo, e para as empresas públicas e sociedades de economia mista, nos termos do art. 173, §1º, III.

A competência da União para fixar normas gerais de licitação e contrato possibilita que Estados, Municípios e Distrito Federal legislem sobre normas específicas, para seus respectivos âmbitos de atuação. O problema está na separação precisa entre normas gerais e normas específicas. De regra, Estados e Municípios ou editam leis sem dispositivos que contrariem a lei da União ou não editam lei específica e pautam suas licitações por aquela.

A Lei nº 14.133, de 01.4.2021, dispõe sobre licitações e contratos administrativos. Em seu art. 193 revoga, após dois anos da sua publicação, a Lei nº 8.666/1993 (licitações e contratos administrativos), a Lei nº 10.520/2002 (pregão) e os arts. 1º a 47-A da Lei nº 12.462/2011 (Regime Diferenciado de Contratações), englobando em seu texto, além de outras, regras antes previstas nos três diplomas a serem revogados.

Até o decurso do referido prazo (que foi prorrogado), o ordenamento brasileiro teve a vigência paralela da nova Lei de 2021 e das três leis indicadas supra, podendo a Administração optar por cumprir uma delas, sem mesclar.

A seguir são expostas as linhas mestras da Lei nº 14.133/2021.

10.3 Incidência

(i) A Lei aplica-se aos Poderes Executivos de todos os entes federativos, aos órgãos dos Poderes Legislativo e Judiciário da União, dos Estados, do Distrito Federal e aos órgãos do Poder Legislativo dos Municípios, no desempenho de funções administrativas (art. 1º, I) e aos fundos especiais e demais entidades controladas direta ou indiretamente pela Administração Pública (art. 1º, II).

(ii) A Lei norteia as licitações e contratos envolvendo *microempresas e empresas de pequeno porte*, com tratamento favorecido e simplificado, conforme dispõe a Lei Complementar nº 123, de 14.12.2006 – *Estatuto da Microempresa e da Empresa de Pequeno Porte*, com alterações posteriores, nos arts. 42 a 49. O Decreto nº 8.538, de 06.10.2015, com alterações posteriores, regulamenta o tratamento favorecido e simplificado para as microempresas e empresas de pequeno porte nas contratações públicas de bens, serviços e obras, no âmbito da Administração federal. A Lei nº 11.488, de 15.06.2007, art. 34, determina a aplicação da referida Lei Complementar nº 123/2006 às *sociedades cooperativas*.

(iii) A Lei se aplica *subsidiariamente* às licitações e contratações de concessões e permissões de serviço público (Lei nº 8.987/1995), das parcerias público-privadas (Lei nº 11.079/2004) e de serviços de publicidade (Lei nº 12.232/2010), como indica seu art. 186.

(iv) Na ausência de norma específica, a Lei se aplica, se for cabível, aos convênios, acordos, ajustes e outros instrumentos congêneres (art. 184).

(v) *Quanto aos meios de atuação administrativa*, a Lei aplica-se a: alienação de bens públicos e concessão de direito real de uso de bens; compra, inclusive por encomenda; locação de imóveis, salvo os específicos, com dispensa de licitação; concessão e permissão de uso de bens públicos; prestação de serviços, inclusive técnico-profissionais especializados; obras e serviços de arquitetura e engenharia; contratações de tecnologia da informação e de comunicação (art. 2º).

(vi) *A Lei nº 14.133/2021 não incide*, dentre outros: I – em licitações e contratações no âmbito das empresas públicas e sociedades de economia mista (art. 1º, §1º); II – sobre os contratos celebrados por repartições públicas com sede no exterior, que devem atender a características locais, mas observando os princípios do art. 5º; III – em licitações e contratos com recursos originados de empréstimos ou doações de agência oficial de cooperação estrangeira, ou entidade financeira com participação do Brasil, visando a atender a condições especiais fixadas por tais organismos, não podendo desrespeitar princípios constitucionais (art. 1º, §§2º e 3º).

Antes da exposição das linhas gerais da Lei nº 14.133/2021, no tocante a licitações, algumas observações serão lançadas.

10.4 Observações preliminares: inovações e comparações

a) A Lei de licitações e contratos nº 14.133/2021 cria o *Portal Nacional de Contratações Públicas – PNCP*, sítio eletrônico oficial, destinado a realizar a divulgação centralizada e obrigatória dos atos exigidos pela Lei, inclusive atos de Estados, Distrito Federal e Municípios, podendo ser usado como referência para realizar licitações eletrônicas (art. 174).

b) Os *crimes* em matéria de licitações e contratos foram transferidos para o Título XI, acrescido o Capítulo II-B, da Parte Especial do Código Penal, revogando-se os arts. 89 a 108 da Lei nº 8666/1993 (arts. 178 e 193, I).

c) A Lei nº 14.133/2021 cria a figura do *agente de contratação* (art. 8º), designado entre servidores efetivos ou empregados públicos do quadro permanente, para tomar decisões e acompanhar o trâmite da licitação, e outras atividades, até a homologação.

d) Na sequência das fases da licitação, a Lei nº 8.666/1993 previa, como regra geral, a habilitação antes do julgamento. Na Lei nº 14.133/2021, a regra geral indica primeiro o julgamento e depois a habilitação, devendo ser motivada a licitação com tais fases invertidas (art. 17 e §1º).

e) As licitações deverão ser realizadas preferencialmente por meio eletrônico, admitida a forma presencial, desde que motivada, devendo a sessão pública ser registrada em ata e gravada em áudio e vídeo (art. 17, §2º).

f) Na Lei nº 14.133/2021, sem especificação de valor, a audiência pública, presencial ou a distância, é facultativa (art. 21), sendo prevista a consulta pública facultativa (art. 21, parágrafo único).

g) O Edital poderá prever *matriz de alocação de riscos* entre o contratante e o contratado (art. 22), o que não figura na Lei nº 8666/93.

h) Nas contratações de grande vulto, o edital deverá indicar a obrigatoriedade de *implantação de programa de integridade (compliance)* pelo licitante vencedor, no prazo de seis meses da celebração do contrato (art. 25, §4º).

i) Nas modalidades de licitação, em relação à Lei nº 8666/93, na Lei nº 14.133/2021 saíram do rol a tomada de preços e o convite. Entraram no rol o pregão (antes previsto em lei específica) e o diálogo competitivo (art. 28). No tocante à tomada de preços, antes destinada a licitantes cadastrados, vai aparecer algo similar na parte dedicada ao registro cadastral, art. 87, §3º, da nova Lei, pois a Administração poderá realizar licitação restrita a fornecedores cadastrados, sendo admitido fornecedor em vias de se cadastrar no prazo para apresentação de propostas.

j) Nas fases do processo licitatório a Lei nº 14.133/2021 prevê expressamente a fase preparatória e insere a fase recursal (art. 17), antes não previstas de modo explícito.

Tendo em vista que a Lei nº 14.133/2021 apresenta-se excessivamente minuciosa, serão expostas as *linhas fundamentais atinentes à licitação*. A bibliografia específica indicada no final deste capítulo oferecerá subsídios para o tratamento de questões particularizadas. Os preceitos relativos à alienação de bens públicos serão examinados no capítulo dedicado ao estudo desses bens.

10.5 Princípios

O art. 5º da Lei nº 14.133/2021 arrola 22 (vinte e dois) princípios a serem observados na sua aplicação, sendo os cinco primeiros os princípios constitucionais da Administração indicados no *caput* do art. 37 da Constituição Federal, e também determina a aplicação das disposições do Decreto-Lei nº 4.657/1942 – Lei de Introdução às Normas do Direito Brasileiro – LINDB. A seguir serão expostas linhas breves dos referidos princípios e da LINDB.

a) *Legalidade* – observância das normas que regem a licitação (ver Capítulo 7, item 7.4).

b) *Impessoalidade* – não deve haver fatores de natureza subjetiva ou pessoal interferindo nos atos do processo licitatório (ver Capítulo 7, item 7.5).

c) *Moralidade administrativa* – difícil de verbalizar; na licitação significa a observância de todos os preceitos que a informam, sem frustrar sua licitude e sem desviá-la de suas verdadeiras finalidades (ver Capítulo 7, item 7.6).

d) *Publicidade* – traduz-se em direito de acesso aos elementos do processo licitatório, divulgação dos editais e instrumentos convocatórios, divulgação das decisões, salvo o sigilo das propostas se for o caso (v. Capítulo 7, item 7.7). O art. 13 determina que os atos do processo licitatório são públicos em geral.

e) *Eficiência* – liga-se à ideia de ação para produzir resultados de modo rápido e preciso para satisfazer as necessidades da população (ver Capítulo 7, item 7.8). Este princípio se reflete no art. 9º, III, que veda ao agente público designado para atuar na área de licitações e contratos opor resistência injustificada ao andamento dos processos, retardar ou deixar de praticar atos de ofício.

f) *Interesse público* – a licitação destina-se a atender a necessidades da população e não a objetivos pessoais ou partidários das autoridades públicas ou do setor privado.

g) *Probidade administrativa* – integrantes de comissões de licitação, agentes públicos e autoridades que, de alguma forma, têm participação no processo licitatório hão de atuar com retidão, sem visar a proveito próprio ou locupletamento de outrem. A Lei nº 8.429/92 arrola entre os casos de improbidade administrativa as condutas dolosas que frustrem a licitude de processo licitatório. Este princípio tangencia o da moralidade administrativa.

h) *Igualdade* – isonomia de tratamento para todos os licitantes ou para aqueles que pretendam participar da licitação, vedada qualquer discriminação. É o desdobramento do princípio constitucional da igualdade (CF, art. 5º, *caput*) no âmbito licitatório e atende ao inciso XXI do art. 37 da CF que impõe igualdade de condições a todos os licitantes no processo licitatório. Esse princípio apresenta reflexo, por exemplo, no art. 9º, I, alíneas *a* e *b*, II. Mas a própria Lei prevê *margens de preferência* no art. 26, cujas empresas favorecidas e volume de recursos destinados a cada uma devem ser divulgados em sítio eletrônico oficial (art. 27); e indica *preferências em critérios de desempate.*

i) *Planejamento* – significa prever com antecedência as necessidades de licitar para contratar. Este princípio não estava apontado na Lei anterior e se reflete na previsão de elaboração de *plano de contratações anual*, com o objetivo de racionalizar as contratações, devendo este ser divulgado em sítio eletrônico à disposição do público (art. 12, VII, §1º).

j) *Transparência* – a Lei nº 14.133/2021 não engloba a transparência no princípio da publicidade, individualizando cada um. Para Carmen Silvia Lima de Arruda a transparência vai além do princípio da publicidade, pois abrange também o acesso à informação, a motivação e a participação popular (*O princípio da transparência*. São Paulo: ed. Quartier Latin, 2020).

k) *Eficácia* – eficácia, eficiência e economicidade são princípios afins, acarretando dificuldade na distinção. Pode-se aventar que *eficácia* representa obtenção de resultados em concreto em relação a objetivo a ser atingido.

l) *Segregação de funções* – nos termos do art. 7º, §1º, tal princípio veda a designação do mesmo agente público para atuação simultânea em funções mais suscetíveis a riscos, de modo a reduzir a possibilidade de ocultação de erros e fraudes na contratação, aplicando-se, portanto, à designação do agente de contratação.

m) *Motivação* – dever de fundamentação de fato e de direito nas decisões relativas à licitação e a contratos.

n) *Vinculação ao edital* – o edital configura instrumento convocatório da licitação e contêm as regras a serem seguidas no processo licitatório e muitas que nortearão o futuro contrato, aí incluída a minuta do futuro contato. O instrumento convocatório é a lei da licitação a ser realizada, daí a exigência de sua observância durante todo o processo.

o) *Julgamento objetivo* – o julgamento, na licitação, é a indicação da proposta vencedora. Julgamento objetivo significa a observância do critério previamente fixado no instrumento convocatório, observadas todas as normas a respeito, sem adoção de critérios pessoais ou não previstos.

p) *Segurança jurídica* – visa a preservar a estabilidade nas relações e vínculos jurídicos. Dentre suas consequências estão: proibição, em geral, de retroatividade dos atos administrativos, de retroatividade de novas interpretações jurídicas, respeito a direitos adquiridos, vedação de alterações repentinas em orientações administrativas, etc.

q) *Razoabilidade* – tangencia o princípio da proporcionalidade; significa coerência nas decisões administrativas e adequação entre fins e meios.

r) *Competitividade* – a licitação deve abrigar competição verdadeira entre licitantes ou futuros licitantes, sem apresentar exigências descabíveis, exigências direcionadas, sem revestir-se da característica de "jogo com cartas marcadas" ou eliminar licitantes por excesso de formalismo (por exemplo: um carimbo colocado à esquerda em vez de ser colocado à direita).

s) *Proporcionalidade* – abriga um sentido de equilíbrio e impedimento de excesso nas medidas administrativas, sobretudo na imposição de obrigações e restrições.

t) *Celeridade* – a Constituição Federal prevê o princípio/direito à razoável duração do processo, que em vários ordenamentos recebe o nome de celeridade. Mostra-se afim ao princípio da eficiência, refletindo-se, por exemplo, também no art. 9º, III, que veda ao agente público designado para atuar na área de licitações e contratos opor resistência injustificada ao andamento do processo de licitação ou de contratação, retardar ou deixar de praticar atos de ofício.

u) *Economicidade* – traduz a adequação entre recursos utilizados, em geral financeiros, e o máximo de resultados a obter.

v) *Desenvolvimento nacional sustentável* – a promoção do desenvolvimento nacional sustentável figura como um dos princípios a serem observados na aplicação da Lei nº 14.133/2021. A expressão foi cunhada no relatório oriundo da comissão de especialistas formada pela Assembleia-Geral das Nações Unidas em 1985, presidida por Gro Harlem Brundtland, resultando no relatório *Nosso futuro para todos*, também conhecido como relatório Brundtland. Significa, em síntese, que o desenvolvimento econômico e social deve levar em conta os limites ecológicos do planeta, utilizando adequadamente os recursos ambientais. Portanto, licitações e contratos devem fixar diretrizes de proteção ambiental.

Após arrolar os princípios, o art. 5º da Lei nº 14.133/2021 menciona a observância também da *Lei de Introdução* às *Normas do Direito Brasileiro – LINDB*. Como se mencionou no item 8.13, novos preceitos em matéria de direito público foram acrescentados por força da Lei nº 13.655/2018 ao Decreto-lei de 1942. No tocante às licitações e contratos administrativos, sobrelevam os seguintes dispositivos acrescentados: (i) arts. 20 e 21, centrados na motivação; havendo decisões com base em fórmulas amplas e vagas, devem ser consideradas as consequências práticas dessa decisão, o mesmo incidindo em decisão que invalide ato, contrato, ajuste, processo ou norma administrativa; (ii) arts. 20, 21 e §§2º e 3º do art. 22, que prescrevem sopesamento na tomada de decisões, levando em conta as condições envolvidas na situação; (iii) art. 23, segundo o qual ao se fixar nova interpretação ou orientação deverá ser previsto regime de transição; (iv) art. 24, *caput*, ao proibir a retroatividade de nova orientação geral no caso de revisão quanto à validade de ato, contrato ou norma administrativa

10.6 Aspectos gerais do processo licitatório

No capítulo sob o nome *Do processo licitatório*, a Lei nº 14.133/2021 abriga disposições sobre vários temas relativos aos trâmites da licitação (arts. 11 a 17). Dizem respeito a aspectos gerais os preceitos referentes ao agente e comissão de contratação (arts. 7 a 10). No âmbito da fase preparatória (arts. 18 a 27), também figuram dispositivos que podem ser considerados "aspectos gerais". Tais elementos são expostos a seguir, nos contornos essenciais.

(i) *Objetivos do processo licitatório*: assegurar a escolha da proposta apta a obter o resultado da contratação mais vantajosa para a Administração; garantir tratamento isonômico aos licitantes e a justa competição; evitar superfaturamentos e preços inexequíveis; incentivar a inovação e o desenvolvimento nacional sustentável (art. 11, *caput*).

(ii) A alta administração é responsável pela *governança das contratações* e deve: implementar processos e estruturas, inclusive de gestão de riscos e controles internos, para avaliar e monitorar os processos licitatórios e respectivos contratos, visando aos objetivos listados no art. 11, *caput*; assegurar o alinhamento às leis orçamentárias; e promover eficiência e eficácia nas contratações (art. 11, parágrafo único).

(iii) A licitação será conduzida por *agente de contratação*, designado por autoridade competente, entre servidores efetivos ou empregados públicos dos quadros permanentes, para tomar decisões, acompanhar o trâmite da licitação, e executar outras atividades necessárias ao bom andamento do certame, até a homologação (art. 8º). O agente de contratação será auxiliado por equipe de apoio e responderá pelos atos que praticar, salvo quando induzido a erro pela atuação da equipe (art. 8º, §1º). Em licitação envolvendo *bens ou serviços especiais* o agente de contratação poderá ser substituído por *comissão de contratação*, formada por, no mínimo, três membros, que responderão solidariamente pelos atos praticados, ressalvado o membro que expressar posição individual divergente e registrada em ata (art. 8º, §2º). Em licitação envolvendo *bens ou serviços especiais* não contratados rotineiramente, poderá ser contratado, por prazo determinado, serviço de *empresa ou de profissional especializado para assessorar os agentes públicos* responsáveis pela condução da licitação (art. 8º, §4º).

É vedado ao agente público que atue na área *de licitações e contratos*: I – admitir ou tolerar atos que comprometam o caráter competitivo do processo licitatório, estabeleçam preferências ou distinções em razão da naturalidade, da sede ou domicílio dos licitantes; II – estabelecer tratamento diferenciado entre empresas brasileiras e estrangeiras, mesmo quando envolvido financiamento de agência internacional; III – opor resistência injustificada ao andamento dos processos e retardar ou deixar de praticar ato de ofício (art. 9º).

(iv) Quanto à *forma dos documentos*, as principais regras são as seguintes: a) os documentos serão produzidos por escrito, com data, local e assinatura dos responsáveis; b) os valores e preços se expressarão em moeda corrente nacional, salvo o caso de licitação internacional; c) a prova de autenticidade de cópia de documento poderá ser feita perante agente da Administração mediante apresentação do original ou declaração de autenticidade por advogado, sob sua responsabilidade pessoal; d) reconhecimento de firma será exigido somente quando pairar dúvida de autenticidade; e) nos procedimentos realizados por meio eletrônico, a Administração poderá determinar, como condição de validade, que os licitantes pratiquem seus atos em formato eletrônico; f) o desatendimento de exigências meramente formais que não comprometam a aferição da qualificação do licitante ou a compreensão da sua proposta não importará seu afastamento da licitação ou a invalidação do processo (art. 12, incisos I, II, IV, V, §4º do art. 17 e inciso III do art. 12, respectivamente).

(v) *Impedimentos de participar de licitação ou de atuar na execução de contrato* são listados em incisos do art. 14, expondo-se alguns: a) pessoa física ou jurídica autora do anteprojeto, do projeto básico ou do projeto executivo, na licitação relacionada aos mesmos; a critério da Administração o autor dos projetos poderá participar no apoio das atividades de planejamento da contratação, da execução da licitação ou de gestão do contrato, desde que sob supervisão de agentes públicos do órgão (art. 14,§2º); esta vedação não impede a licitação ou contratação que inclua como encargo do contratado a elaboração do projeto básico e do projeto executivo, nas contratações integradas, e do projeto executivo nos demais regimes de execução (art. 14,§4º); b) pessoa física ou jurídica que ao tempo da licitação se encontre impedida em virtude de sanção imposta; c) quem mantenha vínculo de natureza técnica, comercial, financeira ou civil com dirigente do órgão contratante ou agente público com desempenho na licitação ou fiscalização do contrato, ou respectivos cônjuge, companheiro ou parente em linha reta, colateral, por afinidade, até o terceiro grau, devendo tal proibição figurar no edital; d) empresas controladoras, controladas ou coligadas, concorrendo entre si; e) quem, nos cinco anos anteriores à divulgação do edital tenha sido condenado judicialmente, com trânsito em julgado, por exploração de trabalho infantil, por submeter trabalhadores em condições análogas à escravidão ou por contratação de adolescentes nos casos vedados.

(vi) *Os atos praticados no processo licitatório são públicos*, ressalvadas as hipóteses de sigilo imprescindível à segurança da sociedade e do Estado (art. 13, *caput*). A publicidade será diferida quanto ao conteúdo das propostas, até a sua abertura (art. 13, I) e nos casos de orçamento estimado de caráter sigiloso justificado, sem prejuízo da indicação dos quantitativos e demais informações necessárias para a elaboração da proposta, não prevalecendo o sigilo para os órgãos de controle interno e externo (art. 13, II e art. 24 e parágrafo único).

(vii) Salvo vedação justificada, *consórcio* poderá participar de licitação, cujas principais regras são as seguintes (art. 15 e §§): a) comprovação de ato de constituição do consórcio; b) indicação da empresa líder, responsável pela sua representação perante a Administração; c) admissão, para efeito de habilitação técnica, do somatório de quantitativos de cada consorciado e, para efeito de habilitação econômico-financeira, do somatório dos valores de cada consorciado; d) responsabilidade solidária dos consorciados pelos atos praticados em consórcio; e) para o consórcio, o edital deverá estabelecer acréscimo de 10% (dez por cento) a 30% (trinta por cento) sobre o valor exigido do licitante individual para a habilitação econômico-financeira, salvo justificação, não se aplicando o acréscimo ao consórcio integrado, em sua totalidade, por microempresas e empresas de pequeno porte.

(viii) Os profissionais organizados sob forma de *cooperativa* poderão participar de licitação quando: a) a constituição e o funcionamento da cooperativa cumprirem as normas da legislação aplicável, em especial Leis nº 5.764/1971, nº 12.690/2012 e Lei Complementar nº 130/2009, com alterações posteriores; b) qualquer cooperado for capaz de executar o objeto contratado; c) no caso da Lei nº 12.690/2012, o objeto da licitação referir-se a serviços especializados constantes do objeto social da cooperativa, a serem executados de forma complementar à sua atuação (art. 16).

(ix) *Mecanismos de racionalização de licitações e contratações*. O art. 19 menciona um conjunto destes mecanismos que deverão ser implantados: a) instrumentos que permitam a *centralização dos procedimentos de aquisição e contratação de bens e serviços*; b) *catálogo de padronização* de compras, serviços e obras, admitida a adoção do catálogo do Executivo Federal por todos os entes federativos; c) sistema informatizado de acompanhamento de obras, inclusive por imagem e vídeo; d) *modelos de minuta* de editais, de contratos padronizados e outros documentos, admitida a adoção das minutas do Executivo federal por todos os entes federativos; e) adoção gradativa de tecnologias e processos integrados para a criação, utilização e atualização de modelos digitais de obras e serviços de engenharia; f) nas licitações de obras e serviços de engenharia e arquitetura, se for adequada ao objeto da licitação, será adotada a *Modelagem da Informação da Construção (Building Information Modelling – BIM)* ou tecnologias e processos integrados similares.

(x) *O art. 20 veda a aquisição de artigos de luxo*, especificando-se em regulamento os parâmetros de bens de consumo nas categorias comum e luxo.

(xi) *Licitações internacionais* – O art. 52 cuida dessas licitações, nas quais o edital deve ajustar-se às diretrizes da política monetária e do comércio exterior e atender às exigências dos órgãos competentes. Quando for permitido ao licitante estrangeiro fixar preço em moeda estrangeira, o mesmo se estenderá ao licitante brasileiro (art. 52, §1º), mas o pagamento a este será efetuado em moeda brasileira (art. 52, §2º). As propostas de todos os licitantes sujeitam-se às mesmas regras e condições estabelecidas no edital (art. 52, §5º). Não poderá haver condições de habilitação, classificação e julgamento caracterizadas como barreiras de acesso ao licitante estrangeiro, admitida margem de preferência para bens produzidos no Brasil e serviços nacionais que atendam às normas técnicas brasileiras, na forma prevista no art. 26 (art. 52, §6º).

10.7 Modalidades

No ordenamento brasileiro, a licitação é o gênero, que se diversifica em modalidades, listadas no art. 28: I – *pregão*; II – *concorrência*; III – *concurso*; IV – *leilão*; V – *diálogo competitivo*.

Além das modalidades, a Administração pode utilizar os *procedimentos auxiliares* previstos no art. 78, se for o caso. A lei licitatória veda a criação de outras modalidades ou a combinação daquelas supra-arroladas (art. 78, §2º).

10.7.1 Pregão

O pregão é obrigatório para aquisição de *bens e serviços comuns*, cujo critério de julgamento poderá ser o de menor preço ou o do maior desconto (art. 6º, XLI). O pregão há de ser adotado sempre que o objeto possuir padrões de desempenho e qualidade possíveis de serem definidos objetivamente no edital, por meio de especificações usuais do mercado, devendo seguir o rito procedimental comum referido no art. 17 (art. 29, *caput*). O pregão não se aplica às contratações de serviços técnicos especializados de natureza predominantemente intelectual e de obras e serviços de engenharia, exceto os serviços comuns de engenharia (art. 29, parágrafo único).

10.7.2 Concorrência

É a modalidade para contratação de bens e serviços especiais e de obras e serviços comuns e especiais de engenharia, cujo critério de julgamento poderá ser: menor preço, melhor técnica ou conteúdo artístico, técnica e preço, maior retorno econômico, maior desconto (art. 6º, XXXVIII). A concorrência segue o rito procedimental a que se refere o art. 17 (art. 29, *caput*).

10.7.3 Concurso

Modalidade para escolha de trabalho técnico, científico ou artístico, cujo critério de julgamento será o de melhor técnica ou conteúdo artístico, e para atribuição de prêmio ou remuneração ao vencedor (art. 6º, XXXIX). Exemplo: concurso de monografias sobre folclore.

O *concurso* observará as regras do edital, que indicará: I – a qualificação exigida dos participantes; II – as diretrizes e a formas de apresentação do trabalho; III – as condições de realização e o prêmio ou remuneração a ser concedidos ao vencedor (art. 30). Tratando-se de projeto, o vencedor deverá ceder à Administração os respectivos direitos patrimoniais, nos termos do art. 93, e autorizar a Administração a executá-lo quando julgar conveniente (art. 30, parágrafo único).

10.7.4 Leilão

É a modalidade de licitação para alienação de bens imóveis e de bens móveis inservíveis ou legalmente apreendidos, a quem oferecer o maior lance (art. 6º, XL).

O *leilão* pode ser cometido a *leiloeiro oficial ou a servidor designado pela Administração*, e o regulamento deverá dispor sobre seu procedimento operacional (art. 31, *caput*). Optando-se por leiloeiro oficial, deverá ser selecionado mediante credenciamento ou pregão, adotando-se o critério de maior desconto para as comissões a serem cobradas, utilizados como parâmetro máximo os percentuais da lei que regula a referida profissão e observados os valores dos bens a serem leiloados (art. 31, §1º). O edital do leilão deve ser divulgado em sítio eletrônico oficial, contendo: I – a descrição do bem e, no caso de imóvel, sua situação, matrícula e registros; II – valor da avaliação do bem, o preço mínimo da alienação, as condições de pagamento e, se for o caso, a comissão do leiloeiro; III – a indicação da localização dos bens móveis, veículos e semoventes; IV – o sítio da internet e o período em que será realizado o leilão, salvo se realizado de forma presencial, caso em que serão indicados local, dia e hora da sua realização; V – a indicação de ônus, gravames ou pendências sobre os bens (art. 31, §2º). O edital também será divulgado em local de ampla circulação de pessoas na sede da Administração, podendo ser divulgado por outros meios (art. 31, §3º). O leilão não exigirá registro cadastral prévio, não terá fase de habilitação, devendo ser homologado assim que encerrada a fase de lances, superada a fase recursal e efetivado o pagamento pelo vencedor (art. 31, §4º).

10.7.5 Diálogo competitivo

É nova modalidade de licitação para contratação de obras, serviços e compras, em que a Administração realiza diálogos com licitantes previamente selecionados mediante critérios objetivos, com o intuito de obter uma ou mais alternativas capazes de atender às suas necessidades, devendo os licitantes apresentar proposta final após o encerramento dos diálogos (art. 6º, XLII). O diálogo competitivo se inspira em Diretivas da União Europeia, dentre as quais a de nº 24, de 26.02. 2014, arts. 42 a 45, tendo, no texto em francês, os nomes de: procedimento negociado, diálogo competitivo, procedimento concorrencial; no art. 42 se mencionam exemplos de sua utilização: projetos inovadores, relevantes projetos de infraestrutura, projetos de transporte integrado, projetos de grandes redes de informática.

O diálogo competitivo é restrito para contratar objeto que envolva as seguintes condições: inovação tecnológica ou técnica; impossibilidade de o órgão publico ter suas necessidades atendidas sem a adaptação de soluções disponíveis no mercado; impossibilidade de definição precisa, pela Administração, das especificações técnicas (art. 32, I). Também é utilizado quando a Administração verifique a necessidade de definir os meios e as alternativas para satisfazer suas necessidades, sobretudo nos seguintes aspectos: a solução técnica mais adequada; os requisitos técnicos aptos a concretizar a solução já definida; a estrutura jurídica e financeira do contrato (art. 32, II).

As linhas essenciais da realização do diálogo competitivo são expostas a seguir.

a) O diálogo competitivo será conduzido por *comissão de contratação* integrada, no mínimo, por três servidores efetivos ou empregados públicos do quadro permanente, admitida a contratação de profissionais para assessoramento técnico da comissão, os quais assinarão termo de confidencialidade, abstendo-se de atividades geradoras de conflito de interesses (art. 32, §2º).

b) A Administração publica edital em sítio oficial, indicando suas necessidades, com prazo mínimo de 25 (vinte e cinco) dias úteis para manifestação de interessados em participar da licitação. Depois haverá *pré-seleção dos participantes*, cujos critérios devem ser previstos em edital, sendo admitidos todos os interessados que atenderem aos requisitos fixados (art. 32, §1º, I e II).

c) A Administração não poderá revelar a outros licitantes as soluções propostas ou informações sigilosas de outro licitante, sem o consentimento deste (art. 32, §1º, IV).

d) A fase de diálogo pode ser mantida até que a Administração, em decisão fundamentada, identifique a solução ou soluções, podendo o edital prever a realização de fases sucessivas, cada fase podendo restringir as soluções ou propostas a serem discutidas. As reuniões com os licitantes pré-selecionados são registradas em ata e gravadas em áudio e vídeo (art. 32, §1º, VII e VI, respectivamente).

e) Ao declarar o diálogo concluído, a Administração juntará aos autos do expediente os registros e gravações da fase de diálogo e iniciará a *fase competitiva* com a divulgação do edital contendo as especificações da solução obtida, abrindo prazo não inferior a 60 (sessenta) dias úteis para todos os participantes pré-selecionados oferecerem suas propostas. A Administração definirá a proposta vencedora na esteira dos critérios divulgados no edital desta fase (art. 32, §1º, VIII e X, respectivamente).

f) Os arts. 179 e 180 da Lei alteraram dispositivos da Lei nº 8.987/1995 e da Lei nº 11.079/2004, para incluir o diálogo competitivo nas modalidades de licitação da concessão de serviço público, da concessão de serviço público precedida de obra pública e das parcerias público-privadas.

10.8 Fases do processo licitatório

O processo licitatório segue fases, segundo a lei determina, podendo haver simplificação de fase, como por exemplo, no leilão, em que não há fase de habilitação. Nos termos do art. 17 da Lei nº 14.133/2021, as fases são as seguintes: *preparatória*; de *divulgação do edital*; de *apresentação de propostas ou lances*; de *julgamento*; de *habilitação*; *recursal*; de *homologação*.

10.8.1 Fase preparatória

a) A *fase preparatória é caracterizada pelo planejamento* e deve ser compatível ao plano de contratações anual, sempre que elaborado, às leis orçamentárias e deve abordar todas as considerações técnicas, mercadológicas e de gestão que possam tangenciar na contratação (art. 18). Neste dispositivo figura uma lista de itens presentes nesta fase, por exemplo: descrição fundamentada da necessidade da contratação; definição do objeto, por meio de *termo de referência*, anteprojeto, projeto básico ou projeto executivo; definição das condições de pagamento, das garantias exigidas; orçamento estimado; elaboração do edital e minuta do futuro contrato, quando necessária, a figurar como anexa do edital; a modalidade de licitação e critério de julgamento; análise dos riscos que possam comprometer o êxito da licitação e a boa execução contratual.

b) O *valor estimado* da contratação deve ser compatível aos valores praticados pelo mercado, considerados os preços presentes nos bancos de dados públicos e as quantidades a serem contratadas, observada potencial economia de escala e as peculiaridades do local de execução do contrato (art. 23). Os parágrafos do art. 23 listam parâmetros e diretrizes para o valor estimado, inclusive para contratos de obras e serviços de engenharia (§2º), para contratações diretas (§4º) e para contratações de obras e serviços de engenharia sob regime de contratação integrada ou semi-integrada (§5º).

Desde que justificado, o *valor estimado da contratação poderá ser sigiloso*, sem prejuízo da divulgação dos quantitativos e demais informações para elaboração das propostas, não prevalecendo o sigilo para os órgãos de controle interno e externo e não se aplicando na hipótese de julgamento por maior desconto (art. 24, I e parágrafo único).

c) O *edital* é a lei interna da licitação, já se disse, não podendo ser descumprido pela Administração nem pelos licitantes. Na fase preparatória elabora-se o edital, cumprindo as regras do art. 25, a seguir expostas na essência.

O edital deverá indicar o objeto da licitação e as regras relativas à convocação, ao julgamento, à habilitação, aos recursos, às penalidades, à fiscalização e gestão do contrato, à entrega do objeto e às condições de pagamento (art. 25, *caput*). Sempre que o objeto admitir, a Administração adotará minutas padronizadas de edital e de contrato (art. 25, §1º). Todos os elementos do edital, incluídos minuta de contrato, termos de referência, anteprojeto, projetos e outros anexos, devem ser divulgados em sítio eletrônico oficial na mesma data de divulgação do edital (art. 25, §3º).

Nas contratações de obras, serviços e compras de grande vulto, o edital *deve* prever a obrigatoriedade de *implantação de programa de integridade pelo licitante vencedor*, no prazo de seis meses, contado da celebração (art. 25, §4º). Poderá ser prevista no edital a responsabilidade do contratado pela obtenção do licenciamento ambiental e pela realização da desapropriação autorizada pelo poder público (art. 25, §5º).

Será obrigatória a *previsão no edital de* índice *de reajustamento de preço*, com data-base vinculada à data do orçamento estimado e com a possibilidade de haver mais de um índice específico ou setorial (art. 25, §7º). Nas licitações de *serviços contínuos*, observado o interregno de um ano, o critério de reajustamento será por: I – *reajustamento em sentido estrito*, quando *não houver* regime de dedicação exclusiva de mão de obra ou predominância de mão de obra, mediante índices específicos ou setoriais; II – *repactuação, quando houver* regime de dedicação exclusiva de mão de obra ou predominância de mão de obra, mediante demonstração de variação de custos (art. 25, §8º).

O edital *poderá* contemplar *matriz de alocação de riscos* entre o contratante e o contratado, hipótese em que o cálculo do valor estimado da contratação poderá considerar taxa de risco compatível ao objeto da licitação e aos riscos atribuídos ao contratado, de acordo com metodologia predefinida pelo ente federativo (art. 22). A previsão de matriz de alocação de riscos é *obrigatória* em edital relativo a obras e serviços de grande vulto ou se forem adotados regimes de contratação integrada e semi-integrada (art. 22, §3º).

A matriz de riscos deve fixar a responsabilidade de cada parte contratante, devendo, o contrato, refletir a mencionada alocação, quanto, por exemplo: às hipóteses de alteração para restabelecimento do equilíbrio econômico-financeiro, se for o caso; à possibilidade de resolução quando o sinistro majorar excessivamente ou impedir a continuidade da execução; à contratação de seguros obrigatórios (art. 22, §§1º e 2º).

Qualquer pessoa poderá *impugnar o edital de licitação* por irregularidade na aplicação da Lei ora exposta ou para solicitar esclarecimentos sobre seus termos, devendo protocolar o pedido até três dias úteis antes da data de abertura do certame (art. 164), devendo a resposta ser divulgada em sítio eletrônico em até três dias úteis anteriores à data de abertura do certame (art. 164, parágrafo único).

d) A Administração *poderá* convocar, com antecedência mínima de 8 (oito) dias úteis, *audiência pública*, presencial ou a distância, na forma eletrônica, sobre licitação que pretenda realizar, com disponibilização das informações a respeito e elementos do edital, possibilitando a manifestação de todos os interessados (art. 21). Também *poderá* submeter a licitação à *consulta prévia*, mediante a disponibilização de seus elementos a todos os interessados, que poderão formular sugestões no prazo fixado (art. 21, parágrafo único).

e) Antes da divulgação do edital, os elementos até então reunidos, inclusive o edital e minuta de contrato, seguirão ao órgão *de assessoramento jurídico da Administração*, que efetuará controle interno prévio de legalidade mediante *análise jurídica*, com apreciação de todos os dados indispensáveis à contratação, expondo os pressupostos de fato e de direito levados em consideração nesta análise (art. 53, §1º, II). O órgão de assessoramento jurídico também realizará controle prévio de legalidade de contratações diretas, acordos, termos de cooperação, convênios, ajustes, adesões a atas de registro de preços, outros instrumentos congêneres e seus termos aditivos (art. 53, §4º).

Encerrada a fase preparatória, a autoridade competente determinará a divulgação do edital.

10.8.2 Divulgação do edital de licitação

A publicidade do edital se realiza mediante divulgação e manutenção do inteiro teor do ato convocatório e seus anexos no *Portal Nacional de Contratações Públicas – PNCP*, sendo facultada idêntica divulgação em *sítio eletrônico oficial do ente federativo a que pertence* órgão *responsável pela licitação* e também a divulgação direta a interessados cadastrados para esse fim; no caso de consórcios públicos a divulgação adicional se efetua em sítio eletrônico oficial do ente de maior nível (art. 54 e §2º).

10.8.3 Apresentação de propostas e lances

a) No art. 55 são arrolados os *prazos mínimos para apresentação de propostas ou lances*, contados a partir da data de divulgação do edital: I – *para aquisição de bens*: (i) 8 (oito) dias úteis, nos critérios de julgamento de menor preço ou maior desconto; (ii) 15 (quinze) dias úteis, em outros casos; II – *para serviços e obras*: (i) 10 (dez) dias úteis, nos critérios de julgamento de menor preço ou de maior desconto, no caso de serviços comuns e obras e serviços comuns de engenharia; (ii) 25 (vinte e cinco) dias úteis, nos critérios de julgamento de menor preço ou maior desconto, no caso de serviços especiais ou obras e serviços especiais de engenharia; (iii) 60 (sessenta) dias úteis, no caso de contratação integrada; (iv) 35 (trinta e cinco) dias úteis, no caso de contratação semi-integrada ou em hipóteses não abrangidas nas alíneas *a*, *b* e *c*, deste inciso II; III – 15 (quinze) dias úteis, na *licitação com critério de julgamento de maior lance*; IV – 35 (trinta e cinco) dias úteis no *critério de julgamento de técnica e preço ou de melhor técnica ou conteúdo artístico*.

Os prazos acima poderão ser reduzidos à metade nas licitações realizadas pelo Ministério da Saúde, no âmbito do Sistema Único de Saúde – SUS, mediante decisão fundamentada (art. 55, §2º).

Modificações no edital implicarão nova divulgação da mesma forma inicial e cumprimento dos mesmos prazos originais, exceto quando a alteração não comprometer a formulação das propostas (art. 55, §1º).

b) Nos termos do art. 56, o *modo de disputa* poderá ser, isolada ou conjuntamente, I – *aberto*, hipótese em que os licitantes apresentam suas propostas em lances públicos e sucessivos, crescentes ou decrescentes; II – *fechado*, em que as propostas permanecem em sigilo até o momento designado para sua divulgação (art. 53, *caput*). O modo disputa fechado não poderá ser utilizado isoladamente se adotados os julgamentos de menor preço ou maior desconto (art. 56, §1º); o modo de disputa aberto é vedado se adotado o critério de julgamento de técnica e preço (art. 53, §2º).

c) No momento da apresentação da proposta poderá ser exigida a comprovação do recolhimento de quantia a título de *garantia de proposta*, como requisito de pré-habilitação, não sendo superior a 1% (um por cento) do valor estimado para a contratação (art. 58 e §1º); tal garantia pode se efetuar por caução em dinheiro ou títulos da dívida pública, seguro-garantia ou fiança bancária (art. 58, §4º, que remete ao art. 96, §1º da Lei). Esta garantia será devolvida aos licitantes no prazo de 10 (dez) dias úteis, contado da assinatura do contrato ou da data de declaração de licitação fracassada (art. 58, §2º). A recusa em assinar o contrato ou a não apresentação dos documentos para a contratação implica não devolução do valor integral da garantia de proposta (art. 58, §3º).

10.8.4 Julgamento

a) Os critérios de *julgamento* das propostas são os seguintes: I – *menor preço*; II – *maior desconto*; III – *melhor técnica ou conteúdo artístico*; IV – *técnica e preço*; V – *maior lance*, no caso do leilão; VI – *maior retorno econômico* (art. 33).

O julgamento por *menor preço* ou *maior desconto* e por *técnica e preço* leva em conta o menor dispêndio para a Administração, atendidos os padrões mínimos de qualidade definidos no edital (art. 34). O julgamento por *maior desconto* terá como referência o preço global fixado no edital e o desconto se estende aos eventuais termos aditivos (art. 34, §2º). O julgamento por *melhor técnica ou conteúdo artístico* leva em conta exclusivamente as propostas técnicas ou artísticas e o edital deverá definir o prêmio ou remuneração aos vencedores, podendo ser utilizado na contratação de projetos e trabalhos de natureza técnica, científica ou artística (art. 35 e parágrafo único). O julgamento por *técnica e preço* considera a maior pontuação obtida a partir da ponderação, segundo fatores objetivos previstos no edital, das notas atribuídas aos aspectos de técnica e de preço da proposta (art. 36). O desempenho pretérito na execução de contratos com a Administração *deverá* ser considerado na pontuação técnica (art. 36, §3º). Se o critério for de *melhor técnica* e de *técnica e preço* designa-se uma banca para o julgamento, constituída de, no mínimo, 3 (três) servidores efetivos ou empregados públicos permanentes, ou profissionais contratados em virtude de seus conhecimentos técnicos e experiência no tocante aos requisitos do edital (arts. 37, I, II, III e §1º).

O julgamento por *maior retorno econômico* leva em conta a maior economia para a Administração, e é usado na licitação para *contrato de eficiência* (art. 39), ou seja, contrato cujo objeto é a prestação de serviços, podendo incluir a realização de obras e o fornecimento de bens, visando a propiciar economia ao contratante, remunerando-se o contratado com base em percentual da economia gerada (art. 6º, LIII); os licitantes devem apresentar: proposta de trabalho, prevendo inclusive a economia a ser gerada, e proposta de preço, equivalente a percentual sobre a economia que se estima gerar (art. 39, I e II); se a economia gerada for inferior ao percentual previsto, a diferença será descontada da remuneração do contratado (art. 39, I); se a diferença entre a economia prevista e a efetivamente obtida for superior ao limite máximo fixado no contrato, o contratado sujeitar-se-á ainda a outras sanções (art. 39, II).

b) O art. 50 lista as hipóteses de *desclassificação das propostas*, por exemplo: contiverem vícios insanáveis; desatenderem às especificações técnicas e demais exigências previstas no edital; apresentarem preços inexequíveis ou acima do orçamento estimado. No caso de obras e serviços de engenharia serão consideradas inexequíveis as propostas com valores inferiores a 75% (setenta e cinco por cento) do valor estimado.

c) O art. 60 arrola os *critérios de desempate*, havendo empate entre duas ou mais propostas: I – disputa final, em que os licitantes empatados poderão oferecer nova proposta em ato contínuo à classificação; II – avaliação de desempenho contratual prévio dos licitantes; III – desenvolvimento, pelo licitante, de ações de equidade entre homens e mulheres no ambiente de trabalho; IV – desenvolvimento pelo licitante de programa de integridade. Não havendo desempate, será assegurada *preferência*, sucessivamente, aos bens e serviços produzidos e prestados por I – empresas estabelecidas no território do Estado ou Distrito Federal do órgão licitante, ou, sendo o licitante um órgão municipal, no território do respectivo Estado; II – empresas brasileiras; III – empresas que invistam em pesquisa e desenvolvimento de tecnologia no País; IV – empresas que comprovem a prática de mitigação, nos termos da Lei nº 12.187/2009 – Política Nacional sobre Mudança do Clima (art. 60, §1º). Os critérios de desempate arrolados no art. 60, *caput*, não prejudicam a *preferência das microempresas e empresas de pequeno porte*, nos termos da Lei Complementar nº 123/2006, art. 44, a qual considera empatadas propostas destas empresas com valor igual ou superior até 10% (dez por cento) da melhor proposta e até 5% (cinco por cento) no caso do pregão.

d) Definido o resultado do julgamento, o agente de contratação ou a comissão de contratação *poderá negociar condições mais vantajosas* com o primeiro colocado (art. 61, e §2º), podendo ser efetuada com os demais licitantes na ordem de classificação, quando o primeiro colocado, mesmo após a negociação, for desclassificado em razão da sua proposta permanecer acima do valor máximo fixado pela Administração (art. 61, §1º).

10.8.5 Habilitação

Habilitação é a fase em que se verifica o conjunto de informações e documentos suficientes para demonstrar se o licitante é capaz de realizar o objeto do futuro contrato, dividindo-se em: I – *jurídica;* II – *técnica;* III – *fiscal, social e trabalhista;* IV – *econômico-financeira* (art. 62).

Nos termos da Lei nº 14.133/2021, somente o licitante vencedor efetua a comprovação dos elementos da habilitação; se, por exceção, a fase de habilitação anteceder a do julgamento, todos os licitantes devem apresentar os dados comprobatórios. Em qualquer caso, os documentos relativos à regularidade fiscal serão exigidos apenas em momento posterior ao julgamento das propostas e somente do licitante mais bem classificado (art. 63, III). Será exigida declaração do cumprimento das exigências de reserva de empregos para pessoa com deficiência e para reabilitado da Previdência Social (art. 63, IV).

Após a entrega dos documentos de habilitação, não poderá haver substituição ou oferecimento de novos documentos, salvo em sede de diligência, para: complementação de informações acerca de documentos já apresentados e atualização de documentos cuja validade se expirou após a data de recebimento das propostas (art. 64). Com motivação, o agente ou comissão de contratação poderão sanar erros ou falhas que não alterem a substância dos documentos (art. 64, §1º).

A habilitação poderá ser realizada mediante processo eletrônico de comunicação a distância (art. 65, §2º). Os documentos podem ser apresentados no original, por cópia ou qualquer outro meio admitido pela Administração, podendo ser substituídos por registro cadastral emitido por órgão público, desde que previsto no edital e efetuado nas condições desta Lei 14.133/2021 (art. 70, I e II). Poderão se dispensados, total ou parcialmente, nos casos de: contratos para entrega imediata, contratos com valores inferiores a 1/4 (um quarto) do limite para dispensa de licitação para compras, contratos de produtos para pesquisa e desenvolvimento até o valor de R$359.436.08 (trezentos e cinquenta e nove mil, quatrocentos e trinta e seis reais e oito centavos).

As condições de habilitação são indicadas no edital (art. 65).

a) *Habilitação jurídica* – A *habilitação jurídica* diz respeito à comprovação de que o licitante é capaz de exercer direitos e assumir obrigações, limitando-se à demonstração de existência jurídica e, se for o caso, à autorização para o exercício da atividade a ser contratada (art. 66).

b) *Habilitação técnica* – Dentre os documentos exigidos no tocante à qualificação técnico-profissional e técnico-operacional estão: apresentação de profissional com registro no conselho profissional competente, se for o caso, detentor de responsabilidade técnica por execução de obra ou serviço de características semelhantes; documentos emitidos por conselho profissional que demonstrem capacidade para execução de serviços similares de complexidade tecnológica e operacional equivalente ou superior; indicação do pessoal técnico, das instalações e aparelhamento, adequados e disponíveis para a execução do contrato e indicação da qualificação de cada membro da equipe técnica que se responsabilizará pelos trabalhos; registro na entidade profissional competente, se for o caso; declaração de que o licitante tomou conhecimento de todas as informações e das condições locais para o cumprimento do objeto do contrato (art. 67, I, II, III, V, VI). Os parágrafos do art. 67 abrigam outros preceitos relativos à habilitação técnica.

c) *Habilitação fiscal, social e trabalhista* – Tais habilitações são aferidas mediante a verificação dos seguintes requisitos: I – inscrição no CPF ou no CNPJ; II – inscrição no cadastro de contribuintes estadual e/ou municipal, se houver, relativo ao domicílio ou sede do licitante, pertinente ao seu ramo de atividade e compatível ao objeto contratual; III – regularidade perante a Fazenda federal, estadual e municipal; IV – regularidade no tocante à Seguridade Social e FGTS; V – regularidade perante a Justiça do Trabalho; VI – cumprimento do disposto no inc. XXXIII do art. 7º da CF, em virtude do qual o licitante deve demonstrar que não emprega, em trabalho noturno, perigoso ou insalubre, menores de 18 (dezoito) anos e, em qualquer trabalho, menores de 16 (dezesseis) anos, salvo na condição de aprendiz, a partir de 14 (quatorze) anos (art. 68).

A comprovação da *regularidade fiscal das microempresas e empresas de pequeno porte* somente será exigida para efeito de assinatura do contrato, devendo ser oferecida toda a documentação exigida, mesmo que apresente alguma restrição, para efeito de comprovação da regularidade fiscal e trabalhista; prazo de cinco dias úteis, prorrogável por igual período, a critério da Administração, será concedido para sanar a restrição; a não regularização da documentação no prazo implicará decadência do direito à contratação, sem prejuízo de sanções previstas, sendo facultado à Administração convocar os licitantes remanescentes na ordem da classificação (Lei Complementar nº 123/2006, arts. 42 e 43, este com a redação dada em virtude da Lei Complementar nº 155/2016).

d) *Habilitação econômico-financeira* – Visa a demonstrar a aptidão econômica do licitante para cumprir as obrigações do futuro contrato, devendo ser comprovada por índices econômicos justificados, previstos no edital, com oferecimento dos seguintes documentos: I – balanço patrimonial, demonstração de resultado de exercício e demais demonstrações contábeis dos 2 (dois) últimos exercícios; II – certidão negativa de feitos de falência (art. 69). A critério da Administração poderá ser exigida declaração assinada por profissional habilitado na área contábil, que ateste o atendimento, pelo licitante, dos índices econômicos previstos (art. 69, 1º). Outras disposições sobre esta habilitação situam-se nos §§2º a 6º.

10.8.6 Recursal

A Lei nº 14.133/2021 prevê uma explícita *fase recursal* antes da fase de homologação da licitação. Deduz-se que seria fase para recursos interpostos ante medidas e decisões tomadas nas fases anteriores à homologação. No capítulo denominado *Das impugnações, dos pedidos de esclarecimentos e dos recursos* delineiam-se tais recursos e seus parâmetros no art. 165 da Lei, além de insurgências ante outros atos.

Cabe *recurso*, no prazo de 3 (três) dias úteis, contados da data da intimação ou lavratura de ata em face de: a) julgamento das propostas; b) ato de habilitação ou inabilitação; c) anulação ou revogação da licitação. Se do ato não couber recurso hierárquico, é previsto *pedido de reconsideração*, no prazo de 3 (três) dias úteis da data da intimação (art. 165, II). Na hipótese de recurso ante julgamento das propostas ou habilitação e inabilitação, *a intenção de recorrer deverá ser manifestada imediatamente*, sob pena de preclusão, e o prazo de apresentação das razões será iniciado na data de intimação ou lavratura da ata (art. 165, I). O recurso é dirigido ao agente que tomou a decisão, o qual, se não a reconsiderar em 3 (três) dias úteis, encaminhará o recurso com sua motivação à autoridade superior, cuja decisão deve ocorrer em 10 (dez) dias úteis; o prazo para contrarrazões é o mesmo do recurso, a contar da intimação ou divulgação da interposição do recurso (art. 165, §4º). Tais insurgências têm *efeito suspensivo* da decisão recorrida até que advenha decisão final (art. 168). Será assegurada ao licitante vista dos elementos do expediente necessários para defesa dos seus interesses (art. 165, §5º).

10.8.7 Homologação

Exauridos os recursos administrativos, o processo licitatório será encaminhado à autoridade superior que poderá: I – determinar o retorno dos autos para saneamento de irregularidades; II – *revogar* a licitação, por motivo de conveniência e oportunidade, resultante de fato superveniente comprovado; III – *anular* a licitação, de ofício ou por provocação, se houver ilegalidade insanável, que deverá ser indicada de modo explícito por essa autoridade; IV – adjudicar o objeto e homologar a licitação (art. 171, e §§1º e 2º). Tais disposições se aplicam, se cabível, à contratação direta e aos procedimentos auxiliares da licitação (art. 171, §4º).

10.9 Contratação direta

A Lei nº 14.133/2021 arrola os casos em que não se realiza processo licitatório antes da contratação, englobados sob o nome de *contratação direta*, abrangendo hipóteses de inexigibilidade e de dispensa de licitação (art. 72).

O processo de contratação direta deve ser instruído com: I – formalização da demanda e, se for o caso, com estudo preliminar, análise de riscos, termo de referência e outros; II – valor estimado; III – pareceres jurídico e técnicos, se for o caso; IV – comprovação de existência de recursos orçamentários; V – razão da escolha do contratado e se o mesmo preenche os requisitos de habilitação; VI – justificativa do preço; VII – autorização da autoridade competente. O ato que autoriza a contratação direta e o extrato do contrato respectivo serão divulgados e mantidos à disposição do público em sítio eletrônico oficial (art. 72, parágrafo único). Se a contratação direta se realizar com dolo, fraude, erro grosseiro, o contratado e o agente público responsável arcarão solidariamente com o dano causado, sem prejuízo de outras sanções (art. 73).

10.9.1 Inexigibilidade

A *inexigibilidade* diz respeito às hipóteses em que é inviável a competição. Antes de enunciar as respectivas hipóteses, o art. 74 traz a expressão "em especial", o que permitiria cogitar do seu caráter não fechado (não taxativo). As hipóteses arroladas são as seguintes:

I – aquisição de materiais, equipamentos ou gêneros, ou contratação de serviços, que só possam ser fornecidos por produtor, empresa ou representante comercial *exclusivos*; a Administração deve comprovar a *exclusividade* mediante atestado de exclusividade, declaração do fabricante ou documento idôneo, vedada a preferência por marca específica.

II – contratação de *profissional do setor artístico*, diretamente ou através de empresário exclusivo, desde que consagrado pela crítica ou pela opinião pública; considera-se empresário exclusivo a pessoa física ou jurídica que detenha contrato ou documento que ateste a exclusividade permanente e contínua de representação do artista, no Brasil ou em Estado específico, vedada a representação restrita a evento ou local específico.

III – contratação de *serviços técnicos especializados, de natureza predominantemente intelectual*, com profissionais ou empresas de *notória especialização*, vedada a inexigibilidade para serviços de publicidade e divulgação, assim listados: estudos técnicos, planejamentos, projetos básicos ou executivos; pareceres, perícias e avaliações em geral; assessorias ou consultorias técnicas e auditorias financeiras ou tributárias; fiscalização, supervisão ou gerenciamento de obras ou serviços; patrocínio ou defesa de causas judiciais ou administrativas; treinamento e aperfeiçoamento de pessoal; restauração de obras de arte e bens de valor histórico; controles de qualidade e tecnológico, análises, testes e ensaios de campo e laboratoriais, instrumentação e monitoramento de parâmetros específicos de obras e do meio ambiente e demais serviços de engenharia que aí se enquadrem.

IV – *aquisição ou locação de imóvel* cujas características de instalações e de localização a tornem necessária.

O §3º do art. 74 aponta os dados para caracterizar o *profissional ou empresa de notória especialização*: seu conceito no campo de sua especialidade, decorrente de desempenho anterior, estudos, experiência, publicações, organização, aparelhamento, equipe técnica e outros requisitos vinculados a suas atividades, que permita inferir que seu trabalho é essencial e mais adequado à plena satisfação do objeto do contrato, vedando-se subcontratação de empresas ou profissionais distintos daqueles que tenham justificado a inexigibilidade.

No caso de *locação de imóvel* devem ser observados os requisitos a seguir: avaliação prévia do bem, do seu estado de conservação, do custo de eventuais adaptações, etc.; comprovação da inexistência de imóveis públicos vagos disponíveis que atendam às necessidades; justificativas da singularidade do imóvel a ser comprado ou locado pela Administração (art. 74, §5º).

10.9.2 Dispensa

A dispensa abrange casos que ensejariam competitividade, sendo possível efetuar licitação; mas ante particularidades, a lei faculta não a realizar.

O art. 75 elenca as hipóteses de *dispensa de licitação*, havendo entendimento no sentido de sua taxatividade. A maior parte dos casos já figurava na Lei nº 8666/93. Tais hipóteses serão somente mencionadas a seguir, descabendo, aos fins deste livro, o exame profundo de cada uma:

I – obras e serviços de engenharia ou serviços de manutenção de veículos automotores de valores inferiores a R$119.812,02 (cento e dezenove mil, oitocentos e doze reais e dois centavos); valor atualizado conforme publicação de 29.12.2023.

II – outros serviços e compras envolvendo valores inferiores a R$59.906,02 (cinquenta e nove mil, novecentos e seis reais e dois centavos); valor atualizado conforme publicado em 29.12.2023.

III – para contratação que mantenha todas as condições definidas em edital de licitação realizada há menos de um ano, quando se verificar que naquela licitação: a) não surgiram interessados ou não foram apresentadas propostas válidas; b) as propostas ofereceram preços superiores aos do mercado ou incompatíveis aos fixados pelos órgãos públicos competentes;

IV – para contratação que tenha por objeto:

a) bens, componentes ou peças de origem nacional ou estrangeira, necessários à manutenção de equipamentos a serem adquiridos do fornecedor original durante o período de garantia técnica, quando tal condição de exclusividade for indispensável para a vigência da garantia;

b) bens, serviços, alienações ou obras, nos termos de acordo internacional específico aprovado pelo Congresso Nacional, quando as condições ofertadas forem vantajosas para a Administração;

c) produtos para pesquisa e desenvolvimento, limitada a contratação, no caso de obras e serviços de engenharia, ao valor de R$359.436,08 (trezentos e cinquenta e nove mil, quatrocentos e trinta e seis reais e oito centavos); valor atualizado, conforme publicado em 29.12.2023;

d) contratações realizadas por Instituição Científica e Tecnológica – ICT ou por agência de fomento para a transferência de tecnologia ou licenciamento de direito de uso ou de exploração de criação protegida, se demonstrada vantagem para a Administração;

e) hortifrutigranjeiros, pães e outros gêneros perecíveis, no tempo necessário à realização dos processos licitatórios, adquiridos diretamente com base no preço do dia;

f) bens ou serviços, produzidos ou prestados no País, que envolvam, cumulativamente, alta complexidade tecnológica e defesa nacional;

g) materiais de uso das Forças Armadas, com exceção de materiais de uso pessoal e administrativo, quando houver necessidade de manter a padronização requerida pela estrutura de apoio logístico dos meios navais, aéreos e terrestres, mediante autorização do comandante da força militar;

h) bens e contratação de serviços para atender aos contingentes militares das forças singulares brasileiras empregadas em operações de paz no exterior, com justificativa quanto ao preço e à escolha do fornecedor ou executante, ratificadas pelo comandante da força militar;

i) abastecimento ou suprimento de efetivos militares em estada de curta duração em portos, aeroportos ou localidades diferentes de suas sedes, por motivo de movimentação operacional ou de adestramento;

j) coleta, processamento e comercialização de resíduos sólidos urbanos recicláveis, em áreas com sistema de coleta seletiva de lixo, efetuados por associações ou cooperativas formadas exclusivamente por pessoas físicas de baixa renda reconhecidas pelo poder público como catadores de materiais recicláveis, com o uso de equipamentos compatíveis com as normas técnicas, ambientais e de saúde pública;

k) aquisição ou restauração de obras de arte e objetos históricos, de autenticidade certificada, desde que inerentes às finalidades do órgão;

l) serviços especializados ou aquisição ou locação de equipamentos destinados ao rastreamento e à obtenção de provas previstas nos incisos II e V do *caput* do art. 3º da Lei nº 12.850/2013 (esta lei dispõe sobre organizações criminosas);

m) aquisição de medicamentos destinados exclusivamente a tratamento de doenças raras definidas pelo Ministério da Saúde.

V – contratação com vistas ao cumprimento dos arts. 3º, 3º-A, 4º, 5º e 20 da Lei nº 10.973, de 02.12.2004, observados os princípios gerais de contratação previstos na referida Lei. Esta Lei dispõe sobre *incentivos* à *inovação e* à *pesquisa científica e tecnológica no ambiente produtivo*. O art. 3º prevê que os entes federativos e suas agências de fomento poderão estimular e apoiar a formação de alianças e o desenvolvimento de projetos de cooperação envolvendo empresas nacionais, Instituições Científicas – ICT e organizações privadas sem fins lucrativos para atividades de pesquisa e desenvolvimento, objetivando a geração de produtos e processos inovadores; o art. 4º refere-se às Instituições Científicas e Tecnológicas que poderão, mediante contrato ou convênio, dentre outros: compartilhar seus laboratórios e equipamentos com microempresas e empresas de pequeno porte voltadas à inovação tecnológica; permitir a utilização de seus laboratórios e equipamentos por empresas nacionais e organizações privadas sem fins lucrativos voltadas para atividades de pesquisa; o art. 5º autoriza a União e suas entidades a participar minoritariamente do capital de empresa privada de propósito específico que vise ao desenvolvimento de projetos científicos ou tecnológicos para obtenção de produtos ou processos inovadores; o art. 20 possibilita que órgãos e entidades da Administração contratem empresa, consórcio de empresas ou entidades nacionais privadas sem fins lucrativos voltadas à pesquisa, com o fim de realizar atividades de pesquisa envolvendo risco tecnológico, para solução de problema técnico específico ou obtenção de produto inovador.

VI – quando houver possibilidade de comprometimento da segurança nacional, nos casos fixados pelo Ministro da Defesa, mediante demanda dos comandos das Forças Armadas ou demais ministérios;

VII – nos casos de guerra, estado de defesa, estado de sítio, intervenção federal ou de grave perturbação da ordem;

VIII – nos casos de emergência ou calamidade, quando caracterizada a urgência de atendimento de situação que possa ocasionar prejuízo ou comprometer a segurança de pessoas, obras, serviços, equipamentos e outros bens, públicos ou particulares, e somente para aquisição dos bens necessários ao atendimento da situação emergencial ou calamitosa e para as parcelas de obras e serviços que possam ser concluídas no prazo máximo de 1 (um) ano, contado da data da emergência ou calamidade, vedadas a prorrogação dos respectivos contratos e a recontratação de empresa já contratada nos termos deste inciso; o §6º do art. 75 inclui na contratação emergencial a manutenção da continuidade do serviço público, observados os valores do mercado, sem prejuízo da apuração de responsabilidade dos agentes públicos que deram causa à situação.

IX – para a aquisição, por pessoa jurídica de direito público interno, de bens produzidos ou serviços prestados por órgão ou entidade da Administração Pública, criado para esse fim específico, desde que o preço contratado seja compatível ao praticado no mercado;

X – quando a União tiver de intervir no domínio econômico para regular preços ou normalizar o abastecimento;

XI – celebração de contrato de programa com ente federativo ou com entidade de sua Administração Indireta, para a prestação de serviços públicos de forma associada nos termos autorizados em contrato de consórcio público ou em convênio de cooperação;

XII – contratação em que houver transferência de tecnologia de produtos estratégicos para o Sistema Único de Saúde – SUS, conforme elencados em ato da direção nacional do SUS, inclusive por ocasião da aquisição destes produtos durante as etapas de absorção tecnológica e em valores compatíveis com aqueles definidos no instrumento firmado para a transferência de tecnologia;

XIII – contratação de profissionais para compor a comissão de avaliação de critérios de técnica, quando se tratar de profissional técnico de notória especialização;

XIV – contratação de associação de portadores de deficiência física, sem fins lucrativos e de comprovada idoneidade, para a prestação de serviços, desde que o preço seja compatível com o do mercado e os serviços sejam prestados exclusivamente por pessoas com deficiência;

XV – contratação de instituição brasileira que tenha por finalidade estatutária apoiar, captar e executar atividades de ensino, pesquisa, extensão, desenvolvimento institucional, científico e tecnológico e estímulo à inovação, inclusive para gerir administrativa e financeiramente essas atividades, ou contratação de instituição dedicada à recuperação social da pessoa presa, desde que o contratado tenha inquestionável reputação ética e profissional e não tenha fins lucrativos;

XVI – a aquisição, por pessoa jurídica de direito público interno, de insumos estratégicos para a saúde produzidos por fundação que, regimental ou estatutariamente, tenha por finalidade apoiar órgão da Administração pública direta, sua autarquia ou fundação em projetos de ensino, pesquisa, extensão, desenvolvimento institucional, científico e tecnológico e de estímulo à inovação, inclusive na gestão administrativa e financeira necessária à execução desses projetos, ou em parcerias que envolvam a transferência de tecnologia de produtos estratégicos para o SUS, nos termos do inciso XII deste o *caput*, e que tenha sido criada para esse fim específico em data anterior à vigência desta Lei, desde que o preço contratado seja compatível ao praticado no mercado (redação da Lei nº 14.628/2023);

XVII – contratação de entidades privadas sem fins lucrativos para implementação de cisternas ou outras tecnologias sociais de fácil acesso à água para consumo humano e produção de alimentos, a fim de beneficiar famílias rurais de baixa renda atingidas pela seca ou por falta regular de água (inciso acrescentado por força da Lei nº14.628/2023);

XVIII – contratação de entidades privadas sem fins lucrativos para a implantação do Programa Cozinha Solidária que tem por finalidade fornecer alimentação gratuita preferencialmente à população em situação de vulnerabilidade e risco social, incluída a população de rua, com vistas à promoção de políticas de segurança alimentar e nutricional e de assistência social e à efetivação de direitos sociais, dignidade humana, resgate social e melhoria da qualidade de vida (acrescentado por força as Lei nº 14.628/2023).

Embora se entenda que o rol do art. 75 seja fechado, há uma hipótese de contratação direta indicada na Lei nº 13.334/2016 – Programa de Parcerias de Investimentos, a qual prevê a criação do Fundo de Apoio à Estruturação de Parcerias – FAEP (art. 14), e este Fundo poderá ser contratado diretamente por órgãos e entidades da administração pública para prestar serviços técnicos profissionais especializados visando à estruturação de contratos de parceria e de medidas de desestatização (art. 15).

Os valores referidos nos incisos I e II supra serão duplicados em compras, obras e serviços contratados por consórcio público e por autarquia ou fundação qualificadas como agências executivas (art. 75, §2º). As mesmas contratações indicadas nos incisos I e II supra serão preferencialmente antecedidas de divulgação de aviso em sítio eletrônico oficial, pelo prazo mínimo de 3 (três) dias úteis, com a especificação do objeto pretendido e com a manifestação da Administração no sentido de obter propostas de eventuais interessados, devendo ser escolhida a proposta mais vantajosa (art. 75, §3º).

Os casos de dispensa de licitação na alienação de bens públicos são mencionados no item 12.10 do Cap. 12 (Bens públicos).

10.10 Instrumentos auxiliares

Em capítulo sob o nome de *Instrumentos Auxiliares*, a Lei nº 14.133/2021 arrola, no art. 78, cinco procedimentos auxiliares das licitações e das contratações: I – credenciamento; II – pré-qualificação; III – procedimento de manifestação de interesse; IV – sistema de registro de preços; V – registro cadastral. O respectivo §1º aventa a observância nestes procedimentos de critérios claros e objetivos a serem definidos em regulamento. Havendo julgamento no âmbito dos procedimentos referidos nos itens II e III supra, seguirá o mesmo parâmetro das licitações (art. 75, §2º).

10.10.1 Credenciamento

É o processo administrativo de chamamento público em que a Administração convoca interessados em prestar serviços ou fornecer bens para que, preenchidos requisitos fixados, sejam considerados aptos para executar o objeto quando convocados (art. 6º, XLIV).

Nos termos do art. 79, o credenciamento pode ser utilizado nas seguintes hipóteses de contratação: I – paralela e não excludente, em que é viável e vantajoso haver ajustes simultâneos em condições padronizadas; II – com seleção a critério de terceiros, caso em que a seleção do contratado está a cargo do beneficiário direto da prestação (cabendo observar a redação confusa deste item II); III – em mercados fluídos, em que a flutuação do valor da prestação e das condições da contratação inviabiliza a seleção mediante processo de licitação.

A Administração deve divulgar e manter à disposição do público, em sítio eletrônico oficial, edital de chamamento de interessados, possibilitando o cadastramento permanente de novos interessados (art. 79, parágrafo único, I); o edital deverá prever as condições padronizadas de contratação e, se for o caso, definir o respectivo valor (art. 79, parágrafo único, III).

10.10.2 Pré-qualificação

Pré-qualificação é o procedimento para selecionar previamente interessados que atendam a condições de habilitação para futura licitação; ou bens que atendam exigências técnicas ou de qualidade fixadas pela Administração, ficando permanentemente aberto à inscrição de interessados (art. 80 e §2º). O edital indicará as informações necessárias à definição do objeto e a modalidade, forma da futura licitação, critérios de julgamento (art. 80, §3º).

Se for destinada a licitantes, podem ser dispensados documentos presentes em registro cadastral; se destinada a bens, pode ser exigida comprovação de qualidade (art. 80, §1º).

Órgão ou comissão designados receberão e examinarão os documentos, determinando, se for o caso, correção ou reapresentação dos mesmos (art. 80, §4º). Os bens e os serviços pré-qualificados deverão integrar o catálogo de bens e serviços da Administração (art. 80, §5º). E os licitantes pré-qualificados devem ser divulgados.

A pré-qualificação terá o *prazo de validade de um ano*, no máximo, podendo ser atualizada a qualquer tempo; ou o prazo não superior ao prazo de validade dos documentos oferecidos pelos interessados (art. 80, §8º). A licitação posterior ao procedimento de pré-qualificação poderá ser restrita a licitantes ou bens pré-qualificados (art. 80, §10).

10.10.3 Procedimento de manifestação de interesse

Por este meio, a Administração pode solicitar à iniciativa privada, com publicação de edital de chamamento público, a propositura e realização de estudos, investigações, levantamentos e projetos de soluções inovadoras, na forma de regulamento; tais elementos vinculados à contratação estarão à disposição dos interessados e o vencedor da licitação deverá ressarcir os dispêndios correspondentes, nos termos do edital (art. 81 e §1º). Parecer da Administração deverá demonstrar a adequação dos elementos oferecidos aos seus objetivos, previamente a sua aceitação (art. 81, §3º).

Esses elementos não atribuirão ao seu realizador direito de preferência na licitação; não obrigam a Administração a efetuar licitação; serão remunerados somente pelo vencedor da licitação, não se podendo cobrar do poder público tais valores (art. 81, §2º, IV).

Este procedimento poderá ser restrito a *startups*, ou seja, microempreendedores individuais, microempresas e empresas de pequeno porte, de natureza emergente e com grande potencial, dedicadas à pesquisa, ao desenvolvimento e à implementação de novos produtos ou serviços baseados em soluções tecnológicas inovadoras (art. 81, §4º).

10.10.4 Sistema de registro de preços

É o conjunto de procedimentos para realização, mediante contratação direta ou licitação nas modalidades de pregão ou concorrência, de registro formal de preços relativos a serviços, obras e aquisição e locação de bens para contratações futuras (art. 6º, XLV). Por esse sistema os interessados em vender bens, prestar serviços ou realizar obras ao poder público indicam os respectivos valores, válidos por certo período, e as quantidades que podem fornecer, se solicitadas para contratações futuras.

O *edital de licitação para registro de preços* observará as regras gerais da Lei nº 14.133/2021 e indicará, dentre outros: as especificidades da licitação e do seu objeto; a quantidade máxima de cada item a ser adquirida; a quantidade mínima; o critério de julgamento, que será o de menor preço ou de maior desconto sobre a tabela de preços do mercado; as hipóteses de cancelamento da ata de registro de preços e suas consequências (art. 82).

A *ata de registro de preços* é documento vinculativo, com característica de compromisso para futura contratação, no qual se anotam: o objeto, os preços, os fornecedores, os órgãos participantes, as condições (art. 6º, XLVI). A ata de registro de preços terá vigência de 1 (um) ano, podendo ser prorrogada por igual período, desde que comprovado o preço vantajoso (art. 84). A existência de preços registrados implica compromisso de fornecimento nas condições estabelecidas, mas não obriga a Administração a contratar, facultada a realização de licitação específica para a aquisição pretendida, desde que motivada (art. 83).

O sistema de registro de preços poderá ser usado para contratação de bens, serviços, obras e serviços de engenharia, conforme prevê o §5º do art. 82, respeitadas condições fixadas em seus incisos e as condições do art. 85, acrescidas para obras e serviços de engenharia.

O órgão público gerenciador deverá, na fase preparatória da licitação de registro de preços, realizar a divulgação de intenção de registro de preços, a fim de possibilitar, no prazo mínimo de 8 (oito) dias, a participação de outros órgãos na respectiva ata e determinar a estimativa da quantidade da contratação (art. 86). Se não participarem do referido procedimento, os órgãos da Administração federal, estadual, distrital e municipal poderão aderir à ata de registro de preços na condição de não participantes, atendendo a requisitos fixados nos incisos do §2º do art. 86; também poderão aderir órgãos e entidades da Administração federal, estadual, distrital e municipal relativamente à ata de registro de preços de órgão ou entidade gerenciadora federal, estadual ou distrital; e, ainda, órgãos e entidades da Administração municipal, relativamente à ata de registro de preços de órgão ou entidade gerenciadora municipal, desde que o sistema de registro de preços tenha sido formalizado mediante licitação (§3º do art. 86, na redação da Lei nº 14.770, de 22.12.2023).

Órgãos e entidades da Administração federal não podem aderir à ata de registro de preços gerenciada por órgão ou entidade estadual, distrital ou municipal (art. 86, §8º).

10.10.5 Registro cadastral

Os órgãos e entidades da Administração *devem* utilizar o sistema de registro cadastral unificado disponível no *Portal Nacional de Contratações Públicas (PNCP)*, para fins de cadastro unificado de licitantes, na forma de regulamento (art. 87), o qual será público, sendo amplamente divulgado, sempre aberto aos interessados; será obrigatório chamamento público pela internet, no mínimo anualmente, para atualização dos registros existentes e ingresso de novos interessados (art. 87 e §1º).

Ao requerer, a qualquer tempo, inscrição no cadastro ou sua atualização, o interessado fornecerá os elementos necessários para habilitação (art. 88), sendo-lhe fornecido *certificado*, renovável a cada atualização (art. 88, §2º). O inscrito será classificado por categorias, subdivididas em grupos, tendo em vista sua especialização, segundo a qualificação técnica e econômica, de acordo com regras objetivas divulgadas em sítio eletrônico oficial (art. 88, §1º). A atuação do contratado no cumprimento de obrigações assumidas será avaliada pelo contratante, que emitirá documento a respeito, com menção ao desempenho e a eventuais penalidades aplicadas, o que figurará no registro cadastral respectivo (art. 88, §3º). O interessado que requerer o cadastro poderá participar de processo licitatório até a decisão da Administração, e a celebração do contrato ficará condicionada à emissão do referido certificado (art. 88, §6º).

A Administração poderá realizar licitação restrita a fornecedores cadastrados, atendidos os critérios e os limites fixados em regulamento e ampla publicidade dos procedimentos para cadastramento (art. 87, §3º). Neste preceito verifica-se algo similar à modalidade de tomada de preços prevista na revogada Lei nº 8.666/93 (§3º do art. 22), com participação somente de interessados cadastrados ou que atendessem a todas as condições para o cadastramento até o terceiro dia anterior ao recebimento das propostas.

10.11 Nulidades da licitação

Em capítulo sob o nome de *Nulidades dos Contratos* (arts. 147-150), a Lei nº 14.133/2021 cuida de nulidades em processo licitatório e em contratos, de modo englobado, aí permeando um sentido de busca por sua preservação, se possível, sem haver anulação abrupta, ainda que presente uma ilegalidade. O tema será exposto no capítulo dedicado ao contrato administrativo.

10.12 Irregularidades

No Título IV denominado *Das Irregularidades* (arts. 155-173), a Lei nº 14.133/2021 abriga um capítulo referente às *infrações e sanções administrativas*, um capítulo sobre *impugnações, pedidos de esclarecimento e recursos*, um capítulo com normas sobre *controle das contratações*. Os três capítulos tratam destas matérias tanto em relação à licitação, quanto em relação ao contrato administrativo, não sendo o caso, neste livro, de expor mencionados temas com repetição. Desse modo, as normas sobre as matérias supra receberão tratamento no capítulo destinado aos contratos administrativos, também para propiciar um ângulo abrangente nestas questões.

Bibliografia

CUNHA, Alexandre Jorge Carneiro da; ARRUDA, Carmen Silvia Lima de; PICCELLI, Roberto Ricomini (Coord.). *Lei de licitações e contratos*. Comentada – Lei nº 14.133/2021. São Paulo: Quartier Latin, 2022. v. I, II e III.

GARCIA, Flávio Amaral. *Licitações e contratos administrativos*: casos e polêmicas. 5. ed. São Paulo: Malheiros, 2018.

GUIMARÃES, Edgar; NIEBUHR, Joel de Menezes. *Registro de preços*. Belo Horizonte: Fórum, 2008.

JUSTEN FILHO, Marçal. *Comentários à lei de licitações e contratos administrativos*: Lei 14.133/2021. São Paulo: Thomson Reuters Brasil, 2021.

MENDES, Renato Geraldo. *Lei de licitações e contratos anotada*. 8. ed. Curitiba: Zênite, 2011.

MENDES, Renato Geraldo; MOREIRA, Egon Bockmann. *Inexigibilidade de licitação*: repensando a contratação pública e o dever de licitar. Curitiba: Zênite, 2016.

NIEBUHR, Karlin Olbertz; POMBO, Rodrigo Goulart de Freitas (Coord.). *Novas questões em licitações e contratos (Lei nº 14.133/2021)*. Rio de Janeiro: Lumen Juris, 2023.

PEREIRA JÚNIOR, Jessé Torres (Org.). *Comentários ao sistema legal de licitações e contratos administrativos*. São Paulo: NDJ, 2016.

REIS, Luciano Elias. *Licitação e contratos*: um guia de jurisprudência. Curitiba: Negócios Jurídicos, 2013.

REISDORFER, Guilherme F. Dias. *Diálogo competitivo*. Belo Horizonte: Fórum, 2022.

SANTANA, Jair Eduardo. *Pregão* – presencial e eletrônico: sistema de registro de preços. 3. ed. Belo Horizonte: Fórum, 2009.

SANTOS, Murilo Giordan; BARKI, Teresa Villac Pinheiro (Org.). *Licitações e contratações sustentáveis*. Belo Horizonte: Fórum, 2013.

SCHWIND, Rafael Wallbah. *Licitações internacionais*. 3. ed. Belo Horizonte: Fórum, 2022.

CAPÍTULO 11

CONTRATOS CELEBRADOS PELA ADMINISTRAÇÃO

11.1 Considerações preliminares

Um dos meios de que se vale a Administração para cumprir suas múltiplas atribuições e realizar as atividades decorrentes é a técnica contratual.

Hoje não se coloca em dúvida a ideia de um contrato em que o poder público é parte. Porém, nos primórdios da elaboração da teoria do contrato administrativo (início do século XX), houve fortes resistências a essa ideia: alegava-se que a Administração não poderia celebrar contratos em virtude da sua posição de supremacia em relação ao particular; por outro lado, o atendimento do interesse público impediria todo tipo de vínculo contratual contínuo; e, ainda, as relações entre Administração e particulares só nasciam mediante atos administrativos. Essa resistência explicava-se pelas concepções que predominavam, no século XIX, a respeito da figura contratual, concepções essas elaboradas para o contrato entre particulares, regido pelo direito privado. Tais concepções centravam a essência do contrato na autonomia da vontade; por isso o contrato vinha conceituado como o acordo de vontades destinado a produzir efeitos jurídicos, havendo igualdade das partes e imutabilidade. Essa ideia de contrato diferia do que se entendia por contrato antes do século XVII, como se verá adiante, na arguta observação de Eduardo Soto Kloss (La contratación administrativa: un retorno a las fuentes clásicas del contrato, *Revista de Administración Publica*, 1978).

Apesar das resistências, a *teoria do contrato administrativo* teve seus elementos fundamentais elaborados nas decisões do Conselho de Estado francês e acabou por firmar-se. Essa teoria, no entanto, afastou-se de preceitos da teoria do contrato privado vigente desde o século XVIII, como a igualdade entre as partes e a intangibilidade da vontade inicial das mesmas; formou-se a teoria de um contrato diferenciado do modelo privado, de um contrato em que a Administração dispõe de certas prerrogativas para assegurar o interesse público, sem que sejam sacrificados os interesses pecuniários do particular contratado. Embora a concepção de contrato administrativo fugisse à ideia de contrato, predominante nos séculos XVIII e XIX, não deixou de ser considerado contrato.

Alguns tipos de contrato celebrados entre a Administração e o particular, regidos pelo direito público, denominados *contratos administrativos*, tornaram-se clássicos, sendo objeto central dos estudos e normas na matéria. São, por exemplo, os contratos de obras, de prestação de serviços, de compras, as concessões de serviço público. Mesmo entre estes há diferenças, por exemplo: na concessão de serviço público não se pode dizer que uma das partes remunera a outra, pois a remuneração do concessionário, em geral, vem do usuário, que não é parte do contrato; apesar disso, é considerada um contrato, predominantemente.

A teoria clássica dos contratos administrativos passou a ser objeto de discussão, sobretudo a partir dos anos 70 do século XX. Sob um ângulo, alguns elementos da elaboração clássica vêm sendo questionados, como se verá adiante, nos itens específicos. Sob outro ângulo, a teoria clássica depara o florescimento de atuações administrativas instrumentalizadas por módulos convencionais ou contratuais, decorrentes de consenso, acordo, cooperação, parceria entre Administração e particulares ou entre órgãos e entidades públicas. Diante desse novo modo de atuar, novos tipos de ajuste foram surgindo, com moldes que não se enquadram no padrão clássico de contrato administrativo. Discute-se, então, se esses novos ajustes se enquadram ou não na figura contratual.

Na verdade, tanto os contratos administrativos clássicos como os novos tipos contratuais incluem-se numa figura contratual, num *módulo contratual*. Tal afirmação pode ser feita se for deixada de lado a concepção restrita de contrato, vigente no século XIX, centrada na autonomia da vontade, na igualdade absoluta entre as partes e na imutabilidade da vontade inicial das mesmas. Se for retomada a ideia básica de contrato, predominante na Grécia clássica e no direito romano mais antigo, centrada no "intercâmbio de bens e prestações", regido pelo direito, pode-se cogitar de um módulo contratual formado por vários tipos de contrato, com regimes jurídicos diversos. É a linha aqui seguida.

Na doutrina, é o entendimento, por exemplo, do chileno Soto Kloss e dos franceses Prosper Weil e René Chapus, da justiça administrativa francesa. Os italianos Massimo Severo Giannini e Rosario Ferrara atribuem natureza contratual a novos tipos de ajustes que, segundo as concepções clássicas, não teriam essa natureza. Soto Kloss bem observa que a teoria do contrato administrativo, afastando-se das concepções dominantes no século XIX, representou um passo importante para retomar a ideia originária de contrato como intercâmbio de bens e prestações regido pelo direito.

11.2 Tipologia

O módulo contratual da Administração desdobra-se em alguns tipos, que podem ser enfeixados do seguinte modo: a) *contratos administrativos clássicos*, regidos pelo direito público, como o contrato de obras, o de compras, o de serviços; b) *contratos regidos parcialmente pelo direito privado*, como a compra e venda; c) *figuras contratuais recentes*, regidas pelo direito público, como os convênios, contratos de gestão, consórcios públicos ou por mescla de direito público e de direito privado.

11.3 Legislação básica

A CF prevê, no art. 22, XXVII, a competência da União para legislar sobre normas gerais de licitação e contratação, em todas as modalidades, para as Administrações públicas diretas, autárquicas e fundacionais das diversas esferas de governo, e para as empresas públicas e sociedades de economia mista (para estas, nos termos do art. 173, §1º, III). Por sua vez, o art. 37, inc. XXI, impõe realização de licitação antes da celebração do contato administrativo, em geral.

A Lei nº 14.133, de 01.4.2021, dispõe sobre licitações e contratos administrativos. A precedente lei de licitações e contratos administrativos – Lei nº 8.666/1993 esgotou sua vigência em 31.12.2023 e também a Lei do Pregão (nº 10.520/202) e a do RDC (Lei nº 12.462/2011).

11.4 Incidência

(i) A Lei nº 14.133/2021 aplica-se aos Poderes Executivos de todos os entes federativos, aos órgãos dos Poderes Legislativo e Judiciário da União, dos Estados, do Distrito Federal e aos órgãos do Poder Legislativo dos Municípios, no desempenho de funções administrativas (art. 1º, I) e aos fundos especiais e demais entidades controladas direta ou indiretamente pela Administração Pública (art. 1º, II).

(ii) A Lei norteia as licitações e contratos envolvendo *microempresas e empresas de pequeno porte*, com tratamento favorecido e simplificado, conforme dispõe a Lei Complementar nº 123, de 14.12.2006 – *Estatuto da Microempresa e da Empresa de Pequeno Porte*, com alterações posteriores, nos arts. 42 a 49. O Decreto nº 8.538, de 06.10.2015, com alterações posteriores, regulamenta o tratamento favorecido e simplificado para as microempresas e empresas de pequeno porte nas contratações públicas de bens, serviços e obras, no âmbito da Administração federal. A Lei nº 11.488, de 15.06.2007, art. 34, determina a aplicação da referida Lei Complementar nº 123/2006 às *sociedades cooperativas*.

(iii) A Lei se aplica *subsidiariamente* às licitações e contratações de concessões e permissões de serviço público (Lei nº 8.987/1995), das parcerias público-privadas (Lei nº 11.079/2004) e de serviços de publicidade (Lei nº 12.232/2010), como indica seu art. 186.

(iv) O contrato relativo a imóvel do patrimônio da União ou de suas autarquias e fundações continuará a ser regido pela legislação pertinente, aplicada esta Lei *subsidiariamente* (art. 192).

(v) Na ausência de norma específica, a Lei se aplica, se for cabível, aos convênios, acordos, ajustes e outros instrumentos congêneres (art. 184).

A Lei nº 14.133/2021 não incide, dentre outros : I – em licitações e contratações no âmbito das empresas públicas e sociedades de economia mista (art. 1º, §1º), por terem regime próprio fixado na Lei nº 13.303/2016; II – sobre os contratos celebrados por repartições públicas com sede no exterior, que devem atender a características locais, mas observando os princípios do art. 5º; III – em licitações e contratos com recursos originados de empréstimos ou doações de agência oficial de cooperação estrangeira, ou entidade financeira com participação do Brasil, visando a atender a condições especiais fixadas por tais organismos, não podendo desrespeitar princípios constitucionais (art. 1º, §§2º e 3º).

11.5 Contratos sujeitos à Lei nº 14.133/2021

O art. 2º da Lei nº 14.133/2021 arrola os contratos a que suas disposições se aplicam: I – *alienação e concessão de direito real de uso de bens*; II – *compra*, inclusive por encomenda; III – *locação*; IV – *concessão e permissão de uso de bens públicos*; V – *prestação de serviços*, inclusive técnico-profissionais especializados; VI – *obras e serviços de arquitetura e engenharia*; VII – *contratos de tecnologia da informação e de comunicação*. Por força do art. 82, tais contratos se regulam por suas cláusulas e pelos preceitos do direito público, sendo-lhes aplicados, supletivamente, os princípios da teoria geral dos contratos e as disposições de direito privado.

Para as concessões e permissões de serviço público vigora a Lei nº 8.987/1995, com alterações posteriores. As concessões que modelam as parcerias público-privadas são disciplinadas na Lei nº 11.079/2004 Os contratos para *serviços de publicidade* têm sua disciplina fixada na Lei nº 12.232, de 29.4.2010. Em tais contratações se aplica subsidiariamente a Lei nº 14.133/2021. Os contratos administrativos celebrados com mais frequência vêm indicados, de modo sintético, a seguir, e *os contratos relativos a bens públicos serão tratados no capítulo 12*.

11.5.1 Contrato de compra

Também denominado *contrato de fornecimento*, destina-se à aquisição remunerada de bens para fornecimento de uma só vez ou parceladamente, considerada imediata aquela com prazo de entrega de até 30 (trinta dias) da ordem de aquisição (art. 6º, X); exemplos: gêneros alimentícios, mesas, cadeiras, microcomputadores. Na sequência se expõem os preceitos essenciais da matéria.

O planejamento de compras deverá considerar a expectativa de consumo anual (art. 40) e observar os seguintes princípios: padronização; parcelamento, quando for tecnicamente viável e economicamente vantajoso; responsabilidade fiscal, mediante a comparação da despesa estimada com a prevista no orçamento (art. 40, V). É permitida a padronização com base em processo de outro órgão de nível federativo igual ou superior ao do órgão adquirente, devendo o respectivo ato de adesão ser motivado e divulgado em sítio eletrônico oficial (art. 43, §1º).

É vedada a contratação de marca ou produto quando, mediante processo administrativo, se comprove que produtos adquiridos e utilizados anteriormente pela Administração não atendem aos requisitos indispensáveis ao pleno cumprimento da obrigação contratual (art. 41, III). Alguns casos de contratação de marca ou modelo se listam no art. 41, alíneas a), b), c).

Quando houver possibilidade de compra ou de locação de bens, estudo técnico preliminar deverá considerar os custos e os benefícios de cada opção, com indicação da alternativa mais vantajosa (art. 44).

Nos termos do art. 181, os entes federativos instituirão *centrais de compras*, para realização de compras em grande escala, visando atender a seus diversos órgãos e entidades. No caso de Municípios de até 10.000 (dez mil) habitantes, é indicada a formação de *consórcios públicos* para os fins supra (art. 181, parágrafo único).

11.5.2 Contrato de obras

O art. 6º, XII, assim conceitua obra: "toda atividade estabelecida, por força de lei, como privativa das profissões de arquiteto e engenheiro que implica intervenção no meio ambiente por meio de conjunto harmônico de ações que, agregadas, formam um todo que inova o espaço físico da natureza ou acarreta alteração substancial das características originais de bem imóvel". De regra, o respectivo contrato tem como objeto a construção, reforma, recuperação ou ampliação referentes a imóvel público ou destinado a fins públicos; as atuações podem incidir, por exemplo, em prédios de repartições ou de serviços públicos, ruas, praças, avenidas, estradas, viadutos, túneis, metrô, aeroportos, açudes etc.

Se a *obra* é contratada para realização por particulares, trata-se de *execução indireta*, admitidos os seguintes regimes: I – *empreitada por preço unitário*, quando é fixado preço por unidades determinadas (art. 6º, XXVIII), como, por exemplo, metro de área construída; II – *empreitada por preço global*, quando contratada por preço certo e total (art. 6º, XXIX); III – *empreitada integral*, no caso em que o empreendimento é contratado de modo completo, sob inteira responsabilidade da contratada até a entrega ao contratante em condições de início de entrada em operação (art. 6º, XXX); IV – *contratação por tarefa*, quando se ajusta mão de obra para pequenos trabalhos, por preço certo, com ou sem fornecimento de materiais (art. 6º, XXXI) ; V – *contratação integrada*, em que o contratado é responsável por elaborar e desenvolver os projetos básico e executivo, realizar as obras e serviços de engenharia, fornecer bens ou prestar serviços especiais, realizar montagens, teste, pré-operação e demais operações necessárias para a entrega final do objeto (art. 6º, XXXII); VI – *contratação semi-integrada*, em que o contratado é responsável por elaborar e desenvolver o projeto executivo, realizar as obras e serviços de engenharia, fornecer bens ou prestar serviços especiais, realizar montagens, teste, pré-operação e demais operações necessárias para a entrega final do objeto (art. 6º, XXXIII); VII – *fornecimento e prestação de serviço associado*, em que, além do fornecimento do objeto o contratado responsabiliza-se por sua operação, manutenção ou ambas, por tempo determinado (art. 6º, XXXIV).

Na *contratação integrada*, após a elaboração do projeto básico pelo contratado, o conjunto dos elementos que o acompanham (por. ex., desenhos, memoriais) deve ser submetido à aprovação da Administração (art. 46, §3º).

Na *contratação integrada e semi-integrada* o edital e contrato deverão prever, se for o caso, providências para a efetivação de desapropriação autorizada pelo poder público (art. 46, §4º).

11.5.3 Contrato de serviços

Segundo o art. 6º, XI, *serviço* é atividade ou conjunto de atividades destinadas a obter determinada utilidade, intelectual ou material, de interesse para a Administração, por ex.: assistência técnica de equipamentos, coleta de lixo reciclável.

A Lei nº 13.144/2021 menciona vários tipos de serviços, cujos conceitos, apontados no art. 6º, nem sempre se mostram claros: a) *comuns*; b) *especiais*; c) *técnico-profissionais especializados, de natureza predominantemente intelectual*: I – estudos técnicos, planejamentos, projetos básicos e projetos executivos; II – pareceres, perícias e avaliações em geral; III – assessorias e consultorias técnicas e auditorias financeiras e tributárias;

IV – fiscalização, supervisão e gerenciamento de obras ou serviços; V – patrocínio ou defesa de causas judiciais e administrativas; VI – treinamento e aperfeiçoamento de pessoal; VII – restauração de obras de arte e bens de valor histórico; VIII – controles de qualidade e tecnológico, análises e ensaios de campo e laboratoriais, instrumentação e monitoramento de parâmetros específicos de obras e do meio ambiente (art. 6º, XVIII); d) *serviços contínuos*; e) *serviços contínuos com regime de dedicação exclusiva de mão de obra*; f) *serviços não contínuos ou contratados por escopo*.

O art. 48 admite a contratação de terceiros (*terceirização*) para atividades materiais acessórias, instrumentais ou complementares às matérias de área de competência legal do órgão (art. 48, *caput*), podendo-se observar que tais noções ensejadoras de terceirização nem sempre se apresentam claras na sua aplicação, ante dificuldades, sobretudo, em separar as atividades específicas a cargo do órgão e as que lhes são materiais acessórias; há proibições para tal contratação, por exemplo: indicar pessoas específicas para executar o objeto contratado; estabelecer vínculo de subordinação com funcionário de empresa prestadora de serviço terceirizado; contratar cônjuge, companheiro ou parente até o terceiro grau, de dirigente de órgão ou de agente público.

Nas contratações de serviços com mão de obra em regime de dedicação exclusiva, o contratado deverá apresentar, sempre que solicitado, sob pena de multa, comprovação do cumprimento das obrigações trabalhistas e com o Fundo de Garantia do Tempo de Serviço – FGTS (art. 50).

11.5.4 Contrato de locação

Por meio da locação a Administração aluga imóvel privado para abrigar órgão ou entidade, pagando aluguel pelo uso. Por força do art. 51, a locação de imóveis deve ser precedida de licitação e avaliação prévia do bem, do seu estado de conservação, dos custos do prazo de amortização dos investimentos necessários. É inexigível a licitação para imóvel cujas características específicas atendam a necessidades da Administração (art. 74, V).

11.6 Prerrogativas da Administração

Ao longo da elaboração da teoria do contrato administrativo, emergiram suas notas características, que o diferenciavam do contrato de direito privado. Sendo o órgão estatal uma das partes do vínculo contratual, não poderiam prevalecer os mesmos preceitos aplicáveis aos contratos firmados entre particulares, afirmava-se. Isso porque os contratos celebrados por órgãos ou entes estatais direcionam-se ao atendimento do interesse público. Daí seria inaplicável aos contratos firmados por órgãos estatais a plena igualdade entre as partes e a imutabilidade do que foi inicialmente pactuado. A defesa do interesse público levou à atribuição de prerrogativas à Administração, que é parte do contrato, sem sacrifício de direitos pecuniários do particular contratado.

Quando se iniciou a formulação da teoria do contrato administrativo, foi utilizada, como referencial, a teoria do contrato privado, que, na época, já resultava de longa elaboração.

Tendo em vista a presença da Administração, percebeu-se que nem todos os preceitos da teoria do contrato privado aplicavam-se ao contrato administrativo. Os aspectos que fugiam daquela teoria foram então denominados de *cláusulas derrogatórias e exorbitantes do direito comum*. Nessa expressão, direito comum significava sobretudo o direito civil; o termo "derrogatórias" expressava que tais cláusulas aboliam ou deixavam de lado preceitos vigentes para o contrato privado; o vocábulo "exorbitantes" significava que excediam ou se desviavam do direito privado. Com o tempo a expressão foi reduzida para *cláusulas exorbitantes* e se consagrou como tal, designando as notas características do contrato administrativo, os aspectos essenciais do seu regime jurídico. No ordenamento pátrio, tais cláusulas permeiam o tratamento legal dos contratos administrativos, sendo arroladas no art. 104 da Lei nº 14.133/2021 como *prerrogativas* da Administração. São objeto de questionamentos em autores contemporâneos.

11.6.1 Alteração unilateral e direito ao equilíbrio econômico-financeiro

O art. 104, I, cita como prerrogativa dos contratos administrativos "*modificá-los, unilateralmente*, para melhor adequação às finalidades de interesse público, respeitados os direitos do contratado". O art. 124, I, prevê a *alteração unilateral*, pela Administração, com a motivação devida: a) quando houver modificação do projeto ou das especificações, para melhor adequação técnica a seus objetivos; b) quando for necessária a modificação do valor contratual em decorrência de acréscimo ou diminuição quantitativa de seu objeto, nos limites da lei. Tais alterações não podem transfigurar o objeto da contratação (art. 126).

O mesmo inc. I do art. 124 menciona, ao final, o *respeito aos direitos dos contratados*. Tais direitos apresentam-se sob dois prismas.

O primeiro diz respeito ao chamado *equilíbrio econômico-financeiro*, também denominado *equação financeira* do contrato. O *equilíbrio econômico-financeiro* significa a proporção entre os encargos do contratado e a sua remuneração, proporção esta fixada no momento da celebração do contrato; envolve as chamadas *cláusulas contratuais*, terminologia redundante, classicamente usada para designar as cláusulas referentes, sobretudo, à remuneração do contratado. Além dessas, o contrato administrativo é dotado das chamadas *cláusulas regulamentares*, atinentes às regras de execução, sobretudo. O direito ao equilíbrio econômico-financeiro assegura ao particular contratado a manutenção daquela proporção durante a vigência do contrato. Se houver aumento dos encargos, a remuneração deverá ser aumentada também. Esse direito vem reconhecido em vários dispositivos da Lei, por ex., no art. 104, §2º: na hipótese de alteração unilateral, as cláusulas econômico-financeiras deverão ser revistas para que se mantenha o equilíbrio contratual; no art. 130: havendo alteração unilateral do contrato que aumente os encargos do contratado, a Administração deverá restabelecer, no mesmo termo aditivo, o equilíbrio econômico-financeiro inicial.

Outro prisma dos direitos refere-se aos *limites de acréscimo e supressão do objeto do contrato*, fixados na lei. Assim, nas alterações unilaterais, o contratado fica obrigado a aceitar, nas mesmas condições contratuais, os acréscimos ou supressões nas obras, serviços e compras de até 25% (vinte e cinco por cento) do valor inicial atualizado do contrato e, no caso de reforma de edifício ou de equipamento, de até 50% para seus acréscimos (art. 125). No caso de *supressão*, se o contratado já houver adquirido os materiais e posto no local dos trabalhos, estes deverão ser pagos pela Administração, nos custos de aquisição comprovados e monetariamente corrigidos, podendo caber indenização por outros danos devidos à supressão, se comprovados (art. 129).

A prerrogativa de modificar unilateralmente o contrato, de modo livre, vem sendo contestada; por ex.: no ordenamento italiano, a Corte de Cassação afastou a tese do poder discricionário de modificação unilateral do contrato, como poder geral independente de previsão legal explícita, e afirmou que, salvo a rescisão por interesse público, a relação contratual é regida por cânones paritários. Como se viu, no ordenamento brasileiro a prerrogativa é prevista, circunscrita a limites e ao respeito a direitos dos contratados. A Lei nº 13.303/2016 – Estatuto jurídico das estatais – não se refere à modificação unilateral, mencionando somente a alteração por acordo (alteração amigável).

11.6.2 Extinção unilateral do contrato

O art. 104, II, indica a extinção unilateral do contrato, nos casos especificados na Lei. A nova Lei trocou o termo "rescisão", presente na Lei 8.666/93 (art. 58, II) pelo vocábulo "extinção" (art. 137). A extinção do contrato deverá ser justificada, assegurados o contraditório e a ampla defesa. A matéria relativa à rescisão, tratada nos arts. 137 a 139, será exposta em item específico, adiante.

11.6.3 Fiscalização da execução

À Administração é conferido o direito, que é principalmente dever, de acompanhar e fiscalizar a execução do contrato (art. 104, III). Para tanto, designa um representante, denominado *fiscal do contrato*, que anotará em registro próprio todas as respectivas ocorrências, podendo determinar o que for necessário à regularização de faltas e defeitos observados (art. 117). Por seu lado, o contratado deve manter preposto, aceito pela Administração, no local da obra ou do serviço, para representá-lo na execução do contrato (art. 118). A fiscalização e acompanhamento, efetuados pela Administração, não excluem ou reduzem a responsabilidade do contratado por danos causados diretamente a esta ou a terceiros, em razão da execução do contrato (art. 120).

11.6.4 Aplicação de sanções ante inexecução total ou parcial

Dentre as prerrogativas da Administração está a imposição de sanções ao contratado, por atraso ou inexecução total ou parcial do contrato (art. 104, IV).

A Lei nº 14.133/2021 disciplina a matéria, nos arts. 155-163, inclusive listando os tipos de sanções. Independentemente de previsão explícita, o contratado tem direito constitucional ao contraditório e ampla defesa antes da efetividade da sanção. Parece claro, da mesma forma, que somente poderão ser aplicadas as sanções previstas na lei e de modo proporcional à gravidade do fato. O art. 156, *caput*, lista as seguintes sanções: I – advertência; II – multa; III – impedimento de licitar e contratar; IV – declaração de inidoneidade para licitar ou contratar. Em outro item deste livro será efetuada exposição analítica sobre as sanções administrativas.

11.6.5 Ocupação provisória de bens e utilização de pessoal e serviços vinculados ao objeto do contrato

Havendo risco à prestação de serviços essenciais ou necessidade de acautelar apuração de faltas contratuais pelo contratado, inclusive após extinção do contrato, a Administração tem a prerrogativa de ocupar provisoriamente bens e utilizar pessoal e serviços vinculados ao contrato (art. 104, V).

11.7 Formalização

A *formalização* refere-se ao modo como os contratos se exteriorizam, se expressam. Antes da formalização do contrato deverá ser emitida nota de empenho prévio.

a) Os contratos e seus aditamentos devem ter *forma escrita* e são juntados aos autos que deram origem à contratação, divulgados e mantidos à disposição do público em sítio eletrônico oficial (art. 91), admitido o sigilo quando imprescindível à segurança da sociedade e do Estado (art. 91, §1º); admite-se a *forma eletrônica*, atendidas exigências fixadas em regulamento (art. 91, §3º). É nulo o *contrato verbal*, salvo para pequenas compras ou serviços de pronto pagamento, de valor atualizado até R$11.981,20 (onze mil, novecentos e oitenta e um reais e vinte centavos), como dispõe o art. 96, §2º.

b) Quanto ao *local*, de regra, são lavrados nas repartições que sediam o respectivo órgão responsável pelo contrato. Tratando-se de *contratos relativos a direitos reais sobre imóveis*, a formalização se efetua por escritura pública lavrada em notas de tabelião, cujo teor deve ser divulgado e mantido à disposição do público em sítio oficial (art. 91, §2º).

c) O *instrumento de contrato* é obrigatório, salvo os casos de dispensa de licitação em razão do valor, compras com entrega imediata e integral dos bens adquiridos, podendo a Administração substituí-lo por outro instrumento hábil, tais como carta-contrato, nota de empenho de despesa, autorização de compra, ordem de execução de serviço (art. 95); nesses instrumentos resumidos serão incluídas, no que for compatível, as cláusulas necessárias (art. 95, §1º).

d) Todo contrato deve mencionar, em geral nas primeiras linhas: os nomes das partes e de seus representantes, a finalidade, o ato que autorizou a lavratura, o número do processo da licitação ou da contratação direta e a sujeição dos contratantes às normas da Lei nº 14.133/2021 e às cláusulas contratuais (art. 89, §1º). Além destes dados, há *cláusulas necessárias* em todo contrato, arroladas no art. 92, em dezenove incisos e parágrafos, dentre as quais: objeto e suas características; vinculação ao edital de licitação, à proposta vencedora ou ato de autorização da contratação direta e respectiva proposta; a legislação aplicável; o regime de execução ou modo de fornecimento; o preço e condições de pagamento; a matriz de risco, se for o caso; as garantias da execução; os casos de extinção; o foro competente para dirimir questão. Também deve abrigar *cláusula que fixe o* índice *ou* índices *de reajustamento de preço* (art. 92, §3º); nos *contratos de serviços contínuos*, observado o interregno mínimo de um ano, o critério de reajustamento será por: a) *reajustamento em sentido estrito, não* havendo regime de dedicação exclusiva de mão de obra ou predominância de mão de obra, mediante previsão de índices específicos ou setoriais; b) *repactuação*, havendo regime de dedicação exclusiva de mão de obra ou predominância de mão de obra, mediante demonstração da variação de custos (art. 92, §4º).

e) A Administração *convocará o licitante vencedor para assinar o termo de contrato* ou aceitar o instrumento equivalente, dentro do prazo fixado no edital, sob pena de decair o direito à contratação, sem prejuízo da aplicação de sanções previstas na Lei (art. 90), podendo ser prorrogado o prazo uma vez, por igual período, por solicitação da parte durante seu transcurso, com justificativa aceita pela Administração (art. 90, §1º). A *recusa injustificada* do adjudicatário em assinar o contrato ou aceitar o instrumento equivalente, dentro do prazo estabelecido, caracteriza o descumprimento da obrigação assumida, sujeitando-o às penalidades legalmente estabelecidas e à imediata perda da garantia de proposta em favor do órgão licitante (art. 90, §7º). Ante a recusa do adjudicatário, a Administração poderá convocar os licitantes remanescentes, na ordem de classificação, para a celebração do contrato nas condições do licitante vencedor (art. 90, §2º); se nenhum aceitar a contratação, a Administração, observado o valor estimado e sua eventual atualização, poderá: I – convocar os licitantes remanescentes, na ordem de classificação, para negociação, visando obter melhor preço, mesmo acima do preço do adjudicatário, não se aplicando, neste caso, a regra do §5º, supra; II – adjudicar e celebrar o contrato nas condições oferecidas por licitante remanescente, quando frustrada a negociação (art. 90, §4º). Em caso de extinção contratual, havendo remanescente, é facultada à Administração a convocação de licitantes classificados, atendidos os critérios dos §§2º e 4º, supra (art. 90, §7º).

f) A *divulgação no Portal Nacional de Contratações Pública – PNCP – é condição indispensável para a eficácia do contrato e seus aditamentos*, devendo ocorrer nos seguintes prazos, a partir da data da assinatura: I – 20 (vinte) dias úteis, se houve licitação; II – 10 (dez) dias úteis, na hipótese de contratação direta (art. 94); em caso de *urgência*, os contratos têm eficácia a partir da assinatura, devendo ser publicados nos prazos supra, sob pena de nulidade. A divulgação de contrato de profissional do setor artístico por inexigibilidade deve mencionar o cachê do artista, dos músicos ou banda, do transporte, da hospedagem, da logística do evento e demais despesas (art. 94, §2º); no caso de obras, a divulgação deve ser efetuada em 25 (vinte e cinco) dias úteis após a assinatura, indicando os quantitativos, os preços unitários e totais e, em até 45 (quarenta e cinco) dias após a conclusão do contrato, os quantitativos executados e os preços praticados (art. 94, §3º).

11.8 Garantias

O art. 96 *possibilita* que a autoridade competente, em cada caso, mediante previsão no edital, exija *garantia* referente à execução do contrato. A exigência de garantia, portanto, não é obrigatória.

O contratado poderá escolher uma das seguintes modalidades de garantia (art. 96, §1º): I – *caução em dinheiro ou em títulos da dívida pública;* II – *seguro-garantia,* pelo qual uma seguradora se obriga a arcar com os custos e indenizações da inexecução parcial ou total do contrato e, na hipótese de obras e serviços de engenharia, o edital pode exigir este tipo de garantia e prever que a seguradora assuma a execução, em caso de inadimplemento pelo contratado, devendo a seguradora firmar o contrato e aditivos como interveniente anuente (art. 102) ; III – *fiança bancária,* emitida por banco ou instituição financeira autorizada a operar no Brasil; IV – título de capitalização custeado por pagamento único, com resgate pelo valor total (inc. IV acrescentado peal Lei nº 14.770/2023).

O edital fixará o prazo de um mês, contado da homologação da licitação e anterior à assinatura do contrato, para a prestação da garantia, quando o futuro contratado optar pelo seguro-garantia (art. 96, §3º).

Nos contratos de obras, serviços e compras, a garantia não excederá a 5% (cinco por cento) do valor inicial do contrato, autorizada a majoração do percentual até 10% (dez por cento), desde que justificada por análise da complexidade técnica e dos riscos envolvidos (art. 98). Nas contratações de obras e serviços de engenharia de grande vulto poderá ser exigido seguro-garantia, com cláusula de retomada prevista no art. 102 supra, em percentual de até 30% (trinta por cento) do valor inicial do contrato (art. 99). Nos casos de contratos que importem a entrega de bens pela Administração, dos quais o contratado ficará depositário, acrescenta-se, ao valor da garantia, o valor desses bens (art. 101).

A garantia será restituída após a fiel execução do contrato ou após sua extinção por culpa exclusiva da Administração e será atualizada, se for em dinheiro (art. 100).

11.9 Alocação de riscos

Riscos podem ser aventados, prevendo o contrato *matriz de alocação de riscos*, distribuindo-os entre contratante e contratado, com indicação daqueles atribuídos ao setor público e/ou ao particular ou daqueles compartilhados (art. 103). Trata-se de inovação contida na Lei nº 14.133/2021. Os riscos que tenham cobertura por seguradoras serão preferencialmente transferidos ao contratado (art. 103, §2º). A alocação dos riscos será quantificada para fins de projeção de seus custos no valor estimado da contratação (art. 103, §3º).

A matriz de alocação de riscos definirá o equilíbrio econômico-financeiro inicial do contrato em relação a eventos supervenientes e deverá ser observada na solução de eventuais pleitos das partes (art. 103, §4º).

Sempre que atendidas as condições do contrato e da matriz de alocação de riscos será considerado mantido o equilíbrio econômico-financeiro, renunciando as partes a pedidos de seu restabelecimento relacionados aos riscos assumidos, exceto nos casos de: I – alterações unilaterais determinadas pela Administração; II – aumento ou redução, por legislação superveniente, dos tributos diretamente pagos pelo contratado em relação ao ajuste (art. 103, §5º).

11.10 Duração do contrato

O prazo em que o contrato vigora, produzindo efeitos, corresponde a sua duração. Os parâmetros da fixação do prazo contratual vêm fixados nos arts. 105 a 114.

A duração do contrato deve ser prevista no edital e deverá ser observada, no momento da contratação e a cada exercício financeiro a disponibilidade de créditos orçamentários e a previsão no plano plurianual quando ultrapassar 1 (um) exercício financeiro. Tais regras vinculam-se ao art. 167, I e II, da CF, que veda o início de programas ou projetos não incluídos na lei orçamentária e a realização de despesas ou assunção de obrigações diretas que excedam os créditos orçamentários.

No caso de contratos de serviços e fornecimentos contínuos, incluídos o aluguel de equipamentos e a utilização de programas de informática, o prazo poderá ser de até 5 (cinco) anos, atendidas as seguintes diretrizes: I – o contratante deve atestar a maior vantagem econômica da duração plurianual; II – também deve atestar haver créditos orçamentários vinculados à contratação e a vantagem da sua manutenção; III – o contratante terá a opção de extinguir o contrato se não houver créditos orçamentários para sua continuidade ou se entender que o contrato não mais lhe oferece vantagem (art. 106). Tais contratos poderão ser prorrogados sucessivamente por até 10 (dez) anos, se houver previsão em edital e o contratante atestar a vantagem das condições contratuais, permitida a negociação com o contratado ou a extinção, sem ônus para as partes (art. 107 e §2º).

Contratos podem ser celebrados com prazo de até 10 (dez) anos quando houver dispensa de licitação, nas hipóteses cujos objetos sejam: bens e serviços produzidos ou prestados no Brasil que envolvam alta complexidade tecnológica e defesa nacional; materiais de uso das Forças Armadas, exceto de uso pessoal e administrativo, quando houver necessidade de manter padronização; inovação e pesquisa científica e tecnológica no ambiente produtivo; contratações que possam acarretar comprometimento da segurança nacional; transferência de tecnologia de produtos estratégicos para o SUS; aquisição de insumos estratégicos para a saúde produzidos por fundação que tenha por finalidade apoiar órgão da Administração direta, sua autarquia ou fundação em projetos de ensino, pesquisa, extensão, desenvolvimento científico e tecnológico (art. 108).

Na contratação que gere receita e no contrato de eficiência que gere economia para a Administração, os prazos serão de: I – até 10 (dez) anos, nos contratos sem investimento; II – até 35 (trinta e cinco) anos, nos contratos com investimento, assim considerados aqueles que resultem em benfeitorias permanentes, realizadas às expensas do contratado, a serem revertidas ao patrimônio da Administração (art. 110).

O contrato prevendo a operação continuada de sistemas estruturantes de tecnologia de informação poderá ter vigência máxima de 15 (quinze) anos (art. 114).

Na contratação prevendo a conclusão de escopo predefinido, o prazo de vigência será automaticamente prorrogado quando seu objeto não for concluído no período fixado (art. 111). Se a não conclusão decorrer de culpa do contratado, este será constituído em mora, aplicáveis as respectivas sanções administrativas; e a Administração poderá optar pela extinção do contrato e, nesse caso, adotará as medidas legais para a continuidade da execução (art. 111, parágrafo único).

A Administração poderá fixar vigência indeterminada nos contratos em que seja usuária de serviço público oferecido em regime de monopólio, desde que se comprove, a cada exercício financeiro, a existência de recursos orçamentários vinculados à contratação (art. 109).

Os prazos contratuais previstos nesta Lei nº 14.133/2021 não excluem nem revogam os prazos contratuais fixados em leis especiais (art. 112).

11.11 Outros aspectos da execução

Muitos preceitos relativos à execução contratual já foram mencionados. Além do fiel cumprimento das obrigações do contrato pelas partes, outros aspectos da execução podem ser assinalados, em caráter não exaustivo.

(i) É proibido à Administração retardar imotivadamente a execução de obra ou serviço, inclusive na hipótese de posse de novo chefe do Poder executivo ou de novo titular do órgão contratante (art. 115, §1º). Em caso de impedimento, ordem de paralisação ou suspensão do contrato, *o cronograma de execução será prorrogado automaticamente* pelo tempo correspondente (art. 115, §5º). Se tal ocorrer por mais de 1 (um) mês, deve haver divulgação em sítio eletrônico oficial e em placa afixada no local da execução, de fácil visualização, aviso público de obra paralisada, com o motivo e o responsável pela inexecução temporária, indicando a data de reinício (art. 115, §6º).

(ii) Como já se expôs, a execução do contrato deve ser fiscalizada por um ou mais *fiscais do contrato*, representantes da Administração, permitida a contratação de terceiros para assisti-los (art. 117); o fiscal do contrato anotará em registro próprio todas as ocorrências, determinando o que for necessário para regularização de falhas (art. 117, §1º).

(iii) O contratado deverá manter preposto aceito pela Administração no local da obra ou do serviço, para representá-lo na execução do contrato (art. 118).

(iv) Se no objeto do contrato ocorrerem *defeitos ou incorreções resultantes da execução ou de materiais empregados*, o contratado é obrigado a corrigi-los e repará-los, às suas expensas, no total ou em parte, e, se for o caso, substituir o que foi danificado (art. 119).

(v) O *contratado* é *responsável também pelos danos causados diretamente* à *Administração ou a terceiros*, em razão da execução; tal responsabilidade não é excluída ou reduzida em virtude da fiscalização exercida pelo contratante (art. 120).

(vi) *O contratado é responsável pelos encargos previdenciários, trabalhistas, fiscais e comerciais, resultantes da execução do contrato* (art. 121). A inadimplência do contratado em relação a tais encargos não transfere à Administração a responsabilidade por seu pagamento e não poderá onerar o contrato nem restringir a regularização e uso do empreendimento, inclusive perante o registro de imóveis (art. 121, §1º). Exclusivamente nas contratações de serviços contínuos com regime de dedicação exclusiva de mão de obra, a Administração responde *solidariamente pelos encargos previdenciários* e *subsidiariamente pelos encargos trabalhistas*, se comprovada falta de fiscalização do cumprimento das obrigações do contratado (art. 121, §2º); no caso deste mesmo regime a Administração poderá, dentre outros, exigir caução, fiança bancária ou seguro-garantia com cobertura para verbas rescisórias inadimplidas; condicionar o pagamento à comprovação da quitação de obrigações trabalhistas vencidas; efetuar o depósito de valores em conta vinculada, absolutamente impenhoráveis (art. 121, §3º).

Redação dada ao Enunciado 331 do Tribunal Superior do Trabalho, hoje Súmula 331, em 2000, havia estendido, aos órgãos estatais, a responsabilidade solidária por encargos trabalhistas. Mas, na Ação Direta de Constitucionalidade 16, movida pelo Governador do Distrito Federal, o Supremo Tribunal Federal declarou constitucional a norma inscrita no art. 71, §1º, da Lei nº 8.666/93. Essa decisão acarretou reflexos no teor da Súmula 331 do TST, ensejando sua revisão, para excluir da responsabilização os órgãos e entes da Administração Pública, como previsto no citado §1º do art. 71; no entanto, foi inserido o item V na Súmula 331, para afirmar a responsabilidade subsidiária dos órgãos e entes da Administração direta e indireta, caso evidenciada sua conduta culposa no cumprimento das obrigações indicadas na Lei de licitações e contratos administrativos, em especial na fiscalização do atendimento das obrigações contratuais e legais da contratada como empregadora.

(vii) Na execução, o contratado poderá *subcontratar* partes da obra, serviço ou fornecimento, até o limite admitido, em cada caso, pela Administração, mas a subcontratação não isenta o contratado das responsabilidades contratuais e legais (art. 122). Regulamento ou edital de licitação poderão proibir, restringir ou fixar condições para a subcontratação (art. 122, §2º).

(viii) A Administração tem o dever de emitir decisão em todas as solicitações e reclamações sobre a execução dos contratos, ressalvados requerimentos impertinentes, protelatórios, de nenhum interesse para a boa execução do contrato, tendo um prazo de 1 (um) mês para tanto, com prorrogação motivada por igual período, salvo disposição com prazo específico (art. 123 e parágrafo único).

11.12 Alteração dos contratos e dos preços

Sob esse título a Lei nº 14.133/2021 abriga preceitos sobre a alteração unilateral, a alteração por acordo entre as partes e a alteração dos preços contratuais.

Já foram expostas as linhas da alteração unilateral, no item relativo às prerrogativas da Administração.

O art. 124, II, lista os casos de alteração por acordo das partes: a) quando conveniente a substituição da garantia de execução; b) quando necessária a modificação do regime de execução, ante a verificação técnica da inaplicabilidade dos termos contratuais originários; c) quando for necessária a modificação da forma de pagamento, por imposição de circunstâncias supervenientes, mantido o valor inicial atualizado e vedada a antecipação do pagamento em relação ao cronograma financeiro fixado sem a respectiva contraprestação; d) para restabelecer o equilíbrio econômico-financeiro inicial do contrato em caso de força maior, caso fortuito ou fato do príncipe ou em decorrência de fatos imprevisíveis ou previsíveis porém de consequências incalculáveis, que inviabilizem a execução do contrato tal como pactuado, respeitada, em todo caso, a repartição objetiva de riscos fixada no contrato.

A alínea *d* diz respeito à chamada teoria da imprevisão, que, em síntese, se expressa no seguinte: circunstâncias, que não poderiam ser previstas no momento da celebração do contrato, vêm modificar profundamente sua economia, dificultando sobremaneira sua execução, trazendo déficit ao contratado; este tem direito a que a Administração o ajude a enfrentar a dificuldade, para que o contrato tenha continuidade. Tais circunstâncias ultrapassam a normalidade, revestindo-se de caráter excepcional; por isso passaram a ser incluídas na expressão álea extraordinária. A teoria da imprevisão, própria do direito administrativo, representa, nesse âmbito, o que a cláusula *rebus sic stantibus* (literalmente, estando assim as coisas, se as coisas tivessem se mantido no mesmo estado) significa nos contratos do direito privado. Na linha clássica, a imprevisão abria ao contratado o direito à indenização, para remediar uma situação extracontratual anormal, com o fim de não paralisar a execução do contrato.

Essa teoria teve origem na jurisprudência do Conselho de Estado francês, em 1916, no caso "Gaz de Bordeaux", relativo a um contrato de concessão de serviço público de distribuição de gás de iluminação, afetado por grande alta de preços do carvão, durante a 1ª Guerra. Seus fundamentos são os seguintes: princípio da continuidade do serviço público; trazer solução à situação extracontratual, imprevisível e estranha à vontade das partes; e, principalmente, manutenção do equilíbrio econômico-financeiro.

No direito francês distinguia-se a teoria da imprevisão do chamado "fato do príncipe": aquela, associada a fatores econômicos; este, ligado a decisões administrativas alheias ao contrato em si, mas com reflexos na sua execução, onerando-o sobremaneira; ambas são consideradas envolvidas na ideia de equilíbrio econômico-financeiro. Depois, a teoria da imprevisão passou a englobar os fatores econômicos (álea extraordinária econômica) e os fatores administrativos (álea extraordinária administrativa).

Em termos evolutivos, pode-se dizer que o advento do intervencionismo e do dirigismo em grande escala, após a Segunda Guerra, tornou difícil fixar a diferença entre imprevisão e "fato do príncipe". Por outro lado, a generalização de cláusulas de revisão de preços atenuou a importância econômica e social das teorias, sobretudo porque a revisão, em alguns casos, baseia-se nos mesmos fatores que fundamentam a teoria da imprevisão, inclusive a manutenção do equilíbrio econômico-financeiro, como é mencionado na alínea d) supra.

A redação dessa alínea d) revela que o objetivo da alteração aí prevista é o restabelecimento do equilíbrio econômico-financeiro, quando sobrevierem fatos imprevisíveis ou previsíveis, porém, de consequências incalculáveis, que retardam ou impedem a execução e situações de força maior, caso fortuito e o fato do príncipe, que é a decisão da Administração, de caráter geral, alheia ao contrato em si, mas que tem reflexos fortes na sua execução. Não se confunde, portanto, o fato do príncipe com o poder conferido à Administração contratante de alterar unilateralmente o contrato, pois este se refere ao contrato em si, é específico, previsível e, no direito brasileiro, legalmente circunscrito. Ocorrendo quaisquer das situações indicadas na referida alínea *d* do art. 124 e o valor global inicial se mostrar insuficiente para a execução do objeto, poderão ser: I – utilizados saldos de recursos ou rendimentos de aplicações financeiras; II – aportados novos recursos pelo contratante; III – reduzidas as metas e as etapas, desde que não se comprometa a fruição do objeto pactuado.

Já foram mencionados aspectos relativos à alteração de preços contratuais nos itens relativos à alteração unilateral do contrato e à formalização do contrato. Outros elementos da matéria figuram no título ora em exame, por exemplo: (i) A extinção do contrato não impede o reconhecimento do equilíbrio econômico-financeiro, hipótese em que será concedida indenização (art. 131); (ii) Os preços contratuais serão alterados para mais ou para menos se houver, após a data da apresentação da proposta, criação, alteração ou extinção de tributos ou encargos legais, com repercussão sobre tais preços (art. 134); (iii) Registros que não caracterizem alteração do contrato podem ser realizados por simples apostila, dispensado o termo aditivo, nas seguintes situações, por exemplo: I – variação do valor contratual para fazer face ao reajuste ou repactuação de preços previstos no próprio contrato; II – atualizações, compensações ou penalizações financeiras decorrentes das condições de pagamento previstas no contrato; III – alteração na razão social ou denominação do contratado; IV – empenho de dotações orçamentárias (art. 136).

11.13 Recebimento do objeto

Executado o contrato, vem o momento em que o objeto do contrato é recebido pela Administração. Esta poderá rejeitar, no todo ou em parte, o objeto desconforme ao contrato.

A Lei prevê o *recebimento provisório* e o *definitivo*. Tratando-se de obras e serviços, o responsável pelo acompanhamento e fiscalização efetuará o *recebimento provisório*, mediante termo circunstanciado, se as exigências técnicas foram cumpridas (art. 140, I, a). Também se realiza o *recebimento provisório*, de forma sumária, pelo responsável por seu acompanhamento, no caso de compras, com posterior verificação da conformidade do material com as exigências contratuais (art. 140, II, a).

Nas obras e serviços o *recebimento definitivo* é efetuado por servidor ou comissão designada pela autoridade competente, mediante termo circunstanciado, que demonstre o atendimento das exigências dos termos contratuais (art. 140, I, b). Nas compras, o recebimento definitivo se efetua por servidor ou comissão designada pela autoridade competente, mediante termo circunstanciado que demonstre o atendimento das exigências contratuais (art. 140, II, b).

O recebimento provisório ou definitivo não exclui a responsabilidade civil pela solidez e segurança da obra ou serviço, nem a responsabilidade ético-profissional pela perfeita execução do contrato, nos limites fixados em lei ou no contrato (art. 140, §2º). No caso de obra, o recebimento definitivo não exime o contratado, pelo prazo mínimo de 5 (cinco) anos, da responsabilidade objetiva pela solidez dos materiais e serviços executados, admitida a previsão de prazo de garantia superior no edital e no contrato (art. 140, §5º).

Considera-se como adimplemento da obrigação contratual a prestação do serviço, a realização da obra ou a entrega do bem, ou parcela deste, e, ainda, outro evento a cuja ocorrência esteja vinculada a emissão de documento de cobrança (§7º do art. 92, acrescentado pela Lei nº 14.770/2023).

11.14 Extinção dos contratos

A Lei nº 14.133/2021 denomina *extinção* a figura que na Lei nº 8.666/93 recebe o nome de *rescisão*. Nos moldes tratados nos arts. 137 a 139, a *extinção* significa a cessação da eficácia do contrato antes do término do seu prazo de duração, assegurando-se contraditório e ampla defesa, devendo ser motivada. Evidente que o contrato se encerra ao final do prazo de vigência, se não for prorrogado.

a) O art. 137, *caput*, lista os *motivos para extinção*: I – não cumprimento ou cumprimento irregular de normas do edital ou de cláusulas contratuais; II – desatendimento das determinações regulares do representante que acompanha e fiscaliza a execução e de autoridade superior; III – alteração social ou modificação da finalidade ou da estrutura da empresa que restrinja sua capacidade de concluir o contrato; IV – decretação de falência ou de insolvência civil, dissolução da sociedade ou falecimento do contratado; V – caso fortuito ou força maior, devidamente comprovados, impeditivos da execução; VI – atraso na obtenção da licença ambiental ou impossibilidade de obtê-la ou alteração substancial do anteprojeto que dela resultar, ainda que obtida no prazo previsto; VII – atraso na liberação de áreas sujeitas à desapropriação, à desocupação ou à servidão administrativa ou impossibilidade de liberação destas áreas; VIII – por razões de interesse público, justificadas pela autoridade máxima do órgão contratante; IX – não cumprimento das obrigações de reserva de empregos prevista em lei e outras normas específicas para pessoa com deficiência, reabilitado da Previdência Social ou aprendiz.

Os emitentes das garantias de execução do contato deverão ser notificados pelo contratante sobre o início do processo administrativo para apuração de descumprimento das obrigações contratuais (art. 137, §4º).

b) Nos termos do art. 138 a extinção do contrato poderá ser: I – por *ato unilateral* e escrito da Administração, exceto se motivada por descumprimento decorrente de sua própria conduta; II – *consensual*, por acordo entre as partes, por conciliação, por mediação ou por comitê de resolução de disputas, desde que haja interesse da Administração; III – determinada por *decisão arbitral*, em decorrência de cláusula compromissória ou compromisso arbitral, ou por *decisão judicial*. A extinção nas hipóteses dos incisos I e II supra deve ser precedida de motivada autorização escrita da autoridade competente e reduzida a termo nos respectivos autos (art. 138, §1º).

c) A *rescisão unilateral por ato da Administração* pode acarretar, sem prejuízo da aplicação de sanções, as seguintes consequências: I – assunção imediata do objeto do contrato, no estado e local onde se encontrar; II – ocupação e uso do local, instalações, equipamentos, material e pessoal empregados na execução, necessários à sua continuidade, precedidos de autorização expressa do ministro de Estado, do secretário estadual ou municipal, conforme o caso; III – execução da garantia contratual para: ressarcimento da Administração por prejuízos da não execução; pagamento das multas devidas à Administração; exigência da assunção da execução do objeto contratado pela seguradora, quando cabíveis; IV – retenção dos créditos decorrentes do contrato, até o limite dos prejuízos causados e das multas aplicadas (art. 139). A aplicação das medidas indicadas nos incisos I e II supra ficará a critério da Administração, que poderá dar continuidade ao contrato por execução direta ou indireta (art. 139, §1º).

Da *extinção do contrato por ato unilateral* e escrito da Administração cabe *recurso*, no prazo de 3 (três) dias úteis a contar da intimação, dirigido à autoridade que a decretou, a qual, se não a reformar no prazo de 3 (três) dias úteis, encaminhará o recurso, com sua motivação, à autoridade superior, para emitir decisão no prazo máximo de 10 (dez) dias úteis; cabe pedido de reconsideração, no prazo de 3 (três) dias da intimação, sobre ato do qual não caiba recurso hierárquico (art. 165, I, II e §2º). O recurso e o pedido de reconsideração têm efeito suspensivo (art. 168). O prazo de contrarrazões é o mesmo do recurso ou pedido de reconsideração (art. 165, §4º).

d) Se a *extinção ocorrer por culpa exclusiva da Administração*, o contratado será ressarcido pelos prejuízos que tenha sofrido, regularmente comprovados, e terá direito a: I – devolução da garantia; II – pagamentos devidos pela execução até o momento da extinção; III – pagamento do custo da desmobilização de material e pessoal (art. 138, §2º).

e) A *extinção* do contrato pode ocorrer também *como direito do contratado* nas seguintes hipóteses elencadas no §2º do art. 137: I – supressão, por parte da Administração, de obras, serviços e compras que leve à modificação do valor inicial do contrato além do limite permitido no art. 125 da Lei; II – suspensão da execução, por ordem escrita da Administração, por prazo superior a 3 (três) meses; III – repetidas suspensões que totalizem 90 (noventa) dias úteis, independentemente do pagamento de indenização pelas sucessivas e imprevistas desmobilizações e mobilizações e outras; IV – atraso superior a 2 (dois) meses, contado da emissão da nota fiscal, dos pagamentos ou parcelas de pagamentos devidos pela Administração; V – não liberação pela Administração, nos prazos contratuais, de área, local ou objeto necessário à execução do contrato, inclusive quando a Administração tenha obrigações contratuais relativas à desapropriação, desocupação de áreas públicas ou licenciamento ambiental.

As hipóteses dos incisos I, II e II supra: a) não são admitidas em caso de calamidade, guerra, grave perturbação da ordem interna ou decorrerem de ato: praticado pelo contratado, do qual tenha participado ou para o qual tenha contribuído; b) asseguram ao contratado direito de optar pela suspensão do cumprimento das obrigações até a normalização da situação, admitido o restabelecimento do equilíbrio econômico-financeiro (art. 137, §3º).

f) A extinção do contrato pode ser determinada por *decisão judicial ou arbitral*, pressupondo a ocorrência de litígio entre contratado e contratante, não solucionado de outro modo. Muitas vezes o que move o contratado a ingressar em juízo para pleitear a rescisão, por vezes cumulada a pedido de indenização, é o descumprimento, pela Administração, de obrigações contratuais ou legais.

11.15 Pagamento

No *dever de pagamento*, pela Administração, será observada a *ordem cronológica* para cada fonte diferenciada de recursos, nas seguintes categorias: I – fornecimento de bens; II – locações; III – prestação de serviços IV – realização de obras (art. 141). O não cumprimento imotivado da ordem cronológica enseja a apuração de responsabilidade do agente competente, cabendo aos órgãos de controle sua fiscalização (art. 141, §2º).

A *ordem cronológica poderá ser alterada*, mediante prévia justificativa da autoridade competente e posterior comunicação ao órgão de controle interno e ao tribunal de contas respectivo, nos seguintes casos: a) grave perturbação da ordem, situação de emergência ou calamidade pública; b) pagamento a microempresa, empresa de pequeno porte, agricultor familiar, produtor rural pessoa física, microempreendedor individual e sociedade cooperativa, desde que demonstrado o risco de descontinuidade da execução do objeto do contrato; c) pagamento de serviços necessários ao funcionamento de sistemas estruturantes, desde que demonstrado o risco de descontinuidade da execução do objeto contratual; d) pagamento de direitos oriundos de falência, recuperação judicial ou dissolução da empresa contratada; e) pagamento de contrato cujo objeto seja necessário para assegurar a integridade do patrimônio público ou para manter a realização das atividades finalísticas do órgão, quando demonstrado o risco de descontinuidade da prestação de serviço público de relevância ou cumprimento da missão institucional (art. 141, §1º).

O contratante deverá disponibilizar mensalmente, em seção específica de acesso à informação em seu sítio de internet, a ordem cronológica de seus pagamentos e as justificativas de eventual alteração desta ordem (art. 141, §3º).

Havendo controvérsia sobre a execução do objeto, quanto à dimensão, qualidade e quantidade, a parcela incontroversa deverá ser liberada no prazo fixado para o pagamento (art. 143).

Desde que motivada e respeitado o limite orçamentário da contratação, nos contratos de obras, fornecimentos e serviços poderá ser prevista *remuneração variável* vinculada ao desempenho do contratado, com base em metas, padrões de qualidade, prazos de entrega, critérios de sustentabilidade definidos no edital e contrato (art. 144 e §2º).

Não é permitido pagamento antecipado, parcial ou total, relativo a parcelas contratuais, sendo permitido somente se propiciar sensível economia de recursos ou representar condição indispensável para a obtenção do bem ou prestação do serviço, devendo ter justificativa prévia e ser expressamente prevista no edital ou instrumento de contratação direta (art. 145 e §1º). A Administração pode exigir prestação de garantia adicional como condição para o pagamento antecipado, sendo o valor devolvido caso o objeto não seja executado no prazo contratual (§§2º e 3º do art. 145).

11.16 Nulidade dos contratos

Sob esse título a Lei nº 14.1333/2021 não enumera as hipóteses que geram nulidade do contrato, mas o modo de tratamento a ser dado pela Administração na sua ocorrência.

A irregularidade no processo licitatório ou na execução contratual não acarretará necessariamente invalidação, pois a Lei determina que sejam levados em conta o interesse público e outros fatores para manter ou não a vigência do contrato. Nos termos do art. 147, verificada a irregularidade, se não for possível o saneamento, a decisão de suspensão da execução ou de declaração de nulidade do contrato somente será adotada no caso de se revelar medida de interesse público, com avaliação de vários aspectos, dentre os quais: a) impactos econômicos e financeiros do atraso na fruição do objeto do contrato; b) riscos sociais, ambientais, à segurança da população decorrentes no atraso da fruição do objeto do contrato; c) despesa necessária à preservação das instalações e dos serviços já executados; d) fechamento de postos de trabalho diretos e indiretos; e) custo de realização de nova licitação ou celebração de novo contrato. Caso a paralisação ou anulação não se revele de interesse público, deverá ser decidida a continuidade do contrato e a solução da irregularidade mediante indenização por perdas e danos, sem prejuízo da apuração de responsabilidade e imposição de sanções cabíveis (art. 147, parágrafo único).

A declaração de nulidade opera retroativamente, desconstituindo efeitos já produzidos; mas pode-se decidir por eficácia das nulidades em momento futuro, suficiente para efetuar nova contratação, por prazo de até 6 (seis) meses, prorrogável uma só vez (art. 148, e §2º).

A nulidade não isentará a Administração do dever de indenizar o contratado pelo que houver executado até a data em que o contrato perdeu eficácia e também por outros prejuízos comprovados, desde que não lhe seja imputável (art. 149).

11.17 Meios alternativos de resolução de controvérsias

Melhor seria empregar o termo *consensuais* para qualificar a conciliação, a mediação, o comitê de resolução de disputas e a arbitragem para a prevenção e resolução de controvérsias em relação aos contratos regidos pela Lei 14.1333/2021. O uso do vocábulo "alternativos" pode sugerir que tais meios sejam de categoria inferior ao meio judicial, em oposição ao contemporâneo *clima* de consensualidade que permeia o Direito Administrativo e Processual (até por incentivo do Código de Processo Civil) e porque em inúmeras situações estes meios melhor atendem ao interesse público do que uma ação no Judiciário.

Tais meios se aplicam a controvérsias relacionadas a direitos patrimoniais disponíveis, como questões relativas ao restabelecimento do equilíbrio econômico-financeiro, ao inadimplemento de obrigações contratuais por quaisquer das partes e ao cálculo de indenizações (art. 151, parágrafo único). A arbitragem será sempre de direito e observará o princípio da publicidade (art. 152).

11.18 Infrações e sanções administrativas

No título denominado *Das irregularidades*, a Lei nº 14.133/2021 abriga o capítulo sobre infrações e sanções administrativas, o capítulo sobre impugnações, pedidos de esclarecimentos e recursos e o capítulo sobre controle das contratações.

a) As *infrações e sanções administrativas* (arts. 155 a 163) dizem respeito tanto a condutas dos licitantes quanto a dos contratados.

No tocante às *sanções administrativas*, são arroladas as seguintes, indicando-se as infrações a que se aplicam:

I – *Advertência* – exclusivamente se o contratado der causa para inexecução parcial do contrato, quando não se justificar penalidade mais grave.

II – *Multa* – é o pagamento de certa importância, calculada na forma prevista no edital ou no contrato, não podendo ser inferior a 0,5% (cinco décimos por cento) nem superior a 30% (trinta por cento) do valor do contrato e *será aplicada em qualquer das infrações listadas no art. 155.* Se a multa aplicada e as indenizações cabíveis forem superiores ao valor de pagamento devido pela Administração, além da perda deste valor, a diferença será descontada da garantia prestada ou será cobrada judicialmente (art. 156, II e §§3º e 8º).

III – *Impedimento de licitar e contratar*, quando não se justificar penalidade mais grave, para: inexecução parcial do contrato causadora de grave dano à Administração, ao funcionamento dos serviços públicos ou ao interesse coletivo; inexecução total do contrato; deixar de entregar a documentação exigida no certame; não manter a proposta, salvo por fato superveniente justificado; retardamento da execução ou da entrega do objeto da licitação sem motivo justificado; não celebrar o contrato ou não entregar a documentação exigida para a contratação, quando convocado no prazo de validade da sua proposta. Tal impedimento, pelo prazo máximo de 3 (três) anos, abrange o âmbito da Administração direta e indireta do *ente federativo que tiver aplicado a sanção* (art. 156, III e §4º).

IV – *Declaração de inidoneidade para licitar ou contratar*, para: as mesmas infrações indicadas no item II supra, se justificada imposição de penalidade mais grave; declaração ou documentação falsa exigida no certame ou declaração falsa durante a licitação ou a execução do contrato; fraudar a licitação ou praticar ato fraudulento na execução do contrato; comportamento inidôneo ou fraude de qualquer natureza; praticar atos ilícitos visando frustrar os objetivos da licitação; praticar ato lesivo previsto no art. 5º da Lei nº 12.846/2013 – *Anticorrupção.* Tal penalidade, pelo prazo mínimo de 3 (três) anos e máximo de 6 (seis) anos, alcança o âmbito da Administração direta e indireta de *todos os entes federativos* (art. 156, IV e §5º). A declaração de inidoneidade é sanção administrativa mais grave; se for imposta na esfera do Poder Executivo é da *competência* exclusiva de ministro de Estado, de secretário estadual ou secretário municipal e, quando aplicada por autarquia ou fundação, do dirigente máximo da entidade; se imposta por órgãos dos Poderes Legislativo e Judiciário, pelo Ministério Público e pela Defensoria Pública, no desempenho de função administrativa, é da competência exclusiva de autoridade de nível equivalente às autoridades indicadas para o Poder Executivo.

Incide em *crime*, sujeito a sanções penais, quem admitir à licitação ou celebrar contrato com profissional ou empresa inidônea e quem, declarado inidôneo, venha a licitar ou contratar com a Administração (art. 337-M, §§1º e 2º do Código Penal).

b) Na aplicação das sanções são considerados: a natureza e a gravidade da infração; as peculiaridades do caso concreto; as circunstâncias agravantes e atenuantes; os danos para a Administração; a implantação ou aperfeiçoamento de programa de integridade, conforme orientações dos órgãos de controle (§1º do art. 156).

A aplicação das sanções não exclui a obrigação de reparação integral do dano causado à Administração (art. 156, §9º).

c) Na imposição de *multa* é facultada a *defesa* do interessado no prazo de 15 (quinze) dias úteis, contado da data da intimação (art. 157).

A aplicação do impedimento de licitar e contratar ou da declaração de inidoneidade requer a *instauração de processo de responsabilização*, conduzido por comissão integrada por 2 (dois) ou mais servidores estáveis, que avaliará os fatos e circunstâncias e intimará o licitante ou contratado para, no prazo de 15 (quinze) dias úteis, contado da intimação, oferecer *defesa escrita* e especificar provas (art. 158). Se não houver servidores dessa categoria, a comissão será integrada por empregados públicos do quadro permanente, de preferência com o mínimo de 3 (três) anos de tempo de serviço no órgão (§1º do art. 158). Na hipótese de deferimento de pedido de produção de novas provas ou juntada de provas indispensáveis, poderão ser apresentadas *alegações finais* no prazo de 15 (quinze) dias úteis, contados da intimação (§2º do art. 158).

Não vem prevista defesa na hipótese da sanção de advertência. Cabe lembrar que a Constituição federal, no art. 5º, inciso LV, assegura direitos ao contraditório e ampla defesa, em processo administrativo, àqueles que estejam em controvérsia com a Administração ou também sejam por esta acusados de conduta que possa gerar penalidade, de qualquer tipo. Deste modo, *no caso de possibilidade de aplicação de advertência*, o interessado tem direito constitucional ao contraditório e ampla defesa (antes da imposição), independentemente de previsão explícita na Lei.

d) Da aplicação das sanções de *advertência*, *multa* e *impedimento de licitar e contratar cabe recurso* no prazo de 15 (quinze) dias úteis contado da intimação (art. 166), que será dirigido à autoridade que as impôs, a qual, se não reconsiderar no prazo de 5 (cinco) dias úteis, encaminhará o recurso com a sua motivação à autoridade superior, a qual deverá decidir no prazo máximo de 20 (vinte) dias úteis, contado do recebimento dos autos (art. 166 e parágrafo único). Da imposição da *declaração de inidoneidade cabe pedido de reconsideração*, a ser oferecido no prazo de 15 (quinze) dias úteis contado da intimação e decidido no prazo máximo de 20 (vinte) dias úteis, contado do seu recebimento (art. 167). O recurso e o pedido de reconsideração têm *efeito suspensivo* da decisão recorrida até que advenha decisão final (art. 168).

e) A Lei prevê, no art. 162, a imposição de *multa de mora* ao contratado, na forma prevista em edital ou em contrato, por atraso injustificado na execução do contrato, não impedindo que seja convertida em compensatória e ocorra a extinção do contrato com aplicação cumulada de outras sanções (art. 162 e parágrafo único).

f) Por força do art. 161, todos os Poderes de todos os entes federativos deverão, no prazo máximo de 15 (quinze) dias úteis, contado da imposição da sanção, informar os dados relativos no *Cadastro Nacional de Empresas Inidôneas* (Ceis) e no *Cadastro Nacional de Empresas Punidas* (Cnep).

g) Se as infrações administrativas também sejam tipificadas como atos lesivos na Lei Anticorrupção, serão apuradas e julgadas de modo conjunto, nos mesmos autos, observados o rito e autoridade competente definidos na referida Lei (art. 159).

h) A Lei nº 14.133/2021 prevê a possibilidade de *reabilitação* do licitante ou contratado, requerida no prazo mínimo de 1 (um) ano da aplicação, quanto ao impedimento de licitar e contratar e no de 3 (três) anos, quanto à declaração de inidoneidade, exigidos cumulativamente: reparação integral do dano causado à Administração; pagamento da multa; cumprimento das condições de reabilitação indicadas no ato punitivo; análise jurídica prévia, com posicionamento conclusivo sobre o cumprimento dos requisitos (art. 163). As infrações de declarações falsas (art. 155, VIII), e de prática de ato lesivo indicado no art. 5º da Lei Anticorrupção exigem a implantação ou aperfeiçoamento de programa de integridade pelo responsável (art. 163, parágrafo único).

11.19 Impugnações, pedidos de esclarecimento e recursos

Por clareza e facilidade de consulta e compreensão já foram expostos em capítulos ou itens anteriores, e nas respectivas matérias, preceitos sobre a impugnação ou pedido de esclarecimento, sobre recursos e pedidos de reconsideração nas licitações, na extinção do contrato e na aplicação de sanções; por exemplo, ao se cuidar da extinção unilateral do contrato por decisão da Administração houve exposição sobre recurso de tal decisão.

Reitere-se que o art. 164 possibilita a qualquer pessoa impugnar edital por irregularidade na aplicação da Lei nº 14.133/2021 ou para solicitar esclarecimento sobre seus termos, devendo protocolar o pedido até 3 (três) dias úteis da data de abertura do certame (art. 164); a resposta deve ser divulgada em sítio eletrônico oficial no prazo de até 3 (três) dias úteis, limitado ao último dia útil anterior à abertura do certame (art. 164, parágrafo único).

11.20 Controle das contratações

a) Alguns aspectos merecem ser salientados a respeito do controle das licitações e contratações: (i) normas sobre controle aparecem em outros pontos da Lei nº 14.133/2021, não apenas neste capítulo, p. ex.: art. 7º, §3º; art. 11, parágrafo único; art. 24, I; art. 53; (ii) valorização do controle interno, da advocacia pública e de quadro de servidores efetivos ou do quadro permanente permeia a Lei; (iii) há valorização do controle contábil-financeiro prévio, ao se exigir adequação da contratação aventada às leis orçamentárias (p. ex.: art. 18), e verificação da compatibilidade dos recursos orçamentários ao compromisso assumido na contratação direta (p. ex.: art. 72, IV);

(iv) valorização do controle prévio (preventivo); (v) qualquer licitante, contratado e pessoa física ou jurídica poderá representar aos órgãos de controle interno ou ao tribunal de contas contra irregularidades na aplicação da Lei (art. 170, §4º); aqui se vê mais uma faceta do controle social previsto na Lei.

b) Nos termos do art. 169, as contratações públicas devem submeter-se a práticas contínuas de gestão de riscos e de controle preventivo, inclusive mediante recursos de tecnologia de informação, além de sujeitar-se ao controle social.

c) O *caput* do art. 169, ao final, afirma que as contratações se sujeitam a *linhas de defesa*, que descreve na sequência. A expressão mostra-se inadequada, porque se houver ilegalidade na licitação ou no contrato não se vai defendê-los, em princípio. Controle é verificação da conformidade da licitação e do contrato aos parâmetros fixados na Lei. Se a atuação do controle encontrar desconformidade, parece estranho se mencionar linha de defesa. Melhor parece caracterizar os três mecanismos arrolados como *linhas de controle*:

I – primeira linha, integrada por servidores e empregados públicos, agentes de contratação e autoridades que atuam na estrutura de governança do órgão;

II – segunda linha, integrada pelas unidades de assessoramento jurídico e de controle interno do próprio órgão;

III – terceira linha, integrada pelo órgão central de controle interno da Administração e pelo tribunal de contas.

A implementação destas práticas cabe à alta autoridade do órgão (art. 169, §1º).

d) Os órgãos de controle devem ter irrestrito acesso aos documentos e informações necessários à sua atuação e o órgão de controle com o qual se compartilhou informação sigilosa se tornará corresponsável por sua manutenção (art. 169, §2º).

e) Se for encontrada simples *impropriedade formal*, os integrantes das linhas de controle buscarão seu saneamento e mitigação de riscos de sua ocorrência; se houver *irregularidade causadora de dano à Administração*, adotarão providências para a apuração das infrações administrativas, observada a segregação de funções e a individualização das condutas, remetendo ao Ministério Público competente cópias dos documentos necessários à apuração dos ilícitos da sua órbita (art. 169, §3º, I e II). As razões oferecidas pelos órgãos devem ser encaminhadas aos órgãos de controle até o final da fase de instrução do processo e não podem ser desentranhadas dos autos (art. 170, §1º); a omissão na prestação de informações não impedirá a deliberação dos órgãos de controle nem retardará a aplicação de qualquer dos prazos de tramitação e deliberação (art. 170, §2º).

f) Ao suspender, de modo cautelar, o processo licitatório, o *tribunal de contas* deve pronunciar-se definitivamente sobre o mérito da questão no prazo de 25 (vinte e cinco) dias úteis, contado do recebimento das respectivas informações, prorrogável por igual período uma só vez, e indicará objetivamente: I – as causas da suspensão; II – o modo de atendimento do interesse público obstado pela suspensão, no caso de objetos de contratação essenciais ou de contratação de emergência (art. 171, §1º). Ao ser intimado da suspensão, o órgão licitante deverá, no prazo de 10 (dez) dias, admitida a prorrogação: I – informar as medidas adotadas para cumprir a decisão; II – prestar as informações cabíveis; III – realizar apuração de responsabilidade, se for o caso. Ao examinar o mérito da medida cautelar, o tribunal de contas deve indicar as medidas adequadas ao saneamento do processo licitatório ou determinar sua anulação (§3º do art. 171).

Os tribunais de contas devem promover eventos de capacitação para os servidores efetivos e empregados públicos designados para funções essenciais à execução da Lei nº 14.1333/2021, inclusive cursos presencias e a distância, redes de aprendizagem, seminários e congressos sobre contratações públicas (art. 173).

11.21 Portal Nacional de Contratações Públicas – PNCP

Inovação da Lei nº 14.133/2021, o *Portal Nacional de Contratações Públicas – PNCP* é sítio oficial para realizar a divulgação centralizada e obrigatória dos atos exigidos por esta Lei, inclusive de Estados, Distrito Federal e Municípios e também poderá ser usado como referência para realizar licitações (art. 174). A divulgação no PNCP é condição indispensável para a eficácia do contrato e seus aditamentos, salvo caso de urgência, com eficácia na assinatura e divulgação posterior (art. 94).

Os Municípios de até 20.000 (vinte mil) habitantes têm 6 (seis) anos, a contar da publicação da Lei, para cumprir as regras de divulgação no Portal (art. 176); enquanto não o implantarem deverão publicar no diário oficial as informações que a Lei exige que sejam divulgadas em sítio eletrônico oficial, admitida a publicação de extrato, e disponibilizar a versão física dos documentos em suas repartições, sem cobrança de valor, salvo fornecimento de edital ou cópia de documentos (art. 176, parágrafo único).

O PNCP deverá oferecer, por exemplo: sistema de registro cadastral unificado; painel para consulta de preços; banco de preços em saúde; acesso à base nacional de notas fiscais eletrônicas; acesso ao Cadastro Nacional de Empresas Inidôneas e Suspensas (Ceis) e ao Cadastro Nacional de Empresas Punidas (Cnep) (§3º do art. 174). O PNCP adotará o formato de dados abertos, observadas as exigências da Lei de Acesso às informações (§4º do art. 174).

Os entes federativos podem instituir sítio eletrônico oficial para divulgação complementar e realização das respectivas licitações (art. 175).

11.22 Novas figuras contratuais

Como já se disse no início do capítulo, nas últimas décadas vêm florescendo atuações administrativas instrumentalizadas por técnicas contratuais, decorrentes de consenso, acordo, cooperação, parceria entre Administração e particulares ou entre órgãos e entidades estatais. Cada vez mais a Administração Pública vale-se de contratos nas suas atuações, daí a chamada *contratualização na gestão pública*. Diante desse modo de atuar, novos tipos de ajuste foram surgindo, com moldes que não se enquadram no padrão clássico de contrato administrativo, nem no padrão teórico de contrato vigente no século XIX. Discute-se, então, se esses novos ajustes se enquadram ou não na figura contratual. Aqui se entende que tanto os contratos administrativos clássicos como os novos tipos incluem-se numa figura contratual, num *módulo contratual* (v. item 11.1 deste capítulo).

O regime jurídico dessas novas figuras é essencialmente público, mas diferente, em muitos pontos, do regime aplicado aos contratos administrativos tradicionais. Algumas figuras serão mencionadas a seguir.

11.22.1 Convênios e consórcios – Aspectos gerais

Tornaram-se clássicos os conceitos inspirados em Hely Lopes Meirelles (*Direito administrativo brasileiro*, 19. ed., 1994, p. 354-356). Convênios administrativos são acordos celebrados para a realização de objetivos de interesse comum: a) entre entidades e órgãos estatais de espécies diferentes; b) entre entidades ou órgãos públicos e entidades privadas. Como exemplos do primeiro tipo estão os convênios União-Estado, União-Município, Estado-Município. Fogem à característica "espécies diferentes" os convênios entre universidades públicas quando ambas são autarquias ou quando ambas são fundações integrantes do mesmo nível estatal (duas autarquias estaduais, duas fundações federais, por exemplo), pois têm a mesma natureza jurídica.

Para o referido autor, os *consórcios* eram acordos celebrados entre entidades estatais da mesma espécie ou do mesmo nível, destinados à realização de objetivos comuns. Hoje não mais prevalece essa noção, pois a Lei nº 11.107, de 06.04.2005 – contratação de consórcios públicos – prevê a possibilidade de consórcios também entre entidades federativas de espécies diferentes: Municípios e Estado ou Estados; Distrito Federal e Municípios; Distrito Federal e Estados (art. 4º, §1º, I, II e IV). A União somente participará de consórcio integrado por Estado ou Estados em cujos territórios estejam situados os Municípios consorciados (art. 1º, §2º).

A EC 19/98 deu nova redação ao art. 241 da CF, prevendo que a União, os Estados, o Distrito Federal e os Municípios disciplinarão, por meio de lei, os consórcios públicos e os convênios de cooperação entre os entes federados, autorizando a gestão associada de serviços públicos, bem como a transferência total ou parcial de encargos, serviços, pessoal e bens essenciais à continuidade dos serviços transferidos.

11.22.1.1 Convênios

Convênio pode ser conceituado como o ajuste entre órgão ou entidades do poder público ou entre estes e entidades privadas, visando à realização de projetos ou atividades de interesse comum, em regime de mútua cooperação.

O Dec.-lei 200/67 aventa, desde sua edição, a celebração de convênios pela União: arts. 10, §§1º e 5º, e 160, com outros entes públicos; art. 156, §2º, com entidades públicas e privadas para assistência médica.

A nova redação dada ao art. 241, pela EC 19/98, tornou explícita a faculdade de celebração de tais ajustes para a gestão associada de serviços. O art. 199, §1º, da CF menciona os convênios como forma de participação das instituições privadas no Sistema Único de Saúde. Por sua vez, o inc. VI do art. 71 fixa a competência do Tribunal de Contas para fiscalizar a aplicação de recursos repassados pela União mediante convênio, acordo, ajuste ou outros congêneres.

A Lei nº 14.133, de 1º de abril de 2021 – licitações e contratos administrativos – não contém regras sobre os convênios, dispondo que suas normas se aplicam, no que couber e na ausência de norma específica, aos convênios, acordos e outros instrumentos congêneres celebrados por órgãos e entidades da Administração Pública (art. 184).

A Lei nº 11.107, de 06.04.2005 – consórcios públicos, menciona os *convênios de cooperação,* no art. 13, §§3º e 4º, e a possibilidade de celebração de convênios pelos consórcios, no art. 2º, §1º. Nos termos do Decreto nº 6.017, de 17.01.2007, com alterações posteriores, que regulamenta a Lei 11.107/2005, *convênio de cooperação* é o "pacto firmado por entes da Federação, com o objetivo de outorgar a gestão associada de serviços públicos, desde que ratificado ou previamente disciplinado por lei editada para cada um deles". Menciona-se também o *convênio de delegação*, no caso de transferência, de um nível federativo a outro, de atividades e serviços públicos suscetíveis de delegação, como acontece em matéria de administração e exploração de rodovias e portos federais.

O Decreto federal nº 11.531, de 16.5.2023, com alterações posteriores, abriga normas relativas às transferências de recursos da União mediante convênios e contratos de repasse, sobretudo. *Contrato de repasse* aí se define como instrumento de interesse recíproco, por meio do qual a transferência dos recursos financeiros se processa por intermédio de instituição ou agente financeiro oficial, que atua como mandatário da União.

Quanto à *natureza*, parte da doutrina publicista pátria distingue os convênios e consórcios dos contratos. Para facilidade de redação se invocam, a seguir, os convênios, aplicando-se o exposto, quanto à natureza, aos consórcios públicos. Segundo essa linha doutrinária, diferenciam-se do seguinte modo, em essência: a) no contrato há interesses opostos; no convênio há interesses convergentes; b) o contrato realiza composição de interesses opostos; o convênio realiza conjugação de interesses; c) no contrato há partes: uma que pretende o objeto (exemplos: obra, serviço) e remunera; a outra que visa ao preço; no convênio não há partes, mas partícipes com as mesmas pretensões; d) nos contratos há obrigações recíprocas, o que falta nos convênios.

Vários argumentos em oposição a tais diferenças poderiam ser expostos. Serão mencionados somente alguns. Quanto aos interesses, a presença do poder público num dos polos leva a raciocinar que o interesse público necessariamente será o fim visado pelos convênios e contratos administrativos; por outro lado, no caso de convênios celebrados com particular, poder-se-ia argumentar que este não atua com fim de interesse público, havendo, então, interesses contrapostos; por um e outro raciocínio, não se fixa a distinção. E ainda: nas situações de contratos e convênios entre entidades estatais é difícil separar as duas figuras, porque o interesse público aparece como denominador comum. Além do mais, no setor privado há contratos de sociedade em que o interesse dos sócios ou cotistas é comum (não havendo contraposição), e revestem-se de natureza contratual.

No tocante à remuneração, nem sempre nos contratos administrativos uma das partes remunera a outra, como ocorre na concessão de serviço público, na concessão de serviço antecedida de obra, em que inexiste preço como contraprestação recíproca. Bem mais peculiar se apresenta a concessão para radiodifusão sonora e por imagem, na qual nem existe tarifa paga pelo usuário, e tais tipos incluem-se entre os contratos administrativos.

Parece igualmente difícil raciocinar em termos de existência ou inexistência de obrigações recíprocas para diferenciar os contratos dos convênios e consórcios. Os convênios implicam, claramente, encargos recíprocos; por exemplo: num convênio entre uma Secretaria Estadual de Educação e uma Prefeitura para construção de uma escola, cabendo à primeira a obra e à segunda o oferecimento do terreno, há encargos recíprocos para ser atingido o resultado.

A dificuldade de fixar diferenças entre contrato, de um lado, e convênio e consórcio, de outro, parece levar a concluir que são figuras da mesma natureza, pertencentes à mesma categoria, a contratual. A característica dos convênios e consórcios está na sua especificidade, por envolverem duas ou mais entidades estatais ou pelo tipo de resultado que pretendem atingir com o acordo firmado. O mesmo vale para os consórcios. Daí a Lei nº 11.107/2005 ter caracterizado os consórcios públicos como contratos. E, ainda, o teor do art. 4º, XII, da mesma Lei, relativo ao direito do consorciado, quando adimplente com suas obrigações, de exigir o pleno cumprimento das cláusulas do contrato de consórcio.

Outra controvérsia na matéria diz respeito à necessidade ou não de autorização legislativa para cada convênio ou consórcio. O STF, em algumas decisões, considerou inconstitucional a exigência de autorização legislativa para celebração de cada convênio (cf. *RDA*, 140, p. 63-69, 1980). Algumas constituições estaduais e leis orgânicas de Municípios inserem, entre as atribuições do Legislativo, a autorização ou aprovação de convênios. Melhor parece haver, nas Constituições estaduais e leis orgânicas, preceito genérico possibilitando a celebração de convênios e consórcios, sem necessidade de apreciação caso a caso. Mesmo porque os Tribunais de Contas, em nome do Legislativo, realizam controle sobre cada um desses ajustes (arts. 71 e 75 da CF). Nos termos da Lei nº 11.107/2005, art. 5º, *caput*, o *contrato de consórcio público* será celebrado com a ratificação, mediante lei, do *protocolo de intenções* que o precede, dispensada esta quando o ente da Federação, antes de figurar no protocolo, disciplinar por lei sua participação em consórcio (art. 5º, §4º).

Outra dúvida refere-se à exigência ou inexigência de licitação para celebrar convênio e consórcio. Nos consórcios entre Municípios ou que envolvem outros entes estatais, o grau de especificidade do objeto é tão significativo que seria incabível cogitar-se de licitação. As mesmas ponderações se aplicam aos convênios entre entidades ou órgãos da Administração, em especial aos convênios entre universidades nacionais ou entre estas e universidades ou faculdades estrangeiras. No tocante aos convênios entre poder público e entidades particulares, o que, sobretudo, fundamenta a desobrigação de licitação é a especificidade do objeto e da finalidade. No entanto, se a Administração pretender realizar convênio para resultado e finalidade que poderão ser alcançados por muitos, poderá realizar seleção ou abrir a possibilidade de conveniar sem limitação, atendidas as condições fixadas genericamente.

No âmbito federal, o Decreto nº 11.531/2023, com alterações posteriores, prevê a celebração de convênios ou contratos de repasse com: órgãos e entidades da Administração estadual, distrital e municipal, consórcios públicos, entidades privadas sem fins lucrativos e serviços sociais autônomos para a execução de programas, projetos e atividades de interesse recíproco e em regime de mútua colaboração (art. 3º).

Referido decreto, com alterações posteriores, abriga inúmeras regras sobre os convênios, contratos de repasse e outros instrumentos celebrados no âmbito federal. Serão expostos alguns dos seus preceitos.

Conforme o art. 5º, VI, do citado decreto, é vedada a celebração de convênios e contratos de repasse, no âmbito federal, com entidades privadas sem fins lucrativos que tenham como dirigente: a) agente político dos Poderes Executivo, Legislativo ou Judiciário e do Ministério Público; b) chefe de órgão ou entidade da Administração Pública de qualquer esfera de governo; c) cônjuge, companheiro ou parente em linha reta, colateral ou por afinidade, até o 2º grau, daqueles referidos nos itens a) e b). Outras vedações figuram nos demais itens do inc. VI do art. 5º.

Dentre as condições essenciais para a celebração dos convênios e dos contratos de repasse com órgãos e entidades federais está o cadastro atualizado no Transferegov.br e o parecer jurídico favorável do concedente ou mandatário (art. 12, I e VI, respectivamente, do Decreto nº 11.531/2023, com alterações posteriores).

O art. 184.-A da Lei nº 14.133/2021, acrescentado por força da Lei nº 14.770/2023, contém preceitos relativos à execução, ao acompanhamento e à prestação de contas dos convênios, dos contratos de repasse e instrumentos congêneres em que for parte a União, com valor global até R$1.500.000,00 (um milhão e quinhentos mil reais).

11.22.1.2 Consórcios

A Lei nº 11.107, de 06.04.2005, com alterações posteriores, fixa normas gerais para a União, os Estados, o Distrito Federal e os Municípios contratarem *consórcios públicos* para a realização de objetivos de interesse comum. Em alguns dispositivos há menção a *convênios de cooperação*, aos quais se aplicam, no que couber, os preceitos da Lei supra, relativos aos consórcios públicos (art. 1º, §4º, incluído por força da Lei nº 14.026/2020).

O consórcio público formará *associação pública* ou *pessoa jurídica de direito privado* e será instituído por contrato, cuja celebração depende de prévia subscrição de *protocolo de intenções*, a ser publicado na imprensa oficial (arts. 1º, §1º, e 4º, §5º, da referida lei). Dentre outras cláusulas, o protocolo de intenções conterá: a forma de eleição e a duração do mandato do representante legal do consórcio, que deverá ser Chefe do Executivo do ente federativo consorciado; e o consentimento para a gestão associada de serviços públicos.

Após ratificação, mediante lei, do referido protocolo, o contrato de consórcio será celebrado, sendo dispensado da ratificação o ente federado que já tiver disciplinado, por lei, sua participação no consórcio.

Segundo o art. 6º, o consórcio adquire personalidade de direito público, após a ratificação, se for constituído como associação pública, passando a integrar a Administração indireta de todos os entes federativos consorciados. Ou adquire personalidade de direito privado, mediante o atendimento dos requisitos da legislação civil. Nos dois casos, observarão as normas de direito público quanto a licitação, contratos, prestação de contas e ingresso de pessoal, regido este pela CLT (nas duas hipóteses de personalidade jurídica), conforme dispõe o §2º do art. 6º, na redação dada pela Lei nº 13.822, de 03.05.2019.

Os objetivos dos consórcios serão determinados pelos entes federativos que os integram (art. 2º, *caput*).

Para o cumprimento dos seus objetivos o consórcio poderá: I – firmar convênios, contratos, acordos de qualquer natureza, receber auxílios, contribuições e subvenções sociais ou econômicas de outras entidades e órgãos; II – no caso de consórcio de direito público, promover desapropriações e instituir servidões, após declaração de utilidade ou necessidade pública e interesse social oriunda do poder público; III – ser contratado pela Administração direta e indireta dos entes federativos consorciados, dispensada a licitação (art. 2º, §1º); IV – outorgar concessão, permissão ou autorização de obras ou serviços públicos mediante consentimento previsto no contrato de consórcio (art. 2º, §3º).

Os entes consorciados somente entregarão recursos ao consórcio público mediante *contrato de rateio* (art. 8º, *caput*). Este será formalizado em cada exercício financeiro e seu prazo de vigência não será superior ao das dotações que o sustentam, salvo os contratos relativos a programas previstos em plano plurianual (art. 8º, §1º). O ente consorciado que não consignar as dotações suficientes poderá ser excluído do consórcio (art. 8º, §5º).

Os entes federativos consorciados ou os com eles conveniados poderão ceder-lhe servidores (art. 4º, §4º).

O consórcio pode celebrar *contrato de gestão* ou *termo de parceria*, se tal constar do protocolo de intenções.

Mediante *contrato de programa* deverão ser disciplinadas as obrigações entre dois entes federativos ou um ente federativo e o consórcio público no âmbito de gestão associada em que haja serviços públicos ou a transferência total ou parcial de encargos, serviços, pessoal etc. (art. 13, *caput*). Se previsto no contrato de consórcio ou convênio de cooperação, o contrato de programa poderá ser celebrado por entidades da Administração indireta de qualquer dos entes federativos consorciados ou conveniados.

A União poderá celebrar convênios com os consórcios (art. 14).

A *alteração* do contrato de consórcio público dependerá de instrumento aprovado pela assembleia geral, ratificado mediante lei pela maioria dos entes consorciados (redação por força da Lei nº 14.662, de 24.8.2023).

O consórcio público sujeita-se à fiscalização do Tribunal de Contas competente para apreciar as contas do Chefe do Executivo que o representa legalmente.

A extinção do contrato de consórcio público dependerá de instrumento aprovado pela assembleia geral, ratificado mediante lei por todos os entes consorciados (redação por força da Lei nº 14.662/2023).

O Decreto nº 6.017, de 17.01.2007, com alterações posteriores, regulamenta a Lei nº 11.107/2005 – consórcios públicos.

11.22.2 Outras figuras

a) *Protocolos* – são firmados entre a Administração e um particular, entre a Administração e vários sujeitos privados ou entre órgãos estatais. Mediante esse instrumento se ajusta a realização de atividade ou de certas condutas ante uma questão, por exemplo: protocolo entre poder público, montadoras (de automóveis) e sindicato dos metalúrgicos visando à não demissão de empregados em troca de maior produtividade ou benefícios fiscais. Nesse tipo se inclui o *protocolo de intenções*, que, em geral, desencadeia futuros convênios ou contratos, como especificações ou concretização daquele. Segundo o art. 3º da Lei nº 11.107/2005, o *protocolo de intenções* será formalizado e subscrito *antes* da celebração do contrato de consórcio público. Este será celebrado com a ratificação, mediante lei, do protocolo de intenções (art. 5º, *caput*). O art. 4º da citada lei arrola as cláusulas necessárias do referido protocolo de intenções.

b) *Contrato de gestão* – na doutrina é visto como técnica de gestão privada ou meio de propiciar autonomia a empresas, entes ou órgãos estatais, dentro de parâmetros fixados pelo poder central, ou, ainda, como técnica de descentralização. Mediante o contrato de gestão são estabelecidos objetivos e metas a serem atingidos, ficando sua execução sujeita ao acompanhamento, fiscalização e sanção do poder público. Em geral, da celebração do contrato de gestão decorre o repasse de recursos ao ente estatal ou privado. Podem ser apontados os seguintes exemplos de uso do contrato de gestão na esfera federal: nos vínculos entre o poder público federal e a entidade qualificada como organização social, segundo prevê a Lei 9.637, de 15.05.1998, art. 5º; nos vínculos entre o Ministério supervisor e respectivas autarquias e fundações qualificadas como Agências Executivas. Conforme o art. 4º, X, da Lei nº 11.107/2005, os consórcios públicos podem celebrar *contrato de gestão*.

Nos termos da Lei nº 14.011, de 10.6.2020 (conversão da Medida Provisória nº 915, de 27.12.2019), art. 7º, a administração pública poderá celebrar *contrato de gestão* para ocupação de imóveis públicos. Na dicção do §1º do mesmo artigo "o contrato de gestão para ocupação de imóveis públicos consiste na prestação, em um único contrato, de serviços de gerenciamento e manutenção do imóvel, incluído o fornecimento de equipamentos, materiais e outros serviços necessários ao uso do imóvel pela administração pública, por escopo ou continuados", podendo incluir a realização de obras para a adequação do imóvel, incluída a elaboração dos projetos básico e executivo (§2º, I). O prazo de duração será de até 20 anos, quando incluir investimentos iniciais relacionados à realização de obras e fornecimento de bens, que serão de propriedade do contratante (§2º, II, e §4º).

c) *Contrato de programa* – no Brasil, a Lei nº 11.107/2005, art. 13, *caput*, prevê o contrato de programa para o fim de disciplinar as obrigações entre dois entes federativos ou entre um ente federativo e o consórcio público no âmbito da gestão associada em que haja prestação de serviços públicos ou a transferência total ou parcial de encargos, serviços, pessoal etc. O art. 13, §5º, da citada lei menciona o contrato de programa celebrado por entidades integrantes da Administração indireta de qualquer dos entes federativos consorciados ou conveniados, mediante previsão do contrato de consórcio público ou de convênio de cooperação.

d) *Termo de parceria* – no ordenamento brasileiro, é o instrumento passível de ser firmado entre o poder público e as entidades qualificadas como *organizações da sociedade civil de interesse público*, destinado à formação de vínculo de cooperação entre as partes, para o fomento e a execução das atividades de interesse público desempenhadas pelas mesmas, de conformidade com o previsto nos arts. 3º e 9º da Lei nº 9.790, de 23.03.1999. Deduz-se da referida lei – que dispõe sobre a qualificação de pessoas jurídicas de direito privado, sem fins lucrativos, como Organizações da Sociedade Civil de Interesse Público – que a celebração do termo de parceria pode implicar repasse de recursos públicos à entidade assim qualificada, a qual deverá prestar contas de tais recursos aos respectivos Tribunais de Contas. Conforme o art. 4º, X, da Lei nº 11.107/2005, os consórcios públicos podem celebrar termo de parceria com essas entidades.

e) *Contrato de repasse* – nos termos do Decreto nº 11.531/2023, com alterações posteriores, art. 2º, II, é o instrumento de interesse recíproco, por meio do qual a transferência de recursos financeiros se processa por intermédio de instituição ou agente financeiro público federal, atuando como mandatário da União.

f) *Contrato de rateio* – é "o contrato por meio do qual os entes consorciados comprometem-se a fornecer recursos financeiros para a realização das despesas do consórcio público" (art. 2º, VII, do Decreto 6.017/2007, que regulamenta a Lei nº 11.107/2005 – consórcios públicos).

g) *Contrato de eficiência* – a revogada Lei nº 12.462, de 05.08.2011, que instituiu o *Regime Diferenciado de Contratações Públicas – RDC*, previu, inicialmente, no art. 23, o contrato de eficiência. Agora figura na Lei nº 14.133/2021 – licitações e contratos administrativos e tem por objeto a prestação de serviços, que pode incluir a realização de obras e o fornecimento de bens, com o objetivo de proporcionar economia à Administração, na forma da redução de despesas correntes, sendo o contratado remunerado com base em percentual da economia gerada (art. 6º, LIII).

h) *Termo de colaboração* – é o instrumento pelo qual são formalizadas as parcerias entre a Administração e organizações da sociedade civil sem fins lucrativos, selecionadas mediante chamamento público, para a realização de finalidades de interesse público e recíproco, *propostas pela Administração, que envolvam transferência de recursos financeiros* (Lei nº 13.019, de 31.07.2014, art. 2º, VII).

i) *Termo de fomento* – instrumento pelo qual se formalizam as parcerias entre Administração e organizações da sociedade civil, sem fins lucrativos, selecionadas por meio de chamamento público, para a realização de finalidades de interesse público e recíproco, *propostas pelas organizações da sociedade civil* (Lei nº 13.019/2014, art. 2º, VIII).

j) *Acordo de cooperação* – mediante o qual são formalizadas as parcerias objeto da Lei 13.019/2014, com alterações posteriores, que não envolvam transferência de recursos financeiros.

k) *Contrato de desempenho* – a Lei nº 13.934, de 11.12.2019, regulamentou, para o âmbito da administração direta federal e das autarquias e fundações públicas federais, o contrato referido no §8º do art. 37 da CF, ao qual atribui o nome de *contrato de desempenho*. Nos termos do art. 2º da mesma Lei, "contrato de desempenho é o acordo celebrado entre o órgão ou entidade supervisora e o órgão ou entidade supervisionada, por meio dos seus administradores, para o estabelecimento de metas de desempenho do supervisionado, com os respectivos prazos de execução e indicadores de qualidade, tendo como contrapartida a concessão de flexibilidades ou autonomias especiais".

Bibliografia

Além das obras arroladas no capítulo anterior, que tratam de licitação e contrato, ver:

ALMEIDA, Fernando Dias Menezes de. *Contrato Administrativo*. São Paulo: Quartier Latin, 2012.

BICALHO, Alécia Paolucci Nogueira; MOTTA, Carlos Coelho Pinto. *Comentários ao Regime Diferenciado de Contratações*: Lei nº 12.462/2011: Decreto nº 7.581/2011. 2. ed. Belo Horizonte: Fórum, 2014.

CASSAGNE, Juan Carlos (Org.). *Tratado de los contratos públicos*. Buenos Aires: La Ley, 2014. 3 v.

FERRARA, Rosario. *Gli accordi di programma*. Pádova: Cedam, 1993.

FERRARA, Rosario. *Gli accordi tra i privati e la pubblica amministrazione*. Milano: Giuffrè, 1985.

GIANNINI, Massimo S. *Diritto amministrativo*. Milano: Giuffrè, 1993. v. II.

KLOSS, Eduardo Soto. La contratación administrativa: un retorno a las fuentes clásicas del contrato. *Revista de Administración Pública*, Madrid, v. 2, p. 569-585, 1978.

LAUBADÈRE, A. *Traité théorique et pratique des contrats administratifs*. Paris: LGDJ, 1953. 3. v.

MEDAUAR, Odete. Convênios e consórcios administrativos. *RDA*, p. 451-461, ago. 1995.

MEDAUAR, Odete. *O direito administrativo em evolução*. 3. ed. Brasília: Gazeta Jurídica, 2017.

MEDAUAR, Odete; OLIVEIRA, Gustavo Justino de. *Consórcios públicos*. São Paulo: RT, 2006.

MEIRELLES, Hely Lopes. *Direito administrativo brasileiro*. 19. ed. São Paulo: Malheiros, 1994.

MIGUEL, Luiz Felipe Hadlich. *Compras públicas inteligentes*: e-market público, o fim das cláusulas exorbitantes. Rio de Janeiro: Lumen Juris, 2024.

REIS, Luciano Elias. *Convênio administrativo*. Curitiba: Juruá, 2013.

SAINZ MORENO, F. La "exceptio non adimpleti contractus" en la contratación administrativa. *Revista Española de Derecho Administrativo*, p. 13-20, jan./mar. 1978.

TÁCITO, Caio. *O equilíbrio financeiro na concessão de serviço público nos direitos brasileiro e estrangeiro*. Direito administrativo. São Paulo: Saraiva, 1975.

VALLE, Vivian Lima López. *Contratos administrativos e um novo regime jurídico de prerrogativas contratuais na Administração Pública contemporânea*: da unilateralidade ao consenso e do consenso à unilateralidade. Belo Horizonte: Fórum, 2018.

CAPÍTULO 12

BENS PÚBLICOS

12.1 Introdução ao tema

Para realizar as múltiplas atividades que desempenha, a Administração necessita não só de poderes e de meios jurídicos de expressá-los, mas também de um conjunto variado de coisas, de bens. Os bens têm importância pelo que representam em termos de riqueza pública, integrando o patrimônio do Estado, por serem meios de que dispõe a Administração para atendimento de seus fins e por serem elementos fundamentais na vida dos indivíduos em coletividade. Muitos bens públicos revestem-se de grande relevo em matéria ambiental. Daí a importância do conhecimento dos preceitos fundamentais que informam tais bens.

12.2 Terminologia

Em primeiro lugar, deve-se fixar o sentido com que alguns vocábulos serão usados, em vista principalmente do emprego dos mesmos vocábulos, com acepções diferentes, em ordenamentos estrangeiros.

No direito, *coisa* é tudo aquilo que pode ser objeto de relações jurídicas; e *bem* seria sinônimo de coisa, embora haja divergência entre autores quanto à sinonímia perfeita. Para os fins de exposição da matéria, coisa e bem serão considerados sinônimos, preferindo-se empregar a expressão *bens públicos*, pois assim é utilizada na legislação (por exemplo, art. 99 do CC) e doutrina pátrias.

Quanto à locução *domínio público*, significa, neste livro, o conjunto de bens públicos, incluindo todos os tipos. Em ordenamentos estrangeiros, em especial no francês e no italiano, os vocábulos domínio ou domínio público abrangem somente dois tipos de bens públicos: os de uso geral do povo (exemplos: rua, praça) e os bens empregados no serviço público (exemplo: prédio de uma escola pública). Tais ordenamentos utilizam a expressão *domínio privado do Estado* para designar os bens destinados ao uso direto da própria Administração, que podem ser mais facilmente alienados. Embora autores brasileiros também empreguem essa expressão, parece que gera confusão, levando a supor que o Estado teria um domínio privado, o que é incorreto, com tratamento norteado pelo direito privado, o que igualmente é incorreto; por isso, neste livro, tais expressões não são adotadas.

No direito italiano surgiram as expressões *bens do patrimônio indisponível*, para designar os bens que no ordenamento brasileiro se denominam bens de uso comum e bens de uso especial; e *bens do patrimônio disponível*, para denominar os bens dominicais, por serem mais facilmente alienados. Tais expressões prestam-se igualmente à confusão, pois, em princípio, todos os bens públicos são indisponíveis, mesmo os dominicais: mais facilidade de alienação não significa disponibilidade. Por isso, não são utilizadas neste livro.

A expressão *domínio público* é usada também com o sentido de *patrimônio público*. Esta última é mencionada no inc. LXXIII do art. 5º da CF, que atribui a qualquer cidadão legitimidade para propor ação popular que vise a anular ato lesivo ao patrimônio público, dentre outros fundamentos; é empregada na Lei nº 4.717/65 – ação popular – e também na Lei 8.429/92 – improbidade administrativa –, que, em alguns dispositivos, refere-se a "acervo patrimonial" (bens, rendas, verbas, valores integrantes do acervo patrimonial).

12.3 Síntese histórica

Na Antiguidade existiam coisas públicas. Nas comunidades rurais havia ruas, caminhos, e tais áreas não pertenciam a ninguém em particular, mas a todas as pessoas; a autoridade zelava pela conservação e boa ordem no uso dessas áreas. A cidade nascente deu origem a outros tipos de bens públicos, como fontes, praças, de uso de todos; outros bens, sem estarem liberados ao uso de todos, serviam a toda a comunidade, como os portos e muralhas.

Em Roma, uma das distinções das coisas separava *res in commercio* de *res extra commercium*. Estas, por sua vez, dividiam-se em: a) *res divini iuris*, por exemplo: sepulturas, objetos de culto aos mortos; b) *res humani iuris*, divididas em: b1) *res publicae* – bens suscetíveis de apropriação individual, mas destinados pelo direito ao uso geral e gratuito, como os rios e portos; b2) *res communes*, por exemplo: mar, ar; b3) *res universitatis*, destinadas ao uso público, mas pertencentes a uma comunidade, como os teatros. Outros bens pertenciam às cidades, mas eram subtraídos ao uso público, sendo denominados *res in pecunia populi*; sobre tais bens o ente público exercia um tipo de domínio análogo àquele dos particulares sobre seus bens.

Na Idade Média desaparece o tipo *res extra commercium*, fruto do obscurecimento da distinção entre o público e o privado e da concentração nas mãos do príncipe e senhores feudais de todos os direitos e relações atribuídos ao ente público. Os bens públicos eram todos bens do domínio próprio do príncipe, mesmo os de uso geral; o príncipe cobrava pedágio sobre tais bens. Vem dessa época o termo *domanium*. Inexistia, nesse período, a inalienabilidade dos bens, mesmo dos bens de uso geral; esta aparece no decreto (*ordonnance*) de Moulins, em 1566, editado por Carlos IX, mas de modo relativo. Em edito real de 1667 declarou-se que os bens da Coroa eram imprescritíveis.

A separação dos bens vai ocorrer na legislação votada na Assembleia Nacional francesa de 1790, transportada depois para o Código de Napoleão.

No Brasil, no período colonial havia a seguinte distinção: a) bens reais, pertencentes ao rei; b) bens da coroa, que o rei administrava; c) bens fiscais, oriundos de impostos, multas, foros, pertencentes ao erário.

No período imperial, sob influência francesa, surgiu a tripartição: domínio do Estado, domínio da Coroa, domínio público.

O Código Civil de 1916 estabeleceu divisão dos bens públicos em bens de uso comum, bens de uso especial e bens dominicais. O Código Civil de 2002, no art. 99, prevê o mesmo.

12.4 Conceito

Bens públicos é expressão que designa os bens pertencentes a entes estatais, para que sirvam de meios ao atendimento imediato e mediato do interesse público e sobre os quais incidem normas especiais, diferentes das normas que regem os bens privados.

O *regime da dominialidade pública* não é um regime equivalente ao da propriedade privada. Os bens públicos têm titulares, mas os direitos e deveres daí resultantes, exercidos pela Administração, não decorrem do direito de propriedade no sentido tradicional. Trata-se de um vínculo específico, de natureza administrativa, que permite e impõe ao poder público, titular do bem, assegurar a continuidade e regularidade da sua destinação, contra quaisquer ingerências. Para determinados efeitos, esse vínculo assemelha-se ao vínculo de propriedade, por exemplo: a aquisição pode ser efetuada por meios habituais de aquisição da propriedade privada; bens públicos dos Estados e Municípios podem ser desapropriados e desapropriação supõe propriedade; podem ser objeto de ações possessórias.

Os bens públicos devem ter destinação que atenda ao interesse público, de modo direto ou indireto. A *afetação*, explícita ou tácita, atribui destinação específica ao bem. Sobre tais bens incidem predominantemente preceitos do direito administrativo, que formam um regime de direito público, diferente do regime aplicado aos bens pertencentes a particulares. Hoje, sobre muitos bens públicos incidem também normas relativas à proteção ambiental, de caráter igualmente público.

12.5 Tipologia

12.5.1 Critério da natureza

Sob vários critérios podem ser classificados os bens públicos. Quanto à sua natureza, os mesmos tipos apontados para os bens privados aplicam-se aos bens públicos: bens corpóreos e incorpóreos; bens imóveis, móveis e semoventes; bens fungíveis e infungíveis.

12.5.2 Critério dos aspectos geográficos

Quanto aos aspectos geográficos, são os seguintes: bens terrestres (ruas, edifícios, estradas); bens hídricos, divididos em marítimos (mar territorial), fluviais (rios), lacustres (lagos), bens que incluem terra e água (portos). No tocante ao modo de formação, há bens naturais (rios, mares) e bens artificiais (pontes, viadutos, edifícios).

12.5.3 Critério dos titulares

Quanto aos titulares, no Brasil, Estado federal, existem *bens públicos federais, bens públicos estaduais, bens públicos municipais*.

O art. 20 da CF arrola, de modo não fechado, os bens da União: I – os que atualmente lhe pertencem e os que lhe vierem a ser atribuídos; II – as terras devolutas indispensáveis à defesa das fronteiras, das fortificações e construções militares, das vias federais de comunicação e à preservação ambiental, definidas em lei; III – os lagos, rios e quaisquer correntes de água em terrenos de seu domínio, ou que banhem mais de um Estado, sirvam de limites com outros países, ou se estendam a território estrangeiro ou dele provenham, bem como os terrenos marginais e as praias fluviais; IV – as ilhas fluviais e lacustres nas zonas limítrofes com outros países; as praias marítimas; as ilhas oceânicas e as costeiras, excluídas, destas, as que contenham a sede de Municípios, exceto aquelas áreas afetadas ao serviço público e a unidade ambiental federal, e as referidas no art. 26, II (redação do inciso IV alterada pela Emenda Constitucional 46, de 05.05.2005); V – os recursos naturais da plataforma continental e da zona econômica exclusiva; VI – o mar territorial; VII – os terrenos de marinha e seus acrescidos; VIII – os potenciais de energia hidráulica; IX – os recursos minerais, inclusive os do subsolo; X – as cavidades naturais subterrâneas e os sítios arqueológicos e pré-históricos; XI – as terras tradicionalmente ocupadas pelos índios. Sobre os bens imóveis da União, as principais normas estão contidas no Dec.-lei nº 9.760, de 05.09.1946, com alterações posteriores, inclusive das Leis nº 9.636/1998, nº 11.314/2006, nº Lei 11.481/2007, nº Lei 13.240/2015, nº 13.813, de 9.4.2019, nº 14.011, de 18.6.2020 e nº 14.474/2022, havendo alterações frequentes, dificultando a compreensão da matéria.

De seu lado, o art. 26 da CF inclui entre os bens do Estado, sem exauri-los, os seguintes: I – as águas superficiais ou subterrâneas, fluentes, emergentes e em depósito, ressalvadas, neste caso, na forma da lei, as decorrentes de obras da União; II – as áreas, nas ilhas oceânicas e costeiras, que estiverem no seu domínio, excluídas aquelas sob domínio da União, Municípios ou terceiros; III – as ilhas fluviais e lacustres não pertencentes à União; IV – as terras devolutas não compreendidas entre as da União.

Em princípio, os bens situados dentro dos limites de um Município, e que não pertencem à União e ao Estado, são bens municipais, como as ruas, praças, jardins, edifícios de repartições e órgãos municipais.

Quanto às *entidades da Administração indireta*, todas são dotadas de patrimônio próprio, segundo rezam os incisos do art. 5º do Dec.-lei 200/67, que as caracteriza. Os bens das autarquias, pessoas jurídicas públicas, são bens públicos, informados pelos mesmos preceitos aplicáveis aos bens pertencentes à Administração direta. O mesmo se pode dizer das fundações dotadas de personalidade jurídica pública (exemplo: Fundação Memorial da América Latina).

Dúvidas surgem no tocante aos *bens das empresas públicas, sociedades de economia mista* e *fundações públicas*, dotadas de personalidade jurídica privada. A natureza jurídica de tais entidades poderia levar a concluir que os bens de seu acervo não são públicos. É um dos entendimentos doutrinários. Outra linha afirma que somente têm regime público os bens das sociedades de economia mista e das empresas públicas que desenvolvem atividade em caráter de monopólio. Outra orientação inclui no regime público somente os bens dessas entidades vinculados à prestação de serviços públicos.

Para Hely Lopes Meirelles, são públicos os bens que originariamente integravam o patrimônio público e depois foram transferidos para as fundações públicas. Segundo o mesmo autor, os bens das sociedades de economia mista e das empresas públicas apresentam-se como "bens públicos com destinação especial e administração particular das instituições a que foram transferidos para a consecução dos fins estatutários"; tal patrimônio, "embora incorporado a uma instituição de personalidade privada, continua vinculado ao serviço público; (...) *lato sensu*, é patrimônio público" (*Direito administrativo brasileiro*, 19. ed., 1994, p. 430-431).

Alguns elementos de publicização figuram no regime dos bens pertencentes a empresas públicas, sociedades de economia mista e entidades controladas pelo poder público: a) o Tribunal de Contas exerce fiscalização patrimonial sobre essas entidades (arts. 70 e 71, IV, da CF); b) a lesão ao patrimônio dessas entidades pode ser prevenida ou corrigida pela ação popular (Lei nº 4.717/65, art. 1º); c) a lei sobre sanções por improbidade administrativa – Lei nº 8.429/92, com alterações da Lei nº 14.230/2021 – abrange as condutas lesivas ao acervo patrimonial de todas as entidades da Administração indireta.

12.5.4 Critério da destinação

Prevista no Código Civil (art. 99), é a distinção de mais relevo no ordenamento pátrio; leva em conta a quem se destina mais diretamente o bem, ou seja, quem, de modo mais imediato, dele se utiliza.

a) *Bens públicos de uso comum do povo* (Código Civil, art. 99, I) – segundo o próprio nome diz, são bens sobre os quais o povo em geral, de modo anônimo, exerce uso; são bens utilizados por todos. O povo é o beneficiário direto e imediato desses bens. Exemplo: ruas, praças, estradas, rios, praias (Lei 7.661/88 – gerenciamento costeiro –, art. 10); meio ambiente ecologicamente equilibrado (CF, art. 225).

Típico desses bens é a utilização geral, realizada por pluralidade de pessoas não individualizadas. Vigora, então, o pleno direito ao uso comum, pois, de regra, independe de consentimento da Administração. Por isso, o estacionamento de veículos pode ser objeto de normas que limitem o tempo de permanência, pois a via pública não se destina a ser garagem de uns em detrimento do uso de todos; o mesmo ocorre com o exercício, em vias públicas, de atividades comerciais de predominante interesse privado.

O direito ao uso comum se expressa, por exemplo, nas praias, que, às vezes, são fechadas ao público por moradores limítrofes; a respeito, o art. 10 da Lei 7.661/88 – gerenciamento costeiro – reza o seguinte: "As praias são bens públicos de uso comum do povo, sendo assegurado, sempre, livre e franco acesso a elas e ao mar, em qualquer direção e sentido, ressalvados os trechos considerados de interesse da segurança nacional ou incluídos em áreas protegidas por legislação específica".

De regra, o uso é gratuito, mas pode ser remunerado (art. 103 do Código Civil), por exemplo: pedágio em estradas, estacionamento em ruas com mais afluxo de veículos, ancoragem em portos.

Cabe à Administração a que se vincula o bem o dever de assegurar a utilização normal de tais bens, que é o uso comum. Por meio de preceitos legais, de atividades de fiscalização, da imposição de sanções, principalmente, a Administração atuará nesse sentido, buscando, inclusive, compatibilizar outros usos (exemplo: passeatas, comícios, feiras livres, bancas de jornais) com o uso comum. A Lei nº 13.311, de 11.7.2016, fixa, com base no art. 182 da CF, normas gerais para a ocupação e utilização de área pública urbana por quiosque, *trailer*, feira e banca de venda de jornais e de revistas. Conforme o art. 2º da referida Lei, o direito de utilização privada de área pública por tais equipamentos poderá ser outorgado a qualquer interessado que atenda aos requisitos exigidos pelo poder público local; a mesma Lei contém preceitos sobre a transferência e extinção da outorga.

Nas grandes metrópoles, é mais intenso o uso de tais bens pela população, exigindo, em contrapartida, mais atenção do poder público ante problemas relativos à poluição e destruição.

b) *Bens públicos de uso especial* (Código Civil, art. 99, II) – são os bens utilizados nos serviços prestados pela Administração, por exemplo: prédio de uma escola pública, terreno usado para depositar materiais ou para estacionamento, edifício de uma repartição.

Os beneficiários diretos de tais bens são, em princípio, os usuários do serviço e os servidores que trabalham nessa atividade. O público em geral poderá ter acesso para tratar de seus assuntos. Exemplo: numa escola pública, os beneficiários diretos, que utilizam as suas dependências de modo frequente, são os alunos matriculados, os professores, os dirigentes, demais servidores; de modo menos frequente, pais de alunos, pais que pretendem matricular os filhos, ex-alunos em busca de documentos.

Tais bens não comportam uso geral, comum, aberto a todos. Fica a critério da Administração possibilitar, conforme o caso, o uso comum, se este não conflitar com a destinação preponderante do bem. Também depende de consentimento da Administração o uso de parte desses bens por particulares, se for compatível com sua finalidade precípua (exemplo: livraria em escola pública).

c) *Bens públicos dominicais* (Código Civil, art. 99, III) – são os bens públicos não destinados à utilização imediata do povo, nem aos usuários de serviços ou aos beneficiários diretos de atividades. São bens sem tal destino, porque não o receberam ainda ou porque perderam um destino anterior. Exemplos: títulos de crédito pertencentes ao poder público, terras devolutas, terrenos de marinha.

O beneficiário direto de tais bens é a própria Administração; inexiste consumo imediato dos particulares; poderiam ser denominados de bens-meios, porque são aqueles que mais diretamente instrumentalizam as atividades administrativas. Muitos desses bens propiciam recursos ao ente estatal.

Embora esta seja a característica predominante dos bens dominicais, também podem ser utilizados com finalidades sociais, como é o caso de áreas públicas, objeto de concessão de direito real de uso para fins habitacionais. Às vezes a não utilização atende a fins de preservação ambiental, como ocorre com reservas ecológicas e florestas.

Como já se disse, tais bens aparecem tratados sob a rubrica de *bens do domínio privado do Estado* ou *bens do patrimônio disponível*. Com tais expressões se pretenderia significar que os vínculos da Administração com os bens dominicais seriam semelhantes aos vínculos do particular com os bens de seu patrimônio, em especial pela facilidade de alienação; menciona-se também que seu regime seria precipuamente privado. Deve-se notar, de início, ainda uma vez, que as citadas denominações podem levar a equívocos sobre o regime jurídico de tais bens e a facilidade de disposição. Por outro lado, os bens dominicais integram os bens públicos, como diz o art. 99 do Código Civil; sendo assim, seu regime jurídico é essencialmente público; só podem ser alienados observadas as exigências da lei, pois assim determina o art. 101 do Código Civil. Mesmo para o dispêndio do dinheiro público (com pagamento de servidores e de contratados, por exemplo), há normas a serem observadas e prestação de contas. E ainda: as normas sobre alienação de bens públicos, contidas no art. 76 da Lei nº 14.133, de 01.4.2021 – licitações e contratos administrativos – aplicam-se aos três tipos de bens públicos; a Constituição Federal veda o usucapião de imóveis públicos urbanos e rurais, sem distinção de tipo (arts. 183, §3º, e 191, parágrafo único); o art. 225, §5º, da CF tornou indisponíveis as terras devolutas ou arrecadadas pelos Estados, por ações discriminatórias, necessárias à proteção dos ecossistemas naturais. Além desses, preceitos específicos, de natureza pública, incidem sobre alguns tipos de bens dominicais.

12.6 Afetação e desafetação

As noções de afetação e desafetação estão presentes no tema dos bens públicos. *Afetação* é a atribuição, a um bem público, de sua destinação específica. Pode ocorrer de modo explícito ou implícito. Entre os meios de afetação explícita estão a lei, o ato administrativo e o registro de projeto de loteamento (Lei nº 6.766/79, arts. 17 e 22). Implicitamente, a afetação se dá quando o poder público passa a utilizar um bem para certa finalidade sem manifestação formal, pois é uma conduta que mostra o uso do bem, por exemplo: uma casa doada onde foi instalada uma biblioteca pública infantil.

A *desafetação* é a mudança da destinação do bem. De regra, a desafetação visa a incluir bens de uso comum do povo ou bens de uso especial na categoria de bens dominicais para possibilitar a alienação. A desafetação pode advir de manifestação explícita, como no caso de autorização legislativa para venda de bem de uso especial, na qual está contida a desafetação para bem dominical; ou decorre de conduta da Administração, como na hipótese de operação urbanística que torna inviável o uso de uma rua próxima como via de circulação.

12.7 Regime jurídico geral

O atendimento do interesse geral, a que visam todos os bens, e sua proteção quanto aos particulares e aos próprios agentes públicos explicam os preceitos básicos que norteiam a gestão dos bens públicos.

a) *Inalienabilidade*

Inalienável é o bem de que seu titular não pode dispor. Inalienabilidade significa, então, a qualidade do bem que não pode ser vendido, doado, transferido etc. Todos os bens públicos são dotados de *inalienabilidade*.

No entanto, a inalienabilidade não se apresenta com caráter absoluto, pois, se assim fosse, ficaria paralisada a Administração, sobretudo em se tratando de bens dominicais, como o dinheiro dos cofres públicos. Existe uma escala ou gradação da inalienabilidade, de tal forma que são mais rigorosos os preceitos relativos à alienação de bens de uso comum do povo e de bens de uso especial do que os preceitos relativos a alguns tipos de bens dominicais (por exemplo, dinheiro, ações, títulos). Assim, nos termos do art. 100 do Código Civil, os bens públicos de uso comum do povo e os bens de uso especial são inalienáveis, enquanto conservarem a sua qualificação, na forma que a lei determinar. E, segundo o art. 101, os bens públicos dominicais podem ser alienados, observadas as exigências da lei. Desse modo, a alienação de todos os bens públicos deve obedecer a preceitos da lei; por exemplo: a Lei nº 14.133/2021, no art. 76, traz normas sobre alienações de bens públicos, de qualquer tipo, condicionando-as à existência de interesse público justificado e à avaliação; o gasto de dinheiro público, denominado despesa, deve observar o disposto na Lei nº 4.320/64 e na Lei de Responsabilidade Fiscal – LC 101/2000 – e se sujeita ao controle do Tribunal de Contas.

b) *Imprescritibilidade*

No tocante aos bens públicos, o transcurso do tempo não pode resultar em apropriação por terceiros. Se um particular ocupa durante muitos anos um bem público, sem manifestação alguma da Administração, esse fato não pode ser invocado para reconhecimento de domínio sobre o bem, ou seja, os bens públicos não podem ser adquiridos por usucapião. A imprescritibilidade tem por finalidade, sobretudo, a preservação dos bens públicos, protegendo-os até contra a negligência da própria Administração.

A Constituição Federal veda a usucapião de imóveis públicos situados em zona urbana (art. 183, §3º) e em zona rural (art. 191, parágrafo único), o que revogou dispositivos de leis que possibilitavam usucapião de terras públicas (Lei nº 6.969/81).

De acordo com o art. 102 do Código Civil, os bens públicos não estão sujeitos a usucapião.

c) *Impenhorabilidade*

Consiste na impossibilidade de incidir execução forçada, ou seja, penhora, sobre os bens públicos. Essa característica emerge clara do modo como a Constituição Federal disciplina os pagamentos devidos pela Fazenda Pública em virtude de sentença judicial, no art. 100 e parágrafos, sem prever penhora de bens; admite o *sequestro* da quantia necessária à satisfação do débito caso não haja liberação tempestiva dos valores mencionados no art. 101 do ADCT, haja preterição do credor no seu direito de precedência na ordem cronológica dos precatórios, no caso de não alocação orçamentária do valor necessário à satisfação do débito (na redação da EC 94, de 15.12.2016, da EC 99, de 14.12.2017 e da EC 109/2021). Além do mais, o Código de Processo Civil, no art. 649, I, reza que são absolutamente impenhoráveis os bens inalienáveis.

d) *Impossibilidade de oneração*

Inexistem direitos reais de garantia, como hipoteca, penhor, anticrese, sobre bens públicos. De acordo com o art. 1.420, *caput*, do Código Civil, segunda parte, "só os bens que se podem alienar poderão ser dados em penhor, anticrese ou hipoteca". A impossibilidade de oneração visa a proteger os bens públicos também contra atuações dos agentes públicos.

A Lei nº 11.481, de 31.05.2007, alterou o art. 1.473 do Código Civil, possibilitando que sejam objeto de hipoteca o *direito de uso especial para fins de moradia* e o *direito real de uso*, ambos relativos a imóvel público. Trata-se de hipoteca incidente sobre *direitos de uso*, e não sobre o bem público.

e) *A chamada polícia dos bens públicos*

O regime jurídico dos bens públicos e a necessidade de preservá-los para que o interesse público não seja prejudicado acarretam para a Administração prerrogativas e ônus nessa matéria.

Na doutrina, o conjunto de tais prerrogativas e ônus vem recebendo a denominação de *polícia dos bens públicos* ou *polícia do domínio público*. O termo polícia aqui deve ser entendido com o seu sentido de fiscalização, vigilância, adoção de medidas fortes para preservar tais bens. Não se trata propriamente de "poder de polícia", pois este fixa limitações ao exercício de direitos reconhecidos pelo ordenamento aos seus detentores, incidindo, então, sobre atividades lícitas; se um particular ocupa um bem indevidamente, tal ocupação não configura atividade lícita, sobre a qual recai o poder de polícia; além do mais, inclui-se na *polícia dos bens públicos* as atividades de manutenção (por exemplo, limpeza, restauração), que nada têm a ver com limitação de direitos de particulares.

Na chamada *polícia dos bens públicos* incluem-se várias atuações, algumas apontadas a seguir. Para preservar os bens contra apropriação de terceiros, a Administração poderá adotar medidas fortes, por si própria, utilizando mesmo a força, para retirá-los de quem os detenha ilegalmente; para alguns autores, tal conduta da Administração seria um desdobramento do princípio da autotutela administrativa. Poderá a Administração utilizar a via jurisdicional, por meio de ações possessórias, por exemplo, para reaver bens públicos de quem deles se apropriou indevidamente. Em caráter preventivo, a Administração deverá tomar as medidas necessárias para evitar a apropriação de bens por terceiros (exemplo: vigiar, murar, ocupar bem vazio, realizar inventário de bens, instaurar processo caso desapareçam bens móveis).

À Administração competem as medidas de preservação do bem em si, de sua integridade física, impedindo que se deteriore; é a chamada "polícia" de manutenção, que se traduz em providências relativas à limpeza, restauração, reparação etc.

Cabe, ainda, à Administração o dever de zelar para que o uso dos bens seja conforme a sua afetação, impedindo desvirtuamentos e prejuízos ao uso normal. Esse dever adquire relevo principalmente quanto aos bens de uso comum, em que o povo é seu beneficiário direto.

f) *Imunidade de imposto*

Segundo o art. 150, VI, *a*, da CF, é vedado à União, aos Estados, ao Distrito Federal e aos Municípios instituir impostos sobre o patrimônio uns dos outros, extensiva essa vedação ao patrimônio das autarquias e às fundações instituídas e mantidas pelo poder público, quanto ao seu patrimônio vinculado a suas finalidades essenciais ou às delas decorrentes (§2º do artigo *supra*). Essa vedação não se aplica ao patrimônio relacionado com exploração de atividades econômicas regidas pelas normas aplicáveis a empreendimentos privados, ou em que haja contraprestação de preços ou tarifas pelo usuário (§3º do artigo *supra*).

12.8 Uso de bens públicos por particulares

Trata-se de situação em que bens públicos são utilizados, no todo ou em parte, por particulares, afastando outros usos. Nesse caso, os particulares não se apresentam, em relação ao bem, como usuários anônimos, nem como beneficiários de serviços públicos. São pessoas físicas ou jurídicas às quais se atribuiu o uso específico, parcial ou total, de um bem público.

Chapus (*Droit administratif général*, 2001, v. 2, p. 482-485) refere-se à maneira com que o particular usa o bem, distinguindo: a) uso com benfeitorias fixas e uso sem benfeitorias fixas; b) uso conforme à destinação do bem, por exemplo: mercados municipais, exploração de instalações em portos, aeroportos, estações rodoviárias; uso somente compatível com a destinação – por exemplo: quiosques em praças, mesas e cadeiras em frente a restaurantes e lanchonetes; c) uso em que se conciliam o interesse privado e o público, por exemplo: bancas de jornais em ruas; d) uso em que predomina o interesse público, por exemplo: área pública usada por construtor privado que executa viaduto (obra pública).

12.8.1 Regime jurídico

As seguintes notas sobressaem no regime jurídico da utilização por particulares:

a) *Compatibilidade com o interesse público* – o uso privativo pelo particular não pode contrariar o interesse público, pois, se assim fosse, não poderia ocorrer. Daí caber razão a Chapus (*op. cit.*, p. 387) quando discorda do qualificativo "anormal", atribuído por muitos a tais usos: anormal é o uso incompatível com o interesse público ou que obstaculiza o uso afetado;

b) *Consentimento da Administração* – o uso privativo do bem por particular depende de consentimento da Administração, que é o título legal para esse uso. Há figuras jurídicas que veiculam esse consentimento e a legislação a respeito há de ser cumprida pela Administração e particulares. A ausência de consentimento possibilita medidas da Administração visando a reaver o bem (ou medidas intentadas pelo Tribunal de Contas ou por particulares, contra a omissão da Administração);

c) *Observância de condições fixadas pela Administração* – a Administração pode fixar preceitos relativos ao uso pelo particular e este deverá observar tais regras, sob pena de cessação do uso;

d) *Pagamento de preço* – o uso privativo de bem público admite a cobrança de preço por parte da Administração a que se vincula o bem, havendo também usos gratuitos;

e) *Precariedade* – é a regra para o uso privativo. Por motivo de atendimento ao interesse público, a Administração pode cessar unilateralmente o uso privativo, mesmo dotado de prazo determinado, mesmo formalizado mediante contrato; havendo prazo, a cessação do uso privativo, somente por motivo de interesse público, enseja indenização a favor do particular.

12.8.2 Instrumentos: autorização de uso, permissão de uso, concessão de uso, concessão de direito real de uso, outros instrumentos

A autorização, permissão e concessão de uso representam os meios mais comuns e clássicos pelos quais é consentido que os particulares utilizem privativamente bens públicos. Outros instrumentos, empregados com menos frequência, existem no ordenamento pátrio.

a) *Autorização de uso* – é o ato administrativo discricionário e precário, pelo qual a Administração consente que um particular utilize privativamente um bem público. Pode incidir sobre qualquer tipo de bem. De regra, o prazo de uso é curto; poucas e simples são suas normas disciplinadoras; independe de autorização legislativa e licitação; pode ser revogada a qualquer tempo. Exemplos: uso de área municipal para instalação de circo, para formar canteiro de obra pública.

b) *Permissão de uso* – é o ato administrativo discricionário e precário pelo qual se atribui ao particular o uso privativo de bem público. Em geral, a permissão se aplica a usos privativos não conformes à real destinação do bem, mas compatíveis, por exemplo: bancas de jornais em ruas, mesas e cadeiras em frente a restaurantes e bares. Qualquer tipo de bem público poderá ser objeto de permissão de uso; independe de autorização legislativa; quanto à licitação, embora de regra não se exija, melhor parece efetuar o certame se o caso comportar disputa entre interessados, propiciando-se, desse modo, igualdade de oportunidade e evitando-se favoritismos. O art. 76, I, *f*, da Lei nº 14.133/2021, dispensa de licitação a permissão de uso de bens imóveis residenciais construídos, destinados ou efetivamente utilizados para programas de habitação ou de regularização fundiária de interesse social, desenvolvidos por órgãos ou entidades da Administração. Pode ser outorgada com prazo determinado ou indeterminado; tratando-se de permissão com prazo determinado, se for revogada por interesse público, sem motivos oriundos do permissionário, este deverá ser indenizado.

c) *Concessão de uso* – é o contrato administrativo pelo qual a Administração consente que particular utilize privativamente bem público. Qualquer tipo de bem público pode ser objeto de concessão de uso. Em geral, a concessão se efetua para uso conforme à própria destinação do bem, ou seja, é inerente a esse tipo de bem o uso privativo, no todo ou em parte, de particular, como é o caso de boxes em mercados municipais, dependências de aeroportos, de portos, de estações rodoviárias, cantinas de escolas. Depende de autorização legislativa (ver, por exemplo, art. 19, V, da Constituição do Estado de São Paulo e art. 114, §1º, da Lei Orgânica do Município de São Paulo). Sendo contrato, deve ser precedido de licitação, salvo exceções legais, como prevê a Lei Orgânica do Município de São Paulo quando o uso se destinar à concessionária de serviço público ou a entidades assistenciais (art. 114, §2º). A Constituição Federal, nos arts. 188 e 189, menciona, para fins de reforma agrária, a concessão de uso para distribuição de terras públicas e devolutas rurais. As normas relativas aos contratos administrativos aplicam-se à concessão de uso (art. 2º, IV, da Lei nº 14.133/ 2021 – licitações e contratos administrativos).

d) *Concessão de direito real de uso* – Essa figura foi criada no ordenamento brasileiro pelo Dec.-lei 271/67, arts. 7º e 8º. Durante muito tempo pouco se cogitou a respeito; depois, passou a ser objeto de atenção e a ser invocada no tema da moradia da população de baixa renda. Segundo o art. 7º do referido texto, a concessão de direito real de uso, remunerada ou gratuita, por tempo certo ou indeterminado, incide sobre terrenos públicos, como direito real resolúvel, para fins específicos de regularização fundiária de interesse social, urbanização, industrialização, edificação, cultivo da terra, aproveitamento sustentável das várzeas, preservação das comunidades tradicionais e seus meios de subsistência ou outras modalidades de interesse social em áreas urbanas (com alterações decorrentes da Lei nº 11.481, de 31.05.2007). O art. 76, §3º, da Lei 14.133/2021, prevê a possibilidade de concessão de direito real de uso de bens públicos imóveis, dispensada a licitação quando o uso se destinar: I – a outro órgão ou entidade da Administração Pública, qualquer que seja a localização do imóvel; II – a pessoa natural que, nos termos da lei, regulamento ou ato normativo do órgão competente, haja implementado os requisitos mínimos de cultura, ocupação mansa e pacífica e exploração direta sobre área rural situada na Amazônia Legal, superior a 1 (um) módulo fiscal e limitada a 15 (quinze) módulos fiscais, desde que não exceda 1.500ha (mil e quinhentos hectares); no caso do inciso II também é dispensada a autorização legislativa.

As notas referentes à sua qualificação como de direito real resolúvel são as seguintes: desde a inscrição em livro especial (de registro público), o concessionário frui plenamente do terreno para os fins estabelecidos no contrato e responde por todos os encargos civis, administrativos e tributários que incidem sobre o imóvel e suas rendas; salvo cláusula contratual, a concessão transmite-se por ato *inter vivos* ou por sucessão legítima e testamentária, como os demais direitos reais sobre coisas alheias, registrando-se a transferência (§§2º e 4º do art. 7º, Dec.-lei 271/67). Se o concessionário der ao imóvel destinação diversa da estabelecida no contrato ou descumprir cláusula do mesmo, a concessão será rescindida, com perda das benfeitorias de qualquer natureza (§3º do art. 7º). A concessão poderá ser contratada por instrumento público ou particular, ou por simples termo administrativo, e será inscrita e cancelada em livro especial (§1º do art. 7º). Depende de autorização legislativa, salvo exceção legal. No tocante à licitação, a exigência é a regra; o art. 76, I, *f*, da Lei nº 14.133/2021 prevê a dispensa no caso de imóveis residenciais, destinados a programas habitacionais ou de regularização fundiária de interesse social, por órgãos ou entidades da Administração.

e) *Concessão de uso especial para fins de moradia* – A Medida Provisória nº 2.220, de 04.09.2001, estabeleceu a figura da concessão de uso especial de imóvel público urbano para fins de moradia, em atenção ao disposto no §1º do art. 183 da CF. Aplica-se também a imóvel público remanescente de desapropriação, cuja propriedade tenha sido transferida a empresa pública ou sociedade de economia mista (Lei nº 11.481, de 31.05.2007, art. 25). É destinada àqueles que, até 30.06.2001, segundo referida medida provisória, tinham a posse, por cinco anos ininterruptos e sem oposição, de imóvel público situado em área urbana, de até 250 metros quadrados, utilizando-o como sua moradia, desde que não sejam proprietários ou concessionários de outro imóvel urbano ou rural. Se o imóvel tiver maior dimensão e não for possível discriminar os terrenos ocupados, a concessão será conferida de forma coletiva. O direito de concessão de uso especial para fins de moradia é transferível por ato *inter vivos* ou *causa mortis*. Extingue-se caso o concessionário dê ao imóvel destinação diversa de moradia ou adquira propriedade ou concessão de outro imóvel urbano ou rural. O termo administrativo ou a sentença declaratória da concessão de uso especial são registrados no Registro de Imóveis (em virtude de alteração no art. 167, I, n. 37, da Lei nº 6.015/73, dada pela referida medida provisória). Essa modalidade de concessão volta-se para situações passadas, ocorridas até 30.06.2001, segundo a referida medida provisória, mas projeta para o futuro um uso privativo de bem público. A denominação "de uso especial" foge ao sentido clássico dessa expressão, que designa o bem público utilizado na prestação de serviços públicos e para sediar repartições públicas.

f) O uso privativo de bens públicos por particulares também ocorre mediante *outros instrumentos*. O Dec.-lei nº 9.760/46, com alterações posteriores, inclusive da Lei nº 9.636/1998, esta com alterações posteriores, inclusive da Lei nº 13.465, de 11.7.2017, da Lei nº 13.813, de 09.4.2019, da Lei nº 14.011, de 10.6.2020, disciplina esses meios, para os bens da União. Conforme a legislação de cada Estado, Município e Distrito Federal, essas figuras podem ser empregadas em tais âmbitos. De modo sucinto serão indicados, a seguir, alguns desses meios.

Locação – Embora a locação possa suscitar reservas quanto a sua aplicabilidade aos bens públicos (v. Hely Lopes Meirelles, *Direito administrativo brasileiro*, 19. ed., 1994, p. 440), o Dec.-lei 9.760/46 a prevê para os imóveis da União. De acordo com seu art. 64, *caput* e §1º, se não estão utilizados em serviço público, os bens imóveis da União poderão ser locados quando houver conveniência em torná-los produtivos. A locação se destina à residência de autoridades federais ou de outros servidores da União, no interesse do serviço, e a quaisquer interessados (art. 86, I, II e III); neste último caso, depende de licitação, conforme prevê a Lei nº 14.133/2021, art. 76, I. Esta é dispensada no caso de programas habitacionais e de regularização fundiária, realizados por órgãos ou entidades da Administração (Lei nº 14.133/2021, art. 76, I, f e g). Efetua-se mediante contrato, não sujeito a outras leis concernentes à locação (art. 87 do Dec.-Lei 9.760/1946); tal locação, assim, é regida pelas normas deste Decreto-lei. É proibida a sublocação ou transferência da locação (art. 88).

Arrendamento – A locação é considerada arrendamento, pelo art. 96 do Dec.-lei nº 9.760/46, quando visa à exploração de frutos ou prestação de serviços. Salvo casos fixados em lei, o arrendamento tem o prazo máximo de vinte anos (art. 96, parágrafo único, com a redação dada pela Lei nº 11.314/2006); quando o projeto envolver investimentos cujo retorno, justificadamente, não possa ocorrer dentro desse prazo, o arrendamento poderá ter como prazo de vigência o tempo necessário à viabilização econômico-financeira do empreendimento, não ultrapassando o período da possível renovação (art. 21 da Lei nº 9.636/98, com a redação dada pela Lei nº 11.314/2006). As Leis nº 12.815/2013, nº 8.630/93, nº 10.233/2001 e nº 12.815/2013, contêm normas sobre o arrendamento em matéria de portos.

Aforamento ou enfiteuse – O Dec.-lei nº 9.760/46, arts. 99 a 124, com as alterações da Lei 9.636/98, esta com alterações posteriores, inclusive pela Lei nº 13.813, de 09.4.2019 e Lei nº 14.011, de 10.6.2020, disciplina, para imóveis da União, o instituto do aforamento ou enfiteuse. Para os bens privados, era disciplinado nos arts. 678-694 do Código Civil de 1916, como direito real sobre coisa alheia. O Código Civil de 2002, no art. 2.038, veda a constituição de enfiteuses e subenfiteuses, subordinando-se as existentes, até a extinção, ao Código Civil de 1916. Quanto à *enfiteuse dos terrenos de marinha e acrescidos*, o art. 49 do ADCT já determinara sua continuidade. Por sua vez, o §2º do art. 2.038 do Código Civil de 2002 diz que esta se regula por lei especial, que é o Dec.-lei nº 9.760/46, com as alterações posteriores. Em essência, pela enfiteuse a União atribui a outrem (enfiteuta ou foreiro) o uso completo de terreno, inclusive transmissão a terceiro, recebendo, em troca, um *foro anual*, certo e invariável; nas transmissões onerosas, de regra é cobrado o *laudêmio*, em percentual incidente sobre o valor do domínio pleno do bem. O aforamento é muito utilizado quanto aos edifícios de apartamentos situados em terrenos de marinha.

Cessão de uso – Segundo o art. 64, §3º, do Dec.-lei nº 9.760/46, e o art. 18 da Lei nº 9.636/98, com alterações posteriores, inclusive pela Lei nº 13.813, de 09.4.2019, a cessão de uso pode ocorrer quando interessar à União prestar colaboração ou auxílio, mediante o uso gratuito ou em condições especiais, de imóvel seu. Os imóveis da União poderão ter seu uso cedido a Estados, a Municípios e entidades, sem fins lucrativos, de caráter educacional, cultural, de assistência social ou saúde e a pessoas físicas ou jurídicas, em se tratando de interesse público ou social ou de aproveitamento econômico de interesse nacional. Na hipótese de ser destinada à execução de empreendimento de fim lucrativo, a cessão será onerosa e, sempre que houver condições de competitividade, serão observados os procedimentos licitatórios previstos em lei e o disposto no art. 18-B da Lei nº 9.636/98 (§5º do art. 18 da Lei nº 9.636/98, na redação por força da Lei nº 13.813, de 09.4.2019).

A cessão é da competência do Presidente da República que pode atribuí-la, por delegação, ao Ministro da Economia, sendo permitida a subdelegação (§§3º e 4º do art. 18 da Lei nº 9.636/98). Formaliza-se por termo ou contrato, nos quais figurarão expressamente as condições estabelecidas (§1º do art. 18-B da Lei nº 9.636/98, incluído pela Lei nº 13.813/2019). Torna-se nula se ao imóvel, no todo ou em parte, for dada aplicação diversa da fixada. No âmbito do Estado de São Paulo, a Constituição Estadual, no inc. V do art. 19, faz depender de autorização legislativa a cessão, a particulares, de bens imóveis do Estado, vedando, no art. 246, a cessão para o funcionamento de estabelecimentos de ensino privado de qualquer natureza.

Fora a disciplina legal explícita, emprega-se também o termo *cessão* para uso efêmero de parte de bens públicos, como é o caso de auditórios (para cursos, congressos, conferências, formaturas, por exemplo), teatros (formaturas, apresentações artísticas, por exemplo), salas de aulas (para concursos públicos, congressos, simpósios, por exemplo), de modo gratuito ou remunerado.

12.9 Aquisição de bens públicos

Vários são os modos pelos quais um bem passa a integrar o patrimônio público. Em geral, a atenção, na matéria, se volta para a aquisição de bens imóveis, pois os bens móveis são obtidos, na maior parte, por meio de compras, norteadas pelos preceitos da Lei nº 14.133/2021. No entanto, bens móveis ingressam no domínio público por outras formas; por exemplo: mediante doação, mediante sucessão legítima ou testamentária (quadro valioso, coletânea de livros, por exemplo). Deve-se observar que o poder público também compra semoventes, como cães e cavalos para atividades da polícia militar. Por outro lado, alguns modos de aquisição de bens públicos também figuram entre os meios de alienação, em especial quando nos dois polos encontram-se órgãos ou entes da Administração. Note-se, ainda, que toda aquisição de bem imóvel, salvo aqueles destinados ao uso comum do povo, observa os requisitos legais de forma de transmissão, inclusive inscrição no registro de imóveis.

De forma sucinta, serão indicados os modos mais frequentes de aquisição.

a) *Compra e venda* – No tocante aos bens imóveis, a compra também dependerá de licitação, em princípio. Segundo o art. 74, V, da Lei nº 14.133/2021, a licitação é inexigível para a compra de imóvel cujas características de instalação e de localização tornem necessária sua escolha. A exigência de autorização legislativa depende da disciplina legal vigente para cada âmbito administrativo, sendo mais frequente em nível municipal; por exemplo, a Lei Orgânica do Município de São Paulo impõe autorização legislativa para aquisição de bens imóveis, salvo doação sem encargos (art. 13, XI).

b) *Doação* – Por meio da doação, um proprietário transfere bem de seu patrimônio a outrem. Pessoas físicas ou jurídicas, pessoas jurídicas públicas ou privadas podem figurar como doadores ou beneficiários. Bens móveis, imóveis e semoventes podem ser objeto da doação. Em geral, tratando-se de bens que irão integrar o patrimônio público, distingue-se a *doação sem encargos* e a *doação com encargos*, implicando esta algum ônus para o beneficiário. No caso de *doação com encargos*, de regra, exige-se autorização legislativa ou equivalente (de conselhos universitários ou congregações, no caso de doação a universidades e faculdades públicas) para aceitação; por exemplo, Constituição do Estado de São Paulo, art. 19, IV. O art. 76, I, *b*, da Lei nº 14.133/2021, menciona a doação de bem público imóvel para outro órgão ou entidade da Administração, de qualquer nível de governo; esta doação depende de autorização legislativa e de avaliação prévia, dispensada a licitação. No âmbito federal, o Decreto nº 9.764, de 11.4.2019, dispõe sobre o recebimento de doações de bens móveis e de serviços, *sem* ônus *ou encargos*, oriundos de pessoas físicas ou jurídicas de direito privado, pelos órgãos e entidades da Administração Pública federal direta, autárquica e fundacional. As normas do referido Decreto não se aplicam às doações realizadas pelos órgãos ou entidades da Administração Pública direta ou indireta da União, dos Estados, do Distrito Federal ou dos Municípios (art. 4º do mesmo Decreto).

c) *Dação em pagamento* – É o modo pelo qual o credor aceita receber do devedor, para cumprimento de dívida, uma prestação diversa da que foi pactuada originariamente. Vem disciplinada no Código Civil, arts. 356 a 359. Bens podem ser incorporados ao patrimônio público por dação em pagamento, desde que haja anuência da Administração e avaliação prévia. Vários casos se registraram em que a União teve integradas ao seu patrimônio empresas privadas sem solvência para pagamento de dívidas, sobretudo junto ao BNDES.

d) *Permuta* – É a troca de um bem por outro. Para os bens imóveis, a permuta depende de autorização legislativa, de avaliação prévia e de leilão, dispensado este quanto a imóvel destinado ao atendimento das finalidades precípuas da Administração (art. 76, I, *c*, da Lei nº 14.133/2021). A permuta de bens imóveis da União depende de autorização, mediante ato do Presidente da República, sendo sempre precedida de parecer prévio da Secretaria do Patrimônio da União (arts. 23 e 30 da Lei nº 9.636/1998).

e) *Usucapião* – A Administração poderá ter um bem privado incorporado ao seu patrimônio por meio de usucapião, isto é, se durante certo tempo teve sua posse, atendidos os prazos e outros requisitos fixados no Código Civil, arts. 1.238 a 1.244.

f) *Sucessão* – Em caso de recebimento de bem decorrente de falecimento de seu proprietário, surgem duas hipóteses: o bem poderá ser atribuído à Administração por disposição testamentária, ante a não habilitação de herdeiros legítimos ou a renúncia à herança. Trata-se, no segundo caso, de bem vacante (ou vago) de herança jacente, segundo mencionam os arts. 1.819 a 1.823 do Código Civil. Observado o procedimento fixado nestes dispositivos, os bens vacantes arrecadados, decorridos cinco anos da abertura da sucessão, passarão ao domínio do Município ou do Distrito Federal, se localizados nos respectivos âmbitos, incorporando-se à União quando situados em território federal.

g) *Desapropriação* – Mediante a desapropriação, o poder público retira bem do patrimônio de seu proprietário, para fins de interesse público, mediante o pagamento de indenização. Bens públicos estaduais e municipais podem ser objeto de expropriação, como será examinado no capítulo específico.

h) *Apossamento administrativo* ou *desapropriação indireta* – Nesse caso, o poder público toma faticamente posse do bem, sem prévio procedimento expropriatório; o titular do bem move ação contra o poder público para receber indenização.

i) *Obra pública* – A realização de obra pública leva à integração, ao patrimônio público, do bem resultante; por exemplo, prédio de escola pública, viaduto, estrada, avenida, túnel, canal.

j) *Registro de projeto de loteamento* – Depois de aprovado pelos órgãos públicos competentes, o projeto de loteamento deve ser submetido ao Registro de Imóveis. Desde a data do registro, passam a integrar o domínio municipal as vias, praças, espaços livres, áreas destinadas a edifícios públicos e outros equipamentos urbanos, constantes do projeto, segundo determina a Lei 6.766/79, art. 22.

k) *Lei instituidora de entidade da Administração indireta* – A lei que institui ou cria empresa pública, sociedade de economia mista, fundação pública, autarquia, em geral transfere bens para formação do patrimônio inicial da entidade.

l) *Perda ou confisco de bens de criminosos* – A Constituição Federal, no art. 5º, XLVI, arrola, entre as penas, a perda de bens, que é estendida aos sucessores até o limite do patrimônio transferido (inc. XLV). O CP, art. 91, disciplina a matéria e atribui à União, preservado o direito do lesado ou de terceiro de boa-fé, os bens daí decorrentes, que são: a) instrumentos do crime, ou seja, coisas cuja fabricação, uso, porte ou posse constitua fato ilícito; b) produto do crime ou qualquer bem resultante da prática do fato criminoso. Por sua vez, a Constituição Federal, no art. 243, parágrafo único, com a redação da Emenda Constitucional 81, de 05.06.2014, prevê o confisco de todo e qualquer bem de valor econômico apreendido em decorrência de tráfico ilícito de entorpecentes e drogas afins e da exploração de trabalho escravo, revertendo a fundo especial com destinação específica na forma da lei. A Lei nº 8.257, de 26.11.1991, disciplina o confisco de glebas onde forem localizadas culturas ilegais de plantas psicotrópicas e o confisco de quaisquer bens apreendidos em decorrência de tráfico ilícito de entorpecentes e drogas afins.

12.10 Alienação de bens públicos

Nos termos do art. 100 do Código Civil, os bens públicos de uso comum do povo e os de uso especial são inalienáveis enquanto conservarem a sua qualificação, na forma que a lei determinar. Segundo o art. 101, os bens dominicais podem ser alienados, observadas as exigências da lei. De regra, os dois primeiros tipos de bens, ao perderem sua qualificação, são desafetados, para que se incluam entre os dominicais, que podem ser alienados, atendidas as exigências da lei. A Constituição Federal, no art. 225, §5º, torna indisponíveis as terras devolutas ou arrecadadas pelo Estado, por ação discriminatória, necessárias à proteção dos ecossistemas naturais.

Os preceitos fundamentais sobre alienação de bens públicos, em geral, estão contidos na Lei nº 14.133/2021. Sob essa rubrica, o art. 76 inclui, além de hipóteses de transferência de domínio, alguns casos de transferência de uso, como a concessão de direito real de uso, a permissão de uso e a locação (inc. I, *f*). O art. 76, *caput*, subordina a alienação à existência de interesse público devidamente justificado, ou seja, motivação.

a) Tratando-se de *alienação de bens móveis*, depende de avaliação prévia e de licitação, na modalidade de leilão (art. 76, II). A licitação é dispensada nos seguintes casos: a) doação, permitida somente para fins e uso de interesse social; b) permuta, permitida somente entre órgãos ou entidades da Administração; c) venda de ações, que poderão ser negociadas em bolsa, observada a legislação específica; d) venda de títulos, na forma da legislação pertinente; e) venda de bens produzidos ou comercializados por órgãos ou entidades da Administração, em virtude de suas finalidades; f) venda de materiais e equipamentos para outros órgãos ou entidades da Administração, sem utilização previsível por quem deles dispõe (alíneas do art. 76).

b) A *alienação de bens imóveis*, inclusive pertencentes a autarquias e fundações estatais, dependerá de autorização do Legislativo correspondente, de avaliação prévia e de leilão (art. 76, I). Por força do art. 23 da Lei nº 9.636, de 15.05.1998, com alterações posteriores, a alienação de bens imóveis da União depende de autorização do Presidente da República, podendo ser delegada ao Ministro da Economia, permitida a subdelegação (Decreto nº 3.125/99) e deverá ser precedida de parecer da Secretaria de Coordenação e Governança do Patrimônio da União quanto à sua conveniência e oportunidade. A alienação ocorrerá se não houver interesse público, econômico ou social em manter o imóvel no domínio da União, nem inconveniência quanto à preservação ambiental e à defesa nacional. Inexiste previsão explícita quanto à exigência de *desafetação*. Tratando-se de bens de uso comum ou bens de uso especial, a autorização legislativa ou equivalente pode abranger a desafetação, de modo expresso ou tácito.

Poderão ser alienados, mediante leilão, os bens imóveis cuja aquisição derive de procedimentos judiciais ou de dação em pagamento, dispensada a autorização legislativa e exigida avaliação prévia (art. 76, §1º, da Lei nº 14.133/2021).

A Lei nº 13.303, de 30.6.2016 – *Estatuto das estatais* – abriga, nos arts. 49 e 50, normas específicas para a *alienação de bens das empresas públicas e sociedades de economia mista*. Nos termos do art. 49 deve ser precedida de: I – avaliação formal do bem, ressalvados os casos indicados nos incisos XVI a XVIII do art. 29 da mesma Lei (respectivamente, transferência a órgãos e entidades da administração pública, inclusive mediante permuta; doação de bens móveis para fins de interesse social; compra e venda de ações, títulos de crédito e de dívidas e bens que produzam ou comercializem); II – licitação, ressalvado o previsto no §3º, do art. 28, da mesma Lei (comercialização, prestação e execução de produtos, serviços e obras referentes aos seus objetos sociais; vínculo da atividade a oportunidade de negócio). Tais preceitos se estendem à atribuição de ônus real a bens do patrimônio dessas estatais (art. 50).

É *dispensada a licitação nos seguintes casos de alienação de bens imóveis*, segundo o art. 76, I e alíneas da Lei nº 14.133/2021: a) *dação em pagamento*; b) *doação*, permitida exclusivamente para outro órgão ou entidade da Administração, de qualquer esfera de governo; c) *permuta por outro imóvel*, para atendimento das finalidades precípuas da Administração; d) *investidura*, pela qual (i) se aliena, aos proprietários lindeiros, área resultante de obra pública que se tornar inaproveitável isoladamente, por preço nunca inferior ao da avaliação e não superior a 50% do valor máximo para dispensa de licitação de bens e serviços (§5º, I, do art. 76); e (ii) alienação ao legítimo possuidor direto ou, na falta deste, ao poder público, de imóvel para fins residenciais construído em núcleo urbano anexo a usina hidrelétrica, desde que seja considerado dispensável na fase de operação da usina e não integre categoria de bens reversíveis ao final da concessão (§5º, II, do art. 76); e) *venda a outro* órgão *ou entidade da Administração*, de qualquer nível; f) *alienação gratuita ou onerosa, aforamento, concessão de direito real de uso, locação* ou *permissão de uso* de bens imóveis residenciais construídos, destinados ou efetivamente utilizados no âmbito de programas habitacionais ou de regularização fundiária de interesse social desenvolvidos por órgãos ou entidades da Administração Pública; g) *procedimentos de legitimação de posse* de que trata o art. 29 da nº Lei 6.383, de 07.12.1976, mediante iniciativa e deliberação dos órgãos ou entes da Administração pública competentes (acrescentada pela Lei nº 11.196, de 21.11.2005); h) *alienação gratuita* ou *onerosa, aforamento, concessão de direito real de uso, locação* ou *permissão de uso de bens imóveis de uso comercial de* âmbito *local* com área de até 250 metros quadrados e inseridos no âmbito de programas de regularização fundiária de interesse social desenvolvidos por órgãos ou entidades da Administração pública (alínea acrescentada pela Lei nº 11.481/2007); i) *alienação* e *concessão de direito real de uso*, gratuita ou onerosa, de terras públicas rurais da União e do Incra onde incidam ocupações até o limite de 15 (quinze) módulos ficais e não superiores a 1.500ha (mil e quinhentos hectares), para fins de regularização fundiária, atendidos os requisitos legais (na redação por força da Lei 13.465, de 11.07.2017 – regularização fundiária).

Também é dispensada a licitação nos casos previstos no art. 76, §3º, da Lei nº 14.133/2021, em que a Administração pode conceder título de propriedade ou direito real de uso de imóveis, se o uso se destinar: I – a outro órgão ou entidade da Administração; II – a pessoa natural que, nos termos da lei, regulamento ou ato normativo do órgão competente, haja implementado os requisitos mínimos de cultura, ocupação mansa e pacífica e exploração direta sobre área rural, anterior a 01.12.2014, limitada às áreas de até dois mil hectares, vedada a dispensa de licitação para áreas superiores a esse limite.

Nas hipóteses do inc. II do §3º, do referido art. 76, há dispensa de autorização legislativa, desde que atendidos condicionamentos fixados no §4º.

b1) A Lei 13.465, de 11.07.2017, com alterações posteriores, dispõe sobre normas gerais de *regularização fundiária urbana – Reurb* – visando à incorporação dos núcleos urbanos informais ao ordenamento territorial urbano e à titulação dos seus ocupantes. Deverão ser observados, pelos poderes públicos, os preceitos de sustentabilidade econômica, social e ambiental e ordenação territorial (art. 9º, §1º). O Decreto nº 9.310, de 15.3.2018, com alterações posteriores, regulamenta esta Lei.

Alguns itens da referida Lei serão mencionados a seguir:

(i) Para os fins da Lei, ocupantes são os que mantêm poder de fato sobre lote ou fração ideal de terras públicas ou privadas em núcleos urbanos informais (art. 11, §1º).

(ii) Poderão solicitar a Reurb: I – a União, os Estados, o Distrito Federal, os Municípios e respectivas entidades da administração indireta; II – os beneficiários individual ou coletivamente, diretamente ou mediante cooperativas habitacionais, associações de moradores, fundações, organizações sociais, organizações da sociedade civil de interesse público e outras; III – os proprietários dos imóveis ou terrenos, loteadores e incorporadores; IV – A Defensoria Pública em nome dos beneficiários hipossuficientes; V – o Ministério Público (art. 14, incs. I a IV).

(iii) De modo não exaustivo, o art. 15 elenca vários institutos jurídicos que poderão ser utilizados no âmbito da Reurb, dentre os quais: legitimação fundiária, legitimação de posse, usucapião, desapropriação em favor dos possuidores, desapropriação por interesse social, direito de preempção, concessão de uso especial para fins de moradia.

(iv) Nos termos do art. 23 a *legitimação fundiária* constitui forma originária de aquisição do direito de propriedade, conferido por ato do poder público, àquele que detiver em área pública (ou privada), unidade imobiliária, integrante de núcleo urbano informal consolidado, existente em 22.12.2016. O núcleo urbano consolidado vem especificado no art. 11, III: aquele de difícil reversão, ante o tempo de ocupação, a natureza das edificações, a localização das vias de circulação e a presença de equipamentos públicos, entre outras circunstancias avaliadas.

(v) Na Reurb de interesse social – Reurb-S – relativa a população de baixa renda predominantemente, envolvendo imóveis públicos, a União, os Estados, o Distrito Federal, os Municípios e suas entidades vinculadas, quando titulares do domínio, ficam autorizados a conceder título de propriedade aos ocupantes do núcleo urbano informal regularizado mediante a legitimação fundiária (art. 23, §4º).

12.11 Notas a respeito de alguns bens públicos

12.11.1 Terras devolutas

Em sentido literal, terra devoluta significa terra devolvida, ou seja, terra que retornou ao domínio público por estar sem dono. Em sentido jurídico, sem especificação, *terras devolutas* são aquelas que não se acham aplicadas a algum uso público nem se encontram no domínio particular por qualquer título legítimo.

De modo sucinto, pode-se traçar a linha histórica das terras devolutas no Brasil. Nos primórdios de sua existência, o território do Brasil é formado por terras públicas, pertencentes à metrópole portuguesa. Para fins de colonização, formaram-se as capitanias hereditárias e nelas houve distribuição de glebas a particulares, que foram denominadas sesmarias. A situação de tais terras tornou-se confusa por vários fatores: posse fática, falta de título, ausência de confirmação com medição, não cultivo, abandono, não distinção entre terras do domínio da metrópole e terras cedidas a particulares. Em 1850 foi editada a Lei 601 – Lei de Terras –, com o fim de disciplinar a matéria e fazer retornar ao domínio público terras cedidas e não cultivadas, surgindo a noção de terra devoluta. No Império as terras devolutas pertenciam à Nação brasileira. A Constituição de 1891, art. 64, transferiu aos Estados-membros as terras devolutas situadas nos respectivos âmbitos territoriais, reservando à União aquelas indispensáveis à defesa das fronteiras, fortificações, construções militares. Por sua vez, muitos Estados-membros, como o de São Paulo, transferiram aos Municípios parcela de suas terras devolutas.

O Dec.-lei nº 9.760/1946, com alterações posteriores, arrolou as terras devolutas da União nos arts. 1º, *e* e *f*, e 5º e alíneas. A Constituição Federal de 1988, no art. 20, II, inclui nos bens da União as terras devolutas indispensáveis à defesa das fronteiras, das fortificações e construções militares, das vias federais de comunicação e à preservação ambiental, definidas em lei; no art. 26, IV, inclui nos bens dos Estados as terras devolutas não compreendidas entre as da União. De seu lado, a Lei Orgânica do Município de São Paulo diz pertencerem ao patrimônio municipal as terras devolutas que se localizem dentro de seus limites (art. 110, §1º).

As terras devolutas figuram entre os bens públicos dominicais. Algumas dúvidas a respeito podem suscitar as terras devolutas apuradas em ações discriminatórias e arrecadadas pelo poder público, necessárias à proteção de ecossistemas, pois são dotadas de indisponibilidade, conforme determina a Constituição Federal, art. 225, §5º. A dúvida aparece sobretudo quando se associam bens dominicais a bens disponíveis: como já se observou no início do Capítulo, esta associação apresenta-se descabida, pois vigora, para todos os bens públicos, a regra da indisponibilidade. Por outro lado, mais facilidade de alienação não significa disponibilidade; além do mais, nem todos os bens dominicais estão desligados de fins públicos, do que oferecem exemplo as terras devolutas indispensáveis à defesa de fronteiras. No tocante às terras devolutas necessárias à proteção de ecossistemas, são dominicais, atendem ao fim de preservação ambiental, não se destinando ao uso direto da população, nem ao uso ligado a serviços da Administração.

Para separar as terras devolutas das terras privadas e reconhecer a legitimidade da posse de particulares, se atendidas certas condições, o ordenamento instituiu o *processo discriminatório*, atualmente disciplinado na Lei nº 6.383/1976. O processo discriminatório desdobra-se em processo administrativo e processo judicial, ambos objeto dessa lei. No processo administrativo todos os interessados, localizados em certa área, são convocados a apresentarem seus documentos e outros elementos, para comprovação de domínio. Verificados os documentos e realizadas as provas, se suficientes para a comprovação do domínio, este é reconhecido aos particulares respectivos; nos casos duvidosos, é interposta ação judicial. Em seguida, realiza-se a demarcação, separando-se as terras devolutas das particulares, assim reconhecidas administrativamente, as duvidosas, as que possam ser objeto de legitimação de posse. Ao fim, será providenciado o registro das terras devolutas discriminadas. O processo judicial, de rito sumário, será intentado nos seguintes casos: I – quando o processo administrativo for dispensado ou interrompido por presumida ineficácia; II – contra aqueles que não atenderem à convocação; III – quando houver atentado, isto é, quando, após iniciado o processo discriminatório, se alterarem divisas, houver derrubada de cobertura vegetal, construção de cercas e transferências de benfeitorias, sem assentimento da União. Cabe ao juiz, na sentença, decidir quanto aos títulos legítimos dos interessados, para daí se circunscreverem as terras devolutas.

12.11.2 Terrenos de marinha

Conforme o art. 20, VII, da CF, os terrenos de marinha e seus acrescidos pertencem à União. O art. 2º do Dec.-lei nº 9.760/46, com alterações posteriores, assim caracteriza os terrenos de marinha: em uma profundidade de 33 metros, medidos horizontalmente, para a parte da terra, da posição da linha do preamar médio de 1831 (como estava a linha na época da execução do §4º do art. 15 de lei datada de 15.11.1831): a) os terrenos situados no continente, na costa marítima e nas margens dos rios e lagoas, até onde se faça sentir a influência das marés; b) os terrenos que contornam as ilhas situadas em zona de influência das marés. A utilização privativa, por particulares, dos terrenos de marinha se efetua mediante *enfiteuse* ou *aforamento*, como ocorre com casas ou prédios de apartamentos na orla marítima, dentro do limite acima. O art. 49, §3º, do ADCT determina que a enfiteuse continuará sendo aplicada nos terrenos de marinha e seus acrescidos situados na faixa de segurança, a partir da orla marítima; e o §2º do art. 2.038 do Código Civil diz que esta se regula por lei especial, que é o Dec.-lei 9.760/46, com alterações posteriores.

Os *terrenos acrescidos de marinha*, segundo o art. 3º do Dec.-lei 9.760/1946, são os que se tiverem formado, natural ou artificialmente, para o lado do mar ou dos rios e lagoas, em seguimento aos terrenos de marinha.

Nos termos da Súmula 496, do STJ, "os registros de propriedade particular de imóveis situados em terrenos de marinha não são oponíveis à União".

12.11.3 Terrenos marginais ou reservados

Por força da Constituição Federal, art. 20, III, pertencem à União os lagos, rios e quaisquer correntes de água em terrenos do seu domínio, ou que banhem mais de um Estado, ou sirvam de limite com outros países, ou que se estendam a território estrangeiro ou dele provenham, bem como os terrenos marginais e as praias fluviais. Pertencem à União, de modo mais específico, *os terrenos marginais* de rios navegáveis em territórios federais e os terrenos marginais de rios na faixa da fronteira do território nacional (art. 1º, *b* e *c*, do Dec.-lei nº 9.760/1946). Pertencem aos Estados os demais terrenos marginais, de regra, relativos aos rios e lagos do seu domínio, como prevê, por exemplo, a Constituição do Estado de São Paulo, art. 8º. São terrenos marginais os que, banhados pelas correntes navegáveis, fora do alcance das marés, vão até a distância de 15 metros medidos horizontalmente para a parte da terra, contados desde a linha média das enchentes ordinárias (art. 4º do Dec.-lei nº 9.760/1946).

De acordo com a Súmula 479 do STF, "as margens dos rios navegáveis são de domínio público, insuscetíveis de expropriação e, por isso mesmo, excluídas de indenização". No entanto, descabe ao expropriante fixar o ponto médio das enchentes ordinárias.

Se não estiverem destinados ao uso comum, os terrenos marginais incluem-se entre os bens dominicais.

12.11.4 Terras indígenas

Entre os bens da União incluem-se as terras tradicionalmente ocupadas pelos indígenas (art. 20, XI, da CF). No título dedicado à Ordem Social, a Constituição Federal tem um capítulo denominado "Dos índios", com dispositivos que explicitam a questão dessas terras (arts 231 e parágrafos e art. 232) O art. 231 reconhece aos índios os direitos originários sobre as terras que tradicionalmente ocupam, cabendo à União demarcá-las, proteger e fazer respeitar os direitos dos índios. O §1º do art. 231 assim caracteriza as terras tradicionalmente ocupadas pelos índios: as por eles habitadas em caráter permanente, as utilizadas para suas atividades produtivas, as imprescindíveis à preservação dos recursos ambientais necessários a seu bem-estar e as necessárias a sua reprodução física e cultural, segundo seus usos, costumes e tradições. Essas terras destinam-se à posse permanente dos indígenas, cabendo-lhes o usufruto exclusivo das riquezas do solo, dos rios e lagos nelas existentes; são inalienáveis e indisponíveis e os direitos sobre elas apresentam-se imprescritíveis (§§2º e 4º).

Depende de autorização do Congresso Nacional, ouvidas as comunidades afetadas, o aproveitamento de recursos hídricos, incluídos os potenciais energéticos, a pesquisa e a lavra das riquezas minerais dessas terras, ficando assegurada às comunidades participação nos resultados da lavra, na forma da lei (§3º).

Conforme o art. 232, os indígenas, suas comunidades e organizações têm legitimidade para ingressar em juízo em defesa de seus direitos, intervindo o Ministério Público em todos os atos do processo.

Embora o art. 67 do ADCT preveja a demarcação das terras indígenas, a ser efetuada pela União, os direitos assegurados no art. 231 e parágrafos não têm seu exercício e concretização dela dependentes. O Dec. nº 1.775, de 08.01.1996, dispõe sobre o processo administrativo de demarcação das terras indígenas.

12.11.5 Ilhas

Pertencem à União as ilhas fluviais e lacustres situadas nas zonas de fronteira com outros países, as ilhas dos rios que cortam mais de um Estado ou lhes servem de divisa; e, também, as ilhas marítimas, oceânicas (distantes da costa) ou costeiras (próximas à costa), segundo a Constituição Federal, art. 20, IV. Após a EC 46/2005, não se incluem nesta hipótese as ilhas que contenham sede de Município (exceto as áreas afetadas ao serviço público e a unidade federal ambiental, bem como as hipóteses do art. 26, II). Pertencem aos Estados as áreas, nas ilhas oceânicas e costeiras, que estiverem no seu domínio, excluídas aquelas sob domínio da União, Município ou terceiros (art. 26, II, da CF).

A Lei nº 7.661, de 16.05.1988, instituiu o Plano Nacional de Gerenciamento Costeiro e fixou prioridade na conservação e manutenção de ilhas costeiras e oceânicas e sistemas fluviais e lagunares, entre outros bens.

Se não estiveram afetadas ao uso comum ou uso especial, as ilhas figuram entre os bens dominicais. Podem ser objeto de concessão, permissão ou autorização de uso.

Bibliografia

AMARAL, Diogo Freitas do. *A utilização do domínio público por particulares.* Lisboa: Coimbra Ed., 1965.

CRETELLA JÚNIOR, José. *Tratado do domínio público.* Rio de Janeiro: Forense, 1984.

DI PIETRO, Maria Sylvia Z. *Uso privativo de bem público por particular.* 2. ed. São Paulo: Atlas, 2010.

MARQUES NETO, Floriano de Azevedo. *Bens públicos*: função social e exploração econômica: o regime jurídico das utilidades públicas. Belo Horizonte: Fórum, 2009.

MORAND-DEVILLER, Jacqueline. *Droit administratif des biens.* 9. ed. Paris: LGDJ, 2016.

MORILLO-VELARDE PEREZ, José Ignacio. *Dominio público*. Madri: Trivium, 1992.

OCTÁVIO, Rodrigo. *Do domínio da União e dos Estados*. São Paulo: Saraiva, 1924.

TÁCITO, Caio. A concessão de direito real de uso. *RDA*, v. 150, p. 209-216, out./dez. 1982.

SERVIDORES PÚBLICOS

13.1 Introdução ao tema

As atividades da Administração, seus poderes, atos, a gestão de seus bens se operacionalizam pelo trabalho dos servidores públicos, ou seja, pelas pessoas que mantêm vínculo de trabalho com a Administração, o chamado pessoal da Administração. Cabe aos servidores, primordialmente, fazer a Administração funcionar.

O tema servidores traz subjacentes várias questões sociopolíticas: o empreguismo, o clientelismo, o nepotismo, o fisiologismo, que traduzem o uso da máquina administrativa para fins eleitorais, pessoais, para barganha com o Legislativo. Muitas dessas práticas ligam-se à questão do financiamento das campanhas eleitorais e dos partidos políticos. Outros problemas também afloram nesse assunto: ausência de políticas efetivas de recursos humanos, não profissionalização do servidor, falta de programas de treinamento, atualização e incentivo, falta de política remuneratória adequada.

Num livro dedicado aos institutos e preceitos fundamentais do direito administrativo, inclusive servidores públicos, é impossível o exame das questões acima suscitadas. Por isso, na exposição que segue serão priorizados os aspectos jurídico-legais do tema servidores públicos civis, centralizados essencialmente naqueles que atuam no Executivo.

13.2 Legislação

As bases normativas sobre servidores públicos encontram-se na Constituição Federal. A matéria relativa a servidores foi alterada, em especial, pelas Emendas Constitucionais 19, de 04.06.1998, 20, de 15.12.1998, 41, de 19.12.2003, de 31.12.2003, 47, de 05.07.2005, e 103, de 12.11.2019. No título dedicado à Administração Pública, a primeira seção – disposições gerais, arts. 37 e 38, e a segunda – servidores públicos, arts. 39 a 41, contêm preceitos sobre servidores civis; o art. 42 e parágrafos abriga normas sobre servidores militares dos Estados, do Distrito Federal e dos Territórios.

Por força do *caput* do art. 37, as normas dos seus incisos e parágrafos aplicam-se à Administração direta e indireta dos Estados, Distrito Federal e Municípios e a todos os poderes, inclusive no tocante aos respectivos servidores. Outros dispositivos preveem, de modo explícito, a aplicabilidade àqueles âmbitos. Na ausência dessa previsão, há orientação jurisprudencial já firmada, no sentido da aplicação obrigatória, inclusive nas quantificações aí fixadas (por exemplo, tempo para aquisição de estabilidade). Tratando-se de benefícios ou vantagens não indicados na Constituição, nada impede que Estados, Municípios e Distrito Federal instituam outros, como, por exemplo, a licença para realizar curso no exterior, sendo vedada a supressão de direitos assegurados pelo texto constitucional.

As Constituições estaduais abrigam as normas sobre servidores presentes na Constituição Federal e especificam outras para o respectivo Estado, o mesmo ocorrendo com as Leis Orgânicas de Municípios.

As normas constitucionais sobre servidores e outras vêm englobadas nos chamados Estatutos, ou seja, leis que reúnem os preceitos fundamentais na matéria para cada âmbito administrativo, aplicáveis a boa parte dos servidores. Assim, há o Estatuto dos Servidores Públicos Civis da União, hoje também denominado Regime Jurídico dos Servidores Civis da União, das autarquias e das fundações federais – Lei nº 8.112, de 11.12.1990, com várias alterações posteriores; cada Estado-membro poderá editar o Estatuto de seus servidores civis; cada Município, o seu. De regra, nos Estatutos há normas sobre provimento de cargos, concurso público, vacância, remuneração, incluindo adicionais, gratificações, férias, licenças, regime disciplinar, processo disciplinar. São os Estatutos Gerais, que abrangem a maior parte dos servidores desses âmbitos, aplicando-se, muitas vezes, por disposição explícita, aos servidores do Legislativo e Tribunal de Contas correspondentes. Existem também os Estatutos especiais, destinados a determinadas categorias de servidores, cujas peculiaridades demandariam preceitos específicos; assim, no âmbito da Administração pode haver Estatuto do Magistério, Lei Orgânica de Procuradorias, Estatutos de Servidores de Autarquia; no âmbito do Poder Judiciário, a Lei Orgânica da Magistratura. Como se verá, nem todos os servidores têm seus direitos e deveres regidos por Estatuto.

13.3 Terminologia

Os vocábulos empregados para designar aqueles que mantêm vínculo de trabalho com entes estatais apresentam-se nebulosos.

Na linguagem comum, inclusive usada na imprensa falada e escrita, mencionam-se, com frequência, os termos funcionalismo, funcionários, servidores, para abranger todos os que trabalham na Administração ou num setor; são muito comuns as expressões "greve no funcionalismo", greve dos funcionários do Correio.

Na linguagem técnico-jurídica reina confusão, parecendo difícil fixar com nitidez o sentido das diversas expressões existentes. A Constituição Federal dá preferência à expressão servidores públicos, com a qual intitula uma seção; usa também o termo servidor em quase todos os dispositivos da matéria. Assim, a Constituição Federal atribui a essa locução o sentido amplo, que tradicionalmente se conferia à expressão agentes públicos, para abranger todos aqueles que mantêm vínculo de trabalho com o poder público. Em textos legais menos recentes, é dado sentido amplo à expressão funcionário público, pois era a de uso mais frequente antes da Constituição Federal de 1988, por exemplo, o art. 327 do Código Penal.

A seguir serão arrolados os termos utilizados com mais frequência no ordenamento brasileiro, com as acepções mais usuais:

a) *agentes públicos* – abrange todos aqueles que mantêm vínculo de trabalho com os entes estatais, de qualquer poder. A partir da Constituição de 1988, tende-se a utilizar a expressão "servidores públicos" com essa amplitude;

b) *agentes políticos* – designa, em primeiro lugar, os eleitos por sufrágio universal, detentores de mandato: Presidente da República, Governadores, Senadores, Deputados, Prefeitos, Vereadores. Em segundo lugar, são assim considerados, por grande parte da doutrina, os auxiliares imediatos dos chefes de Executivo: Ministros de Estado, Secretários de Estado, Secretários Municipais; no tocante aos eleitos, há normas básicas nas Constituições e Leis Orgânicas referentes aos seus direitos e deveres. Reina controvérsia quanto à inserção, neste segmento, dos membros da Magistratura e do Ministério Público;

c) *servidores públicos* – na Constituição Federal de 1988, designa todas as pessoas físicas que trabalham nos entes estatais, de qualquer poder, inclusive os detentores de cargos; é o mesmo sentido da locução "agentes públicos". Antes da Constituição Federal de 1988, a doutrina atribuía tal nome àqueles que trabalhavam nos entes estatais, sem ocupar cargos, por exemplo, os contratados;

d) *funcionários públicos* – expressão que, nos estatutos anteriores à Constituição Federal de 1988, denomina as pessoas legalmente investidas em cargos públicos, por exemplo: art. 3º do Estatuto dos Funcionários Civis do Estado de São Paulo – Lei nº 10.261/68, com alterações posteriores. Para os seus efeitos, o Código Penal atribui sentido amplo a essa expressão (art. 327, caput e §1º);

e) *empregados públicos* – por analogia aos termos usados nos vínculos de trabalho do setor privado (empregado-empregador), a locução designa aqueles contratados pela Consolidação das Leis do Trabalho, figurando o poder público como empregador.

No tocante aos cidadãos que, de modo efêmero, exercem atribuições públicas, sem remuneração, como os jurados, os mesários e apuradores em eleições, integrantes de comissões e grupos de trabalho, não se incluem em nenhuma categoria acima; são cidadãos que prestam serviços relevantes. Aliás, os Estatutos proíbem a gratuidade do vínculo de trabalho contínuo, salvo os casos previstos em lei (ver art. 4º da Lei nº 8.112/90 – Estatuto Federal). A lei pode equipará-los a servidores ou funcionários públicos, para efeitos específicos, como, por exemplo, o art. 283, II, do Código Eleitoral.

13.4 Tipos de vínculo de trabalho: funções, cargos e empregos

Para que as pessoas atuem, de modo contínuo, em nome da Administração, torna-se necessário um título legal. De regra, esse título é representado por um ato de nomeação, por um contrato, por um ato de designação. Tais títulos permitem que uma pessoa física exerça atividades em nome da Administração, com a qual mantém, assim, vínculo de trabalho; portanto, atribuem à pessoa o exercício de função pública. Nas relações de trabalho com o poder estatal, a função pública significa o exercício de atividades da competência da Administração, em nome desta e de acordo com as finalidades desta, ou seja, para atender ao interesse público.

Então, todo vínculo de trabalho com a Administração expressa o exercício de *função pública*, no sentido acima indicado. Variam os tipos de vínculo de trabalho.

13.4.1 Noção

Para o desempenho da função pública pode ser atribuído à pessoa um cargo público. *Cargo público* é o conjunto de atribuições e responsabilidades, criado por lei em número determinado, com nome certo e remuneração especificada por meio de símbolos numéricos e/ou alfabéticos. Todo cargo implica o exercício de função pública. O ato administrativo que atribui, a uma pessoa, exercício inicial de um cargo é a nomeação.

A *função pública* pode ser exercida sem estar revestida da conotação de cargo. Sob esse aspecto, o sentido da expressão se especifica para significar o tipo de vínculo de trabalho em que as atividades são exercidas por pessoas que não ocupam cargos, pois somente detêm funções. Portanto, nem toda função pública implica exercício de cargo. Por exemplo: exercem funções públicas os contratados por tempo determinado nos termos do art. 37, IX, da CF, os antigos admitidos a título precário. Nem todas as funções são criadas por lei, em número certo; muitas decorrem das atividades típicas de cada órgão ou ente administrativo, sem número determinado; por vezes existem tabelas de lotação de pessoal para cada órgão, como atos internos, nas quais são listadas as funções de modo quantificado, em número suficiente para o órgão realizar suas atribuições legais. Por outro lado, há funções cujo exercício pressupõe vínculo com a Administração, como ocorre com as funções gratificadas, funções da carreira docente e funções de chefia acadêmica em faculdades e universidades públicas.

Quando a função pública é exercida com base num contrato regido pela Consolidação das Leis do Trabalho, esse vínculo se denomina *emprego público*; é o caso dos empregados das sociedades de economia mista e empresas públicas. Nos Estados e Municípios que não adotaram regime jurídico único estatutário, os celetistas da Administração direta e indireta detêm emprego público. No âmbito federal, a Lei 9.962, de 22.02.2000, disciplina o regime de emprego público do pessoal da Administração direta, das autarquias e fundações, sob o regime da CLT e legislação trabalhista correlata.

Tradicionalmente as Constituições vêm atribuindo aos chefes de Executivo iniciativa privativa nas leis que disponham sobre criação de cargos, funções ou empregos públicos na Administração direta e autárquica, como dispõe o art. 61, §1º, II, a, da CF, repetido nas Constituições estaduais e Leis Orgânicas de Municípios.

13.4.2 Acessibilidade

A acessibilidade diz respeito às condições e modos pelos quais são propiciadas, aos cidadãos, oportunidades de exercer os cargos, funções e empregos públicos.

Nos termos do art. 37, I, da CF, com a redação dada pela Emenda Constitucional 19/98, os cargos, empregos e funções públicas são acessíveis aos brasileiros que preencham os requisitos estabelecidos em lei, assim como aos estrangeiros, na forma da lei. Hoje o preceito possibilita que brasileiros e estrangeiros tenham acesso a cargos, empregos e funções públicas, nas condições fixadas em lei. A Emenda Constitucional 11, de 30.04.1996, já acrescentara dois parágrafos ao art. 207 da CF, para facultar às universidades e às instituições de pesquisa científica e tecnológica a admissão de professores, técnicos e cientistas estrangeiros, na forma da lei.

Segundo o art. 37, II, a investidura em cargo ou emprego público depende de aprovação prévia em concurso público de provas ou de provas e títulos, salvo o cargo em comissão.

A exigência de concurso público para ascender a postos de trabalho no setor público atende, principalmente, ao princípio da igualdade e ao princípio da moralidade administrativa. Para os concursos públicos no âmbito da Administração Federal, direta e indireta, a Lei nº 12.990, de 09.06.2014, determina reserva, aos negros, de 20% (vinte por cento) das vagas oferecidas para provimento de cargos efetivos e empregos públicos. A reserva de vagas se aplica nos casos em que o número de vagas for igual ou superior a 3 (três). Referida Lei fixa outras diretrizes a respeito. O Decreto federal nº 9.508, de 24.9.2018, com as alterações do Decreto nº 9.546, de 30.10.2018, reserva às pessoas com deficiência o número de 5% (cinco por cento) das vagas de cargos e empregos públicos para contratação por tempo determinado, ofertados em concursos públicos ou processos seletivos, no âmbito da Administração federal direta e indireta, fixando diretrizes.

Algumas questões emergem no tocante à acessibilidade.

(i) O inc. II do art. 37 menciona investidura em cargo ou emprego, omitindo função pública. Ficaria estranho, ante o espírito da Constituição Federal e os princípios da Administração aí consagrados, que a investidura em função escapasse à exigência de concurso. Surgiu entendimento no sentido de que só existiria função no caso de contrato por tempo determinado para atender à necessidade temporária de excepcional interesse público, prevista no inc. IX do art. 37; portanto, o acesso a essa contratação independeria de aprovação em concurso público. Todos os demais vínculos seriam cargos e empregos, com investidura condicionada à aprovação em concurso público, ressalvados os cargos em comissão. No entanto, há casos de contratos de pessoal que não são regidos pela CLT, nem se inserem no referido inc. IX; trabalho realizado em virtude desses contratos qualifica-se como função pública, sem dúvida; e, ante os princípios da igualdade e da moralidade administrativa, tais contratações só podem se efetuar com pessoas habilitadas em concurso público.

(ii) Outra questão diz respeito à associação que vem sendo aventada entre concurso público e estabilidade. Há um raciocínio segundo o qual quem presta concurso público terá direito à aquisição de estabilidade após três anos de trabalho; porém, os termos da redação atual do art. 41, *caput*, tornam claro que somente os servidores nomeados para cargo de provimento efetivo podem adquirir estabilidade, porque reza o seguinte: "São estáveis após três anos de efetivo exercício os servidores nomeados para cargo de provimento efetivo em virtude de concurso público". Em virtude dessa associação entre concurso público e estabilidade, muitos órgãos e entes administrativos passaram a denominar *processo seletivo público* os certames para contratar pela CLT ou para outro tipo de contrato, reservando a locução concurso público para os cargos de provimento efetivo. Na verdade, não é o tipo de certame que propicia a estabilidade, mas o tipo de cargo, o cargo de provimento efetivo, como é mencionado no art. 41, caput; contrato algum possibilita aquisição de estabilidade. Por outro lado, o caput do art. 41 usa o termo "efetivo" e usa o termo "nomeados", típicos do desempenho de cargo de provimento efetivo, pois inexistem contratos efetivos e inexiste nomeação em vínculo contratual.

(iii) No tema do concurso público também surgiu controvérsia em torno do *limite de idade*, em especial o limite máximo. Isso porque o inc. XXX do art. 7º da CF, aplicável aos servidores públicos por força do art. 39, §3º, veda, entre outras, diferença de critério de admissão por motivo de idade. Essas controvérsias predominaram no atinente a concursos públicos para cargos na magistratura e no Ministério Público. Duas correntes se formaram: uma no sentido de vedação absoluta de limite de idade (v. acórdãos TRF-1ª Reg., Recurso Ex Officio 90.01.01895-5/DF, DJU 06.08.1990, e TRF-5ª Reg., Remessa Ex Officio 1.781/RN, DJU 13.08.1990); outra admitindo a fixação de limite por lei, ante a natureza das atividades do cargo, sendo a limitação razoável e pertinente (v. acórdãos RMS 21.033, STF, RTJ 135/961, e TRF- Reg., Remessa Ex Officio 1.784/RN, DJU 13.08.1990). A segunda corrente veio a prevalecer, porque a Emenda Constitucional 19/98, ao manter a aplicação do inc. XXX do art. 7º aos servidores, acrescentou, ao referido §3º do art. 39, o seguinte: a lei pode estabelecer requisitos diferenciados de admissão quando a natureza do cargo o exigir. Nos termos da Súmula 683, do STF, "o limite de idade para a inscrição em concurso público só se legitima em face do art. 7º, XXX, da Constituição, quando possa ser justificado pela natureza das atribuições do cargo a ser preenchido".

(iv) Suscita controvérsia a exigência de *exame psicotécnico* para o preenchimento de cargo público. Na matéria foi editada a Súmula 686, do STF, no teor a seguir: "Só por lei se pode sujeitar a exame psicotécnico a habilitação de candidato a cargo público".

(v) Também suscitou debate a existência ou não, em favor de candidato aprovado em concurso público, em classificação dentro do número de vagas, de *direito* à *nomeação*. Durante longo tempo vigorou o entendimento da ausência de um direito à nomeação. Na atualidade, registra-se inversão do antigo entendimento, para reconhecer, ao candidato aprovado em concurso público e classificado em posição dentro do número das vagas postas em concurso, o direito à nomeação. O STF, no RE 598099/MS, j. 10.08.2011, rel. Ministro Gilmar Mendes, reconheceu, por unanimidade, o direito à nomeação do concursado aprovado e classificado dentro do número de vagas, criando um dever de nomeação imposto ao poder público. A decisão unânime neste Recurso Extraordinário veio a consolidar decisões anteriores do STF nesta linha. O STJ vinha se posicionando no mesmo sentido; v. p. ex.: RMS 15.034/RS, DJU 29.03.2004, rel. Ministro Felix Fischer.

Em outra decisão o STF fixou o direito à nomeação do concursado aprovado, nas seguintes hipóteses: (i) aprovação dentro do número de cargos previsto no edital do concurso; (ii) quando for preterido por desrespeito à ordem de classificação; (iii) quando surgirem outras vagas ou for instaurado novo concurso para o mesmo cargo durante o prazo de validade do concurso anterior, havendo injustificada preterição de candidatos (STF, RE 837.311, j. 09.12.2015).

No caso de haver candidato aprovado em concurso, mesmo fora do número de vagas, e a Administração efetuar contrato precário para a função do mesmo cargo, surgirá para aquele o direito à nomeação (STF, RE 581.113, j. 05.04.2011).

13.5 Cargos públicos

13.5.1 Noção

Cargo público é o conjunto de atribuições e responsabilidades cometidas a um servidor, criado por lei, em número certo, com denominação própria, remunerado pelos cofres públicos. Os estatutos trazem conceitos semelhantes – por exemplo, o Estatuto Federal, art. 3º e parágrafo único.

13.5.2 Tipologia

Vários são os critérios para classificar os cargos públicos. Os mais comuns serão mencionados a seguir.

a) Quanto à possibilidade de permanência com que é preenchido, distinguem-se *cargo de provimento efetivo*, abreviado para *cargo efetivo*, e *cargo de provimento em comissão*, abreviado para *cargo em comissão*.

O *cargo efetivo* é aquele preenchido com o pressuposto da continuidade e permanência do seu ocupante. Ao se nomear alguém para um cargo efetivo, há o pressuposto de permanência da pessoa no desempenho das atribuições. Este é, portanto, o sentido do termo efetividade. É a nomeação para cargo efetivo que possibilita a aquisição da estabilidade ordinária ou comum, conforme prevê o art. 41 da CF, onde figura o termo "efetivo". Não é o concurso público que possibilita a aquisição da estabilidade; é o modo como o cargo é provido, ou seja, o provimento efetivo. Aliás, a lei, ao criar o cargo, indica o modo pelo qual é preenchido, em geral usando a expressão "de provimento efetivo, mediante concurso público". Portanto, não se deve confundir efetividade com estabilidade. A *efetividade* é modo de preenchimento do cargo, ligado à possibilidade de permanência do seu ocupante no exercício das atribuições respectivas; a efetividade propicia a aquisição da estabilidade ordinária, após três anos de exercício. A *estabilidade*, por sua vez, expressa o direito ao cargo pelo modo como poderá ser perdido. A Constituição Federal, no §1º do art. 41 e no §4º do art. 169, prevê que o servidor estável só perderá o cargo: a) em virtude de sentença judicial transitada em julgado; b) mediante processo administrativo em que lhe seja assegurada ampla defesa; c) mediante procedimento de avaliação periódica de desempenho, assegurada ampla defesa; d) para possibilitar que as despesas com pessoal não excedam limites estabelecidos em lei complementar; e) por força do §6º do art. 198, acrescentado pela Emenda Constitucional 51/2006, o servidor que exerça funções equivalentes às de agente comunitário de saúde ou agente de combate às endemias poderá perder o cargo por descumprimento dos requisitos específicos, fixados em lei, para o seu exercício.

O *cargo em comissão* é aquele preenchido com o pressuposto da temporariedade. Esse cargo, também denominado cargo de confiança, é ocupado por pessoa que desfruta da confiança daquele que nomeia ou propõe a nomeação. Se a confiança deixa de existir ou se há troca da autoridade que propôs a nomeação, em geral o ocupante do cargo em comissão não permanece; o titular do cargo em comissão nele permanece enquanto subsistir o vínculo de confiança, por exemplo: o cargo de Ministro de Estado. Os cargos em comissão, sendo cargos públicos, são criados por lei, em número certo; a própria lei menciona o modo de provimento e indica a autoridade competente para nomear, usando, por exemplo, a expressão seguinte: de livre provimento em comissão pelo Presidente da República. Por vezes a lei fixa alguma condição, limitando o âmbito da escolha; por exemplo: livre provimento, em comissão, dentre portadores de diploma de curso superior. Segundo o art. 37, II, da CF, os cargos em comissão, declarados em lei de livre nomeação e exoneração, não exigem concurso público. Com a mesma facilidade com que é nomeado o titular de cargo em comissão, ele o perde, sem garantia alguma, pois é de livre exoneração; daí dizer-se que seus ocupantes são demissíveis *ad nutum*, pois esta expressão significa literalmente "um movimento de cabeça". De acordo com a Constituição Federal, art. 37, V, na redação dada pela Emenda Constitucional 19/98, as funções de confiança, exercidas exclusivamente por servidores ocupantes de cargo efetivo, e os cargos em comissão, a serem preenchidos por servidores de carreira nos casos, condições e percentuais mínimos previstos em lei, destinam-se apenas às atribuições de direção, chefia e assessoramento.

A Súmula Vinculante 13, do STF, editada em 2008, *veda o chamado nepotismo*, no teor seguinte: "A nomeação de cônjuge, companheiro ou parente em linha reta, colateral ou por afinidade, até o terceiro grau, inclusive, da autoridade nomeante ou de servidor da mesma pessoa jurídica investido em cargo de direção, chefia ou assessoramento, para o exercício de cargo em comissão ou de confiança ou, ainda, de função gratificada na administração pública direta e indireta em qualquer dos Poderes da União, dos Estados, do Distrito Federal e dos Municípios, compreendido o ajuste mediante designações recíprocas, viola a Constituição Federal".

Ainda a respeito de cargos em comissão, o STF, na ADIn 3.602/GO, pub. DJe 07.06.2011, rel. Ministro Joaquim Barbosa, declarou "inconstitucional a criação de cargos em comissão que não possuam caráter de assessoramento, chefia ou direção e que não demandem relação de confiança entre o servidor nomeado e o seu superior hierárquico, tais como os cargos de Perito Médico-Psiquiátrico, Repórter Fotográfico, Perito, Psicológico. Enfermeiro e Motorista de Representação".

Além dos cargos efetivos e dos cargos em comissão, há número pequeno de cargos ocupados por *mandato*, com duração previamente fixada, que só poderá ser cassado por razões de suma gravidade e segundo processo fixado em normas. Para alguns autores, trata-se de investidura a termo. Por exemplo: os cargos de reitor e diretor em universidades públicas; nesses casos, colegiados universitários elegem três ou mais nomes para integrar uma lista, a ser apresentada à autoridade competente para nomear, que escolherá um dos nomes. Em muitos conselhos (por exemplo, no Conselho Estadual de Educação), seus integrantes detêm mandatos.

b) Quanto à possibilidade de progressão vertical, existem os *cargos isolados* e os *cargos de carreira. Os cargos isolados* não são suscetíveis de progressão vertical; hoje são em número pequeno, pois se tende a organizar planos de carreira para os servidores, como determina o §1º do art. 39 da CF. Os *cargos de carreira* são aqueles que admitem progressão funcional vertical; para tanto, os cargos são agrupados e escalonados em classes. *Classe* é o agrupamento de cargos da mesma denominação e idênticas referências de vencimento; por exemplo: uma carreira de Procurador escalonada nas ascendentes classes de Procurador I, ref. 21; Procurador II, ref. 22; e Procurador III, ref. 24; cada uma dessas classes reúne um grupo de cargos. O Procurador inicialmente é nomeado para cargo integrante da classe Procurador I; no decorrer da vida funcional, poderá galgar os cargos das classes superiores, o que importará acréscimo de remuneração e às vezes o exercício de atribuições mais complexas, mas da mesma natureza de trabalho. Por isso, *carreira* é o conjunto de classes da mesma natureza de trabalho, escalonadas segundo a responsabilidade e a complexidade das atribuições. A passagem para cargos de classes superiores por vezes recebe a denominação de *acesso*, por vezes, de *promoção* (este é o termo usado na Lei 8.112/1990 – Estatuto Federal, art. 10, parágrafo único, e art. 17, com a redação dada pela Lei 9.527/1997). *Essa passagem não significa investidura inicial*, a demandar concurso público; havendo concurso de acesso ou promoção, dele só poderão participar integrantes da carreira, titulares de cargos da classe imediatamente inferior à classe dos cargos objeto de disputa, pois tal processo é inerente à existência da carreira. Neste sentido, a *contrario sensu* a Súmula 685 do STF: "É inconstitucional toda modalidade de provimento que propicie ao servidor investir-se, sem prévia aprovação em concurso público destinado ao seu provimento, em cargo que não integra a carreira na qual anteriormente investido". Decorre desta súmula ser constitucional investir-se em cargo integrante da carreira a que o servidor já pertence sem prévia aprovação em concurso público destinado ao seu provimento.

13.5.3 Vacância

A *vacância* é a situação do cargo que está sem ocupante. Vários fatos levam à vacância, dentre os quais: o servidor pediu o desligamento (exoneração a pedido); o servidor foi desligado do cargo em comissão ou não iniciou exercício (exoneração *ex officio*); o servidor foi punido com a perda do cargo (demissão); o servidor passou a exercer outro cargo ante limitações em sua capacidade física ou mental (readaptação); aposentadoria ou morte do servidor; acesso ou promoção.

13.5.4 Provimento

Ao preenchimento de cargo vago se dá o nome de provimento. Na Administração direta, o provimento de cargos é da competência do Chefe do Executivo, que, em geral, a delega parcialmente a outras autoridades, de regra, Chefe do Gabinete Civil, Secretário do Governo, Secretário de Administração.

Tradicionalmente se indicam dois tipos de provimento: o *originário* e o *derivado*. O *provimento originário* existe quando estabelece o início de vínculo do indivíduo a um cargo público. O provimento originário se efetua mediante *nomeação*, ato administrativo pelo qual se atribui um cargo a alguém. A nomeação é publicada no diário oficial ou afixada na sede da Chefia do Executivo. Com a nomeação, o cargo está preenchido. No entanto, outros dois elementos são necessários para que o nomeado inicie as atividades do cargo: a *posse* e o *início de exercício*.

A *posse* significa aceitação das atribuições, responsabilidades e direitos do cargo, pelo nomeado, efetuando-se por assinatura de um termo. Em geral, os estatutos concedem até trinta dias para o nomeado tomar posse; por vezes, esse prazo é prorrogável, a pedido do interessado e a critério da Administração. No âmbito federal foi abolida a possibilidade de prorrogação do prazo de posse (Lei 9.527/1997, que alterou a redação do art. 13, §1º, da Lei nº 8.112/1990). É a posse o momento de ser atendida a exigência de habilitação legal para o cargo e não na inscrição para o concurso público (Súmula 266, STJ).

Início de exercício é o começo do desempenho das atribuições do cargo, contando-se a partir daí os dias trabalhados para fins de remuneração e de tempo de serviço. O Estatuto Federal dá o prazo de quinze dias, a partir da posse, para que se inicie o exercício, sem possibilidade de prorrogação (art. 15, §1º, com a redação dada pela Lei nº 9.527/97); outros estatutos dão prazo de trinta dias, admitindo prorrogação, a pedido do interessado e a critério da Administração. O servidor empossado que não iniciar o exercício no prazo legal é exonerado.

Para que possa iniciar o exercício torna-se necessário lotar o servidor, dar-lhe *lotação*, ou seja, inseri-lo num órgão para que aí exerça suas atividades. Os termos "lotação do servidor" indicam o órgão no qual o servidor exerce as atividades do seu cargo, função ou emprego. Também se usa o vocábulo "lotação" ligado a um órgão, por exemplo: "lotação do Departamento de Contabilidade", para expressar o número de cargos, funções e empregos inseridos no órgão a fim de que realize as atividades de sua competência.

O *provimento derivado* ocorre ante acontecimentos da vida funcional do servidor; supõe, portanto, vínculo presente ou passado com a Administração. Algumas figuras jurídicas expressam provimentos derivados, dentre as quais:

a) *promoção, acesso* – nomes diversos para significar a progressão vertical na carreira, pela qual se passa de um cargo de classe inferior para um cargo de classe superior, da mesma natureza de trabalho, como já se expôs. Não se trata de investidura inicial: por meio da promoção, por vezes denominada acesso, se galgam patamares mais elevados de uma carreira, sendo inerente ao próprio sentido de carreira;

b) *readaptação* – é a investidura em cargo de atribuições compatíveis com a limitação que o servidor tenha sofrido em sua capacidade física ou mental, verificada por exame médico; ante o §13 do art. 37 da Constituição Federal, acrescentado pela EC 103, de 12.11.2019 (Reforma da Previdência) "o servidor público titular de cargo efetivo poderá ser readaptado para exercício de cargo cujas atribuições e responsabilidades sejam compatíveis com a limitação que tenha sofrido em sua capacidade física ou mental, enquanto permanecer nesta condição, desde que possua a habilitação e o nível de escolaridade exigidos para o cargo de destino, mantida a remuneração do cargo de origem".

c) *aproveitamento* – é o retorno obrigatório, à atividade, de servidor em disponibilidade, para cargo de atribuições e vencimentos compatíveis com o anteriormente ocupado. Segundo o art. 41, §3º, da CF, havendo extinção do cargo ou declarada sua desnecessidade, o servidor estável ficará em disponibilidade, com remuneração proporcional ao tempo de serviço, até seu adequado aproveitamento em outro cargo.

O termo *aproveitamento* também é usado nos casos em que se efetua *transformação* ou *reclassificação* de carreiras ou de cargos, aproveitando-se, depois, integrantes de carreira alterada em cargos e/ou classes com novas denominações. Aqui não se trata de investidura inicial, mas de mudanças em carreiras, devendo-se enquadrar seus integrantes em cargos e/ou classes decorrentes das transformações. Nas ADIn 1591/RS (j. 19.08.1998), 2.713-1/DF e 2.335/SC (j. 11.06.2003), o STF declarou constitucionais transformações de carreiras dotadas de cargos com funções assemelhadas, para aglutiná-las numa só, aproveitando-se seus integrantes em novas classes e cargos;

d) *reversão* – é o retorno à atividade de servidor aposentado por invalidez, quando, por junta médica oficial, forem declarados insubsistentes os motivos da aposentadoria; a Lei 8.112/1990 – Estatuto Federal – prevê também a reversão, no interesse da Administração, desde que: tenha solicitado a reversão; a aposentadoria tenha sido voluntária; estável o servidor quando na atividade; a aposentadoria tenha ocorrido nos cinco anos anteriores à solicitação; haja cargo vago (art. 25, II);

e) *reintegração* – é a reinvestidura do servidor no cargo antes ocupado quando sua demissão foi anulada por decisão administrativa ou judicial, tendo direito ao ressarcimento de remuneração e vantagens não percebidas. Se o cargo foi extinto, o servidor reintegrado fica em disponibilidade; se o cargo estiver provido, seu ocupante volta ao cargo de origem ou é aproveitado em outro cargo ou posto em disponibilidade (assim dispõem o §2º do art. 41 da CF e o art. 28 do Estatuto Federal).

13.6 Regime jurídico

Em matéria de servidores, regime jurídico significa o conjunto de normas referentes aos seus deveres, direitos e demais aspectos da sua vida funcional. Ao se mencionar regime jurídico dos servidores, cogita-se do modo como o ordenamento disciplina seus vínculos com o poder público, quanto a direitos, deveres e vários aspectos da sua vida funcional.

O ordenamento brasileiro adota, para os servidores públicos, regime jurídico distinto do que vigora para os empregados do setor privado, como demonstra, por exemplo, a Constituição Federal de 1988, que, no art. 7º, arrola direitos dos trabalhadores urbanos e rurais, e, no título dedicado à Administração Pública, elenca direitos dos servidores públicos. No entanto, a própria Constituição Federal fixa pontos de aproximação dos regimes, ao determinar, no art. 39, §3º, a aplicação de vários incisos do art. 7º aos servidores ocupantes de cargo público; e ao garantir a estes o direito à livre sindicalização e o direito de greve (art. 37, incs. VI e VII, respectivamente), entre outros.

Na redação original da Constituição de 1988, o art. 39, *caput*, exigia regime jurídico único e planos de carreira para os servidores da Administração direta, autarquias e fundações. No âmbito federal, a Lei 8.112/90 fixou, como regime jurídico único, o estatutário. A EC 19/98 aboliu tal exigência. Mas, o STF, na ADIn 2.315/DF, em sede cautelar, suspendeu *ex nunc*, em 02.08.2007, a eficácia do art. 39, *caput*, na redação dada pela EC 19/98, mantendo-se, portanto, válidas as situações ocorridas no período. Referida decisão do STF fundamentou-se em questão relativa ao não cumprimento do *quorum* por maioria qualificada de 3/5 na Câmara dos Deputados, para a alteração do art. 39, *caput*. Com tal suspensão, voltou a ter eficácia a redação original do art. 39, *caput*. Mas, o regime jurídico único não se concretiza amplamente.

13.6.1 Regime estatutário

O *regime estatutário* é aquele em que os direitos, deveres e demais aspectos da vida funcional do servidor estão contidos basicamente numa lei denominada Estatuto. O Estatuto pode ser alterado no decorrer da vida funcional do servidor, independentemente da sua anuência, ressalvados os direitos adquiridos; o servidor não tem direito a que seja mantido o Estatuto que existia no momento de seu ingresso nos quadros da Administração. O Estatuto rege a vida funcional dos ocupantes de cargos efetivos e vem regendo a vida funcional de ocupantes de cargos em comissão, quanto a estes, no que for compatível com esse tipo de cargo. No entanto, tornou-se comum associar regime estatutário a servidores ocupantes de cargo efetivo, para significar que, nesse regime, todos os servidores detêm cargos efetivos. Em alguns casos, certas normas do Estatuto são aplicadas a servidores com outro tipo de vínculo, em decorrência de previsão legal explícita ou de orientação administrativa.

Como já se expôs, cada nível poderá editar o próprio Estatuto, observadas as normas da Constituição Federal, havendo, assim, o Estatuto dos servidores federais, o Estatuto dos servidores de cada Estado, o Estatuto dos servidores de cada Município e o Estatuto dos servidores de cada autarquia, se for o caso. São editados também Estatutos para categorias funcionais específicas, por vezes com o nome de Lei Orgânica, por exemplo, Lei Orgânica da Procuradoria do Estado, Lei Orgânica da Procuradoria do Município, Estatuto do Magistério Municipal.

13.6.2 Regime celetista

No *regime celetista* os servidores têm seus direitos e deveres norteados, nuclearmente, por leis trabalhistas. Por isso, recebem a denominação de "*empregados públicos*", numa analogia com o setor privado, em que se usam os termos empregado-empregador. Assim, *emprego público* é o posto de trabalho de quem é contratado pela CLT. Esse é o regime de todos os que trabalham nas empresas públicas e sociedades de economia mista, conforme determina o art. 173, §1º, II, da CF. Nos Estados e Municípios que não adotaram regime único estatuário, há servidores contratados pela CLT na Administração direta, nas autarquias e fundações públicas. No âmbito federal, a Lei nº 9.962, de 22.02.2000, disciplina o regime de emprego público do pessoal da Administração direta, das autarquias e fundações, sob o regime da CLT e legislação trabalhista correlata.

Tendo em vista que o empregador é o ente estatal, alguns preceitos do regime jurídico estatutário estendem-se aos celetistas; por exemplo: limite de remuneração (CF, art. 37, XI), proibição de acumulação remunerada de outro emprego, função ou cargo (CF, art. 37, XVII), possibilidade de sofrer sanções por improbidade administrativa (CF, art. 37, §4º, e Lei nº 8.429/92, art. 1º e parágrafos, com as alterações da Lei nº 14.230, de 25.10.2021).

13.6.3 Regime especial

Nos termos da Constituição Federal de 1988, art. 37, IX, podem-se considerar sob regime especial os servidores contratados por tempo determinado para atender à necessidade temporária de excepcional interesse público, na conformidade da lei.

Trata-se da possibilidade de contratar por prazo determinado (curto), para atender à necessidade que difere das necessidades comuns, por ser qualificada como "de excepcional interesse público"; por exemplo, em casos de calamidade, epidemia, vacinação em massa. Para tanto, uma lei em cada nível deve dispor a respeito. Segundo fixar a lei, o contrato poderá ser regido pela CLT ou a própria lei estabelecerá o regime jurídico, podendo até determinar a aplicação, a tais servidores, de preceitos do Estatuto correspondente. Em nível federal, a Lei nº 8.745, de 09.12.1993, com alterações posteriores, dispõe sobre essa contratação, inclusive determinando, no art. 11, a aplicação, a tais contratados, de vários preceitos do Estatuto Federal. Previamente à contratação, os entes públicos realizam, em geral, processos seletivos simplificados, do que fornece exemplo, a referida Lei Federal 8.745/1993, que no seu art. 3º, prevê o recrutamento mediante processo seletivo simplificado sujeito à ampla divulgação, independendo de processo seletivo a contratação nos casos de calamidade pública, emergência ambiental e emergências em saúde pública (art. 3º, §1º, da Lei nº 8.745/1993).

Em vários entes administrativos são celebrados contratos, mediante concurso ou seleção pública, que não se enquadram na hipótese do art. 37, IX, nem são regidos pela CLT: os direitos e deveres desses contratados norteiam-se, em grande parte, por dispositivos do Estatuto correspondente.

13.7 Principais normas do regime estatutário

Serão expostos, a seguir, os preceitos de mais relevo no regime jurídico estatutário, conforme reza a Constituição Federal e a maioria dos Estatutos.

13.7.1 Vencimento, remuneração e subsídio

Pelo trabalho prestado à Administração o servidor recebe pagamento em dinheiro. É comum nos estatutos haver regra proibitiva de trabalho gratuito, salvo casos previstos em lei.

Há terminologia própria nessa matéria, diferente da que vigora no setor privado. Assim, denomina-se *vencimento*, no singular, a retribuição, em dinheiro, pelo exercício de cargo ou função pública, com valor fixado em lei. Em geral, o vencimento é simbolizado por letra, número ou pela combinação de ambos, denominado *referência*; a cada referência corresponde importância em dinheiro.

Os vocábulos *"vencimentos"* ou *"remuneração"* designam o conjunto formado pelo vencimento (referência) do cargo ou função mais outras importâncias percebidas, denominadas vantagens pecuniárias.

Com a Emenda Constitucional 19/1998, a Constituição Federal agora prevê mais um tipo de estipêndio, o *subsídio*, para certas categorias de servidores. A característica fundamental do subsídio está na sua fixação em *parcela* única, conforme dispõe o §4º do art. 39 da CF, vedado o acréscimo de qualquer gratificação, adicional, abono, prêmio, verba de representação ou outra espécie remuneratória. De regra, a retribuição pecuniária dos agentes públicos ocorre mensalmente; por isso, a *parcela* única diz respeito a cada retribuição mensal. O sentido de *parcela* única, sem qualquer acréscimo, é atenuado pela própria Constituição Federal: o §3º do art. 39 assegura aos ocupantes de cargos públicos vários direitos previstos para os trabalhadores do setor privado: décimo terceiro salário, salário-família, adicional noturno, remuneração por serviço extraordinário, adicional de férias; tais direitos representam acréscimos ao subsídio. Também hão de ser pagas aos agentes públicos despesas decorrentes do exercício do cargo, como é o caso das diárias e ajudas de custo.

Segundo o art. 39, §4º, e demais dispositivos da CF, com a redação dada pela Emenda Constitucional 19/98, devem receber subsídio os seguintes agentes públicos: a) os membros de Poder, ou seja, parlamentares, magistrados, chefes de Executivo; b) os detentores de mandato eletivo (redundância em relação aos parlamentares e chefes de Executivo); c) os Ministros de Estado; d) os Secretários Estaduais; e) os Secretários Municipais; f) os Ministros do Tribunal de Contas da União e os conselheiros dos

Tribunais de Contas dos Estados e dos Municípios (art. 73, §3º, e art. 75); g) os integrantes do Ministério Público (art. 128, §5º, I, c); h) os membros da Advocacia-Geral da União, os Procuradores do Estado e do Distrito Federal e os membros da Defensoria Pública (art. 135); i) os servidores policiais (art. 144, §9º). Conforme o art. 39, §8º, a retribuição dos servidores públicos organizados em carreira poderá ser o subsídio, se assim for decidido em cada âmbito administrativo, mediante lei.

13.7.1.1 Natureza

O recebimento de retribuição pecuniária pelo trabalho prestado à Administração configura direito do servidor e reveste-se de caráter alimentar, sendo associada, portanto, à sua subsistência e à de seus familiares e dependentes. Daí decorrem algumas consequências, entre as quais: a) proibição de desconto, salvo por imposição legal, mandado judicial ou consentimento do servidor (v., por exemplo, art. 45 da Lei nº 8.112/1990); b) existência de limite para descontos, que não podem exceder um percentual; c) preferência de pagamento nas decisões judiciais em face da Fazenda Pública, relativas a débitos de natureza alimentícia (CF, art. 100).

13.7.1.2 Fixação e revisão

Nos termos do art. 37, X, com a redação dada pela Emenda Constitucional 19/1998, a remuneração dos servidores públicos e o subsídio somente poderão ser fixados ou alterados por lei específica, observada a iniciativa privativa em cada caso. Para a Administração direta e autárquica federal, a iniciativa é privativa do Presidente da República (art. 61, §1º, II, a); para o Judiciário, a iniciativa é privativa dos Tribunais (art. 96, II, b); o Ministério Público e os Tribunais de Contas são dotados de iniciativa privativa nos seus âmbitos (CF, art. 127, §2º, e art. 73, §3º, respectivamente). Tais poderes ou entes remetem ao Legislativo projeto de lei na matéria, com observância das normas constitucionais a respeito.

Quanto aos subsídios do Presidente e do Vice-Presidente da República, dos Ministros de Estado, dos Deputados Federais, dos Senadores, a competência é exclusiva do Congresso Nacional (CF, art. 49, incs. VII e VIII).

Para os Governadores, Vice-Governadores, Deputados Estaduais e Secretários de Estado, os subsídios são fixados por lei de iniciativa da Assembleia Legislativa (arts. 27, §2º, e 28, §2º, da Constituição Federal, na redação dada pela Emenda Constitucional 19/98).

Os subsídios dos Prefeitos, Vice-Prefeitos, Secretários Municipais e Vereadores são estabelecidos por lei de iniciativa das Câmaras Municipais (Constituição Federal, art. 29, V e VI).

A fixação do subsídio dos Ministros do Supremo Tribunal Federal cabe ao Congresso Nacional, por lei de iniciativa deste Tribunal, com a sanção do Presidente da República, observado o que dispõem os arts. 39, §4º; 150, II; 153, III; e 153, §2º, I.

O subsídio dos Ministros dos Tribunais Superiores corresponde a 95% do subsídio mensal dos Ministros do STF (CF, art. 93, V). Os subsídios dos demais magistrados serão fixados por lei e escalonados, em nível federal e estadual, conforme as respectivas categorias da estrutura judiciária nacional, não podendo a diferença entre uma e outra ser superior a 10% ou inferior a 5%.

Nos termos do art. 39, §1º, a fixação dos padrões de vencimento e dos demais componentes do sistema remuneratório observará: I – a natureza, o grau de responsabilidade e a complexidade dos cargos componentes de cada carreira; II – os requisitos para a investidura; III – as peculiaridades dos cargos.

O inc. X do art. 37 assegura a revisão geral anual, sempre na mesma data e sem distinção de índices, também por lei específica.

13.7.1.3 Irredutibilidade

Segundo o art. 37, XV, da CF, com a redação dada pela Emenda Constitucional 19/98, o subsídio e os vencimentos dos ocupantes de cargos e empregos públicos são irredutíveis, ressalvado o disposto nos incs. XI e XIV do art. 37 e nos arts. 39, §4º, 150, II, 153, III, e 153, §2º, I.

As ressalvas possibilitam a redução da retribuição pecuniária: a) para não ser ultrapassado o limite máximo fixado no art. 37, XI; b) para coadunar a percepção de acréscimos pecuniários à regra do inc. XIV, que veda sejam computados ou acumulados para fins de concessão de acréscimos ulteriores. A ressalva relativa ao art. 39, §4º, mostra-se redundante, pois diz respeito ao teto e à fixação de subsídio mediante lei. Os demais dispositivos ressalvados referem-se à vedação de tratamento desigual entre contribuintes que se encontrem em situação equivalente (art. 150, II) e à cobrança do imposto de renda pelos critérios da generalidade, universalidade e progressividade (art. 153, III, e §2º, I).

13.7.1.4 Limite de remuneração

A Constituição Federal estabelece um limite máximo de remuneração, de subsídio, de proventos de aposentadoria, pensões ou outra espécie remuneratória, percebidos cumulativamente ou não, para os ocupantes de cargos, funções e empregos públicos de todos os níveis de Administração e de todos os Poderes, aí abrangidos os detentores de mandato eletivo e demais agentes políticos. Esse limite também é denominado *teto*. Tais percepções, incluídas as vantagens pessoais ou de qualquer outra natureza, não poderão exceder o subsídio mensal, em espécie, dos Ministros do Supremo Tribunal Federal (art. 37, XI, com a redação dada pela Emenda Constitucional 41, de 19.12.2003, publicada em 31.12.2003).

Não se computam, nos limites remuneratórios indicados no art. 37, XI, as *parcelas de caráter indenizatório* previstas em lei (§11 do art. 37, acrescentado pela EC 47, de 05.07.2005, com efeitos retroativos à data da vigência da EC 41/2003); exemplos de verba indenizatória: ajuda de custo, diária, transporte (indicados na Lei 8.112/90, art. 51).

Vê-se, portanto, que o *teto* de retribuição pecuniária alcança todos os agentes públicos, de qualquer regime jurídico, inclusive os ocupantes de funções e empregos nas autarquias e fundações públicas (CF, art. 37, XI, com a redação dada pela EC 41/2003). No caso das empresas públicas, sociedades de economia mista e suas subsidiárias, se receberem recursos da União, Estados, Distrito Federal ou Municípios para pagamento de despesas de pessoal ou de custeio em geral, o teto máximo aplica-se aos seus empregados (art. 37, §9º).

Devem ser observados os escalonamentos obrigatórios indicados na própria Constituição Federal, por exemplo: arts. 27, §2º; 29, VI; 93, V.

O teto alcança as percepções cumulativas, ou seja, os casos em que o agente acumula legalmente cargos, funções ou empregos públicos, aplicando-se o limite à soma das retribuições. Além da menção constante do inc. XI do art. 37, o inc. XVI do mesmo artigo, ao tratar da acumulação de cargos, remete ao inc. XI.

Em nível federal, o teto para todos os agentes públicos corresponde ao subsídio de Ministro do Supremo Tribunal Federal.

A Emenda Constitucional 41, de 19.12.2003, publicada em 31.12.2003, alterou a redação do inc. XI do art. 37 e previu o chamado *subteto*, ou seja, fixou limites de remuneração ou subsídio nos âmbitos estadual e municipal.

Nos Estados, os agentes têm como limite de remuneração o subsídio mensal do Governador. Para os agentes do Poder Legislativo estadual, o limite situa-se no subsídio dos Deputados Estaduais e Distritais.

Na esfera do Poder Judiciário, o limite é o subsídio mensal dos Desembargadores do Tribunal de Justiça, limitado a 90,25% (noventa inteiros e vinte e cinco centésimos por cento) do subsídio mensal, em espécie, dos Ministros do STF. Na ADIn 3.854-1, o STF, em 28.02.2007, concedeu liminar, dando interpretação ao art. 37, XI, na redação da EC 41/2003, e seu §12, inserido pela EC 47/2005, para excluir a sujeição dos membros da magistratura estadual do subteto de remuneração, pois tal sujeição importa desigualdade em relação à magistratura federal.

O limite de 90,25% (nove inteiros e vinte e cinco centésimos por cento) do subsídio mensal, em espécie, dos Ministros do STF é aplicável aos membros do Ministério Público, aos procuradores e defensores públicos.

No entanto, pode haver outro subteto, para as demais categorias de servidores. A Emenda Constitucional 47, de 05.07.2005, faculta aos Estados e ao Distrito Federal fixar, mediante emenda às respectivas Constituições e Lei Orgânica, como limite único, o subsídio mensal dos Desembargadores do respectivo Tribunal de Justiça, limitado a 90,25% (noventa inteiros e vinte e cinco centésimos por cento) do subsídio mensal dos Ministros do STF. Este preceito não se aplica aos subsídios dos Deputados Estaduais e Distritais e dos Vereadores (§12 do art. 37, acrescentado pela EC 47/2005, com efeitos retroativos a 01.01.2004).

Nos Municípios, o limite máximo encontra-se no subsídio do Prefeito. A Emenda Constitucional 41/2003 não diferencia o teto dos agentes do Poder Executivo e do Poder Legislativo municipal.

Nos termos do art. 37, §18, da CF (este acrescentado pela EC 132/2023), os servidores de carreira das administrações tributárias dos Estados, do Distrito Federal e dos Municípios sujeitam-se ao limite aplicável aos servidores da União. Desse modo, para essa categoria funcional não se aplicam os limites de remuneração vigentes nos Estados, Distrito Federal e Municípios.

Quanto ao limite mínimo, denominado *piso*, a Constituição Federal garante o recebimento de salário mínimo, ao determinar a aplicação do art. 7º, IV, aos servidores ocupantes de cargo público. Nada impede que os Estatutos ou demais leis fixem piso maior que um salário mínimo.

Outro limite imposto pela Constituição Federal impede que os vencimentos dos cargos do Poder Legislativo e do Poder Judiciário sejam superiores aos pagos pelo Poder Executivo (art. 37, XII).

A Constituição Federal também proíbe a equiparação ou vinculação de quaisquer espécies remuneratórias para o efeito de remuneração de pessoal do serviço público, impedindo, assim, o uso de índices e a dependência de um cargo a outro, que, por exemplo, levariam a revisões automáticas e aleatórias.

13.7.1.5 Vantagens

Além do vencimento correspondente ao cargo ou função (referência), outras retribuições pecuniárias, que aumentam o valor da remuneração, podem ser recebidas pelo servidor; a tais retribuições se confere o nome genérico de *vantagens*. De regra, vêm disciplinadas nos Estatutos. Várias razões podem levar ao recebimento desses acréscimos, dentre as quais tempo de serviço, trabalho em gabinetes do escalão superior, horas trabalhadas além da jornada normal, trabalho à noite, trabalho em situação de perigo, de risco à saúde etc.

Para que essas vantagens passem a integrar os vencimentos, é necessário que a lei assim preveja: é a *incorporação*, mediante a qual a vantagem adere ao vencimento, não podendo ser suprimida dos vencimentos, salvo opção explícita do servidor. A lei poderá determinar a incorporação automática, como ocorre com o adicional por tempo de serviço; ou exigir tempo de percepção ou prever a incorporação progressiva, proporcional ao tempo de percepção. Se, no decurso da vida funcional, a mesma vantagem é recebida em diversos percentuais, a lei que permite a incorporação deverá definir o respectivo percentual. A EC 103, de 12.11.2019 (Reforma da Previdência) acrescentou o §9º ao art. 39 da Constituição Federal, *vedando a incorporação,* à remuneração do cargo efetivo, de vantagens de caráter temporário ou vinculadas ao exercício de função de confiança ou de cargo em comissão.

Os acréscimos pecuniários percebidos pelo servidor não podem ser computados nem acumulados para fins de atribuição de acréscimos ulteriores (CF, art. 37, XIV).

As vantagens pecuniárias mais frequentes são os *adicionais* e as *gratificações*. Não se vislumbra com nitidez a diferença substancial entre ambos, daí por que o mesmo tipo de vantagem pode figurar como adicional em determinados estatutos e figurar como gratificação em outros. Um ponto de diferença encontra-se no seguinte: de regra, considera-se que o adicional está integrado aos vencimentos, mesmo sem incorporação.

O adicional mais comum é o adicional por tempo de serviço, conferido, em geral, a cada período de cinco anos de trabalho.

As gratificações mais usuais são as seguintes: a) gratificação de gabinete, para quem presta serviços em órgãos de alto escalão; b) gratificação pelo exercício de cargo ou função de chefia, direção, assessoramento; c) gratificação natalina, que é o décimo terceiro salário; d) gratificação por dedicação exclusiva.

13.7.2 Direito à permanência no cargo: estabilidade e vitaliciedade

O direito à permanência no cargo é aferido pelo modo com que se perde o cargo. No caso de servidores que ocupam cargos, funções ou empregos em comissão, inexiste direito à permanência, porque são demissíveis ou dispensáveis *ad nutum*; tais postos são de livre exoneração ou dispensa, pela autoridade competente.

Para os servidores ocupantes de cargo de provimento efetivo, a Constituição Federal, no art. 41 (redação da Emenda Constitucional 19/98), possibilita a aquisição de *estabilidade*, após três anos de exercício; trata-se da estabilidade ordinária. Neste caso, a *efetividade* apresenta-se como pressuposto da *estabilidade ordinária*. Porém, episodicamente, os textos constitucionais vêm atribuindo estabilidade a servidores, não ocupantes de cargo efetivo, que tenham cinco anos de serviço público na data em que foram promulgadas: as Constituições Federais de 1946, ADCT, art. 23; de 1967, art. 177, §2º; e de 1988, ADCT, art. 19, concederam *estabilidade extraordinária*; nesta hipótese, inexiste o pressuposto da efetividade, também inexistindo, como decorrência automática, a ocupação de cargo efetivo.

Ao adquirir estabilidade, de qualquer tipo, o servidor somente perderá o cargo (estabilidade ordinária) ou o vínculo de trabalho com a Administração (estabilidade extraordinária) nos seguintes casos, previstos na Constituição Federal:

a) em virtude de sentença judicial transitada em julgado – art. 41, §1º, I;

b) mediante processo administrativo em que lhe seja assegurada ampla defesa – art. 41, §1º, II;

c) mediante procedimento de avaliação periódica de desempenho, na forma da lei complementar, assegurada ampla defesa – art. 41, §1º, III;

d) para assegurar o cumprimento do limite de despesa com pessoal ativo e inativo, estabelecido em lei complementar (CF, art. 169, §4º, com a redação dada pela Emenda Constitucional 19/98). A Lei Complementar 101, de 04.05.2000 – responsabilidade fiscal – art. 18 e ss., disciplina os limites das despesas com pessoal, de acordo com o art. 169 da CF. Note-se que a perda do cargo de servidor estável é a última providência a ser adotada, se não forem suficientes as demais providências indicadas no art. 169, §3º, da CF, que são: redução, em pelo menos vinte por cento, das despesas com cargos em comissão e funções de confiança; e exoneração de servidores não estáveis. O art. 169, §7º, da CF determina que lei federal disponha sobre as normas gerais relativas à perda do cargo de servidor estável em razão de excesso de despesa; essas normas gerais são fixadas na Lei 9.801, de 14.06.1999;

e) quando o servidor que exerça funções equivalentes às de agente comunitário de saúde ou de agente de combate às endemias descumprir requisitos específicos, fixados em lei, para o seu exercício (§6º do art. 198 da CF, acrescentado pela Emenda Constitucional 51, de 14.02.2006).

Na estabilidade ordinária, o período de três anos entre o início de exercício no cargo efetivo e a data de aquisição da estabilidade denomina-se *estágio probatório*. Segundo dispõe o §4º do art. 41, para a aquisição da estabilidade é obrigatória a *avaliação especial de desempenho* por comissão instituída para essa finalidade.

A avaliação desfavorável não implica exoneração automática, sumária. Há muito tempo o STF formulou a Súmula 21, do seguinte teor: "Funcionário em estágio probatório não pode ser exonerado nem demitido sem inquérito ou sem as formalidades legais de apuração de sua capacidade". Por sua vez, a Constituição Federal, art. 5º, LV, assegura o contraditório e ampla defesa aos que têm controvérsias com a Administração e aos acusados em geral. Por força da referida súmula e do preceito constitucional, ao servidor em estágio probatório deve ser dada ciência prévia de sua avaliação de desempenho (contraditório) e possibilidade prévia de apresentar alegações e documentos a respeito (contraditório e ampla defesa), mesmo que o processo administrativo seja simplificado; tudo isso, reitere-se, antes de se editar ato de exoneração ou demissão.

O direito à permanência no cargo se reveste de maior força quando for assegurada *vitaliciedade*, pois a perda do cargo só ocorrerá mediante sentença judicial transitada em julgado. A Constituição Federal garante vitaliciedade aos magistrados (art. 95, I), aos membros do Ministério Público (art. 128, §5º, I, a) e aos membros dos Tribunais de Contas (arts. 73, §3º, e 75). Para os magistrados de primeiro grau a vitaliciedade é adquirida após dois anos de exercício, dependendo a perda do cargo, nesse período, de deliberação do tribunal a que o juiz estiver vinculado. Os integrantes do Ministério Público também adquirem vitaliciedade após dois anos de exercício.

13.7.3 Acumulação de cargos

A Constituição Federal estabelece a regra da proibição de exercício simultâneo, remunerado, de cargos, funções e empregos públicos (art. 37, incs. XVI e XVII). O preceito abrange os agentes da Administração direta e das autarquias, fundações, empresas públicas, sociedades de economia mista, suas subsidiárias e sociedades controladas direta ou indiretamente pelo poder público (art. 37, XVII, com a redação dada pela Emenda Constitucional 19/98).

Porém, no mesmo dispositivo que fixa a regra, inciso XVI do art. 37, a Constituição Federal abre exceções para os seguintes casos: a) dois cargos de professor; b) um cargo de professor com outro, técnico ou científico; o cargo técnico e o cargo científico exigem habilitação específica para seu provimento, por exemplo: o cargo de Procurador do Estado, o cargo de biólogo num instituto estatal de pesquisas; c) dois cargos ou empregos privativos de profissionais de saúde, com profissões regulamentadas (alínea *c*, com redação dada pela EC 34, de 13.12.2001), incluídos nesta alínea *c* os agentes comunitários de saúde e os agentes de combate às endemias, por serem considerados profissionais de saúde, com profissões regulamentadas (Lei nº 14.536, de 20.1.2023); d) com redação obscura, a EC 101, de 3.7.2019, acrescentou o §3º ao art. 42 da Constituição Federal para estender aos militares dos Estados, do Distrito Federal e dos Territórios o direito à acumulação de cargos públicos prevista no art. 37, XVI, com prevalência da atividade militar. Tais exceções significam acumulações legais, configurando direito de quem se encontra aí enquadrado. As acumulações podem ocorrer em níveis diferentes de Administração ou no mesmo nível. A Constituição Federal condiciona a acumulação à compatibilidade de horários.

A Constituição Federal prevê, ainda, duas outras hipóteses de acumulação legal: o cargo de juiz e um cargo ou função de magistério (art. 95, parágrafo único, I); um cargo no Ministério Público e um cargo ou função de magistério (art. 128, §5º, II, *d*).

Duas questões habitualmente afloram nessa matéria. Uma diz respeito à possibilidade de exercício simultâneo de dois postos, percebendo-se uma só remuneração: se a Constituição Federal veda a acumulação remunerada, inexiste impedimento legal à acumulação de cargos, funções ou empregos se não houver duas remunerações.

Outra questão relativa à acumulação de cargos refere-se à situação de antigos servidores públicos, já aposentados, que exercem ou pretendem exercer cargo, função ou emprego público. Trata-se de caso de *percepção de proventos de aposentado simultaneamente à percepção de vencimentos pelo exercício de cargo, função ou emprego público.* A Constituição Federal de 1988, no texto original, silenciou a respeito, daí surgindo dúvidas quanto à viabilidade da hipótese acima exposta. Mas a Emenda Constitucional 20/98, que modificou o sistema de previdência, acrescentou o §10 ao art. 37, disciplinando a questão nos seguintes termos: é vedada a percepção simultânea de proventos de aposentadoria de servidor civil ou militar com a remuneração de cargo, emprego ou função pública, com exceção dos cargos acumuláveis na forma da própria Constituição, dos cargos eletivos e dos cargos em comissão declarados em lei de livre nomeação e exoneração. Segundo o art. 11 da Emenda Constitucional 20/98, essa proibição não se aplica às situações passadas, ou seja, aos membros de poder e aos inativos, servidores e militares que, até a publicação dessa Emenda (16.12.1998), tenham ingressado novamente no serviço público por concurso público de provas ou provas e títulos, e pelas demais formas previstas na Constituição Federal; a tais servidores é proibida a percepção de mais de uma aposentadoria pelo regime do art. 40, ficando sujeitos ao teto do art. 37, XI.

13.7.4 Exercício de mandato eletivo

A Constituição Federal, no art. 38, com a redação dada pela Emenda Constitucional 19/98, disciplina a situação de servidor da Administração direta, das autarquias e fundações públicas que passa a exercer mandato eletivo. Em qualquer caso, o servidor não perde o cargo, função ou emprego. Se o servidor for eleito Presidente ou Vice-Presidente da República, Senador, Deputado Federal, Governador ou Vice-Governador, ou Deputado Estadual, permanecerá afastado, com prejuízo dos vencimentos, subsídio ou salário. Investido no mandato de Prefeito, ficará afastado, podendo optar entre a retribuição do cargo, função ou emprego e a de Prefeito. Se for eleito Vereador, duas situações podem surgir: a) compatibilidade de horários entre as sessões da Câmara Municipal e a jornada de servidor, caso em que exercerá os dois vínculos, recebendo pagamento por ambos; b) ausência de compatibilidade de horários, acarretando o afastamento do cargo, função ou emprego, com a faculdade de optar pela sua remuneração.

Em todos os casos de afastamento para exercício de mandato eletivo, o tempo de serviço será contado para todos os efeitos legais, exceto para fins de promoção por merecimento. Conforme a redação dada ao inciso V do art. 38 da Constituição pela EC 103, de 12.11.2019 (Reforma da Previdência), na hipótese de ser segurado de regime próprio de previdência social, permanecerá filiado a esse regime no ente federado de origem.

13.7.5 Férias e décimo terceiro salário

A Constituição Federal, no art. 39, §3º, determina a aplicação, aos servidores ocupantes de cargos públicos, do preceito relativo às férias dos trabalhadores do setor privado (art. 7º, XVII). Portanto, é assegurado a tais servidores o gozo de férias anuais remuneradas, com pelo menos um terço a mais do que o salário normal. Os Estatutos, em geral, estabelecem o período de 30 dias anuais de férias. O acréscimo de um terço, no Estatuto Federal, é denominado adicional de férias e independe de solicitação. Vários pontos da matéria são disciplinados em cada nível administrativo, por exemplo, possibilidade de acumular períodos de férias, conversão em dinheiro das férias não gozadas, contagem em dobro do tempo correspondente a férias não gozadas.

A Constituição Federal assegurou aos servidores ocupantes de cargos públicos o recebimento do décimo terceiro salário (art. 7º, VIII, e §3º do art. 39), direito antes concedido genericamente apenas aos empregados do setor privado: no setor público, dependia de lei editada em cada nível. O direito ao décimo terceiro salário hoje vigora em todos os níveis, por força da Constituição Federal. Estende-se aos aposentados e tem por base a remuneração integral ou valor da aposentadoria, nos termos do mesmo inc. VIII.

13.7.6 Licenças

As *licenças*, também denominadas *afastamentos*, são períodos em que o servidor deixa de exercer atribuições do seu cargo, função ou emprego, por razões apontadas na lei, podendo perceber ou não perceber seus vencimentos. Algumas licenças configuram direito dos servidores; outras dependem de apreciação de mérito, pela autoridade administrativa.

Duas licenças remuneradas, previstas entre os direitos sociais dos trabalhadores do setor privado, aplicam-se aos servidores (CF, art. 39, §3º, e art. 7º, XVIII e XIX): a licença à gestante, de 120 dias, sem prejuízo do cargo, emprego ou função; e a licença-paternidade, que os Estatutos em geral fixam em 5 dias consecutivos.

Outras licenças remuneradas vêm habitualmente disciplinadas nos Estatutos, por exemplo: para tratamento da saúde; por motivo de doença em pessoa da família (a lei arrola quais são os familiares); licença-prêmio por assiduidade; para estudo ou missão no exterior.

Dentre as não remuneradas se inclui a licença para tratar de assuntos particulares, a critério da Administração.

13.7.7 Direito de greve

Durante muito tempo, na maioria dos ordenamentos, foi proibida a greve de servidores públicos, em virtude, sobretudo, do princípio da continuidade, visando a impedir que fossem interrompidas atividades necessárias ao atendimento do interesse público.

Hoje, na maioria dos ordenamentos, vigora a regra oposta, reconhecendo-se o direito de greve ao servidor público. A Constituição Federal segue essa linha, dispondo que o direito de greve será exercido nos termos e nos limites definidos em lei específica (art. 37, VII, com a redação dada pela Emenda Constitucional 19/98, pois o texto original previa lei complementar).

A Constituição Federal remete a disciplina da greve dos servidores a uma lei específica, que estabelecerá os termos e limites desse direito. No entanto, passados vários anos desde a promulgação da Constituição Federal, não foi editada a referida lei. Daí terem surgido, pelo menos, três entendimentos: a) a ausência de lei não elimina esse direito, que o servidor poderá exercer; b) a ausência de lei impede o servidor de exercer o direito de greve; c) a ausência de lei não tem o condão de abolir o direito reconhecido pela Constituição Federal, devendo-se, por analogia, invocar preceitos da lei referente à greve dos trabalhadores do setor privado (Lei 7.783, de 28.06.1989), em especial quanto a serviços essenciais.

Num primeiro momento, a jurisprudência pátria se direcionou pela segunda orientação, decidindo que o inc. VII do art. 37 não é autoaplicável, não se podendo falar de greve do servidor público (v. STJ, Rec. MS 2.671, jun. 1993, RDA 194, p. 107-109). No entanto, várias greves de servidores ocorreram desde a promulgação da Constituição Federal de 1988, sem que as autoridades administrativas se valessem da orientação jurisprudencial para instaurar processos disciplinares contra seus participantes. Essa é a realidade, e mais adequado parece levá-la em conta para adotar o terceiro entendimento: adotado este, buscar-se-ia, por analogia com a lei de greve do setor privado e com base nos princípios do direito administrativo, conciliar o direito de greve do servidor e a continuidade das atividades administrativas, para que a população não sofra as consequências da interrupção de serviços públicos, como assistência médica, ensino, transporte de qualquer tipo, fornecimento de água, energia elétrica, telefone, por exemplo. Na maioria dos ordenamentos estrangeiros, mediante lei ou na ausência de lei, duas medidas em especial vêm sendo adotadas, visando àquela conciliação: obrigatoriedade de comunicação prévia, em prazo razoável (dez dias, uma semana, por exemplo), da realização da greve, para que a Administração tome providências a respeito; e manutenção de um percentual de atividades em funcionamento (trinta por cento, vinte por cento, por exemplo) para impedir colapso total.

Desde a 1ª edição deste livro constou o texto acima, no sentido da adoção do terceiro entendimento, da alínea c supra, para se invocar na greve dos servidores públicos, por analogia, a Lei nº 7.783/89. Em outubro de 2007, o STF fixou entendimento nesta linha, enquanto não se editar a lei de greve dos serviços públicos. Assim, parâmetros contidos na Lei nº 7.783/89 vigoram para o setor público, na ausência da lei específica, por exemplo: nos serviços essenciais deve haver comunicação da greve, com antecedência de setenta e duas horas, e deve ser mantido percentual de serviços em funcionamento; sanções previstas podem ser impostas.

13.7.8 Sindicalização

No art. 37, VI, a Constituição Federal garantiu ao servidor público civil o direito à livre associação sindical. O reconhecimento desse direito também representa mudança da orientação vigente por muitas décadas, impeditiva da formação de sindicatos de servidores. A Constituição Federal não condiciona à lei o exercício desse direito. No que for compatível, aplicam-se aos sindicatos de servidores as disposições do art. 8º e incisos, dentre as quais: inexigência de autorização estatal para fundação de sindicato; necessidade de registro no órgão competente; proibição de interferência e intervenção do poder público na organização sindical; ninguém é obrigado a filiar-se a sindicato ou a manter-se filiado; proibição de dispensa de servidor sindicalizado, a partir do registro da candidatura a cargo de direção ou representação sindical e, se eleito, mesmo suplente, até um ano após o fim do mandato, salvo se cometer falta grave (o Estatuto Federal, editado após a Constituição Federal de 1988, prevê afastamento para desempenho de mandato classista – art. 92); legitimidade do sindicato para defender os direitos e interesses coletivos ou individuais da categoria, na via administrativa e jurisdicional (art. 8º, III, e art. 5º, LXX, b).

13.7.9 Aposentadoria e pensão

Aposentadoria, no setor público, significa a cessação do exercício das atividades junto a órgãos ou entes estatais, com o recebimento de retribuição denominada *proventos*. Daí empregar-se o vocábulo *inativo* para designar o servidor aposentado.

No direito pátrio, o tratamento conferido à aposentadoria dos servidores titulares de cargos efetivos (não submetidos à CLT) foi, durante muito tempo, bem diferente do tratamento dado à aposentadoria do trabalhador do setor privado. Embora os dois regimes se aproximem cada vez mais, o regime dos servidores públicos efetivos recebe o nome de *regime próprio de previdência*, denominando-se *regime geral de previdência* o dos trabalhadores ou servidores celetistas.

Pensão é o nome atribuído à remuneração paga a dependente, cônjuge ou companheiro de servidor público que faleceu em atividade ou já aposentado.

13.7.9.1 Legislação básica

Antes, um dos pontos de diferença da aposentadoria do servidor público em relação à aposentadoria no setor privado dizia respeito ao custeio. Na maior parte dos entes administrativos, o servidor não pagava contribuição social para sua aposentadoria; os recolhimentos compulsórios previdenciários visavam, de regra, à pensão de dependentes em caso de falecimento; as aposentadorias eram concedidas e mantidas com recursos públicos, sem as contribuições do servidor.

A Emenda Constitucional 20/98 – Emenda da Previdência – instituiu, para os servidores titulares de cargos efetivos da União, dos Estados, do Distrito Federal e dos Municípios, incluídas as autarquias e fundações, o *regime de previdência de caráter contributivo e solidário*. O *regime de caráter contributivo* é aquele em que há contribuição direta do servidor para que este tenha direito à aposentadoria e para que seus dependentes, cônjuges ou companheiros tenham direito à pensão; além disso, há também o aporte de recursos do respectivo ente estatal.

No entanto, o parágrafo único do art. 149 da Constituição Federal, na ocasião, somente *facultava* aos Estados, Distrito Federal e Municípios instituir contribuição dos seus servidores para o custeio da previdência. Daí muitos Estados e Municípios não a terem criado.

A Emenda Constitucional 41, de 19.12.2003, publicada em 31.12.2003, alterou a redação do §1º do art. 149 (a partir da Emenda Constitucional 33/2001 foram acrescentados novos parágrafos ao art. 149), para determinar que os Estados, o Distrito Federal e os Municípios instituam contribuição, cobrada de seus servidores, para o custeio, em benefício destes, do regime previdenciário de que trata o art. 40. Desse modo, *por força da EC 41/2003, os servidores públicos de todos os níveis federativos passaram a pagar contribuição previdenciária, então fixada pela referida EC, de 11% (onze por cento) no mínimo.*

Na esfera federal, o Estatuto dos servidores, desde sua edição em 11.12.1990, inclui a aposentadoria entre os benefícios do Plano de Seguridade Social (art. 185, I, *a*). As contribuições obrigatórias dos servidores federais para custear esse Plano foram previstas a partir da Emenda Constitucional 3/93, ao acrescentar o §6º ao art. 40 da Constituição Federal (hoje com outra redação), determinando, além dos recursos da União, a contribuição dos servidores federais para custeio das aposentadorias e pensões.

Após a promulgação da Emenda Constitucional 20/98, foi editada a Lei nº 9.717, de 27.11.1998 (com alterações posteriores), fixando normas gerais sobre a previdência dos servidores públicos, a serem observadas pela União, Estados, Distrito Federal e Municípios, ao instituírem seus regimes próprios.

Segundo o §18 do art. 40, acrescentado pela Emenda Constitucional 41/2003, incidirá contribuição também sobre os proventos de aposentadoria e pensões concedidas pelo regime do art. 40 que superem o limite máximo dos benefícios do regime geral de previdência social

Tendo em vista que a Emenda Constitucional 41, de 19.12.2003, publicada em 31.12.2003, trouxe nova disciplina para a previdência dos servidores públicos, foi editada medida provisória, convertida na Lei nº 10.887, de 18.06.2004, dispondo sobre a aplicação da referida Emenda e alterando dispositivos da Lei nº 9.717, de 27.11.1998.

As Emenda Constitucionais 41/2003 e 47/2005 também traziam regras de transição, relativas à situação de quem, na data de sua promulgação, já completara os requisitos para a aposentadoria e relativas a quem já ingressara no serviço público em certas datas.

Outras alterações foram efetuadas pela EC 70, de 29.3.2012. A EC 88, de 07.5.2015, trouxe novas mudanças, constantes da Lei Complementar nº 152, de 03.12.2015.

Adveio nova reforma da previdência com a EC 103, de 12.11.2019, acarretando alterações em preceitos antes vigentes, revogando outros e estabelecendo novas regras de transição. Note-se que a EC 103/2019 não revogou totalmente os dispositivos das anteriores Emendas Constitucionais de "reforma da previdência", havendo hoje uma "colcha de retalhos" de preceitos sobre previdência social, dificultando leitura, que deveria ser facílima, pois a matéria diz respeito à subsistência das pessoas.

A EC 103/2019 abriga dispositivos aplicáveis a todos os entes federativos, dispositivos destinados somente a servidores federais e dispositivos que remetem, à legislação de Estados, Distrito Federal e Municípios, a disciplina de vários pontos da previdência dos respectivos servidores.

Tramita no Congresso Nacional a PEC 133/2019 – chamada PEC Paralela destinada a disciplinar a previdência de servidores públicos dos Estados, Distrito Federal e Municípios, possibilitando, ainda, que estes adotem integralmente as mesmas regras do regime próprio dos servidores federais.

Na sequência serão expostas as linhas básicas do novo regime de aposentadoria para os ocupantes de cargos públicos efetivos.

13.7.9.2 O atual regime de aposentadoria para os ocupantes de cargos efetivos

Nos termos do art. 40 da Constituição Federal, na redação dada pela EC 103, de 12.11.2019, "o regime próprio de previdência social dos servidores titulares de cargos efetivos terá caráter contributivo e solidário, mediante contribuição do respectivo ente federativo, de servidores ativos, de aposentados e pensionistas, observados critérios que preservem o equilíbrio financeiro e atuarial".

Por força do §1º do art. 149 da Constituição, na redação dada pela EC 103/2019, "a União, os Estados, o Distrito Federal e os Municípios instituirão, por meio de lei, contribuições para custeio do regime próprio de previdência social, cobradas dos servidores ativos, dos aposentados e dos pensionistas, que poderão ter *alíquotas progressivas* de acordo com o valor da base de contribuição ou dos proventos de aposentadoria e de pensões". Quando houver déficit atuarial, a contribuição dos aposentados e pensionistas poderá incidir sobre o valor dos proventos e de pensões que supere o salário mínimo (art. 149, §1º-A, na redação da EC 103/2019). Demonstrada a insuficiência da medida prevista neste §1º-A para equacionar o déficit atuarial, é facultada a instituição de *contribuição extraordinária*, no âmbito da União, dos servidores públicos ativos, dos aposentados e dos pensionistas (art. 149, §1º-B, do art. 149, na redação da EC 103/2019). Essa contribuição extraordinária de que trata o referido §1º-B deverá ser instituída simultaneamente com outras medidas para saneamento do déficit e vigorará por período determinado, contado da data de sua instituição (art. 149, §1º-C, na redação da EC 103/2019).

Os Estados, o Distrito Federal e os Municípios não poderão fixar alíquota inferior à da contribuição dos servidores da União, exceto se demonstrado que o respectivo regime próprio não possui déficit atuarial a ser equacionado, hipótese em que a alíquota não poderá ser inferior às alíquotas do regime geral de previdência social (art. 9º, §4º, da EC 103.2019).

Nos termos do art. 11, *caput*, da EC 103/2019, até que entre em vigor lei que altere a alíquota de contribuição previdenciária, está será de 14% (catorze por cento). Na dicção do §1º do referido art. 11, esta alíquota será reduzida ou majorada, considerando o valor da base de contribuição ou do benefício recebido, de acordo com os seguintes parâmetros:

I – até um salário mínimo, redução de seis inteiros e cinco décimos pontos percentuais;

II – acima de um salário mínimo até R$2.000,00 (dois mil reais), redução de cinco pontos percentuais;

III – de R$2.000,01 (dois mil reais e um centavo) até R$3.000,00 (três mil reais), redução de dois pontos percentuais;

IV – de R$3.000,01 (três mil reais e um centavo) até R$5.839,46 (cinco mil e oitocentos e trinta e nove reais e seis centavos) sem redução ou acréscimo;

V – de R$5.839,46 (cinco mil e oitocentos e trinta e nove reais e seis centavos) até R$10.000,00 (dez mil reais), acréscimo de meio ponto percentual;

VI – de 10.000,01 (dez mil reais e um centavo) até R$20.000,00 (vinte mil reais), acréscimo de dois inteiros e cinco décimos pontos percentuais;

VII – de 20.000,01 (vinte mil reais e um centavo) até R$39.000,00 (trinta e nove mil reais), acréscimo de cinco pontos percentuais;

VIII – acima de R$39.000,00 (trinta e nove mil reais), acréscimo de oito pontos percentuais.

No fechamento desta edição tramitavam, no STF, a ADIn 6254, movida pela Associação Nacional de Defensores Públicos, e a ADIn 6258, movida pela Associação dos Juízes Federais – AJUFE, ambas interpostas em 13.11.2019, questionando, dentre outros pontos, as alíquotas progressivas da contribuição previdenciária e a contribuição previdenciária extraordinária.

a) Modalidades

Conforme o disposto no §1º do art. 40 da Constituição Federal, na redação dada pela EC 103/2019, os tipos de aposentadoria dos servidores titulares de cargos efetivos são os seguintes:

I – *Aposentadoria por incapacidade permanente para o trabalho*, no cargo em que estiver investido, quando insuscetível de readaptação, hipótese em que será obrigatória a realização de avaliações periódicas, na forma de lei do respectivo ente federativo.

No âmbito da União, se a incapacidade permanente decorrer de acidente de trabalho, de doença profissional e de doença do trabalho, os proventos corresponderão a 100% (cem por cento) da média aritmética simples das remunerações adotadas como base para contribuições, atualizadas monetariamente, correspondentes a 100% (cem por cento) do período contributivo desde julho de 1994 ou desde o início da contribuição posterior a esta data (art. 26 da EC 103/2019 combinado com o seu §3º, II). Nos demais casos, o valor dos proventos corresponderá a 60% (sessenta por cento) da referida média aritmética.

II – *Aposentadoria compulsória, por idade, aos setenta anos de idade ou aos setenta e cinco anos de idade.* Por longo tempo a aposentadoria compulsória por idade ocorria aos 70 (setenta anos) de idade. A alteração no limite de idade, para setenta e cinco anos, é decorrente da Emenda Constitucional 88, de 07.05.2015. Nos termos da Lei Complementar 152, de 03.12.2015, aplicável a todos os entes federativos, serão aposentados compulsoriamente, aos 75 anos de idade: I – os servidores titulares de cargos efetivos da União, dos Estados, do Distrito Federal e dos Municípios, incluídas suas autarquias e fundações; os membros : II – do Poder Judiciário; III – do Ministério Público; IV – das Defensorias Públicas; V – dos Tribunais e Conselhos de Contas (art. 2º). O disposto no art. 2º aplica-se aos servidores do Serviço Exterior Brasileiro (regidos pela Lei 11.440/2006) progressivamente, na base de um ano adicional de limite para a aposentadoria compulsória após cada dois anos, a partir da vigência desta Lei Complementar, até o limite de 75 anos. Referida LC, no art. 1º, inc. I, revogou a LC 51/1985, que estabelecia o limite máximo de 65 anos de idade para a respectiva aposentadoria compulsória, aplicando-se, então, a este servidor o limite de 75 anos.

Quanto aos *proventos*, para os servidores federais corresponderá ao resultado do tempo de contribuição dividido por 20 (vinte) anos, limitado a um inteiro, multiplicado pelo valor apurado da média aritmética simples das remunerações adotadas como base para contribuições no regime próprio, atualizados monetariamente correspondentes a 100% (cem por cento) do período contributivo, desde a competência de julho de 1994 ou desde o início da contribuição se posterior (§4º do art. 23 da EC 2019, combinado com o *caput* do mesmo art. 23). O mesmo §4º ressalva o caso de cumprimento de critérios para obter a aposentadoria voluntária que resulte em situação mais favorável

Conforme o §16 do art. 201 da Constituição Federal, na redação da EC 103/2019, os *empregados dos consórcios públicos, das empresas públicas, das sociedades de economia mista e das suas subsidiárias* serão aposentados compulsoriamente, observado o tempo mínimo de contribuição, ao atingir a idade máxima de que trata o inciso II do art. 40 da CF.

III – *Aposentadoria voluntária.* No âmbito da União, aos 62 (sessenta e dois) anos de idade, se mulher, e aos 65 (sessenta e cinco) anos de idade, se homem, e, no âmbito dos Estados, do Distrito Federal e dos Municípios, na idade mínima estabelecida mediante emenda às respectivas Constituições e Leis Orgânicas, observados o tempo de contribuição e demais requisitos estabelecidos em lei complementar do respectivo ente federativo (art. 40, III, da CF, na redação da EC 103/2019).

Para os servidores federais, além da idade mínima, devem ser cumpridos os seguintes requisitos: 25 (vinte e cinco) anos de contribuição, tempo mínimo de 10 (dez) anos de efetivo exercício no serviço público e de 5 (cinco) anos no cargo efetivo em que for concedida a aposentadoria (art. 10, §1º, b) da EC 103/2019).

Os ocupantes de cargo de *professor* terão idade mínima reduzida em 5 (cinco) anos em relação às idades para aposentadoria voluntária, desde que comprovem tempo de efetivo exercício das *funções de magistério na educação infantil e no ensino fundamental e médio* fixado em lei complementar do respectivo ente federativo (art. 40, §5º, na redação da EC 103/2019). No âmbito federal, a idade mínima para o titular de cargo de professor é de 60 (sessenta) anos, se homem, e 57 (cinquenta e sete) anos, se mulher, com 25 (vinte e cinco) anos de contribuição exclusivamente nas funções de magistérios na educação infantil e no ensino fundamental e médio, devendo ter 10 (dez) anos de efetivo exercício no serviço público e 5 (cinco) anos no cargo efetivo em que for concedida a aposentadoria, para ambos os sexos (§2º, III, do art. 10, da EC 103/2019).

A Lei de Diretrizes e Bases da Educação Nacional – Lei nº 9.394/96, com alterações posteriores, no §2º ao art. 67, fixa o sentido da expressão *funções de magistério*, da seguinte forma: as exercidas por professores e especialistas em educação no desempenho de atividades educativas, quando exercidas em estabelecimento de educação básica em seus diversos níveis e modalidades, incluídas, além do exercício da docência, as de direção de unidade escolar e as de coordenação e assessoramento pedagógico.

O §4º do art. 40, na redação da EC 103/2019, veda a adoção de critérios diferenciados para a concessão de benefícios do regime próprio de previdência, exceto para *professores, servidores com deficiência, agentes penitenciários, agentes socioeducativos ou policial, servidores cujas atividades sejam exercidas com exposição a agentes químicos, físicos e biológicos prejudiciais à saúde ou associação desses agentes* (§§5º, 4º-A, 4º-B, 4º-C, 4º-C, respectivamente). Leis complementares dos entes federativos fixarão idade e tempo de contribuição diferenciados para aposentadoria dos servidores nas condições supra.

No âmbito federal, para os policiais, agentes penitenciários, agentes socioeducativos, a idade mínima é de 55 (cinquenta e cinco) anos, com 30 (trinta) anos de contribuição, e 25 (vinte e cinco) anos de efetivo exercício em cargo dessas carreiras, para ambos sexos (§2º, I, do art. 10 da EC 103/2019). Para os servidores públicos em atividades com exposição a agentes químicos, físicos ou biológicos nocivos à saúde, deve ser atendida a idade mínima de 60 (sessenta) anos, com 25 (vinte e cinco) anos de efetiva exposição e contribuição, 10 (dez) anos de efetivo exercício no serviço público e 5 (cinco) anos no cargo em que for concedida a aposentadoria (§2º, II, do art. 10 da EC 103/2019).

Aos Ministros e conselheiros dos Tribunais de Contas, aos magistrados e aos integrantes do Ministério Público aplicam-se as regras do art. 40 (EC 20/98, que deu nova redação aos arts. 73, §3º; 93, VI; e 129, §4º, da CF).

Quanto aos *empregados de sociedades de economia mista e empresas públicas*, integram o sistema previdenciário do INSS e, em muitos casos, complementam tais aposentadorias pelos chamados *fundos de pensão*, custeados em parte pelos empregados e em parte pela respectiva estatal; exemplos de fundos de pensão: Petros, Postalis.

Vê-se que para a aposentadoria voluntária deve haver a combinação de critérios de mínimo tempo de contribuição, idade mínima, tempo mínimo de efetivo exercício no serviço público e tempo mínimo de exercício no cargo efetivo em que se dará a aposentadoria. Na aposentadoria compulsória não se exige tempo mínimo de contribuição, mas idade determinada.

O tempo de contribuição federal, estadual ou municipal será contado para efeito de aposentadoria, observada a contagem recíproca (§9º do art. 40, na redação da EC 103/2019, e §9º do art. 201, todos na redação da EC 103/2019), não podendo a lei estabelecer qualquer forma de contagem de tempo de contribuição fictício (art. 40, §10, não alterado pela EC103/2019). Segundo o art. 201, §9º, da CF, é assegurada, para fins de aposentadoria, a contagem recíproca do tempo de contribuição entre o regime geral de previdência social e o regime próprio, e destes entre si, observada a compensação financeira (na redação da EC 103/2019).

Quanto aos *proventos*, ou seja, a retribuição pecuniária recebida pelo aposentado, na dicção do §2º do art. 40, na redação da EC 103/2019, não poderão ter valor mensal inferior ao salário mínimo ou superior ao limite máximo fixado para o regime geral de previdência social, observado o disposto referente ao regime de previdência complementar. Todos os valores considerados para o cálculo dos proventos serão atualizados na forma da lei (§17 do art. 40, acrescentado pela EC 41/2003).

Nos termos do §8º do art. 40, na redação dada pela EC 41/2003, é assegurado *reajustamento* dos benefícios para preservar-lhes, em caráter permanente, o valor real, conforme critérios estabelecidos em lei. Assim, deixa de haver, para os servidores alcançados pelas novas regras, a chamada paridade quanto à revisão dos proventos dos inativos em equivalência a reajustes da remuneração dos servidores em atividade.

Ainda quanto aos proventos, cabe notar que os limites previstos no art. 37, XI, aplicam-se à soma total dos proventos de inatividade, inclusive quando decorrentes de acumulação de cargos, funções e empregos, e ao montante da soma de proventos de inatividade com retribuição de cargo acumulável na forma da Constituição Federal, de cargo em comissão e de cargo eletivo.

Por força do §19 do art. 40 da CF, na redação da EC 103/2019, "observados os critérios estabelecidos em lei do respectivo ente federativo, o servidor titular de cargo efetivo que tenha completado as exigências para a aposentadoria voluntária e que opte por permanecer em atividade poderá fazer jus a um *abono de permanência* equivalente, no máximo, ao valor da sua contribuição previdenciária, até completar a idade para a aposentadoria compulsória".

13.7.9.3 Aposentadoria de ocupantes de cargos em comissão, de funções temporárias e celetistas

Para os agentes públicos ocupantes, exclusivamente, de cargo em comissão, declarado em lei de livre nomeação e exoneração, ocupantes de outro cargo temporário, inclusive mandato eletivo, ou ocupantes de emprego público, o §13 do art. 40 determina a aplicação do *regime geral da previdência social*, que é o regime destinado àqueles que trabalham no setor privado, previsto, em linhas gerais, no art. 201 da CF, na redação dada pelas Emendas Constitucionais 20/98, 47/2005 e 103/2019.

13.7.9.4 Regime de previdência complementar

Como o próprio nome diz, a previdência complementar visa, essencialmente, a suprir a diferença entre a retribuição percebida pelo servidor quando em atividade e o que percebe como proventos, se houver essa diferença.

O §14 do art. 40, na redação dada pelas Emendas Constitucionais 20/98 e 41/2003, *possibilitava* que União, Estados, Distrito Federal e Municípios instituíssem *regime de previdência complementar* para os respectivos servidores titulares de cargos efetivos. Nos termos do §14 do art. 40, na redação da EC 103/2019, a União, os Estados, o Distrito Federal e os Municípios *instituirão*, por lei de iniciativa do respectivo Poder Executivo, regime de previdência complementar para servidores públicos ocupantes de cargo efetivo, observado o limite máximo dos benefícios do regime geral de previdência social para o valor das aposentadorias e das pensões em regime próprio de previdência. Nos termos do §6º do art. 9º da EC 103/2019, a instituição do regime de previdência complementar deverá ocorrer no prazo máximo de dois anos da entrada em vigor desta EC.

O regime de previdência complementar oferecerá plano de benefícios somente na modalidade de contribuição definida e será efetivado por intermédio de entidade fechada ou aberta de previdência complementar (§15 do art. 40, na redação da EC 103/2019). Note-se que os planos de benefícios, no tipo contribuição definida, não fixam previamente o valor do benefício a ser auferido futuramente. Ou seja, o servidor paga a contribuição sem saber quanto receberá para complementar seus proventos.

Conforme se depreende do art. 40, §16, o regime de previdência complementar é facultativo para os servidores que tiverem ingressado no serviço público até a data do ato de instituição do correspondente regime de previdência complementar.

A Lei nº 12.618, de 30.04.2012, com alterações posteriores, instituiu o regime de previdência complementar para os servidores públicos federais, titulares de cargos efetivos, inclusive os membros do Poder Judiciário, do Ministério Público e do Tribunal de Contas da União. Para os efeitos desta Lei consideram-se membros do Tribunal de Contas da União os Ministros, os Auditores e os Subprocuradores-gerais e Procuradores do Ministério Público junto ao Tribunal de Contas da União (art. 4º, §3º, da Lei nº 12.618/2012).

Alguns aspectos da Lei nº 12.618/2012 serão apontados a seguir.

O art. 4º da referida Lei autoriza a União a criar as seguintes entidades fechadas de previdência complementar, estruturadas na forma de fundação, de natureza pública, com personalidade jurídica de direito privado: I – Fundação de Previdência Complementar do Servidor Público Federal do Poder Executivo – Funpresp-Exe, por meio de ato do Presidente da República; II – Fundação de Previdência Complementar do Servidor Público Federal do Poder Legislativo – Funpresp-Leg, por meio de ato conjunto dos Presidentes da Câmara dos Deputados e do Senado Federal; III – Fundação de Previdência Complementar do Servidor Público Federal do Poder Judiciário – Funpresp-Jud, por meio de ato do Presidente do Supremo Tribunal Federal. Por ato conjunto das autoridades competentes para a criação dessas fundações poderá ser criada fundação que abranja os servidores públicos de dois ou dos três Poderes (art. 4º, §3º).

As referidas entidades fechadas de previdência complementar serão mantidas por suas receitas, oriundas de contribuição da União, suas autarquias e fundações, demais órgãos federais (patrocinadores), de contribuição dos servidores públicos federais abrangidos (participantes), de resultados financeiros de suas aplicações, de doações e legados de qualquer natureza (art. 10).

A supervisão e fiscalização dessas fundações e dos seus planos de benefícios competem ao órgão fiscalizador das entidades fechadas de previdência complementar, a Superintendência Nacional de Previdência Complementar – Previc, autarquia especial criada pela Lei nº 12.154/2009.

13.7.9.5 Acumulação de proventos ou de proventos com outra retribuição de atividade

Nos termos do §6º do art. 40, na redação da EC 103/2019, é vedada a percepção de mais de uma aposentadoria pelo regime próprio de previdência, ressalvadas as aposentadorias decorrentes dos cargos acumuláveis na forma da Constituição Federal. Pode-se deduzir, então, que será admitida a acumulação de remunerações nos seguintes casos:

a) proventos dos cargos acumuláveis na forma da Constituição: dois cargos de professor; um cargo de professor e um cargo técnico ou científico; dois cargos privativos de profissionais da saúde, com profissões regulamentadas, incluídos os agentes comunitários de saúde e os agentes de combate às endemias; dois cargos ocupados por militares, com prevalência de atividade militar; um cargo de juiz e uma atividade de magistério; um cargo de promotor e uma atividade de magistério;

b) proventos decorrentes de aposentadoria pelo exercício de cargo efetivo e a remuneração por exercício de cargo em comissão ou de mandato eletivo;

c) proventos pelo regime antigo de aposentadoria dos servidores e a retribuição dos agentes públicos que, até a publicação da EC 20/1998, tenham ingressado novamente no serviço público por concurso e pelas demais formas previstas na Constituição Federal, sendo-lhes proibida a percepção de mais de uma aposentadoria pelo regime do art. 40;

d) proventos pelo regime do art. 40 e benefício de aposentadoria pelo regime geral de previdência do art. 201, este em decorrência de emprego no setor privado ou trabalho autônomo.

Na acumulação de proventos ou de proventos com remunerações de atividade no setor público deve ser observado o limite previsto no art. 37, XI (art. 40, §11).

13.7.9.6 Regras de transição

Em geral, quando se vai implantar um novo regime em matéria de pessoal da Administração, há normas que disciplinam a situação de quem já poderia exercer direitos segundo o regime antigo, pois preencheu totalmente os requisitos para exercê-los e ainda não o fez. Por vezes as regras de transição também cuidam da situação daqueles que preencheram parcialmente os requisitos elencados no sistema antigo.

As regras de transição contidas nas Emendas Constitucionais 20/98, 41/2003 e 47/2005 foram revogadas pela EC 103/2019, no art. 35, II, III e IV, respectivamente. Tais revogações podem suscitar questionamentos, pois as regras de transição dizem respeito a situações relativas a determinado momento, não podendo ser alcançadas retroativamente.

13.7.9.6.1 Situação de quem preencheu todos os requisitos para se aposentar pelo regime anterior

O art. 3º da Emenda Constitucional 103/2019 assegura a concessão de aposentadoria, a qualquer tempo, aos *servidores públicos federais* que, até a data da entrada em vigor desta Emenda, tenham cumprido os requisitos para sua obtenção, com base nos critérios da legislação então vigente. Deduz-se, então, o seguinte: a) aplicação desse preceito aos servidores federais; b) o servidor, nessa situação, poderá requerer a aposentadoria a qualquer tempo, pois o direito a ter sua aposentadoria segundo os critérios da legislação então vigente está garantido pelo referido art. 3º como *direito adquirido*, podendo o servidor exercê-lo no futuro.

Quanto aos *proventos*, o §1º do mesmo art. 3º prevê que serão calculados e reajustados de acordo com a legislação em vigor à época em que foram atendidas as prescrições nela estabelecidas para a concessão da aposentadoria.

Nos termos do §19 do art. 40, na redação da EC 103/2019, observados os critérios a serem estabelecidos em lei do respectivo ente federativo, o servidor titular de cargo efetivo que tenha completado as exigências para a aposentadoria voluntária e que opte por permanecer em atividade poderá fazer jus a um *abono de permanência* equivalente, no máximo, ao valor da sua contribuição previdenciária, até completar a idade para a aposentadoria compulsória. Teor similar figura no §3º do art. 3º e no art. 8º da EC 103/2019, referentes aos servidores federais.

13.7.9.6.2 Situação de quem já é aposentado

A EC 103/2019 traz repercussão desfavorável na situação dos aposentados se em seus proventos recair o acréscimo do percentual da alíquota de contribuição previdenciária que, no geral, passa de 11% para 14%, até que entre em vigor lei que a altere (art. 11 da referida EC).

Nos proventos dos aposentados poderá incidir, ainda, a progressividade da alíquota, como dispõe o §1º do mencionado art. 11, e a contribuição extraordinária, prevista no §1º-C do art. 149, na redação da EC 103/2019. Lembre-se que a alíquota progressiva e a contribuição extraordinária são questionadas nas ADIns 6254 e 6258, ajuizadas no STF em 2019.

13.7.9.7 Pensões

A previdência do servidor ocupante de cargo efetivo inclui também a *pensão*, ou seja, a remuneração paga a dependentes do servidor que faleceu em atividade ou aposentado (por exemplo, cônjuge, companheiro, filhos, pais).

Na redação original da Constituição de 1988, §5º do art. 40, a pensão por morte correspondia à totalidade dos vencimentos ou proventos do servidor falecido, com revisões iguais aos servidores ativos.

Outros modos de fixar o valor das pensões surgiram nas EC 20/1998 e 41/2003.

A EC 103, de 12.11.2019, prevê nova forma de fixar o valor da pensão por morte. Na dicção do art. 23, *caput*, desta EC, o valor será equivalente a uma cota familiar de 50% (cinquenta por cento) do montante dos proventos de aposentadoria recebidos pelo servidor ou daqueles a que teria direito se fosse aposentado por incapacidade permanente na data do óbito, acrescidos de cotas de 10 (dez) pontos percentuais por dependente, até o máximo de 100% (cem por cento). As cotas por dependente cessarão com a perda desta qualidade e não serão reversíveis aos demais dependentes, preservado o valor de 100% (cem por cento) quando o número de dependentes remanescentes for igual ou superior a cinco. Parece que o *caput* do art. 23 esqueceu a situação de pensões de servidor falecido quando em atividade.

O §2º do citado art. 23 contém normas diferenciadas relativas a dependente inválido ou com deficiência.

Por força do §7º do art. 40, quando se tratar da única fonte de renda formal auferida pelo dependente, o benefício de pensão será concedido nos termos de lei do respectivo ente federativo, a qual tratará de forma diferenciada a hipótese de morte de servidores ocupantes de cargo de agente penitenciário, agente socioeducativo ou policial decorrente de agressão sofrida no exercício ou em razão da função.

Incidirá contribuição previdenciária sobre o valor das pensões que supere o limite máximo estabelecido para os benefícios do regime geral de previdência social, com percentual igual ao estabelecido para os servidores titulares de cargos efetivos (§18 do art. 40 da CF).

É assegurado o *reajustamento* da pensão para preservar-lhe o valor real, conforme critérios fixados em lei.

A concessão de pensão por morte será assegurada a qualquer tempo, desde que tenham sido cumpridos todos os requisitos para a obtenção até a data da entrada em vigor da EC 103/2019, observados os critérios da legislação vigente na data em que os requisitos foram atendidos (art. 3º, *caput*, da EC 103/2019). O valor das pensões por morte será calculado e reajustado de acordo com a legislação em vigor à época em que foram atendidos os requisitos nela estabelecidos para a sua concessão (§1º do mesmo art. 3º)

No caso de *pensionistas que já recebiam tal benefício antes de 31.12.2003*, o art. 7º da EC 41/2003 assegura a revisão na mesma proporção e data em que se modificar a remuneração dos servidores ativos, inclusive quanto a benefícios decorrentes de transformação ou reclassificação do cargo que serviu de referência para a pensão.

13.7.10 Deveres

Os estatutos listam condutas e proibições a serem observadas pelos servidores, configurando, umas e outras, os seus deveres como dois lados da mesma moeda. Por exemplo: a proibição de proceder de forma desidiosa equivale ao dever de exercer com zelo as atribuições do cargo. Por isso, podem ser englobados sob a rubrica "deveres" os que os estatutos assim intitulam e os que os estatutos arrolam como proibições.

Os deveres mencionados a seguir não abarcam todos aqueles indicados nos estatutos, pois a atenção se voltará aos mais genéricos e comuns.

a) *Desempenhar as atribuições do cargo ou função* – O servidor tem obrigação de desincumbir-se das atribuições do seu cargo ou função. À primeira vista este dever não difere daquele que vige para outros assalariados; entretanto, o caráter público das atividades do servidor impõe deveres mais amplos, com o objetivo de garantir a continuidade dos serviços e o atendimento do interesse público. No Estatuto federal vinculam-se a esse dever os seguintes: exercer com zelo e dedicação as atribuições do cargo; ser assíduo e pontual; não ausentar-se do serviço durante o expediente sem prévia autorização; não proceder de forma desidiosa; não exercer quaisquer atividades que sejam incompatíveis com o exercício do cargo ou função e com o horário de trabalho; não participar da gerência ou da administração de empresa privada, de sociedade civil ou exercer o comércio, exceto como acionista, cotista ou comanditário.

b) *Dever de honestidade ou probidade* – Impõe-se ao servidor com rigor especial, e seu desrespeito é objeto até de sanções criminais em caso de concussão (servidor exige, indevidamente, de outrem uma vantagem), corrupção (servidor aceita vantagem que lhe é oferecida) e tráfico de influência. Cometem falta grave os servidores que aceitam propinas para fazer ou deixar de fazer algo relacionado a suas atribuições, os servidores que vendem sua influência, que se apropriam de recursos públicos. No Estatuto federal são mencionados como deveres e proibições, entre outros, os seguintes: dever de manter conduta compatível com a moralidade administrativa; proibições de: retirar, sem prévia anuência da autoridade competente, qualquer documento ou objeto da repartição; valer-se do cargo para lograr proveito pessoal ou de outrem, em detrimento da dignidade da função pública; atuar como procurador ou intermediário junto a repartições públicas, salvo o caso de benefícios previdenciários e assistenciais de parentes até segundo grau, de cônjuge ou companheiro; receber propina, comissão, presente ou vantagem de qualquer espécie, em razão de suas atribuições.

O empenho em combater a improbidade administrativa revela-se, principalmente, pela atenção que lhe reserva a Constituição Federal. Conforme o art. 37, §4º, os atos de improbidade importarão a suspensão dos direitos políticos, a perda da função pública, a indisponibilidade dos bens e o ressarcimento ao erário, na forma prevista em lei, sem prejuízo da ação penal cabível. Esse dispositivo teve seus aspectos materiais, processuais e sancionadores disciplinados na Lei nº 8.429, de 02.06.1992, que indica um rol de condutas caracterizadas como atos de improbidade administrativa.

c) *Lealdade ou fidelidade* – É difícil determinar o conteúdo e alcance exatos desse dever, habitualmente mencionado na doutrina e nos estatutos. É certo que não se reveste de conotação subjetiva ou político-partidária. O Estatuto federal inclui entre os deveres a lealdade com as instituições a que servir e proíbe a aceitação de emprego, comissão ou pensão de Estado estrangeiro. Outros estatutos vedam, ao servidor, referir-se depreciativamente, em informação, parecer ou despacho, ou pela imprensa ou qualquer meio de divulgação, às autoridades constituídas e aos atos da Administração.

d) *Dever de obediência* – Resulta principalmente da estrutura hierarquizada da Administração. Consiste na obrigação de acatar e cumprir ordens em matéria de serviço, emanadas de superior hierárquico, sob forma legal. As ordens podem advir de prescrições gerais, contidas em circulares, instruções, ordens internas, ou de prescrições de alcance individual.

Em geral, os estatutos excepcionam desse dever as ordens manifestamente ilegais, por exemplo: Estatuto federal, art. 116, IV. Alguns estatutos determinam que o servidor, ao desobedecer, represente, por escrito, quando a ordem for manifestamente ilegal. A ressalva apresenta-se problemática sob alguns aspectos: o servidor com pouca informação jurídica nem sempre identifica a ordem manifestamente ilegal; o que pode ser manifestamente ilegal para uns, não o será para outros; muitos servidores têm medo de se opor à chefia.

e) *Dever de sigilo profissional* – Acarreta para o servidor a imposição de manter segredo a respeito de assuntos funcionais de que teve ciência no exercício de suas atribuições. O desatendimento desse dever pode resultar em perda do cargo. Também se reveste de dificuldade o alcance desse dever: em primeiro lugar, em vista do princípio da publicidade que norteia as atividades da Administração (art. 37); em segundo lugar, ante o direito, reconhecido ao cidadão, de obter informações dos órgãos públicos (CF, art. 5º, XXXIII); neste caso, o inciso excepciona aquelas cujo sigilo seja imprescindível à segurança da sociedade e do Estado, de regra em pequeno número. No entanto, nem sempre é fácil avaliar o que deve ser mantido sob sigilo e o que pode ser objeto do direito à informação.

f) *Assiduidade* – Ligado ao adequado desempenho das atribuições do cargo, significa a imposição, ao servidor, de comparecimento ao local de trabalho, nos dias e horários determinados. Em geral, inclui-se no dever de assiduidade o de pontualidade. Nem sempre é diário o comparecimento à sede do trabalho, havendo jornadas de 12 x 36 horas, regimes de plantão em hospitais e outros órgãos. Os estatutos preveem sanções por descumprimento desse dever, por exemplo, pela figura do abandono de cargo, pela inassiduidade (faltas interpoladas); os atrasos e saídas antecipadas, até certo limite de tempo, acarretam descontos nos vencimentos, sendo computados como faltas se ultrapassarem o limite. Em ocasiões específicas, por ex., pandemia, normas podem fixar modos não presenciais de trabalho.

g) *Urbanidade* – Significa tratar com educação e respeito os colegas de trabalho e o público em geral. No local de trabalho, torna-se necessário manter ambiente adequado à realização das atividades, para que não sejam interrompidas ou dificultadas por exasperações emocionais, grosserias, ofensas verbais ou físicas.

13.8 Responsabilidade dos servidores

O descumprimento de deveres e a inobservância de proibições acarretam consequências para o agente público; esse tema é estudado sob o nome de responsabilidade dos servidores.

Se a conduta inadequada afeta a ordem interna dos serviços e vem caracterizada somente como infração ou ilícito administrativo, cogita-se, então, da responsabilidade administrativa, que poderá levar o agente a sofrer sanção administrativa. Essa responsabilidade é apurada no âmbito da Administração, mediante processo administrativo e a possível sanção é aplicada também nessa esfera.

Se o agente, por ação ou omissão, dolosa ou culposa, causou dano à Administração, deverá repará-lo, sendo responsabilizado civilmente. A apuração da responsabilidade civil poderá ter início e término no âmbito administrativo ou ter início nesse âmbito e ser objeto, depois, de ação perante o Judiciário.

Se a conduta inadequada do agente afeta, de modo imediato, a sociedade e vem caracterizada pelo ordenamento como crime funcional, o servidor será responsabilizado criminalmente, podendo sofrer sanções penais. A responsabilidade criminal do servidor é apurada mediante processo penal, nos respectivos juízos.

É possível que a mesma conduta configure infração administrativa, acarrete dano à Administração e seja tipificada como crime. Neste caso, o servidor arcará com as consequências da responsabilidade administrativa, civil e criminal, pois as três têm fundamento e natureza diversos. O mesmo se aplica na ocorrência de duas modalidades de infração.

Os ocupantes de cargos ou funções de chefia e direção têm o dever de tomar as providências para apurar a responsabilidade de servidores, assim que tiverem ciência de atos ou fatos que possam importar infrações; o art. 320 do Código Penal abriga a figura penal correspondente ao descumprimento desse dever. Registra-se um dever geral, previsto nos estatutos, de representar contra ilegalidade, omissão ou abuso de poder, praticados por agente, de qualquer grau hierárquico (por exemplo, art. 116, XII, do Estatuto federal). Evidente que esses deveres nem sempre se cumprem na medida desejável, em especial no caso de subordinado representar contra abuso de poder ou ilegalidade de superior hierárquico, por temor de represálias.

13.8.1 Responsabilidade criminal

A responsabilidade criminal do servidor diz respeito às consequências de condutas tipificadas pelo ordenamento como crimes relacionados ao exercício de cargo, função ou emprego público, daí o nome de crimes funcionais. O Código Penal indica tais condutas, nos arts. 312 a 326, 337-E a 337-P (*crimes em licitações e contratos administrativos*) e 359-A a 359-H, estes últimos constantes do Capítulo IV, intitulado "*Dos crimes contra as finanças públicas*", acrescentado pela Lei nº 10.028, de 19.10.2000. Além disso, leis federais específicas preveem outras condutas de servidores qualificadas como crime.

Para efeitos penais considera-se servidor público quem, embora transitoriamente ou sem remuneração, exerce cargo, função ou emprego público, inclusive em entidade "paraestatal"; equipara-se a funcionário público quem trabalha para empresa prestadora de serviço contratada ou conveniada para a execução de atividade típica da Administração Pública (Código Penal, art. 327 e §1º, este com a redação da Lei nº 9.983, de 14.07.2000). Se o réu ocupar cargo em comissão ou função de direção ou assessoramento de órgão da Administração direta, sociedade de economia mista, empresa pública ou fundação pública, a pena será acrescida de um terço (Código Penal, art. 327, §2º).

Os agentes políticos podem incidir em crimes de responsabilidade, objeto de legislação específica, a Lei nº 1.079/50 (*impeachment*), quanto a Chefes do Executivo federal e estadual, Ministros de Estado, Ministros do STF, Procurador-Geral da República, Secretários de Estado; o Dec.-lei 201/67, para Prefeitos e vereadores.

A apuração da responsabilidade criminal se efetua mediante instauração, pelo Ministério Público, de ação penal. Nos crimes de responsabilidade de agentes políticos, as leis específicas estabelecem o respectivo processo e a competência para julgar. Muitas vezes, o conhecimento de fatos ou atos tipificados como crimes funcionais ou de responsabilidade advém de sindicância, processo administrativo ou relatório de Comissão Parlamentar de Inquérito, devendo ser remetidos ao Ministério Público.

A sentença da ação penal, transitada em julgado, poderá repercutir na esfera da responsabilidade administrativa e civil do servidor (v. item 13.12).

13.8.2 Responsabilidade civil

Se for responsabilizado civilmente, o servidor *deverá reparar dano* que, por ação ou omissão, dolosa ou culposa, tenha causado à Administração. O dano pode originar-se de conduta ou omissão que lese diretamente o patrimônio público (por exemplo, equipamentos e materiais perdidos, deteriorados ou quebrados) ou redundem em prejuízo a terceiros, pago pelos cofres públicos.

Para que o servidor possa ser responsabilizado e obrigado a pagar o prejuízo, é necessário comprovar seu dolo (teve intenção de lesar ou assumiu esse risco) ou sua culpa (imprudência, negligência ou imperícia). Para isso, a Administração é obrigada a tomar as medidas legais pertinentes, não podendo, *a priori*, inocentar o servidor. De regra, efetua-se a apuração administrativa por meio de sindicância e, se for o caso, de processo administrativo. Se for verificado dolo ou culpa, a Administração poderá consultar o servidor a fim de obter o pagamento, por desconto em folha ou forma diversa. Na ausência de concordância, a Administração deve ingressar no juízo civil para obter o ressarcimento. Se a Administração visa obter ressarcimento de indenização que pagou a particulares, em virtude de dano causado pelo agente, trata-se de ação regressiva, como prevê a Constituição Federal, art. 37, §6º, parte final.

Também incide em responsabilização civil todo aquele que, exercendo, mesmo transitoriamente ou sem remuneração, mandato, cargo, emprego ou função em qualquer órgão, ente ou poder estatal, praticar ato de improbidade administrativa. Tais atos estão descritos na Lei nº 8.429, de 02.06.1992, com alterações da Lei nº 14.230/2021, arts. 9º a 11. A comprovação das condutas acarreta consequências administrativas, civis e penais. Sob o aspecto civil, poderá ser decretado, pelo juiz civil, conforme o tipo de improbidade, por exemplo, a suspensão dos direitos políticos, sequestro de bens, e também bloqueio de bens, contas bancárias e aplicações financeiras mantidas no exterior.

13.8.3 Responsabilidade administrativa

O descumprimento dos deveres e inobservância das proibições, de caráter funcional, estabelecidos nos estatutos ou em outras leis, resulta em *responsabilidade administrativa*. Esse descumprimento, por ação ou omissão, recebe diversos nomes: falta funcional, infração disciplinar, infração funcional, infração administrativa, ilícito administrativo. As duas últimas expressões não propiciam, por si, a ideia de infração cometida por servidor, no exercício de suas atribuições: também são ilícitos administrativos ou infrações administrativas condutas de particulares, sujeitas a sanções administrativas, por exemplo: desatendimento de normas e medidas decorrentes do poder de polícia, má execução de contrato administrativo. Melhor parecem as expressões falta funcional, infração disciplinar, infração funcional.

Essa responsabilidade é apurada no âmbito da própria Administração e apenada com sanções de natureza administrativa, denominadas sanções disciplinares, impostas por autoridade administrativa. Se a conduta do servidor se enquadrar também em tipos penais e causar dano à Administração, gera responsabilização criminal e civil respectivamente.

13.8.3.1 Responsabilidade fiscal

A Lei Complementar nº 101, de 04.05.2000, com alterações posteriores, estabelece normas de finanças públicas voltadas à responsabilidade na gestão fiscal. Visa alcançar o equilíbrio das contas públicas da União, Estados, Distrito Federal, Municípios e seus respectivos poderes e entes. Referida lei complementar determina a ação planejada e transparente em matéria de finanças públicas, de modo que se previnam riscos e se corrijam desvios, mediante o cumprimento de metas de resultados entre receitas e despesas e sejam obedecidos limites e condições quanto à renúncia de receita, geração de despesas com pessoal, com seguridade social, com operações de crédito etc. Essa lei complementar diz respeito precipuamente ao direito financeiro, com algumas decorrências no direito administrativo.

A infração aos seus preceitos pode acarretar processo por crime de responsabilidade (Lei 1.079, de 10.04.1950, e Dec.-lei 201, de 27.02.1967, com alterações posteriores, inclusive da Lei nº 10.028, de 19.10.2000), processo por crime comum, contra as finanças públicas (Código Penal, arts. 359-A a 359-H, acrescentados pela Lei nº 10.028/2000), e também processo por infração administrativa, nos termos do art. 5º e parágrafos desta Lei.

Segundo o referido art. 5º, constitui infração administrativa contra as leis de finanças públicas: I – deixar de divulgar ou de enviar ao Poder Legislativo e ao Tribunal de Contas o relatório de gestão fiscal, nos prazos e condições fixados; II – propor lei de diretrizes orçamentárias anual que não contenha as metas fiscais na forma da lei; III – deixar de expedir ato determinando limitação de empenho e movimentação financeira, nos casos e condições fixados em lei; IV – deixar de ordenar ou de promover, na forma da lei, a execução de medida para a redução da despesa com pessoal. A infração é processada e julgada pelo Tribunal de Contas competente para a fiscalização, sendo punida com multa de 30% dos vencimentos anuais do agente causador, a ser paga por este.

13.9 Poder disciplinar

Sob o ângulo da Administração, a ciência de atos, fatos, condutas, omissões, irregularidades suscetíveis de configurar infração disciplinar desencadeia o exercício do *poder disciplinar* (ver Capítulo 6, item 6.9). O poder disciplinar é atribuído à autoridade administrativa com o objetivo de apurar e punir faltas funcionais, condutas contrárias à realização normal das atividades do órgão, irregularidades de diversos tipos.

Não deve ser confundido o poder disciplinar com o poder penal do Estado. Este é exercido pelo Poder Judiciário, norteado pelo processo penal: visa à repressão de condutas qualificadas como crimes e contravenções; portanto, tem a finalidade precípua de preservar a ordem e a convivência na sociedade como um todo. O poder disciplinar, por sua vez, é atividade administrativa, regida pelo direito administrativo, segundo normas do processo administrativo: visa à punição de condutas, qualificadas em estatutos ou demais leis, como infrações funcionais; tem a finalidade de preservar, de modo imediato, a ordem interna do serviço, para que as atividades do órgão possam ser realizadas sem perturbação e sem desvirtuamentos, dentro da legalidade e da lisura. A diferença entre as duas atuações possibilita sua concomitância ante a mesma conduta do servidor, ensejando a imposição conjunta de sanção disciplinar e de sanção penal, sem que seja caracterizado o *bis in idem*.

O exercício do poder disciplinar apresenta-se, sobretudo, como dever da autoridade. Assim, o art. 143 do Estatuto dos servidores federais dispõe o seguinte: "A autoridade que tiver ciência de irregularidade no serviço público é obrigada a promover a sua apuração imediata, mediante sindicância ou processo administrativo disciplinar, assegurada ao acusado ampla defesa". Preceito semelhante encontra-se nos demais estatutos de servidores.

O exercício do poder disciplinar obedece a normas e princípios que formam o chamado *regime disciplinar*.

13.10 Regime disciplinar

As normas e princípios norteadores do poder disciplinar decorrem da Constituição Federal, dos estatutos de servidores, das leis orgânicas de categorias funcionais, dos princípios do direito administrativo, de orientação jurisprudencial, exercendo esta influência marcante na matéria.

Os aspectos fundamentais do regime disciplinar aplicam-se a outros âmbitos, na ausência de disposições específicas explícitas; por exemplo: no exercício do poder disciplinar relativo a condutas de alunos de faculdades públicas; no exercício do poder disciplinar do Judiciário sobre seus magistrados; no exercício do poder disciplinar do Ministério Público sobre seus integrantes.

De modo sucinto serão expostos, a seguir, os principais aspectos do regime disciplinar.

13.10.1 Competência legal

Os estatutos de servidores e leis orgânicas de categorias funcionais atribuem competências para apurar infrações e para aplicar penas disciplinares; desse modo, o poder disciplinar não pode ser exercido sem estar legalmente atribuído.

13.10.2 Vinculação ao exercício do cargo, função ou emprego

O regime disciplinar visa a assegurar a responsabilização dos agentes públicos por faltas funcionais, isto é, infrações que resultam de inobservância de deveres vinculados às atribuições do cargo, função ou emprego. Inerente à repressão disciplinar é seu vínculo à função, tanto no tocante ao seu campo de aplicação (só pode atingir servidores) quanto à natureza do motivo que a provoca (falta funcional) e à natureza da sanção (pena disciplinar) (cf. Jacques Dembour. *Droit administratif*, 3. ed., Liège, 1978, p. 252). O vínculo ao exercício do cargo, função ou emprego norteia, por conseguinte, a caracterização das infrações passíveis de sanções disciplinares.

13.10.3 Legalidade das infrações

As condutas consideradas infrações devem estar legalmente previstas: é ilegal apenar servidores por atos ou fatos que não estejam caracterizados, na lei, como infrações funcionais. Essa caracterização se efetua nos estatutos e leis orgânicas de categorias, principalmente.

No tocante a esse aspecto, surge a questão da *tipicidade das infrações disciplinares*. Os estatutos utilizam, muitas vezes, fórmulas amplas e abertas, por exemplo, "procedimento irregular de natureza grave", "inobservância de dever funcional". Daí se mencionar a característica da "*atipicidade*" das infrações disciplinares, sobretudo no confronto com os ilícitos de natureza penal, para os quais prevalece a tipicidade. Nessa linha, seria inaplicável ao âmbito disciplinar o famoso brocardo do direito penal *nullum crimen sine lege*.

Cabem algumas ressalvas a respeito da atipicidade das infrações. Dois argumentos aparecem amiúde para justificar essa atipicidade ou a não aplicação do adágio *nullum crimen sine lege*: a) dificuldade de catalogar com exatidão todas as condutas que possam desatender deveres e proibições funcionais; b) discricionariedade do poder disciplinar.

a) Se a dificuldade de descrever, de modo rigoroso e perfeito, todas as possíveis infrações leva alguns autores a justificar uma "atipicidade" em matéria disciplinar, outros estudiosos mencionam o princípio do injusto típico (García de Enterría e Tomás-Ramón Fernandez. *Curso de derecho administrativo*, v. 2, p. 165), a vigorar também nesse âmbito. Segundo Nieto, "a suficiência da tipificação se concretiza na previsão razoável das consequências jurídicas da conduta; à vista da norma, o servidor há de saber que sua conduta constitui uma infração e deve conhecer qual a resposta punitiva correspondente. (...) A descrição deve ser suficiente, dotada da maior precisão possível. (...) O mandado de tipificação tem um alcance muito diferente no Direito Administrativo e no Direito Penal. (...) Não vulnera a legalidade o emprego de fórmulas amplas, sempre que sua concreção seja razoavelmente factível em virtude de critérios lógicos, técnicos ou de experiência que permitam prever, com suficiente segurança, a conduta visada" (*Derecho administrativo sancionador*. Madri, 1994, p. 293).

Registrou-se nítida evolução no regime disciplinar, nas últimas décadas, para impedir que a "atipicidade" venha invocada para camuflar conotações subjetivas no exercício do poder disciplinar. Um dos aspectos dessa evolução encontra-se na crescente "jurisdicionalização" dos processos disciplinares, que significa, em síntese, o reconhecimento, na esfera administrativa, de garantias das posições jurídicas dos indivíduos. E foi justamente no regime disciplinar que o Judiciário pátrio mais se empenhou no tocante às garantias do agente público ante o poder disciplinar da Administração. Ante esse contexto, ainda que o operador do poder disciplinar se defronte com fórmulas vagas, inseridas em estatuto ou lei orgânica, deve pautar seu juízo por parâmetros objetivos, para enquadrar a conduta do agente em tais fórmulas, dentre os quais: vínculo com a função, adequada qualificação jurídica dos fatos, repercussão da conduta na prestação do serviço, o conjunto do comportamento funcional do agente. Deve-se notar, ainda, que estatutos mais recentes utilizam poucas fórmulas amplas, optando por remeter as sanções ao rol de deveres e proibições e explicitar as condutas; nessa linha se situa o Estatuto federal, arts. 129 a 132.

b) A respeito da discricionariedade em geral, registra-se, no momento, tendência universal de direcionar sua manifestação, como já se disse. Não mais é viável invocar poderes livres ou zonas livres a título de discricionariedade. Um rol de princípios e exigências que integram o direito administrativo contemporâneo denotam aquele direcionamento: moralidade administrativa, impessoalidade, publicidade, obrigação de motivar, controle jurisdicional dos motivos, princípio da proporcionalidade, entre outros. Soa estranho atualmente associar discricionariedade a poder disciplinar: primeiro, em virtude dos elementos de direcionamento da discricionariedade, em geral; em segundo lugar, porque o poder disciplinar há muito tempo vem se exercendo sob moldes processuais, justamente para impedir arbítrios e subjetivismos. Os paradigmas processuais mostram-se incompatíveis com atuações livres e desvinculadas de preceitos legais, tanto que sob tais moldes se exerce a função jurisdicional, para a garantia cabal dos direitos. Reflexo disso está nas garantias previstas no art. 5º, LV, da Constituição Federal e em toda a elaboração jurisprudencial pátria, no sentido de maiores garantias aos indiciados em processos disciplinares, trazendo, por decorrência, restrição a margens livres que pudessem levar ao arbítrio. Mesmo que persista um resquício de discricionariedade na gradação das penas, a jurisprudência pátria e a estrangeira vêm aplicando, nesse aspecto, o princípio da proporcionalidade, para que a gravidade da sanção corresponda à gravidade da conduta.

13.10.4 Legalidade das sanções

O adágio *nulla poena sine lege* vigora em matéria de sanções disciplinares, daí ser vedada aplicação de pena não arrolada em texto legal, não podendo ser "inventada" modalidade punitiva. Quer dizer, também, que a sanção há de estar associada a uma infração, isto é, deve estar associada a uma conduta que traduz descumprimento de dever ou inobservância de proibição, de natureza funcional.

Nas hipóteses em que a sanção admitir dosagem, como na suspensão, já está assente, no ordenamento pátrio, a exigência de proporcionalidade entre a gravidade da falta e a severidade da sanção, possibilitando-se ao Judiciário verificar esse equilíbrio e anular a decisão que deixou de atendê-lo.

As sanções mais comuns elencadas nos estatutos são as seguintes:

a) *advertência ou repreensão* – previstas para faltas leves, são aplicadas por escrito; podem repercutir na avaliação de desempenho para fins de promoção;

b) *suspensão* – significa o não exercício das atribuições funcionais por certo tempo, sem percepção de vencimentos;

c) *demissão* – consiste na perda do cargo ou função em virtude de infração funcional grave; é a pena aplicada, por exemplo, nos casos de: abandono de cargo, por faltas consecutivas por trinta ou mais dias; inassiduidade habitual, por faltas interpoladas, em geral sessenta por ano; corrupção; aplicação irregular de dinheiros públicos; acumulação ilegal de cargos, funções ou empregos públicos. Alguns estatutos preveem a demissão a bem do serviço público, para algumas infrações a que outros cominam a demissão;

d) *cassação de aposentadoria ou disponibilidade* – é a extinção da aposentadoria ou da disponibilidade, acarretando o retorno (reversão) do servidor à atividade, para que possa ser aplicada a pena de demissão. Tal ocorre quando em atividade o servidor cometeu falta grave, verificada depois do ato de aposentadoria ou disponibilidade.

Alguns estatutos preveem a pena de *multa*, remetendo a uma lei os casos e a forma em que será aplicada.

13.10.5 Prescritibilidade

A possibilidade de aplicar sanções disciplinares não é perpétua; os estatutos fixam prazos prescritivos para a atuação disciplinar da Administração. Em geral, para infrações puníveis com demissão e cassação de aposentadoria ou disponibilidade, o prazo é de cinco anos; para infrações leves, dois anos.

Estatutos menos recentes fixam o início do curso do prazo na data em que a autoridade tiver conhecimento do fato. Nos estatutos mais recentes ou que tenham recebido alteração recente, o início do prazo prescricional é fixado na data do fato, sendo esta a tendência na matéria. O curso da prescrição interrompe-se com a abertura de sindicância ou a instauração do processo disciplinar. Segundo o art. 202, *caput*, do Código Civil, só uma interrupção da prescrição é admitida. Os prazos de prescrição previstos na lei penal aplicam-se às infrações disciplinares qualificadas também como crime.

A Constituição Federal, no art. 37, §5º, remete à lei a fixação de prazos de prescrição para ilícitos praticados por qualquer agente, servidor ou não, que causem prejuízo ao erário, ressalvadas as respectivas ações de ressarcimento. Dúvidas surgiram no tocante a esta ressalva, pois as hipóteses de imprescritibilidade são previstas de modo explícito na Constituição Federal para alguns crimes. Tratando-se de ilícito administrativo, o campo não é penal. Mas o STF, em decisão de 08.8.2018, com repercussão geral, firmara que só não prescrevem as ações relativas a atos de improbidade praticados com dolo, prescrevendo os atos praticados com culpa (negligência, imprudência, imperícia, em geral). Tal decisão ficou prejudicada, pois agora, com as alterações da Lei nº 8.429/1992, trazidas pela Lei nº 14.230/2021, somente condutas dolosas caracterizam improbidade administrativa, para cuja ação é fixada prescrição no prazo de 8 (oito) anos a partir do fato (art. 23 da Lei nº 8.429/1992, na redação nova), sem distinguir se houve ou não dano ao erário. Em decisão de 18 agosto de 2022, ARE 843.989, o STF decidiu que os prazos de prescrição decorrentes das alterações propiciadas pela Lei nº 14.230/2021 só valem para processos iniciados depois da entrada em vigor desta Lei.

13.10.6 Motivação

Os atos referentes ao arquivamento de sindicância, à imposição de pena e à absolvição devem ser motivados, isto é, a autoridade competente deve explicitar as razões de fato e de direito que levaram à decisão, com base nos elementos dos autos.

13.11 Processo administrativo disciplinar

13.11.1 Noção e terminologia

Em essência, *processo administrativo disciplinar* é a sucessão ordenada de atos destinados a averiguar a realidade de falta cometida por servidor, a ponderar as circunstâncias que nela concorreram e a aplicar as sanções pertinentes.

No direito pátrio, durante muito tempo, usava-se a expressão "processo administrativo" somente para designar o processo disciplinar, reduzindo-se o gênero a uma de suas espécies.

Nota-se confusão no uso dessa expressão: por vezes aparece com sentido amplo, para designar todas as figuras relativas à apuração da responsabilidade administrativa do servidor, por exemplo, no Título V do Estatuto federal; por vezes é usada com sentido restrito, para indicar uma só figura, aplicada nos casos de faltas que possam acarretar penas graves ou demissão, o chamado *processo administrativo disciplinar propriamente dito*.

Também causa confusão o uso dos termos *inquérito administrativo*, para intitular o processo administrativo propriamente dito ou para designar a sindicância. Tal expressão revela-se imprópria, sobretudo por evocar analogia indevida com o inquérito policial.

Outro motivo de imprecisão encontra-se no uso do vocábulo *sindicância*, com dois sentidos: para denominar o meio de verificar fatos pouco definidos e possível autoria e para denominar o processo administrativo disciplinar, que apura faltas leves suscetíveis de penas leves. Para clareza da matéria, melhor seria reservar o termo sindicância somente para o primeiro objetivo, atribuindo-se o nome "processo disciplinar sumário" para a responsabilização por faltas leves.

13.11.2 Comissões processantes

No ordenamento brasileiro, as sindicâncias e processos administrativos disciplinares *stricto sensu* correm perante comissões, denominadas *comissões processantes* ou *comissões disciplinares*, embora, no caso de sindicância, se mencionem os termos *comissão de sindicância*. Em geral, a comissão é integrada por três servidores; alguns estatutos exigem que os servidores sejam efetivos ou estáveis.

Em cada nível administrativo, pode-se adotar o sistema de comissões permanentes ou o sistema de comissões indicadas caso a caso.

O sistema de comissões permanentes admite duas modalidades: comissões permanentes para toda a Administração, havendo órgãos destinados somente a tais atividades; ou comissões permanentes em cada órgão, mesclando-se, nesse caso, as atividades específicas com as atividades da comissão permanente, válidas somente para os casos disciplinares do respectivo órgão. Tal sistema não exclui a possibilidade de haver comissões especiais para certos casos, se assim decidir a autoridade competente.

As comissões não têm a função de dar a decisão final da sindicância ou do processo administrativo disciplinar; apresentam-se, ao mesmo tempo, como órgãos de instrução, de audiência e de assessoria à autoridade competente para julgar.

Depois da instrução e, se for o caso, das alegações finais de defesa, a comissão elabora relatório.

13.11.3 Sindicância

Nos estatutos, em geral, aparecem duas modalidades de sindicância: a *sindicância preliminar a processo administrativo* e *a sindicância como processo sumário*.

A *primeira modalidade* caracteriza a peça preliminar e informativa do processo administrativo disciplinar, devendo ser instaurada quando os fatos não estiverem definidos ou faltarem elementos indicativos da autoria. Configura meio de apuração prévia, em relação ao processo administrativo disciplinar, destinada a colher elementos informativos para instaurá-lo ou não.

Nesta acepção, a sindicância não se instaura contra um servidor: visa apurar possíveis fatos irregulares e seu possível autor. Se o objetivo é apurar fato relativo a determinado servidor ou determinados servidores, cabem as garantias do contraditório e ampla defesa, previstas na Constituição Federal, art. 5º, LV. Em geral, observa as seguintes fases: instauração, instrução, relatório. Dessa sindicância pode resultar o seguinte: o arquivamento do caso, por inexistência de infração, de irregularidade, ausência de autoria; ou instauração de processo disciplinar, ante a caracterização do fato como infração e a identificação do possível autor.

A *segunda modalidade* é a sindicância de caráter processual, pois se destina a apurar a responsabilidade de servidor identificado, por falta leve, podendo resultar em aplicação de pena. Trata-se, na verdade, de um processo administrativo disciplinar sumário. Os estatutos em geral destinam a sindicância para fatos suscetíveis de penas de advertência, repreensão, suspensão até trinta dias, fixando prazo curto para seu término, com possibilidade de prorrogação. Nesta modalidade, o contraditório e a ampla defesa hão de ser assegurados, ainda que sumário o processo, pois existe acusado. Segue as mesmas fases do processo disciplinar *stricto sensu*.

Deve-se notar que, desde a Constituição Federal de 1988, *não mais pode vigorar* a aplicação de sanção disciplinar pelo *critério da verdade sabida*; por esse critério, podiam ser aplicadas, de imediato, penas leves, por exemplo, repreensão e suspensão até cinco dias, por autoridade que tivesse conhecimento direto da falta cometida. Tendo em vista que a Constituição Federal, art. 5º, LV, assegura, aos acusados em geral, o contraditório e ampla defesa, torna-se inconstitucional a imposição imediata de punição, sem observância dessas garantias.

13.11.4 Processo disciplinar *stricto sensu*: fases, recurso e revisão

O processo disciplinar *stricto sensu* é o meio de apurar a responsabilidade, por infrações funcionais, de servidor identificado. Em geral, os estatutos destinam esse instrumento para condutas ensejadoras de penas graves, por exemplo, suspensão superior a trinta dias e demissão.

Tradicionalmente os estatutos preveem as seguintes fases do processo disciplinar: instauração, instrução, defesa, relatório, julgamento. O Estatuto federal indica três fases, no art. 151: instauração; inquérito administrativo, abrangendo instrução, defesa e relatório; e julgamento.

a) *Instauração* – É o ato da autoridade competente que dá início ao processo disciplinar. Foge da competência da comissão processante a instauração do processo.

Por vezes, a instauração se efetua simultaneamente à constituição da comissão processante. Formaliza-se, em geral, por despacho ou portaria.

O ato que instaura o processo deve enunciar os fatos ou condutas atribuídos ao servidor indiciado (imputação) e os respectivos dispositivos legais onde se enquadram. Tal exigência insere-se no âmbito das garantias decorrentes da ampla defesa. Nesse sentido, os acórdãos seguintes: STF, RE 120.570, 1991: "Inexistência de imputação não é erro leve de forma; constitui omissão grave, insanável violência à ampla defesa. (...) É instrumento que, especificando as imputações, delimita e demarca o objeto do processo disciplinar e, por conseguinte, a defesa do acusado" (RDA 189, 1992); STJ, RMS 1.074, 1991: "A portaria inaugural e o mandado de citação devem explicitar os ilícitos atribuídos ao acusado. Ninguém pode defender-se eficazmente sem pleno conhecimento das acusações que lhe são imputadas" (RDA 188, 1992).

Instaurado o processo, a comissão deverá providenciar a citação do indiciado, em cujo instrumento se explicita a infração que lhe é atribuída e os respectivos dispositivos legais.

b) *Instrução* – Destina-se a colher provas e outros elementos, de fato e de direito, que possibilitem a decisão justa e aderente à realidade; aí se incluem as provas, a formulação de laudos ou pareceres, enfim, todos os dados que levam ao conhecimento acurado das circunstâncias do caso e da conduta do acusado.

No processo disciplinar exigia-se defesa técnica, sobretudo em casos de imputação de infrações graves; se o servidor não tivesse advogado, a Administração era obrigada a indicá-lo. Mas, nos termos da Súmula Vinculante 05, do STF, "A falta de defesa técnica por advogado no processo administrativo disciplinar não ofende a Constituição". Assim, a defesa por advogado se tornou facultativa.

Integram a garantia do contraditório, em especial: o advogado e o indiciado têm o direito de acompanhar o processo; têm direito à vista e cópia dos autos; o advogado deve ser cientificado de todos os atos da instrução, com certa antecedência (em geral, mínimo de 48 horas). Integram a ampla defesa, nessa fase, em especial: arrolar e reinquirir testemunhas; solicitar e produzir provas e contraprovas; formular quesitos na prova pericial.

O reconhecimento do direito à prova não implica seu exercício abusivo, mediante pedido de provas protelatórias, impertinentes, irrelevantes, abusivas (por exemplo, ouvida de cem testemunhas), a ser denegado pela comissão.

Aplica-se ao processo disciplinar a regra que veda as provas obtidas por meios ilícitos (CF, art. 5º, LVI).

c) *Defesa* – O princípio da ampla defesa permeia todo o processo disciplinar, mas confere-se esse nome a uma das fases, na qual o indiciado apresenta alegações escritas, depois da fase de instrução. Deve-se conceder prazo razoável para formulação das alegações escritas (em geral os estatutos fixam 10 ou 15 dias), assegurando-se vista dos autos e extração de cópias.

d) *Relatório* – Esta fase corresponde à elaboração de peça escrita denominada relatório, com a descrição dos fatos apurados, das provas realizadas, a síntese dos depoimentos, a síntese dos argumentos de defesa e a conclusão da comissão no tocante à condenação ou absolvição do indiciado, com os respectivos fundamentos de fato e de direito. Concluindo pela punição, deverá indicar a pena disciplinar. Depois, o relatório é remetido à autoridade competente para julgar.

e) *Julgamento* – É a decisão da autoridade competente, no sentido da absolvição ou condenação do indiciado. Os estatutos indicam as autoridades competentes para julgar e impor sanção. Em caso de condenação, deve ser infligida a pena. Tratando-se de pena de demissão, por vezes o ato de imposição é atribuído à autoridade diversa daquela que julga, porque essa pena, de regra, é da competência da autoridade máxima do órgão ou ente. Os atos que absolvem ou condenam devem ser motivados.

Neste ponto vem a questão do modo pelo qual a autoridade deve considerar a *conclusão do relatório da comissão*. Tradicionalmente, a conclusão do relatório da comissão reveste-se de caráter de proposta, ou seja, de caráter opinativo, exigida a motivação quando a autoridade competente para julgar decidir em sentido diferente do proposto pela comissão. Assim, por exemplo, os Estatutos dos Servidores do Estado e do Município de São Paulo utilizam o vocábulo "propor" para a conclusão do relatório e não fixam vínculo algum para a autoridade. Essa diretriz foi alterada no Estatuto federal, que, no art. 168, atribui efeito vinculante ao relatório, nos termos seguintes: "Art. 168. O julgamento acatará o relatório da comissão, salvo quando contrário às provas dos autos. Parágrafo único. Quando o relatório da comissão contrariar as provas dos autos, a autoridade julgadora poderá, motivadamente, agravar a penalidade proposta, abrandá-la ou isentar o servidor de responsabilidade". Portanto, na esfera federal a conclusão do relatório é vinculante para a autoridade julgadora, salvo quando contrariar as provas dos autos.

Se a autoridade detectar a existência de vício insanável, anulará o processo no todo ou em parte e ordenará, no mesmo ato, a constituição de nova comissão para instauração de novo processo administrativo (art. 169). Quando a infração estiver capitulada como crime, o Ministério Público será cientificado para fins de instauração de ação penal.

Do ato impositivo de sanção disciplinar cabe *recurso administrativo*, na modalidade de pedido de reconsideração e de recurso hierárquico; se a autoridade julgadora se encontra no grau mais elevado da hierarquia do órgão, somente o primeiro é viável. Os prazos para interposição desses recursos vêm fixados nos estatutos.

Os estatutos contemplam, ainda, a *revisão do processo disciplinar*, devendo ser aduzidos fatos novos ou circunstâncias suscetíveis de justificar a inocência do punido ou a inadequação da penalidade aplicada. Nesse caso, o ônus da prova cabe ao requerente. Em caso de falecimento ou ausência do servidor, qualquer pessoa da família poderá requerer a revisão do processo disciplinar. Se a revisão for julgada procedente, a penalidade é declarada sem efeito, restabelecendo-se todos os direitos do servidor.

No tocante ao controle jurisdicional do processo administrativo disciplinar, a Súmula 665, do STJ, reza o seguinte: "O controle jurisdicional do processo administrativo disciplinar restringe-se ao exame da regularidade do procedimento e da legalidade do ato, à luz dos princípios do contraditório e ampla defesa e do devido processo legal, não sendo possível incursões no mérito administrativo, ressalvadas as hipóteses de flagrante ilegalidade, teratologia ou manifesta desproporcionalidade da sanção aplicada".

13.12 Repercussão da sentença penal no processo administrativo disciplinar

Esta matéria também vem tratada sob as rubricas *comunicabilidade de instâncias, instância penal e instância administrativa*. Refere-se aos efeitos da sentença penal no âmbito do processo disciplinar, quando, paralelamente, pela mesma conduta, o servidor é réu em ação penal e indiciado em processo administrativo. Nesse caso, a conduta qualificada de crime e de infração disciplinar, ao mesmo tempo, vincula-se ao exercício de cargo, função ou emprego público, apresentando, portanto, caráter funcional. É o caso, por exemplo, das condutas arroladas no capítulo do Código Penal denominado "Dos crimes praticados por funcionário público contra a Administração em geral" (arts. 312 a 326).

Um dos preceitos nucleares na matéria encontra-se no art. 935 do Código Civil, segundo o qual não se pode questionar mais sobre a existência do fato, ou sobre quem seja o seu autor, quando estas questões se acharem decididas no juízo criminal.

Assim, a *condenação do servidor*, por estar decidida a existência do fato e reconhecido o seu autor, repercute no âmbito disciplinar, para levar à punição do servidor, também nesse campo.

Na hipótese de *absolvição*, se esta resultar de prova da inexistência do fato ou de prova da ausência de autoria, o servidor também será absolvido no processo disciplinar, por força do citado art. 935.

Se a sentença absolutória na ação penal reconhecer ter sido o ato praticado em estado de necessidade, em legítima defesa, em estrito cumprimento do dever legal ou no exercício regular de direito, acarreta a absolvição na esfera administrativa, com fundamento no art. 65 do Código de Processo Penal, pois esse tipo de absolvição faz coisa julgada no cível.

Caso a absolvição na ação penal se fundamente na *ausência de prova do fato, ausência de prova da autoria, ausência de prova suficiente para a condenação, não constituir o fato infração penal*, não trará consequências no âmbito administrativo. Isso porque a falta ou insuficiência de provas para fins penais não implica necessariamente falta ou insuficiência de provas para caracterizar a conduta como infração administrativa, e o fato que não constitui infração penal pode constituir infração administrativa disciplinar. Nessas hipóteses, ao servidor poderá ser imposta pena disciplinar, se ficar caracterizada sua autoria na prática de infração administrativa, no devido processo disciplinar. Trata-se da chamada *falta residual* ou *resíduo*, a que se referem a doutrina e a jurisprudência; a respeito, a Súmula 18 do STF assim se expressa: "Pela falta residual, não compreendida na absolvição pelo juízo criminal, é admissível a punição administrativa do servidor público".

Bibliografia

BACELLAR FILHO, Romeu Felipe. *Processo administrativo disciplinar*. 4. ed. São Paulo: Saraiva, 2013.

FORTINI, Cristiana (Org.). *Servidor Público*: estudos em homenagem ao Professor Pedro Paulo Dutra. Belo Horizonte: Fórum, 2009.

MEDAUAR, Odete. *A processualidade no direito administrativo*. 3. ed. Belo Horizonte: Fórum, 2021.

NASSAR, Elody. *Prescrição na Administração Pública*. 2. ed. São Paulo: Saraiva, 2009.

NIETO, Alejandro. *Derecho administrativo sancionador*. 2. ed. Madri: Tecnos, 1994.

OSÓRIO, Fábio Medina. *O direito administrativo sancionador*. 7. ed. São Paulo: RT, 2020.

RIGOLIN, Ivan Barbosa. *Comentários ao regime jurídico dos servidores públicos civis*. 3. ed. São Paulo: Saraiva, 1994.

SCHIRATO, Vitor Rhein. *Fundos de pensão e regimes públicos de previdência social*. Rio de Janeiro: Lumen Juris, 2021.

CAPÍTULO 14

SERVIÇO PÚBLICO

14.1 Terminologia

A expressão *serviço público* às vezes vem empregada em *sentido muito amplo*, para abranger toda e qualquer atividade realizada pela Administração pública, desde uma carimbada num requerimento até o transporte coletivo. Quando se fala "ingresso no serviço público", é atribuído sentido amplo ao termo. Se esta fosse a acepção adequada, todo o direito administrativo conteria um único capítulo, denominado "serviço público", pois todas as atividades da Administração aí se incluiriam.

No sentido amplo da expressão "serviço público" são englobadas também as atividades do Poder Judiciário e do Poder Legislativo, quando se menciona o seguinte: o Judiciário presta serviço público relevante; o Legislativo realiza serviço público. Evidente que aí a expressão não se reveste de sentido técnico, nem tais atividades sujeitam-se aos preceitos norteadores da atividade tecnicamente caracterizada como serviço público.

Serviço público, como um capítulo do direito administrativo, diz respeito à atividade realizada no âmbito das atribuições da Administração, inserida no Executivo. E refere-se à *atividade prestacional*, em que o poder público propicia algo necessário à vida coletiva, como, por exemplo, água, energia elétrica, transporte urbano. As atividades-meio (por exemplo: arrecadação de tributos, serviços de arquivo, limpeza de repartições, vigilância de repartições) não se incluem na acepção técnica de serviço público.

Assim, o serviço público apresenta-se como uma dentre as múltiplas atividades desempenhadas pela Administração, que deve utilizar seus poderes, bens e agentes, seus atos e contratos para realizá-lo de modo eficiente.

14.2 Caracterização

Na história do direito administrativo, a expressão *serviço público* foi trabalhada como teoria, como concepção, nas primeiras décadas do século XX, pela *Escola do Serviço Público*, também chamada Escola de Bordeaux, encabeçada pelos franceses Duguit e Jèze.

Para esta escola o serviço público era a ideia mestra do direito administrativo e o Estado seria uma cooperação de serviços públicos, organizados e controlados pelos governantes.

Tendo em vista que a Escola de Serviço Público concebia o serviço público como atividade prestada pelo poder público, registrou-se abalo nessa teoria quando se expandiu a execução de serviços públicos por particulares. Falou-se, então, de crise da noção de serviço público, que nada mais era do que inadequação de uma teoria específica à extensão das prestações estatais, hoje realizadas sob modos variados. A atividade de prestação de serviços públicos não se encontra em crise, nem desapareceu; ao contrário, hoje se reveste de grande importância, sobretudo porque impõe ao poder público uma exigência de atendimento das necessidades básicas da vida social, ligadas, inclusive, a direitos sociais assegurados na Constituição.

Então, como se pode caracterizar o serviço público?

Saber quando e por que uma atividade é considerada serviço público remete ao plano da concepção política dominante, ao plano da concepção sobre o Estado e seu papel. É o plano da escolha política, que pode estar fixada na Constituição do país, na lei e na tradição. A Constituição pátria considera como serviços públicos, por exemplo: o transporte coletivo (art. 30, V); serviços telefônicos, telegráficos (art. 21, XI); energia elétrica (art. 21, XII, *b*). Por sua vez, a Lei 9.074, de 07.07.1995, indica os serviços federais de barragens, contenções, eclusas, diques e irrigações como serviços públicos.

Tradicionalmente existe o chamado "núcleo pacífico dos serviços públicos": água, luz, iluminação pública, coleta de lixo, limpeza de ruas, correio.

Finalidades diversas levam a considerar certa atividade como serviço público, dentre as quais: retirar da especulação privada setores delicados; propiciar o benefício do serviço aos menos favorecidos; suprir carência da iniciativa privada; favorecer o progresso técnico.

Em essência, *serviço público* significa prestações; são atividades que propiciam diretamente benefícios e bens, aos administrados, não se incluindo aí as de preparação de infraestrutura (arquivo, arrecadação de tributos). Abrange prestações específicas para determinados indivíduos – água, telefone – e prestações genéricas – iluminação pública, limpeza de ruas.

No momento em que a atividade de prestação recebe a qualificação de serviço público, consequências advêm, em especial quanto ao regime jurídico, mesmo que fornecida por particulares.

Os elementos comuns às atividades qualificadas de serviço público são os seguintes:

a) *Vínculo orgânico com a Administração*. Hoje serviço público não significa necessariamente atividade executada por órgão público. O vínculo com a Administração significa, na atualidade, o seguinte:

a.1) presunção de serviço público – quando a atividade prestacional é exercida pelo poder público, presume-se que se trata de serviço público;

a.2) relação de dependência entre a atividade e a Administração ou presença orgânica da Administração; quer dizer, a Administração está vinculada a essa atividade, exercendo controle permanente sobre o executor do serviço público; sua atuação, portanto, é mais ampla do que a aplicação de medidas decorrentes do poder de polícia, porque a Administração é responsável pela atividade. A Administração tem, assim, parte preponderante na organização da atividade. Nesse sentido se coloca a lição de Hely Lopes Meirelles ao mencionar o serviço público como atividade sob regulamentação e controle estatais (*Direito administrativo brasileiro*, 15. ed., 1990, p. 290). A Constituição Federal fixa vínculo orgânico ao dispor, no *caput* do art. 175, que incumbe ao poder público a prestação de serviços públicos, diretamente ou sob regime de concessão ou permissão. Por isso, os chamados "serviços de utilidade pública", realizados por particulares e reconhecidos pela Administração como de "utilidade pública", não podem ser qualificados como serviços públicos, em sentido técnico, por faltar o vínculo orgânico com a Administração, por não incumbirem ao poder público; este apenas reconhece que tais atividades trazem benefício à população, sobretudo se forem assistenciais, culturais, educacionais, por exemplo.

b) Quanto ao regime jurídico, *a atividade de prestação é submetida total ou parcialmente ao direito administrativo*; mesmo que seja realizada por particulares, em tese sujeita a regras do direito privado, se a atividade for qualificada como serviço público, tem notas de diferenciação: não há serviços públicos submetidos exclusivamente ao direito privado. Conforme Demichel (*Le droit administratif – Essai de réflexion théorique*, 1978), o serviço público não acarreta necessariamente a aplicação exclusiva do direito público, mas é condição suficiente da aplicação de certo *quantum* de direito administrativo.

Há alguns anos, em virtude, sobretudo de tratados e documentos da União Europeia, ressurgiu o debate sobre serviço público. Nesses textos outras expressões vêm sendo mencionadas para atividades classicamente consideradas serviços públicos, como, por exemplo, atividades econômicas de interesse geral, serviços universais, serviços de utilidade pública. Alguns autores afirmam que não mais existe serviço público, nem titularidade estatal de atividades. Tais concepções não se aplicam ao ordenamento brasileiro, ante o art. 175 da CF, que atribui o serviço público ao Poder Público, diretamente ou mediante concessão ou permissão. Pode-se pensar de modo evolutivo no serviço público, para inserir o dado econômico, a gestão privada, a concorrência, sem abolir a presença do Estado. As atividades necessárias à coletividade não podem ficar à mercê apenas do jogo do mercado.

14.3 Princípios diretores

Uma das consequências da caracterização da atividade como serviço público é a sua submissão a um grupo de preceitos.

a) *Funcionamento equitativo* ou *igualdade de todos perante o serviço público* ou *paridade de tratamento*. Trata-se de desdobramento do princípio da igualdade. Exemplo, a Lei Orgânica do Município de São Paulo, art. 123, parágrafo único, diz que os serviços públicos serão prestados "sem distinção de qualquer espécie". Daí se afirmar que o serviço público não busca lucro necessariamente e pode suportar déficit; mas o atendimento das necessidades da população e a igualdade de acesso não devem ser bandeira para ocultar ausência de direção do serviço, má gestão, desperdício. Diversos textos da União Europeia mencionam os serviços universais ou a universalização dos serviços, no sentido de obrigação de assegurar, a todos, o acesso a certas prestações essenciais, de qualidade e a preço acessível. No Brasil algumas leis se referem à universalização.

Vinculada à igualdade se coloca a questão da *gratuidade*. Esta não foi afirmada como princípio do serviço público. Às vezes o ordenamento determina a gratuidade; por exemplo, a Constituição Federal de 1988 assegurou a gratuidade do ensino público em estabelecimentos oficiais (art. 206, IV); fixou, como dever do Estado, a garantia de ensino fundamental obrigatório e gratuito (art. 208, I); e determinou a gratuidade dos transportes coletivos urbanos a maiores de 65 anos (art. 230, §2º).

b) *Funcionamento contínuo*. A Lei 8.987/95 – concessão de serviço público – menciona, em seu art. 6º, §1º, a continuidade e regularidade entre as condições do serviço adequado. Esse princípio traz consequências em alguns âmbitos do direito administrativo, como nos contratos e no regime dos servidores.

Um dos âmbitos mais sensíveis refere-se ao *direito de greve* (v. item 13.7.7 do Capítulo 13). Durante muito tempo, sob invocação do princípio da continuidade do serviço público, foi proibida a greve de servidores. Depois, em quase todo o mundo ocidental, foi permitida. A conciliação entre o direito de greve e a continuidade se realiza por regras específicas para a greve nos serviços públicos, por exemplo: comunicação prévia, com antecedência razoável, do início da greve; manutenção de parte das atividades em funcionamento. A Constituição Federal reza que o direito de greve dos servidores será exercido nos termos e limites definidos em lei específica. O STF, em 2007, fixou entendimento no sentido da aplicação, por analogia, da Lei 7.783/89 – greve no setor privado, à greve dos servidores públicos, enquanto não se editar a lei específica.

c) *Possibilidade de modificar o modo de execução*. Visa a adaptar a prestação do serviço a exigências novas, da própria vida coletiva e de modernas tecnologias. A aplicação mais usualmente citada desse princípio é a modificação unilateral do contrato administrativo.

d) Alguns autores indicam o princípio do *funcionamento eficiente*: o serviço público deve ser o melhor possível. A Lei 8.987/95 aponta, entre as condições do serviço adequado, a eficiência, o mesmo ocorrendo na Lei Orgânica do Município de São Paulo (art. 123, parágrafo único).

14.4 Tipologia

Sob vários critérios os serviços públicos podem ser agrupados. Quanto ao responsável, no Estado brasileiro existem os serviços públicos federais, estaduais e municipais; havendo serviços públicos comuns, de competência das regiões metropolitanas, emergem os serviços públicos metropolitanos. A competência para a prestação de serviços públicos decorre da repartição de competências prevista na Constituição Federal. Além dos serviços públicos de competência exclusiva, há serviços concorrentes (por exemplo, assistência médica) e serviços passíveis de delegação.

No tocante aos destinatários, Hely Lopes Meirelles indica os *serviços uti universi* ou *gerais*, sem destinatários determinados, por exemplo, coleta de lixo, limpeza de ruas, iluminação pública; e os *serviços uti singuli ou individuais*, prestados a usuários determinados, por exemplo, água, telefone, gás canalizado (*Direito administrativo brasileiro*, 19. ed., 1994, p. 297). Os primeiros, de regra, não são diretamente remunerados pelos usuários; os segundos, por terem usuários identificados, são pagos diretamente, por meio de tarifas ou taxas.

É possível ainda cogitar de serviços públicos cuja responsabilidade cabe totalmente ao poder público, mesmo se executados por particulares, por exemplo: correio, água, gás canalizado, radiodifusão sonora e por imagens; e de serviços públicos assim considerados somente se o poder público os assume, pois o ordenamento também possibilita que a iniciativa privada exerça tais atividades, sob sua responsabilidade, por exemplo: ensino fundamental e médio.

14.5 Modos de prestação

Há serviços públicos prestados pela Administração direta, por seus próprios servidores, por exemplo, ensino fundamental e médio. Outros são de responsabilidade da Administração direta, mas executados por particulares, mediante contrato de prestação de serviços, remunerados pelos cofres públicos, por exemplo, em vários Municípios, a coleta de lixo e a limpeza de ruas. Estes são os serviços centralizados.

Com base em Hely Lopes Meirelles, é possível mencionar os *serviços públicos descentralizados*, atribuídos por *outorga*, mediante lei, a entidades da Administração indireta ou assemelhadas, instituídas pelo poder público: autarquias, empresas públicas, sociedades de economia mista, fundações públicas. Ou atribuídos, *por delegação*, mediante contrato ou ato administrativo, a pessoas físicas, a pessoas jurídicas privadas e, acrescente-se, a pessoas jurídicas públicas (mediante convênio). Para este autor, a outorga, efetuada por lei, sem prazo determinado, supõe definitividade; a delegação tem a presunção de temporariedade, daí ser efetuada por prazo determinado. Os vocábulos *outorga* e *delegação* não apresentam significado preciso e por vezes se usa a palavra outorga na acepção de delegação ou de ato que transfere a particular uma atividade ou bem público, por exemplo: o uso de radiofrequência depende de prévia outorga da Anatel (art. 163 da Lei 9.472/97).

Outro modo de prestação dos serviços públicos encontra-se nos *consórcios públicos*, para gestão de serviços de interesse comum dos consorciados. Aí os seus integrantes transferem, ao consórcio, a execução de alguns serviços que lhes competem. A Lei 11.107, de 06.04.2005, fixa normas gerais de contratação de consórcios públicos (v. item 11.15.1).

A *concessão, a permissão* e *a autorização de serviço público* são os modos clássicos pelos quais a Administração transfere aos particulares a prestação de serviços públicos. Na atualidade, novas figuras vêm sendo utilizadas, por exemplo, o arrendamento e a franquia. Em todos, a Administração mantém o vínculo com a atividade, por isso fixa normas para sua execução, fiscaliza seu cumprimento, sendo, enfim, responsável por ela.

14.6 Concessão de serviço público

Na conotação atual, a *concessão de serviço público* existiu e foi utilizada desde o século XIX na Europa, sobretudo na França. Foi criada para serviços que exigiam grandes investimentos financeiros e pessoal técnico especializado, encargos esses que o poder público não podia assumir; seu uso, na época, recaiu principalmente sobre transporte ferroviário, fornecimento de água, gás, eletricidade, transporte coletivo urbano. A concessão tinha a característica do longo prazo, para propiciar retorno do investimento aplicado. Depois se registrou declínio das concessões, a partir da terceira década do século XX. Isso ocorreu em virtude da instabilidade econômica em geral, devida às guerras mundiais, e das tendências estatizantes. Muitas atividades concedidas foram nacionalizadas e criaram-se empresas estatais que absorveram parte das concessões do setor privado. E assim surgiram as outorgas, não ao setor privado, mas a entes da Administração indireta.

A partir da década de 80 do século XX ressurge o interesse pela concessão, num contexto de reforma do Estado, de privatização, mas com justificativa idêntica àquela que norteou sua elaboração no século XIX: execução de serviços públicos sem ônus financeiro para a Administração.

É nesse novo contexto que se editou a Lei 8.987, de 13.02.1995. O conteúdo da lei, no geral, não representa novidade. Estudiosos do direito administrativo estão familiarizados com as notas características da concessão. A novidade encontra-se na própria disciplina legislativa; a Constituição Federal de 1934 já previa, no art. 137, que lei federal regulasse a fiscalização e revisão dos serviços concedidos; por sua vez, as Constituições de 46 e 67 e a Emenda Constitucional 1/69 previam edição de lei sobre o regime das concessionárias de serviços públicos, e tal lei nunca foi promulgada. Sob a égide da Constituição Federal de 1988, que, no parágrafo único do art. 175, abriga preceito semelhante, foi editada a lei das concessões. Promulgou-se também a Lei 9.074, de 07.07.1995, que arrola serviços e obras públicas de competência da União, passíveis do regime de concessão ou de permissão, e dispõe sobre os serviços de energia elétrica. As Leis 8.987/95 e 9.074/95 tiveram alguns dispositivos alterados por leis posteriores. Nos termos do art. 186 da Lei nº 14.133/2021 – licitações e contratos administrativos, esta Lei se aplica subsidiariamente à Lei nº 8.987/1995.

14.6.1 Conceito legal e características

Conforme o art. 2º, II, da Lei 8.987/95, com alterações posteriores, *concessão de serviço público* é a transferência da prestação de serviço público, feita pela União, Estados, Distrito Federal, Municípios e outros entes estatais, mediante concorrência ou diálogo competitivo, a pessoa jurídica ou consórcio de empresas que demonstre capacidade para seu desempenho, por sua conta e risco e por prazo determinado.

Daí se extraem suas principais características:

a) Há um *poder público concedente* – a União, os Estados, o Distrito Federal, os Municípios e outros entes estatais, em cuja competência se encontra o serviço;

b) A *concessionária* é a pessoa jurídica ou consórcio de empresas que executa o serviço por sua conta e risco, por prazo determinado. Tratando-se de empresas privadas, não se transformam, pela concessão, em órgãos da Administração, nem a integram. Mas alguns preceitos do direito público se aplicam a suas atividades, por exemplo, o mesmo regime de responsabilidade civil vigente para os entes administrativos (art. 37, §6º, da CF) e os princípios diretores do serviço público. Nos termos do art. 20 da Lei 8.987/95, desde que previsto no edital, o consórcio participante da licitação (na verdade, trata-se apenas de um compromisso de formar futuro consórcio) poderá ou será obrigado a se constituir em *empresa* ou *sociedade de propósito específico* antes da celebração do contrato;

c) A concessionária, de regra, recebe remuneração diretamente do usuário do serviço, pagando este uma tarifa;

d) O concedente fixa as normas de realização dos serviços, fiscaliza seu cumprimento e impõe sanções aos concessionários; além do mais, reajusta as tarifas;

e) A concessão formaliza-se por instrumento contratual, sendo, portanto, um tipo de contrato administrativo, precedido de licitação na modalidade de concorrência ou diálogo competitivo. Assim, os preceitos gerais sobre os contratos administrativos aplicam-se a essa figura (v. Capítulo 11).

Esta é a caracterização legal da clássica concessão de serviço público, denominada *concessão comum* na Lei 11.079/2004 – parcerias público-privadas.

A figura da concessão relativa a serviços públicos vem recebendo novos matizes ultimamente, englobando-se sob tal denominação modalidades que fogem ao modelo clássico (v. item 14.9 – parcerias público-privadas).

14.6.2 Concessão de serviço precedida de obra pública

Uma variante da concessão de serviço é a *concessão de serviço público precedida da execução de obra pública*, também chamada *concessão de obra pública*, denominação esta que se encontra na Lei paulista 7.835, de 08.05.1992. Consiste na construção, conservação, reforma, melhoramento de quaisquer obras de interesse público, delegados pelo concedente, mediante concorrência ou diálogo competitivo, a pessoa jurídica ou consórcio de empresas, para realizá-las por sua conta e risco, remunerando-se o investimento pela exploração do serviço ou da obra por prazo determinado (cf. Lei 8.987/95, art. 2º, III). Exemplo: construção, ampliação e manutenção de estradas, depois remuneradas pelo pedágio. As normas da Lei 8.987/95 e da Lei 9.074/95 aplicam-se a esse tipo de concessão.

14.6.3 Outros tipos de concessão

Além das concessões acima indicadas, outras existem, disciplinadas especificamente no ordenamento brasileiro, tais como:

a) *concessão de serviço de TV a cabo*, disciplinada na Lei 8.977, de 06.01.1995, na qual, além da concessionária, outras empresas privadas realizam parcelas das atividades desse serviço (por exemplo: operadora de TV a cabo, programadora); o usuário tem o nome de assinante e recebe o serviço mediante contrato, com pagamento mensal, de regra;

b) *concessão de serviço de radiodifusão sonora e de sons e imagens*, à qual não se aplica a Lei nº 8.987/95 (art. 41); nesse tipo inexiste a remuneração direta do usuário ao concessionário; o serviço é gratuito para os donos de aparelhos de rádio e TV;

c) *concessão para serviços de telecomunicações*, disciplinada na Lei nº 9.472, de 16.07.1997;

d) *concessão patrocinada*, prevista na Lei nº 11.079, de 30.12.2004 – parceria público-privada;

e) *concessão administrativa*, também prevista na Lei nº 11.079, de 30.12.2004 – parceria público-privada;

f) *concessão* para exploração de porto organizado. Também denominada *concessão de porto organizado*, prevista na Lei nº 12.815, de 05.06.2013;

g) *concessão florestal* – é a delegação onerosa, efetuada pelo poder concedente – União, Estado, Distrito Federal ou Município, do direito de praticar atividades de manejo florestal sustentável, de restauração florestal e de exploração de produtos e serviços em unidade de manejo, conforme especificado no objeto do contrato de concessão, mediante licitação, à pessoa jurídica em consórcio ou não, que atenda às exigências do respectivo edital de licitação e demonstre capacidade para seu desempenho, por sua conta e risco e por prazo determinado (Lei nº 11.284, de 02.03.2006, art. 3º, VII, na redação da Lei nº 14.590/2023).

14.6.4 Aplicabilidade da Lei nº 8.987/95

A Constituição Federal, art. 175, parágrafo único, remete à lei o regime das concessionárias e permissionárias de serviço público. Por sua vez, o art. 22, XXVII, fixa a competência da União para legislar sobre normas gerais de contratação, em todas as modalidades.

Por força desses dispositivos, a Lei nº 8.987/95 contém normas gerais sobre a concessão e a permissão de serviço público, aplicáveis à própria União, aos Estados, Distrito Federal e Municípios, que poderão legislar sobre normas específicas, para os respectivos âmbitos. Segundo o parágrafo único do seu art. 1º, tais entes devem promover a revisão e as adaptações necessárias de sua legislação aos preceitos da Lei 8.987/95, buscando atender às peculiaridades dos seus serviços. Antes da Lei 8.987/95, o Estado de São Paulo já editara a Lei 7.835/92 (agora com alterações), disciplinando as concessões e permissões de serviço público no seu âmbito.

A Lei nº 9.074/95, no art. 2º, veda que a União, os Estados, o Distrito Federal e os Municípios outorguem concessões e permissões de serviço público sem lei que lhes autorize e fixe os termos, dispensada esta nos casos de saneamento básico e limpeza urbana e nos já referidos na Constituição Federal, na Constituição Estadual e nas Leis Orgânicas dos Municípios e do Distrito Federal, observados os termos da Lei 8.987/95.

No art. 1º, a Lei nº 9.074/95 elenca os serviços e obras públicas, de competência da União, passíveis de concessão e permissão: vias federais, precedidas ou não de obra pública; exploração de obras ou serviços federais de barragens, contenções, eclusas, diques e irrigações; estações aduaneiras e outros terminais alfandegados de uso público, não instalados em área de porto ou aeroporto, precedidos ou não de obras públicas; serviços postais (esse serviço foi acrescentado ao art. 1º pela Lei nº 9.648, de 27.05.1998).

14.6.5 Motivação da outorga de concessão ou permissão

O art. 5º da Lei nº 8.987/95 determina que, previamente ao edital de licitação, o poder concedente publique ato justificativo da conveniência da outorga de concessão ou permissão, caracterizando seu objeto, área e prazo.

14.6.6 Serviço adequado

Um aspecto positivo da Lei nº 8.987/95 encontra-se no estabelecimento de qualificações para caracterizar o *serviço adequado* a ser prestado pelo concessionário. Se essa lei indica os índices de exigência do serviço executado pelo concessionário, tais índices também devem prevalecer na prestação de serviços efetuada diretamente pelo poder público. Portanto, o *serviço adequado* especificado na lei há de ser também atendido pela Administração, quando presta diretamente serviços públicos. O direito ao serviço adequado se reforça mediante a Lei nº 13.460, de 26.6.2017 – *participação, proteção e defesa dos usuários de serviços públicos* (com alterações posteriores), – art. 5º, sobretudo.

Conforme o §1º do art. 6º, da Lei nº 8987/95 *serviço adequado* é o que satisfaz as condições de regularidade, continuidade, eficiência, segurança, atualidade, generalidade, cortesia na sua prestação e modicidade das tarifas.

Atualidade significa modernidade das técnicas, do equipamento, das instalações e a sua conservação, a melhoria e expansão dos serviços.

14.6.7 Direitos e deveres dos usuários

A Lei nº 8.987/95, com alterações posteriores, arrola os direitos e deveres dos usuários do serviço público, sem prejuízo de preceitos do Código do Consumidor (Lei nº 8.078/90).

São *direitos*: receber serviço adequado; receber do concedente e da concessionária informações para a defesa de interesses individuais ou coletivos; obter e utilizar o serviço com liberdade de escolha entre vários prestadores de serviço, quando for o caso, observadas as normas do poder concedente; ter oferecidas, pelas concessionárias, o mínimo de seis datas opcionais para escolherem os dias de vencimentos de seus débitos (preceito inserido na Lei nº 8.987/95 pela Lei nº 9.791, de 24.03.1999). Apresentam-se como *deveres*: levar ao conhecimento do poder público e da concessionária as irregularidades de que tenham ciência, referentes ao serviço prestado; comunicar às autoridades competentes os atos ilícitos praticados pela concessionária na prestação de serviços; contribuir para a manutenção das boas condições dos bens públicos afetados aos serviços.

Ante o disposto na CF, art. 37, §3º, na redação dada por força da EC 19/1998, foi editada, no Estado de São Paulo, a Lei nº 10.294, de 20.04.1999, relativa à defesa dos usuários do serviço público, aplicando-se aos serviços públicos prestados por particular, mediante concessão, permissão, autorização ou qualquer outra forma de delegação, e prestados pela Administração direta e indireta.

Invocando o mesmo art. 37, §3º, foi promulgada a Lei federal nº 13.460, de 26.06.2017, dispondo sobre a *participação, proteção e defesa dos usuários de serviços públicos*, com alterações posteriores, aplicando-se à Administração direta e indireta da União, dos Estados, do Distrito Federal e dos Municípios (art. 1º, §1º) e aplicando-se subsidiariamente aos serviços públicos prestados por particulares (art. 1º, §3º). Alguns itens desta Lei se ressaltam: diretrizes a serem observadas por agentes públicos e prestadores de serviços públicos (art. 5º); lista de direitos e deveres dos usuários (arts. 6º e 8º, respectivamente); obrigação aos órgãos e entidades prestadores da divulgação da *Carta de Serviços aos Usuários*, com a finalidade de informar ao usuário sobre os serviços prestados, as formas de acesso a esses serviços e seus compromissos e padrões de qualidade de atendimento ao público (art. 7º e §1º); prevê atribuições de *ouvidorias* na matéria (art. 13); aventa a participação de usuários mediante *conselhos de usuários*, sem prejuízo de outras formas de participação (art. 18); prevê *avaliação continuada dos serviços públicos*, realizada pelos prestadores (art. 23). O Decreto nº 9.492, de 05.9.2019, com alterações posteriores, regulamenta a Lei nº 13.460/2017 e institui o *Sistema de Ouvidoria do Poder Executivo Federal*.

14.6.8 Política tarifária

A tarifa ou taxa inicial do serviço é fixada pelo preço da proposta vencedora da licitação. Será preservada por regras de revisão apontadas na lei, no edital e no contrato. Os contratos podem prever mecanismos de revisão, a fim de se manter o equilíbrio econômico-financeiro (art. 9º e §2º).

A tarifa ou taxa não será subordinada à legislação específica anterior, e somente nos casos expressamente previstos em lei sua cobrança poderá ser condicionada à existência de serviço público alternativo e gratuito para o usuário (art. 9º, §1º, da Lei nº 8.987/95 com a redação dada pela Lei nº 9.648, de 27.05.1998).

Salvo o imposto de renda, se os demais tributos ou encargos legais, advindos ou alterados após a apresentação da proposta, causarem impacto comprovado, cabe revisão da tarifa, para mais ou para menos (§3º).

O equilíbrio econômico-financeiro deve ser restabelecido concomitantemente à alteração unilateral do contrato que o afete (§4º).

A Lei nº 13.673, de 05.6.2019, acrescentou o §5º ao art. 9º da Lei nº 8.987/95, determinando a divulgação, de forma clara, em sítio eletrônico, pela concessionária, de tabela com o valor das tarifas e a evolução das revisões e reajustes nos últimos cinco anos; tal preceito se aplica à concessão patrocinada (um dos tipos de parceria público-privada), às concessões de energia elétrica e às concessões de telecomunicações. A mesma Lei alterou preceitos das Leis nº 9.427/96 (energia elétrica) e nº 9.472/97 (telecomunicações) para dispor o mesmo para as respectivas concessionárias.

Poderá ser prevista no edital de licitação, em favor da concessionária, a possibilidade de fontes alternativas de receitas, com vistas a favorecer a modicidade das tarifas (art. 11).

O art. 13 aventa a fixação de tarifas diferenciadas em função das características técnicas e dos custos específicos advindos do atendimento de distintos segmentos de usuários.

A respeito de taxas ou tarifas de serviços públicos podem ser exemplificadas as seguintes súmulas:

– Súmula Vinculante 19, do STF: "A taxa cobrada exclusivamente em razão dos serviços públicos de coleta, remoção e tratamento ou destinação de lixo ou resíduos provenientes de imóveis, não viola o art. 145, II, da Constituição Federal".

– Súmula 356, do STJ: "É legítima a cobrança de tarifa básica pelo uso dos serviços de telefonia fixa".

– Súmula 407, do STJ: "É legítima a cobrança de tarifa de água, fixada de acordo com as categorias de usuários e as faixas de consumo".

14.6.9 Licitação

A licitação para contratação da concessão de serviço público e para a concessão de serviço público precedida de obras pública se realiza mediante concorrência ou diálogo competitivo (art. 2º, I e II, respectivamente da Lei nº 8.987/1995, na redação da Lei nº 14.133/2021 – licitações e contratos administrativos).

Os arts. 14 a 22 da Lei nº 8.987/1995 dispõem sobre a licitação nas concessões de serviço público e elenca seus princípios norteadores. A Lei nº 14.133/2021 – licitações e contratos administrativos – aplica-se subsidiariamente à Lei nº 8.987/1995, nos termos do art. 186 da primeira citada.

Os *critérios de julgamento* indicados na redação original da Lei nº 8.987/95 sofreram alterações trazidas pela Lei nº 9.648/98 (conversão de medida provisória). Hoje o art. 15 diz que no julgamento da licitação será considerado um dos seguintes critérios: I – o menor valor da tarifa do serviço público a ser prestado; II – a maior oferta, nos casos de pagamento ao poder concedente pela outorga da concessão; III – a combinação, dois a dois, dos critérios referidos nos incs. I, II e VII; IV – melhor proposta técnica, com preço fixado no edital; V – melhor proposta em razão da combinação dos critérios de menor valor da tarifa do serviço público a ser prestado com o de melhor técnica; VI – melhor proposta em razão da combinação dos critérios de maior oferta pela outorga da concessão com o de melhor técnica; ou VII – melhor oferta de pagamento pela outorga após qualificação de propostas técnicas. A aplicação do critério previsto no inc. III só será admitida quando previamente estabelecida no edital de licitação, inclusive com regras e fórmulas precisas de avaliação econômico-financeira (§1º do art. 15). Para fins de aplicação dos incs. IV, V, VI e VII, o edital de licitação conterá parâmetros e exigências para formulação de propostas técnicas (§2º do art. 15). Em igualdade de condições, será dada preferência à proposta apresentada por empresa brasileira.

A outorga de concessão ou permissão não tem caráter de exclusividade, salvo no caso de inviabilidade técnica ou econômica, justificada na motivação (art. 16).

No tocante ao edital, o art. 18 indica os itens de seu conteúdo, determinando a aplicação, no que for cabível, dos critérios e normas da lei de licitações e contratos.

Nos termos do art. 18-A, acrescentado pela Lei nº 11.196, de 21.11.2005, o edital poderá prever a *inversão das fases de habilitação e julgamento*, hipótese em que, encerrada a fase de classificação das propostas ou o oferecimento de lances, será aberto o invólucro com os documentos de habilitação do licitante mais bem classificado. Se este for inabilitado, serão analisados os documentos do licitante com a proposta classificada em segundo lugar, e assim sucessivamente. Proclamado o resultado final, o objeto será adjudicado ao vencedor nas condições técnicas e econômicas por este ofertadas.

O art. 19 traz normas sobre a participação de empresas em consórcio. Segundo o art. 20, é facultado ao poder concedente, desde que previsto no edital, no interesse do serviço a ser concedido, determinar que o licitante vencedor, no caso de consórcio, se constitua em empresa antes da celebração do contrato. Trata-se da formação de *empresa* ou *sociedade de propósito específico*, modalidade que recebeu muita divulgação com a edição da Lei nº 11.079/2004 – parceria público-privada –, que a impõe.

Por sua vez, o art. 22 assegura a qualquer pessoa a obtenção de certidão sobre atos, contratos, decisões ou pareceres relativos à licitação e às próprias concessões. Tal preceito representa desdobramento da transparência administrativa e do princípio da publicidade.

14.6.10 Contrato de concessão

O art. 23 arrola as cláusulas essenciais do contrato de concessão.

A *subcontratação* com terceiros, quanto a atividades inerentes, acessórias ou complementares ao serviço e à implantação de projetos associados, é admitida e disciplinada nos parágrafos do art. 25, possibilitada, também, a subconcessão, nos termos previstos no contrato, mediante autorização explícita do poder concedente e concorrência (art. 26).

No caso de eventual transferência da concessão e do controle acionário do concessionário, o STF, na ADIN 2946, decidiu pela constitucionalidade do art. 27 da Lei nº 8.987/1995, o qual não exige licitação nestes casos; segundo referida decisão, a norma já prevê exigências suficientes para assegurar o interesse público.

Importante acréscimo adveio da Lei nº 11.196/2005. Conforme o art. 23-A, o contrato de concessão poderá prever o emprego de mecanismos privados para solução de disputas decorrentes ou relacionadas ao contrato, inclusive *arbitragem*, a ser realizada no Brasil, em língua portuguesa, nos termos da Lei nº 9.307, de 23.09.1996. A denominação "meios privados" revela-se inadequada, pois hoje a Administração usa tais mecanismos; melhor se apresenta a denominação "meios consensuais de solução de litígios".

14.6.11 Encargos do concedente

Dentre os *encargos do concedente* mencionados na Lei nº 8.987/95, art. 29, encontram-se os seguintes: regulamentar o serviço concedido, fiscalizar sua prestação e o cumprimento das cláusulas contratuais; aplicar penalidades regulamentares e contratuais; homologar reajustes e proceder à revisão das tarifas; receber, apurar e solucionar reclamações dos usuários, que serão cientificados, em até trinta dias, das providências tomadas; estimular a formação de associações de usuários.

14.6.12 Encargos da concessionária

O art. 31 lista os *encargos da concessionária*, ressaltando-se os seguintes: prestar serviço adequado; manter em dia o inventário e o registro dos bens vinculados à concessão; cumprir as normas do serviço e as cláusulas contratuais; dar livre acesso aos equipamentos, às instalações integrantes do serviço, para que os encarregados da fiscalização possam realizá-la; promover as desapropriações e constituir servidões autorizadas pelo poder concedente, conforme previsto no edital e no contrato; zelar pela integridade dos bens vinculados à prestação do serviço.

As contratações, inclusive de mão de obra, feitas pela concessionária são regidas pelo direito privado e pela legislação trabalhista, inexistindo qualquer relação entre os terceiros contratados pela concessionária e o poder concedente (parágrafo único do art. 31).

14.6.13 Intervenção

O concedente pode intervir na concessão com o fim de assegurar o serviço adequado, o fiel cumprimento das normas contratuais, regulamentares e legais pertinentes, sem o término da concessão, se possível. A *intervenção* formaliza-se mediante decreto, que indicará o interventor, prazo, objeto e limites da intervenção (art. 32 e parágrafo único).

O concedente tem trinta dias, após declarada a intervenção, para instaurar processo administrativo destinado a comprovar as causas determinantes da situação que levou à medida e apurar responsabilidades, assegurada ampla defesa (art. 33). O processo deve estar concluído em cento e oitenta dias, sob pena de invalidade da intervenção (§2º). Cessada a intervenção, não sendo extinta a concessão, a gestão do serviço é devolvida à concessionária, com a prestação de contas do interventor, que responderá pelos atos praticados na sua gestão (art. 34).

14.6.14 Extinção da concessão

Os modos de término da concessão vêm indicados no art. 35. O primeiro diz respeito ao encerramento do prazo contratual. A *reversão*, neste caso, acarreta a indenização das parcelas dos investimentos vinculados a bens reversíveis, ainda não amortizados ou depreciados, realizados com o fim de garantir a continuidade e atualidade do serviço concedido (art. 36).

A *encampação* consiste na retomada do serviço pelo poder concedente, no decorrer da concessão, por motivo de interesse público, mediante lei autorizadora específica e após o pagamento da indenização (art. 37). A concessionária tem direito a indenização.

Outra figura encontra-se na *caducidade*, correspondente à *rescisão unilateral*, por má execução ou descumprimento de cláusulas. Dentre as causas que levam à caducidade estão: serviço inadequado e deficiente; se a concessionária o paralisar ou concorrer para tanto, salvo caso fortuito ou força maior; descumprimento das penalidades impostas; a concessionária não atender à intimação do poder concedente para, em 180 (cento e oitenta) dias apresentar documentação relativa à regularidade fiscal, no curso da concessão. A declaração de caducidade deve ser precedida de processo administrativo de inadimplência, assegurada ampla defesa. Antes dessa declaração devem ser comunicados à concessionária os descumprimentos contratuais, conferindo-lhe prazo para corrigi-los (art. 38 e parágrafos, com a redação dada pela Lei nº 12.767, de 27.12.2012).

Extingue-se a concessão também por *rescisão de iniciativa da concessionária*, se o poder público descumprir cláusulas do contrato; a concessionária deve intentar ação judicial para esse fim. Até decisão judicial transitada em julgado, os serviços concedidos não podem ser paralisados (art. 39 e parágrafo único).

A *anulação*, indicada no art. 35, V, ocorre por ilegalidade na licitação e no contrato.

Acarretam a extinção, ainda, a *falência* ou *extinção da empresa*, o *falecimento* ou *incapacidade do titular*, no caso de empresa individual (art. 35, VI).

Extinta a concessão, por qualquer motivo, o concedente assume, de imediato, o serviço, ocupando as instalações e os bens reversíveis, procedendo-se às liquidações necessárias. Retornam ao concedente todos os bens reversíveis, direitos e privilégios transferidos ao concessionário, conforme o edital e o contrato (§§1º a 3º do art. 35).

14.7 Permissão e autorização de serviço público

Classicamente, mediante a permissão e a autorização também a Administração transfere a execução de serviços públicos a particulares.

Nunca foi fácil a distinção substancial entre *concessão* e *permissão de serviço público*, porque ambas implicam prestação de serviços públicos por particulares, com remuneração assegurada pela tarifa que os usuários pagam.

Dificilmente se poderia invocar o grau de exigência aos concessionários ou a complexidade do serviço como critérios de diferenciação das duas figuras, por não corresponderem, em geral, à realidade; tanto uma como outra admitem elevados níveis de exigência e complexidade. O critério de maior ou menor relevância social do serviço não oferece, igualmente, índice de diferença.

No ordenamento brasileiro, um ponto de diferença entre concessão e permissão situava-se na possibilidade conferida aos concessionários de promover desapropriações, desde que houvesse autorização expressa, constante de lei ou contrato; tal possibilidade decorria do art. 3º do Dec.-lei nº 3.365/41 (Lei geral de desapropriação). Hoje, aos permissionários também se reconhece o encargo de promover desapropriações, pois o art. 40 e parágrafo único da Lei nº 8.987/95 determinam a aplicação desta às permissões, sem ressalva, estendendo-se àqueles o encargo indicado no art. 31, VI.

Também se efetuava a distinção com base no seguinte: a concessão implicava exclusividade de prestação do serviço transferido; a permissão não implicava exclusividade. Mas a Lei nº 8.987/95, no art. 16, afirma que a outorga da concessão ou permissão não terá caráter de exclusividade, salvo no caso de inviabilidade técnica ou econômica, justificada no ato motivador prévio.

Outra diferença era extraída do modo de expressão das duas figuras: a concessão se exteriorizava por contrato; a permissão, classicamente, se expressava por ato administrativo, discricionário, precário, revogável, em princípio, a qualquer tempo. Daí se estabelecer outra diferença entre as duas figuras, com base no tempo de duração: inerente à concessão era a longa duração; inerente à permissão era a precariedade; a permissão, por ser ato administrativo, não se sujeitava à licitação. No entanto, a Constituição Federal, no art. 175, estabeleceu a exigência de licitação para ambas, o que levava a aproximar a permissão da natureza de contrato. Essa é a natureza que lhe confere a Lei nº 8.987/95, ao determinar sua formalização mediante *contrato de adesão*, observada a precariedade e revogabilidade unilateral do contrato pelo poder concedente (art. 40). Assim, para veicular a permissão de serviço público foi criado o *contrato administrativo de adesão*. Além do mais, o mesmo art. 40 determina a aplicação, às permissões, do disposto na lei, sem ressalvas.

Ante a Lei nº 8.987/95, a *diferença entre concessão e permissão de serviço público* situa-se em dois aspectos: a) a *concessão* é atribuída a pessoa jurídica ou consórcio de empresas, enquanto a *permissão* é atribuída a pessoa física ou jurídica; b) a concessão destinar-se-ia a serviços de longa duração, inclusive para propiciar retorno de altos investimentos da concessionária; a permissão supõe média ou curta duração.

Quanto à *autorização*, de regra, permanece sua formalização por ato administrativo discricionário e precário. Em geral, pela autorização se transferem ao particular serviços de fácil execução, de regra sem remuneração por tarifas; é o caso da autorização para conservação de praças, jardins ou canteiros de avenidas, em troca da afixação de placa com o nome da empresa. A autorização de serviço não é objeto da Lei nº 8.987/95, havendo controvérsias doutrinárias sobre seu cabimento para a transferência, a particulares, da execução de serviços públicos. A Lei nº 12.815, de 05.06.2013 – Lei dos Portos – prevê a *autorização* destinada à exploração de instalação portuária localizada fora da área do porto organizado e formalizada mediante contrato de adesão (v., por exemplo, o art. 2º, XII, desta Lei), o que atribui a natureza de contrato a esta hipótese de autorização. Por sua vez, a Lei nº 10.233, de 05.06.2001, com as alterações da Lei nº 12.996, de 18.06.2014, dispõe que a prestação regular de serviços de transporte coletivo interestadual e internacional de passageiros deverá ser efetuada mediante *autorização* (art. 13, V, *e*), portanto, não mais no regime de permissão.

14.8 Arrendamento e franquia

Novas figuras ou figuras clássicas com nomes ou feições diferentes vêm sendo utilizadas para transferir ao particular a prestação de serviços.

Uma delas é o *arrendamento*, pelo qual o poder público transfere a gestão operacional de um serviço público a particular (arrendatário), para que este o explore por sua conta e risco, colocando à sua disposição um imóvel público ou um complexo de bens públicos, vinculados ao serviço; por exemplo: o arrendamento em matéria de portos (Lei nº 12.815/2013). No arrendamento, pode-se ajustar o pagamento, à Administração, de importância previamente determinada ou de percentual sobre o que for recebido pelo arrendatário na exploração do serviço.

Mediante a *franquia*, o poder público igualmente transfere ao particular (franqueado) a execução de serviços públicos, que devem ser realizados de modo padronizado: a padronização alcança desde instalações até horários e organização das atividades. Dentre as possibilidades de ajustar a remuneração encontram-se as seguintes: o franqueado tem participação na receita advinda de sua atuação; ou ao franqueado pertence a receita, devendo remunerar o franqueador em quantia fixa ou percentual sobre as importâncias recebidas. Na Inglaterra, a franquia tem origem medieval e desempenhou, no passado, papel semelhante à concessão de serviço público; nos Estados Unidos, foi, no século XIX, um dos meios mais comuns de gestão dos serviços públicos, adotados pelos Municípios e pelos Estados-membros. Na Inglaterra, a partir da década de 80, seu uso foi novamente acentuado; e hoje, nos Estados Unidos, configura modelo habitual de gestão de atividades correspondentes a um monopólio ou nas quais a competição deve ser limitada.

No Brasil a franquia mais conhecida é a dos serviços dos correios, que implica a loja e o atendimento ao público, de modo igual a todas as atividades de uma agência de correios da EBCT; o transporte é realizado pela EBCT; são padronizados, entre outros, os serviços, impressos, preços dos serviços, cores usadas nos anúncios de porta, horário de atendimento. A Lei nº 11.668, de 02.05.2008, dispõe sobre a *franquia postal*, possibilitando à EBCT utilizá-la para desempenhar atividades auxiliares, mediante licitação, com o critério de julgamento previsto na Lei nº 8.987/95, art. 15, *caput*, IV.

14.9 Parceria público-privada

Em vários países vem se expandindo a chamada *parceria público-privada* – PPP, outra figura jurídica menos antiga, pela qual se transfere ao particular a execução de atividades ou serviços públicos. Na PPP, serviços e atividades que incumbem ao poder público, demandando elevado nível de investimento, são realizados por particulares, havendo repartição de encargos financeiros e riscos entre parceiro público e parceiro privado, mediante compromissos recíprocos por longo prazo.

A partir desse núcleo comum, os países adotam fórmulas diversificadas ao concretizar tais parcerias.

De regra, as PPP se instrumentalizam por módulos contratuais, cuja denominação também se apresenta variada. Podem abranger as concessões ou não, conforme dispuser cada ordenamento. Por exemplo: em Portugal, citado com frequência na matéria, as PPPs se formalizam mediante concessão de obras públicas, concessão de serviço público, contrato de fornecimento contínuo, contrato de prestação de serviço, contrato de gestão, contrato de colaboração, todos com investimento superior a 25 milhões de euros.

No Brasil, a Lei nº 11.079, de 30.12.2004, com alterações posteriores, institui normas gerais de licitação e contratação de parceria público-privada, no âmbito da União, Estados, Distrito Federal, Municípios e respectivos fundos especiais, autarquias, fundações públicas, empresas públicas, sociedades de economia mista e entidades controladas direta ou indiretamente. As disposições da Lei nº 14.133/2021 – licitações e contratos administrativos – se aplicam subsidiariamente à Lei nº 11.079/2004 (art. 186 da Lei nº 14.133/2021).

Parceria público-privada vem prevista como o contrato de concessão, na modalidade patrocinada ou administrativa. *Concessão patrocinada* é a concessão de serviços públicos ou de obra pública de que trata a Lei nº 8.987/95, quando envolver, adicionalmente à tarifa cobrada dos usuários, contraprestação pecuniária do parceiro público ao parceiro privado. *Concessão administrativa* é o contrato de prestação de serviços de que a Administração seja a usuária direta ou indireta, ainda que envolva execução de obra ou fornecimento e instalação de bens.

Exclui-se da PPP a concessão de serviço ou de obra pública quando não houver contraprestação pecuniária do parceiro público ao parceiro privado.

A *contraprestação* da Administração Pública nos contratos de parceria público-privada poderá ser efetuada por: I – ordem bancária; II – cessão de créditos não tributários; III – outorga de direitos em face da Administração Pública; IV – outorga de direitos sobre bens públicos dominicais; V – outros meios admitidos em lei (art. 6º da Lei nº 11.079/2004). Nos termos do art. 7º da Lei 11.079/2004 esta contraprestação será precedida da disponibilização do serviço objeto da PPP; mas, em virtude de alterações no art. 7º, resultantes da Lei nº 12.766, de 27.12.2012, é facultado à Administração, nos termos do contrato, efetuar o pagamento da contraprestação relativa à parcela fruível do serviço objeto do contrato de PPP. Nos termos do §2º do art. 6º, acrescentado em virtude da Lei nº 12.766/2012, o contrato poderá prever o *aporte de recursos* em favor do parceiro privado para a realização de obras e aquisição de bens reversíveis, nos termos dos incs. X e XI do *caput* do art. 18 da Lei nº 8.987/95, desde que autorizado no edital de licitação, se contratos novos, ou em lei específica, se contratos celebrados até 8 de agosto de 2012; o *aporte de recursos públicos* não se confunde com a contraprestação do parceiro público, nos tipos indicados no art. 6º, *caput*.

A PPP só pode aplicar-se a contrato de valor igual ou superior a dez milhões de reais, com prazo superior a cinco anos e prazo máximo de trinta e cinco anos, incluindo eventual prorrogação (arts. 2º, §4º, e 5º, I).

A contratação da PPP será precedida de licitação, na modalidade de concorrência ou diálogo competitivo (redação do art. 10 por força da Lei nº 14.133/2021 – licitações e contratos administrativos). As minutas de edital e do futuro contrato serão submetidas à consulta pública, por meio de publicação na imprensa oficial e em sítio eletrônico oficial, que deverá informar a justificativa para a contratação, o prazo de duração do contrato e o seu valor estimado, com a indicação do prazo mínimo de trinta dias para recebimento de sugestões, cujo termo final ocorrerá com, no mínimo sete dias de antecedência em relação à data prevista para a publicação do edital (inciso VI do art. 10). As concessões patrocinadas em que mais de 70% da remuneração do parceiro privado for paga pela Administração dependerão de autorização legislativa específica.

Conforme a Lei nº 11.079/2004, art. 13, o edital pode prever a inversão das fases da licitação para se realizar, primeiro, a classificação, depois, a habilitação.

Antes da celebração do contrato deverá ser constituída *sociedade de propósito específico*, incumbida de implantar e gerir o objeto da parceria. Após a edição da Lei nº 11.079/2004, tornou-se muito difundido, no âmbito do direito administrativo, este tipo de sociedade, também sob o nome de *empresa de propósito específico*, dotada de personalidade jurídica, formando-se para a realização de atividade ou empreendimento determinado e por tempo determinado, de regra o mesmo do objetivo a ser cumprido.

Tratando-se de concessão patrocinada, o contratado deve divulgar, de modo claro, em seu sítio eletrônico, o valor da tarifa aplicada e a evolução das revisões e dos reajustes dos últimos cinco anos (por força da Lei nº 13.673, de 05.6.2018).

Na esfera federal foi instituído, pelo Decreto nº 5.385/2005, com alterações posteriores, órgão gestor de PPP, com o fim de especificar as atividades prioritárias para a execução no regime de PPP; disciplinar os procedimentos para a celebração desses contratos e aprovar suas alterações; autorizar a abertura de licitação e aprovar o edital, por exemplo. O *Conselho do Programa de Parcerias de Investimentos* – PPI, criado nos termos do art. 7º, *caput*, da Lei nº 13.334, de 13.9.2016, passou a exercer as funções atribuídas ao órgão gestor de parcerias público-privadas federais. Também foi criado, no âmbito federal, o *Fundo Garantidor de Parcerias Público-Privadas – FGP*, com natureza privada, patrimônio próprio, direitos e obrigações próprios, com a finalidade de prestar garantia de pagamento de obrigações pecuniárias assumidas pelos parceiros públicos federais. O Decreto nº 5.411/2005 autoriza a integralização de cotas no FGP mediante ações representativas de participações acionárias da União em sociedades de economia mista disponíveis para venda.

Nos termos do art. 11, *caput*, e inciso III, da Lei nº 11.079/2004, o instrumento convocatório poderá prever o uso dos chamados *mecanismos privados* ou *meios consensuais de resolução de disputas*, inclusive a arbitragem, a ser realizada no Brasil e em língua portuguesa, nos termos da Lei nº 9.307/1996, para dirimir conflitos relacionados ao contrato (v. item 18.8).

14.10 Programa de Parcerias de Investimentos – PPI

Mediante a Lei nº 13.334, de 13.09.2016, com alterações posteriores, foi criado, no âmbito da Presidência da República, o *Programa de Parcerias de Investimentos – PPI*, destinado a fortalecer a interação entre o Estado e a iniciativa privada, por meio da celebração de contratos de parceria para a execução de empreendimentos públicos de infraestrutura e de outras medidas de desestatização (art. 1º, *caput*).

Para os fins desta Lei englobam-se na expressão *contratos de parceria*: a concessão comum, a concessão patrocinada, a concessão administrativa, a concessão regida por legislação setorial, a permissão de serviço público, o arrendamento de bem público, a concessão de direito real de uso e outros negócios público-privados (art. 1º, §2º).

Verifica-se não ter sido criada nova modalidade contratual, nem haver algo novo na expressão "contratos de parceria", pois as figuras elencadas são previstas em normas anteriores e embutem a atuação de particulares em atividades de interesse público. Trata-se de Programa que visa a ressaltar a colaboração de particulares na execução de empreendimentos públicos.

Embora criado no âmbito da Presidência da República, podem integrar o PPI empreendimentos públicos de infraestrutura: a cargo da Administração direta e indireta da União; o mesmo tipo de empreendimento que, por delegação ou fomento da União, se execute por meio de contratos celebrados na Administração direta e indireta dos Estados, do Distrito Federal e dos Municípios; as medidas do Programa Nacional de Desestatização; as obras e serviços de engenharia de interesse estratégico (art. 1º, §1º, da referida Lei).

Foi instituído o *Conselho do Programa de Parcerias de Investimentos – CPPI*, que, além de outras atribuições, exerce as funções conferidas ao órgão gestor das parcerias público-privadas federais (art. 7º e incisos I a VI da mesma Lei). Criou-se a Secretaria do PPI, subordinada à Casa Civil da Presidência da República, para superintender e coordenar as atividades do Programa (art. 8º, com a redação dada pela Lei nº 13.901/2019).

O art. 14 autoriza o BNDES a constituir o Fundo de Apoio à Estruturação de Parcerias – FAEP e dele participar; este Fundo, com natureza privada, é dotado de patrimônio próprio, separado do patrimônio dos cotistas, tendo por finalidade a prestação onerosa, mediante contrato, de serviços técnicos profissionais especializados para a estruturação de parcerias de investimentos e de medidas de desestatização (art. 14).

Bibliografia

ARAGÃO, Alexandre Santos de. *Direito dos serviços públicos*. Rio de Janeiro: Forense, 2007.

CHEVALLIER, Jacques. *Le service public*. 8. ed. Paris: PUF, 2010.

DI PIETRO, Maria Sylvia Z. *Parcerias na administração pública*. 6. ed. São Paulo: Atlas, 2008.

FREITAS, Rafael Véras de. *Concessão de rodovias*. Belo Horizonte: Fórum, 2018.

JUSTEN FILHO, Marçal. *Teoria geral das concessões de serviço público*. São Paulo: Dialética, 2003.

JUSTEN FILHO, Marçal; SCHWIND, Rafael Wallbach (Org.). *Parcerias Público-Privadas*: reflexões sobre os 10 anos da Lei 11.079/2004. São Paulo: RT, 2015.

MARQUES NETO, Floriano de Azevedo. *Concessões*. Belo Horizonte: Fórum, 2015.

MEDAUAR, Odete *et al.* (Org.). *Concessão de serviço público*. São Paulo: RT, 1995.

MEDAUAR, Odete. *Nova crise do serviço público?* Estudos de direito constitucional em homenagem a José Afonso da Silva. São Paulo: Malheiros, 2003. p. 527-538.

MEDAUAR, Odete. Serviço público. *RDA*, v. 189, 1992.

MIGUEL, Luiz Felipe Hadlich. *A remuneração do particular na execução de atividades públicas*. Brasília: Gazeta Jurídica, 2015.

MIGUEL, Luiz Felipe Hadlich. *As garantias nas parcerias público-privadas*. Belo Horizonte: Fórum, 2011.

MONTEIRO, Vera. *Concessão*. São Paulo: SBDP/Malheiros, 2010.

MOREIRA, Egon Bockmann. *Direito das concessões de serviço público*. São Paulo: SBDP/Malheiros, 2010.

PEREZ, Marcos Augusto. *O risco no contrato de concessão de serviço público*. Belo Horizonte: Fórum, 2006.

SCHIER, Adriana C. R. *Serviço público*: garantia fundamental e cláusula de proibição de retrocesso. Curitiba: Ithala, 2016.

SCHIRATO, Vitor Rhein. *Livre iniciativa nos serviços públicos*. 2. ed. Belo Horizonte: Fórum, 2022.

SCHWIND, Rafael Wallbach. *Remuneração do concessionário*: concessões comuns e parcerias público-privadas. Belo Horizonte: Fórum, 2010.

SUNDFELD, Carlos Ari (Org.). *Parcerias público-privadas*. São Paulo: Malheiros, 2005.

TEIXEIRA, J. H. Meirelles. Permissão e concessão de serviço público. *RDP*, v. 6, p. 100-134, out./dez. 1968.

CAPÍTULO 15

PODER DE POLÍCIA

15.1 Introdução ao tema

Em essência, poder de polícia é a atividade da Administração que impõe limites ao exercício de direitos e liberdades. É uma das atividades em que mais se expressa sua face autoridade, sua face imperativa. Onde existe um ordenamento, este não pode deixar de adotar medidas para disciplinar o exercício de direitos fundamentais de indivíduos e grupos.

Trata-se de tema que diretamente se insere na encruzilhada liberdade-autoridade, Estado-indivíduo, que permeia o direito administrativo e o direito público, revelando-se muito sensível à índole do Estado e às características históricas, políticas e econômicas dos países.

Outras denominações vêm sendo utilizadas para designar essa atividade da Administração: poder ordenador, atividade interventora.

15.2 Síntese evolutiva

A palavra polícia vem do latim *politia* e do grego *politea,* ligada, como o termo *política,* ao vocábulo *polis*. Na Antiguidade significava o "ordenamento político do Estado ou cidade". Na Idade Média também foi usada nesse sentido amplo, mas no século XI retira-se da noção de polícia o aspecto referente às relações internacionais. Ainda na Idade Média já se detecta o exercício do poder de polícia, tal como é hoje considerado, no âmbito das comunas (municípios) europeias, por seus administradores, contribuindo para fixar a raiz nascente da cidade moderna; em várias comunas havia licenças de construir, alinhamento nas construções, fiscalização das profissões como proteção dos consumidores e polícia sanitária.

Aos poucos saem do âmbito da polícia as matérias relativas à justiça e às finanças. Nos primórdios do século XVIII polícia designa o total da atividade pública interna, salvo a justiça e as finanças. Vários repertórios sobre polícia vêm à luz: o primeiro, de autoria do francês Delamare, sob o nome *Traité de la police,* foi publicado entre 1705 e 1710. Esse momento coincide com o chamado Estado de Polícia, Estado esse que realizava intromissão opressiva na vida dos particulares. A partir daí o sentido amplo de polícia passa a dar lugar à noção de Administração Pública. O sentido de "polícia" se restringe, principalmente sob influência das ideias da Revolução Francesa, da valorização dos direitos individuais e das concepções de Estado de direito e Estado liberal. Polícia passa a ser vista como uma parte das atividades da Administração, destinada a manter a ordem, a tranquilidade e a salubridade públicas.

Aos poucos se deixou de usar o vocábulo "polícia" isoladamente para designar essa parte da atividade da Administração. Surgiu primeiro a expressão polícia administrativa na França, em contraponto a polícia judiciária. A expressão poder de polícia vigente no ordenamento brasileiro é a tradução de *police power*. Segundo Caio Tácito, essa expressão ingressou pela primeira vez na terminologia legal no julgamento da Suprema Corte norte-americana, no caso Brown *x* Maryland, de 1827; a expressão aí se referia ao poder dos Estados-membros de editar leis limitadoras de direitos, em benefício do interesse público.

No direito brasileiro, a Constituição de 1824, no art. 169, atribuiu a uma lei a disciplina das funções municipais das Câmaras e a formação de suas posturas policiais: a lei de 1º de outubro de 1828 continha título denominado "Posturas policiais".

Em 1915 Ruy Barbosa, num parecer, utiliza a expressão *poder de polícia*. Aurelino Leal publica em 1918 o livro *Polícia e poder de polícia*. A partir daí firma-se no direito pátrio o uso da locução.

15.3 Crítica à noção. Contestação à crítica

No século XIX e primórdios do século XX, o poder de polícia era enfocado sob o único prisma de garantir a ordem, a tranquilidade e a salubridade públicas. Com a ampliação das funções do Estado, aumentou o campo do poder de polícia, para atuar também na ordem econômica e social, e não somente mediante restrições, mas, ainda, por imposições. Isso contribuiu para o surgimento de linha doutrinária adversa à preservação da noção de poder de polícia no direito administrativo.

Uma corrente mais suave troca o título da matéria, surgindo os termos atividade administrativa de limitação, procedimentos ablatórios (Giannini), administração de vigilância; mais recentemente, atividade interventora, poder ordenador.

Outra corrente prega a eliminação da noção de poder de polícia do direito administrativo. Dentre seus representantes encontra-se o argentino Gordillo. Uma das justificativas dessa ideia está na ampliação do campo do poder de polícia; ampliando-se, perdeu as características do modelo clássico; assim, a função se distribuiu por toda a atividade estatal e se diluiu. Na verdade, ocorreu evolução e expansão, em decorrência das necessidades e do desenvolvimento geral da vida em sociedade. Exemplo muito claro está no amplo exercício do poder de polícia no campo da poluição e da proteção do meio ambiente, algo impensável no estágio de desenvolvimento do século XIX e primórdios do século XX. O próprio Gordillo, no mesmo capítulo do seu *Tratado de derecho administrativo*, tomo II, parte geral, afirma que essas faculdades de limitar direitos fundamentais, em prol do bem comum, existem. E diz mais: a coação estatal sobre os particulares para a consecução do bem comum continua sendo uma realidade no mundo jurídico.

Parece que o ponto nuclear no entendimento de quem prega essa eliminação é a preocupação com um poder de polícia indeterminado, independente de fundamentação legal, baseado num suposto dever geral dos indivíduos de respeitar a ordem ou baseado num "domínio eminente" do Estado. Essa louvável preocupação perde consistência ante a realidade presente de mais solidez na concepção de Estado de direito, ante o princípio da legalidade regendo a Administração e ante a maior valoração dos direitos fundamentais.

A noção de poder de polícia permite expressar a realidade de um poder da Administração de limitar, de modo direto, com base legal, liberdades fundamentais, em prol do bem comum. Essa realidade inquestionável é reconhecida pelos próprios autores que pregam a eliminação do conceito. Portanto, a noção de poder de polícia é a expressão teórica de um dos modos importantes de atuação administrativa, devendo ser mantida, sobretudo, no ordenamento pátrio, em que vem mencionada na Constituição Federal (art. 145, II), na legislação (por exemplo, Código Tributário Nacional, art. 78), na doutrina e na jurisprudência.

15.4 Caracterização do poder de polícia

Segundo Caio Tácito, poder de polícia é o "conjunto de atribuições concedidas à Administração para disciplinar e restringir, em favor do interesse público adequado, direitos e liberdades individuais" (O poder de polícia e seus limites, *Direito administrativo*, 1975).

O Código Tributário Nacional, no art. 78, traz o seguinte conceito: "Poder de polícia [é] a atividade da administração pública que, limitando ou disciplinando direito, interesse ou liberdade, regula a prática de ato ou abstenção de fato, em razão de interesse público concernente à segurança, à higiene, à ordem, aos costumes, à disciplina da produção e do mercado, ao exercício de atividades econômicas dependentes de concessão ou autorização do Poder Público, à tranquilidade pública ou ao respeito à propriedade e aos direitos individuais ou coletivos".

Na lição de Themistocles Brandão Cavalcanti, "o poder de polícia constitui limitação à liberdade individual, mas tem por fim assegurar esta própria liberdade e os direitos essenciais do homem" (*Tratado de direito administrativo*, v. III, 1956).

No exercício do poder de polícia o Estado vai arbitrar e conciliar o choque entre direitos e liberdades de indivíduos ou grupos de indivíduos.

É possível arrolar algumas características nucleares do poder de polícia:

a) é atividade administrativa, isto é, conjunto de atos, fatos e procedimentos realizados pela Administração. Há autores, como o argentino Escola, que, inspirados no direito norte-americano, veem o poder de polícia como atividade do Poder Legislativo; na verdade, as limitações ao exercício de direitos devem ter base legal e muitas vezes a Administração atua no estrito cumprimento da lei; mas, no Brasil, poder de polícia é, sobretudo, atividade administrativa, porque abrange também a apreciação de casos concretos, a fiscalização e a imposição de sanções;

b) portanto, é atividade subordinada à ordem jurídica, ou seja, não é eminente, nem superior, mas regida pelo ordenamento vigente, em especial pelos princípios constitucionais da legalidade, impessoalidade, moralidade administrativa. Sujeita-se, desse modo, ao controle jurisdicional;

c) acarreta limitação direta a direitos reconhecidos aos particulares;

d) pelo poder de polícia a Administração enquadra uma atividade do particular, da qual o Estado não assume a responsabilidade. Distingue-se, em tal aspecto, do serviço público, pois neste o Estado é responsável pela atividade;

e) o limite ao direito do particular significa, de regra, um obstáculo ao seu exercício pleno ou a retirada de uma faculdade pertinente ao conteúdo do direito ou uma obrigação de fazer. Em virtude do poder de polícia há, portanto, disparidade entre o conteúdo abstrato do direito em sentido absoluto e a possibilidade do seu exercício concreto, como bem nota Virga, no seu livro *La potestà di polizia*, 1954. Temos, como exemplo, o direito de construir em sentido abstrato e o direito de construir na sua concreção, sujeito, dentre outras, à disciplina do Código de Obras e Edificações, das leis de zoneamento, dos direitos de vizinhança etc.;

f) no atual contexto da Administração Pública, dividido entre uma face de autoridade e uma face de prestadora de serviços, o poder de polícia situa-se precipuamente na face autoridade. Atua, assim, por meio de prescrições, diferentemente do serviço público, que opera por meio de prestações;

g) abrange também o controle da observância das prescrições e a imposição de sanções em caso de desatendimento.

15.5 Polícia administrativa e polícia judiciária

Em alguns ordenamentos (por exemplo, o francês), o poder de polícia recebe o nome de polícia administrativa. Tornou-se clássico distingui-lo da chamada polícia judiciária.

Em essência, a polícia administrativa, ou poder de polícia, restringe o exercício de atividades lícitas, reconhecidas pelo ordenamento como direitos dos particulares, isolados ou em grupo. Diversamente, a polícia judiciária visa a impedir o exercício de atividades ilícitas, vedadas pelo ordenamento; a polícia judiciária auxilia o Estado e o Poder Judiciário na prevenção e repressão de delitos; e auxilia o Judiciário no cumprimento de suas sentenças (v. CF, art. 144, incisos e parágrafos).

Hely Lopes Meirelles (*Direito administrativo brasileiro*, 19. ed. 1994, p. 115) aponta uma diferença sob o aspecto orgânico: a polícia administrativa ou poder de polícia é inerente e se difunde por toda a Administração; a polícia judiciária concentra-se em determinados órgãos, por exemplo, Secretaria Estadual de Segurança Pública, em cuja estrutura se inserem, de regra, a polícia civil e a polícia militar.

15.6 Fundamentos e finalidades

Em muitos estudos sobre o poder de polícia menciona-se como seu fundamento e finalidade a defesa da ordem pública.

No direito civil a expressão *ordem pública* é utilizada quando se estabelecem limites à autonomia da vontade privada ante valores que o ordenamento quer preservar; usam-se, então, os termos preceitos de ordem pública, leis de ordem pública, por exemplo, em matéria de capacidade das pessoas, em matéria de disposição de bens.

No âmbito administrativo, sobretudo para fins de exercício do poder de polícia, *ordem pública* significa um mínimo de condições essenciais a uma vida social adequada e pacífica; seu conteúdo varia com o estágio da vida social. Além dos aspectos clássicos da segurança dos bens e das pessoas, da salubridade e da tranquilidade, abarca também aspectos econômicos (contra alta absurda de preços, ocultação de gêneros alimentícios), ambientais (combate à poluição) e até estéticos (proteção de monumentos e paisagens).

Na verdade, a chamada ordem pública, como fundamento do exercício do poder de polícia, na sua concepção atual, identifica-se com o interesse público e diz respeito à custódia de qualquer tipo de bem ou interesse de todos ante o indivíduo ou grupo restrito de indivíduos.

O interesse público, que informa todas as atividades da Administração, é mencionado sob diversos nomes: interesse geral, bem comum, interesse coletivo, necessidades coletivas, necessidades da vida social. Tais termos, às vezes, vêm indicados como fundamentos teóricos do poder de polícia.

Visa, então, o poder de polícia propiciar a convivência social mais harmoniosa possível, para evitar ou atenuar conflitos no exercício dos direitos e atividades dos indivíduos entre si e ante o interesse de toda a população.

Aos fundamentos teóricos se somam as bases legais: o exercício do poder de polícia deve ter respaldo legal.

15.7 Regime jurídico geral

Alguns aspectos relevantes do regime jurídico do poder de polícia podem ser apontados.

a) Poder de polícia é atuação administrativa sujeita ao direito público, precipuamente.

b) É regido pelos princípios constitucionais que norteiam a Administração genericamente: legalidade, impessoalidade, moralidade e publicidade. Inclui-se na legalidade a observância das normas relativas à competência para exercer o poder de polícia na matéria e no âmbito territorial sobre os quais incide.

c) Atende à regra do *favor libertatis* ou *pro libertate*, pois o regime de polícia não pode significar proibição geral e absoluta, que impediria o exercício efetivo do direito. Por outro lado, a regra obriga a resolver em favor da liberdade qualquer dúvida sobre a maior ou menor extensão das medidas ou sobre a possibilidade da medida limitativa.

d) Autores franceses, espanhóis e alemães utilizam o termo proporcionalidade e autores argentinos e norte-americanos preferem o termo razoabilidade, para afirmar que as medidas de limitação de direitos devem manter congruência com os motivos e fins que as justificam.

e) Nem sempre a medida relativa ao poder de polícia decorre do exercício do poder discricionário. Às vezes, a Administração somente dá concreção a dispositivos de lei, por exemplo, do Código de Obras e Edificações – fiscaliza seu cumprimento e impõe as respectivas sanções, sem margem de escolha.

f) A limitação decorrente do poder de polícia deve ser motivada.

g) José Afonso da Silva (parecer, *RDA* 132, 1978) chama a atenção para um elemento fundamental ao exercício do poder de polícia, mencionado no parágrafo único do art. 78 do Código Tributário Nacional: a observância do processo legal.

15.8 Campos de atuação

O âmbito de incidência do poder de polícia mostra-se bem amplo: vai desde os aspectos clássicos da segurança de pessoas e bens, saúde e tranquilidade públicas, até a preservação da qualidade do meio ambiente natural e cultural, o combate ao abuso do poder econômico, a preservação do abastecimento de gêneros alimentícios.

Dentre os inúmeros campos de atuação do poder de polícia podem ser lembrados os seguintes: direito de construir, localização e funcionamento de atividades no território de um Município; condições sanitárias de alimentos, elaborados ou não, vendidos à população; medicamentos; exercício de profissões (quando regulamentadas, às vezes o poder de polícia é delegado, por lei, às ordens profissionais); poluição sonora, visual, atmosférica, dos rios, mares, praias, lagoas, lagos, mananciais; preços; atividade bancária, atividade econômica; trânsito.

15.9 Manifestações do poder de polícia

Nesse item se examinam diversos modos pelos quais a Administração expressa esse poder.

Com respaldo legal, a Administração pode editar decretos (ato administrativo da competência do Chefe do Executivo), regulamentares ou não, resoluções, deliberações (órgãos colegiados), portarias, instruções, despachos.

Associadas ao exercício do poder de polícia estão a licença e a autorização.

A *licença* é ato administrativo vinculado pelo qual o poder público, verificando que o interessado atendeu a todas as exigências legais, possibilita-lhe a realização de atividades ou de fatos materiais, vedados sem tal apreciação. A licença supõe apreciação do poder público no tocante ao exercício de direito que o ordenamento reconhece ao interessado; por isso não pode ser negada quando o requerente atende a todos os requisitos legais para sua obtenção. Uma vez expedida, traz o pressuposto da definitividade, embora possa estar sujeita a prazo de validade e possa ser anulada ante ilegalidade superveniente. A licença se desfaz, ainda, por cassação, quando o particular descumprir requisitos para o exercício da atividade, e por revogação, se advier motivo de interesse público que exija a não realização da atividade licenciada, cabendo, neste caso, indenização ao particular. A licença se exterioriza em documento denominado "alvará". Exemplos de licença: licença de construir, licença ambiental, licença de localização e funcionamento.

A *autorização* apresenta-se como ato administrativo discricionário e precário, pelo qual a Administração consente no exercício de certa atividade; portanto, inexiste direito subjetivo à atividade. No âmbito do poder de polícia, diz respeito ao exercício de atividades cujo livre exercício pode, em muitos casos, constituir perigo ou dano para a coletividade, mas que não é oportuno impedir de modo absoluto; por isso, a autoridade administrativa tem a faculdade de examinar, caso a caso, as circunstâncias de fato em que o exercício pode se desenvolver, a fim de apreciar a conveniência e oportunidade da outorga. Exemplos mais comuns: porte de arma, comércio de fogos. De regra, a autorização se expressa por escrito, de modo explícito. Pode-se, porém, cogitar de autorização implícita, no caso em que se exige, para o exercício da atividade, comunicação prévia à autoridade administrativa: a não oposição desta equivaleria a uma autorização implícita. Se a autoridade considerar que há perigo na atividade, manifesta-se, de modo explícito, em sentido contrário. A condição ao exercício da atividade encontra-se, então, na comunicação prévia. Exemplo: direito de reunião, sem armas, pacificamente, em locais abertos, independentemente de autorização, sendo apenas exigido prévio aviso à autoridade competente (CF, art. 5º, XVI).

Atividades materiais realizadas pela Administração também expressam o poder de polícia. Na fiscalização incluem-se: a observação (ou vigilância observadora), a inspeção, a vistoria, os exames laboratoriais. Na imposição de sanções salientam-se: fechamento de estabelecimento (aposição de lacre), demolição de obra, demolição de edificação, apreensão de mercadoria, guinchamento de veículo.

15.10 Limites

O exercício do poder de polícia encontra limites. O primeiro situa-se nos próprios direitos fundamentais declarados e assegurados pela Constituição Federal. O poder de polícia pode acarretar disciplina e restrições ao exercício de um direito fundamental, em benefício do interesse público. Ao mesmo tempo, o reconhecimento de direitos fundamentais configura limite ao poder de polícia; os direitos fundamentais não podem ser suprimidos. Nem sempre se apresenta fácil situar o ponto onde começa a violação dos direitos fundamentais pelo exercício do poder de polícia.

No tocante aos direitos fundamentais, algumas hipóteses emergem.

a) Existe lei disciplinadora do direito fundamental. Neste caso, o poder de polícia é limitado pelos preceitos da lei, não se admitindo prescrição mais rigorosa que a da lei: as limitações da lei devem ser interpretadas de modo restrito, isto é, no sentido mais favorável ao exercício do direito. Por vezes a lei confere à autoridade administrativa a faculdade de agravar disposições da lei, em casos especiais, mas sempre de modo temporário.

b) Inexiste lei disciplinadora do direito fundamental. Neste caso, observadas as regras de competência, a medida de polícia, sempre fundamentada no interesse público, deve ser: b1) necessária, isto é, exigida ante as circunstâncias, para evitar conflitos, desordens, perigo à integridade de pessoas e bens; b2) eficaz, isto é, adequada para evitar perturbações; b3) proporcional à gravidade da possível perturbação; por exemplo: em locais de grande afluxo de pessoas são impostas restrições mais amplas que em locais sem nenhum afluxo de pessoas. Em geral, medidas temporárias podem ser mais rigorosas que medidas gerais e permanentes.

Outro limite ao poder de polícia encontra-se na legalidade dos meios. Os meios e modos de exercício do poder de polícia devem estar previstos legalmente. Na ausência de norma, a autoridade competente escolhe os meios, observados os princípios e limites já apontados.

Aparecem, ainda, como limites ao poder de polícia as regras de competência, forma, motivo (sobretudo, existência dos fatos invocados e base legal) e o fim de interesse público; caso o poder de polícia seja exercido para fins pessoais, subjetivos ou político-partidários, poderá ser caracterizado o desvio de poder ou finalidade.

15.11 Sanções decorrentes do poder de polícia

As medidas resultantes do poder de polícia exigem observância por parte dos sujeitos a que impõe restrições em seus direitos: tais medidas podem implicar obrigações de fazer ou de se abster. O descumprimento de tais prescrições enseja, para o agente, a possibilidade de impor sanções.

A imposição de sanções norteia-se pela legalidade das medidas punitivas, descabendo à autoridade "inventá-las". O requisito de competência também prevalece. Além do mais, deve ser assegurado, ao sujeito, contraditório e ampla defesa, por força da Constituição Federal, art. 5º, LV. No caso das multas de trânsito, a existência de prazo suficiente para recorrer e ter o recurso apreciado, antes do vencimento, atende a essas garantias, pois o efeito patrimonial se concretiza no pagamento.

Dentre as sanções, citem-se: as formais – cassação de licença, revogação de autorização; as pessoais – quarentena; as reais (atuação sobre coisas, tolhendo sua disponibilidade) – apreensão e destruição de gêneros alimentícios deteriorados, apreensão de armas e instrumentos usados na caça e pesca proibidas, guinchamento de veículos; as pecuniárias – multa única e multa diária; impedimentos temporários ou definitivos de exercício de atividades – suspensão de atividade, interdição de atividade, fechamento de estabelecimento, embargo de obra, demolição de obra, demolição de edificação.

15.12 Prescrição da ação punitiva da Administração Federal

A ação punitiva da Administração Pública Federal direta e indireta, no exercício do poder de polícia, objetivando apurar infração à legislação em vigor, prescreve em cinco anos, a contar da data da prática do ato ou, no caso de infração permanente ou continuada, do dia em que tiver cessado. Esse prazo prescricional figura na Lei 9.873, de 23.11.1999 (art. 1º, *caput*). Quando o fato objeto da ação punitiva da Administração também constituir crime, a prescrição reger-se-á pelo prazo previsto na lei penal (art. 1º, §2º, da mesma lei).

Interrompe-se a prescrição: I – pela notificação ou citação do indiciado ou acusado, inclusive por meio de edital; II – por qualquer ato inequívoco, que importe apuração do fato; III – pela decisão condenatória recorrível (art. 2º); IV – por qualquer ato inequívoco que importe em manifestação expressa de tentativa de solução conciliatória no âmbito interno da administração pública federal (art. 2º, cujo item IV decorre da Lei 11.941/2009).

Suspende-se a prescrição durante a vigência, por exemplo: I – do compromisso de cessação previsto no art. 85 da Lei 12.529/2011; II – do termo de compromisso de que trata o §5º do art. 11 da Lei 6.385, de 07.12.1976, com a redação dada pela Lei 9.457, de 05.05.1997 (mercado de valores mobiliários e atuação punitiva da Comissão de Valores Mobiliários).

O disposto na Lei 9.873/99 não se aplica às infrações de natureza funcional e aos processos e procedimentos de natureza tributária (art. 5º).

15.13 Extensão excepcional do poder de polícia

Com o objetivo de defesa do Estado e das instituições democráticas, a Constituição Federal possibilita a extensão excepcional do poder de polícia, como decorrência da decretação do estado de defesa e do estado de sítio.

No estado de defesa, conforme o art. 136, §1º, I, há possibilidade de restrições aos direitos de reunião, sigilo de correspondência, sigilo de comunicação telegráfica e telefônica. No estado de sítio, segundo o art. 139, III, IV e V, além dessas, decorrem restrições à liberdade de imprensa, radiodifusão e televisão e restrições à inviolabilidade de domicílio.

Conforme nota Araújo Cintra (*Motivo e motivação do ato administrativo*, 1979), os atos praticados nessas circunstâncias continuam submetidos ao direito, "o direito da crise": em qualquer circunstância, os direitos fundamentais devem ser respeitados.

Com efeito, a Constituição Federal usa o vocábulo "restrições", e não abolição; e prevê a formação de comissão de parlamentares para acompanhar e fiscalizar a execução das medidas (art. 140). Prevê, ainda, a responsabilização dos executores e agentes pelos ilícitos cometidos (art. 141, *caput*).

15.14 Particulares no exercício do poder de polícia?

Controvérsias envolvem a questão de particulares exercerem poder de polícia. Há forte linha aventando este exercício em *atividades do poder público* denominadas *acessórias*, *instrumentais* ou *complementares*, citando-se, com frequência, a colocação de radares por empresas privadas em rodovias. Mas, em vários casos, são nebulosas as fronteiras entre essas atividades e as que recebem o nome de *principais* ou *atividades-fim*. E, por vezes, as atividades acessórias, instrumentais ou complementares trazem consequências jurídicas diretas.

Bibliografia

CASSAGNE, Juan Carlos. *La intervención administrativa*. Buenos Aires: Abeledo-Perrot, 1994.

CAVALCANTI, Themistocles Brandão. *Tratado de direito administrativo*. 3. ed. Rio de Janeiro: Freitas Bastos, 1956. v. III.

CINTRA, A. A. de Araújo. *Motivo e motivação do ato administrativo*. São Paulo: RT, 1979.

CUNHA FILHO, Alexandre Jorge Carneiro da. *Poder de polícia*: compreensão contemporânea do instituto e discussão sobre a possibilidade de delegação do seu exercício a entes privados. Ribeirão Preto: IELD, 2014.

FIORINI, Bartolomé. *Poder de policía*. Buenos Aires: Alfa, 1957.

GORDILLO, Agustin. *Tratado de derecho administrativo*. Parte geral. Buenos Aires: Macchi, 1991. t. II.

LEAL, Aurelino. *Polícia e poder de polícia*. Rio de Janeiro: Imprensa Nacional, 1918.

MEDAUAR, Odete. Poder de polícia. *RDA*, v. 199, p. 89-96, jan./mar. 1995.

MEDAUAR, Odete; SCHIRATO, Vitor Rhein (Org.). *Poder de polícia na atualidade*. Belo Horizonte: Fórum, 2014.

MINET, Charles-Edouard. *Droit de la police administrative*. Paris: Vuibert, 2007.

PICARD, Etienne. *La notion de police administrative*. Paris: LGDJ, 1984. v. 1-2.

SILVA, José Afonso da. Poder de polícia (parecer). *RDA*, v. 132, p. 241-255, abr./jun. 1978.

SUNDFELD, Carlos Ari. *Direito administrativo ordenador*. São Paulo: Malheiros, 1993.

TÁCITO, Caio. *O poder de polícia e seus limites*. Direito administrativo. São Paulo: Saraiva, 1975.

VIRGA, Pietro. *La potestà di polizia*. Milão: Giuffrè, 1954.

CAPÍTULO 16

LIMITAÇÕES AO DIREITO DE PROPRIEDADE

16.1 Introdução ao tema

Um dos âmbitos em que mais se revela a face autoridade da Administração é o direito de propriedade, sobretudo da propriedade imóvel. O direito de propriedade evoluiu muito, deixando de ter, na atualidade, a conotação absoluta que o caracterizava até as primeiras décadas do século XX. Ampliaram-se as intervenções públicas e ocorreu a mudança da própria configuração estrutural do direito de propriedade ante sua funcionalização social, percebida de modo sensível em matéria urbanística e agrária. Daí o disposto no §1º do art. 1.228 do Código Civil: "O direito de propriedade deve ser exercido em consonância com as suas finalidades econômicas e sociais e de modo que sejam preservados, de conformidade com o estabelecido em lei especial, a flora, a fauna, as belezas naturais, o equilíbrio ecológico e o patrimônio histórico e artístico, bem como evitada a poluição do ar e das águas".

Esse tema diz respeito a limites impostos ao direito de propriedade, decorrentes de atuações administrativas. Algumas figuras que expressam tais limites também são utilizadas para fins precipuamente urbanísticos.

16.2 Noção e objetivo

As figuras jurídicas que assinalam as intervenções administrativas recebem nomes diversos na doutrina, nem sempre com sentido unânime. Aqui será seguida a linha adotada por José Afonso da Silva, na obra *Direito urbanístico brasileiro* (8. ed., 2018, p. 414), segundo a qual as *limitações* abarcam tudo que afete qualquer dos caracteres desse direito. O referido autor lembra os caracteres tradicionais do direito de propriedade: é absoluto, ao assegurar ao proprietário, de modo mais amplo, o uso, a ocupação, a modificação e a disponibilidade do bem; é exclusivo, pois diz respeito somente ao proprietário; é perpétuo, porque permanece em continuidade no patrimônio do proprietário, passando, depois, a um sucessor. As limitações irão atingir um ou alguns desses caracteres.

Tais limitações baseiam-se ou no direito privado, preponderantemente, ou no direito público. Dentre as últimas, figuram as limitações tratadas pelo direito administrativo.

As *limitações administrativas* abrangem as restrições que afetam o caráter absoluto do direito de propriedade; a ocupação temporária, a requisição, a servidão, que atingem o caráter exclusivo; e a desapropriação, incidente sobre o caráter perpétuo.

O objetivo das limitações administrativas situa-se no atendimento do interesse público, que poderá revestir-se de conotação específica, por exemplo, ao se invocar iminente perigo público, ao se mencionar o interesse social. Tendo em vista que o direito de propriedade recebe garantia constitucional (CF, art. 5º, XXII), as inflexões a esse direito devem ter respaldo na própria Constituição Federal ou na lei.

16.3 Restrições administrativas em geral

As *restrições administrativas* consistem em limitações incidentes sobre as faculdades de uso, ocupação e modificação da propriedade, para atendimento do interesse público. Podem implicar uma imposição de fazer, de se abster de algo ou de deixar fazer.

Tais restrições apresentam as seguintes características: *generalidade*, pois aplicam-se a todos os proprietários ou bens inseridos em determinada situação; *executoriedade*, pois são efetivadas independentemente do consentimento do proprietário ou de qualquer outro; *razoabilidade*, pois hão de ser adotadas com equilíbrio, sem excessos; *não confiscatoriedade* (cf. José Afonso da Silva, *Direito urbanístico brasileiro*, 8. ed., 2018, p. 415), isto é, não acarretam, em princípio, perda da propriedade ou dano patrimonial grave; se tal ocorrer, cabe indenização ao proprietário.

Dentre as restrições administrativas menos gravosas estão as seguintes: recuos frontais, laterais e de fundo, nas edificações; muro e passeio; alinhamento; nivelamento. Em matéria urbanística, restrições de uso decorrentes de lei de zoneamento; restrições advindas de taxa de ocupação, coeficiente de aproveitamento, gabaritos.

16.4 Tombamento

O *tombamento* apresenta-se como um dos instrumentos de preservação do patrimônio cultural. Segundo a Constituição Federal, art. 216, §1º, o poder público, com a colaboração da comunidade, promoverá e protegerá o patrimônio cultural brasileiro, por meio de inventários, registros, vigilância, *tombamento* e desapropriação, e de outras formas de acautelamento e preservação.

Tendo em vista que o citado dispositivo fixou, na matéria, a *competência comum das entidades públicas*, o tombamento pode advir do âmbito federal, estadual ou municipal (nos dois últimos casos, para bens situados nos respectivos territórios). Para facilidade de exposição, será considerado apenas o tombamento editado em âmbito federal. Os preceitos aí seguidos aplicam-se aos demais âmbitos, no que for compatível.

O termo *tombar*, nessa matéria, significa lançar nos livros de tombo. Em tais livros, que permanecem no órgão responsável pelo tombamento, se registram, por exemplo, o nome, situação, limites dos bens preservados.

O *tombamento* designa o ato administrativo pelo qual se declara o valor histórico, artístico, paisagístico, arqueológico, cultural, arquitetônico de bens, que, por isso, devem ser preservados, conforme as características indicadas no livro próprio. O principal efeito do tombamento sobre o bem é sua imodificabilidade, podendo haver, ainda, restrições quanto à destinação e alienabilidade.

Na esfera federal o órgão competente para efetuar o tombamento é o Instituto do Patrimônio Histórico e Artístico Nacional – IPHAN, uma autarquia federal.

O texto legal básico em matéria de tombamento é o Dec.-lei 25, de 30.11.1937, que organiza a proteção do patrimônio histórico e artístico nacional, estabelece o processo de tombamento, as suas consequências e as sanções administrativas para as infrações indicadas.

O tombamento pode recair sobre bens móveis e imóveis, privados ou públicos. O Dec.-lei 25/37 prevê três tipos de tombamento:

a) *tombamento de ofício* – incide sobre bens públicos; efetua-se por determinação do Presidente do IPHAN (ou do respectivo órgão competente, na esfera estadual e municipal); a entidade a que o bem pertencer deve ser notificada (art. 5º);

b) *tombamento voluntário* – recai sobre bem privado e realiza-se mediante simples concordância de seu proprietário, a seu pedido ou em atendimento à notificação (art. 7º);

c) *tombamento compulsório* – ocorre quando o proprietário se recusa a anuir à inscrição do bem; nesse caso, instaura-se um processo, com as seguintes fases: c1) o órgão competente notifica o proprietário para este anuir ao tombamento ou impugnar por escrito, dentro de quinze dias; c2) não havendo impugnação no prazo, a autoridade competente determina a inscrição do bem no livro de tombo; c3) havendo impugnação, o órgão ou interessado, de onde emanou a proposta de tombamento, deverá manifestar-se; c4) em seguida, os autos são remetidos ao Conselho do órgão competente para decisão; c5) no âmbito federal, a decisão no sentido do tombamento, que se traduz na inscrição, tem sua eficácia dependente de homologação do Ministro da Cultura (Lei 6.292/75); do ato de tombamento, cabe recurso ao Presidente da República, se emitido pelo IPHAN; o tombamento compulsório reveste-se de caráter provisório, se for iniciado pela notificação; tem caráter definitivo mediante inscrição no livro de tombo, devidamente homologada.

Dentre os efeitos do tombamento salientam-se os seguintes:

a) se imóvel, transcrição e averbação no registro respectivo;

b) *imodificabilidade do bem tombado* – o bem não poderá ser mutilado, demolido, reformado. A pintura, reparação ou restauração dependem de autorização do órgão competente. Esse vínculo atinge os bens privados e os bens públicos;

c) *limites à alienabilidade* – se o bem tombado pertencer ao domínio público, torna-se inalienável para particulares, podendo, no entanto, ser transferido de uma entidade pública para outra. Os bens privados permanecem alienáveis. O art. 22 do Dec.-Lei 25/1937, que previa direito de preferência em favor da União, dos Estados ou dos Municípios no caso de alienação onerosa, foi revogado pelo art. 1072, I, do Código de Processo Civil, não mais havendo esta preferência, que prevalece apenas no caso de alienação judicial, se a iniciativa for do particular, e no caso de arrematação judicial (CPC, art. 892, §3º);

d) *fiscalização do poder público* – o órgão responsável pelo tombamento poderá manter vigilância constante, tendo o direito de acesso ou ingresso no bem;

e) o bem tombado é *insuscetível de desapropriação*, salvo para manter o próprio tombamento. Hely Lopes Meirelles bem nota que nem mesmo entidades estatais maiores podem expropriar bens tombados pelas menores, enquanto não for cancelado o tombamento pelo órgão competente (*Direito administrativo brasileiro*, 1994, p. 490);

f) *restrições a imóveis vizinhos* – por exemplo: não poderá ser erguida construção que impeça ou reduza a visibilidade do bem tombado, nem é permitida a aposição de anúncios ou cartazes.

O tombamento sujeita-se à revogação, por inconveniência e inoportunidade, ou anulação, por ilegalidade. A autoridade competente, em vez de homologá-lo, poderá determinar a revisão, alteração ou desfazimento. Nos termos do Dec.-lei nº 3.866/41, artigo único, mesmo depois de homologado, o tombamento efetuado pelo IPHAN poderá ser cancelado pelo Presidente da República, de ofício ou em grau de recurso, por motivo de interesse público. Em qualquer caso, o desfazimento deve ser motivado.

No tocante à *indenização*, se o tombamento tiver alcance geral, como em Ouro Preto, Olinda, descabe ressarcimento. No caso de imóvel tombado isoladamente, em princípio é cabível indenização, salvo proibição, desde que demonstrado prejuízo direto e material.

O Dec.-lei 25/37 prevê sanções administrativas por infrações ao tombamento, dentre as quais: a) multas em caso de tentativa ou reincidência de exportação de bem móvel tombado, em percentuais incidentes sobre o valor do bem; b) multa por colocação de anúncios ou cartazes que afetem a visibilidade do bem; c) multa no caso de demolição, destruição, mutilação e de restauração ou pintura sem prévia autorização do poder público; d) multa se o proprietário deixar de comunicar a necessidade de obras de conservação e sua dificuldade para efetuá-las; e) demolição do que for edificado sem autorização (arts. 15 a 19).

O Ministério Público e as associações pertinentes, legalmente constituídas há mais de um ano, poderão obter na via jurisdicional, mediante liminar ou cautelar em ação civil pública, embargo de obra e interdição de atividades em bem tombado.

Qualquer cidadão que detenha direitos políticos pode intentar ação popular em defesa do patrimônio histórico e artístico (CF, art. 5º, LXXIII).

O ordenamento prevê também sanções penais, no art. 165 do CP: "Destruir, inutilizar ou deteriorar coisa tombada pela autoridade competente em virtude de valor artístico, arqueológico ou histórico: Pena – detenção, de 6 (seis) meses a 2 (dois) anos, e multa".

A chamada Lei de Crimes Ambientais – Lei nº 9.605, de 12.02.1998 – também indica, nos arts. 62 a 65, sanções penais referentes a bens tombados.

16.5 Ocupação temporária

Mediante a *ocupação temporária* o poder público, por seus próprios agentes ou por empreiteiros, utiliza provisoriamente terrenos não edificados, vizinhos a obras públicas; essa utilização provisória é necessária à realização da obra. A base legal dessa figura encontra-se no art. 36 do Dec.-lei nº 3.365/41 (Lei geral de desapropriações), que prevê, também, indenização a final, mediante ação própria. O mesmo dispositivo determina que o poder público preste caução, se exigida pelo proprietário. A ocupação temporária deve ser precedida de declaração de utilidade pública, conforme orientação jurisprudencial.

Outro tipo de *ocupação temporária* decorre do regime dos contratos administrativos disciplinado na Lei nº 14.133/2021. O art. 139, II, possibilita, ao poder público contratante, ocupar provisoriamente bens móveis e imóveis, vinculados ao objeto do contrato, para assegurar continuidade, na hipótese de rescisão do contrato. No caso das concessões e permissões de serviço público, a Lei nº 8.987/95, art. 35, §3º, prevê a ocupação das instalações e a ocupação, pelo poder concedente, de todos os bens reversíveis quando este, extinta a concessão, assume o serviço.

16.6 Requisição

A Constituição Federal, no art. 5º, XXV, permite que, em caso de *iminente perigo público*, a autoridade competente use de propriedade particular, assegurada ao proprietário indenização ulterior, se houver dano. O art. 1.228, §3º, parte final, do Código Civil também prevê a requisição.

Característica nuclear da *requisição*, ausente na ocupação temporária, encontra-se no *iminente perigo público* que a justifica, ou seja, uma situação de risco imediato à integridade e segurança de pessoas e de bens, uma situação de urgência. Exemplos: casos de incêndio, inundação, epidemia, sonegação de gêneros de primeira necessidade. A requisição militar visa a preservar a segurança interna da Nação e a soberania.

A *requisição civil* e a *requisição militar* podem recair sobre bens móveis, imóveis ou serviços. Conforme o tipo de bem requisitado, a requisição poderá implicar perda irrecuperável (por exemplo: gêneros alimentícios, materiais de primeiros socorros). Havendo dano ao proprietário, este receberá ressarcimento posterior. Inexistindo dano comprovado, descabe indenização.

A Constituição Federal, art. 22, III, atribui à União competência privativa para legislar sobre requisições civis e militares, em caso de perigo iminente e em tempo de guerra.

16.7 Servidão administrativa

Na *servidão*, certos atributos do direito de propriedade (usar, fruir), em vez de se concentrarem no proprietário, exclusivamente, são partilhados com terceiros.

A concepção de *servidão* vem do direito civil; nesse ramo, apresenta-se como direito, em favor de um prédio (chamado dominante), sobre outro prédio (o serviente), pertencentes a donos diversos. A servidão visa a aumentar a utilidade do prédio dominante e implica limitações ao prédio serviente. Está prevista no art. 1.378 do Código Civil. Não é essencial, porém, para configurar uma servidão, a contiguidade de prédios.

Além da servidão de direito privado, existe a servidão de direito público, também denominada *servidão administrativa*, independentemente de contiguidade de prédios. Significa um ônus real de uso, instituído pela Administração sobre imóvel privado, para atendimento do interesse público, mediante indenização dos prejuízos efetivamente suportados. Por exemplo: proibição de construir em terrenos marginais a rodovias, ferrovias, córregos canalizados (servidão *non aedificandi*); passagem para chegar a poços ou reservatórios de água; passagem de fios de energia elétrica; passagem de aqueduto. A instituição de servidão administrativa poderá importar em obrigações de fazer, por exemplo: o proprietário do imóvel serviente é obrigado a aparar mato ou cortar árvores no caso de servidão de passagem instituída sobre seu imóvel.

A servidão não opera transferência do domínio, nem da posse, nem do uso total do bem a terceiros ou ao poder público. Apenas parcela do bem tem seu uso compartilhado ou limitado em vista do atendimento do interesse público. Por isso, se a limitação acarretar realmente prejuízo, quanto ao uso, caberá indenização, referida só a este aspecto.

A base legal para a *servidão administrativa* está no art. 40 do Dec.-lei 3.365/41 (Lei geral de desapropriação), que possibilita, aos mesmos entes que podem expropriar, a constituição desse ônus. Como na desapropriação, edita-se declaração de necessidade pública, utilidade pública ou interesse social de parte do imóvel para fins de servidão administrativa, o que não parece pertinente em servidões simples, não gravosas, genéricas, por exemplo, para afixação de placas com nome de ruas. Nos termos da Lei nº 8.987/95 – concessão de serviço público – art. 29, VIII, entre os encargos do concedente figura a declaração de necessidade ou utilidade pública, para fins de servidão, dos bens necessários à execução de serviço ou obra pública, promovendo-a diretamente ou mediante outorga de poderes à concessionária, caso em que será desta o ônus indenizatório; por outro lado, dentre os encargos da concessionária inclui-se instituir servidões autorizadas pelo concedente, conforme previsto no edital e no contrato (art. 31, VI).

Após editado o ato declaratório da servidão, esta poderá concretizar-se por acordo ou mediante sentença do Judiciário em ação movida pelo poder público ou seu delegado. Caso a servidão seja instituída de fato, o proprietário poderá pleitear ressarcimento na via administrativa; não obtendo êxito ou não pretendendo usar esta via, moverá ação de reparação de dano.

Algumas servidões advêm diretamente da lei: servidão para transporte e distribuição de energia elétrica, servidão nas margens dos rios (Código de Águas).

A Lei nº 6.015, de 31.12.1973 – Registros Públicos –, determina o registro das servidões em geral (art. 167, I, 6).

16.8 Desapropriação

16.8.1 Noção

Desapropriação é a figura jurídica pela qual o poder público, necessitando de um bem para fins de interesse público, retira-o do patrimônio do proprietário, mediante prévia e justa indenização. A desapropriação atinge o caráter perpétuo do direito de propriedade, pois extingue o vínculo entre proprietário e bem, substituindo-o por uma indenização.

Sob o ângulo do direito privado, a desapropriação representa um modo de perda da propriedade. Sob o enfoque do direito público, configura um meio de aquisição de bem público ou um instrumento de realização de atividades de interesse público, inclusive no tocante à mais justa distribuição da propriedade.

As características essenciais da desapropriação são as seguintes: a) é uma figura jurídica que expressa a face autoridade da Administração, acarretando limitação ao caráter perpétuo do direito de propriedade; b) tem como resultado a retirada de um bem do patrimônio do seu proprietário; c) tem por fim o atendimento do interesse público, visando a um resultado benéfico a toda a coletividade; d) em troca do vínculo de domínio, o proprietário recebe uma *indenização*.

Como todas as atividades administrativas, a desapropriação também se norteia pelos princípios constitucionais da Administração e demais princípios do direito administrativo. Quanto aos primeiros, atende ao princípio da legalidade, pautando-se pelas normas vigentes no ordenamento: o poder de retirar um bem do patrimônio do seu proprietário deve enquadrar-se nos parâmetros e procedimentos fixados na legislação, para exercer-se de modo válido e observar as garantias conferidas ao proprietário. Os princípios da moralidade e impessoalidade aí incidem para impedir que a desapropriação seja meio de beneficiar ou prejudicar este ou aquele, seja instrumento de vingança, de represália política, de especulação imobiliária. O desvirtuamento dos fins pode ensejar ajuizamento de ação judicial (por exemplo: mandado de segurança, ação popular) visando ao desfazimento da expropriação por desvio de poder e responsabilização da autoridade envolvida.

16.8.2 Legislação

A Constituição Federal, no art. 5º, XXII, garante o direito de propriedade. O inc. XXIV do mesmo artigo fornece a base para a desapropriação, nos seguintes termos: "a lei estabelecerá o procedimento para desapropriação por necessidade ou utilidade pública, ou por interesse social, mediante justa e prévia indenização em dinheiro, ressalvados os casos previstos nesta Constituição".

Além desse dispositivo, referente às desapropriações em geral, a Constituição Federal contém outros preceitos da matéria. O art. 22, II, atribui competência privativa à União para legislar sobre desapropriação.

Por sua vez, o art. 182, §3º, determina que as desapropriações de imóveis urbanos serão feitas com prévia e justa indenização em dinheiro. O §4º, III, do art. 182 menciona a chamada desapropriação-sanção, como terceiro tipo sucessivo de consequência pelo não enquadramento do solo urbano em diretrizes fixadas em lei específica, para área incluída no plano diretor, nos termos da lei federal.

O art. 184 prevê a competência da União para desapropriar, por interesse social, para fins de reforma agrária, o imóvel rural que não esteja cumprindo sua função social, mediante prévia e justa indenização em títulos da dívida agrária, com cláusula de preservação do valor real, resgatáveis no prazo até vinte anos, a partir do segundo ano de sua emissão, e cuja utilização seja definida em lei. Os parágrafos desse artigo e os arts. 185 e 186 fixam outros preceitos da matéria, remetendo-se a lei complementar à fixação de procedimento contraditório especial, de rito sumário, para o processo judicial desta desapropriação (§3º do art. 184).

A Constituição Federal, no art. 243, com a redação decorrente da Emenda Constitucional 81, de 05.06.2014, menciona a expropriação, sem indenização e sem prejuízo de outras sanções previstas em lei, de propriedades rurais e urbanas onde forem localizadas *culturas ilegais de plantas psicotrópicas* ou a exploração de *trabalho escravo*, propriedades estas a serem destinadas à reforma agrária e a programas de habitação popular. Embora utilize o termo "expropriadas", trata-se de confisco, visto não haver indenização. A Lei nº 8.257, de 26.11.1991, disciplina o respectivo processo, quanto às áreas onde forem localizadas culturas ilegais de plantas psicotrópicas. No RE 635336, com repercussão geral, o STF decidiu o seguinte: " A expropriação prevista no art. 243 da Constituição Federal pode ser afastada desde que o proprietário comprove que não incorreu em culpa, ainda que *in vigilando* ou *in eligendo*".

Os principais textos infraconstitucionais relativos à desapropriação são os seguintes:

a) Dec.-lei 3.365, de 21.06.1941, com alterações posteriores, contém normas materiais e processuais sobre a desapropriação em geral; arrola os casos de utilidade pública que permitem à autoridade usar o poder expropriatório. Já houve tentativa de se editar nova lei geral de desapropriação, no início da década de 80; na verdade, nova lei deveria ser editada, visando, sobretudo, a inserir seus preceitos no contexto atual do direito administrativo e do Estado brasileiro, a assimilar a rica elaboração judicial e a responsabilizar autoridades por desapropriações levianas, desvirtuadas e desprovidas de respaldo financeiro; em nova disciplina legal da desapropriação deve-se adotar o esquema processual, em âmbito administrativo, com audiência ou consulta pública, à semelhança do que existe na França, na Bélgica e na Espanha, com obrigatoriedade de uma fase administrativa de acordo.

A proposta de se fixar a obrigatoriedade de uma fase administrativa de acordo, contida na última parte do parágrafo a) supra, apresentada desde a 1ª edição deste livro, de 1996, foi acolhida mediante a Lei nº 13.867, de 26.8.2019, ao acrescentar o art. 10-A ao Dec.-Lei 3.365/41 (v. item 16.8.8). Antes a fase de acordo era uma possibilidade; agora é imposição.

b) Lei nº 4.132, de 10.09.1962 – específica os casos de *desapropriação por interesse social*, determinando, no que for omissa, a aplicação do Dec.-lei 3.365/41, inclusive quanto ao processo judicial e à indenização.

c) Dec.-lei 1.075, de 22.01.1970 – regula a imissão provisória na posse em *imóveis residenciais urbanos*.

d) Lei nº 8.629, de 25.02.1993, com alterações posteriores – regulamenta dispositivos constitucionais relativos à reforma agrária.

e) Lei Complementar nº 76, de 06.07.1993, com alterações posteriores – dispõe sobre o procedimento contraditório especial, de rito sumário, para o processo de desapropriação de *imóvel rural*, por *interesse social*, para fins de *reforma agrária*.

f) Lei nº 10.257, de 10.07.2001 – Estatuto da Cidade – art. 8º, que disciplina a *desapropriação-sanção*, prevista no art. 182, §4º, III, da Constituição, como terceiro tipo sucessivo de consequência pelo não adequado aproveitamento do solo urbano, nos moldes fixados em lei específica municipal para área incluída no plano diretor; o pagamento da indenização se efetua em títulos da dívida pública, com prévia aprovação do Senado Federal, sendo resgatados no prazo de até dez anos, em prestações anuais, iguais e sucessivas; são assegurados o valor real da indenização e juros legais de seis por cento ao ano; o Município procederá ao adequado aproveitamento do imóvel no prazo máximo de cinco anos, contado a partir da sua incorporação ao patrimônio público.

Serão expostas, a seguir, as linhas fundamentais da desapropriação em geral, com base no Dec.-lei 3.365/41 e na Lei nº 4.132/62, visto tratarem dos casos mais frequentes na Administração.

16.8.3 Fundamento

A Constituição Federal, no art. 5º, XXIV, permite a desapropriação por *necessidade* ou *utilidade pública* ou *por interesse social*. O mesmo vem mencionado no art. 1.228, §3º, primeira parte, do Código Civil. Até o advento da Constituição Federal de 1946, o ordenamento pátrio somente previa a desapropriação por necessidade ou utilidade pública. A inclusão do "interesse social", no §16 do art. 141 da CF de 1946, decorreu de emenda proposta pelo Senador Ferreira de Souza, rejeitada na Comissão de Constituição, mas acolhida no Plenário.

Desde 1946 o ordenamento pátrio adota essa tríplice justificação. Tais noções apresentam-se vinculadas ao instituto expropriatório: toda a atuação administrativa e todos os poderes e instrumentos dessa atuação justificam-se, em geral, pelo atendimento do interesse público, mas na desapropriação o interesse público se especifica na utilidade pública, necessidade pública ou interesse social.

Tornou-se clássica no direito brasileiro a distinção formulada por Seabra Fagundes: "A necessidade pública aparece quando a Administração se encontra diante de um problema inadiável e premente, isto é, que não pode ser removido nem procrastinado e para cuja solução é indispensável incorporar no domínio do Estado o bem particular. A utilidade pública aparece quando a utilização da propriedade é conveniente e vantajosa ao interesse coletivo, mas não constitui imperativo irremovível. Haverá motivo de interesse social quando a expropriação se destine a solucionar os chamados problemas sociais, isto é, aqueles diretamente atinentes às classes mais pobres, aos trabalhadores, à massa do povo em geral pela melhoria nas condições de vida, pela mais equitativa distribuição da riqueza, enfim, pela atenuação das desigualdades sociais" (Da desapropriação no direito constitucional brasileiro, in *RDA* 14, p. 3-4, 1948).

O Dec.-lei 3.365/41 arrola somente casos de *utilidade pública*, por exemplo: abertura de ruas, casas de saúde, execução de planos urbanísticos, construção de distritos industriais, parcelamento do solo com ou sem edificação, para sua melhor utilização econômica, higiênica ou estética. Omite a indicação explícita de casos de necessidade pública, embora esta venha figurando nos textos constitucionais desde 1891. Diante disso, a doutrina especializada vem afirmando que os quatro primeiros casos contemplados no art. 5º do Dec.-lei 3.365/41 (segurança nacional, defesa do Estado, socorro público em caso de calamidade, salubridade pública) são de necessidade pública.

A Lei nº 4.132/62, art. 2º, lista os casos genéricos de desapropriação por *interesse social*, dentre os quais a construção de casas populares, a preservação de cursos e mananciais de água e de reservas florestais.

O legislador brasileiro fixou, assim, o conteúdo da necessidade ou utilidade pública e do interesse social, pela enumeração dos respectivos casos. Há divergência doutrinária quanto ao caráter exemplificativo ou taxativo dos casos arrolados nas leis. Parece melhor conferir-lhes caráter taxativo, pois a desapropriação representa uma ressalva ao direito de propriedade assegurado pela Constituição Federal, adotando o legislador o sistema de enumeração das hipóteses ensejadoras do exercício do poder expropriatório.

16.8.4 Requisitos constitucionais da indenização

A Constituição Federal, ao possibilitar a desapropriação, exige *indenização justa* e *prévia em dinheiro*, salvo disciplina diversa fixada na própria Constituição Federal, como ocorre na desapropriação para fins de reforma agrária.

I – O requisito *justa* diz respeito, em primeiro lugar, ao valor do bem expropriado, que deve corresponder ao valor real do bem. Vários aspectos são considerados pelos peritos avaliadores para se fixar tal valor; isso quer dizer que o bem não há de ser nem subavaliado, nem superavaliado, pois nesses dois casos o requisito constitucional estaria desatendido.

Em segundo lugar, a *indenização justa* supõe o ressarcimento de todos os prejuízos financeiros arcados pelo expropriado em virtude da expropriação. De regra, integram a indenização, *além do valor do bem*, parcelas referentes aos itens a seguir, sem prejuízo de outras que podem ser decididas em cada caso:

a) *Honorários advocatícios*, em percentual fixado pelo juiz sobre a diferença entre o valor oferecido na inicial e o valor da indenização, corrigidas ambas monetariamente (Súmula 617 do STF). Incluem-se no cálculo da verba advocatícia as parcelas relativas aos juros compensatórios e moratórios, corrigidas monetariamente (Súmula 131 do STJ). A Medida Provisória 2.183-56, de 24.08.2001, alterou a redação do §1º do art. 27 do Dec.-lei 3.365/41, fixando o referido percentual entre meio e cinco por cento do valor da diferença. E estabeleceu o limite de R$151.000,00 (cento e cinquenta e um mil reais), suspenso, pelo STF, em liminar concedida na ADIn 2.332-2 (*DJU* 02.04.2004). Na decisão de mérito da referida ADI, em 17.05.2018, relator Min. Luís Roberto Barroso, foi reconhecida a constitucionalidade dos parâmetros mínimo (meio por cento) e máximo (cinco por cento) para os honorários advocatícios e declarada a inconstitucionalidade da expressão "não podendo ultrapassar R$151.000,00 (cento e cinquenta e um mil reais)", por inobservância ao princípio da proporcionalidade e por possibilitar violação reflexa ao justo preço na indenização do expropriado (art. 5º, XXIV, CF/88). No RE 1010819, julgado em 2021, por maioria, os Ministros do STF decidiram que em sede de desapropriação os honorários sucumbenciais só serão devidos caso haja pagamento de indenização aos expropriados.

b) *Honorários do perito e dos assistentes técnicos*, arbitrados pelo juiz em importância fixa.

c) *Juros compensatórios* nos termos do art. 15-A do Dec.-lei 3.365/1941, na redação da Lei nº 14.620/2023, "destinam-se a compensar danos correspondentes a lucros cessantes comprovadamente sofridos pelo proprietário, não incidindo nas indenizações de desapropriações que tiverem como pressuposto o descumprimento da função social da propriedade, previstas no art. 182, §4º, inc. III, e no art. 184 da Constituição".

Ao longo do tempo houve oscilações quanto aos contornos dos juros compensatórios. No presente vigoram as seguintes diretrizes fixadas no julgamento da referida ADIn 2.332: a) constitucionalidade do percentual de juros compensatórios de 6% (seis por cento) ao ano para a remuneração do proprietário pela imissão provisória do ente público na posse do seu bem; b) a base de cálculo dos juros compensatórios em desapropriações corresponde à diferença entre 80% (oitenta por cento) do preço ofertado pelo ente público e o valor fixado na sentença; c) são constitucionais as normas que condicionam a incidência de juros compensatórios à produtividade da propriedade.

d) *Juros moratórios*, destinados a recompor a perda decorrente do atraso no efetivo pagamento da indenização fixada na decisão final de mérito. Tais juros corriam a partir da sentença transitada em julgado e até a data do pagamento, no percentual de até 6% ao ano (art. 15-B do DL 3365/41). Depois, no RE 579.431, o STF decidiu, com repercussão geral, que os juros moratórios incidem no período compreendido entre a data da realização dos cálculos e da requisição ou do precatório.

Conforme a Súmula 103 do STJ, "a incidência dos juros moratórios sobre os compensatórios nas desapropriações não constitui anatocismo vedado em lei". Isto porque os juros moratórios incidem sobre o valor da indenização e nesta estão abrangidos os juros compensatórios.

e) *Correção monetária*, se for o caso, desde a avaliação, para que não seja depreciado o valor da indenização. A Súmula 67 do STJ norteia a matéria: "Na desapropriação, cabe a atualização monetária, ainda que por mais de uma vez, independente do decurso de prazo superior a 1 (um) ano entre o cálculo e o efetivo pagamento da indenização". No mesmo sentido, a Súmula 561 do STF.

f) *Custas e despesas processuais*: nos termos do art. 30 do Dec.-lei 3.365/41, as custas serão pagas pelo autor se o réu aceitar o preço oferecido; em caso contrário, serão pagas pelo vencido (ou seja, a parte que não teve seu preço aceito na sentença), ou em proporção.

g) *Fundo de comércio*, se pertencer ao expropriado; se pertencer a terceiro, este deverá pleitear indenização, ao expropriante, em ação própria, como previsto no art. 26 do Dec.-lei 3.365/41.

Conforme o art. 26 do Dec.-lei 3.365/41, no valor da indenização não se incluem direitos de terceiros contra o expropriado. É o caso do inquilino e do detentor de fundo de comércio, que poderão pleitear ressarcimento, ao expropriante, em ação própria. No entanto, quaisquer ônus incidentes sobre o bem, tais como hipoteca, penhora, usufruto, ficam sub-rogados no preço (art. 31).

II – O caráter *prévio* da indenização se fixa em relação ao momento que assinala a perda da propriedade: o proprietário deve receber a indenização antes de perder o domínio. Se, em estritos termos jurídicos, a indenização é paga pelo poder público antes do mandado de imissão definitiva na posse, que marca a transferência do domínio, em termos fáticos essa antecedência não se cumpre quando o poder público toma posse prévia do bem e nele realiza obra pública irreversível; neste caso, existe de fato perda do bem, sem a correspondente indenização.

Nos termos do art. 46 da chamada Lei de Responsabilidade Fiscal – Lei Complementar nº 101, de 04.05.2000 – é nulo de pleno direito ato de desapropriação de imóvel urbano expedido sem o atendimento do disposto no §3º do art. 182 da CF (que exige prévia e justa indenização em dinheiro) ou prévio depósito judicial do valor da indenização.

III – A indenização há de ser paga em *dinheiro*, ou seja, em moeda corrente, salvo na desapropriação para reforma agrária (CF, art. 184) e na desapropriação-sanção (CF, art. 182, §4º, III, e art. 8º da Lei nº 10.257/2001 – Estatuto da Cidade), em títulos da dívida agrária e da dívida pública, respectivamente.

16.8.5 Bens expropriáveis

Conforme dispõe o art. 2º do Dec.-lei 3.365/41, todos os bens podem ser desapropriados: imóveis (com mais frequência), móveis, semoventes (exemplo: desapropriação de gado bovino). É admitida também a desapropriação do espaço aéreo e do subsolo quando sua utilização, pelo poder público ou seus delegados, acarretar prejuízo patrimonial ao proprietário (art. 2º, §1º). Também são suscetíveis de desapropriação o aspecto patrimonial do direito de autor, arquivos e documentos de valor histórico. A desapropriação poderá abranger a área contígua necessária ao desenvolvimento da obra a que se destina, e as zonas que se valorizarem extraordinariamente, em consequência da realização do serviço. Em qualquer caso a declaração de utilidade pública deverá incluí-las (art. 4º).

Quando o imóvel a ser desapropriado se caracterizar como núcleo urbano informal ocupado sobretudo por população de baixa renda, nos termos do art. 9º, §2º, da Lei 13.465/2017, o ente expropriante deverá prever, no planejamento da ação expropriatória, medidas compensatórias, inclusive a realocação das famílias em unidade habitacional, a indenização de benfeitorias ou a compensação financeira suficiente para a instalação da família em outro local (art. 4º-A e §1º acrescentados pela Lei nº 14.620/2023).

Não escapam à desapropriação *bens de concessionárias de serviço público*; no famoso caso da Companhia Paulista de Estrada de Ferro, concessionária de serviço público do Estado de São Paulo, as ações foram desapropriadas em 1961, por esse mesmo Estado (exceto as de seis acionistas). O Dec.-lei 3.365/41, art. 2º, §3º, proíbe a desapropriação, pelos Estados, Distrito Federal e Municípios, de ações, cotas e direitos representativos do capital de instituições e empresas cujo funcionamento dependa de autorização do governo federal e se subordine a sua fiscalização, salvo mediante prévia autorização, por decreto, do Presidente da República.

Suscita-se com frequência a questão dos *bens pertencentes* às *entidades religiosas*; no direito brasileiro inexiste impedimento à desapropriação de bens pertencentes a cultos religiosos.

Nos Estados federais apresenta-se o problema da *desapropriação de bens públicos*. No Brasil, sabe-se que a União atua tendo em vista interesse público de caráter nacional, enquanto os Estados-membros buscam atender ao interesse público de caráter regional; o Município zela por matérias de interesse estritamente local; portanto, possível se apresenta a desapropriação de bem público do Estado-membro pela União, pois o interesse nacional deve ter primazia sobre interesse público de âmbito regional; a União e os Estados-membros podem expropriar bens públicos do Município, dada a maior amplitude do interesse público de que são guardiães. Esta a linha de solução adotada no Dec.-lei 3.365/41, art. 2º, §2º, exigindo, em qualquer caso, prévia autorização legislativa ao ato expropriatório. Será dispensada autorização legislativa quando a desapropriação for realizada mediante acordo entre os entes federativos, no qual serão fixadas as respectivas responsabilidades financeiras quanto às indenizações (art. 2º, §2º-A, incluído por força da Lei nº 14.620/2023).

Ainda no tocante aos *bens públicos*, não é admissível que Estado-membro desaproprie bem de outro Estado-membro, nem que Município exproprie bem público de outro Município. Surge controvérsia quanto à desapropriação, pelo Estado, de bens pertencentes a entidades da Administração indireta federal ou concessionárias de serviço público federal e quanto à desapropriação, pelo Município, de bens de entidades da Administração indireta federal ou estadual. No caso de empresas de energia elétrica, a Súmula 157 do STF fixou a exigência de prévia autorização do Presidente da República para sua desapropriação por Estado-membro. Nos demais casos, a jurisprudência não tem admitido a desapropriação, pelo Estado ou Município, de bem de sociedade de economia mista e empresa pública federal afeto a serviço público ou quando estas explorem serviço público em regime de exclusividade (cf. RE 172.816, *RDA* 195, p. 197-205, jan.-mar. 1994), havendo tendência a estender-se tal diretriz a bens de todas as entidades da Administração indireta.

Insuscetíveis de expropriação se apresentam os bens públicos da União, os bens tombados e os direitos da personalidade e, por exemplo, o aspecto moral do direito de autor, o direito à imagem. Nos termos da Súmula 479, do STF, "as margens dos rios navegáveis são de domínio público, insuscetíveis de expropriação e, por isso mesmo, excluídas de indenização".

16.8.6 Competência

Nesse tema, o direito brasileiro opera com as seguintes expressões: *competência para declarar a desapropriação* ou *competência para desapropriar*, de um lado; de outro, *competência para promover a desapropriação*. As primeiras significam o poder de emitir declaração expropriatória e de concretizar a desapropriação. A segunda indica a competência somente para os atos e medidas que tornam concreta a desapropriação previamente declarada, tal como avaliar o bem, propor acordo com o proprietário, ajuizar a ação, pagar a indenização, receber o bem expropriado.

A União, os Estados, o Distrito Federal e os Municípios têm competência para emitir declaração expropriatória e promover (concretizar) a desapropriação (Dec.-lei 3.365/41, art. 2º). Conforme o art. 6º, a declaração de utilidade ou necessidade pública e de interesse social se expressa por decreto do respectivo Chefe do Executivo (Presidente da República, Governador e Prefeito). Ou por atos de outras autoridades públicas competentes.

As entidades da Administração indireta podem promover desapropriação, mediante autorização expressa, constante de lei ou contrato para tanto (art. 3º), e, previamente, deve ser emitido ato declaratório pelo Chefe do Executivo a que se vinculam. Fogem à regra o Departamento Nacional de Infraestrutura de Transportes – DNIT, de natureza autárquica, dotado de competência também para emitir declaração expropriatória, mediante portaria, conforme a Lei nº 10.233/2001, com alterações posteriores (v. art. 82, IX); e a Agência Nacional de Energia Elétrica – ANEEL, dotada da competência de declarar e promover a desapropriação, no tocante às áreas necessárias à implantação de instalações de concessionários, permissionários e autorizados de energia elétrica (art. 10 da Lei nº 9.074, de 07.07.1995, com redação dada pela Lei nº 9.648, de 27.05.1998).

O mesmo art. 3º do DL 3.365/4, inc. I, atribui competência para promover desapropriação aos concessionários, inclusive aqueles contratados nos termos da Lei nº 11.079 (parcerias público-privadas), permissionários, autorizatários e arrendatários (redação da Lei nº 14.620/2023), havendo autorização expressa em lei ou contrato. O inciso II atribui igual competência às entidades que exerçam funções delegadas do poder público; e o inciso IV atribui ao contratado pelo poder público para fins de execução de obras e serviços de engenharia sob os regimes de empreitada por preço global, empreitada integral e contratação integrada (redação da Lei nº 14.620/2023), prevendo-se nos dois casos autorização em lei ou contrato; no caso do inciso IV supra o parágrafo único do art. 3º fixa alguns requisitos.

16.8.7 A declaração expropriatória e seus efeitos

A *declaração expropriatória*, também denominada *ato expropriatório*, é um ato administrativo anunciador da desapropriação de um bem; em geral vem acompanhado de planta indicativa do bem a ser expropriado, quando imóvel. A declaração expropriatória menciona o preceito legal em que se enquadra a desapropriação anunciada e deve ser publicada oficialmente em jornal impresso ou demais meios de divulgação oficial.

Sendo ato administrativo, todos os elementos para sua formação e validade hão de ser observados (v. Capítulo 8). Além dos aspectos de legalidade, o ato expropriatório contém aspectos de mérito, referentes à conveniência e oportunidade de expropriar o bem para realizar determinada atividade, também objeto de escolha. Tratando-se de obra pública, a autoridade faz opções quanto à localização, extensão, traçado etc. Os aspectos de legalidade são suscetíveis de apreciação jurisdicional em ação que objetive anular o ato expropriatório; os aspectos de mérito fogem a esta apreciação.

A declaração somente anuncia que o bem aí descrito será expropriado. Não opera a transferência da propriedade ou da posse do bem, apenas vai desencadear as demais fases. Sem a declaração nenhum outro ato ou medida poderá ser efetuado pela Administração. Dentre seus efeitos podem ser citados os seguintes:

a) a partir de sua divulgação, tem início o prazo decadencial de cinco anos para a declaração de utilidade pública e de dois anos para a declaração de interesse social; decorridos tais prazos, o expropriante não mais terá respaldo para promover a expropriação do mesmo bem; se ainda pretender retirá-lo de seu proprietário, deverá aguardar um ano para emitir nova declaração;

b) as autoridades administrativas do expropriante ou seus representantes ficam autorizados a adentrar nos imóveis abrangidos na declaração, para realizar inspeções e levantamentos, podendo recorrer à força policial em caso de oposição; havendo abuso ou excesso de poder, cabe indenização por danos, sem prejuízo da ação penal (Dec.-lei 3.365/41, art. 7º);

c) as benfeitorias necessárias podem ser realizadas e depois incluídas na indenização; as benfeitorias úteis dependem de consentimento do expropriante para inclusão na indenização (art. 26, §1º).

16.8.8 Desapropriação por acordo

Emitida a declaração expropriatória, o expropriante tomará as providências para avaliar o bem. O art. 10 do Dec.-lei 3.365/41 aventa a possibilidade de efetivação da *desapropriação mediante acordo*.

O expropriante não é obrigado a propor acordo administrativamente, embora fosse desejável mudança na lei para se incluir a obrigatoriedade dessa fase. Se adotar uma linha no sentido de incentivar acordos administrativos, a Administração há de avaliar o bem conforme a realidade, conforme o valor de mercado e ofertá-lo ao proprietário. Evidente que se torna inviável acordo no caso de proprietário ausente ou inencontrável, em caso de litígio dominial, de litígio sucessório etc.

O conteúdo do parágrafo supra já figurava na 1ª edição deste livro, de 1996, no sentido de haver, então, a *possibilidade* de acordo e de ser desejável mudança na lei para se incluir a obrigatoriedade da fase administrativa de acordo. Esta mudança se tornou realidade mediante a Lei nº 13.867, de 26.8.2019, ao acrescentar o art. 10-A ao DL 3.365/1941. Nos termos do referido artigo, o poder público *deverá* notificar o proprietário e apresentar oferta de indenização acompanhada de: (i) cópia da declaração; (ii) planta ou descrição dos bens e suas confrontações; (iii) valor da oferta; (iv) informação de que o prazo para aceitar ou rejeitar a oferta é de 15 (quinze) dias e de que o silêncio será considerado rejeição. Aceita a oferta e realizado o pagamento, será lavrado acordo, o qual será título para transcrição no registro de imóveis (art. 10-A, §2º). Rejeitada a oferta ou decorrido o prazo sem manifestação, o poder público ingressará com a ação expropriatória (art. 10-A, §3º).

A mesma Lei nº 13.867/2019 possibilita o uso dos meios consensuais, ou seja, possibilita firmar acordo com uso da mediação ou via arbitral, o que representa expressivo avanço em termos de eficiência, simplificação e sensível melhora nas relações Administração-administrados. Feita a opção pela mediação ou via arbitral, o particular indicará um dos órgãos ou instituições especializadas, previamente cadastradas pelo órgão encarregado da desapropriação (art. 10-B). A mediação se norteará pelos preceitos da Lei nº 13.140, de 26.6.2015. Poderá ser eleita câmara de mediação criada pelo poder público. Por sua vez, a arbitragem se rege precipuamente pelas regras da Lei nº 9.307, de 23.9.1996, com alterações posteriores.

A Lei nº 13.867/2019 aplica-se às desapropriações cujo decreto for publicado após a data da sua publicação (art. 2º).

Poderá ocorrer acordo em juízo, se o proprietário, na contestação ou em outra fase, aceitar o preço ofertado na inicial, caso em que o juiz procederá à homologação por sentença (art. 22).

16.8.9 Ação expropriatória: juízo competente, petição inicial e contestação

O Dec.-lei 3.365/41 contém normas sobre o processo judicial expropriatório, aqui expostas de modo sucinto.

Nesta ação, figura como autor a pessoa jurídica ou ente que promove a desapropriação (União, Estado, Distrito Federal, Município, entidades da Administração indireta, concessionárias, permissionárias de serviço público e outros elencados supra). O expropriado é o réu.

Quanto ao *juízo competente*, se movida pela União ou entidade a esta vinculada, será proposta no Distrito Federal ou na capital do Estado onde for domiciliado o réu, perante a justiça federal. Se interposta por Estado, Distrito Federal, Município ou entidades a estes vinculadas, competente é o juízo da situação do bem; neste caso, havendo juízo privativo da Fazenda Pública para o local da situação do bem, aí será interposta a ação expropriatória.

A *petição inicial*, além dos requisitos previstos no CPC, conterá a oferta do preço e será instruída com jornal oficial ou demais meios onde tenha sido publicada a declaração expropriatória, com termo de contrato ou cópia da lei que deu competência para promover desapropriação (no caso de concessionárias e entidades da Administração indireta), com planta ou descrição dos bens e suas confrontações (art. 13 do Dec.-lei 3.365/41).

A *contestação* só poderá versar sobre vício do processo judicial ou impugnação do preço; qualquer outra questão deverá ser decidida por ação direta (art. 20). A maioria das contestações refere-se à impugnação do preço. Desse modo, a ação expropriatória corre independentemente de questões paralelas, que deverão ser suscitadas em ações próprias, específicas. Nos termos do §4º do art. 34-A, do Dec.-Lei nº 3.365/1941, acrescentado por força da Lei nº 14.620/2023, após o oferecimento da contestação, se não houver oposição expressa quanto à validade do decreto expropriatório, deverá ser determinada a imediata transferência da propriedade do imóvel ao expropriante, independentemente da anuência expressa do expropriado.

16.8.10 Ação expropriatória: imissão provisória na posse

A lei permite que o expropriante tenha, antecipadamente, a posse do bem objeto da expropriação. É a *imissão provisória na posse*, também denominada imissão prévia na posse, condicionada à alegação de urgência e ao pagamento de quantia arbitrada pelo juiz (art. 15, *caput*, não mais prevalecendo a referência ao art. 685 do antigo Código de Processo Civil).

A alegação de urgência, que não pode ser renovada, obriga o expropriante a requerer a imissão provisória na posse no prazo improrrogável de 120 dias. Há dúvidas a respeito do momento a partir do qual esse prazo de caducidade é contado. Tende-se a fixar esse momento na alegação de urgência, feita pelo expropriante, não a partir da declaração expropriatória.

O expropriante, para obter imissão provisória na posse, deverá efetuar depósito de valor provisório.

Para os *prédios urbanos*, habitados pelo proprietário ou compromissário comprador, cuja promessa esteja inscrita no Registro de Imóveis, declarados de utilidade pública, o processo da imissão provisória na posse é fixado no Dec.-lei 1.075/70; nestes casos, é assegurado contraditório ao expropriado para o fim de impugnação do valor do depósito. Impugnada a oferta do expropriado, o juiz poderá valer-se de perito e fixará o valor provisório a ser depositado para fins de imissão provisória na posse. Se o valor arbitrado for superior à oferta, o juiz só autorizará a imissão provisória se o expropriante complementar o depósito para que atinja a metade do valor arbitrado. O expropriado poderá levantar toda a importância depositada e complementada, desde que demonstre ser o proprietário ou compromissário e estar quite com débitos fiscais (Dec.-lei 1.075/70, art. 5º). Quando o valor arbitrado for inferior ou igual ao dobro do preço oferecido, o expropriado poderá optar entre o levantamento de 80% (oitenta por cento) do preço oferecido ou levantamento da metade do valor arbitrado (art. 5º, parágrafo único).

Para os demais casos de expropriação, vigorariam os critérios estabelecidos no §1º do art. 15, sobretudo o valor venal assinalado no último lançamento do IPTU. No entanto, vem sendo contestada, em decisões judiciais, a constitucionalidade desses critérios, após a Constituição Federal de 1988, considerando-se que o poder público deverá depositar o valor apurado em avaliação prévia, ainda que se faça avaliação definitiva no decorrer do processo (STJ, REsp 33.387-1/SP, 2ª T., j. 19.04.1993). Parece melhor este entendimento, assegurando-se contraditório ao expropriado, para impugnação do valor depositado ou proposto; com isso, impede-se o pagamento de preço irrisório e vil, insuficiente para ressarcir a perda da posse, que, em geral, representa *verdadeira perda fática* da propriedade.

A imissão provisória na posse deve ser registrada no registro de imóveis competente (Dec.-lei 3.365/41, art. 15, §4º, este proveniente da Lei nº 11.977/2009).

16.8.11 Ação expropriatória: perícia, sentença e recursos

Para fins de avaliação do valor do bem, o juiz, ao despachar a inicial, designa perito de sua livre escolha, indicando, sempre que possível, um técnico (art. 14 do Dec.-lei 3.365/41). O perito judicial emitirá laudo, com demonstração dos critérios para obtenção do valor aí indicado. O autor e o réu podem indicar, respectivamente, assistentes técnicos do perito, os quais tecerão considerações sobre o laudo pericial.

Na sentença o juiz fixará o valor do bem e demais parcelas incluídas na indenização, indicando os fatos motivadores de seu convencimento (art. 27).

Da sentença de primeiro grau cabe apelação voluntária com efeito devolutivo se interposta pelo expropriado; com efeitos devolutivo e suspensivo, se interposta pelo expropriante (art. 28). Cabe recurso necessário ou de ofício se a sentença condenar a Fazenda Pública em quantia superior ao dobro da oferecida (art. 28, §1º).

16.8.12 Desistência da desapropriação

O STF vem reconhecendo ao expropriante o direito de desistir de sua pretensão antes de findo o processo expropriatório com o recebimento do preço (RE 73.594/MG, j. 21.08.1972, *RTJ*, v. 63, p. 511-513). A *desistência* unilateral independe de consentimento do expropriado. Algumas condições são exigidas: a) o bem a ser devolvido é o mesmo bem objeto da expropriação; assim, tratando-se de bem edificado, será devolvido bem edificado; tratando-se de terreno livre, não ocupado, será devolvido terreno livre, sem invasão ou ocupação; b) o expropriado tem direito de receber do expropriante reparação dos danos sofridos desde a imissão deste na posse do bem até a reintegração do expropriado na posse do bem (STF, RE 99.528, j. 29.09.1988, *RDA* 187/1992, p. 238); c) o expropriante deve pagar honorários advocatícios e demais despesas judiciais do expropriado.

A desistência pode ser total ou parcial, revogando-se ou alterando-se a declaração expropriatória e ingressando-se em juízo com o pedido; é necessária a homologação do juiz para configurar-se a desistência. Se o expropriado recebeu alguma importância, por exemplo, por imissão provisória na posse, deverá devolvê-la, mediante cálculo atualizado.

16.8.13 Destinação dos bens expropriados e retrocessão

O atendimento do interesse público, que justifica a desapropriação, concretiza-se quando o poder público ou seus delegados utilizam o bem segundo o destino previsto na declaração expropriatória.

Em muitos casos, o bem retirado do particular transforma-se em bem público; por exemplo: construção de escola, hospital, abertura de rua. Em outros, o bem retirado de um particular terá como destinatário um outro particular, denominado, por alguns autores, de "beneficiário" da expropriação; por exemplo, cessão de bens expropriados para concessionárias de serviços públicos. Na desapropriação para reforma agrária, o bem expropriado é distribuído a beneficiários, que recebem títulos de domínio ou de concessão de uso. Na desapropriação para construção ou ampliação de distritos industriais há revenda ou locação de lotes a empresas. Há venda ou locação na desapropriação para construção de casas populares. Na desapropriação por zona, prevista no art. 4º do Dec.-lei 3.365/41, em que são desapropriadas áreas adjacentes à obra pública porque necessárias à sua realização ou por se valorizarem de modo extraordinário, a revenda é inerente. Na desapropriação para fins urbanísticos, que envolve um conjunto amplo de imóveis, para que ocorra a implantação de novo quadro de logradouros e edificações, segundo um plano, apresenta-se inerente a revenda, ao setor privado, de parte dos bens expropriados (o STF, no RE 82.300, julgado em abril de 1978, afirmou a possibilidade de revenda posterior, a particulares, de bens expropriados para fins de reurbanização). A Lei 12.873, de 24.10.2013, acrescentou ao referido art. 4º, parágrafo único, cujo teor foi alterado pela Lei nº 14.620/2023 para que, no caso da expropriação destinar-se a planos de urbanização, de renovação urbana, de parcelamento ou reparcelamento do solo, executados por autorizados do art. 3º, o edital de licitação poderá prever que a receita decorrente da revenda ou da utilização imobiliária integre o projeto associado por conta e risco do contratado, garantido ao poder público contratante, no mínimo, o ressarcimento das indenizações, quando estas ficarem sob sua responsabilidade.

Pode ocorrer que o bem expropriado tenha uso diverso, no todo ou em parte, daquele previsto inicialmente ou permaneça sem utilização. Alguns vocábulos vêm citados na doutrina e na jurisprudência para expressar esses casos. Assim, a *tredestinação* ocorre nas situações em que o uso do bem expropriado foge à finalidade para a qual foi retirado do patrimônio do particular; se o bem foi usado para finalidade diversa daquela apontada no ato expropriatório, mas é usado para outra finalidade de interesse público, considera-se haver *tredestinação* lícita; se for dada finalidade alheia ao interesse público, há *tredestinação ilícita*, a significar desvio de finalidade. Quando o poder público não atribui finalidade alguma ao bem expropriado, ocorre a chamada *adestinação*. Tais aspectos são tratados, de regra, no estudo da *retrocessão*, ligada à destinação dos bens expropriados.

Retrocessão significa o retorno do bem expropriado ao patrimônio do antigo dono, quando não lhe foi dado o destino previsto. A retrocessão fundamenta-se na ausência do vínculo entre o sacrifício do direito do particular e a utilização concreta do bem: as justificativas para a desapropriação não se concretizaram. Pode ser vista, assim, como sanção em garantia do direito de propriedade, pois o proprietário tem direito de não ser privado do seu bem senão para atendimento do interesse público efetivamente ocorrido. No EDResp 412.634/RJ, j. 09.06.2003, com razão o Ministro Humberto Gomes de Barros, do STJ, em seu voto, menciona o seguinte: "a obrigação de retroceder homenageia a moralidade administrativa, pois evita que a Administração, abusando da desapropriação, locuplete-se ilicitamente às custas do proprietário. Não fosse o dever de retroceder, o saudável instituto da desapropriação pode servir de instrumento a perseguições políticas e, ainda, ao enriquecimento particular dos eventuais detentores do poder".

Em muitos ordenamentos, a retrocessão vem disciplinada na lei expropriatória, que fixa o prazo dentro do qual o bem deve ser utilizado. No Brasil, o art. 35 do Dec.-lei 3.365/41 gerou dúvidas quanto à existência da retrocessão no ordenamento pátrio: "Os bens expropriados, uma vez incorporados à Fazenda Pública, não podem ser objeto de reivindicação, ainda que fundada em nulidade do processo de desapropriação. Qualquer ação, julgada procedente, resolver-se-á em perdas e danos".

Ante esse preceito, alguns autores e julgados negaram a existência da retrocessão. Prevaleceu, no entanto, orientação diversa, no sentido de reconhecê-la no direito brasileiro, ainda que expressa em perdas e danos. A pesquisa jurisprudencial revela acórdãos nesse sentido, por exemplo, dentre os mais antigos: STF, RE 24.190, 1957; TFR, Ap. Cív. 9.586, 1969; TJSP, Ap. 90.132 (*RT* 383/246); dentre os menos antigos: STJ, REsp. 647340/SC, rel. Min. João Otávio de Noronha, j. 06.04.2006; STJ, REsp. 623511/RJ, rel. Min. Luiz Fux, j. 19.05.2005. Entre outros argumentos a favor da retrocessão, indica-se, em primeiro lugar, seu fundamento nos princípios que informam o direito de propriedade; em segundo lugar, a retrocessão vem mencionada, de modo explícito, em texto legal menos antigo: a Lei nº 9.785, de 29.02.1999, acrescentou o §3º ao art. 5º do Dec.-lei 3.365/41, com o teor seguinte: "Ao imóvel desapropriado para implantação de parcelamento popular, destinado às classes de menor renda, não se dará outra utilização nem haverá retrocessão".

De acordo com o art. 519 do Código Civil de 2002, se o bem expropriado não tiver o destino para que se desapropriou ou não for utilizado em obras ou serviços públicos, caberá ao expropriado direito de preferência, pelo preço atual da coisa. Sem utilizar o termo retrocessão, o preceito reconhece, ao antigo proprietário, o direito de preferência, caso o bem não tenha o destino para o qual foi desapropriado ou não seja usado em obras ou serviços públicos. Nos casos em que se torna inviável o retorno do bem ao antigo proprietário, a questão se resolve em pagamento de perdas e danos.

Reina controvérsia a respeito da natureza da retrocessão como direito real ou como direito pessoal. Vem predominando, na doutrina e na jurisprudência, o entendimento no sentido da natureza real da retrocessão, por fundamentar-se em direito de propriedade, em direito na manutenção do direito de propriedade sobre um bem (p. ex.: STJ, REsp. 623511/RJ, rel. Min. Luiz Fux, j. 19.05.2005: "...4. A jurisprudência desta Corte considera a retrocessão uma ação real"; STJ, REsp. 869655/MG, rel. Min. Eliana Calmon, j. 06.03.2007).

O Judiciário vem firmando entendimentos a respeito de questões controvertidas em matéria do destino dos bens expropriados.

Nos casos em que o bem recebe destino diverso daquele previsto na declaração expropriatória, mas esse destino se enquadra nas hipóteses arroladas na lei geral ou específica ou atende à finalidade pública (*tredestinação lícita*), o Judiciário tem afirmado a legalidade dessa alteração (STF: RE 75.918, de 1973; Emb.RE 74.717, de 1975; RE 91.508, de 1979; dentre os recentes: STJ, REsp 819191/SP, rel. Min. José Delgado, j. 11.04.2006; STJ, REsp. 1025801/SP, rel. Min. Eliana Calmon, j. 20.08.2009).

Nos casos em que o imóvel foi desapropriado para implantação de parcelamento do solo, destinado às classes de menor renda, é vedada outra utilização (conforme dispõe o §3º do art. 5º do Dec.-lei 3.365/41, inserido pela Lei nº 9.785, de 29.02.1999).

No entanto, se o fim a que foi usado o bem não se encontra indicado na lei ou não atende a interesse público (*tredestinação ilícita*), ocorre desvio de finalidade, ensejando retrocessão, traduzida em perdas e danos, tal como decidido no RE 88.699, de 1978, ou em retorno do bem ao ex-proprietário, como foi sentenciado no RE 81.151, de 1976; dentre as decisões menos antigas encontram-se: STJ REsp. 623511, rel. Min. Luiz Fux, j. 19.05.2005 (cessão a terceiro para exploração de borracharia); STJ, REsp 647340/SC, rel. Min. João Otávio de Noronha, j. 02.06.2006 (construção de sede de associação de servidores em parte do imóvel desapropriado).

O STF já decidiu caso em que parte da área expropriada teve destino de utilidade pública e parte foi cedida a terceiros, fora das hipóteses legais, determinando o pagamento de perdas e danos ao ex-proprietário quanto a esta última, pois se caracterizou o desvio de finalidade (RE 65.559, de 1970; dentre os menos antigos: STJ, REsp 647340/SC, rel. Min. João Otávio de Noronha, j. 02.06.2006 – construção de sede de associação de servidores em parte do imóvel desapropriado).

Nos casos de não uso do bem para fim algum (*adestinação*), a questão é controvertida. A lei brasileira não determina prazos para utilização do bem, na maior parte dos casos de desapropriação, com exceção dos seguintes: a) na desapropriação por interesse social vem fixado o prazo de dois anos para que se iniciem providências de aproveitamento do bem (art. 3º da Lei nº 4.132/62); b) na desapropriação para reforma agrária vigora o prazo de três anos, contados do registro do título de domínio, para que o expropriante destine o bem a esta finalidade (art. 16 da Lei nº 8.629/93); c) na desapropriação-sanção, com pagamento em títulos da dívida pública, prevista na CF, art. 182, §4º, e disciplinada no art. 8º da Lei nº 10.257/2001 – Estatuto da Cidade, o Município deve realizar o adequado aproveitamento do imóvel no prazo máximo de cinco anos, contados de sua incorporação ao patrimônio público, sob pena de incorrer, o Prefeito, em improbidade administrativa (art. 52, II, da Lei nº 10.257/2001).

Na doutrina, uma das soluções aventadas para os casos de inexistência de prazo de aproveitamento do bem é a invocação, por analogia, do prazo de cinco anos, estipulado para a eficácia da declaração de utilidade pública. Essa analogia não vem recebendo acolhida nos tribunais. O STF tem decidido que o fato da não utilização do bem expropriado não caracteriza, por si só, independentemente das circunstâncias, desvio do fim da desapropriação (RE 64.559, de 1970, e RE 82.366, de 1975). Exige-se, então, prova de que o bem não será aproveitado conforme a destinação prevista inicialmente ou destinação outra, prevista em lei ou de finalidade pública. No entanto, diferente deveria ser a orientação adotada: aceitar a não utilização do bem, sem consequência alguma, sem que o expropriado possa agir perante o Judiciário, é o mesmo que admitir a desapropriação sem fundamento, o que seria inconstitucional. A inércia da Administração revela a desnecessidade da expropriação realizada: se não ensejar retrocessão, estimula a desapropriação por razões subjetivas, por motivos de vingança ou para beneficiar alguém. Melhor seria a consideração de prazo razoável para o aproveitamento do bem.

No tocante à *prescrição* para pleitear a retrocessão ou o direito de preferência, questiona-se o seu prazo; por vezes invoca-se a prescrição quinquenal do Dec. 20.910/32; no entanto, dado o predominante entendimento quanto à sua natureza real, parece mais adequado aplicar-se o prazo de dez anos mencionado no art. 205 do Código Civil. O momento inicial da fluência do prazo é controvertido, ora se indicando a data da transferência para uso fora da finalidade pública, ora se mencionando o momento em que se configure o intuito de não ser aproveitado o bem para o fim indicado na desapropriação ou para obras e serviços públicos.

Outra questão na matéria diz respeito à legitimidade de herdeiros para propor a ação: a jurisprudência apresenta-se oscilante, registrando-se predominância em sentido favorável.

16.8.14 Desapropriação indireta ou apossamento administrativo

Também denominada *desapossamento administrativo*, ocorre quando o poder público se apossa de um bem ou parte de um bem, sem consentimento do proprietário ou sem o devido processo legal, que é a desapropriação. Daí o nome de desapropriação indireta. Reflete-se em ação ajuizada, ação ordinária de indenização por apossamento administrativo ou por desapropriação indireta. Nessa ação invertem-se as posições dos sujeitos da ação expropriatória: o autor da ação é o proprietário; o réu é o poder público.

Às vezes o poder público se apossa do bem ou parcela do bem por urgência ou descuido na realização da obra, havendo ou não prévia declaração expropriatória.

Segundo Carlos Alberto Dabus Maluf (*Teoria e prática da desapropriação*, 2. ed. Saraiva, 1999), três são os requisitos da ação: a) o particular deve comprovar o domínio por certidão expedida pelo Registro de Imóveis; b) o particular deve comprovar que vem pagando regularmente os impostos sobre o bem; c) mesmo que tenha havido declaração expropriatória, se o apossamento ocorreu sem o devido processo legal, cabe a ação porque houve ocupação ilegal.

A sentença sujeita-se ao duplo grau de jurisdição (recurso de ofício) se for contra a Fazenda Pública (CPC, art. 496, I). O direito a juros compensatórios de 6% (seis por cento) ao ano se aplica no caso das ações de indenização por desapropriação indireta/apossamento administrativo (art. 15-A, §2º, do Dec.-Lei 3.365/1941, na redação da Lei nº 14.620/2023. Nestas ações o poder público não será onerado por juros compensatórios relativos a período anterior à aquisição da propriedade ou da posse titulada pelo autor da ação (art. 15-A, §3º, na redação da Lei nº 14.620/2023).

Juros moratórios de 6% corriam a partir de 1º de janeiro do exercício seguinte àquele em que o pagamento deveria ser feito, na disposição do art. 15-B do DL 3.365/1941. Depois, no RE 579.431, o STF decidiu, com repercussão geral, que os juros moratórios incidem no período entre a data da realização dos cálculos e da requisição ou do precatório.

Incluem-se, ainda, na indenização as custas, honorários de peritos, publicação de editais, honorários advocatícios (entre 10% e 20% sobre o valor da condenação, não se aplicando o preceito da lei expropriatória porque não há oferta).

Quanto à *prescrição*, a Súmula 119 do STJ fixa em vinte anos, a partir do apossamento.

Bibliografia

CASTRO, Sônia Rabello de. *O Estado na preservação de bens culturais*: o tombamento. Rio de Janeiro: Renovar, 1991.

CHAMOUN, Ebert. *Da retrocessão nas desapropriações*. Rio de Janeiro: Forense, 1959.

FAGUNDES, Miguel Seabra. *Da desapropriação no direito brasileiro*. Rio de Janeiro: Freitas Bastos, 1942.

FREITAS, Rafael Véras de. *Expropriações regulatórias*. Belo Horizonte: Fórum, 2016.

GIORA JÚNIOR, Romeu. *Contornos atuais da indenização na desapropriação*. São Paulo: Jurídica Brasileira, 2007.

HARADA, Kiyoshi. *Desapropriação*: doutrina e prática. 11. ed. São Paulo: Atlas, 2015.

MACHADO, Paulo Affonso Leme. *Direito ambiental brasileiro*. 16. ed. São Paulo: Malheiros, 2008.

MALUF, Carlos Alberto Dabus. *Limitações ao direito de propriedade*. 2. ed. São Paulo: RT, 2005.

MALUF, Carlos Alberto Dabus. *Teoria e prática da desapropriação*. 2. ed. São Paulo: Saraiva, 1999.

MEDAUAR, Odete. *Destinação dos bens expropriados*. São Paulo: Max Limonad, 1986.

SALLES, José Carlos de Moraes. *A desapropriação à luz da doutrina e da jurisprudência*. 4. ed. São Paulo: RT, 2009.

SILVA, José Afonso da. *Direito urbanístico brasileiro*. 8. ed. São Paulo: Malheiros, 2018.

CAPÍTULO 17

RESPONSABILIDADE CIVIL DO ESTADO

17.1 Introdução ao tema

A *responsabilidade civil do Estado* diz respeito à obrigação a este imposta de reparar danos causados a terceiros em decorrência de suas atividades ou omissões, por exemplo: atropelamento por veículo oficial, queda em buraco na rua, morte em prisão. A matéria é estudada também sob outros títulos: *responsabilidade patrimonial do Estado, responsabilidade extracontratual do Estado, responsabilidade civil da Administração, responsabilidade patrimonial extracontratual do Estado.*

Neste capítulo, o estudo vem centrado na responsabilidade civil do Estado resultante de atos ou omissões da Administração, inserida no Poder Executivo. A responsabilidade por atos jurisdicionais e por atos legislativos merecerá exame sucinto ao final.

17.2 Síntese evolutiva

Durante muitos séculos prevaleceu a teoria da irresponsabilidade do Estado. Várias concepções justificavam tal isenção, dentre as quais: o monarca ou o Estado não erram; o Estado atua para atender ao interesse de todos e não pode ser responsabilizado por isso; a soberania do Estado, poder incontrastável, impede seja reconhecida sua responsabilidade perante um indivíduo.

Com o crescente reconhecimento dos direitos dos indivíduos perante o Estado e com a difusão da ideia de submissão do Estado ao direito, essa teoria deixou de prevalecer, embora os Estados Unidos e a Inglaterra ainda a adotassem até 1946 e 1947, respectivamente.

Um segundo momento na evolução levou a reconhecer a responsabilidade do Estado pelos chamados *atos de gestão*, em contraponto aos *atos de império*, insuscetíveis de gerar responsabilização. Na época se afirmava que, ao praticar atos de gestão, o Estado teria atuação equivalente à dos particulares em relação aos seus empregados ou prepostos: como para os particulares vigorava a regra da responsabilidade, nesse plano o Estado também seria responsabilizado, desde que houvesse culpa do agente. Ao editar atos de império, estreitamente vinculados à soberania, o Estado estaria isento de responsabilidade. Essa teoria, inspirada no direito civil, representou passo importante nessa evolução, ao abrir alguma possibilidade de responsabilizar o Estado, mesmo em pequena escala, o que seria antes inadmissível.

Depois, cogitou-se de responsabilizar o Estado somente se fosse comprovado o dolo ou culpa (negligência, imprudência ou imperícia) do agente público causador do dano, o que representava ônus injusto para a vítima e dificultava sobremaneira a responsabilização.

As concepções civilistas, que embasaram essas teorias, desempenharam papel importante nessa evolução, pois propiciaram abertura para a responsabilização do Estado, impulsionando o seu desenvolvimento.

Numa outra fase, transferiu-se para a atuação administrativa o sentido de culpa, elaborando-se a ideia de que o Estado repararia o dano se fosse comprovado o mau funcionamento, o não funcionamento do serviço, a falha da Administração (*culpa publicista* ou *culpa anônima*). Essa concepção acarretava para a vítima o encargo da prova do mau funcionamento ou da falha, muito difícil de realizar, sobretudo por demandar um padrão de funcionamento previamente estabelecido, que em geral não existe.

No estágio mais recente formulou-se a *teoria do risco*, segundo a qual, ante as inúmeras e variadas atividades da Administração, existe a probabilidade de danos serem causados a particulares. Embora a Administração realize suas atividades para atender ao interesse de toda a população, é possível que alguns integrantes da população sofram danos por condutas ativas ou omissivas dos seus agentes. Desse modo, se, em princípio, todos se beneficiam das atividades administrativas, todos devem compartilhar do ressarcimento dos danos causados a alguns. Daí se atribuir ao Estado o encargo de ressarcir os danos que seus agentes, nessa qualidade, por ação ou omissão, causarem a terceiros.

17.3 A responsabilidade objetiva

Informada pela *teoria do risco*, a responsabilidade do Estado apresenta-se hoje, na maioria dos ordenamentos, como *responsabilidade objetiva*. Nessa linha, não mais se invoca o dolo ou culpa do agente, o mau funcionamento ou falha da Administração. Necessário se torna existir relação de causa e efeito entre ação ou omissão administrativa e dano sofrido pela vítima. É o chamado nexo causal ou nexo de causalidade. Deixam-se de lado, para fins de ressarcimento do dano, o questionamento do dolo ou culpa do agente, o questionamento da licitude ou ilicitude da conduta, o questionamento do bom ou mau funcionamento da Administração. Demonstrado o nexo de causalidade, o Estado deve ressarcir.

Alguns princípios respaldam a concepção da responsabilidade objetiva do Estado. Em primeiro lugar, o próprio sentido de justiça (equidade), o *neminen laedere*, o *alterum non laedere*, que permeia o direito e a própria vida, em virtude do qual o causador de prejuízo a outrem fica obrigado a reparar o dano. No caso da Administração, a multiplicidade e amplitude de suas atividades e as suas prerrogativas de poder ensejam risco maior de danos a terceiros. Por outro lado, nem sempre é possível identificar o agente causador, nem sempre é possível demonstrar seu dolo ou culpa. Melhor se asseguram os direitos da vítima ante o tratamento objetivo da responsabilidade da Administração.

Em segundo lugar, o preceito da *igualdade de todos ante os* ônus *e encargos da Administração,* também denominado "solidariedade social": se, em tese, todos se beneficiam das atividades da Administração, todos (representados pelo Estado) devem compartilhar do ressarcimento dos danos que essas atividades causam a alguns.

17.4 A responsabilidade objetiva na legislação brasileira

As Constituições de 1824 e de 1891 não cuidaram da responsabilidade civil do Estado. A Lei 221, de 1894, atribuiu aos juízes e tribunais federais o julgamento das causas relativas à lesão de direitos individuais por decisões das autoridades administrativas da União.

O Código Civil de 1916, no art. 15, previu a responsabilização do Estado: "As pessoas jurídicas de direito público são civilmente responsáveis por atos dos seus representantes que nessa qualidade causem danos a terceiros, procedendo de modo contrário ao direito ou faltando a dever prescrito por lei, salvo o direito regressivo contra os causadores do dano".

A doutrina predominante conferiu a este dispositivo interpretação calcada na concepção civilista, centrada no dolo ou culpa do agente público, embora a redação pudesse ensejar algum enfoque de responsabilidade objetiva.

A Constituição Federal de 1934, no art. 171, previu a responsabilidade solidária da Fazenda Pública e dos funcionários, se estes agissem com negligência, omissão ou abuso; se a Fazenda fosse executada, teria direito de regresso contra o funcionário causador do dano.

Foi a Constituição Federal de 1946 que marcou a consagração explícita da responsabilidade objetiva no ordenamento brasileiro, ao dispor o seguinte, no art. 194: "Art. 194. As pessoas jurídicas de direito público interno são civilmente responsáveis pelos danos que os seus funcionários, nessa qualidade, causem a terceiros. Parágrafo único. Caber-lhes-á ação regressiva contra os funcionários causadores do dano, quando tiver havido culpa destes".

Fórmulas semelhantes apareceram na Constituição Federal de 1967 (art. 105) e na Emenda 1/69 (art. 107).

A adoção da responsabilidade objetiva do Estado levou alguns autores a cogitar de uma nebulosa distinção entre *teoria do risco integral* e *teoria do risco administrativo.* A primeira representaria um sentido absoluto da responsabilidade da Administração, para levá-la a ressarcir todo e qualquer dano relacionado a suas atividades. A segunda admitiria isenção total ou parcial da responsabilidade, se fosse comprovada força maior ou participação da vítima no evento danoso. No entanto, autores que mencionam em suas obras a teoria do risco integral, para adotá-la, admitem a isenção da Administração em caso de força maior ou culpa da vítima, pois em tais hipóteses deixaria de haver o nexo de causalidade ensejador da responsabilização. Desse modo, parece inexistir diferença substancial entre o risco integral e o risco administrativo, como ensina Yussef Said Cahali (*Responsabilidade civil do Estado*, 2. ed., 1995, p. 40-41).

Reina certa nebulosidade na doutrina e jurisprudência pátrias quanto à *responsabilidade por omissão*. Há afirmações no sentido de tratar-se de responsabilidade subjetiva. Mas acórdãos do STF usam a expressão francesa *faute de service*, associada a casos em que o poder público deixou de tomar providências, ocorrendo o dano; por exemplo: Município condenado a reparar dano no caso de criança ferida por outra em escola municipal, por omissão no dever de vigiar os alunos. Não parece apropriado o uso do termo *subjetiva*, nem da expressão *culpa do serviço*, pois tais vocábulos se mostram adequados a ações ou omissões de pessoas físicas, não de pessoas jurídicas. Além do mais, a palavra francesa *faute* significa também erro, ausência. Jacqueline Morand-Deviller critica o uso da expressão *faute de service*, considerando ser melhor o uso das expressões *funcionamento defeituoso do serviço* ou *erro cometido no exercício do serviço*; e arrola como exemplos: ausência de vigilância e controle, falta de manutenção, erros, negligências, omissões, atrasos, inércia, abstenções, informações inexatas, ausência de informação (*Cours de droit administratif*, 16. ed., 2019, p. 772).

17.5 O §6º do art. 37 da CF

A Constituição Federal de 1988 também acolheu a responsabilidade objetiva do Estado, no §6º do art. 37, nos seguintes termos: "As pessoas jurídicas de direito público e as de direito privado prestadoras de serviços públicos responderão pelos danos que seus agentes, nessa qualidade, causarem a terceiros, assegurado o direito de regresso contra o responsável nos casos de dolo ou culpa".

O Código Civil de 2002, no art. 43, prevê a responsabilidade objetiva nos seguintes termos: "As pessoas jurídicas de direito público interno são civilmente responsáveis por atos dos seus agentes que nessa qualidade causem danos a terceiros, ressalvado direito regressivo contra os causadores do dano, se houver, por parte destes, culpa ou dolo". Mencionando somente as pessoas jurídicas de direito público, o Código Civil de 2002 dispõe aquém da Constituição de 1988, pois omite as pessoas jurídicas privadas prestadoras de serviços públicos.

O preceito constitucional estabelece *duas relações de responsabilidade*: a) a do poder público e seus delegados na prestação de serviços públicos perante a vítima do dano, de caráter objetivo, baseada no nexo causal; b) a do agente causador do dano, perante a Administração ou empregador, de caráter subjetivo, calcada no dolo ou culpa.

a) União, Estados, Distrito Federal, Municípios, Administração direta e autarquias são as pessoas jurídicas de direito público abrangidas pela responsabilidade objetiva.

No tocante às *pessoas jurídicas de direito privado prestadoras de serviços públicos*, podem estar ou não inseridas na Administração.

Entre as entidades da Administração indireta, dotadas de personalidade jurídica privada, figuram as *empresas públicas, as sociedades de economia mista e a maioria das fundações públicas*. Para que se enquadrem no referido §6º, deve-se verificar se prestam serviços públicos, o que nem sempre se revela fácil (v. Capítulo 14 – Serviço público). As dificuldades surgem sobretudo em virtude da existência de uma concepção ampla e uma concepção restrita de serviço público e em virtude do contraponto entre serviço público e atividade econômica quanto à atuação das empresas públicas e sociedades de economia mista. Alguns indicadores podem auxiliar na tarefa: dispositivos constitucionais e de lei que atribuem a certas atividades a condição de serviço público (por exemplo, CF, art. 30, V, e Lei 9.074/95, art. 1º); o serviço público caracterizado como atividade prestacional de responsabilidade do poder público (CF, art. 175), tais como: fornecimento de água, coleta de lixo, limpeza e iluminação de ruas, correios, telefone, manutenção de áreas verdes, jardins e praças. Se as entidades acima prestarem serviços públicos, o regime de sua responsabilidade civil por danos a terceiros é o do §6º do art. 37 da CF, seja quanto a terceiro usuário, seja em relação a terceiro não usuário.

No tocante às *pessoas jurídicas de direito privado não inseridas na Administração*, devem-se distinguir, de um lado, as concessionárias, permissionárias de serviço público e detentoras de autorização de serviço, e, de outro, as que mantêm, com a Administração, contrato de prestação de serviço ou de obra pública. No primeiro caso, sem dúvida, incide sobre tais entidades a responsabilização objetiva nas atividades vinculadas ao serviço público prestado, perante usuário e não usuário; ficam sob a égide do direito privado os danos advindos de outras atividades que essas pessoas jurídicas possam desenvolver. Vem se admitindo a responsabilidade solidária da Administração por má escolha do particular prestador de serviço, por ausência e falha na fiscalização, desde que se comprove o nexo causal entre essa conduta e o dano (cf. Yussef Said Cahali, *Responsabilidade civil do Estado*, 2. ed., 1995, p. 151-152).

As *pessoas jurídicas de direito privado que celebraram com a Administração contrato de prestação de serviços públicos*, por exemplo, coleta de lixo, limpeza de ruas, também se regem, nessas atividades, pela responsabilidade objetiva, com solidariedade da Administração, se comprovada a negligência desta na fiscalização do contrato ou na escolha do contratado.

Quanto às *obras públicas* realizadas por empreiteiras privadas contratadas, as tendências atuais sobre responsabilização assim se apresentam: a) pelo fato da obra, isto é, pela existência da obra, responde somente a Administração, por exemplo: obra pública que impede acesso à garagem; b) por dolo, negligência, imprudência, imperícia da empreiteira na construção, a responsabilidade é solidária, da Administração e da empreiteira, podendo a vítima escolher quem vai acionar ou acionar ambas.

Prosseguindo-se na análise do §6º, vê-se que as pessoas jurídicas públicas e privadas, acima referidas, respondem pelos danos que *seus agentes*, nessa qualidade, causarem a terceiros.

O vocábulo *agentes* reveste-se de grande amplitude, para abarcar, quanto às entidades integrantes da Administração, todas as pessoas que, mesmo de modo efêmero, realizem funções públicas. Qualquer tipo de vínculo funcional, o exercício de funções de fato, de funções em substituição, o exercício de funções por agente de outra entidade ou órgão, o exercício de funções por delegação, o exercício de atividades por particulares sem vínculo de trabalho (mesários e apuradores em eleições gerais) ensejam responsabilização.

A locução *nessa qualidade* traduz o vínculo que deve existir entre o desempenho de atividades junto à Administração e o evento danoso. Assim, se um agente exerce a função de motorista e provoca um acidente no seu período de férias, sem o veículo oficial, não há cogitar de responsabilidade da Administração. Mas se um policial militar, no exercício das atividades de sua função, dirige veículo particular e atropela pedestre, o caso é de responsabilização. Se o agente tenha tido conduta abusiva ou excessiva, fora dos padrões e normas vigentes, tal situação enseja a responsabilidade do Estado. As hipóteses de abuso de autoridade recebem tratamento específico na Lei nº 13.869, de 05.9.2019.

Cabe ainda observar que a Administração é responsabilizada não somente por atos ou omissões de agentes identificados. Nas hipóteses de danos oriundos de agentes não identificados ou oriundos de falhas em máquinas, aparelhos, equipamentos (*fato das coisas*), sem possibilidade de atribuição a agente algum, ainda assim a Administração arca com o ressarcimento do dano, por exemplo: granada esquecida em campo de manobra que explode e fere transeunte.

b) A segunda relação de responsabilidade situa-se entre o agente causador do dano, quando identificado ou identificável, e a Administração. Trata-se da *responsabilidade civil do agente*, perante a Administração, por danos causados a terceiros e por esta ressarcidos.

O §6º assegurou à Administração o *direito de regresso* contra o responsável, isto é, o direito de obter do agente o pagamento, aos cofres públicos, da importância despendida no ressarcimento da vítima. Condicionou, no entanto, o direito de regresso à prova do dolo ou culpa do agente. Portanto, essa relação de responsabilidade reveste-se de caráter subjetivo, porque pressupõe dolo ou culpa do agente.

Desse modo, se a Administração foi condenada a ressarcir a vítima e se ficar demonstrado o dolo ou culpa do agente, o direito de regresso lhe é reconhecido.

A Lei nº 4.619, de 28.04.1965, fixa normas sobre a ação regressiva da União contra seus servidores. Havendo condenação da Fazenda Pública Federal, o ajuizamento é obrigatório, no prazo de sessenta dias do trânsito em da respectiva sentença. A Lei paulista nº 10.177/98 também prevê regras sobre o direito de regresso contra o agente responsável, em caso de condenação definitiva do Estado à reparação de danos.

17.6 A reparação do dano

Embora se pudesse cogitar de *reparação de dano* pela via administrativa, mediante requerimento formulado pela vítima, cônjuge, parentes ou herdeiros, trata-se de forma rara de ressarcimento: ainda que evidente sua responsabilidade, a Administração em geral propõe ressarcimento vil ou rejeita o pedido, para que a vítima ou cônjuge, ou companheiro, ou filhos, ou herdeiros se dirijam à via jurisdicional.

A vítima ou o seu cônjuge, companheiro, herdeiros ingressam com ação para obter *reparação do dano*, interposta, de regra, contra pessoa jurídica de direito público ou pessoa jurídica de direito privado prestadora de serviço público.

No tema relativo à ação de responsabilidade civil do Estado, surge a questão da *denunciação da lide ao agente*, pedida pela Fazenda Pública, se aquele estiver identificado e tiver agido com dolo ou culpa. O problema emerge em virtude do disposto no art. 125, II, do novo CPC: "É admissível a denunciação da lide, promovida por qualquer das partes: (...) II – àquele que estiver obrigado, por lei ou pelo contrato, a indenizar, em ação regressiva, o prejuízo de quem for vencido no processo".

Reina dissenso na doutrina e na jurisprudência a respeito da questão. Em *sentido contrário* à *denunciação* salientam-se as seguintes justificativas, dentre outras: a) a CF, art. 37, §6º, responsabiliza o Estado pelo ressarcimento à vítima do dano, com base na prova do nexo causal; aqui se trata de relação de responsabilidade entre poder público e vítima (ou cônjuge e herdeiros), descabida a interferência de outra relação obrigacional; b) necessidade de priorizar o direito da vítima, evitando demora no andamento do processo pelo ingresso de mais um sujeito; c) ingerência de um fundamento novo na demanda principal.

Em *sentido favorável* à *denunciação* existe também jurisprudência, argumentando-se o seguinte: a) o art. 125, II, do novo CPC alcança todos os casos de ação regressiva; b) por economia processual e para evitar decisões conflitantes, a responsabilidade do agente pode ser apurada nos autos da ação de reparação de dano; c) recusar a denunciação à lide do agente cerceia um direito da Administração.

Com a denunciação da lide ao agente, na mesma ação a Administração é responsabilizada perante a vítima e o agente perante a Administração, que, assim, vê concretizado seu direito de regresso. Se a ação de reparação de dano correr sem denunciação da lide, não se exaure o direito de regresso da Administração, que poderá invocá-lo em ação própria.

No Supremo Tribunal Federal vinha se acentuando tendência, desde 2006, no sentido de que a ação deveria ser ajuizada contra a pessoa jurídica, e não em face do agente, como se decidiu no RE 327.904/SP, rel. Min. Carlos Ayres Britto, conforme publicação no *DJ* de 08.09.2006. No STF firmou-se, depois, a tese, com repercussão geral, cujos dizeres são: "A teor do disposto no art. 37, parágrafo 6º, da Constituição Federal, a ação por danos causados por agente público deve ser ajuizada contra o Estado ou pessoa jurídica de direito privado prestadora de serviço público, sendo parte ilegítima o autor do ato, assegurado o direito de regresso contra o responsável nos casos de dolo ou culpa" (RE 1 027.633).

Na sentença o juiz determina as parcelas integrantes do ressarcimento. Além do *quantum* referente ao dano em si, cabem lucros cessantes, honorários advocatícios e periciais, custas judiciais. Tratando-se de ressarcimento de caráter alimentar (por exemplo: vítima se tornou total ou parcialmente incapaz para trabalhar; morte de pessoa que era arrimo de família; morte de futuro arrimo de família), a sentença pode determinar pagamentos mensais, sujeitos à atualização.

Prescreve em cinco anos a ação de reparação de danos referente à responsabilidade civil do poder público e das pessoas de direito privado prestadoras de serviços públicos (Lei 9.494, de 10.09.1997, art. 1º-C, acrescentado por medida provisória).

17.7 Causas de exclusão total ou parcial da responsabilidade

Para configurar a responsabilidade civil do Estado há que se verificar o nexo causal entre ação ou omissão do poder público e o evento danoso. Se outra atuação, outro acontecimento, provados pela Administração, levaram ao dano, sem o vínculo ou sem o vínculo total com a atividade administrativa, poderá haver isenção total ou parcial do ressarcimento.

Habitualmente se mencionam duas locuções no tema das excludentes da responsabilidade do Estado: a *força maior* e o *caso fortuito*. Não há uniformidade na doutrina administrativista brasileira quanto ao significado de cada uma: o que para uns é caso fortuito, para outros é força maior. Nos dicionários a locução *força maior* vem mencionada como algo irresistível, enquanto o *caso fortuito* traduz-se como acidente. Daí a opção pelos significados abaixo.

Entre os fatores de exclusão está a *força maior*, expressa em irresistíveis fatos da natureza; por exemplo: inundação de rio, ressaca de mar na praia, queda de raio, tremor de terra, chuva de granizo. Se, neste caso, houver também omissão do Estado na adoção de medidas que poderiam ter atenuado ou impedido os danos, caberá sua responsabilização.

O *caso fortuito* diz respeito a um acidente ou falha material, técnica ou humana, sem ciência precisa do motivo. Nesta hipótese, assemelhada ao chamado *fato das coisas*, pode haver responsabilização, se presente o nexo causal.

Outro fator situa-se na chamada *culpa da vítima*. A expressão é usual, embora imprópria, porque nem sempre a vítima atua com dolo ou culpa. Mais apropriada se apresenta a expressão *conduta da vítima*. Neste caso, a conduta da vítima, exclusiva ou concorrente, contribuiu para o dano que sofreu: se a vítima teve participação total no evento danoso, a Administração se exime completamente; se o dano decorreu, ao mesmo tempo, de conduta da vítima e da Administração, esta responde em parte.

Também elide a responsabilidade do Estado a *conduta culposa de terceiro*, a qual provocou o dano à vítima, e não os agentes públicos (v. TJRJ, Ap.Cív. 6.102, *RDA* 199, p. 181-182, jan.-mar. 1995).

17.8 Panorama dos casos de responsabilidade

A amplitude das atividades da Administração enseja idêntica amplitude dos casos de responsabilidade. Serão somente indicadas as hipóteses mais frequentes levadas ao Poder Judiciário. Por exemplo: acidentes com veículos oficiais; buracos em ruas, sem sinalização para veículos ou pedestres; queda de pontes em estradas; queda de viaduto em construção; explosão em depósito de materiais (explosivos) pertencente ao poder público; explosão de casa de fogos pertencente a particular (omissão da fiscalização municipal); morte em prisão; queda de árvore da rua por má conservação; danos a crianças e professores em escolas públicas; enchentes; omissão ou excesso policial; movimentos multitudinários com danos patrimoniais ou pessoais por omissão dos agentes públicos; omissão de fiscalização decorrente do poder de polícia, sobretudo em instituições financeiras e empresas de seguros; obras públicas (fato da obra, ausência ou insuficiência da fiscalização do poder público); danos nucleares (CF, art. 21, XXIII, *d* – a responsabilidade civil por danos nucleares independe da existência de culpa).

17.9 Responsabilidade civil do Estado por atos jurisdicionais

No ordenamento pátrio a responsabilização do Estado por danos oriundos de atos jurisdicionais ainda não encontrou guarida, apesar de rica elaboração doutrinária em sentido favorável. A irresponsabilidade vem, amiúde, justificada na necessidade de preservar a independência do Judiciário, na autoridade da coisa julgada, na condição dos juízes como órgãos da soberania nacional. É possível cogitar, porém, de mudanças na matéria quanto à lentidão, ante o inc. LXXVIII do art. 5º da CF (acrescentado pela Emenda

Constitucional 45/2004), o qual assegura a todos, no âmbito judicial e administrativo, a razoável duração do processo e os meios que garantam a celeridade de sua tramitação.

Somente vem aceita a responsabilidade civil do Estado por *erro judiciário de natureza criminal*, em virtude do art. 630 do CPP, cujo teor é o seguinte: "O tribunal, se o interessado o requerer, poderá reconhecer o direito a uma justa indenização pelos prejuízos sofridos" (*caput*). O direito à reparação por erro judiciário (criminal) independe de revisão da sentença, como se depreende do art. 5º, LXXV, da CF, segundo o qual "o Estado indenizará o condenado por *erro judiciário*, assim como o que ficar preso além do tempo fixado na sentença".

O ordenamento pátrio previu a *responsabilidade pessoal do juiz*, no art. 143 do CPC: "O juiz responderá, civil e regressivamente, por perdas e danos quando: I – no exercício de suas funções, proceder com dolo ou fraude; II – recusar, omitir ou retardar, sem justo motivo, providência que deva ordenar de ofício ou a requerimento da parte. Parágrafo único. As hipóteses previstas no inciso II somente serão verificadas depois que a parte requerer ao juiz que determine a providência e o requerimento não for apreciado no prazo de 10 (dez) dias".

17.10 Responsabilidade civil do Estado por atos legislativos

No tocante à responsabilização do Estado por danos oriundos de atos legislativos típicos, tais como leis complementares, leis ordinárias, classicamente invocam-se os seguintes argumentos em sentido contrário: a) exercício soberano da função de legislar; b) a lei é norma de caráter geral e impessoal, não sendo suscetível de causar dano a indivíduo determinado, pois é editada para beneficiar a todos.

No entanto, vem sendo admitida no direito pátrio a responsabilidade do Estado por *leis inconstitucionais*, assim declaradas. No RE 153.464, julgado em setembro de 1992 pelo STF, consta a seguinte ementa: "O Estado responde civilmente por danos causados aos particulares pelo desempenho inconstitucional da função de legislar" (*RDA* 189, p. 305-306, 1992).

Pode-se cogitar, ainda, da responsabilidade do Estado por ato legislativo típico, causador de dano a uma categoria de pessoas ou número exíguo de pessoas, porque, no tocante ao dano, deixou de haver o caráter de ato geral e impessoal. No direito francês já se decidiram alguns casos nessa linha.

Bibliografia

CAHALI, Yussef Said. *Responsabilidade civil do Estado*. 2. ed. São Paulo: Malheiros, 1995.

CARVALHO NETO, Tarcísio Vieira de. *Responsabilidade civil extracontratual do Estado por omissão*. Brasília: Gazeta Jurídica, 2014.

CAVALCANTI, Amaro. *Responsabilidade civil do Estado*. 2. ed. Rio de Janeiro: Borsói, 1957.

DERGINT, Augusto do Amaral. *Responsabilidade do Estado por atos judiciais*. São Paulo: RT, 1994.

DIAS, José de Aguiar. *Da responsabilidade civil*. 4. ed. Rio de Janeiro: Forense, 1960.

KIM, Richard Paulo Pae. *Responsabilidade do Estado nas ocupações ilícitas*. Campinas: Edicamp e Ícone, 2004.

LOUREIRO FILHO, Lair. *Responsabilidade pública por atividade judiciária*. São Paulo: RT, 2005.

MORAND-DEVILLER, Jacqueline; BOURDON, Pierre; POULET, Florian. *Cours de droit administratif.* 16. ed. Paris: LGDJ, 2019.

WILLEMAN, Flávio de Araújo. *Responsabilidade civil do Estado por risco jurisdicional anormal no Brasil*: por uma nova teoria sobre a responsabilidade civil do Estado Juiz. Rio de Janeiro: CEEJ, 2023.

CAPÍTULO 18

CONTROLE DA ADMINISTRAÇÃO PÚBLICA

18.1 Controle, democracia e corrupção

A Declaração dos Direitos do Homem e do Cidadão, de 1789, já continha, no art. 15, o seguinte preceito: "A sociedade tem o direito de pedir conta, a todo agente público, quanto à sua administração". Aí está o significado do controle incidente sobre as atividades da Administração Pública.

Por sua vez, Bobbio vincula a possibilidade de controle – controlabilidade – com democracia e incontrolabilidade com arbítrio (cf. *O futuro da democracia,* 1986).

O tema do controle também se liga à questão da visibilidade ou transparência no exercício do poder estatal, sobretudo da Administração, inserida no Executivo, hoje o poder hegemônico.

E relaciona-se em profundidade com o tema da corrupção. Certo é que, quanto mais efetivos se mostrassem os mecanismos de controle sobre a Administração, menor seria o índice de corrupção.

Inquestionável, portanto, se apresenta a necessidade de controles inseridos no processo de poder, os controles institucionalizados. Não é demais lembrar a afirmação de Montesquieu: "É necessário que, pela natureza das coisas, o poder detenha o poder". Os controles institucionalizados enquadram-se no conceito jurídico ou técnico de controle, segundo o qual dessa atuação decorre uma providência ou medida do agente controlador. Mas a avaliação dos diversos controles institucionalizados do Brasil revela insuficiências e inefetividades. Daí ser necessário o aprimoramento das técnicas e atividades fiscalizadoras e também avaliadoras, do que decorrerá, certamente, melhor desempenho da Administração. É a chamada "vocação preventiva" de todo sistema de controle eficaz, pois deve suscitar na própria Administração uma deontologia que previne o arbítrio e se integra na sua atuação normal.

A descrença generalizada a respeito dos mecanismos de controle sobre a Administração, que levaria ao imobilismo ou niilismo, deve ser substituída justamente por mais estudos e debates sobre o tema, na busca de maior efetividade dos controles, inclusive com a criação de novos mecanismos ou a melhoria dos atuais.

18.2 Tipologia

Várias são as tipologias do controle, expostas pela doutrina especializada, e tornaram-se clássicas as tipologias indicadas por Seabra Fagundes, Caio Tácito, Hely Lopes Meirelles. Todas guardam a virtude de expressarem o cuidado e a reflexão de seus autores com o tema do controle no âmbito do poder público. Embora se pudesse utilizar qualquer uma para o desenvolvimento deste capítulo, será adotado o critério do *agente controlador* para distinguir as espécies de controle incidentes sobre a Administração. Quando o agente controlador integra a própria Administração, está-se diante de um *controle interno*, exercido pela própria Administração sobre seus órgãos e suas entidades da Administração indireta. Se o controle é efetuado por órgão, ente ou instituição exterior à estrutura da Administração, qualifica-se como *controle externo*, situando-se nesta espécie o controle realizado por instituições políticas, por instituições técnicas e por instituições precipuamente jurídicas.

O controle sobre a Administração pode revestir-se das seguintes modalidades:

a) quanto ao *aspecto* em que incide: a1) controle da legalidade, visando à legalidade em geral ou à legalidade contábil-financeira; a2) controle de mérito; a3) controle da "boa administração" (eficiência, produtividade, gestão);

b) quanto ao *momento* em que se exerce: b1) controle prévio, por realizar-se antes da eficácia da medida ou decisão; b2) controle concomitante, que se efetua durante a realização da medida ou ato; b3) controle sucessivo ou *a posteriori*, realizado após a edição do ato ou adoção da medida;

c) quanto à *amplitude*: c1) controle de ato, por incidir sobre atos específicos, considerados isoladamente; c2) controle de atividade, por abranger um conjunto de atuações;

d) quanto ao *modo de se desencadear*: d1) controle de ofício, por iniciativa do próprio agente; d2) controle por provocação, quando pessoas, entidades, associações, solicitam a atuação do agente controlador; d3) controle compulsório, que se realiza necessariamente no momento oportuno, em atendimento a normas que o disciplinam.

18.2.1 Controles e os novos preceitos da LINDB

A Lei nº 13.655, de 25.4.2028, acrescentou os arts. 20 a 30 (com o art. 25 e alguns parágrafos vetados) na *Lei de Introdução* às *Normas do Direito Brasileiro – LINDB*, visando à segurança jurídica e eficiência na criação e aplicação do direito público. Tais preceitos destinam-se a decisões de autoridades que exercem funções administrativas e funções de controle, inclusive judicial, explicitando e ressaltando disposições presentes na Constituição Federal e outros textos, no tocante, sobretudo, à motivação, segurança jurídica, proporcionalidade, consensualismo, eficiência. Aplicam-se, portanto, a todos os tipos de controle exercidos sobre a Administração Pública, inclusive aos controles que a mesma exerce sobre suas atuações. Os dispositivos mais diretamente relacionados a atuações de controle são mencionados a seguir.

Os arts. 20, 21 e 22 dizem respeito à *motivação*. Conforme o art. 20, no caso de decisões com base em fórmulas amplas (por exemplo: interesse público, bem comum), devem ser consideradas as consequências práticas das mesmas. Do mesmo sentido se reveste o art. 21, *caput*, quanto à decisão que invalide ato, contrato, ajuste, processo ou norma administrativa.

Os parágrafos dos arts. 20 e 21 e os §§2º e 3º do art. 22 inspiram-se no *princípio da proporcionalidade*, ao determinarem o sopesamento e dosimetria na tomada de decisões, com observância das condições envolvidas na situação.

Por sua vez, o art. 23 vincula-se diretamente ao *princípio da segurança jurídica*, ao dispor que, na fixação de nova interpretação ou orientação sobre norma de conteúdo indeterminado, deverá ser previsto regime de transição, quando indispensável para que o novo dever seja cumprido de modo proporcional, equânime e eficiente. De igual forma se reveste o *caput* do art. 24, ao vedar a retroatividade de nova orientação geral, no caso de revisão quanto à validade de ato, contrato, ajuste, processo ou norma administrativa.

18.3 Controles internos

O controle realizado pela Administração sobre seus próprios órgãos e suas entidades indiretas recebe vários nomes: *controle administrativo, controle intraorgânico, controle intra-administrativo*.

A função de controle sobre si própria apresenta-se inerente à atividade administrativa, havendo, inclusive, órgãos ou funcionários dotados dessa atribuição específica, por exemplo, supervisores, inspetores, corregedores. O controle interno visa ao cumprimento do princípio da legalidade, à observância dos preceitos da "boa administração", a estimular a ação dos órgãos, a verificar a conveniência e a oportunidade de medidas e decisões no atendimento do interesse público (controle de mérito), a verificar a proporção custo-benefício na realização das atividades e a verificar a eficácia de medidas na solução de problemas. Os principais mecanismos de controle interno serão indicados a seguir, precedidos de breve estudo sobre os recursos administrativos.

18.3.1 Recursos administrativos

Os *recursos administrativos* apresentam-se como um dos modos pelos quais a Administração é provocada a fiscalizar seus próprios atos, visando ao atendimento do interesse público e à preservação da legalidade. Por meio dos recursos administrativos os interessados pedem à Administração reexame de ato, decisão ou medida editada em seu âmbito. Embora pouco prestigiados no Brasil, representam um importante meio para propiciar aproximação entre Administração e particulares, para ouvir o cidadão e para suscitar mais credibilidade da atuação administrativa.

Sob o ângulo *subjetivo*, os recursos administrativos podem ser considerados como instrumentos de proteção de direitos e interesses eventualmente lesados pela Administração, pois permitem reagir a decisões e medidas adotadas. Apresentam-se menos formalistas e onerosos que as ações perante o Judiciário, dispensando o patrocínio de advogado. Por outro lado, o reexame suscitado pelo recurso abrange questões atinentes à legalidade e ao mérito das decisões. Sob o ângulo *objetivo*, representam um dos meios para a Administração exercer o controle da legalidade e do mérito de decisões e medidas adotadas.

O direito de interpor recurso administrativo foi afirmado no ordenamento francês como um princípio geral, mesmo sem texto que o preveja explicitamente. Esse entendimento deve prevalecer também no ordenamento pátrio, sobretudo ante o direito de petição assegurado na Constituição Federal, art. 5º, XXXIV, *a*. Além do mais, decorre da garantia de ampla defesa nos processos administrativos em geral, prevista na Constituição Federal, art. 5º, LV. Em virtude de tais preceitos, o STF, na ADIn 1.976, julgada em 28.03.2007, declarou inconstitucional a exigência de depósito prévio ou arrolamento prévio de bens e direitos, como condição de admissibilidade de recurso administrativo, por lesar o direito de petição e a ampla defesa neles previstos e reforçou o entendimento na Súmula Vinculante 21, publicada em 10.11.2009: "É inconstitucional a exigência de depósito ou arrolamento prévios de dinheiro ou bens para admissibilidade de recurso administrativo". De seu lado, o STJ editou a Súmula 373, em 2009, no teor a seguir: "É ilegítima a exigência de depósito prévio para a admissibilidade de recurso administrativo".

No direito brasileiro, a Lei nº 9.784, de 29.01.1999, que regula o processo administrativo no âmbito da Administração Pública Federal, fixa preceitos básicos sobre os recursos administrativos em geral naquele âmbito (arts. 56 a 65). Por sua vez, a Lei nº 10.177, de 30.12.1998, do Estado de São Paulo, igualmente contém normas sobre os recursos administrativos na esfera da Administração estadual. Textos específicos, por vezes mencionam os recursos em seus âmbitos, prevendo regras de tramitação e prazos de interposição e decisão, por exemplo: nos Estatutos de servidores para recursos apresentados por estes, nas leis sobre recursos administrativos em matéria tributária.

Uma das questões na matéria diz respeito à possibilidade de recorrer da *inércia* ou do *silêncio da Administração*. A inércia ou silêncio da Administração muitas vezes pode acarretar prejuízos tão graves aos indivíduos quanto um ato lesivo de direito. Muitos ordenamentos admitem recurso quando, após prazo determinado, a Administração não tomou a decisão, equivalendo o silêncio a um indeferimento; em alguns casos, ao silêncio se atribui o valor de consentimento. A possibilidade de recurso contra o silêncio deve sempre existir e, na ausência de prazo para a autoridade decidir, o interessado aguardará tempo razoável, após o qual recorrerá ao superior hierárquico ou tomará outras providências.

No tocante ao *sujeito que pode recorrer*, tradicionalmente era o próprio interessado ou titular do direito. Hoje, com o florescimento de associações, de entidades e com a massificação de interesses, a possibilidade de recorrer há de guardar relação com a repercussão ou alcance da medida objeto do recurso. Se a decisão afetar diretamente só uma pessoa, a esta caberá legitimidade para interpor o recurso. Caso a decisão afete um grupo de interessados ou toda a população, a qualquer um dos integrantes do grupo ou da população deve ser aberta a via do recurso administrativo. Nos termos da citada Lei nº 9.784/99, art. 58, têm legitimidade para interpor recurso administrativo: I – os titulares de direitos e interesses que forem parte no processo; II – aqueles cujos direitos ou interesses forem indiretamente afetados pela decisão recorrida; III – as organizações e associações representativas, no tocante a direitos e interesses coletivos; IV – os cidadãos ou associações, quanto a direitos ou interesses difusos. Em alguns casos, a legislação prevê recurso administrativo *de ofício* ou *necessário*, em que a autoridade submete sua decisão ao reexame de superior hierárquico.

Inexiste, quanto aos recursos administrativos, rigorismo de *forma*. Devem apresentar-se por escrito, com indicação do recorrente, da autoridade que editou a decisão impugnada, do ato recorrido, dos motivos pelos quais se pede o reexame. Segundo o art. 60 da Lei nº 9.784/99, o recurso interpõe-se por meio de requerimento, no qual o recorrente deverá expor os fundamentos do pedido de reexame, podendo juntar os documentos que julgar convenientes.

No direito brasileiro falta uniformidade nos *prazos* de recurso, mesmo em cada esfera administrativa: cada lei ou decreto regulador de um tipo de matéria estabelece prazos específicos. Para a Administração federal direta e indireta, a Lei nº 9.784/1999 previu, salvo disposição legal específica, o prazo de dez dias para interposição de recurso, contado a partir da ciência ou divulgação oficial da decisão recorrida (art. 59). Havendo prazo para interposição, este tem caráter peremptório; se o recurso é oferecido fora do prazo, a Administração, de regra, não o conhece. Porém, tendo em vista que o recurso administrativo também é meio de exercício do controle interno, se a autoridade administrativa verificar, pela sua leitura, a ocorrência de ilegalidade ou de medidas que ferem o interesse público, poderá, de ofício, determinar o reexame da matéria. Nesse sentido dispõe a citada Lei nº 9.784/1999, no art. 63, I e §2º, nos seguintes termos, respectivamente: "O recurso não será conhecido quando interposto (...) fora do prazo"; "O não conhecimento do recurso não impede a Administração de rever de ofício o ato ilegal, desde que não ocorrida preclusão administrativa".

No tocante ao momento em que se inicia o *curso dos prazos*, vigora a regra da data da publicação oficial ou da data em que o interessado tomou ciência da decisão, caso não tenha sido divulgada publicamente.

Também se apresentam diversificados ou inexistentes os *prazos para a autoridade decidir o recurso*. Na Administração federal, quando a lei não fixar prazo diferente, o recurso deverá ser decidido no prazo máximo de trinta dias, a partir do recebimento dos autos pelo órgão competente, podendo esse prazo ser prorrogado por igual período ante justificativa explícita (Lei nº 9.784/1999, art. 59, §§1º e 2º). Em geral, não há, para a autoridade, consequência alguma pelo desatendimento do prazo ou pelo silêncio. Às vezes, a lei equipara a indeferimento o silêncio da autoridade.

Quanto ao *efeito da interposição* do recurso, predomina a *regra da não suspensividade dos efeitos* do ato impugnado. Assim se posiciona a Lei nº 9.784/99, art. 61. Essa regra encontra fundamento na presunção de legalidade do ato administrativo, na sua autoexecutoriedade e no princípio de que a Administração atua para atender ao interesse público. O efeito suspensivo depende de previsão legal explícita ou da previsão da possibilidade de ser atribuído; por exemplo: ao recurso contra decisão de habilitação ou inabilitação no processo licitatório, a Lei nº 14.133/2021, no art. 168, *caput*, atribui efeito suspensivo; por sua vez, a Lei nº 9.784/1999 prevê o seguinte: "Havendo justo receio de prejuízo de difícil ou incerta reparação decorrente da execução, a autoridade recorrida ou a imediatamente superior poderá, de ofício ou a pedido, dar efeito suspensivo ao recurso" (art. 61, parágrafo único).

O recurso administrativo visa a provocar o reexame de uma decisão da Administração pela própria Administração, pretendendo o interessado alteração da medida impugnada. A solução do recurso se expressa por um ato administrativo em que a autoridade competente indefere ou defere o recurso. Deferindo, pode determinar a anulação, a revogação ou a modificação parcial do ato. Em qualquer caso, a decisão do recurso deve ser motivada de modo consistente.

O interessado, ao interpor recurso, busca benefícios, melhorias, vantagens, reconhecimento de direitos, satisfação de interesses. O recurso limitaria o poder de decisão da autoridade somente aos termos aí contidos? Pode a Administração, ao decidir o recurso, piorar a situação do interessado? Ou melhorá-la? Essa questão tradicionalmente vem discutida sob o ângulo da reforma para pior, ou seja, da *reformatio in pejus*. Se o recurso administrativo for considerado sob ângulo subjetivo, como instrumento de defesa de direitos e interesses do indivíduo ou de grupos, a Administração seria obrigada a apreciá-lo nos termos em que foi interposto, não podendo agravar a situação do recorrente. Sob prisma objetivo, o recurso configura um meio de assegurar a legalidade e correção da atividade administrativa, cabendo à autoridade apreciar não só as alegações do recurso, mas reexaminar, no seu conjunto, as circunstâncias do ato impugnado; o recurso desencadeia o controle, mas não condiciona a extensão do controle. Surgindo a necessidade de reformar para pior, emerge o conflito entre o aspecto subjetivo e o aspecto objetivo do recurso. A tendência geral faz prevalecer o aspecto objetivo sobre o aspecto subjetivo, admitindo-se a *reformatio in pejus*, excepcionada em algumas hipóteses – por exemplo: ao tratarem da revisão do processo disciplinar, os Estatutos de servidores, de regra, vedam o agravamento da pena como consequência. No direito espanhol, jurisprudência fixada a partir de 1972 proíbe a *reformatio in pejus* de atos objeto de recurso, devendo as exceções ser previstas em lei. Na Administração Federal brasileira, em geral, se da decisão do recurso puder decorrer gravame à situação do interessado, este deverá ser cientificado para que formule suas alegações antes da decisão (v. art. 64, parágrafo único, da Lei nº 9.784/1999). Quanto à possibilidade de *reformar para melhor*, concedendo-se ao recorrente mais do que solicitou, é amplamente admitida, não se registrando, então, conflito entre o aspecto subjetivo e o aspecto objetivo do recurso.

Outro ponto a considerar diz respeito à questão de se exigir ou não, primeiro, a interposição de recurso administrativo para, depois, ingressar no Judiciário. No Brasil predomina a *não exigência de esgotamento da via administrativa* ou *não exigência de prévia exaustão da via administrativa* para o ingresso em juízo. Ou seja: de regra, não se exige prévia interposição de recurso administrativo. Um caso de prévio esgotamento da via administrativa vem indicado na Lei nº 11.417, de 19.12.2006 – súmula vinculante: o uso da *reclamação*, ao STF, por desatendimento, pela Administração, de súmula vinculante só será admitido após esgotamento das vias administrativas (art. 7º, §1º); outro exemplo situa-se no *habeas data*, cuja ação somente poderá ser ajuizada se houver recusa de informação pela autoridade; nesta linha se expressa a Súmula 2 do STJ: "Não cabe o *habeas data* se não houve recusa de informação por parte da autoridade administrativa".

Por meio dos recursos administrativos é solicitado à Administração o reexame de atos, decisões ou medidas adotadas pela própria Administração. Os recursos administrativos tramitam no âmbito da Administração e aí são decididos.

Por isso, não deve haver confusão entre recurso administrativo e denúncia de ilegalidade ou de abuso de poder. Os Estatutos de servidores em geral inserem entre os deveres destes a *representação* contra ilegalidade, omissão ou abuso de poder (por exemplo: Estatuto Federal, art. 116, XII), e, assim agindo, não se considera que o servidor esteja interpondo recurso administrativo; e ainda, *ad argumentandum*: no âmbito do Judiciário, se um sujeito processual faz uma denúncia à Corregedoria da Justiça, não está interpondo recurso relativo à ação, nem recurso administrativo. Em textos constitucionais anteriores a 1988, mencionava-se, de modo separado, o direito de representação, dirigido a autoridades superiores, contra ilegalidades e abusos de poder, e o direito de petição, para defesa de direitos; na Constituição de 1988, o art. 5º, XXXIV, *a*, englobou ambos no direito de petição, que, assim, é instrumento para a representação contra ilegalidades ou abusos.

Nem há que se atribuir necessariamente ao termo *reclamação* o sentido de recurso. Por exemplo: a Constituição Federal, art. 37, §3º, remete à disciplina da lei as reclamações relativas à prestação de serviços públicos; na Lei das Concessões (Lei nº 8.987/1995) vem prevista, entre os direitos e obrigações dos usuários, a comunicação, às autoridades competentes, de irregularidades e ilícitos referentes ao serviço prestado pela concessionária (art. 7º, IV e V), sem que tal comunicação tenha o sentido de recurso administrativo. Por outro lado, no Dec. 20.910/1932, que regula a prescrição quinquenal, seu art. 6º reza o seguinte: "O direito à reclamação administrativa, que não tiver prazo fixado em disposição de lei para ser formulada, prescreve em 1 (um) ano a contar da data do ato ou fato do qual a mesma se originar". Aí *reclamação administrativa* é usada em sentido não técnico, para indicar recurso administrativo em geral, sem que signifique um tipo específico de recurso. Lembre-se de que em 1932, ano do decreto, o direito administrativo encontrava-se em estágio pouco avançado; hoje aquela expressão engloba, por certo, toda espécie de recurso administrativo.

Ante as últimas considerações, os recursos administrativos no ordenamento brasileiro são os seguintes:

a) *Pedido de reconsideração* – Embora alguns autores resistam em incluí-lo entre os recursos administrativos, o pedido de reconsideração se configura como tal, pois significa um pedido de reexame de uma decisão, dirigido à mesma autoridade que a editou. Trata-se de apelo típico do âmbito administrativo, sendo raro na esfera do processo jurisdicional. Mediante o pedido de reconsideração, a mesma autoridade responsável pela medida ou ato procede ao seu reexame, podendo mantê-lo, revogá-lo, anulá-lo ou alterá-lo, total ou parcialmente. A Lei nº 14.133/2021 – licitações e contratos administrativos – insere, entre os recursos administrativos, o pedido de reconsideração (art. 165, II). Às vezes a lei determina a apreciação da autoridade responsável pela decisão, antes do exame pelo superior hierárquico, caso da Lei nº 14.133/2021, art. 165, §2º. Note-se que o pedido de reconsideração se apresenta como único recurso de atos editados por autoridades situadas nos mais altos escalões da hierarquia administrativa, quando aí se esgotam as instâncias de recurso.

b) *Recurso hierárquico próprio* – Recebe esse nome o pedido de reexame dirigido à autoridade administrativa hierarquicamente superior àquela responsável pela decisão. Baseia-se, portanto, na hierarquia e no poder atribuído ao superior hierárquico de fiscalizar os atos dos subordinados, podendo anulá-los, revogá-los, alterá-los, total ou parcialmente (ver Capítulo 3, item 3.10).

c) *Recurso hierárquico impróprio* – É um pedido de reexame dirigido à autoridade que não detém vínculo de hierarquia com a autoridade ou órgão responsável pela decisão impugnada. Por isso foi-lhe dada essa denominação: do ponto de vista jurídico inexiste hierarquia entre a autoridade para a qual se recorre e a autoridade responsável pela decisão recorrida, embora, de fato, possa existir ascendência da primeira sobre a segunda.

A elaboração doutrinária desse recurso calcou-se principalmente nos recursos de *atos de dirigente de autarquia* interpostos junto à autoridade da Administração direta a que se vincula a entidade. Esta autoridade exerce sobre a autarquia a tutela administrativa, também denominada controle administrativo ou supervisão, que, do ponto de vista jurídico, não significa hierarquia, como já se expôs (ver Capítulo 3, item 3.11, e Capítulo 5, item 5.1). Dirigido à autoridade não hierarquicamente superior àquela que editou o ato impugnado, o *recurso hierárquico impróprio,* também intitulado *recurso de tutela,* fundamenta-se no vínculo de tutela entre o órgão central e o ente autárquico. Ponto controvertido nessa matéria é a exigência ou dispensa de texto legal expresso para sua admissibilidade, havendo entendimentos nos dois sentidos. Orientação menos rígida aceita o recurso de tutela em casos não previstos em lei de maneira expressa, mas implícitos na função de tutela; os argumentos a favor desta tese são idênticos àqueles que justificam a tutela administrativa ou supervisão: preservação da unidade jurídico-política do Estado, perigo de eventual supercrescimento das autarquias. Assim, tendo em vista que o recurso de tutela encontra fundamento nesse controle e tendo em vista que a tutela só é exercida se prevista em lei, parece lógico concluir que, se houver tutela, poderá haver recurso hierárquico impróprio, salvo proibição legal. E, tratando-se de recurso administrativo, enseja exame do mérito e da legalidade do ato impugnado.

Nos termos da Lei nº 13.848, de 25.6.2019, que dispõe sobre a gestão, a organização e o controle social das agências reguladoras, em seu art. 3º, *caput,* "a natureza especial conferida à agência reguladora é caracterizada pela ausência de tutela ou de subordinação hierárquica...". Deduz-se, do preceito, não caber recurso hierárquico impróprio em relação a decisões das agências reguladoras.

O recurso hierárquico impróprio pode ser cogitado, ainda, para outros casos em que inexiste o vínculo hierárquico entre os órgãos ou autoridades, por exemplo: quanto a decisões de Conselhos que, embora vinculados a órgão ou autoridade, não se apresentam como subordinados hierarquicamente (conselhos de educação, conselhos de meio ambiente, conselhos de defesa do patrimônio cultural). Por vezes, algumas decisões dos conselhos têm sua eficácia condicionada à homologação ou aprovação da autoridade a que se vinculam; por vezes, a lei prevê recurso a essa autoridade. Na ausência de previsão explícita de recurso, há de ser admitido, salvo vedação expressa.

d) *Revisão* – É o pedido de reexame da decisão, formulado por servidor que recebeu penalidade administrativa, quando surgem fatos novos ou circunstâncias suscetíveis de justificar a inocência ou a inadequação da pena aplicada. Conforme dispuser o estatuto, a revisão poderá ser pedida por pessoa da família ou curador. A revisão também pode ocorrer de ofício.

O Estatuto dos Servidores Civis Federais – Lei nº 8.112/1990 – prevê a revisão nos arts. 174 a 182. Nos termos do parágrafo único do art. 182, da revisão do processo não poderá resultar agravamento da sanção. Preceito semelhante encontra-se na Lei nº 9.784/1999 – lei geral do processo administrativo federal.

18.3.2 Autocontrole

É a fiscalização exercida pela própria autoridade que editou o ato ou adotou a medida, sobre sua atuação. Ocorre espontaneamente ou mediante provocação, neste último caso em decorrência de recurso administrativo, pedido de reconsideração, abaixo-assinado, denúncia de ilegalidade etc. Como efeito imediato do autocontrole advêm ou a manutenção da medida, ou a revogação, a anulação, e, no caso de operações materiais anunciadas ou realizadas, novas medidas visando a suspendê-las ou a corrigir efeitos danosos que tenham causado.

18.3.3 Controle hierárquico

É a verificação que os órgãos superiores realizam sobre os atos e atividades dos órgãos subordinados. Numa estrutura hierarquizada, esse controle se realiza de modo contínuo e automático, no dia a dia, pois é inerente a essa estrutura.

A *fiscalização hierárquica* pode realizar-se antes da eficácia da medida tomada pelo subordinado, quando se exige autorização superior; e mesmo antes que decisões sejam adotadas, quando o superior expede circulares, instruções, ordens de serviço, visando à coerência e uniformidade em certo assunto.

Se o superior hierárquico acompanha todo o desenvolvimento da solução de um assunto, a cargo do subordinado, exerce controle concomitante.

Realizando-se a fiscalização após a tomada de decisão, o controle é sucessivo, *a posteriori*, desencadeando-se espontaneamente, por provocação ou de modo obrigatório, em momento fixado na legislação. No ordenamento pátrio, salvo disposição legal em contrário, a regra é a possibilidade de fiscalização de ofício sobre atos e atividades dos subordinados. Recurso administrativo do interessado – recurso hierárquico – também aciona a fiscalização superior, podendo recair sobre a legalidade e o mérito, com possibilidade de alterar a decisão do subordinado. O controle hierárquico pode ser desencadeado, ainda, pela atuação de órgãos de controle externo institucionalizado ou por noticiário de imprensa, manifestação de parlamentares nas tribunas, movimentos populares etc. Por sua vez, o controle hierárquico obrigatório ocorre em momento fixado em normas legais, sem que a autoridade superior tenha a faculdade de omitir-se; é o caso, por exemplo, de homologações, que no ordenamento pátrio aparecem, por exemplo, no processo licitatório, no processo de concurso público em geral e de concurso público de carreira universitária.

18.3.4 Controle de gestão

A rigidez no funcionamento da estrutura hierarquizada da Administração e a consequente diluição de responsabilidades, dentre outros motivos, acarretaram a busca de novos métodos de direção e de novas técnicas de controle. Um novo método é a gestão por objetivo, do qual decorre o controle de gestão. O controle de gestão baseia-se em objetivos de realização ou de produtividade: definem-se os produtos; cada centro de responsabilidade vê fixados, para a realização de certos resultados e após diálogo, objetivos de ação em termos de despesa, qualidade, quantidade, observância dos programas. A realização do controle exige o uso de indicadores de gestão, exige a execução de um orçamento apoiado por uma análise de custos e também a elaboração de quadros periódicos com informações sobre as realizações. Um "chefe de projeto" coordenaria as atividades e seria seu responsável.

O *controle de gestão* incide sobre a atividade total ou parcial do controlado, sobretudo no aspecto dos resultados, no aspecto da eficiência: implica acompanhamento simultâneo da atuação, com medidas corretivas a cada passo, impedindo a dispersão ou mau uso dos recursos humanos e materiais alocados.

18.3.5 Inspeção, auditoria e correição

Esses três tipos de atividade de controle guardam semelhança em dois aspectos: destinam-se, de regra, a oferecer informações e dados sobre os serviços controlados a autoridades com poder de decisão nesses setores; de regra, seus realizadores são desprovidos de poder de decisão, elaborando relatórios dirigidos à autoridade com tal poder, com propostas de medidas. Junto aos órgãos controlados exercem poderes de investigação, examinando papéis, autos, documentos, ouvindo servidores.

O termo *auditoria*, embora habitualmente associado ao controle financeiro, também se aplica à fiscalização geral da atividade administrativa, sobretudo quando realizada *in loco*.

A *correição* reveste-se da natureza de controle geral da Administração ou da natureza de fiscalização setorizada de atividades de determinado órgão. Exemplo do primeiro tipo: no Estado de São Paulo instituiu-se uma Corregedoria-Geral do Estado. Exemplo do segundo tipo: a Corregedoria da Procuradoria-Geral do Estado de São Paulo.

18.3.6 Supervisão

O vocábulo *supervisão* admite acepção ligada a controle. A Constituição Federal, entre as atribuições dos Ministros, prevê a supervisão dos órgãos e entidades da Administração Federal na área de sua competência (art. 87, parágrafo único, I). Conforme dispõe o Dec.-lei 200/1967, art. 20, parágrafo único, a supervisão ministerial abrange a orientação, a coordenação e o *controle* das atividades dos órgãos subordinados ao Ministério, do que se conclui que, na esfera federal, supervisão não se reduz a controle; este representa um dos aspectos da supervisão ministerial.

Na área de ensino de 1º e 2º graus encontra-se, por vezes, a figura do supervisor, que substituiu o antigo inspetor; o supervisor atua como intermediário entre os estabelecimentos de ensino e os órgãos administrativos da educação; exerce função de controle das atividades das escolas, exercendo também tarefa de auxílio na gestão.

18.3.7 Pareceres vinculantes

São emitidos nos casos em que a norma exige consulta prévia a órgão jurídico ou técnico, cuja manifestação, expressa em *parecer* (às vezes com o nome de *laudo*), deve nortear obrigatoriamente a decisão a ser tomada; neste caso, a autoridade somente poderá decidir no sentido do parecer, restando-lhe a alternativa de não editar o ato, se for possível, ou solicitar novo parecer. Além da função consultiva, o órgão que emite o parecer vinculante exerce, assim, função de controle preventivo.

18.3.8 Ouvidor

Numa imitação do instituto de controle denominado *ombudsman*, a ser estudado no âmbito dos controles externos, surgem órgãos ou autoridades de controle interno, inseridos na estrutura hierárquica da Administração, com o nome de *ouvidor* ou *ouvidor-geral*. Assim, por exemplo, em São Paulo, foi criada, em 1995, na Secretaria da Segurança Pública, a função de ouvidor. De regra, o ouvidor tem a atribuição de receber queixas e denúncias da população contra a ineficiência de órgãos e servidores e contra ilegalidades ou abusos de poder. Em geral, os ouvidores invocam os órgãos que podem tomar as medidas corretivas.

18.3.9 Controle financeiro

Trata-se de um controle interno específico, pois incide sobre os aspectos financeiros dos atos e atividades da Administração. A Constituição Federal, no art. 74, inserido na seção dedicada à fiscalização contábil, financeira e orçamentária, determina que o Poder Executivo, o Legislativo e o Judiciário mantenham sistema de controle interno com a finalidade de avaliar o cumprimento de metas do plano plurianual, a execução dos programas e dos orçamentos, comprovar a legalidade e avaliar os resultados da gestão orçamentária, financeira e patrimonial, exercer o controle das operações de crédito, avais e garantias, apoiar o controle externo.

Órgãos financeiros e contábeis da Administração examinam o modo como foram efetuadas as despesas, antes que a prestação de contas seja remetida ao Tribunal de Contas respectivo.

18.3.10 Controle da Administração indireta

A fiscalização do poder central sobre entidades descentralizadas surgiu primeiramente com o nome de *tutela administrativa*, em relação às coletividades territoriais europeias (províncias, comunas) e em relação às autarquias, todas dotadas de personalidade jurídica pública. Com o advento das empresas públicas e sociedades de economia mista, o controle do poder central passou a exercer-se sobre suas atividades.

No ordenamento pátrio, o Dec.-lei 200/67, art. 26, utiliza a expressão *supervisão ministerial* para designar o controle exercido pelo Ministro de Estado sobre entidades da Administração indireta vinculadas ao Ministério que chefia.

O controle administrativo ou tutela ou supervisão sobre entidades da Administração indireta não significa, do ponto de vista jurídico, subordinação hierárquica, embora de fato possa assim aparentar (v. Capítulo 3, item 3.11).

Dentre as finalidades do controle administrativo sobre as entidades da Administração indireta salientam-se: assegurar a execução dos serviços especializados de modo compatível aos fins e valores que norteiam cada centro de poder; adequar a tecnicidade dos entes às diretrizes políticas respectivas; harmonizar suas atividades a fins predeterminados; zelar pela atuação eficaz dos entes personalizados. A finalidade imediata do controle se expressa no respeito à legalidade e na salvaguarda do interesse público. No tocante às *empresas públicas e sociedades de economia mista*, as atividades de controle hão de buscar um justo equilíbrio entre a atuação menos vinculada da empresa e os interesses públicos que levaram o Estado a criá-las; os arts. 85 a 90 da Lei nº 13.303/2016 – Estatuto das estatais, tratam do controle interno e externo sobre essas entidades, cuidando, os arts. 89 e 90, do exercício da supervisão pelo órgão a que se vinculam. O Dec.-lei 200/1967, art. 26, parágrafo único, arrola as medidas atinentes à supervisão ministerial sobre as entidades da Administração indireta, dentre as quais: aprovação anual da proposta de orçamento-programa e da programação financeira, no caso de autarquia; aprovação de contas, relatórios e balanços; fixação das despesas de pessoal e de administração; realização de auditoria e avaliação periódica de rendimento e produtividade; intervenção por motivo de interesse público.

Nos termos da Lei nº 13.848, de 25.6.2019, que dispõe sobre a gestão, a organização e o controle social das agências reguladoras, em seu art. 3º, *caput*, "a natureza especial conferida à agencia reguladora é caracterizada pela ausência de tutela ou de subordinação hierárquica...". Deduz-se, do preceito, não caber tutela administrativa sobre as agências reguladoras.

18.4 Controle parlamentar

Sob essa rubrica aqui são considerados apenas os mecanismos de fiscalização emanados diretamente das casas legislativas, não abrangendo as instituições que extraem do Legislativo sua força para exercer controle ou que significam prolongamento desse Poder.

A função de controle sobre o Executivo aparece hoje como inerente ao Legislativo, em qualquer regime de governo do mundo ocidental. Porém, independentemente das peculiaridades do regime de governo, que propiciariam maior ou menor intensidade do controle, registra-se descrença genérica quanto à eficácia e mesmo operacionalidade da fiscalização parlamentar. Paradoxal, assim, que se afirme, ao mesmo tempo, a relevância da função de controle do Legislativo e a escassez de resultados dessa atuação. Salvo atuações episódicas, o controle parlamentar da Administração apresenta-se inefetivo. Vários fatores vêm apontados para justificar esse quadro: falta de interesse político na realização concreta e eficaz da vigilância, para não desagradar ao detentor do Poder Executivo; ausência, em geral, de sanção, pois nem o Congresso, nem suas comissões podem anular ou modificar atos administrativos ou aplicar sanções a administradores.

A ausência de sanção, no sentido apontado acima, possibilita justificar, em parte, as falhas do controle parlamentar: os mecanismos de controle, se concretizados, acarretariam consequências indesejáveis às autoridades administrativas, mesmo desprovidos da aptidão para desfazer atos. Assim, por exemplo, na recusa à aprovação ou autorização para certos atos do Executivo; no caso da atuação das comissões parlamentares de inquérito, cujo relatório deveria receber ampla divulgação (como já ocorreu na CPI do PC, na CPI do orçamento, na CPI dos precatórios) e ser objeto de manifestação do plenário.

Serão indicados, a seguir, os meios de controle parlamentar que visam mais imediatamente à atividade da Administração, deixando-se de lado o *impeachment* em nível federal e estadual (em parte disciplinado pela Lei nº 1.079/50) e a *responsabilidade político-administrativa* de Prefeitos (Dec.-lei 201/1967); tais institutos, a par do caráter eminentemente político, afetam somente os níveis mais altos do Executivo e caracterizam-se pela raridade de utilização; aliás, reina divergência na doutrina constitucional quanto à inclusão desses institutos dentre os meios de controle parlamentar.

a) *Pedidos escritos de informação* – No âmbito federal, deputados e senadores poderão solicitar informações escritas aos Ministros de Estado, a serem encaminhadas pela Mesa de cada Casa, importando em crime de responsabilidade o não atendimento no prazo de 30 dias e a prestação de informações falsas (CF, art. 50, §2º). Dispositivos semelhantes, para autoridades dos respectivos níveis, encontram-se nas Constituições estaduais e Leis Orgânicas de Municípios.

b) *Convocação para comparecimento* – A Constituição Federal determina o comparecimento obrigatório de Ministros de Estado perante a Câmara dos Deputados, o Senado ou qualquer de suas comissões, para prestar, pessoalmente, informações sobre assuntos previamente determinados; a falta de comparecimento, sem justificação, importa crime de responsabilidade (art. 50).

c) *Fiscalização de atos da Administração direta e indireta* – Para o nível federal, a Constituição, no art. 49, X, prevê, entre as atribuições do Congresso, "fiscalizar e controlar, diretamente, ou por qualquer de suas Casas, os atos do Poder Executivo, incluídos os da Administração indireta". Essa fiscalização realiza-se sem prejuízo do controle exercido com base em outros dispositivos constitucionais.

d) *Comissões Parlamentares de Inquérito (CPI)* – Segundo ensina Manoel Gonçalves Ferreira Filho, "são comissões especiais e temporárias criadas para a apuração de fato ou fatos determinados. Constituem um recurso para tornar mais efetivo e rigoroso o controle, que é deferido aos parlamentares, sobre toda a máquina estatal" (*Comentários à Constituição Brasileira de 1988*, v. 2, p. 70, 1992).

O art. 58, §3º, da CF prevê a possibilidade de criação de comissões parlamentares de inquérito pela Câmara dos Deputados e Senado Federal, em conjunto ou separadamente, mediante requerimento de um terço de seus membros. O mesmo dispositivo atribui a essas comissões poderes de investigação próprios das autoridades judiciais, sendo suas conclusões, se for o caso, encaminhadas ao Ministério Público para promover responsabilização civil ou criminal dos infratores. As Constituições estaduais e Leis Orgânicas de Municípios preveem, igualmente, a criação de comissões parlamentares de inquérito nos respectivos níveis. Normas relativas aos poderes e procedimento dessas comissões estão contidas na Lei nº 1.579, de 18.03.1952, com alterações posteriores, inclusive decorrentes da Lei nº 13.367, de 05.12.2016. A tradição de inoperância e inocuidade das Comissões Parlamentares de Inquérito no Brasil foi quebrada com a "CPI do PC" (1992) e a "CPI do Orçamento", cujos relatórios levaram à adoção de medidas drásticas aos envolvidos nos fatos aí apurados.

e) *Aprovações e autorizações de atos do Executivo* – Algumas decisões do Executivo têm sua eficácia ou validade condicionada à manifestação favorável do Congresso. A Constituição Federal de 1988 ampliou o número de atos vinculados ao consentimento do Legislativo Federal, o que reforça a fiscalização sobre o Executivo. Exemplos: aprovar tratados, acordos ou atos internacionais que acarretem encargos ou compromissos gravosos ao patrimônio nacional; aprovar iniciativas referentes a atividades nucleares; apreciar atos de concessão e renovação de concessão de emissoras de rádio e televisão; aprovar, após arguição pública e por voto secreto, a indicação de Ministros do Supremo Tribunal Federal, de Ministros do Tribunal de Contas indicados pelo Presidente da

República, do presidente do Banco Central, do Procurador-Geral da República; aprovar, após arguição e voto secretos, a escolha de chefes de missão diplomática de caráter permanente.

f) *Sustação de atos normativos do Poder Executivo que exorbitem do poder regulamentar ou dos limites de delegação legislativa* – Meio de controle de uso raro, previsto na Constituição Federal, art. 49, V, recebeu de Anna Cândida da Cunha Ferraz análise percuciente, em que comprovou o caráter aberrante da sustação dos atos regulamentares e a desfiguração da delegação acarretada pela sustação da lei delegada, ambas trazendo incerteza nas relações jurídicas (cf. *Conflito entre poderes*, RT, 1994).

g) *Fiscalização financeira e orçamentária* – De acordo com o art. 70 da CF, ao Congresso Nacional compete a fiscalização financeira, orçamentária, contábil, operacional e patrimonial da União, mediante controle externo, o mesmo ocorrendo com os respectivos Legislativos em âmbito estadual e municipal. Essa função, tradicionalmente vinculada ao Poder Legislativo, é exercida no Brasil com o auxílio do Tribunal de Contas.

18.5 Controle do Tribunal de Contas

A Constituição Federal de 1988 cuida do Tribunal de Contas no capítulo referente ao Poder Legislativo e na seção dedicada à fiscalização financeira e orçamentária, mencionando competir ao Congresso Nacional o controle externo, com o auxílio do Tribunal de Contas da União.

Criado por iniciativa de Ruy Barbosa, em 1890, o Tribunal de Contas é instituição estatal independente, pois seus integrantes têm as mesmas garantias atribuídas ao Poder Judiciário (CF, art. 73, §3º). Daí ser impossível considerá-lo subordinado ou inserido na estrutura do Legislativo. Se a sua função é de atuar em auxílio ao Legislativo, sua natureza, em razão das próprias normas constitucionais, é a de órgão independente, desvinculado da estrutura de qualquer dos três poderes.

Os vocábulos *tribunal* e *julgar as contas*, usados ao se tratar desse agente controlador, não implicam a natureza jurisdicional de suas funções. O Tribunal de Contas se apresenta como órgão técnico, não jurisdicional, como ensina José Afonso da Silva (*Direito constitucional positivo*, 42. ed., 2019, p. 773).

Os integrantes dos Tribunais de Contas são escolhidos entre brasileiros com mais de trinta e cinco e menos de sessenta e cinco anos de idade, dotados de idoneidade moral, reputação ilibada, notórios conhecimentos jurídicos, contábeis, econômicos, financeiros ou de administração pública, com mais de dez anos de exercício de função ou de efetiva atividade profissional que exija tais conhecimentos; um terço dos integrantes tem escolha efetuada pelo Chefe do Executivo correspondente, com aprovação do Legislativo, sendo dois, alternadamente, dentre auditores e membros do Ministério Público junto ao Tribunal; e dois terços pelo Legislativo.

As normas da Constituição Federal sobre o Tribunal de Contas da União aplicam-se aos Tribunais de Contas dos Estados, do Distrito Federal e dos Municípios (art. 75).

As principais atribuições do Tribunal de Contas são as seguintes: a) dar parecer prévio sobre as contas prestadas anualmente pelo Chefe do Executivo; b) exercer auditoria financeira, orçamentária, contábil, operacional e patrimonial sobre os entes controlados; c) apreciar as contas dos administradores e demais responsáveis por bens e valores públicos; d) apreciar, para fins de registro, a legalidade dos atos de admissão de pessoal e das concessões de aposentadorias, reformas e pensões; e) apreciar a legalidade das licitações e contratos; f) tomar providências ante a verificação de ilegalidades. A Constituição Federal indica as providências que o Tribunal de Contas pode adotar: nos casos de contas ou despesas ilegais, o art. 71, VIII, permite aplicação de sanções previstas em lei, que estabelecerá, entre outras, multa proporcional ao dano causado ao Erário; verificada a ilegalidade, o Tribunal de Contas poderá assinar prazo para que o órgão ou entidade adote providências necessárias ao exato cumprimento da lei (art. 71, IX); se não for atendido, sustará o ato impugnado, comunicando a decisão ao Legislativo; no tocante aos contratos, o ato de sustação cabe ao Legislativo, que solicitará, de imediato, ao Executivo as medidas cabíveis; se o Legislativo e o Executivo, em 90 dias, não adotarem as medidas previstas, o Tribunal de Contas decidirá a respeito (art. 71, §2º).

Nos termos da Lei de Responsabilidade Fiscal – LC 101/2000 – cabe ainda aos Tribunais de Contas: I – fiscalizar o cumprimento das normas desta Lei; II – alertar os poderes e órgãos quanto a uma série de deveres aí impostos, inclusive se o montante de gasto com pessoal ultrapassar limites fixados, se houver fatos comprometedores de custos ou resultados de programas e se existirem indícios de irregularidades na gestão orçamentária; III – verificar os cálculos dos limites de despesa com pessoal de cada Poder e órgão; IV – processar e julgar os agentes estatais quanto às infrações administrativas previstas no art. 5º da Lei nº 10.028, de 19.10.2000, que são as seguintes: deixar de divulgar ou enviar ao Poder Legislativo e ao Tribunal de Contas relatório de gestão fiscal; propor lei de diretrizes orçamentárias anual sem as metas fiscais, na forma da lei; deixar de determinar limitação de empenho e movimentação financeira, nos casos fixados em lei; deixar de ordenar ou de promover medida para redução da despesa com pessoal, na forma da lei.

A respeito dos direitos ao contraditório e ampla defesa nos processos perante o Tribunal de Contas, a Súmula Vinculante 3, do STF, dispõe o seguinte: "Nos processos perante o Tribunal de Contas da União asseguram-se o contraditório e a ampla defesa quando da decisão puder resultar anulação ou revogação de ato administrativo que beneficie o interessado, excetuada a apreciação da legalidade do ato de concessão inicial de aposentadoria, reforma e pensão". Embora a Súmula Vinculante 3 mencione o Tribunal de Contas da União, deve se estender aos demais Tribunais de Contas, sobretudo ante o art. 5º, inciso LV, da CF (assegura os direitos ao contraditório e ampla defesa em processos judiciais e administrativos). A ressalva à apreciação da legalidade do ato de concessão inicial de aposentadoria, reforma e pensão não se justifica ante o mesmo inciso LV do art. 5º da CF, que assegura o contraditório e ampla defesa a quaisquer litigantes em processo administrativo ou judicial. O STF firmou entendimento no sentido de caber contraditório e ampla defesa nos processos de apreciação de concessão inicial de aposentadoria, reforma e pensões se a decisão a respeito ultrapassar cinco anos da data da chegada do processo ao Tribunal de Contas (p. ex.: MS nº 24.781, rel. Min. Gilmar Mendes, 2011; MS nº 25.116, rel. Min. Ayres Britto, 2010).

18.6 Controle da Administração pelo *ombudsman*

O termo *ombudsman* vem do idioma sueco e significa literalmente "homem encarregado de missão pública", intermediário. Na sua acepção atual, no âmbito do direito público, o termo *ombudsman* designa um meio de controle da Administração, derivado, em geral, do Legislativo. É possível apresentar à pessoa designada como *ombudsman* reclamações e denúncias, contra a Administração, e esta verificará a procedência do pedido, realizando gestões e emitindo recomendações para corrigir as falhas.

O *ombudsman* teve origem na Suécia, nos primórdios do século XIX, e depois se expandiu. O modelo original sueco sofreu alterações em outros países, quanto à denominação, modo de designação, extensão dos poderes. Na Suécia é eleito por um colégio de parlamentares, em nome do Parlamento, devendo a escolha recair sobre pessoa com experiência e domínio no campo das ciências administrativas e jurídicas. A principal função do *ombudsman* sueco situa-se na proteção dos direitos fundamentais; assim, ele supervisiona o modo pelo qual todos os agentes públicos aplicam a lei, até juízes e altos funcionários, representando contra aqueles que agem de modo ilegal ou que negligenciam seus deveres.

Com outros nomes foi adotado na Inglaterra, na França, em Portugal, na Espanha. No Brasil já houve tentativas de implantação, por meio de propostas de emenda constitucional. O anteprojeto de Constituição, elaborado em 1986 pela Comissão Provisória de Estudos Constitucionais, presidida por Afonso Arinos, previa, no art. 56, a figura do Defensor do Povo. Nos trabalhos da Assembleia Nacional Constituinte (1987-1988), o primeiro substitutivo do relator continha o Defensor do Povo; a partir do segundo substitutivo não mais figurou, e as emendas tendentes a criá-lo foram rejeitadas.

18.7 Controle jurisdicional da Administração

A expressão *controle jurisdicional da Administração* abrange a apreciação, efetuada pelo Poder Judiciário, sobre atos, processos e contratos administrativos, atividades ou operações materiais e mesmo a omissão ou inércia da Administração.

O controle jurisdicional caracteriza-se como controle externo, de regra *a posteriori*, repressivo ou corretivo, podendo apresentar conotação preventiva. É desencadeado por provocação (não existe jurisdição sem autor) e efetuado por juízes dotados de independência. Esse controle se realiza pelo ajuizamento de ações, que observam procedimentos formais, com garantias às partes, tais como juiz natural, imparcialidade, contraditório, ampla defesa, dentre outras. O processo se encerra por sentença, obrigatoriamente motivada e dotada da autoridade da coisa julgada, impondo-se, portanto, à Administração, que deve acatá-la. De regra exige-se, para o ajuizamento dos remédios, patrocínio de advogado e pagamento de custas.

O controle jurisdicional continua a ser o mais importante instrumento de controle da Administração, apesar da busca de outros meios que possam suprir falhas ou dificuldades deste controle.

18.7.1 Sistemas de controle jurisdicional

O controle jurisdicional da Administração, nos vários ordenamentos, se organiza em dois sistemas: o *sistema de jurisdição dupla*, também denominado *dualidade de jurisdição*, *contencioso administrativo* ou *sistema de jurisdição administrativa*, e o *sistema de jurisdição una*, intitulado também *unidade de jurisdição* ou *sistema de jurisdição ordinária*.

O *sistema de jurisdição dupla*, de origem francesa, caracteriza-se pela existência paralela de duas ordens de jurisdição: a jurisdição ordinária ou comum e a jurisdição administrativa, destinada a julgar litígios que envolvem a Administração Pública. A jurisdição administrativa ou contencioso administrativo forma um conjunto escalonado de juízes ou tribunais administrativos, encabeçados por um órgão supremo, de regra denominado Conselho de Estado, independente do tribunal supremo da jurisdição ordinária e cujas decisões representam a última instância. Adotam a jurisdição dupla, atualmente, a França, a Alemanha, a Suécia e Portugal. A Itália e a Bélgica instituíram a jurisdição dupla incompleta.

No *sistema de jurisdição una*, o julgamento dos litígios em que a Administração é parte compete aos juízes e tribunais comuns. Admitem-se varas especializadas (que não significam justiça especial), mas inseridas entre os órgãos de uma única ordem de jurisdição. É o sistema do Brasil, dos países anglo-saxônicos e de muitos países latino-americanos, como a Argentina.

18.7.2 O princípio da inafastabilidade do controle do Poder Judiciário

A Constituição Federal de 1988, no art. 5º, XXXV, reza o seguinte: "A lei não excluirá da apreciação do Poder Judiciário lesão ou ameaça a direito". Na lição de José Afonso da Silva, "a primeira garantia que o texto revela é a de que cabe ao Poder Judiciário o monopólio da jurisdição, pois sequer se admite mais o contencioso administrativo que estava previsto na Constituição revogada" (*Curso de direito constitucional positivo*, 42. ed., 2019, p. 434).

No tocante ao controle da Administração, o preceito afirma a regra da unidade de jurisdição. Assegura a proteção judiciária como garantia dos direitos reconhecidos pelo ordenamento e como garantia contra a ameaça de lesão de direitos. A proteção judiciária representa um dos pilares do Estado de direito, sobretudo como corolário do princípio da legalidade que norteia a atuação dos poderes públicos.

O texto de 1988 já não mais adjetiva o direito protegido de "individual", como figurava em textos anteriores, eliminando possíveis controvérsias e reconhecendo, de modo claro, a proteção a pessoas jurídicas, entidades, direitos coletivos e difusos.

18.7.3 Inexigência de esgotamento da via administrativa

Uma das consequências extraídas do princípio da proteção judiciária situa-se na regra da não exigência de exaustão prévia da via administrativa para que se possa ingressar em juízo. Assim, quem sofrer lesão a direito ou estiver sob ameaça de lesão a direito, advinda de atividade da Administração, não é obrigado a interpor recurso administrativo primeiro, para depois, decidido este, ajuizar uma ação.

Nem texto de lei, nem interpretação de lei poderão levar a entendimento restritivo quanto ao acesso ao Poder Judiciário para defesa de direitos lesados.

Sob esse enfoque dois pontos devem ser ressaltados, pois aparentam significar exigência de prévio esgotamento da via administrativa.

a) Um deles refere-se a disposições da própria Constituição Federal, contidas nos §§1º e 2º do art. 217. Nesses preceitos, a Constituição Federal estabeleceu que, em matéria de *disciplina e competições esportivas*, as ações só poderão ser interpostas perante o Judiciário depois de esgotadas as instâncias da justiça desportiva; mas fixou o prazo máximo de sessenta dias para a decisão final nessas instâncias. Evidente que o constituinte não pretendeu infirmar a garantia da proteção judiciária. A par do pequeno prazo, deve ser lembrado que, surgindo possibilidade de lesão de direito, insuscetível de amparo pela justiça desportiva, quer em virtude do tempo (*periculum in mora*), quer pelo procedimento aí vigente, o acesso ao Judiciário há de ser admitido, sob pena de se anular a garantia constitucional.

b) Outro ponto diz respeito ao art. 5º, I, da Lei nº 12.016, de 07.08.2009, que veda a concessão *mandado de segurança* "de ato do qual caiba recurso administrativo com efeito suspensivo, independentemente de caução".

A redação do dispositivo ensejaria entendimento no sentido da obrigatoriedade de utilização do recurso administrativo, se tiver efeito suspensivo sem exigência de garantia, antes da impetração do mandado de segurança, o que não se afina ao ordenamento brasileiro. Segundo orientação dominante, o ato impugnado pelo mandado de segurança deve ser suscetível de produzir efeitos; produzindo efeitos, poderá lesar direitos. Sem produção de efeitos, não há interesse de agir, como condição da ação de mandado de segurança, pois inexiste lesão de direitos advinda de ato sem eficácia. Assim, cabendo recurso administrativo, com suspensão dos efeitos do ato e sem exigência de caução, poderá o interessado optar pelo uso da via administrativa, para obter reconhecimento de seu direito. Utilizando a via administrativa, o ato não produzirá efeitos, portanto, não lesará direitos; nesta hipótese, descabe a impetração simultânea de mandado de segurança, pois falta o interesse de agir, configurado na lesão de direito.

Entretanto, por força do art. 5º, XXXV, da CF, nada impede que o interessado utilize, de imediato, a via jurisdicional, mesmo havendo possibilidade de recurso administrativo com efeito suspensivo, sem caução (lembre-se de que o STF declarou inconstitucional a exigência de depósito, caução ou arrolamento de bens e direitos para a interposição de recurso administrativo, primeiro em ADIn e depois na Súmula Vinculante 21, o mesmo ocorrendo no STJ, Súmula 373).

No caso de *omissão, inércia* ou *silêncio* da autoridade administrativa, não há que falar em efeito suspensivo de recurso administrativo, visto inexistir manifestação concretizada em ato; neste caso, o mandado será impetrado de imediato. É a jurisprudência do STF, expressa na Súmula 429: "A existência de recurso administrativo com efeito suspensivo não impede o uso do mandado de segurança contra omissão da autoridade".

Um *caso de prévio esgotamento das vias administrativas* vem indicado na Lei nº 11.417, de 19.12.2006 – edição, revisão e cancelamento de enunciado de súmula vinculante. O art. 7º, *caput*, prevê a possibilidade de se apresentar *reclamação* ao STF, sem prejuízo de outros meios de impugnação, contra omissão ou ato da Administração pública que negar vigência, contrariar ou aplicar indevidamente súmula vinculante. O uso da reclamação só será admitido após esgotamento das vias administrativas (art. 7º, §1º). Esta exigência poderá suscitar questionamentos quanto à constitucionalidade, pois a habitual demora de decisão administrativa poderá acarretar lesão a direitos, anulando-se o direito-garantia do art. 5º, XXXV, da Constituição Federal – inafastabilidade da apreciação judicial em casos de lesão ou ameaça de lesão a direito.

Outro *caso de prévio uso da via administrativa* encontra-se na Lei nº 9.507, de 12.11.1997 – *habeas data*. Para ajuizar ação de *habeas data*, com o fim de ter acesso a dados pessoais ou de retificá-los, a lei exige: a) prova da recusa ao acesso ou ausência de decisão por mais de dez dias; b) prova da recusa de retificação ou ausência de decisão por mais de quinze dias; c) prova da recusa de anotar contestação ou explicação ou falta de decisão por mais de quinze dias. Aqui não se trata de exigência de uso de todos os meios e recursos de obter a medida (*exaustão*), mas de exigência de formulação de um pedido prévio. A respeito, a Súmula 2, do STJ, dispõe o seguinte: "Não cabe o *habeas data* se não houve recusa de informação por parte da autoridade administrativa".

18.7.4 Alcance do controle jurisdicional

Uma das questões relevantes no tratamento do tema do controle jurisdicional da Administração diz respeito ao alcance da atuação do Judiciário.

Há um posicionamento favorável ao *controle restrito*, para que se circunscreva à legalidade entendida também de modo restrito. Em geral, os argumentos dessa linha são os seguintes: impossibilidade da ingerência do Judiciário em atividades típicas do Executivo, ante o princípio da separação de poderes, daí o âmbito do Judiciário ser a legalidade em sentido estrito; os integrantes do Judiciário são desprovidos de mandato eletivo, não tendo legitimidade para apreciar aspectos relativos ao interesse público. De acordo com essa linha, no controle do ato administrativo o Judiciário apreciaria somente matéria relativa à competência, forma e licitude do objeto.

Outro entendimento inclina-se por um *controle amplo*, ante os seguintes fundamentos: pelo princípio da separação de poderes, o poder detém o poder, cabendo ao Judiciário a jurisdição e, portanto, o controle jurisdicional da Administração, sem que se possa cogitar de ingerência indevida; por outro lado, onde existe controle de constitucionalidade da lei, a invocação da separação de poderes para limitar a apreciação jurisdicional perde grande parte de sua força.

No direito pátrio, na vigência da Constituição Federal de 1946, as posições marcantes de Seabra Fagundes, Victor Nunes Leal e Caio Tácito assinalaram um passo importante na ampliação do controle jurisdicional além da competência e forma do ato administrativo, para adentrar nos motivos e fins, como integrantes da legalidade e não da discricionariedade e mérito.

A tendência de ampliação do controle jurisdicional da Administração se acentuou a partir da Constituição Federal de 1988 e vem recebendo o nome de *ativismo judicial*. O texto de 1988 está impregnado de um espírito geral de priorização dos direitos e garantias ante o poder público. Uma das decorrências desse espírito vislumbra-se na indicação de mais parâmetros da atuação, mesmo discricionária, da Administração, tais como o princípio da moralidade e o princípio da impessoalidade. O princípio da publicidade, por sua vez, impõe transparência na atuação administrativa, o que enseja maior controle. E a ação popular pode ter como um dos seus fulcros a anulação de ato lesivo da moralidade administrativa, independentemente de considerações de estrita legalidade.

Hoje, no ordenamento pátrio, sem dúvida, a legalidade assenta em bases mais amplas e, por conseguinte, há respaldo constitucional para um controle jurisdicional mais amplo sobre a atividade da Administração, como coroamento de uma evolução já verificada na doutrina e na jurisprudência antes de outubro de 1988. Evidente que a ampliação do controle jurisdicional não há de levar à substituição do administrador pelo juiz, encontrando limites.

Um dos temas tradicionalmente mencionados quanto ao alcance do controle jurisdicional refere-se ao *ato de governo* (ver Capítulo 8, item 8.8). O ato de governo é editado pelo Poder Executivo, como um desdobramento do ato administrativo. Além disso, provém da autoridade ou do órgão mais elevado desse Poder e, em geral, abrange relações com outros poderes, outros Estados e organismos internacionais. Por exemplo: apresentação e retirada de projeto de lei; sanção, promulgação e publicação de leis; convocação de sessão extraordinária do Congresso Nacional; veto a projetos de lei. As Constituições brasileiras de 1934 e 1937, nos arts. 68 e 94, respectivamente, previam, de modo explícito, a exclusão dos atos de governo da apreciação do Judiciário. Com a vigência do princípio na inafastabilidade do controle jurisdicional a qualquer lesão de direito, se o ato de governo acarretar lesão a direito poderá ser impugnado perante o Judiciário.

Outra questão em matéria de alcance do controle jurisdicional diz respeito ao *motivo*. A exigência de nexo entre o ato administrativo e seus antecedentes de fato tornou o motivo um vínculo a mais no exercício do poder discricionário. E foi reforçado ante a Lei nº 13.655, de 25.4.2018, que acrescentou à *Lei de Introdução* às *Normas do Direito Brasileiro – LINDB*, dentre outros, o art. 20 e seu parágrafo único, este determinando que a motivação demonstre a necessidade e a adequação da medida imposta ou da invalidação de ato, contrato, ajuste, processo ou norma administrativa, inclusive em face de possíveis alternativas. Como decorrência, vem a possibilidade do controle jurisdicional dos antecedentes de fato e das justificativas jurídicas que levam à tomada da decisão em determinado sentido, ou seja, o controle do motivo. Um dos aspectos mais marcantes desse controle consiste na averiguação dos fatos: se, num primeiro momento, não se admitia que o Judiciário pudesse apreciar fatos e provas relativos à atividade da Administração, firmou-se, depois, orientação no sentido da plena possibilidade de exame de fatos e provas. Na jurisprudência, dois acórdãos tornaram-se memoráveis na questão: o acórdão proferido na ApCiv 7.377 (*RDA* 2, 1945), no qual se admitiu o exame de matéria fática para caracterizar se um imóvel é dotado de valor histórico ou artístico; e o acórdão prolatado na ApCiv 7.037 (*RDA* 3, 1946), no qual se afirmou a possibilidade do exame de fatos e provas no processo administrativo disciplinar, que antes era limitado à competência e a aspectos formais.

Passo importante na fixação de parâmetros do poder discricionário se realizou ao se admitir o *controle do fim*, criando-se a figura do *desvio de poder*. A alegação de desvio de poder ou desvio de finalidade, nas ações de oposição à Administração, encontra muitos obstáculos quanto à prova da intenção da autoridade, quanto à prova de que o fim visado não é o interesse público, e sim interesses pessoais, subjetivos. Daí a importância assumida pelos indícios e mesmo pelos antecedentes (motivos) que podem propiciar a identificação dessa ilegalidade.

Os princípios da proporcionalidade e razoabilidade também são invocados no controle jurisdicional da Administração Pública.

18.7.5 Consequências do controle jurisdicional

Das atividades inerentes ao controle jurisdicional decorrem medidas que repercutem no âmbito da Administração. Tais medidas variam conforme o tipo de pedido, combinado com o tipo de remédio utilizado. As consequências mais comuns do controle jurisdicional são as seguintes:

a) *Suspensão de atos ou atividades* – Com essa medida o Judiciário ordena que não se produzam efeitos de atos ou que se paralisem atividades provisoriamente, até a decisão final da ação ou por tempo determinado; ou o Judiciário determina que se realizem atos ou medidas. É o caso das liminares, que podem ser expedidas, principalmente, em mandado de segurança individual e coletivo, em ação popular, em ação civil pública, nas medidas cautelares. A Lei nº 8.437, de 30.06.1992, estabeleceu restrições à concessão de liminares contra atos do Poder Público no procedimento cautelar ou quaisquer ações de natureza cautelar; e determinou que, no mandado de segurança coletivo e na ação civil pública, a liminar será concedida, quando cabível, após audiência de representante judicial da pessoa jurídica pública;

b) *Anulação* – O Judiciário determina que o ato seja invalidado, deixe de vigorar e de produzir efeitos a partir de seu ingresso no mundo jurídico, ou seja, a partir do momento em que foi editado, tendo efeitos *ex tunc*;

c) *Imposição de fazer* – A decisão definitiva do Judiciário pode conter ordem de realizar algo, de agir em certo sentido, de editar um ato, de tomar alguma providência, por exemplo: reintegrar um servidor, devolver área expropriada, publicar ato de promoção etc.;

d) *Imposição de se abster de algo* – Se a sentença contém determinação de deixar de fazer algo, a Administração é obrigada a paralisar a atividade ou não iniciar a atividade, por exemplo: parar demolição de viaduto, parar a construção de prédio, deixar de veicular propaganda etc.;

e) *Imposição de pagar* – Muito frequente é a imposição de pagar em sentenças relativas a diferenças de vencimentos de servidores, a benefícios não reconhecidos espontaneamente pela Administração, a devolução de indébitos;

f) *Imposição de indenizar ou ressarcir* – Decorre de sentenças que impõem à Administração o dever de indenizar ou reparar danos, como nas ações expropriatórias, nas ações referentes à responsabilidade civil do Estado.

18.7.6 A Administração em juízo

Na qualidade de autora ou ré nas ações em que é parte, a Administração recebe o nome de Fazenda Pública, sob o enfoque dos ônus patrimoniais da ação. Menciona-se, então, a Fazenda Pública federal, estadual, distrital e municipal.

a) *Foro privativo* – Nas causas em que a União, autarquia ou empresa pública federal for interessada na condição de autora, ré, assistente ou oponente, a competência para processar e julgar é dos juízes federais, exceto as de falência, acidentes de trabalho e sujeitas à Justiça Eleitoral e à Justiça do Trabalho (CF, art. 109, I). No tocante às *fundações públicas federais*, jurisprudência equiparou-as às empresas públicas para efeito do art. 109, I. Quanto às *sociedades de economia mista*, a competência é da justiça estadual comum, nos termos da Súmula 556, do STF; no entanto é da competência da Justiça Federal quando a União intervém como assistente ou opoente (Súmula 517 do STF). No Judiciário do Estado de São Paulo, há tendência de atribuir às varas da Fazenda Pública a competência no tocante às empresas estatais que prestam serviços públicos.

Lembre-se que a Lei nº 9.469, de 10.07.1997, art. 5º, possibilita que a União intervenha nas causas em que figurarem como autoras ou rés as autarquias, fundações públicas, sociedades de economia mista e empresas públicas federais; possibilita, ainda, que as pessoas jurídicas de direito público intervenham nas causas cuja decisão possa ter reflexos, ainda que indiretos, de natureza econômica, independentemente de demonstração de interesse jurídico, para esclarecer questões de fato e de direito, hipótese em que, para fins de deslocamento de competência, serão consideradas partes. A Súmula Vinculante 27, do STF, fixa o seguinte: "Compete à Justiça Estadual julgar causas entre consumidor e concessionárias de serviço público de telefonia, quando a Anatel não seja litisconsorte passiva necessária, assistente, nem opoente".

No âmbito da justiça dos Estados, poderão ser instituídas varas privativas da Fazenda Pública estadual e municipal, como ocorre na Comarca da Capital de São Paulo. Inexistindo varas privativas da Fazenda Pública, as ações correm nos juízos cíveis das comarcas da justiça estadual. Nos Tribunais de Justiça dos Estados pode haver Seções e/ou Câmaras de Direito Público destinadas, em tese, à apreciação de causas em que figurem Estado, Município e respectivas entidades da Administração indireta.

Compete à Justiça do Trabalho conciliar e julgar os litígios entre a Administração pública direta e indireta da União, Estados, Distrito Federal e Municípios e seus empregados sob o regime da CLT (CF, art. 114). A redação dada pela Emenda 45/2004 ao art. 114 poderia suscitar, quanto ao inciso I, interpretação no sentido de abranger todas as ações entre agente público e Administração Pública. Mas o STF, na ADIn 3.395-6 (*DJU* 04.02.2005), concedeu liminar, com efeito *ex tunc*, referendada pelo Tribunal (*DJU* 10.11.2006), para suspender interpretação que inclua as causas relativas a servidores com vínculo de natureza estatutária ou jurídico-administrativa.

b) *Representação em juízo* – Na esfera federal, a União é representada em juízo pela Advocacia-Geral da União – AGU (CF, art. 131), cabendo à Procuradoria-Geral da Fazenda Nacional a execução da dívida ativa de natureza tributária (art. 131, §3º). Os Estados e o Distrito Federal são representados por seus Procuradores (CF, art. 132), o mesmo prevalecendo para os Municípios que tiverem corpo de Procuradores. A Fazenda Pública pode, ainda, ser representada em juízo por advogado contratado.

c) *Prazos mais amplos* – Segundo o art. 183 do Código de Processo Civil, a União, os Estados, o Distrito Federal, os Municípios e suas respectivas autarquias e fundações de direito público terão *prazo em dobro* para todas as suas manifestações processuais, cuja contagem terá início a partir da intimação. A Defensoria Pública terá igualmente *prazo em dobro* para todas as suas manifestações processuais (art. 186 do Código de Processo Civil). Não se aplica o prazo em dobro quando a lei estabelecer, de forma expressa, prazo próprio para o ente público ou para a Defensoria Pública (arts. 183, §2º e 186, §4º do Código de Processo Civil).

d) *Remessa necessária ou duplo grau de jurisdição* – Por força do Código de Processo Civil, art. 496, incs. I e II, sujeitam-se ao duplo grau de jurisdição, não produzindo efeitos senão depois de confirmadas pelo tribunal, as sentenças proferidas contra a União, o Estado, o Distrito Federal, o Município e respectivas autarquias e fundações de direito público, e as sentenças que julgarem procedentes, no todo ou em parte, os embargos à execução fiscal; não interposta a apelação no prazo legal, o juiz ordenará a remessa dos autos ao tribunal, e, se não o fizer, o presidente do respectivo tribunal avocá-los-á. A remessa necessária não se aplica: a) se a condenação ou o proveito econômico obtido na causa for de valor certo e líquido não excedente a: I – 1000 (mil) salários mínimos para a União e respectivas autarquias e fundações de direito público; II – 500 (quinhentos) salários mínimos para os Estados, o Distrito Federal e respectivas autarquias e fundações de direito público e os Municípios de capitais dos Estados; III – 100 (cem) salários mínimos para os demais Municípios e respectivas autarquias e fundações de direito público (art. 496, §3º do CPC). Outras hipóteses de não cabimento de remessa necessária encontram-se indicadas no §4º, do art. 496, do CPC, por exemplo: quando a sentença se fundar em súmula de tribunal superior; quando a sentença estiver fundada em entendimento coincidente com orientação firmada no âmbito administrativo do próprio ente público, consolidada em manifestação, parecer ou súmula administrativa. Nos termos da MP 2.180-35, de 24.08.2001, não estão sujeitas à remessa necessária as sentenças contra a União, suas autarquias e fundações quando a respeito da controvérsia o Advogado-Geral da União ou outro órgão administrativo competente houver editado súmula ou instrução normativa determinando a não interposição de recurso voluntário.

e) *Despesas judiciais* – A Fazenda Pública só paga despesas judiciais se for vencida (Código de Processo Civil, art. 91), sendo dispensada do pagamento do preparo dos recursos (CPC, art. 1.007, §1º). Quando vencida, também deverá pagar honorários advocatícios, salvo o caso em que a Defensoria Pública litiga contra o ente federativo a que se vincula (Súmula 421, do STJ). Nas ações de *habeas corpus* e *habeas data* não cabem custas nem honorários advocatícios. Quanto às despesas com *transporte dos oficiais de justiça* na execução fiscal processada perante a Justiça Estadual, a Fazenda Pública deve antecipar o respectivo numerário, assim fixando a Súmula 190, do STJ: "Na execução fiscal processada perante a Justiça Estadual, cumpre à Fazenda Pública antecipar o numerário destinado ao custeio das despesas com transporte dos oficiais de justiça". Em igual sentido se apresenta a diretriz sobre honorários periciais, na dicção da Súmula 232, do STJ: "A Fazenda Pública, quando parte no processo, fica sujeita às exigências do depósito prévio dos honorários do perito".

f) *Prescrição quinquenal* – Quanto à *prescrição*, vista sob o ângulo dos direitos contra a Administração invocados em ações perante o Judiciário, recebe a denominação de *prescrição quinquenal*, pois, como o adjetivo indica, o prazo em que ocorre é de cinco anos. A simplicidade da afirmação de que as ações contra a Administração prescrevem em cinco anos oculta questões controvertidas decorrentes, de um lado, do próprio tema da prescrição, já em si mesmo complexo em todo ramo do direito; de outro lado, da redação imprecisa dos textos disciplinadores da matéria, o que originou ampla elaboração jurisprudencial que norteia, hoje, quem se dedica ao exame do tema. É impossível no âmbito deste livro aprofundar a questão. Deve-se lembrar que o Dec. 20.910/32, no art. 1º, reza o seguinte: "As dívidas passivas da União, dos Estados e dos Municípios, bem assim todo e qualquer direito ou ação contra a Fazenda federal, estadual ou municipal, seja qual for a sua natureza, prescrevem em 5 (cinco) anos, contados da data do ato ou fato do qual se originarem". Nos termos do Dec.-lei 4.597/1942, art. 3º, a prescrição quinquenal se aplica às dívidas passivas das autarquias ou entidades e órgãos paraestatais criados por lei e mantidos por impostos, taxas ou contribuições, e também a todo e qualquer direito e ação contra os mesmos.

Quinquenal se apresenta a prescrição das ações contra os entes acima arrolados, regida pelo Decreto 20.910/32, salvo as situações constantes de leis especiais, como por exemplo, em matéria de previdência social, o art. 103, da Lei nº 8.213/1991, fixa em 10 (dez) anos a prescrição para ação que segurado ou beneficiário mova para revisão do ato concessivo, indeferimento, cancelamento ou cessação de benefício e de ato de deferimento ou não concessão de revisão de benefício.

Quanto ao *tipo de direito* alcançado pela prescrição quinquenal, prevista nos Decretos supra, registra-se dúvida, apesar da literal amplitude da expressão *todo e qualquer direito ou ação*. Mostra-se predominante o entendimento da sua *incidência nas ações pessoais*, ou seja, ações calcadas em obrigação no vínculo jurídico entre dois sujeitos, sem intermediação de coisa, por exemplo: ações relativas a pagamento de vencimentos ou vantagens de servidor. Daí a inaplicabilidade da prescrição quinquenal nas *ações reais* contra a Fazenda Pública, ou seja, nas ações que envolvem, de regra, direito sobre bem imóvel; nestas hipóteses, o prazo comum é de 10 (dez) anos, conforme posicionamento que se vem firmando. No caso da desapropriação indireta ou apossamento administrativo, o prazo prescricional é de 20 (vinte) anos, conforme a Súmula 119 do STJ.

Surgiram controvérsias relativas à incidência do Decreto 20.910/32 sobre alguns casos, com a entrada em vigor do Código Civil de 2002, cujos art. 206, §3º, IV e V, indicam o prazo prescricional de 3 (três) anos para ressarcimento de enriquecimento sem causa e para reparação civil. A jurisprudência mostra-se oscilante na matéria, ora acatando o prazo de 3 anos, ora o de 5 anos. Deve-se lembrar que o Decreto 20.910/1932 contém norma especial sobre a prescrição de ações pessoais contra a Fazenda Pública, recaindo, portanto, sobre relações jurídicas envolvendo esta, enquanto o Código Civil diz respeito, em essência, à prescrição nas relações de particulares.

A *interrupção do prazo prescricional* recebeu tratamento nos arts. 8º e 9º do referido Decreto, cujo teor repetiu-se no art. 3º do Dec.-lei 4.597/42: só se interrompe uma vez, recomeçando a correr, pela metade do prazo, da data do ato que a interrompeu ou do último do processo para interrompê-la. Nos termos da Súmula 383 do STF, "a prescrição em favor da Fazenda Pública recomeça a correr, por dois anos e meio, a partir do ato interruptivo, mas não fica reduzida aquém de cinco anos, embora o titular do direito a interrompa durante a primeira metade do prazo".

A jurisprudência do STF, sobretudo a Súmula 443, separou a prescrição que atinge o chamado "fundo do direito" da prescrição de prestações sucessivas ou vincendas.

g) *Execução após trânsito em julgado* – Por medida provisória foi acrescido o art. 2º-B à Lei nº 9.494, de 10.09.1997, prevendo a execução, só após seu trânsito em julgado, da sentença que tenha por objeto a liberação de recurso, inclusão em folha de pagamento, reclassificação, equiparação, concessão de aumento ou extensão de vantagens a servidores da União, dos Estados, do Distrito Federal e dos Municípios, inclusive suas autarquias e fundações.

h) *Execução por precatórios* – Os pagamentos devidos pela Fazenda Pública, em virtude de sentença judiciária, são executados de modo específico, com normas básicas previstas no art. 100 e parágrafos da Constituição Federal. Havia dois parágrafos no art. 100, na redação original. Outros parágrafos foram acrescentados ao longo do tempo, paralelamente à *vergonhosa protelação dos prazos para pagamento dos precatórios em atraso*, mediante edição de Emendas Constitucionais, o mesmo ocorrendo com artigos acrescentados ao Ato das Disposições Constitucionais Transitórias – ADCT. Ante reiteradas mudanças no referido art. 100 e no ADCT, visando, sobretudo, a dificultar ou retardar o pagamento de dívidas do poder público resultantes de ações judiciais (precatórios), torna-se inviável plena atualização da matéria. Serão expostas, na sequência, as linhas básicas do tema, sem adentrar minúcias acrescentadas a todo instante ao art. 100 e ao ADCT.

Antes da exposição do quadro atual do pagamento dos precatórios, listam-se os principais itens do histórico de adiamentos.

(h1) *Histórico da protelação do pagamento dos precatórios.* O art. 33 do ADCT, na redação original, possibilitava o pagamento dos precatórios em atraso na data da promulgação da CF, em prestações anuais, iguais e sucessivas, no prazo máximo de 8 (oito) anos a partir de 01.07.1989, ressalvados os créditos de natureza alimentar. Por sua vez, a EC 30/2000 acrescentou o art. 78 ao ADCT, para permitir que os precatórios pendentes na data dessa Emenda (14.09.2000) e os decorrentes de ações ajuizadas até 31.12.1999 fossem liquidados em prestações anuais e sucessivas em até dez anos (prevendo exceções ao parcelamento), permitida a cessão dos créditos; tal prazo venceu em 2010. Mas, nas ADIns 2356 e 2362, rel. Min. Ayres Britto, foi deferida, em 25.11.2010, medida cautelar para suspender a eficácia do art. 2º da EC 30/2000, que acrescentou o referido art. 78 ao Ato das Disposições Constitucionais Transitórias – ADCT, decisão esta prolatada cerca de dez anos após a entrada em vigor do preceito.

A EC 62, de 11.11.2009, denominada "Emenda do calote", deu nova redação ao art. 100 da CF e acrescentou o art. 97 ao Ato das Disposições Constitucionais Transitórias – ADCT, que prorrogaria ao infinito o pagamento dos precatórios. Nas ADIns 4357/DF e 4425/DF, julgadas englobadamente em 13 e 14.03.2013, rel. originário Min. Ayres Britto, rel. para o acórdão Min. Luiz Fux, *o STF declarou a inconstitucionalidade* de dispositivos e expressões oriundas da EC 62/2009 e de todo o art. 97 do ADCT.

Durante o julgamento das ADINs supracitadas, o Ministro Luiz Fux aventou a fixação de *modulação no tempo dos efeitos da decisão de inconstitucionalidade*, pois o novo regime já fora aplicado em Estados e Municípios; daí ser necessário prever regras de transição. Em 25.03.2015 concluiu-se a modulação, nos termos seguintes: (i) os efeitos da decisão de inconstitucionalidade são aplicáveis a partir da decisão modulatória; (ii) são válidos os precatórios expedidos ou pagos até a data desta decisão, as compensações de crédito, os leilões, os pagamentos à vista realizados por ordem crescente de crédito (não sendo mais viável a quitação por estes três meios); (iii) a partir desta data o índice de correção a ser aplicado é o IPCA-E para os créditos não tributários e, para os créditos tributários, os critérios de correção já usados pelas Fazendas Públicas; (iv) são mantidos por 5 (cinco) anos (exercícios financeiros), a partir de 01.01.2016: o regime especial da EC 62/2009; a vinculação de percentuais mínimos da Receita Corrente Líquida dos entes federativos ao pagamento dos precatórios; e também as sanções para o caso de não liberação tempestiva dos recursos destinados a esses pagamentos; ou seja, os entes federativos disporiam de 5 (cinco) anos, a partir de 01.01.2016, para quitar os precatórios; (v) é mantida a viabilidade de acordos diretos, atendida a ordem de preferência dos credores e a legislação de cada ente federativo, podendo haver redução do crédito em até 40% (quarenta por cento) do seu valor atualizado. Foi conferida atribuição ao Conselho Nacional de Justiça – CNJ – para: a) oferecer proposta normativa ao STF para disciplinar a compensação de precatórios com a dívida ativa; b) regulamentação do uso de 50% (cinquenta por cento) dos depósitos judiciais no pagamento de precatórios; c) monitoramento da quitação dos precatórios pelos entes federativos.

Ante referidas decisões, foi promulgada a EC 94, de 15.12.2016, que dispõe sobre o regime de pagamento de débitos públicos decorrentes de condenações judiciais e acrescenta os arts. 101 a 105 ao Ato das Disposições Constitucionais Transitórias – ADCT, para instituir *regime especial* de pagamento para os casos de mora, mantendo-se eficazes dispositivos resultantes da EC 62/2009 não eivados de inconstitucionalidade e compatíveis às novas diretrizes na matéria. Referida EC 94/2016 fixou em 5 (cinco) anos, a partir de 01.01.2016, o prazo para quitação dos precatórios, como decidira o STF.

Continuou o *vergonhoso calote* no pagamento dos precatórios, porque foi promulgada, em 14.12.2017, a EC nº 99, que instituiu *novo regime especial de pagamento de precatórios*, alterando os arts. 101 a 105 do ADCT e fixando em 31.12.2024 a quitação dos precatórios em mora e a quitação dos que venceriam neste período.

Prosseguiu o *afrontoso calote* no pagamento dos precatórios com a edição da EC nº 109 de 15.03.2021, que deu nova redação ao art. 101 do ADCT, prevendo o prazo de até 31.12.2029 para que Estados, Distrito Federal e Municípios, que em 25.03.2015 se encontravam em mora no pagamento dos seus precatórios, quitem os débitos vencidos e futuros dentro desse período; para tanto devem depositar mensalmente em conta especial do Tribunal de Justiça respectivo o equivalente a 1/12 (um doze avos) do valor calculado sobre suas receitas correntes líquidas apuradas no segundo mês anterior ao mês do pagamento. Desta forma se mantém a protelação dos pagamentos.

Preceitos da EC 94/2016 não alterados pela EC 99/2017 e demais Emendas Constitucionais permanecem em vigor.

Seguiram-se, na matéria, as EC 113/2021, 114/2021, 126/2022, 132/2023 (nesta foi alterado o inciso IV do art. 104 do ADCT). Sucedem-se igualmente Ações Diretas de Inconstitucionalidade – ADIns quando emergem novas mudanças no tratamento dos precatórios, por ex.: AdIns 7.047 e 7.064, referentes às EC 113 e 114.

(h2) *Os precatórios no art. 100 da Constituição Federal. Precatório* é o ofício emitido pelo Poder Judiciário determinando o pagamento de importância em que a Fazenda Pública foi condenada. Esse modo de pagamento vem disciplinado, em regime comum, no art. 100 e seus parágrafos da Constituição Federal.

Nos termos do art. 100, *caput*, tais pagamentos são feitos na ordem cronológica de apresentação dos *precatórios* e à conta dos respectivos créditos.

É obrigatória a inclusão, no orçamento das entidades de direito público, de verba necessária ao pagamento dos seus débitos oriundos de sentenças transitadas em julgado, constantes de precatórios judiciais, apresentados até 02 de abril, efetuando-se o pagamento até o final do exercício seguinte, quando terão seus valores atualizados monetariamente (CF, art. 100, §5º, este com a redação da EC nº 114, de 16.12.2021). Conforme a Lei nº 9.469, de 10.07.1997, art. 6º, os pagamentos devidos pelas autarquias e fundações públicas observam os mesmos preceitos. Embora a Constituição Federal, no art. 100, *caput*, mencione *Fazendas Públicas*, e seu §5º se refira a *orçamento das entidades de direito público*, o STF, no RE 229.906, j. em 2000, equiparou a Empresa Brasileira de Correios e Telégrafos – ECT (empresa pública com personalidade jurídica privada) e, no RE 599.628, j. em 2010, a ELETRONORTE (sociedade de economia mista com personalidade jurídica privada), à Fazenda Pública, aplicando-se às mesmas o regime dos precatórios. Na jurisprudência do STF aplica-se o regime de precatórios às sociedades de economia mista prestadoras de serviços próprios do Estado e de natureza não concorrencial (AgRgRE 852.302/AL, rel. Ministro Dias Toffoli).

As dotações orçamentárias e os créditos abertos serão consignados diretamente ao Poder Judiciário, cabendo ao Presidente do Tribunal que proferir a decisão exequenda determinar o pagamento integral (CF, art. 100, §6º).

O referido art. 100, *caput*, menciona o pagamento na *ordem cronológica* de apresentação dos precatórios. No entanto, dispositivos do mesmo artigo fixam *preferências de pagamento*. O §1º do art. 100 indica a preferência sobre os outros, dos *débitos de natureza alimentícia*, os quais abrangem aqueles decorrentes de salários, vencimentos, proventos, pensões e suas complementações, benefícios previdenciários e indenizações por morte ou invalidez, fundadas na responsabilidade civil, em virtude de sentença transitada em julgado (CF, art. 100, §1º). Forma-se outra ordem cronológica, destinada ao pagamento destes débitos (Lei nº 9.469/1997, art. 6º, §1º). Esta é a *genérica preferência dos débitos de natureza alimentícia* sobre os demais.

Outras preferências advêm da redação dada pela EC 94/2016 ao art. 100, §2º, no âmbito dos débitos de natureza alimentícia. São *duas específicas preferências de natureza alimentícia*: a) os débitos de natureza alimentícia cujos *titulares, originários ou por sucessão hereditária, tenham 60 (sessenta) anos ou mais*; b) os débitos *cujos titulares, originários ou por sucessão hereditária*, sejam *portadores de doença grave*, ou *pessoas com deficiência*, assim definidos na forma da lei. Nos dois casos a preferência ocorre até o valor equivalente ao triplo fixado em lei para caracterizar o débito de pequeno valor, admitido o fracionamento para essa finalidade, sendo o restante pago na ordem cronológica do precatório. O §8º do art. 107-A do ADCT, acrescentado pela EC 114, de 16.12.2021, fixa a seguinte ordem para os pagamentos em virtude de sentença judicial de que trata o art. 100 da Constituição Federal: I – obrigações definidas em lei como de pequeno valor; II – precatórios de natureza alimentar cujos titulares originários ou por sucessão hereditária tenham no mínimo 60 (sessenta) anos ou sejam portadores de doença grave ou pessoa com deficiência, até o valor equivalente ao triplo do montante definido como de pequeno valor; III – demais precatórios de natureza alimentar até o valor equivalente ao triplo da obrigação de pequeno valor; IV – demais precatórios de natureza alimentar além do valor previsto no inciso III supra; V – demais precatórios.

É vedada a expedição de precatórios complementares ou suplementares de valor pago e, ainda, o fracionamento ou quebra do valor da execução para fins de enquadramento da parcela do total no âmbito dos débitos de pequeno valor (CF, art. 100, §8º).

O credor poderá *ceder total ou parcialmente seus créditos em precatórios* a terceiros, independentemente de anuência do devedor, não se aplicando àquele que o recebeu as preferências quanto à idade e doença grave e os preceitos sobre os débitos de pequeno valor (CF, art. 100, §13).

A seu critério e na forma da lei, a União poderá assumir débitos, oriundos de precatórios, de Estados, Distrito Federal e Municípios, refinanciando-os diretamente (CF, art. 100, §16).

Nos termos do art. 100, §6º, parte final, em caso de preterição do direito de preferência ou de não alocação orçamentária do valor necessário à satisfação do seu débito, o Presidente do Tribunal poderá autorizar, a requerimento do credor, o *sequestro* da quantia respectiva.

O Presidente do Tribunal competente que, por ato comissivo ou omissivo, retardar ou tentar frustrar a liquidação regular de precatório incorrerá em crime de responsabilidade e responderá, também, perante o Conselho Nacional de Justiça (art. 100, §7º). Mas, de regra, a demora no pagamento de precatórios se deve ao Poder Executivo, em geral sob a justificativa de insuficiência de recursos (embora sejam gastas vastíssimas somas em publicidade, para o que nunca faltam verbas).

Segundo o art. 30, §7º, da Lei de Responsabilidade Fiscal – LC 101/2000 – os precatórios judiciais não pagos durante a execução do orçamento em que forem incluídos integram a *dívida consolidada*, para fins de aplicação dos limites. *Dívida consolidada* ou *fundada* consiste no montante total das obrigações financeiras do ente da Federação, assumidas em virtude de leis, contratos, convênios ou tratados e da realização de operações de crédito, para amortização em prazo superior a doze meses (art. 29, I, desta Lei). Tendo em vista que o Senado, por proposta do Presidente da República, fixa limites globais para o montante da dívida consolidada dos entes federativos (CF, art. 52, VI), a inclusão, na dívida consolidada, dos precatórios não pagos vai dificultar a vida financeira da entidade devedora, inclusive se for ultrapassado o limite estabelecido pelo Senado (v. art. 31 da Lei de Responsabilidade Fiscal). Mas, o §19 do art. 100 da CF, acrescentado pela EC 94/2016, possibilita que esse limite de endividamento seja ultrapassado, assim prevendo: caso o montante total de débitos em precatórios e obrigações de pequeno valor, em período de 12 meses, ultrapasse a média de comprometimento percentual da receita corrente líquida nos 5 (cinco) anos anteriores, a parcela que exceder esse percentual poderá ser financiada, excetuada dos limites indicados nos incisos VI e VII do art. 52 da CF e de quaisquer outros limites de endividamento, não se aplicando ao referido financiamento a proibição de vinculação de receita.

A demora no pagamento dos precatórios, em desatendimento ao prazo previsto no art. 100, §1º, da CF, pode ensejar intervenção ou processo por crime de responsabilidade; mas, ante a natureza política e a gravidade dessas medidas, não são frequentes, tornando-se praticamente ineficazes.

(h3) Quanto aos *débitos de pequeno valor*, o §3º do referido art. 100, com a redação da EC 62/2009, determina que o disposto no seu *caput*, relativamente à expedição de precatórios, não se aplica aos pagamentos de obrigações definidas em lei como de pequeno valor que as Fazendas Públicas devam fazer em virtude de sentença judicial transitada em julgado, sendo o mínimo igual ao maior benefício do regime geral da Previdência Social (§4º do art. 100).

(h4) *Regime especial para precatórios em atraso*. Alguns itens do regime especial para pagamento de precatórios em atraso ressaltam-se na sequência.

(i) Os precatórios dos Estados, Distrito Federal e Municípios que, em 25.03.2015, estiverem em atraso devem ser quitados até 31.12.2029 e também os que vencerão neste período; deve ser depositado, mensalmente, em conta especial do Tribunal de Justiça local, sob administração deste, 1/12 (um doze avos) do valor das respectivas receitas correntes líquidas, apuradas no segundo mês anterior ao do pagamento (art. 101 do ADCT, na redação da EC nº 109, de 15.03.2021).

(ii) Pelo menos 50% (cinquenta por cento) dos recursos que forem destinados aos precatórios em mora serão utilizados no pagamento pela ordem cronológica, respeitadas as preferências dos créditos alimentares e, nestas, as referentes à idade, ao estado de saúde e à deficiência, sobre todos os demais créditos de todos os anos (art. 102, *caput*, do ADCT).

(iii) Na vigência do regime especial previsto no ADCT, art. 101, as preferências relativas à idade, ao estado de saúde e à deficiência serão atendidas até o valor equivalente ao quíntuplo fixado em lei para os fins do disposto no §3º do art. 100 da CF (débitos de pequeno valor), admitido o fracionamento para essa finalidade, e o restante será pago em ordem cronológica de apresentação do precatório (art. 102, §2º, do ADCT, acrescentado pela EC 99/2017).

(iv) A aplicação dos recursos remanescentes, por escolha do Estado, Distrito Federal e Municípios, respeitada a ordem de preferências, poderá ser destinada ao pagamento mediante acordos diretos, perante Juízos Auxiliares de Conciliação de Precatórios, com redução máxima de 40% (quarenta por cento) do crédito atualizado (art. 102, §1º, do ADCT, conforme renumeração efetuada pela EC 99/2017).

(v) Enquanto os Estados, Distrito Federal e Municípios estiverem efetuando o pagamento das parcelas mensais não poderão sofrer sequestro de valores, exceto no caso de não liberação tempestiva dos valores, o mesmo valendo para as respectivas autarquias, fundações e empresas estatais dependentes (art. 103 do ADCT).

(vi) O art. 104 do ADCT lista consequências no caso de não liberação tempestiva dos valores mencionados no referido art. 101, por exemplo: sequestro, pelo presidente do Tribunal de Justiça, das contas do órgão; o respectivo chefe do Executivo será incurso em responsabilidade fiscal e improbidade administrativa; a União reterá valores dos repasses dos respectivos Fundos de Participação e os depositará na conta especial para pagamento dos precatórios; o Comitê Gestor do Imposto sobre Bens e Serviços reterá repasses previstos no §2º do art. 158 da CF e os depositará na conta especial referida no art. 101 do ADCT, para utilização como nele previsto (EC 132/2023); enquanto se omitir, o ente federativo não poderá contrair empréstimo interno ou externo, exceto para o fim de pagamento dos precatórios.

(vii) Enquanto vigorar este regime especial, é facultada aos credores de precatórios, próprios ou de terceiros, a compensação em relação a débitos de natureza tributária ou de outra que até 25.03.2015 tenham sido inscritos em dívida ativa (art. 105 do ADCT).

(viii) A partir de 25.03.2015 a correção monetária dos valores dos precatórios se norteia pelo Índice de Preços ao Consumidor Amplo Especial (IPCA-E), o mesmo que as Fazendas públicas utilizam para correção dos seus créditos.

i) *Efeito vinculante de enunciado de súmula* – Nos termos da Lei nº 11.417, de 19.12.2006, o STF poderá, após reiteradas decisões sobre matéria constitucional, editar enunciado de súmula que, a partir da publicação na imprensa oficial, terá efeito vinculante em relação aos demais órgãos do Poder Judiciário e à Administração pública, em todas as esferas (art. 2º). Da decisão judicial, omissão ou ato administrativo contrário à súmula vinculante, inclusive por negativa de vigência ou aplicação indevida, caberá *reclamação* ao STF, sem prejuízo dos recursos ou demais formas de impugnação (art. 7º).

O uso da reclamação só pode ocorrer após esgotamento das vias administrativas (art. 7º, §1º). Ao julgar procedente a reclamação, o STF anulará o ato administrativo ou cassará a decisão judicial (art. 7º, §2º).

18.7.7 Meios jurisdicionais de oposição à Administração

O controle jurisdicional da Administração se exerce não somente por ações movidas contra a Administração, mas também por ações que ela interpõe, provocando a jurisdição. Por exemplo: execução da dívida ativa, ação de reintegração de posse, ação expropriatória, ação discriminatória de terras públicas, ação civil pública.

Serão objeto de exame somente os principais meios de oposição às atuações da Administração, mencionados na Constituição Federal, no capítulo dedicado aos direitos e deveres individuais e coletivos, e dos quais resultem medidas efetivas, a ação civil pública e também a ação por improbidade administrativa. Por isso, não se vai cuidar do *habeas corpus*, destinado a garantir a liberdade de locomoção, tendo natureza de ação constitucional penal (cf. José Afonso da Silva, *Curso de direito constitucional positivo*, 42. ed., 2019, p. 448); nem dos meios comuns, como as ações ordinárias, declaratórias, de que se ocupa precipuamente o direito processual civil; nem do mandado de injunção e da ação direta de inconstitucionalidade.

Deve-se lembrar que alguns meios jurisdicionais de oposição à Administração também são utilizados pelo próprio Executivo contra outros Poderes ou contra particulares. É o caso, por exemplo, de mandado de segurança impetrado por prefeito contra a Câmara Municipal porque esta usurpa competência exclusiva do Executivo para apresentação de projeto de lei; é o caso de ação civil pública movida por um Município contra particulares visando à reparação de danos a bens históricos (Lei nº 7.347/85, art. 5º). No entanto, tais meios são utilizados com maior frequência para questionar atos, decisões, contratos e medidas oriundos da Administração Pública, daí o nome dado a este item.

Assim, serão expostas as *linhas básicas* do mandado de segurança individual e coletivo, da ação popular, da ação civil pública, do *habeas data* e da ação por improbidade administrativa.

18.7.8 Mandado de segurança individual e coletivo

a) *Terminologia* – É também denominado *writ* (ordem), *remédio heroico*, *mandamus*.

b) *Noção* – O mandado de segurança é uma garantia constitucional destinada a proteger direito líquido e certo, não amparado por *habeas corpus* ou *habeas data*, sempre que, ilegalmente ou com abuso de poder, qualquer pessoa física ou jurídica sofrer violação ou houver justo receio de sofrê-la, por parte de autoridade, seja de que categoria for e sejam quais forem as funções que exerça (CF, art. 5º, LXIX e art. 1º, *caput*, da Lei nº 12.016, de 07.08.2009 – mandado de segurança). Aí se encontra a referência ao mandado de segurança *repressivo* – sofrer lesão e ao *preventivo* – justo receio ou ameaça de sofrer lesão.

O mandado de segurança é criação brasileira, em virtude da limitação do uso do *habeas corpus* somente à lesão do direito de locomoção, ocorrida com a Emenda

Constitucional de 1926, que alterou a redação do §22 do art. 72, da Constituição Federal de 1891. Recebeu consagração constitucional pela primeira vez no texto de 1934.

Além do mandado de segurança para proteger direito próprio, o ordenamento contempla o *mandado de segurança coletivo*, inserido pela Constituição Federal de 1988, art. 5º, LXX; pode ser impetrado por partido político com representação no Congresso Nacional, em favor de direitos relativos a seus integrantes ou à finalidade partidária, e por sindicato, entidade de classe ou associação em funcionamento há pelo menos um ano em defesa dos direitos de seus membros ou associados. As especificidades do mandado de segurança coletivo serão objeto de item próprio (18.7.8.1).

c) *Legislação básica* – CF, art. 5º, LXIX e LXX, e Lei nº 12.016, de 07.08.2009. Esta lei do mandado de segurança, editada em 2009, revogou a anterior Lei nº 1.533, de 31.12.1951, e outras correlatas, buscando modernizar e sistematizar os elementos fundamentais da matéria, aí incorporando alterações subsequentes à antiga lei e entendimentos jurisprudenciais advindos no período de vigência desta.

A *Lei nº 12.016/2009*, mantendo as linhas básicas da legislação anterior, traz inovações, dentre as quais se ressaltam as seguintes: a) disciplina do mandado de segurança coletivo, ainda que restrita, nos arts. 21 e 22; até então nenhum preceito infraconstitucional tratava especificamente deste tipo de *writ*, salvo o art. 2º da Lei nº 8.437/1992; b) em caso de urgência, a viabilidade da utilização de fax ou meios eletrônicos outros, de autenticidade comprovada, para impetração, notificação da autoridade e comunicação da sentença concessiva; c) imposição de se dar ciência do feito ao órgão de representação judicial da pessoa jurídica em que se insere a autoridade coatora; d) faculdade de ser exigida, pelo magistrado, motivadamente, garantia prévia à concessão de liminar, preceito este declarado constitucional pelo STF; e) extensão, à autoridade coatora, do direito de recorrer; f) disciplina dos recursos quanto à concessão, denegação e suspensão de liminar.

d) *Direito líquido e certo* – Consiste no direito que pode ser comprovado de plano, ou seja, no direito que pode ser reconhecido no momento da impetração, por provas então existentes; se a prova do direito estiver na dependência de momento ulterior, descabe o uso do mandado de segurança, podendo ser utilizado outro tipo de ação. Direito líquido e certo, para fins de mandado de segurança, não significa direito insuscetível de controvérsia, mas controvérsia baseada em dispositivo legal e/ou fatos retratados em documentos. Neste sentido se apresenta a Súmula 625 do STF: "Controvérsia em matéria de direito não impede concessão de mandado de segurança".

e) *Ato de autoridade* – É a manifestação do poder público ou de particulares, quando estes exercem atribuições do poder público e no que disser respeito a estas atribuições. Além das autoridades da Administração direta, aí se incluem, nos termos da Lei nº 12.016/2009, art. 1º, §1º, os atos de: e1) administradores de entidades autárquicas; e2) representantes ou órgãos de partido político; e3) dirigentes de pessoas jurídicas ou as pessoas naturais no exercício de atribuições do poder público, somente no que disser respeito a essas atribuições.

Mencionando *pessoas jurídicas*, o §1º do art. 1º abarca pessoas jurídicas de direito privado, integrantes da Administração Pública indireta, como empresas públicas, sociedades de economia mista e fundações públicas. Abrange, ainda, pessoas jurídicas de direito privado, não integrantes da Administração, por exemplo, concessionárias e permissionárias de serviço. Alcança, ainda, as chamadas autarquias corporativas, como OAB, CREA, CRM, estas no exercício de funções delegadas em matéria disciplinar e na fiscalização do exercício profissional. Mencionando as *pessoas naturais*, abrange quem exerce atribuições do poder público individualmente.

Equipara-se a ato a *omissão* da autoridade que tenha competência para editar o ato ou medida.

A jurisprudência tem equiparado a atos de autoridade os atos de dirigentes de estabelecimentos particulares de ensino (quanto à matrícula e realização de provas, sobretudo), embora não exerçam função delegada, mas atividade dependente de autorização. E também os atos oriundos de sindicatos (quanto à cobrança de contribuição sindical) e de serviços sociais autônomos (por exemplo, SESI, SENAI, SESC).

Conforme a Lei nº 12.016, art. 1º, §2º, não cabe mandado de segurança contra os *atos de gestão comercial* praticados pelos administradores de empresas públicas, de sociedades de economia mista e de concessionárias de serviço público; este dispositivo foi questionado perante o STF, sendo declarado constitucional. A propósito, deve-se lembrar que as entidades da Administração indireta dotadas de personalidade jurídica privada se sujeitam a normas de licitações e contratos administrativos, não se enquadrando, tais aspectos, na rubrica de *gestão comercial*. Quanto às concessionárias e permissionárias de serviço público e demais pessoas jurídicas privadas no exercício de atribuições do poder público, devem atender às diretrizes regulatórias fixadas pela Administração para a execução dos encargos, descabendo vê-las como atos de gestão comercial.

O ordenamento admite *mandado de segurança contra ato jurisdicional* quando deste não caiba recurso ou só caiba recurso sem efeito suspensivo, desde que se demonstre a possibilidade de dano irreparável.

Insuscetível de mandado de segurança se apresenta a *lei em tese*, a lei em si, de caráter abstrato e genérico, que não produziu efeitos concretos, específicos. A Súmula 266 do STF diz o seguinte: "Não cabe mandado de segurança contra lei em tese". A jurisprudência vem admitindo o mandado de segurança contra dois tipos de lei, pois acarretam efeitos concretos e/ou imediatos, sem a necessidade de intermediação de medida administrativa: *lei de efeito concreto* e *lei autoexecutória*, o que vale para outros tipos de atos normativos com idêntica eficácia.

A teor do art. 5º da Lei nº 12.016/2009, não cabe mandado de segurança: I – de ato do qual caiba recurso administrativo com efeito suspensivo, independentemente de caução; a respeito, já se observou em outro item (18.7.3), não ser obrigatória a prévia interposição de recurso administrativo com efeito suspensivo para, depois de sua tramitação, ajuizar o mandado de segurança, pois tal contraria a CF, art. 5º, XXXV; o preceito significa o descabimento do mandado de segurança concomitante à tramitação deste tipo de recurso administrativo, pois, tendo efeito suspensivo, inexiste lesão de direito a justificar sua impetração; II – de decisão judicial da qual caiba efeito suspensivo; III – de decisão judicial transitada em julgado.

f) *Prazo* – O mandado de segurança deve ser interposto no prazo de 120 (cento e vinte dias), a contar da ciência do ato que lesou direito líquido e certo; este dispositivo foi declarado constitucional pelo STF. Na hipótese de mandado de segurança para sanar *ameaça de lesão a direito*, é possível o ajuizamento, independentemente de prazo.

No caso de interposição de *recurso administrativo sem efeito suspensivo*, o prazo continua a fluir, pois já ocorre lesão de direito. Se o *recurso administrativo tem efeito suspensivo*, o prazo corre a partir da sua decisão, se interposto, ou do esgotamento do prazo para recorrer na via administrativa.

Findo o prazo, caduca o direito de interpor o mandado de segurança, podendo ser ajuizada outra ação para reconhecimento do mesmo direito. No caso de mandado de segurança contra *omissão*, havendo prazo para a Administração tomar a medida, os 120 dias começam a correr após o término deste prazo; inexistindo prazo, enquanto houver a omissão pode-se impetrar o mandado, se a omissão estiver lesando direito.

g) *Foro competente* – A competência para julgar o mandado de segurança é estabelecida na Constituição Federal e nas leis de organização judiciária, conforme o nível da autoridade. Assim, por exemplo, o STF é competente para julgar mandado de segurança impetrado contra ato do Presidente da República, das Mesas do Senado e da Câmara dos Deputados, do Tribunal de Contas da União, do Procurador-Geral da República e do próprio STF; compete ao STJ julgar mandado de segurança contra ato de Ministro de Estado e do próprio STJ; no Estado de São Paulo, ante sua Constituição, cabe ao Tribunal de Justiça julgar mandado de segurança contra ato do Governador do Estado, ato da Presidência da Assembleia Legislativa, do próprio Tribunal, de alguns dos seus membros, dos Presidentes do Tribunal de Contas do Estado e do Município de São Paulo, do Procurador-Geral da Justiça, do Prefeito e do Presidente da Câmara Municipal da Capital.

Contra atos de autoridades federais, de regra, a competência é de juízes federais. No caso de autoridades estaduais e municipais, o julgamento de primeiro grau cabe às Varas da Fazenda Pública; onde não houver, cabe às varas cíveis, de regra.

Tratando-se de competência originária de tribunais, ao relator compete a instrução do processo, possibilitando-se a sustentação oral no julgamento do pedido de liminar e na sessão de julgamento do mérito (art. 16, da Lei nº 12.016/2009, com a redação dada pela Lei 13.676, de 11.6.2018).

h) *Legitimação ativa* – Quem ingressa com mandado de segurança recebe o nome de *impetrante*. No mandado de segurança *individual*, o impetrante, em geral, é o próprio titular do direito lesado ou ameaçado, seja pessoa física, seja pessoa jurídica, privada ou pública, órgão público ou universalidade legalmente reconhecida (p. ex.: massa falida e espólio). Quando o direito ameaçado ou lesado couber a várias pessoas, qualquer delas poderá requerer o mandado de segurança, a teor do art. 1º, §3º, da referida Lei, repetindo preceito contido na lei anterior.

O titular de direito líquido e certo decorrente de direito, em condições idênticas, de terceiro, poderá impetrar mandado de segurança a favor do direito originário, se o seu titular não o fizer, no prazo de 30 (trinta) dias quando notificado judicialmente, sem prejuízo do respeito ao prazo de 120 (cento e vinte) dias, contados da notificação (art. 3º da Lei nº 12.016/2009 e parágrafo único, inovando quanto à fixação do prazo de 30 dias).

i) *Legitimação passiva* – O "réu" no mandado de segurança é denominado *impetrado, autoridade coatora* ou *coator*. Trata-se da autoridade responsável pelo ato ou omissão. De regra, é a autoridade competente para desfazer a medida ilegal ou abusiva. Nos termos da Lei nº 12.016/2009, art. 6º, §3º, autoridade coatora é "aquela que tenha praticado o ato impugnado ou da qual emane a ordem para a sua prática". Na hipótese de omissão, é a autoridade competente para tomar a medida.

Inovando, a Lei nº 12.016/2009, art. 6º, determinou que, além da autoridade coatora, a petição inicial indique "a pessoa jurídica que esta integra (...) ou da qual exerce atribuições". Por sua vez, o art. 7º, II, exige que se dê ciência do feito ao órgão de representação judicial dessa pessoa jurídica, enviando-lhe cópia da inicial, sem os documentos, para que ingresse no feito, se quiser.

Combinados os três dispositivos, verifica-se um *litisconsórcio passivo necessário* entre autoridade coatora e órgão ou pessoa jurídica que integra.

O nível federativo a que pertence a autoridade – federal, estadual, distrital, municipal – fixa-se pela identificação de qual Fazenda ou entidade a esta vinculada arcará com os efeitos patrimoniais da decisão; tratando-se de concessionárias, permissionárias, autorizadas etc., pela identificação do órgão ou ente que transferiu as atribuições.

Nos órgãos *colegiados*, a autoridade coatora situa-se no seu presidente ou coordenador.

j) *Ministério Público* – No mandado de segurança, o Ministério Público atua como *fiscal da lei*, emitindo parecer motivado, no sentido da concessão ou denegação do *mandamus*, sem vincular o juiz. O Ministério Público manifesta-se após a juntada das informações da autoridade coatora, no prazo improrrogável de 10 (dez) dias. Conforme o art. 12, parágrafo único, da Lei nº 12.016/2009, com ou sem o parecer do *parquet*, os autos serão conclusos ao juiz; portanto, a ausência desta manifestação não representa nulidade, prosseguindo o feito.

k) *Liminar* – O impetrante pode pedir *liminar*. Se concedida, a liminar acarreta a suspensão provisória dos efeitos do ato impugnado; em caso de omissão, leva à edição de ato, em caráter provisório. Há dois requisitos para concessão da liminar: a possibilidade de que o direito caiba ao impetrante – fundamento relevante (*fumus boni juris*) e a possibilidade de dano irreparável – ineficácia do *writ*, se concedido (*periculum in mora*). A liminar não significa julgamento do mandado, nem antecipação da sentença final.

Ao despachar a inicial, o juiz decidirá pela concessão ou não da liminar. Faculta-se a este exigir do impetrante *caução*, *fiança* ou *depósito*, com o objetivo de assegurar o ressarcimento à pessoa jurídica (art. 7º, III); evidente que se trata de *faculdade*, a ser adequadamente motivada, se posta em prática; tal faculdade foi declarada constitucional pelo STF.

Os efeitos da liminar, salvo se revogada ou cassada, persistem até a prolação da sentença (art. 7º, §3º).

Antes previstas em várias leis, as vedações de concessão de liminar se concentravam no §2º do art. 7º, nos casos de: a) compensação de créditos tributários; b) entrega de mercadorias e bens provenientes do exterior; c) reclassificação ou equiparação de servidores públicos; d) concessão de aumento ou extensão de vantagens ou pagamentos de qualquer natureza; mas o preceito foi declarado inconstitucional pelo STF.

Será decretada a *caducidade da medida liminar*, de ofício ou a pedido do Ministério Público, se o impetrante criar obstáculo ao normal andamento do processo ou deixar de promover, por mais de três dias úteis, as diligências que lhe cabem (art. 8º).

Os *recursos relativos* à *liminar*, antes ausentes da legislação e objeto de controvérsias, vêm explicitados na Lei nº 12.016/2009. Da decisão de 1º grau, concessiva ou denegatória da liminar, cabe *agravo de instrumento* (art. 7º, §1º, da Lei 12.016/2009). No caso de competência originária dos tribunais, da decisão do relator cabe *agravo* ao órgão competente do tribunal que integra (art. 16 e parágrafo único).

A pedido de pessoa jurídica de direito público interessada ou do Ministério Público e para evitar grave lesão à ordem, à saúde, à segurança e economia públicas, o presidente do tribunal competente para conhecer o recurso poderá *suspender a execução da liminar*; desta decisão cabe *agravo*, no prazo de 5 (cinco) dias, sendo levado a julgamento na sessão seguinte à interposição (art. 15). Indeferido o pedido de suspensão ou provido o agravo, caberá *novo pedido de suspensão* ao presidente do tribunal competente para conhecer eventual recurso especial ou extraordinário (art. 15, §1º). As liminares cujo *objeto seja idêntico* poderão ser suspensas numa só decisão, podendo o presidente do tribunal estender os efeitos da suspensão a liminares supervenientes, mediante aditamento do pedido original (art. 15, §5º).

l) *Procedimento* – O mandado de segurança é ação de rito sumário especial, cujas normas processuais básicas estão contidas na Lei nº 12.016, de 07.08.2009.

l1) A *petição inicial* deve atender às exigências do CPC, art. 319, e indicar a autoridade coatora e a pessoa jurídica ou órgão que integra; deve ser apresentada com cópia ou cópias do seu texto e de todos os documentos que a instruem, para fins de encaminhamento ao impetrado ou impetrados.

l2) Ao deferir a inicial, o juiz decide a respeito da liminar, se for pedida. E determina o seguinte: que se notifique o coator, enviando-lhe a segunda via da petição inicial com as cópias dos documentos, a fim de que, no prazo de 10 (dez) dias, preste as informações; que se dê ciência do feito ao órgão de representação judicial da pessoa jurídica interessada, enviando-lhe cópia da inicial, sem documentos, para que ingresse no feito, se quiser (art. 7º, I e II).

l3) As *informações* devem ser assinadas pela autoridade coatora, podendo ser subscritas também por advogado ou procurador. Findo o prazo de 10 (dez) dias, com ou sem as informações, será ouvido o representante do Ministério Público, opinando no prazo improrrogável de 10 (dez) dias; com ou sem o parecer do Ministério Público, os autos serão conclusos ao juiz para a decisão, a ser necessariamente proferida em 30 (trinta) dias (art. 12 e parágrafo único da Lei nº 12.016/2009).

l4) A *decisão do magistrado* pode conceder (no todo ou em parte) ou denegar o mandado de segurança. A decisão concessiva reveste-se de *caráter mandamental*, ou seja, representa uma ordem para que a autoridade pratique, não pratique ou permita que se pratique um ato. Conforme o art. 26 da Lei nº 12.016/2009, constitui *crime de desobediência*, nos termos do art. 330 do Código Penal, o não cumprimento das decisões proferidas em mandado de segurança, sem prejuízo das sanções administrativas e da aplicação da Lei nº 1.079, de 10.04.1950 – crime de responsabilidade.

l5) Concedido o mandado, o magistrado determinará a transmissão, em ofício ou pelo correio (com aviso de recebimento), do inteiro teor da sentença ao coator e à pessoa jurídica interessada (art. 13 da Lei 12.016/2009). Em caso de *urgência*, poderá valer-se de telegrama, radiograma, fax ou demais meios eletrônicos, de autenticidade comprovada (art. 13, parágrafo único).

l6) Quanto aos *recursos da decisão do mandado*, cabe *apelação voluntária* da decisão que apreciar o mérito, denegando ou concedendo, ou decretar a carência (falta de pressupostos e condições da ação). Concedida a segurança, a sentença estará sujeita ao *duplo grau de jurisdição*, ou seja, haverá *reexame necessário*, também chamado *recurso de ofício* (neste ponto, registra-se verdadeiro retrocesso, contrário ao ordenamento, às finalidades do *writ*, ao princípio da razoável duração do processo e sem justificativa alguma). Se a competência para julgar o mandado de segurança couber originariamente a um tribunal, do ato do relator que *indeferir a inicial* cabe *agravo* para o órgão competente do tribunal que integre (art. 10, §1º, da Lei nº 12.016/2009). Das decisões em mandado de segurança proferidas em única instância pelos tribunais, cabe *recurso especial* e *extraordinário*, nos casos legalmente previstos, e *recurso ordinário*, quando a ordem for denegada. Conforme o art. 25 desta Lei, *não cabe* a interposição de *embargos infringentes* no processo de mandado de segurança; o preceito acolhe a Súmula 597 do STF.

Além do impetrante e do impetrado, apresenta-se como parte legítima para recorrer o terceiro prejudicado, ante o art. 996, *caput*, do Código de Processo Civil. A Lei nº 12.016, art. 14, §2º, estende à autoridade coatora o direito de recorrer, antes cabível somente à pessoa jurídica ou órgão que integrasse.

A apelação tem efeito devolutivo, o que possibilita a execução provisória da sentença, salvo nos casos em que for vedada a concessão de liminar e quando houver suspensão da execução, decidida pelo presidente do tribunal competente para conhecer do recurso; da suspensão, cabe agravo, sem efeito suspensivo, no prazo de 5 (cinco) dias, a ser levado a julgamento na sessão seguinte à interposição (arts. 14, §3º, e 15).

No processo do mandado de segurança *não cabe o pagamento dos honorários advocatícios*, sem prejuízo da aplicação de sanções no caso de litigância de má-fé (art. 25). Quanto aos honorários advocatícios, o dispositivo afina-se à Súmula 512 do STF; o STF declarou a constitucionalidade do preceito.

18.7.8.1 Mandado de segurança coletivo

A Constituição de 1988 incluiu, no ordenamento brasileiro, o *mandado de segurança coletivo*, pelo art. 5º, LXX.

A Lei nº 12.016/2009 traz preceitos sobre aspectos do mandado de segurança coletivo, nos arts. 21 e 22. Até então nenhum texto infraconstitucional tratava especificamente deste tipo de *mandamus*, salvo o art. 2º da Lei nº 8.437/1992.

Serão expostos, a seguir, os aspectos básicos caracterizadores do mandado de segurança coletivo; os demais seguem os mesmos preceitos do mandado de segurança individual, elencados acima.

a) *Legislação básica* – Constituição Federal, art. 5º, LXIX e LXX, e Lei nº 12.016, de 07.08.2009, salientando-se nesta os arts. 21 e 22.

b) *Direito líquido e certo* – Embora a CF use, no art. 5º, LXX, a expressão *defesa dos interesses* dos membros (caso de sindicato e associação) e a Lei nº 12.016/2009, no art. 21, *caput*, mencione *interesses legítimos* (no caso de partido político), predomina o entendimento de que também o mandado de segurança coletivo visa à proteção de *direitos líquidos e certos*. São direitos comprovados de plano, ou seja, que podem ser reconhecidos no momento da impetração, por provas então existentes; veja-se que o parágrafo único do art. 21 desta Lei refere-se a *direitos*. Além do mais, a expressão *interesses legítimos* destoa do ordenamento brasileiro e, mesmo em países que a adotam, vem recebendo acentuadas críticas.

Neste *writ* os direitos líquidos e certos se revestem da conotação *coletiva*, assim apontada no art. 21, parágrafo único, da Lei nº 12.016/2009: I – *coletivos* – os transindividuais, de natureza indivisível, de que seja titular grupo ou categoria de pessoas ligadas entre si ou com a parte contrária por uma relação jurídica básica; II – *individuais homogêneos* – os decorrentes de origem comum e da atividade ou da situação específica da totalidade ou de parte dos associados ou membros do impetrante.

c) *Legitimação ativa* – No mandado de segurança coletivo o impetrante pode ser:

c1) *Partido político com representação no Congresso Nacional*, na defesa dos direitos relativos a seus integrantes ou à finalidade partidária (Lei nº 12.016/2009, art. 21, *caput*). As controvérsias, neste ponto, dizem respeito, sobretudo, à *amplitude da legitimidade* dos partidos políticos. Tendo em vista que a Constituição Federal indicou separadamente os partidos políticos (art. 5º, LXX, *a*) em relação aos outros legitimados (art. 5º, LXX, *b*) e que a Lei nº 12.016/2009 menciona a *finalidade partidária*, pode-se entender que os partidos políticos se legitimam a impetrar este mandado para defesa de qualquer direito coletivo, desde que alinhado à finalidade partidária, indicada no art. 1º da Lei nº 9.096/1995 – lei orgânica dos partidos políticos: "assegurar a autenticidade do sistema representativo e defender os direitos fundamentais definidos na Constituição". Mas, em matéria tributária, o STF decidiu que partido político não pode impetrar mandado de segurança coletivo contra aumento de tributo, pois tal configura direito individualizado.

c2) *Organização sindical, entidade de classe* ou *associação* legalmente constituída e em funcionamento há, pelo menos, um ano, em defesa de direitos líquidos e certos da totalidade ou de parte dos seus membros ou associados, na forma dos seus estatutos e desde que pertinentes as suas finalidades, *dispensada, para tanto, autorização especial.*

Uma das inovações do texto situa-se na previsão explícita quanto à defesa de direitos de *parte dos membros*, como já fixara a Súmula 630 do STF: "A entidade de classe tem legitimação para o mandado de segurança ainda quando a pretensão veiculada interesse apenas uma parte da respectiva categoria".

Importante inovação encontra-se na *dispensa de autorização especial* para a impetração, dispensa antes consagrada na Súmula 629 do STF: "A impetração do mandado de segurança coletivo por entidade de classe em favor dos associados independe da autorização destes". Portanto, não se aplica, neste meio específico, o inciso XXI do art. 5º da CF.

d) *Liminar* – A Lei nº 12.016/2009, no art. 22, §2º, traz preceito que figurava no art. 2º da Lei 8.437/1992, no sentido de só poder ser concedida liminar *após audiência do representante da pessoa jurídica de direito público*, devendo esta se pronunciar no prazo de 72 (setenta e duas) horas. Esta exigência de contraditório se apresenta se estiver envolvida pessoa jurídica de direito público, tendo em vista o amplo alcance dos efeitos de uma decisão concessiva.

e) *Sentença* – Conforme o art. 22, *caput*, "no mandado de segurança coletivo, a sentença fará coisa julgada limitadamente aos membros do grupo ou categoria substituídos pelo impetrante". A Lei nº 12.016/2009 silenciou a respeito do alcance geográfico da decisão, antes apontado na Lei nº 9.494/97, art. 2º-A – competência territorial do órgão prolator. Tendo em vista ter incorporado preceitos de outras leis e não ter absorvido este, e levando em conta a tendência jurisprudencial de não exigir relação nominal dos substituídos, pode-se entender não mais persistir o referido art. 2º-A da Lei nº 9.494/97 para o mandado de segurança coletivo. O STF julgou inconstitucional o limite previsto no referido art. 22, *caput*.

f) *Mandado de segurança coletivo e ações individuais* – Nos termos do art. 22, §1º, da Lei nº 12.016/2009, "o mandado de segurança coletivo não induz litispendência para as ações individuais, mas os efeitos da coisa julgada não beneficiarão o impetrante a título individual se não requerer a desistência de seu mandado de segurança no prazo de 30 (trinta) dias a contar da ciência comprovada da impetração da segurança coletiva".

18.7.9 Ação popular

a) *Noção* – É a garantia constitucional colocada à disposição de qualquer cidadão para anular ato lesivo ao patrimônio público, à moralidade administrativa, ao meio ambiente e ao patrimônio histórico e cultural, ficando o autor, salvo má-fé, isento das custas judiciais e do ônus da sucumbência (CF, art. 5º, LXXIII). Visa à tutela de interesses de toda a população. As *omissões lesivas* também ensejam ação popular.

b) *Legislação* – CF, art. 5º, LXXIII, e Lei nº 4.717, de 29.06.1965, que traz também preceitos processuais.

c) *Fins da ação popular* – *Preventivos*, ou seja, visa a impedir os efeitos lesivos, e *repressivos*, isto é, a ação poderá ser proposta depois da lesão, com o fim de anular o ato e também de responsabilizar patrimonialmente o causador do dano.

d) *Prazo* – Conforme o art. 21 da Lei nº 4.717/65, a ação popular prescreve em cinco anos.

e) *Legitimação ativa* – Quem ajuíza ação popular é denominado *autor* ou *autor popular*. A Constituição Federal atribui a legitimidade ativa ao cidadão, pessoa física de nacionalidade brasileira, no gozo dos direitos políticos, isto é, portador de título de eleitor. Assim, o menor, com idade entre 16 e 18 anos, a quem a Constituição Federal reconhece o direito político de votar, pode ser autor popular, patrocinado em juízo por advogado; a exigência de maioridade civil para postular em juízo não prevalece diante da previsão constitucional. Os estrangeiros, as pessoas jurídicas, as associações, os partidos políticos, as instituições estatais não podem figurar como autor popular.

f) *Legitimação passiva* – No polo passivo se incluem: as autoridades identificadas nominalmente que autorizaram, aprovaram, ratificaram ou praticaram o ato ou firmaram o contrato impugnados e os beneficiários diretos do ato ou contrato. A pessoa jurídica pública, a entidade da Administração, ou entidade privada que recebeu recursos públicos, em nome das quais foi praticado o ato, são citadas para a ação, podendo adotar uma das seguintes condutas: encampar o pedido do autor popular (figurando no polo ativo), contestar a ação (figurando no polo passivo) ou abster-se de manifestação.

g) *Ministério Público* – O Ministério Público atua de modo autônomo: emite parecer, quanto à procedência ou improcedência da ação popular. Na sua atuação de defensor dos interesses sociais, zela pela regularidade do processo, apressa a produção de provas e promove a responsabilidade civil e criminal dos culpados, se for o caso. Se o autor popular desistir da ação ou abandoná-la, o Ministério Público poderá promover o prosseguimento da ação, se reputar de interesse público que esta chegue ao final.

h) *Foro competente* – É determinado segundo a origem do ato; por exemplo, se o ato foi praticado por autoridade federal, de qualquer nível, a competência é do juiz federal da seção judiciária em que se praticou o ato (art. 5º, *caput*, da Lei nº 4.717/65).

i) *Liminar* – A Lei nº 4.717/65, no art. 5º, §4º (acrescentado pela Lei nº 6.513/77), prevê a possibilidade de concessão de liminar, com o fim de suspender os efeitos do ato lesivo impugnado.

j) *Procedimento* – A ação popular observa rito ordinário, com modificações contidas na Lei 4.717/65: ao despachar a inicial, o juiz ordena a intimação do Ministério Público; o prazo de contestação é de vinte dias, prorrogável por mais vinte, a requerimento dos interessados; não havendo pedido de prova pericial ou testemunhal, o juiz dará vista sucessiva de dez dias ao autor e ao réu, para alegações. Se a sentença julgar procedente a ação popular, determinará o desfazimento do ato ou contrato, ou a abstenção de conduta lesiva, e condenará à reparação do dano os autores do ato e os beneficiários, se for o caso. Da sentença cabe apelação voluntária, se julgada procedente ou improcedente, com efeito suspensivo; quando julgada procedente, só podem apelar os réus atingidos pela decisão; o juiz é obrigado a *recorrer de ofício*, quando a sentença concluir pela improcedência ou carência da ação popular.

18.7.10 Ação civil pública

a) *Noção* – É o instrumento processual destinado à responsabilização por danos morais e patrimoniais causados a: meio ambiente; patrimônio cultural; patrimônio público e social; criança e adolescente; idoso; investidores no mercado de capitais; consumidores; portadores de deficiência física; ordem econômica; ordem urbanística; dignidade e honra de grupos raciais, étnicos ou religiosos, por exemplo.

Não cabe ação civil pública em matéria de tributos, contribuições previdenciárias, Fundo de Garantia do Tempo de Serviço e outros fundos de natureza institucional, cujos beneficiários podem ser individualmente determinados, conforme dispõe o parágrafo único do art. 1º da Lei 7.347/85, acrescentado posteriormente. Nos termos do art. 17-D e seu parágrafo único da Lei nº 8.249/1992 – improbidade administrativa, acrescentado pela Lei nº 14.230, de 25.10.2021, não cabe ajuizamento de ação civil pública por improbidade administrativa; conforme o referido art. 17-D, "a ação de improbidade administrativa é repressiva, de caráter sancionatório, destinada à aplicação de sanções de caráter pessoal previstas nesta Lei, e não constitui ação civil, vedado seu ajuizamento para o controle de legalidade de políticas públicas e para a proteção do patrimônio público e social, do meio ambiente e de outros interesses difusos, coletivos e individuais homogêneos".

b) *Legislação* – CF, art. 129, III; Lei nº 7.347, de 24.07.1985, com alterações posteriores, inclusive em decorrência da Lei nº 9.494, de 10.09.1997; Lei nº 7.853, de 24.10.1989 (deficientes físicos); Lei nº 7.913, de 07.12.1989 (investidores no mercado de capitais); Lei nº 8.069, de 13.07.1990 (Estatuto da Criança e do Adolescente); Lei nº 10.257, de 10.07.2001 (Estatuto da Cidade); MP 2.180-35/2001; Lei nº 10.741, de 01.10.2003 (Estatuto do Idoso).

c) *Objeto da ação* – Cumprimento de obrigação de fazer ou não fazer e/ou condenação em dinheiro. Poderá ser ajuizada uma cautelar precedendo a ação principal, com o fim de evitar o dano.

d) *Legitimação ativa* – É atribuída em sentido amplo ao Ministério Público, por força da CF, art. 129, III. É indicada na Lei nº 7.347, de 24.07.1985, com alterações posteriores, inclusive da Lei nº 11.448, de 15.01.2007, e em leis específicas. Conforme o art. 5º da Lei nº 7.347/85, têm legitimidade para propor ação civil pública: I – o Ministério Público;

II – a Defensoria Pública (acréscimo decorrente da Lei nº 11.448/2007); III – a União, os Estados, o Distrito Federal e os Municípios; IV – autarquia, empresa pública, fundação ou sociedade de economia mista; V – associação constituída legalmente há pelo menos um ano e que inclua, entre suas finalidades institucionais, o aspecto visado pela ação. Nos termos do art. 5º, §4º, da Lei nº 7.347/85, o requisito da pré-constituição das associações poderá ser dispensado pelo juiz quando haja manifesto interesse social, evidenciado pela dimensão ou característica do dano ou pela relevância do bem jurídico a ser protegido. Se o Ministério Público ajuizar a ação, o poder público e as associações poderão habilitar-se como litisconsortes (art. 5º, §2º).

A legitimidade ativa dos sindicatos para propor ação civil pública vem sendo admitida por alguns autores, mesmo sem menção explícita na Lei nº 7.347/85, ante sua natureza de associação civil; tais vozes ressaltam que sua legitimidade se vincula à defesa de direitos coletivos da categoria (por exemplo, segurança do trabalho, meio ambiente do trabalho).

e) *Legitimação passiva* – Figura no polo passivo da ação quem causar o dano ou ameaçar causá-lo, nos âmbitos já mencionados, seja autoridade ou ente estatal, seja pessoa ou ente privado.

f) *Ministério Público* – Se não figurar no polo ativo, atuará como fiscal da lei (art. 5º, §1º). Ao tomar ciência de ato lesivo ou potencialmente lesivo a interesses transindividuais, o Ministério Público poderá instaurar inquérito civil para apurar os fatos, daí decorrendo ou não o ajuizamento da ação civil pública. Além do mais, em caso de desistência infundada ou abandono por associação legitimada, assumirá a titularidade ativa, para que a ação prossiga (art. 5º, §3º).

g) *Foro competente* – É o do local onde ocorreu ou possa ocorrer o dano. A Lei nº 10.628/2002 havia alterado a redação do art. 84 do Código de Processo Penal, determinando, no §2º, *prerrogativa de foro* em razão de exercício de função pública, na ação civil pública por improbidade administrativa. No entanto, nas ADIn 2.797-2 e 2.860-0, por maioria, o STF declarou a inconstitucionalidade da lei que acrescentou os §§1º e 2º ao referido art. 84.

Nos termos da Súmula 489, do STJ, editada em 2012, "reconhecida a continência, devem ser reunidas na Justiça Federal as ações civis públicas propostas nesta e na Justiça estadual".

h) *Procedimento* – A ação civil pública tem rito ordinário, com a particularidade de admitir *medida liminar*, quando pedida na inicial (art. 12 da Lei nº 7.347/1985), ou ser ajuizada ação cautelar (art. 4º, da mesma Lei). O juiz só poderá decidir pedido de liminar após audiência do representante judicial da pessoa jurídica de direito público, se no polo passivo figurar autoridade ou ente estatal (Lei nº 8.437, de 30.06.1992, art. 2º). Da liminar cabe *agravo do réu* e também *pedido de suspensão* ao presidente do tribunal competente para conhecer de possível recurso, pedido esse formulado pela pessoa jurídica pública interessada. A sentença, se procedente, condenará o réu a reparar o dano e/ou a fazer ou abster-se de fazer algo. De acordo com a Lei nº 9.494, de 10.09.1997, que deu nova redação ao art. 16 da Lei nº 7.347, de 24.07.1985, a sentença civil fará coisa julgada *erga omnes*, nos limites da competência territorial do órgão prolator, exceto se o pedido for julgado improcedente por insuficiência de provas, hipótese em que qualquer legitimado poderá intentar outra ação com idêntico fundamento, valendo-se de nova prova.

18.7.11 *Habeas data*

a) *Noção* – Segundo José Afonso da Silva, "o *habeas data* é um remédio constitucional que tem por objeto proteger a esfera íntima dos indivíduos contra: a) usos abusivos de registros de dados pessoais coletados por meios fraudulentos, desleais ou ilícitos; b) introdução nesses registros de dados sensíveis (assim chamados os de origem racial, opinião política, filosófica ou religiosa, filiação partidária e sindical, orientação sexual etc.); c) conservação de dados falsos ou com fins diversos dos autorizados em lei" (*Curso de direito constitucional positivo*, 42. ed., 2019, p. 456).

No RE 673707, julgado em 17.6.2015, rel. Ministro Luiz Fux, o STF decidiu o seguinte: "*Habeas data* é garantia constitucional adequada para a obtenção, pelo contribuinte, dos dados concernentes ao pagamento de tributos do próprio contribuinte constantes dos sistemas informatizados de apoio à arrecadação dos órgãos da administração fazendária dos entes estatais".

b) *Legislação* – CF, art. 5º, LXXII; Lei nº 8.078/90 (Código do Consumidor), art. 43, §4º; Lei nº 9.507, de 12.11.1997, que disciplina o acesso a informações e o rito processual do *habeas data*. O processo judicial do *habeas data* é gratuito, sendo previsto nos arts. 8º a 20 da Lei nº 9.507/97.

c) *Objeto* – A impetração do *habeas data* visa a assegurar o conhecimento de informações relativas à *pessoa* do impetrante, constantes de registros ou bancos de dados de entidades governamentais ou de caráter público, e visa a possibilitar a retificação de dados. A Lei nº 9.507/1997, art. 7º, III, previu ainda o *habeas data* para anotação, nos assentamentos do interessado, de contestação ou explicação sobre dado verdadeiro, mas justificável, e que esteja sob pendência judicial ou amigável.

A Lei nº 9.507/97 considera de *caráter público* todo registro ou banco de dados contendo informações que sejam ou possam ser transmitidas a terceiros ou que não sejam de uso privativo do órgão ou entidade produtora ou depositária de informações (art. 1º, parágrafo único).

A mesma lei disciplinou a tramitação do *pedido administrativo de acesso a informações* relativas ao próprio interessado, determinando sua gratuidade (art. 21). O requerimento deve ser apresentado ao órgão ou entidade depositária do registro ou banco de dados e será deferido ou indeferido em quarenta e oito horas; a decisão será comunicada ao requerente em vinte e quatro horas (art. 2º e parágrafo único). No deferimento do pedido, serão marcados dia e hora para que o requerente tome conhecimento das informações (art. 3º). Verificada a inexatidão de qualquer dado a seu respeito, o interessado, em petição acompanhada de documentos comprobatórios, poderá solicitar a retificação. Mesmo não havendo inexatidão, o interessado poderá apresentar explicação ou contestação do mesmo, justificando possível pendência sobre o fato objeto do dado, sendo tal explicação anotada no seu cadastro (art. 4º e §2º).

d) *Legitimidade ativa* – Na lição de José Afonso da Silva (op. cit, p. 457), o direito de interpor *habeas data* é personalíssimo do titular dos dados, que pode ser brasileiro ou estrangeiro. Porém, decisão do antigo TFR (atual STJ) admitiu que herdeiros legítimos ou o cônjuge supérstite poderão impetrá-lo. No citado RE 673707, julgado em 17.6.2015, na respectiva ementa, se afirma que a legitimação para o *habeas data* se estende a pessoas físicas e jurídicas, nacionais e estrangeiras, porque se insere entre as garantias de direitos individuais.

e) *Legitimidade passiva* – No polo passivo podem figurar entidades governamentais, aí incluídos órgãos e entidades da Administração direta e indireta de quaisquer níveis; ou entidades de caráter público, assim consideradas as entidades dotadas de bancos de dados e cadastros relativos a consumidores, os serviços de proteção ao crédito e congêneres (cf. Lei nº 8.078/90, art. 43, §4º). A Lei nº 9.507/97 usa a expressão "órgão ou entidade depositária do registro ou banco de dados" (art. 2º, *caput*).

f) *Foro competente* – A Constituição Federal, nos arts. 102, I, *d*, e II, *a*; 105, I, *b*; 108, I, *c*; 109, VIII, e 121, §4º, V, indica a competência de órgãos da Justiça Federal para processar e julgar o *habeas data*. Segundo o art. 20 da Lei nº 9.507/97, o julgamento do *habeas data* compete originariamente: a) ao STF, contra atos do Presidente da República, das Mesas da Câmara dos Deputados e do Senado, do Tribunal de Contas da União, do Procurador-Geral da República ou do próprio STF; b) ao STJ, contra atos de Ministro de Estado ou do próprio STJ; c) aos Tribunais Regionais Federais, contra atos do próprio Tribunal ou de juiz federal; d) a juiz federal, contra ato de autoridade federal, excetuados os casos de competência dos tribunais federais; e) a juiz estadual, nos demais casos. Em grau de recurso, a competência cabe: a) ao STF, de decisão denegatória proferida em única instância pelos Tribunais Superiores; b) ao STJ, de decisão proferida em única instância pelos Tribunais Regionais Federais; c) aos Tribunais Regionais Federais, de decisão proferida por juiz federal; d) aos tribunais estaduais e do Distrito Federal, conforme dispuserem a Constituição estadual e a lei que organizar a Justiça do Distrito Federal. O julgamento em recurso extraordinário cabe ao STF, nos casos previstos na Constituição Federal.

g) *Procedimento* – A petição inicial, atendidos os requisitos do art. 319 do Código de Processo Civil, será apresentada em duas vias e os documentos que instruírem a primeira serão reproduzidos por cópia na segunda (art. 8º, *caput*). A petição deverá ser instruída com prova: I – da recusa ao acesso às informações ou ausência de decisão por mais de dez dias; II – da recusa em fazer-se a retificação ou da ausência de decisão por mais de quinze dias; III – da recusa em fazer-se anotação de contestação ou explicação sobre o dado ou da ausência de decisão por mais de quinze dias (art. 8º, parágrafo único).

Vê-se que, ao exigir tais provas, a Lei nº 9.507/97 condicionou a ação de *habeas data* ao *prévio uso da via administrativa*, porque só diante do indeferimento a pedido de acesso ao dado pessoal, a pedido de retificação ou diante da ausência de decisão ao pedido formulado, poderá ocorrer a lesão ou ameaça a direito. Note-se que o art. 5º, XXXV, da CF, diz o seguinte: "A lei não excluirá da apreciação do Poder Judiciário lesão ou ameaça a direito". Se não houver pedido administrativo, como se caracterizará a lesão ou ameaça a direito? Nos termos da Súmula 2 do STJ: "Não cabe o *habeas data* se não houver recusa de informação por parte da autoridade administrativa".

Ao despachar a inicial, o juiz ordenará a notificação do coator, entregando-lhe a segunda via apresentada pelo impetrante, com as cópias dos documentos. O coator tem o prazo de dez dias para oferecer as informações. Findo esse prazo, o Ministério Público será ouvido em cinco dias, seguindo-se a sentença do juiz, a ser proferida em cinco dias. Julgado procedente o pedido, o juiz marcará data e horário para que o coator: I – apresente ao impetrante as informações; II – apresente em juízo a prova da retificação ou da anotação feita nos assentamentos do impetrante. Da sentença que conceder, negar ou decidir pela carência do *habeas data* cabe apelação.

18.7.12 Ação de improbidade administrativa

A probidade, que há de caracterizar a conduta e os atos das autoridades e agentes públicos, aparecendo como dever, decorre do princípio da moralidade administrativa. Na linguagem comum, *probidade* equivale à honestidade, honradez, integridade de caráter, retidão. A improbidade administrativa tem um sentido forte de conduta que lese o erário público, que importe em enriquecimento ilícito ou proveito próprio ou de outrem no exercício de mandato, cargo, função, emprego público, embora existam outros casos sem lesão *direta* ao erário, por exemplo, na fraude à licitude em concurso público.

Uma das hipóteses de sanção à *improbidade administrativa* é prevista na Constituição Federal, ao indicar como passíveis de processo, por crime de responsabilidade, os atos do Presidente da República que atentem contra a probidade na Administração (art. 85, V).

Antes da Constituição de 1988, a Lei nº 1079, de 10.04.1950, em vigor, já indicava a improbidade como crime de responsabilidade (art. 10, V) do Presidente da República, Ministros de Estado, Governadores e Secretários Estaduais.

Por seu lado, a Constituição Federal, no §4º do art. 37, prevê, para *os atos de improbidade administrativa,* sem apontar os sujeitos ativos, a suspensão dos direitos políticos, a perda da função pública, a indisponibilidade de bens e o ressarcimento ao erário, na forma e gradação indicadas em lei, sem prejuízo da ação penal cabível. Por mencionar a perda da função pública, supõe-se que os destinatários da norma sejam apenas agentes públicos, embora a lei aventada alcance também agentes privados.

Essa lei, de nº 8.429, foi editada em 02.06.1992, recebeu algumas alterações posteriores e, mediante a Lei nº 14.230, de 25.10.2021, foi alterada substancialmente, flexibilizando o teor original.

Alguns aspectos da referida Lei de improbidade administrativa são indicados a seguir, com as modificações decorrentes da Lei nº 14.230/2021:

(i) Um dos itens das alterações diz respeito à *caracterização* dos atos de improbidade administrativa *somente para condutas dolosas*, excluídas as culposas, antes previstas.

(ii) Outro item das alterações diz respeito à competência para mover a ação judicial para aplicação das sanções indicadas na Lei; antes cabia ao Ministério Público e à pessoa jurídica interessada (União, Estados, Distrito Federal, Municípios, entidades da Administração indireta, por exemplo), e com a nova redação a competência seria somente do Ministério Público (art. 17, *caput*, e outros dispositivos que se referem só ao Ministério Público em fases da ação). Mas, na ADI 7042, o STF declarou a inconstitucionalidade parcial, sem redução de texto, do *caput* do art. 17 e demais dispositivos com menção exclusiva do Ministério Público em fases do processo, para restabelecer a legitimidade ativa concorrente e disjuntiva entre o Ministério Público e as pessoas jurídicas interessadas para a propositura da ação por improbidade administrativa e para a celebração de acordo de não persecução civil.

(iii) Um terceiro ponto das alterações pode ser ressaltado: a vedação da ação de improbidade para controle de legalidade de políticas públicas e para proteção do patrimônio público, patrimônio histórico, turístico, artístico, meio ambiente, ordem urbanística, honra e dignidade de grupos étnicos ou religiosos, ordem econômica e outros interesses difusos ou coletivos; ações destas matérias devem sujeitar-se à Lei nº 7.347, de 24.7.1985 – ação civil pública (art. 17-D).

(iv) As alterações advindas tornaram o texto da Lei nº 8.429/1992 muito minucioso; foram inseridos vários artigos identificados com as letras A, B, C, D etc. (como 17-A, 17-B etc.), com inúmeros parágrafos e incisos.

(v) O art. 1º foi alterado e tem a redação seguinte: "O sistema de responsabilização por atos de improbidade administrativa tutelará a probidade na organização do Estado e no exercício de suas funções, como forma de assegurar a integridade do patrimônio público e social, nos termos desta Lei".

O §1º do art. 1º caracteriza os atos de improbidade administrativa *somente para condutas dolosas* tipificadas nos arts. 9º, 10 e 11. A ilegalidade sem a presença do dolo que a qualifique não configura ato de improbidade (art. 17-C, §1º).

No §2º do art. 1º, vem conceituado o *dolo*: "a vontade livre e consciente de alcançar resultado ilícito, não bastando a voluntariedade do agente".

Nos termos do §6º, estão sujeitos às sanções da Lei os atos de improbidade contra o patrimônio de entidade privada que receba subvenção, benefício ou incentivo, fiscal ou creditício, de entes públicos ou governamentais. Também se sujeitam à Lei os atos de improbidade contra o patrimônio de entidade privada para cuja criação ou custeio o erário haja concorrido ou concorra no seu patrimônio ou receita atual, limitado o ressarcimento de prejuízos ao efeito ilícito sobre a contribuição dos cofres públicos (art. 1º, §7º).

(vi) Por força do art. 2º, é considerado *agente público* o agente político, o servidor público e todo aquele que exerce, mesmo transitoriamente ou sem remuneração, por eleição, nomeação, designação, contratação ou qualquer outra forma de vínculo, mandato, cargo, emprego ou funções no Executivo, Legislativo, Judiciário e na Administração direta e indireta da União, Estados, Distrito Federal e Municípios.

Envolvendo recursos públicos, sujeita-se à Lei o *particular*, pessoa física ou jurídica, que celebra, com a Administração Pública, convênio, contrato de repasse, contrato de gestão, termo de parceria, termo de cooperação ou ajuste equivalente (art. 2º, parágrafo único). Sujeita-se, ainda, quem, não sendo agente público, induza ou concorra dolosamente para a prática de ato de improbidade (art. 3º, *caput*).

Nos termos do art. 23-C, atos ensejadores de enriquecimento ilícito, perda patrimonial, desvio, apropriação, malbaratamento ou dilapidação de recursos públicos dos partidos políticos ou de suas fundações serão responsabilizados nos termos da Lei nº 9.096, de 19.9.1995 – Lei Orgânica dos Partidos Políticos.

Se o ato de improbidade também se enquadrar como ato lesivo à Administração Pública na Lei Anticorrupção – Lei nº 12.846, de 01.8.2013, não se aplica a Lei de Improbidade (art. 3º, §2º).

O sucessor ou herdeiro de quem causar dano ao erário ou que se enriquecer ilicitamente sujeitam-se à obrigação de repará-lo até o limite do valor da herança ou do patrimônio transferido (art. 8º).

(vii) Havendo indícios de ato de improbidade, a autoridade que tiver ciência dos fatos representará ao Ministério Público competente para as providências necessárias (art. 7º). Ou tomará providências para apurar os fatos e, se for o caso, ajuizar a ação.

(ix) A Lei nº 8.429/1992, com as alterações posteriores, arrola, um a um, os atos de improbidade administrativa, reunidos sob as rubricas seguintes:

a) Art. 9º – *Atos dolosos que importam enriquecimento ilícito*, por exemplo: auferir qualquer tipo de vantagem patrimonial indevida, notadamente: utilizar, em obra ou serviço particular, qualquer bem móvel, de propriedade ou à disposição de qualquer órgão ou entidade referida no art. 1º, e o trabalho de servidores, de empregados ou terceirizados contratados; receber qualquer vantagem econômica, direta ou indireta, para fazer declaração falsa; receber para si ou para outrem dinheiro, bem móvel ou imóvel ou qualquer vantagem econômica a título de comissão, percentagem, gratificação etc., de quem tenha interesse, direto ou indireto, em ação ou omissão decorrente das atribuições do agente público.

b) Art. 10 – Ação *ou omissão dolosa que cause dano ao erário, que enseje, efetiva e comprovadamente, perda patrimonial, desvio, apropriação, malbaratamento ou dilapidação de bens ou haveres dos poderes*, órgãos *e entes públicos*, por exemplo: facilitar ou concorrer para a incorporação ao patrimônio particular, de pessoa física ou jurídica, de bens, rendas, verbas ou valores do acervo público; frustrar a licitude do processo licitatório ou dispensá-lo indevidamente; agir ilicitamente na celebração, fiscalização e análise das prestações de contas de parcerias firmadas pela Administração com entidades privadas.

c) Art. 11 – Ação *ou omissão dolosa que atentam contra os princípios da Administração Pública, violando deveres de honestidade, de imparcialidade e de legalidade*, por exemplo: frustrar, em ofensa à imparcialidade, o caráter concorrencial de concurso público, com vistas à obtenção de benefício próprio, direto ou indireto, ou de terceiros; deixar de prestar contas quando esteja obrigado a fazê-lo, com vistas a ocultar irregularidades; nomear cônjuge, companheiro ou parente em linha reta, colateral ou por afinidade, até o 3º grau, da autoridade nomeante ou servidor da mesma pessoa jurídica ocupante de cargo de direção, chefia ou assessoramento, para o exercício de cargo em comissão ou de função gratificada na Administração direta e indireta da União, Estados, Distrito Federal, Municípios e nos demais Poderes federativos; praticar, com recursos do erário, ato de publicidade contrário ao §1º do art. 37 da CF.

Somente haverá improbidade administrativa na aplicação do art. 11 quando for comprovado na conduta funcional do agente público o fim de obter proveito ou benefício indevido para si ou para outra pessoa ou entidade (art. 11, §1º). Deve haver demonstração objetiva da prática de ilegalidade no exercício da função pública, com indicação das normas legais violadas (art. 11, §3º). Não se configura improbidade a mera nomeação ou indicação política por parte dos detentores de mandatos eletivos, sendo necessária a aferição de dolo com finalidade ilícita por parte do agente (art. 11, §5º).

(x) O art. 12, nos incs. I, II e III, lista, respectivamente, as *sanções* para cada grupo de atos de improbidade, apontados nos arts. 9º, 10 e 11, que podem ser aplicadas isolada ou cumulativamente, de acordo com a gravidade do ato, independentemente do ressarcimento do dano e das sanções penais e de responsabilidades civis e administrativas:

I – *Art. 9º* – perda dos bens e valores acrescidos ilicitamente ao patrimônio; perda da função pública; suspensão dos direitos políticos até 14 (catorze) anos; pagamento de multa civil equivalente ao valor do acréscimo patrimonial; proibição de contratar com o poder público e de receber benefícios ou incentivos fiscais ou creditícios, ainda que por intermédio de pessoa jurídica da qual seja sócio majoritário, pelo prazo não superior a 14 (catorze) anos;

II – *Art. 10* – perda dos bens e valores acrescidos ilicitamente ao patrimônio; perda da função pública; suspensão dos direitos políticos até 12 (doze) anos; pagamento de multa civil equivalente ao valor do dano; proibição de contratar com o poder público e de receber benefícios ou incentivos fiscais ou creditícios, ainda que por intermédio de pessoa jurídica da qual seja sócio majoritário, pelo prazo não superior a 12 (catorze) anos;

III – *Art. 11* – pagamento de multa civil de até 24 (vinte e quatro) vezes o valor da remuneração percebida pelo agente; proibição de contratar com o poder público e de receber benefícios ou incentivos fiscais ou creditícios, ainda que por intermédio de pessoa jurídica da qual seja sócio majoritário, pelo prazo não superior a 4 (quatro) anos.

Em caráter excepcional, a sanção de proibição de contratação pode extrapolar o ente público lesado, observados os impactos econômicos e sociais das sanções, de forma a preservar a função social da pessoa jurídica (art. 12, §4º). A sanção de proibição de contratar com o poder público deverá figurar no Cadastro Nacional de Empresas Inidôneas e Suspensas – CEIS, observadas as limitações territoriais contidas em decisão judicial (art. 12, §8º). No caso de atos de menor ofensa aos bens tutelados na Lei, a sanção será limitada à aplicação de multa, sem prejuízo do ressarcimento do dano e da perda dos valores obtidos (art. 12, §5º).

(xi) A posse e o exercício de agente público ficam condicionados à apresentação de declaração de imposto de renda e proventos de qualquer natureza, que tenha sido apresentada à Receita Federal, a fim de ser arquivada no serviço de pessoal competente, devendo ser atualizada anualmente e na data em que o agente público deixar o exercício do mandato, do cargo, do emprego ou da função, sendo aplicada a pena de demissão ao agente público que se recusar a prestar a declaração de bens no prazo fixado ou prestar declaração falsa (art. 13, *caput* e §§2º e 3º).

(xii) Qualquer pessoa poderá representar à autoridade administrativa competente, a fim de ser instaurada apuração da prática de ato de improbidade (art. 14), ou representar ao Ministério Público; este poderá, se invocado por autoridade ou no caso de representação de qualquer pessoa, instaurar inquérito civil ou procedimento investigativo assemelhado e requisitar a instauração de inquérito policial (art. 22, *caput*).

(xiii) No tocante ao *processo judicial*, cabe ao Ministério Público e às pessoas jurídicas interessadas (conforme supracitada ADI 7042) promover a ação para aplicação das sanções, a qual seguirá o rito comum, nos termos do CPC, salvo o disposto na Lei de Improbidade (art. 17, *caput*), devendo ser proposta perante o foro do local onde ocorrer o dano ou o local da pessoa jurídica prejudicada (art. 17, §4º). Na ação poderá ser formulado, em caráter antecedente ou incidente, pedido de *indisponibilidade de bens dos réus*, a fim de garantir a integral recomposição do erário ou do acréscimo patrimonial resultante do enriquecimento ilícito (art. 16). A autoridade judicial competente poderá determinar o *afastamento do agente público* do exercício do cargo, emprego o da função, sem prejuízo da remuneração, por até 90 (noventa) dias, quando a medida for necessária à instrução processual e para evitar a eminente prática de novos ilícitos (art. 20, §§1º e 2º).

Os arts. 17, 17-C, 17-D, 18, 18-A, 20, 21 e 22 abrigam preceitos sobre a ação judicial, havendo declaração de inconstitucionalidade parcial, pelo STF, daqueles onde se menciona somente o Ministério Público.

(xiv) A redação original do §1º do art. 17 da Lei nº 8.429/1992 vedava transação, acordos ou conciliação nas ações judiciais por improbidade administrativa. Depois, a Lei nº 13.964, de 24.12.2019 – Lei anticrime – alterou a redação deste preceito, possibilitando acordo. O art. 17-B, na redação da Lei nº 14.230/2021, permite ao Ministério Público e às pessoas jurídicas interessadas (na decisão da ADI 7042) celebrar *acordo de não persecução civil*, desde que advenham, ao menos, os seguintes resultados: I – ressarcimento integral do dano; II – reversão à pessoa jurídica lesada da vantagem indevida obtida, ainda que oriunda de agentes privados (art. 17-B, *caput*). A celebração do acordo depende cumulativamente: I – da oitiva do ente federativo lesado, em momento anterior ou posterior à propositura da ação; II – de aprovação pelo órgão do Ministério Público competente para apreciar as propostas de arquivamento de inquéritos civis, se anterior ao ajuizamento da ação; III – de homologação judicial, antes ou após o ajuizamento da ação (art. 17-B, §1º). O acordo poderá ser firmado no curso da investigação do ilícito, no curso da ação judicial ou no momento da execução da sentença condenatória (art. 17-B, §4º). O acordo poderá contemplar a adoção de mecanismos de integridade, de auditoria, aplicação efetiva de códigos de ética no âmbito da pessoa jurídica e de incentivo à denúncia de irregularidades (art. 17-B, §6º). O descumprimento do acordo impede a celebração de novo acordo pelo prazo de 5 (cinco) anos (art. 17-B, §7º).

(xv) Nos termos do art. 23, a ação para aplicação das sanções prescreve em 8 (oito) anos, contados do fato ou, no caso de infrações permanentes, do dia em que cessou a permanência.

Lembre-se que o STF firmara que não prescreviam as ações de ressarcimento de dano ao erário relativas a atos de improbidade praticados com dolo; no entanto a Lei nº 14.230/2021 prevê o prazo prescricional de 8 (oito) anos, sem distinção entre os atos de improbidade. O STF, em 18.8.2022, ARE 843.989, decidiu que os novos prazos de prescrição previstos na Lei nº 14.230/2021 só valem para os processos iniciados após a vigência desta Lei. A abertura de inquérito civil ou de processo administrativo para apuração dos ilícitos *suspende* o curso da prescrição por, no máximo, 180 (cento e oitenta) dias corridos, recomeçando a correr após sua conclusão ou, caso não concluído, esgotado o prazo de suspensão (art. 23, §1º). O prazo de prescrição se *interrompe*: I – pelo ajuizamento da ação; II – pela publicação da sentença condenatória; III – pela publicação da decisão ou acórdão do Tribunal de Justiça ou Tribunal Regional Federal que confirma a sentença condenatória ou reforma a sentença de improcedência; IV – pela publicação do acórdão do STJ que confirma acórdão condenatório ou reforma acórdão de improcedência; V – pela publicação de acórdão do STF que confirma acórdão condenatório ou que reforma acórdão de improcedência (art. 23, §3º). Interrompida a prescrição, o prazo recomeça a correr do dia da interrupção, pela metade do prazo de 8 (oito) anos (art. 23, §5º), ou seja, por 4 (quatro) anos. A suspensão e a interrupção produzem efeitos em relação a todos os envolvidos na prática do ato de improbidade (art. 23, §6º).

(xvi) Haverá condenação em honorários sucumbenciais em caso de improcedência da ação de improbidade se comprovada má-fé (art. 23-B, §2º).

Nas ações e nos acordos não haverá adiantamento de custas, de preparo, de emolumentos, de honorários periciais e de quaisquer outras despesas, que serão pagos ao final em caso de procedência da ação (art. 23-B e §1º).

Em 18.8.2022, ARE 843.989, o STF decidiu que, fora os prazos prescricionais, a nova lei se aplica aos atos de improbidade administrativa culposos praticados na vigência do texto anterior da lei, porém sem condenação transitada em julgado, devendo o juízo competente analisar eventual dolo por parte do agente; os novos termos não se aplicam a processos com julgamento encerrado (coisa julgada) ou em vias de execução das penas e seus incidentes.

Na ADI 7043, rel. Ministro Barroso, foi declarada a inconstitucionalidade parcial do §20 do art. 17 da Lei nº 8.429/1992, incluído pela Lei nº 14. 230/2021, no sentido de que não existe obrigatoriedade de defesa judicial por parte de assessoria jurídica que emitiu parecer a favor da legalidade prévia de atos administrativos editados por administrador público e este vier a responder por ação de improbidade administrativa; há, porém, a possibilidade de os órgãos da Advocacia Pública autorizarem esta representação judicial por parte da assessoria jurídica que emitiu o referido parecer.

18.8 Meios consensuais de resolução de litígios envolvendo a Administração

Tais mecanismos aparecem citados, por vezes, sob o nome de *meios alternativos de solução de litígios*. Aqui a palavra *alternativos* se coloca em referência ao que seria o meio principal ou comum, que é a via jurisdicional.

Também aparecem com o título de *mecanismos privados de solução de conflitos*, em virtude do seu clássico emprego nas disputas envolvendo particulares, visando à busca de solução fora do campo judicial; diz respeito, portanto, ao âmbito de origem da sua utilização. Havendo, na atualidade, o uso de tais mecanismos em grande número de litígios envolvendo a Administração Pública, não mais seria adequado o adjetivo *privados*.

Na visão contemporânea do Direito Administrativo, a preferência recai sobre a expressão *meios consensuais de solução de conflitos* envolvendo a Administração Pública, ante a ideia mais ampla da Administração consensual, da consensualidade, ou seja, de uma Administração Pública menos imperativa e mais propensa a negociação, acordos, respeito a direitos dos particulares.

No ordenamento brasileiro, textos específicos vinham mencionando a possibilidade do uso de tais meios para solução de controvérsias entre a Administração e particulares, sobretudo no âmbito dos contratos administrativos.

Pela primeira vez cogitou-se, de modo explícito, destes meios, inclusive a arbitragem, no âmbito de conflitos relacionados aos contratos de parceria público-privada, por força do art. 11, III, da Lei nº 11.079, de 30.11.2004. O teor da redação deste inciso III, do art. 11, irá se repetir, de forma quase idêntica, em posteriores diplomas legais. Lembre-se que no ordenamento brasileiro, a *arbitragem* foi disciplinada na Lei nº 9.307, de 23.09.1996, surgindo controvérsias quanto à sua aplicabilidade para conflitos envolvendo a Administração Pública.

Depois, o acréscimo do art. 23-A à Lei nº 8.987/1995 – Lei de concessões – efetuado mediante a Lei nº 11.196/2005, possibilitou o emprego de tais mecanismos nos contratos de concessão e permissão de serviço público, para conflitos referentes aos respectivos contratos.

Em seguida, a Lei nº 13.129, de 26.05.2015, alterou a Lei da Arbitragem – Lei nº 9.307/1996 –, para, no art. 1º, §1º, *possibilitar que a Administração Pública direta e indireta utilize a arbitragem* para dirimir conflitos referentes a direitos patrimoniais disponíveis. E introduziu outros preceitos para a arbitragem envolvendo a Administração Pública.

Em 26.06.2015, editou-se a Lei nº 13.140 – chamada *Lei da Mediação*, a qual, entre outras disposições (inclusive a mediação na via judicial), traz preceitos sobre a resolução de conflitos por meio de composição, no caso de controvérsia entre particular e pessoa jurídica de direito público (art. 32, II); além do vocábulo *mediação*, em alguns dispositivos se mencionam as palavras *acordo*, *transação*. O art. 33, parágrafo único, prevê o procedimento de *mediação coletiva de conflitos* relacionados à prestação de serviços públicos, podendo ser instaurado de ofício ou mediante provocação.

O Decreto nº 10.025, de 20.9.2019, dispõe sobre a *arbitragem* para dirimir conflitos que envolvam a administração pública federal nos setores portuário e de transporte rodoviário, ferroviário, aquaviário e aeroportuário. E revoga o Decreto nº 8.465, de 08.6.2015, referente a critérios de arbitragem para dirimir conflitos no setor portuário.

A Lei nº 13.988, de 14.4.2020, com alterações posteriores, dispõe sobre requisitos e condições para que a União, suas autarquias e fundações e os devedores ou as partes adversas realizem *transação resolutiva de litígio*, relativo à cobrança de créditos da Fazenda Pública, de natureza tributária ou não tributária; aplica-se, aos créditos tributários sob a administração da Secretaria Especial da Receita Federal (redação da Lei nº 14.375/2022), à dívida ativa e aos tributos da União cuja inscrição, cobrança ou representação incumbam à Procuradoria-Geral da Fazenda Nacional Federal e, no que couber, à divida ativa das autarquias e das fundações públicas federais, cuja inscrição, cobrança e representação incumbem à Procuradoria-Geral Federal ou à Procuradoria-Geral do Banco Central e aos créditos cuja cobrança seja competência da Procuradoria-Geral da União, nos termos de ato do Advogado-Geral da União (a partir da expressão *de cuja inscrição*, redação dada pela Lei nº 14.689/2023). Vê-se que a consensualidade alcançou até um dos âmbitos imperativos da Administração Pública: o tributário.

A Lei nº 14.133, de 01.4.2021 – licitações e contratos administrativos – contém capítulo sobre os meios consensuais (arts. 151 a 154), mencionando, notadamente, a mediação, o comitê de resolução de disputas e a arbitragem (art. 151).

Quanto aos *tipos de meios consensuais* de solução de conflitos, podem ser citados, em especial: a *arbitragem*, a *conciliação*, a *mediação* e a *transação extrajudicial*. As breves menções a seguir dizem respeito à solução de disputas envolvendo a Administração, mediante esses meios, fora da via judicial.

A *arbitragem* é o mecanismo que exige um terceiro ou terceiros, escolhidos pelas partes em conflito, para o fim de emitir ou emitirem decisão que resolva a disputa. Com base no conceito de Carlos Alberto Carmona, a *arbitragem* é o meio de solução de controvérsias mediante a atuação de uma ou mais pessoas, que recebem seus poderes de uma convenção das partes, decidindo sem intervenção judicial (*Arbitragem e processo: um comentário* à *Lei nº 9.307/96*. São Paulo: Atlas, 2007, p. 51). Nos preceitos supra, que aventam o uso da arbitragem nos conflitos relativos a contratos administrativos, exige-se que a arbitragem seja realizada no Brasil e em língua portuguesa.

Outro mecanismo situa-se na *conciliação*: é o método no qual um terceiro coordena a negociação para buscar uma solução de consenso entre as partes.

Na *mediação*, as partes recorrem a um terceiro, que irá ajudá-las a firmar um acordo para a solução do conflito.

Por sua vez, a *transação extrajudicial* (consensual) é o mecanismo em que as partes, por si próprias, efetuam concessões recíprocas, com o objetivo de prevenir ou encerrar o litígio; aqui inexiste atuação de terceiros.

Bibliografia

AMARAL FILHO, Marcos Jordão T. do. *O ombudsman e o controle da administração*. São Paulo: Edusp/Ícone, 1993.

BARBOSA Moreira, José Carlos. O habeas data brasileiro e sua lei regulamentadora. *RDA*, v. 211, jan./mar. 1998.

BUENO, Cássio Scarpinella. *A nova lei do mandado de segurança*. São Paulo: Saraiva, 2009.

FAGUNDES, Miguel Seabra. *O controle dos atos administrativos pelo Poder Judiciário*. 5. ed. Rio de Janeiro: Forense, 1979.

FREITAS, Juarez. *O controle dos atos administrativos e os princípios fundamentais*. 4. ed. São Paulo: Malheiros, 2009.

GRINOVER, Ada Pellegrini. *O contencioso administrativo na Emenda 7/77*. O processo em sua unidade. São Paulo: RT, 1978.

MANCUSO, Rodolfo de Camargo. *Ação civil pública*. 10. ed. São Paulo: RT, 2007.

MANCUSO, Rodolfo de Camargo. *Ação popular*. 5. ed. São Paulo: RT, 2003.

MEDAUAR, Odete. *Controle administrativo das autarquias*. São Paulo: Bushatsky, 1976.

MEDAUAR, Odete. *Controle da administração pública*. 4. ed. São Paulo: Fórum, 2020.

MEDAUAR, Odete. Parâmetros de controle da discricionariedade. *In*: GARCIA, Emerson (Org.). *Discricionariedade administrativa*. Rio de Janeiro: Lumen Juris, 2005. p. 79-89.

MEDAUAR, Odete. Prescrição e administração pública. *RT*, v. 642, abr. 1989.

MEDAUAR, Odete. Recursos administrativos. *RT*, v. 583, maio 1984.

MOREIRA, Egon Bockmann; BAGATIN, Andreia C.; ARENHART, Sérgio C.; FERRARO, Marcela P. *Comentários à Lei de Ação Civil Pública*. São Paulo: RT, 2016.

OLIVEIRA, Márcio Berto Alexandrino de; MALTA, Allan Dias Toledo; PEREIRA, Layon Nicolas Dias. *A defesa do agente público na ação de improbidade administrativa*. 3. ed. Rio de Janeiro: Lumen Juris, 2020.

OLIVEIRA, Regis Fernandes. *Curso de Direito Financeiro*. 4. ed. São Paulo: RT, 2011.

OSÓRIO, Fábio Medina. *Teoria da improbidade administrativa*. 5. ed. São Paulo: RT, 2020.

PALMA, Juliana Bonacorsi de. *Sanção e acordo na Administração Pública*. São Paulo: Malheiros, 2015.

PEREZ, Marcos Augusto. *Testes de legalidade*: métodos para o amplo controle jurisdicional da discricionariedade administrativa. Belo Horizonte: Fórum, 2020.

PEREZ, Marcos Augusto; SOUZA, Rodrigo Pagani de (Org.). *Controle da administração pública*. Belo Horizonte: Fórum, 2017.

SANTOS, Bruno Grego dos. *Transação extrajudicial na Administração Pública*. São Paulo: RT, 2019.

SCHOENMAKER, Janaina. *Controle das parcerias entre o Estado e o terceiro setor pelos Tribunais de Contas*. Belo Horizonte: Fórum, 2011.

SILVA, José Afonso da. *Curso de direito constitucional positivo*. 42. ed. São Paulo: Malheiros, 2019.

BIBLIOGRAFIA

ALMEIDA, Fernando Dias Menezes de. *Contrato Administrativo*. São Paulo: Quartier Latin, 2012.

ALMEIDA, Fernando Dias Menezes de. *Formação da Teoria do Direito Administrativo no Brasil*. São Paulo: Quartier Latin, 2015.

AMARAL FILHO, Marcos Jordão T. *O ombudsman e o controle da administração*. São Paulo: Edusp/Ícone, 1993.

AMARAL FILHO, Marcos Jordão T. *Privatização no Estado contemporâneo*. São Paulo: Ícone, 1996.

ANDRADE, José Carlos Vieira de. *O dever de fundamentação expressa de actos administrativos*. Coimbra: Almedina, 1991.

ARAGÃO, Alexandre Santos de (Org.). *Empresas públicas e sociedades de economia mista*. Belo Horizonte: Fórum, 2015.

ARAGÃO, Alexandre Santos de. *Agências reguladoras*. 2. ed. Rio de Janeiro: Forense, 2003.

ARAGÃO, Alexandre Santos de. *Curso de direito administrativo*. 2. ed. Rio de Janeiro: Forense, 2013.

ARAGÃO, Alexandre Santos de. *Direito dos serviços públicos*. 3. ed. Rio de Janeiro: Forense, 2013.

ARAGÃO, Alexandre Santos de. *Empresas estatais*: o regime jurídico das empresas e sociedades de economia mista. Rio de Janeiro: Forense, 2017.

ARAGÃO, Alexandre Santos de; MARQUES NETO, Floriano de Azevedo (Org.). *Direito Administrativo e seus novos paradigmas*. 2. ed. Belo Horizonte: Fórum, 2017.

ARAÚJO, Valter Shuenquener de. *O princípio da proteção da confiança*. Niterói: Impetus, 2009.

ARRUDA, Carmen Silvia Lima de Arruda. *O princípio da transparência*. São Paulo: Quartier Latin, 2020.

ÁVILA, Humberto Bergmann. Repensando o princípio da supremacia do interesse público sobre o particular. *In*: SARLET, Ingo Wolfgang. *O direito público em tempos de crise*. Porto Alegre: Livraria do Advogado, 1999.

AZZARITTI, G. *Dalla discrezionalità al potere*. Pádua: Cedam, 1986.

BACELLAR FILHO, Romeu Felipe. *Processo administrativo disciplinar*. 4. ed. São Paulo: Saraiva, 2013.

BANDEIRA DE MELLO, Celso Antônio. *Curso de direito administrativo*. 19. ed. São Paulo: Malheiros, 2006.

BANDEIRA DE MELLO, Celso Antônio. *Natureza e regime jurídico das autarquias*. São Paulo: RT, 1968.

BAPTISTA, Patrícia Ferreira. *Segurança jurídica e proteção da confiança legítima no direito administrativo*. Tese (Doutorado) – Faculdade de Direito, USP, São Paulo, 2006.

BAPTISTA, Patrícia Ferreira. *Transformações do direito administrativo*. 2. ed. Rio de Janeiro: Lumen Juris, 2018.

BARROS, Suzana de Toledo. *O princípio da proporcionalidade e o controle de constitucionalidade das leis restritivas de direitos fundamentais*. Brasília: Brasília Jurídica, 1996.

BARROSO, Luis Roberto. Natureza jurídica e funções das agências reguladoras de serviços públicos. *BDA*, p. 367-374, jun. 1999.

BENVENUTI, Feliciano. Funzione amministrativa, procedimento, processo. *Rivista Trimestrale di Diritto Pubblico*, 1952.

BINENBOJM, Gustavo. *Uma teoria do direito administrativo*. Rio de Janeiro: Renovar, 2006.

BITTENCOURT NETO, Eurico; MARRARA, Thiago (Org.). *Processo administrativo brasileiro*: estudos em homenagem aos 20 anos da Lei Federal de Processo Administrativo. Belo Horizonte: Fórum, 2020.

BORGES, Alice Gonzalez. *Temas do direito administrativo atual*. Belo Horizonte: Fórum, 2010. v. 2.

BREWER-CARIAS, A. *Principios del procedimiento administrativo*. Madri: Civitas, 1990.

CAHALI, Yussef Said. *Responsabilidade civil do Estado*. 2. ed. São Paulo: Malheiros, 1995.

CARVALHO FILHO, José dos Santos. *Manual de Direito Administrativo*. 38. ed. São Paulo: Atlas, 2024.

CARVALHO NETO, Tarcisio Vieira de. *O princípio da impessoalidade nas decisões administrativas*. Brasília: Gazeta Jurídica, 2015.

CARVALHO NETO, Tarcisio Vieira de. *Responsabilidade civil extracontratual do Estado por omissão*. Brasília: Gazeta Jurídica, 2014.

CASETTA, Elio. *Compendio di diritto amministrativo*. 19. ed. Milão: Giuffrè, 2019 (aos cuidados de Fabrizio Fracchia).

CASSAGNE, Juan Carlos. *Curso de derecho administrativo*. 10. ed. Buenos Aires: La Ley, 2011. v. I-II.

CASSAGNE, Juan Carlos. *La intervención administrativa*. Buenos Aires: Abeledo-Perrot, 1994.

CASSAGNE, Juan Carlos. *Tratado general de los contratos públicos*. Buenos Aires: La Ley, 2013. 3 v.

CASSESE, Sabino. *A crise do Estado*. Campinas: Saberes, 2000.

CASTRO, Rodrigo Pironti Aguirre de; GONÇALVES, Francine Silva Pacheco. *Compliance e gestão de riscos nas empresas estatais*. 2. ed. Belo Horizonte: Fórum, 2019.

CASTRO, Sônia Rabello de. *O Estado na preservação de bens culturais*: o tombamento. Rio de Janeiro: Renovar, 1991.

CAVALCANTI, Themistocles Brandão. A codificação do processo administrativo. *Direito*, Rio de Janeiro, v. 1, n. 1, jan./fev. 1940.

CAVALCANTI, Themistocles Brandão. *Teoria dos atos administrativos*. São Paulo: RT, 1973.

CHAMOUN, Ebert. *Da retrocessão nas desapropriações*. Rio de Janeiro: Forense, 1959.

CINTRA, Antônio Carlos de Araújo. *Motivo e motivação do ato administrativo*. São Paulo: RT, 1979.

CINTRA, Antônio Carlos de Araújo; GRINOVER, Ada; DINAMARCO, Cândido. *Teoria geral do processo*. 23. ed. São Paulo: Malheiros, 2007.

COUTO E SILVA, Almiro do. Poder discricionário no direito administrativo brasileiro. *RDA*, p. 179-180, jan./jul. 1990.

CRETELLA JÚNIOR, José. *Do ato administrativo*. 2. ed. São Paulo: Bushatsky, 1977.

CRETELLA JÚNIOR, José. *Tratado do domínio público*. Rio de Janeiro: Forense, 1984.

CUELLAR, Leila. *Agências reguladoras e seu poder normativo*. São Paulo: Dialética, 2001.

CUNHA FILHO, Alexandre Jorge Carneiro da. *Poder de Polícia*: compreensão contemporânea do instituto e discussão sobre a possibilidade de delegação de seu exercício a entes privados. Ribeirão Preto: IELD, 2014.

CUNHA FILHO, Alexandre Jorge Carneiro da; ARRUDA, Carmen Silvia Lima de; PICCELLI, Roberto Ricomini (Coord.). *Lei de licitações e contratos* – Comentada – Lei 14.133/2021. São Paulo: Quartier Latin, [s.d.]. v. I, II e III.

CUNHA FILHO, Alexandre Jorge Carneiro da; ISSA, Rafael Hamse; SCHWIND, Rafael Wallbach (Org.). *Lei de Introdução às Normas do Direito Brasileiro anotada.* São Paulo: Quartier Latin, 2019. v. I-II.

DELVOLVÉ, Pierre. *L'acte administratif.* Paris: Sirey, 1983.

DERGINT, Augusto do Amaral. *Responsabilidade do Estado por atos judiciais.* São Paulo: RT, 1994.

DI PIETRO, Maria Sylvia Zanella. *Direito administrativo.* 32. ed. São Paulo: Atlas, 2019.

DI PIETRO, Maria Sylvia Zanella. *Discricionariedade administrativa na Constituição de 1988.* São Paulo: Atlas, 1991.

DI PIETRO, Maria Sylvia Zanella. *Parcerias na administração pública.* 6. ed. São Paulo: Atlas, 2008.

DI PIETRO, Maria Sylvia Zanella. *Uso privativo de bem público por particular.* 2. ed. São Paulo: Atlas, 2010.

DIAS, Maria Tereza Fonseca. *Terceiro setor e Estado*: legitimidade e regulação. Por um novo marco jurídico. Belo Horizonte: Fórum, 2008.

DUQUE, Marcelo Schenk; RAMOS, Rafael (Org.). *Segurança jurídica na aplicação do direito público.* Salvador: JusPodivm, 2019.

EISENMANN, Ch. *Cours de droit administratif.* Paris: LGDJ, 1982. v. I.

FAGUNDES, Miguel Seabra. *O controle dos atos administrativos pelo Poder Judiciário.* 5. ed. Rio de Janeiro: Forense, 1979.

FARIA, J. Eduardo (Org.). *Regulação, direito e democracia.* São Paulo: Fundação Perseu Abramo, 2002.

FERRARA, Rosario. *Gli accordi tra i privati e la pubblica amministrazione.* Milão: Giuffrè, 1985.

FERRAZ JR., Tercio Sampaio. *Introdução ao estudo do direito.* 7. ed. São Paulo: Atlas, 2013.

FERRAZ, Anna Cândida da Cunha. *Conflito entre poderes*: o poder congressual de sustar atos normativos do Poder Executivo. São Paulo: RT, 1994.

FERRAZ, Anna Cândida da Cunha. O regime especial das autarquias educacionais. *RPGE*, São Paulo, n. 17, dez. 1980.

FERRAZ, Sérgio; DALLARI, Adilson. *Processo administrativo.* São Paulo: Malheiros, 2001.

FERREIRA FILHO, Manoel Gonçalves. *Curso de direito constitucional.* 39. ed. São Paulo: Saraiva, 2013.

FERREIRA FILHO, Manoel Gonçalves. O princípio da legalidade. *Revista da Procuradoria Geral do Estado de São Paulo*, v. 10, jun. 1977.

FERREIRA, Sérgio de Andréa. *Comentários à Constituição.* Rio de Janeiro: Freitas Bastos, 1991. v. 3: arts. 37 a 43.

FLOGAITIS, Spyridon. *Administrative law et droit administratif.* Paris: LGDJ, 1986.

FONSECA, Tito Prates da. *Autarquias administrativas.* São Paulo: Livraria Acadêmica (Saraiva), 1935.

FRANÇA, R. Limongi. *Princípios gerais de direito.* São Paulo: RT, 1971.

FRANCO SOBRINHO, Manoel de Oliveira. *O controle da moralidade administrativa.* São Paulo: Saraiva, 1974.

FRANCO, Fernão Borba. *Processo administrativo.* São Paulo: Atlas, 2008.

FREITAS, Juarez. *O controle dos atos administrativos e os princípios fundamentais.* 4. ed. São Paulo: Malheiros, 2009.

GABARDO, Emerson. *Princípio constitucional da eficiência administrativa.* São Paulo: Dialética, 2002.

GARCÍA DE ENTERRÍA, Eduardo; FERNANDES, Tomas-Ramón. *Curso de derecho administrativo.* 10. ed. Madrid: Civitas, 2000. v. 1.

GARCÍA DE ENTERRÍA, Eduardo; FERNANDES, Tomas-Ramón. *Curso de derecho administrativo*. 7. ed. Madrid: Civitas, 2000. v. 2.

GARCIA, Emerson; ALVES, Rogério Pacheco. *Improbidade administrativa*. 9. ed. São Paulo: Saraiva, 2017.

GARCIA, Flávio Amaral. *Licitação e contratos administrativos*: casos e polêmicas. 5. ed. São Paulo: Malheiros, 2018.

GARCIA-PELAYO, M. *Las transformaciones del Estado contemporaneo*. 3. ed. Madrid: Alianza, 1987.

GIANNINI, M. S. *Diritto amministrativo*. Milão: Giuffrè, 1993. v. 1-2.

GIANNINI, M. S. *Il potere discrezionale nella pubblica amministrazione*. Milão: Giuffrè, 1939.

GIANNINI, M. S. *Il pubblico potere*: stati e amministrazioni pubbliche. Bolonha: Il Mulino, 1986.

GIORA JÚNIOR, Romeu. *Contornos atuais da indenização na desapropriação urbana*. São Paulo: Jurídica Brasileira, 2007.

GORDILLO, Agustin. *Tratado de derecho administrativo*. Buenos Aires: Fundación de Derecho Administrativo, 2000. t. I, II, III, IV.

GRINOVER, Ada Pellegrini. As garantias do contraditório e ampla defesa. *Jornal do Advogado*, São Paulo, n. 175, nov. 1990.

GRINOVER, Ada Pellegrini. *O contencioso administrativo na Emenda 7/77*. O processo em sua unidade. São Paulo: RT, 1978.

GUEDES, Demian. *Processo administrativo e democracia*. Belo Horizonte: Fórum, 2007.

HARADA, Kiyoshi. *Desapropriação*: doutrina e prática. 11. ed. São Paulo: Atlas, 2015.

HARGER, Marcelo. *Princípios constitucionais do processo administrativo*. 2. ed. Rio de Janeiro: Forense, 2008.

HORBACH, Carlos Bastide. *Teoria das nulidades do ato administrativo*. São Paulo: RT, 2007.

JUSTEN FILHO, Marçal (Org.). *Estatuto jurídico das estatais*: Lei 13.303/2016. São Paulo: RT, 2016.

JUSTEN FILHO, Marçal. *Comentários à lei de licitações e contratações administrativas*: Lei 14.133/2021. São Paulo: RT, 2021.

JUSTEN FILHO, Marçal. *Comentários ao RDC*. São Paulo: Dialética, 2013.

JUSTEN FILHO, Marçal. *Curso de direito administrativo*. 13. ed. São Paulo: RT, 2018.

JUSTEN FILHO, Marçal. *Teoria geral das concessões de serviço público*. São Paulo: Dialética, 2003.

JUSTEN FILHO, Marçal; SCHWIND, Rafael Wallbach (Org.). *Parcerias público-privadas*: reflexões sobre os 10 anos da Lei 11.079/2004. São Paulo: RT, 2015.

KIM, Richard Paulro Pae. *Responsabilidade do Estado nas invasões ilícitas*. Campinas: Edicamp/ Ícone, 2004.

LARENZ, Karl. *Derecho justo*: fundamentos de ética jurídica. Tradução de Luiz Díez-Picazo. Madri: Civitas, 1985.

LAUBADÈRE, A. *Traité théorique et pratique des contrats administratifs*. Paris: LGDJ, 1953. v. 3.

LEAL, Aurelino. *Polícia e poder de polícia*. Rio de Janeiro: Imprensa Nacional, 1918.

LEAL, Victor Nunes. *Lei e regulamento*. Problemas de direito público. Rio de Janeiro: Forense, 1960.

LEAL, Victor Nunes. Poder discricionário e ação arbitrária da Administração. *In*: LEAL, Victor Nunes. *Problemas de direito público*. Rio de Janeiro: Forense, 1960.

LOSCHAK, Daniele. Le principe de legalité – Mythes et mystifications. *L'Actualité Juridique – Droit Administratif*, 20 set. 1981.

LOUREIRO FILHO, Lair. *Responsabilidade pública por atividade judiciária*. São Paulo: RT, 2005.

LUZ, Egberto Maia. *Direito administrativo disciplinar*. 3. ed. São Paulo: RT, 1993.

MACHADO, Paulo Affonso Leme. *Direito ambiental brasileiro*. 22. ed. São Paulo: Malheiros, 2014.

MAFFINI, Rafael. *Princípio da proteção substancial da confiança no direito administrativo brasileiro*. Porto Alegre: Verbo Divino, 2006.

MALUF, Carlos Alberto Dabus. *Limitações ao direito de propriedade*. São Paulo: RT, 2005.

MALUF, Carlos Alberto Dabus. *Teoria e prática da desapropriação*. 2. ed. São Paulo: Saraiva, 1999.

MANCUSO, Rodolfo de Camargo. *Ação civil pública*. 10. ed. São Paulo: RT, 2007.

MANCUSO, Rodolfo de Camargo. *Ação popular*. 5. ed. São Paulo: RT, 2003.

MARIENHOFF, Miguel S. *Dominio público*. Buenos Aires: Valerio Abeledo, 1955.

MARQUES NETO, Floriano Azevedo. *Agências reguladoras independentes*. Belo Horizonte: Fórum, 2005.

MARQUES NETO, Floriano Azevedo. *Bens públicos*: função social e exploração econômica: o regime jurídico das utilidades públicas. Belo Horizonte: Fórum, 2009.

MARQUES NETO, Floriano Azevedo. *Concessões*. Belo Horizonte: Fórum, 2015.

MARQUES NETO, Floriano Azevedo. *Regulação estatal e interesses públicos*. São Paulo: Malheiros, 2002.

MARTINS JÚNIOR, Wallace Paiva. *Probidade administrativa*. São Paulo: Saraiva, 2001.

MEDAUAR, Odete *et al.* (Org.). *Concessão de serviço público*. São Paulo: RT, 1995.

MEDAUAR, Odete *et al.* (Org.). *Licitações e contratos administrativos*. São Paulo: NDJ, 1998.

MEDAUAR, Odete, A transparência na Administração Pública. *In*: SOLON, Ari Marcelo *et al.* (Coord.). *Múltiplos olhares sobre o Direito*. Homenagem aos 80 anos do Professor Emérito Celso Lafer. São Paulo: Quartier Latin, 2022.

MEDAUAR, Odete. A Administração Pública e o Direito Administrativo nos 20 anos da Constituição. *In*: MARTINS, Ives Gandra; REZEK, Francisco (Coord.). *Constituição Federal*. São Paulo: RT-CEU, 2008.

MEDAUAR, Odete. *A processualidade no direito administrativo*. 3. ed. Belo Horizonte: Fórum, 2021.

MEDAUAR, Odete. Ato administrativo: origem, concepção, abrangência. *In*: MEDAUAR, Odete; SCHIRATO, Vitor (Org.). *Os caminhos do ato administrativo*. São Paulo: RT, 2011.

MEDAUAR, Odete. Ato de governo. *RDA*, v. 191, 1993.

MEDAUAR, Odete. Autoexecutoriedade do ato administrativo. *RDA*, jul. 1986.

MEDAUAR, Odete. Constituição de 1988: catalisadora da evolução do Direito Administrativo? *Revista do Advogado*, São Paulo, ano XXVIII, v. 99, p. 100-107, set. 2008.

MEDAUAR, Odete. *Controle administrativo das autarquias*. São Paulo: Bushatsky, 1976.

MEDAUAR, Odete. *Controle da Administração Pública*. 4. ed. Belo Horizonte: Fórum, 2020.

MEDAUAR, Odete. Convênios e consórcios administrativos. *RDA*, ago. 1995.

MEDAUAR, Odete. *Da retroatividade do ato administrativo*. São Paulo: Max Limonad, 1986.

MEDAUAR, Odete. Delegação administrativa. *RF*, v. 278, 1982.

MEDAUAR, Odete. *Destinação dos bens expropriados*. São Paulo: Max Limonad, 1986.

MEDAUAR, Odete. Do ato ao processo. *In*: ARAGÃO, Alexandre Santos de; MARQUES NETO, Floriano de Azevedo (Org.). *Direito Administrativo e seus novos paradigmas*. 2. ed. Belo Horizonte: Fórum, 2017.

MEDAUAR, Odete. *O direito administrativo em evolução*. 3. ed. Brasília: Gazeta Jurídica; RT, 2017.

MEDAUAR, Odete. Poder de polícia. *RDA*, v. 199, 1995.

MEDAUAR, Odete. Prescrição e administração pública. *RT*, v. 642, 1989.

MEDAUAR, Odete. Recursos administrativos. *RT*, v. 583, 1984.

MEDAUAR, Odete. Revogação do ato administrativo. *RDA*, p. 297-302, abr. 1986.

MEDAUAR, Odete. Serviço público. *RDA*, v. 189, 1992.

MEDAUAR, Odete; OLIVEIRA, Gustavo Justino. *Consórcios públicos*. São Paulo: RT, 2006.

MEDAUAR, Odete; SCHIRATO, Vitor Rhein (Org.). *Os caminhos do ato administrativo*. São Paulo: RT, 2011.

MEDAUAR, Odete; SCHIRATO, Vitor Rhein. *Poder de polícia na atualidade*. Belo Horizonte: Fórum, 2014.

MEIRELLES, Hely Lopes. *Direito administrativo brasileiro*. 26. ed. São Paulo: Malheiros, 2001.

MENDES; Renato Geraldo; MOREIRA, Egon Bockmann. *Inexigibilidade de licitação*: repensando a contratação pública e o dever de licitar. Curitiba: Zênite, 2016.

MIGUEL, Luiz Felipe Hadlich. *As garantias nas parcerias público-privadas*. Belo Horizonte: Fórum, 2011.

MIGUEL, Luiz Felipe Hadlich. *Compras públicas inteligentes*: e-market público, o fim das cláusulas exorbitantes. Rio de Janeiro: Lumen Juris, 2024.

MIGUEL, Luiz Felipe Hadlich. *Remuneração do particular na execução de atividades públicas*. Brasília: Gazeta Jurídica, 2015.

MINET, Charles-Edouard. *Droit de la police administrative*. Paris: Vuibert, 2007.

MONTEIRO, Vera. *Concessão*. São Paulo: SBDP/Malheiros, 2010.

MORAND-DEVILLER, Jacqueline; BOURDON, Pierre; POULET, Florian. *Cours de droit administratif*. 16. ed. Paris: LGDJ, 2019.

MOREIRA NETO, Diogo de Figueiredo. *Curso de direito administrativo*. 16. ed. Rio de Janeiro: Forense, 2014.

MOREIRA NETO, Diogo de Figueiredo. *Legitimidade e discricionariedade*. 4. ed. Rio de Janeiro: Forense, 2001.

MOREIRA NETO, Diogo de Figueiredo. *Mutações do direito administrativo*. 3. ed. Rio de Janeiro: Renovar, 2007.

MOREIRA NETO, Diogo de Figueiredo. *O direito administrativo no século XXI*. Belo Horizonte: Fórum, 2018.

MOREIRA NETO, Diogo de Figueiredo. *Poder, direito e Estado*: o direito administrativo em tempos de globalização. Belo Horizonte: Fórum, 2011.

MOREIRA, Egon Bockmann. *Direito das concessões de serviço público*. São Paulo: SBDP/Malheiros, 2010.

MOREIRA, Egon Bockmann. *Processo administrativo*. 2. ed. São Paulo: Malheiros, 2003.

MOREIRA, Egon Bockmann; BAGATIN, Andreia C.; ARENHART, Sérgio C.; FERRARO, Marcella P. *Comentários* à *Lei de ação civil pública*. São Paulo: RT, 2016.

MOREIRA, João Batista Gomes. *Direito administrativo* – Da rigidez autoritária à flexibilidade democrática. Belo Horizonte: Fórum, 2005.

MOREIRA, José Carlos Barbosa. O habeas data brasileiro e sua lei regulamentadora. *RDA*, v. 211, jan./mar. 1988.

MORILLO-VELARDE PEREZ, José Ignacio. *Dominio público*. Madri: Trivium, 1992.

MORTATI, C. Discrezionalità. *Novissimo Digesto Italiano*, v. V, 1959.

NASSAR, Elody. *Prescrição na Administração Pública*. 2. ed. São Paulo: Saraiva, 2009.

NIEBHUR, Karlin Olbertz; POMBO, Rodrigo Goulart de Freitas (Coord.). *Novas questões em licitações e contratos (Lei 14.133/2021)*. Rio de Janeiro: Lumen Juris, 2023.

NIETO, Alejandro. *Derecho administrativo sancionador*. 2. ed. Madri: Tecnos, 1994.

NIGRO, Mario. L'azione dei pubblici poteri – Lineamenti generali. *In*: AMATO, G.; BARBERA, A. *Manuale di diritto pubblico*. Bolonha: Il Mulino, 1986.

NOBRE JÚNIOR, Edilson Pereira. *O princípio da boa-fé e sua eficácia no direito administrativo brasileiro*. Porto Alegre: Fabris, 2002.

NUNES, Simone Lahargue. *Os fundamentos e os limites do poder regulamentar no* âmbito *do mercado financeiro*. Rio de Janeiro: Renovar, 2000.

OCTÁVIO, Rodrigo. *Do domínio da União e dos Estados*. São Paulo: Saraiva, 1924.

OLIVEIRA, Márcio Berto Alexandrino de; MALTA, Allan Dias Toledo; PEREIRA, Layon Nicolas Dias. *A defesa do agente público na ação de improbidade*. 3. ed. Rio de Janeiro: Lumen Juris, 2020.

OLIVEIRA, Regis Fernandes de. *Curso de Direito Financeiro*. 4. ed. São Paulo: RT, 2011.

ORLANDO, V. E. *Primo trattato di diritto amministrativo italiano*. Milão: Società Editrice Libraria, 1900. v. 1.

OSÓRIO, Fábio Medina. *Direito administrativo sancionador*. 7. ed. São Paulo: RT, 2020.

OSÓRIO, Fábio Medina. *Teoria da improbidade administrativa*. 5. ed. São Paulo: RT, 2020.

PALMA, Juliana Bonacorsi. *Sanção e acordo na Administração Pública*. São Paulo: Malheiros, 2015.

PEREIRA JÚNIOR, Jessé Torres (Org.). *Comentários ao sistema legal de licitações e contratos administrativos*. São Paulo: NDJ, 2016.

PEREZ, Marcos Augusto. *O risco no contrato de concessão de serviço público*. Belo Horizonte: Fórum, 2006.

PEREZ, Marcos Augusto. *Testes de legalidade*: métodos para o amplo controle jurisdicional da discricionariedade administrativa. Belo Horizonte: Fórum, 2020.

PEREZ, Marcos Augusto; SOUZA, Rodrigo Pagani de (Org.). *Controle da administração pública*. Belo Horizonte: Fórum, 2017.

PICARD, Étienne. *La notion de police administrative*. Paris: LGDJ, 1984. v. 2.

PONDE, Lafayette. Considerações sobre o processo administrativo. *RDA*, v. 130, 1977.

PONDE, Lafayette. O ato administrativo, sua perfeição e eficácia. *RDA*, v. 29, 1952.

QUEIROZ, João Eduardo Lopes; SANTOS, Márcia Walkiria Batista dos. *Direito administrativo das agências reguladoras*. Rio de Janeiro: Lumen Juris, 2016.

REALE, Miguel. *Lições preliminares de direito*. 24. ed. São Paulo: Saraiva, 2000.

REIS, Luciano Elias. *Convênio administrativo*. Curitiba: Juruá, 2013.

REISDORFER, Guilherme F. Dias. *Diálogo competitivo*. Belo Horizonte: Fórum, 2022.

RIGOLIN, Ivan Barbosa. *Comentários ao regime jurídico dos servidores públicos civis*. 3. ed. São Paulo: Saraiva, 1994.

RIGOLIN, Ivan Barbosa. *O servidor público nas reformas constitucionais*. 2. ed. Belo Horizonte: Fórum, 2006.

ROCHA, Cármen Lúcia Antunes. *Princípios constitucionais da administração pública*. Belo Horizonte: Del Rey, 1994.

RODRIGUES, Eduardo Azeredo. *O princípio da eficiência à luz da teoria dos princípios*. 2. ed. Rio de Janeiro: Lumen Juris, 2022.

SADDY, André. *Formas de atuação e intervenção do Estado brasileiro na economia*. Rio de Janeiro: Lumen Juris, 2011.

SAINZ MORENO, F. La exceptio non adimpleti contractus en la contratación administrativa. *Revista Española de Derecho Administrativo*, jan./mar. 1978.

SALLES, José Carlos de Moraes. *A desapropriação à luz da doutrina e da jurisprudência*. 4. ed. São Paulo: RT, 2000.

SANTOS, Bruno Grego dos. *Transação extrajudicial na Administração Pública*. São Paulo: RT, 2019.

SANTOS, Murillo Giordan; BARKI, Teresa Villac Pinheiro. *Licitações e contratações sustentáveis*. Belo Horizonte: Fórum, 2013.

SARMENTO, Daniel (Org.). *Interesses públicos versus interesses privados*: desconstruindo o princípio da supremacia do interesse público. Rio de Janeiro: Lumen Juris, 2005.

SATTA, Filippo. *Principio di legalità e pubblica amministrazione nello stato democratico*. Pádua: Cedam, 1969.

SCHIER, Adriana da Costa Ricardo. *Fomento*: administração pública, direitos fundamentais e desenvolvimento. Curitiba: Ithala, 2019.

SCHIER, Adriana da Costa Ricardo. *Serviço público*: garantia fundamental e cláusula de proibição de retrocesso. Curitiba: Ithala, 2016.

SCHIRATO, Vitor. *As empresas estatais no Direito administrativo econômico atual*. São Paulo: Saraiva, 2016.

SCHIRATO, Vitor. *Fundos de pensão e regimes públicos de previdência social*. Rio de Janeiro: Lumen Juris, 2021.

SCHIRATO, Vitor. *Livre iniciativa nos serviços públicos*. 2. ed. Belo Horizonte: Fórum, 2022.

SCHOENMAKER, Janaina. *Controle das parcerias entre o Estado e o terceiro setor pelos Tribunais de Contas*. Belo Horizonte: Fórum, 2011.

SCHWIND, Rafael Wallbach. *Licitações internacionais*. 3. ed. Belo Horizonte: Fórum, 2022.

SCHWIND, Rafael Wallbach. *Remuneração do concessionário*: concessões comuns e parcerias público-privadas. Belo Horizonte: Fórum, 2010.

SENNA, Homero; MONTEIRO, Clóvis Zobaran. *Fundações no direito, na administração*. [s.l.]: FGV, 1970.

SESIN, Domingo Juan. *Administración pública, actividad reglada, discrecional y técnica*. Buenos Aires: Depalma, 1994.

SILVA, José Afonso da. *Ação popular constitucional*. 2 ed. São Paulo: Malheiros, 2007.

SILVA, José Afonso da. *Curso de direito constitucional positivo*. 42. ed. São Paulo: Malheiros, 2019.

SILVA, José Afonso da. *Direito urbanístico brasileiro*. 8. ed. São Paulo: Malheiros, 2018.

SILVA, José Afonso da. *O poder executivo no Brasil*. São Paulo: Malheiros, 2021.

SILVA, Vasco Manuel Pascoal Dias Pereira da. *Em busca do ato administrativo perdido*. Coimbra: Almedina, 1996.

SOTO KLOSS, Eduardo. La contratación administrativa: un retorno a las fuentes clásicas del contrato. *Revista de Administración Pública*, Madri, v. 2, 1978.

SOUTO, Marcos Juruena Villela. *Desestatização*. 4. ed. Rio de Janeiro: Lumen Juris, 2001.

STASSINOPOULOS, Michel. *Traité des actes administratifs*. Paris: LGDJ, 1973.

STUM, Raquel Denize. *Princípio da proporcionalidade*. Porto Alegre: Livraria do Advogado, 1995.

SUNDFELD, Carlos Ari (Org.). *As leis de processo administrativo*. São Paulo: Malheiros, 2000.

SUNDFELD, Carlos Ari (Org.). *Direito administrativo econômico*. São Paulo: Malheiros, 2000.

SUNDFELD, Carlos Ari (Org.). *Parcerias público-privadas*. São Paulo: Malheiros, 2005.

SUNDFELD, Carlos Ari *et al*. *Direito Administrativo em ação* – Casos e leituras para debates. São Paulo: JusPodivm/Malheiros, 2024.

SUNDFELD, Carlos Ari. A importância do procedimento administrativo. *RDA*, v. 84, 1987.

SUNDFELD, Carlos Ari. *Direito administrativo ordenador*. São Paulo: Malheiros, 1993.

SUNDFELD, Carlos Ari. *Direito administrativo para céticos*. 2. ed. São Paulo: Malheiros, 2014.

TÁCITO, Caio. Bases constitucionais do direito administrativo. *RDA*, v. 166, out./dez. 1986.

TÁCITO, Caio. *Desvio de poder em matéria administrativa*. Tese, Rio de Janeiro, 1951.

TÁCITO, Caio. *Direito administrativo*. São Paulo: Saraiva, 1975.

TÁCITO, Caio. *Ensino superior*. Autarquia ou fundação oficial. Parecer. Rio de Janeiro: UERJ, 1981.

VALLE, Vivian Lima López. *Contratos administrativos e um novo regime jurídico de prerrogativas contratuais na Administração Pública contemporânea*: da unilateralidade ao consenso e do consenso à unilateralidade na relação contratual administrativa. Belo Horizonte: Fórum, 2018.

VIRGA, Pietro. *La potestà di polizia*. Milão: Giuffrè, 1954.

WILLEMAN, Flávio de Araújo. *Responsabilidade civil do Estado por risco jurisdicional anormal*: por uma nova teoria sobre a responsabilidade do Estado Juiz. Rio de Janeiro: CEEJ, 2023.

ZANCANER, Weida. *Da convalidação e da invalidação dos atos administrativos*. 2. ed. São Paulo: Malheiros, 1993.

(Os números remetem aos itens.)

A

B

C

N

O

P

S

T

Esta obra foi composta em fonte Palatino Linotype, corpo 10
e impressa em papel Offset 75g (miolo) e Supremo 250g (capa)
pela Gráfica Formato.